连南瑶族自治县政协志

(1953—2016)

政协连南瑶族自治县委员会　编

图书在版编目(CIP)数据

连南瑶族自治县政协志:1953—2016/政协连南瑶族自治县委员会编.—北京:民族出版社,2019.1
ISBN 978-7-105-15662-7

Ⅰ.①连… Ⅱ.①政… Ⅲ.①中国人民政治协商会议—地方委员会—概况—连南瑶族自治县—1953—2016 Ⅳ.①D628.654

中国版本图书馆CIP数据核字(2019)第015312号

策划编辑：于玉莲
责任编辑：于玉莲
封面设计：典经社　海龙视觉
出版发行：民族出版社
地　　址：北京市和平里北街14号
邮　　编：100013
网　　址：http://www.mzpub.com
印　　刷：北京盛通印刷股份有限公司
经　　销：各地新华书店
版　　次：2019年1月第1版　2019年1月北京第1次印刷
开　　本：787毫米×1092毫米　1/16　字数：800千字
印　　张：35.75
定　　价：180.00元
ISBN 978-7-105-15662-7/D·3070(汉484)

该书如有印装质量问题,请与本社发行部联系退换

汉文编辑一室电话:010-64271909　　发行部电话:010-64224782

《连南瑶族自治县政协志》编纂委员会

（2014.9-2015.12）

一、编纂委员会

顾　　　问：房卫民　唐国伟

主　　　任：房坚一

副　主　任：唐拾斤　陈锦叶　唐　伟　唐海英　谢柏良　邓　建

编委会成员：房小亮　陈海光　唐军荣　房亚三　刘庆辉　唐秀莲

二、编辑部

主　　　编：陈锦叶

常务副主编：陈海光

副　主　编：刘庆辉

编　　　辑：房小亮　唐军荣　房亚三　唐秀莲　房惠瑛

工 作 人 员：房　惠　房伟荣　罗志伟　盘剑锋　陈伟坚　刘德明
　　　　　　孙文忠　唐大打贵

（2016.1–2016.12）

一、编纂委员会

顾　　问：房卫民　唐国伟

主　　任：唐拾斤

副 主 任：陈锦叶　唐海英　谢柏良　邓　建　赖　斌

编委会成员：房小亮　陈海光　唐军荣　房亚三　刘庆辉　唐秀莲

二、编辑部

主　　编：陈锦叶

常务副主编：陈海光

副 主 编：刘庆辉

编　　辑：房小亮　唐军荣　房亚三　唐秀莲　房惠瑛

（2017.1–2017.12）

一、编纂委员会

顾　　问：房卫民　唐国伟　唐拾斤

主　　任：李春益

副 主 任：房婧婧　沈俊辉　陈锦叶　唐海英　邓　建　赖　斌

编委会成员：房媛艳　房小亮　杨钊河　陈海光　唐军荣　房亚三
　　　　　　刘庆辉　唐秀莲

二、编辑部

主　　编：陈锦叶

常务副主编：陈海光

副 主 编：房媛艳　杨钊何

编辑人员：房小亮　唐军荣　房亚三　唐秀莲　刘庆辉　房惠瑛　莫婷婷

总　　纂：高常立

《连南瑶族自治县政协志（1953—2016）》
评审委员会

主　　任：王依灵（县史志办主任）

副主任：房亚冰（县史志办副主任）

成　　员：杨建明（县委组织部副部长）

　　　　　吴小玲（县委统战部副部长、县台办主任）

　　　　　陈海光（县政协提案文史委员会主任）

　　　　　古志年（县档案局局长）

　　　　　蒋德林（县保密局局长）

　　　　　李国兴（县史志办原主任、主任科员）

　　　　　陈志练（县政府法制局科员）

　　　　　唐玉华（县统计局科员）

凡 例

一、本志编纂以马克思列宁主义、毛泽东思想、邓小平理论、"三个代表"重要思想、科学发展观为指导，深入贯彻习近平总书记系列重要讲话精神，以《中国人民政治协商会议章程》为依据，坚持尊重历史、求实存真的原则，全面、系统、客观记述中国人民政治协商会议连南瑶族自治县委员会（下简称连南政协或县政协）工作的开展历程，反映连南人民政协事业发展的成就和水平。

二、本志记述内容上限为连南县政协成立之时的1953年1月，下限至2016年12月连南县政协十一届一次全会。记述地域为连南瑶族自治县行政区域。少部分内容及图片根据需要适当上溯和下延至2017年6月。

三、本志体例采用章节体，一般设章、节、目三个层次，横分门类，纵述史实，以类系事，述而不论。全志分设历史沿革、政协委员、组织机构、政协会议、政治协商和民主监督、参政议政、提案工作、文史工作、统战联谊协作、机关工作、人物、表彰、文献辑存等共12章49节。体裁以述、记、志、图、表、录为主。志首设图片、总述、大事记。采用图片两百余幅，分设8个主题。志尾收录有关规范性文件、省市领导讲话、调查报告、经验材料、发言材料等。

四、本志行文采用现代汉语语体文，记述体。文字使用、标点符号、数字用法、计量单位等均按国家法定的行文规范书写。除引用原文外，均以第三人称记述。政区、机构、地名、会议、文件、职衔等专有名称，一般使用全称，名称较长且重复出现时用规范的简称。志中无特别注明者，党、党中央是指中国共产党、中共中央，省委、省政府、省政协是指中国共产党广东省委员会、广东省人民政府、中国人民政治协商会议广东省委员会，市委、市政府、市政协是指中国共产党清远市委员会、清远市人民政府、中国人民政治协商会议清远市委员会，县委、县人大常委会、县人民政府、县政协是指中国共产党连南瑶族自治县委员会、连南瑶族自治县人民代表大会常务委员会、连南瑶族自治县人民政府、中国人民政治协商会议连南瑶族自治县委员会；省、市、县是指广东省、清远市、连南是指连南瑶族自治县。

五、大事记对县政协全体会议、常委会议、主席会议，只简单记述活动题目，具体内容分别收入各有关章节。

六、政协委员章节中提及的名单，是女性和少数民族的，原始文献中在其姓名后加上括号注明的，本志照录。但在原始文献中没上述注明的，因无法一一核对，按原文照录，不作补注。

七、人物一章只对县政协历届主席、副主席和秘书长的主要工作经历作简介，排列以任职时间先后为序，连任的只记述一次。余政协常委、全国、省、市、县委员和机关内设机构负责人及工作人员只记名单。

八、文献辑存章节中，年份标示时间按原件，有的年份时间用中文显示，如一九八四年六月二十五日，有的用阿拉伯数字显示，如2013年11月27日，为尊重历史，本志照录，不作统一格式。文中个别时间无法查证的，用□□表示。

九、本志的资料主要来源以档案部门收藏的档案为主，无文字档案者，采用当事人或知情人的一些口述资料。

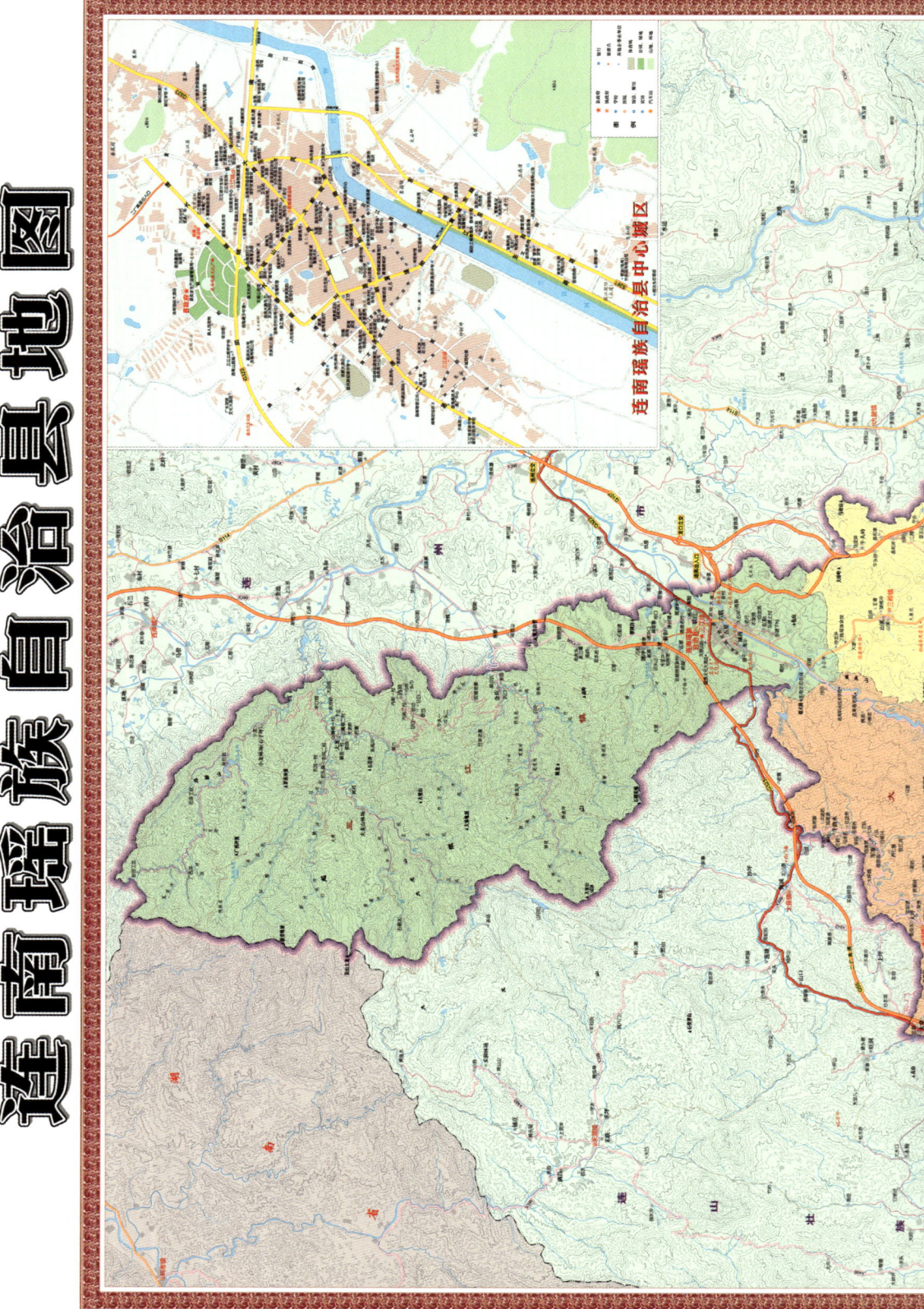
连南瑶族自治县地图

亲切关怀

1986年11月15日，省委书记林若（前排左三）到连南视察

1991年5月28日，代省长朱森林（右一）到连南视察，在清远市委书记蔡森林（右二）、连南县委书记邓万社（左二）陪同下，到瑶寨看望瑶族同胞

亲切关怀

1992年7月12日,中共中央政治局委员、省委书记谢非(右一)到连南视察,在清远市委书记蔡森林(右二)、县委书记邓万社(左一)陪同下,到瑶寨看望瑶族同胞

1997年6月27日,省委副书记黄华华(中)出席在连南召开的全省扶贫攻坚现场会时,调研连南扶贫工作

亲切关怀

1997年11月6日,省长卢瑞华(中)到连南视察扶贫工作

1998年,在广东清远连南三排瑶寨,童心未泯的任仲夷(上图右一)和秘书潘东生一起穿上瑶族民族服装

亲切关怀

2010年5月24日，省政协副主席温兰子（右三）到连南调研。省政协民宗委主任杨华维（右二）、市政协副主席邓三妹（右一）等领导陪同

2011年4月14日，全国政协民宗委副主任周明甫（左前三）一行到连南调研

亲切关怀

2014年8月,省委副书记马兴瑞(前左一)到连南视察,清远市领导葛长伟(右二)、肖文(右四),县领导李春益(右三)、唐金文(右一)等领导陪同

2014年11月28日,省政协副主席唐豪(左三)到连南视察,县委书记雷玉春(右二)、县长李春益(左一)、县政协主席房坚一(左二)陪同。图为参观中国瑶族博物馆

亲切关怀

2015年6月1日，省长朱小丹（右一）到连南视察，在省领导邓海光，清远市领导郭锋（右三）、谢杰斌（右四），县领导雷玉春（左一）、李春益（左二）等领导陪同下，调研美丽乡村建设、扶贫开发、移民安置工作，到寨南移民新村看望瑶族同胞

2015年8月5日，副省长许瑞生（右三）到连南视察，在清远市领导曾贤林（右二）、陈建华（右一），县领导李春益（左一）等领导陪同下，调研两馆一校（县民族体育馆、档案馆、石泉小学）项目规划建设情况

2010年3月9日,省政协港澳台侨委领导到连南调研,市政协主席邹学军(右二)陪同

2010年11月16日,省政协文化和文史委专家领导到连南千年瑶寨调研。县政协副主席陈锦叶(前左四)陪同

亲切关怀

2011年5月31日，中国扶贫基金会副会长、原广州市政协主席陈开枝（上图右三）一行到连南调研扶贫工作。县领导李春益等陪同

2012年9月19日，省政协"全省旅游业发展情况"专题视察团一行，在团长、省政府发展研究中心党组副书记黄日东（前左二）带领下，到连南千年瑶寨调研，县委副书记、县政协党组书记李春益（左一）陪同

亲切关怀

2015年4月28日，省政协党组成员、原省政协副主席覃卫东（前排左四）、省政协常委、副秘书长马光瑜（前排右三）一行视察中国瑶族博物馆。市政府副市长、市政协副主席谢杰斌（前排左五），县长李春益（前排左三）、县政协主席房坚一（前排右二）陪同视察

2015年5月21日，省政协副秘书长杜重年一行调研连南政协"委员之家"网络互动平台使用情况

2015年9月23-24日，省政协第七视察团、省政协常委、民族宗教委主任、团长罗继东一行在市政协党组副书记陈焕雄陪同下，到连南调研少数民族地区旅游业发展情况

亲切关怀

2016年3月1日,省政协民宗委主任郭晓莉一行到连南调研扶贫工作

2016年4月7日,省政协主席王荣(前右三)到连南就"精准扶贫、精准脱贫"进行专题调研,并实地考察瑶族民族特色文化。市领导葛长伟、梁志强、陈新(左四),县领导雷玉春(左三)、李春益(右一)、唐拾斤等领导及相关部门负责同志陪同调研

亲切关怀

2016年5月27日，省政协提案委主任周羲（中）、专职副主任谢岳铭（左二）一行就"全省民族地区实施精准扶贫精准脱贫情况和重点提案落实情况"到连南专题调研。县政协秘书长房小亮（左一）、提案文史委主任陈海光陪同

2015年2月5日，市政协副主席李雨松（左四）慰问大麦山镇中心岗村贫困户

亲切关怀

2015年7月1日,市政协主席梁志强(后排右三)到连南调研政协工作

2016年2月1日,市政协副主席谢杰斌(左一)慰问连南寨岗镇东升村贫困户,县政协副主席谢柏良(右一)陪同

2016年7月6日,市市政协副主席唐远强(前左三)一行视察连南县少数民族传统体育保护与传承工作

政务活动

1986年3月30日，香港侨港连阳同乡会观光团参观连南三排瑶寨

2014年4月1日，参加第四届世界清远联谊大会的部分参会人员到连南千年瑶寨参观考察

2015年3月22日，县政府副县长黄素梅（右一）、县政协副主席邓建（左一）等相关领导出席在香港旺角举行的乙未年侨港连阳同乡会

政协会议

（一）会议会场

1、1980年11月15日，县政协二届一次会议在县城三江召开
2、1983年1月21日，县政协二届三次会议在县城三江召开
3、1984年6月25—30日，县政协三届一次会议在县城三江召开
4、1987年3月24—29日，县政协四届一次会议在县城三江召开

政协会议

1、1990年3月23—28日，县政协五届一次会议在县城三江召开
2、1993年3月8—12日，县政协六届一次会议在县城三江召于
3、1998年3月8日，县政协七届一次会议在县城三江召开
4、2003年3月17—19日，县政协八届一次会议在县城三江召开
5、2005年3月2-4日，县政办八届三次会议在县城三江召开

政协会议

2008年8月17-19日，县政协九届二次会议在县城三江召开

2009年3月8日，县政协九届三次会议在县城三江召开

2011年1月25日，县政协九届五次会议在县城三江召开

政协会议

2011年11月26-28日，县政协十届一次会议在县城三江召开

2013年4月9-13日，县政协十届二次会议在县城三江召开

2014年1月12-14日，县政协十届三次会议在县城三江召开

政协会议

2015年2月3-4日,县政协十届四次会议在县城三江召开

2016年3月2-4日,县政协十届五次会议在县城三江召开

2016年11月11—23日,县政协十一届一次会议在县城三江召开

政协会议

2003年3月24日,县政协召开八届第一次常委员会议

2007年11月25日,县政协召开九届第七次常委会

2016年2年28日,县政协召开十届十三次常委会议

政协会议

2016年5月6日,县政协十届十四次常委会议

2016年6月29日,县政协召开十届十五次常委会议

2016年12月27日,县政协召开十一届一次常委会议

2009年6月16日,县政协举办委员培训班,县政协主席唐国伟主持,县委书记崔建军(右二)讲话,市政协秘书长胡继松(左二)、副秘书长、提案委主任王俊(左一)应邀作专题讲座

2011年11月26日,县政协举办十届委员培训班

政协会议

（二）报告、讲话、讨论

1、1980年11月15日，县革委副书记（副主席候选人）李昌夫在县政协二届一次会议上主持会议

2、1980年11月15日，县人民医院院长（副主席候选人）张学文在县政协二届一次会议上致开幕词

3、1980年11月15日，县委组织部副部长（副主席候选人）唐铁炉在县政协二届一次会议上宣读贺电

4、1984年6月30日，中共连南县委书记李积荣在县政协三届一次会议上讲话

5、1990年3月24日，县政协主席杨金隆在县政协五届一次会议上讲话

政协会议

1、1990年3月24日，县政协副主席黄慧筠在县政协五届一次会议上讲话
2、1990年3月28日，中共连南县委书记邓万社在县政协五届一次会议上讲话
3、1991年3月20日，县政协委员邓三妹在县政协五届二次会议上发言
4、1992年3月25日，县政协委员唐日星在五届三次会议上发言
5、1992年3月25日，县政协委员罗从在县政协五届三次会议上发言
6、1995年3月9日，县政协主席罗子开在六届三次会议上作报告

政协会议

1、1995年3月9日，县政协副主席黄海胜在六届三次会议上讲话
2、1995年3月9日，县政协副主席李国城在六届三次会议上讲话
3、1995年3月9日，县政协副主席许耿忠在六届三次会议上讲话
4、1995年3月10日，县政协副主席潘希奋在县六届三次会议上讲话
5、1995年3月10日，县政协副主席盘建梅在六届三次会议上讲话
6、1996年3月12日，县政协副主席黄海耳在六届四次会议上讲话

政协会议

1、1998年3月11日，县委书记雷广财在县政协七届一次会议上讲话

2、1999年3月17日，县委副书记蓝新福在县政协七届第二次会议会上讲话

3、2001年3月28日，县委书记苏启科在县政协七届四次会议上讲话

4、2003年3月18日，县政协主席房卫民在八届一次会议上作报告

政协会议

1、2003年3月18日，县政协委员陈海光在县政协八届一次会议上发言
2、2005年3月3日，县政协委员黄芷君在县政协八届三次会议上发言
3、2005年3月3日，县政协委员房秀英在县政协八届三次会议上发言
4、2005年3月3日，县政协副主席唐国伟主持八届三次会议
5、2005年3月4日，县政协副主席陈水金主持八届三次会议
6、2005年3月3日，县政协副主席黄沛祥在八届三次会议上作提案工作报告

政协会议

1、2009年3月9日,县委书记崔建军在县政协九届三次会议上讲话

2、2011年1月24日,县政协主席房介二在九届五次会议上作常委会工作报告

3、2016年11月21日,县政协县政协主席唐拾斤在十一届一次会议上作常委会工作报告

政协会议

1、2016年11月21日，县政协副主席陈锦叶在第十一届一次会议上作提案工作报告
2、2016年11月21日，县政协委员房玉红在十一届一次会议上作议政发言
3、2016年11月21日，县政协委员赵洁敏在十一届一次会议上作议政发言
4、2016年11月21日，县政协委员房斌在县十一届一次会议上作议政发言
5、2016年11月23日，县委书记雷玉春在县政协十一届一次会议上讲话
6、2016年11月23日，县政协主席李春益在县政协十一届一次会议上讲话

政协会议

1992年3月26日，县政协五届三次会议委员讨论

1992年3月27日，县政协五届三次会议委员讨论

1995年3月10日，县政协委员在六届三次会议上讨论

政协会议

2002年3月20日,县政协七届五次会议社会与法制组委员讨论

2005年3月3日,社会与法制组委员讨论县政协八届三次会议常委会工作报告

2008年8月17日,县政协九届二次会议农林水组委员讨论

政协会议

2008年8月18日,县政协九届二次会议教科文卫体组委员讨论

2008年8月17日,县政协九届二次会议提案组委员讨论

2008年8月18日,县政协九届二次会议民族宗教与"三胞"组委员讨论

政协会议

2008年8月17日,县政协九届二次会议社会与法制组委员讨论

2008年8月18日,县政协九届二次会议经济组委员讨论

（三）当选、任命

2003年3月19日，县政协八届一次会议新当选的主席会议成员与常务委员合影

2011年11月28日，县政协十届一次会议，县委书记崔建军给房介二颁发主席当选证书

2011年11月28日，县政协十届一次会议，县政协主席房介二颁发副主席当选证书

2011年11月28日，县政协十届一次会议，颁发县政协常委当选证书

政协会议

1、2015年2月4日,县政协十届四次会议,主席房坚一颁发副主席、政协常委当选证书

2、2016年2月4日,县政协十届五次会议补选唐拾斤为政协十届连南县委员会主席。图为县委书记雷玉春给唐拾斤颁发主席当选证书。

3、2016年11月23日,县政协十一届一次会议选举李春益为政协十一届连南县委员会主席。图为县委书记雷玉春给李春益颁发主席当选证书

4、2016年11月23日,县政协主席李春益给十一届政协副主席、秘书长颁发当选证书

5、2016年11月23日,县政协十一届一次会议颁发常委当选证书

（四）选举、表彰

1984年6月30日，县政协三届一次会议的全体委员表决

2002年3月20日，县政协七届五次会议通过有关决议

2003年3月19日，县政协八届一次会议选举投票

2005年3月4日，政协八届三次会议选举投票

政协会议

1、2005年3月4日，政协八届三次会议选举投票
2、2008年8月19日，县政协九届二次会议选举投票
3、2008年8月19日，县政协九届二次会议选举投票
4、2008年8月19日，县政协九届二次会议选举投票
5、2011年1月25日，县政协九届五次会议选举投票

政协会议

1、1992年3月25日，县政协五届三次会议表彰委员

2、2002年3月20日，在县政协七届五次会议上，县长房卫党（左二）为优秀委员李比块八颁发荣誉证书

3、2002年3月20日，在县政协七届五次会议上，县委书记苏启科（左一）、政协主席房卫民（左二）为优秀委员颁发荣誉证书

4、2003年3月19日，县政协八届一次会议表彰优秀提案委员

5、2003年3月19日，县政协八届一次会议表彰承办提案先进单位

6、2005年3月4日，县政协八届三次会议表彰优秀委员

政协会议

2008年8月17日,县政协九届二次会议表彰优秀委员

2008年8月17日,县政协九届二次会议表彰优秀委员

2010年2月4日,县政协九届四次会议表彰优秀委员

政协会议

2011年1月24日，县政协九届五次会议表彰优秀委员

2011年1月24日，县政协九届五次会议表彰优秀委员

2013年4月10日，十届二次会表彰优秀委员

政协会议

2013年4月10日,十届二次会表彰优秀委员

2013年4月10日,十届二次会议表彰优秀香港委员

（五）委员合影

1980年11月20日，出席县政协二届一次会议的委员合影

1980年11月20日，出席县政协二届一次会议的政协常务委员合影

政协会议

1983年1月20日，出席县政协二届三次会议的委员合影

1984年6月25日，出席县政协三届一次会议的委员合影

政协会议

1987年3月29日,出席县政协四届一次会议的委员合影

1987年3月29日,县政协四届一次会议主席会议成员与政协常委合影

政协会议

1990年3月28日,出席县政协五届一次会议委员合影

1990年3月28日,县政协五届一次会议主席会议成员与政协常委合影

政协会议

1991年3月21日,出席县政协五届二次会议的委员合影

1991年3月21日,出席五届二次会议主席会议成员与政协常委合影

政协会议

1991年3月21日,出席县政协五届二次会议的部分妇女委员留影

1991年3月21日,出席县政协五届二次会议的部分委员留影

政协会议

1991年3月21日,出席县政协五届二次会议的部分委员留影

1992年3月28日,出席县政协五届三次会议的部份领导和委员合影

政协会议

1995年3月10日,出席县政协六届三次会议的委员合影

1995年3月10日,出席县政协六届三次会议的部分委员合影

政协会议

1995年3月10日,出席县政协六届三次会议的部分委员合影

1995年3月10日,出席县政协六届三次会议的部分委员合影

政协会议

1995年3月10日，出席县政协六届三次会议的部分委员合影

1995年3月10日，出席县政协六届三次会议的部分委员合影

政协会议

1998年3月8日,出席县政协七届一次会议的委员合影

1999年3月16日,出席县政协七届二次会议的委员合影

政协会议

2003年3月19日，出席县政协八届一次会议的委员合影

2006年3月28日，县领导与出席县政协八届四次会议的委员合影

政协会议

2007年1月6日，第七、八届县政协主席房卫民（左三）与参加九届县政协会议的部分香港委员张柏贤（左一）、卢见明（左二）、王蕾（左四）、黄剑波（左五）、许莹莹（右四）、杨镇炎（右三）、林双来（右二）、何秀武（右一）合影

2010年2月6日，县政协主席房介二（左五）副主席唐拾斤（右二）陈锦叶（右一）与参加县政办九届四次会议的部分香港委员何秀武（左一）、胡启宇（左二）、黄剑波（左三）、许莹莹（左四）、卢见明（右四）、王蕾（右三）合影

政协会议

2011年11月27日,县领导与出席县政协十届一次会议的委员合影

2016年11月22日,出席县政协十一届一次会议委员合影

2016年11月23日,县政协十一届领导班子成员与常委合影

2016年11月23日,县政协十一届领导班子成员合影

（六）座谈会

2009年9月21日，连南举行纪念政协成立六十周年座谈会。县委书记崔建军出席会议并讲话

2012年3月21日，县政协召开第十届香港委员座谈会

政协会议

2014年9月17日,连南举行纪念政协成立六十五周年座谈会。县委书记雷玉春(后排右五)出席会议并讲话

2016年6月13日,县政协在县城召开的连南县"珠三角"商会联谊座谈会

2016年6月13日,连南"珠三角"商会联谊座谈会在连南县城召开。县长李春益(前右六)、县政协主席唐拾斤(前右四)、县委统战部长黄伟峰(前左六)以及县政协副主席陈锦叶、谢柏良、赖斌,连南商会领导等与参会的罗绍锋(前右七)、杜万青(前右五)、钟俊豪(前右三)、胡结辉(前右一)等珠三角、清远、连南商会企业家合影

（七）三省协作会议

1994年6月8日，在连南县城召开的桂湘粤三省（区）毗邻县（市）政协联系协作会第10次大会会场

1994年6月8日，连南瑶族自治县政协主席罗子开在桂湘粤三省（区）毗邻县（市）政协联系协作会第10次大会上讲话

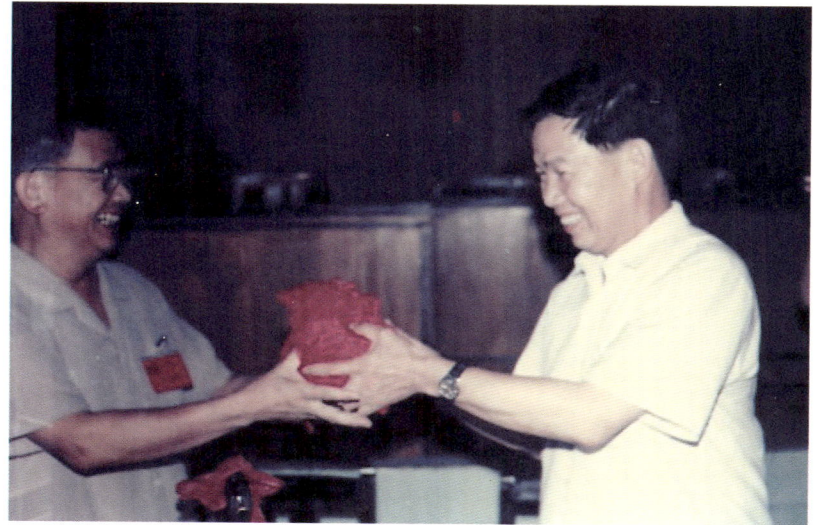

1994年6月10日，连南瑶族自治县政协主席罗子开在桂湘粤三省（区）毗邻县（市）政协联系协作会第10次大会上向下届当班县移交会印

政协会议

1994年6月8日，参加桂湘粤三省（区）毗邻县（市）政协联系协作会第10次大会的全体与会人员合影

2007年6月13—15日，湘桂粤三省（区）毗邻县（市、区）政协工作联系协作会35次会议在连南召开

履行职能

（一）调研视察

2006年1月8日，县政协文史工作组委员视察调研文化体育惠民工程

2010年8月26日，县政协文史工作组委员视察寨岗美丽乡村建设

2011年9月30日，县政协文史工作组委员视察非物质文化遗产

履行职能

2016年8月25日，县政协文史工作组委员视察文化旅游项目——南岗大兵山公路建设

2009年8月4日，县政协社会法制工作组委员视察调研座谈会

2009年8月20日，县政协经济工作组委员视察环保工作

履行职能

2010年7月22日,县政协经济工作组委员视察金光工业园区

2011年9月22日,县政协经济组工作组委员视察红星移民新村

2009年10月19日,县政协教科文卫体工作组委员视察学校布局调整

履行职能

2014年10月28日，县政协提案工作组委员视察座谈会

2013年4月10日，县政协委员视察中国广东瑶族博物馆

2014年3月24日，县政协副主席谢柏良（右二）、陈锦叶（右三）到三江镇大龙村委员企业调研

履行职能

2014年4月4日,县政协主席房坚一(右二)到大麦山镇调研党建工作

2016年11月1日,县政协副主席陈锦叶(左三)到香坪镇盘石村调研精准扶贫工作

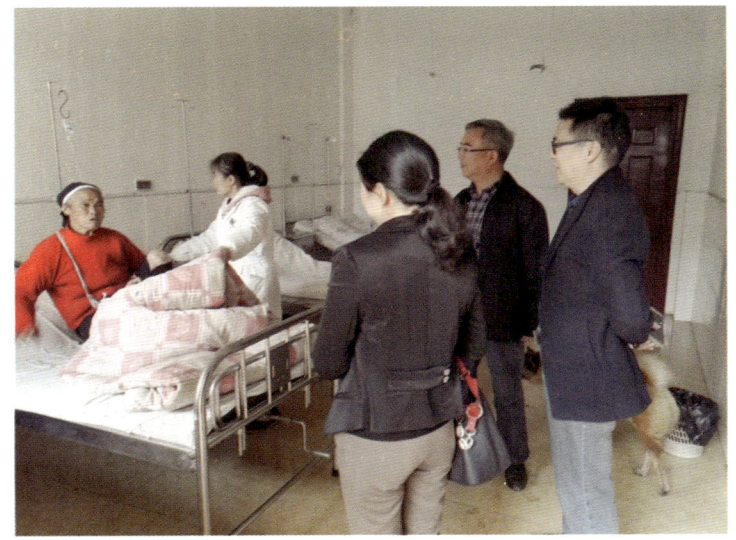

2016年12月21日,县政协主席李春益(右二)到三排镇南岗卫生院调研

（二）委员活动

1992年3月26日，县政协五届三次会议举行联欢晚会

2009年11月10日，县政协委员到云浮市云安县学习考察工作

2009年11月11日，县政协委员到云浮市郁南县学习考察工作

履行职能

2009年11月12日,县政协委员到云浮罗定市学习考察工作

2014年8月29日,县政协主席房坚一(右二)、副主席陈锦叶(右一)带队到阳山县政协交流文史工作。阳山县政协主席钟土城(左一)作工作介绍

2016年3月22-24日,县政协主席唐拾斤,副主席谢柏良、唐海英一行赴佛山、中山、东莞三市连南籍企业家企业考察调研

2016年3月22-24日,县政协主席唐拾斤、副主席谢柏良、唐海英一行赴佛山、中山、东莞三市连南籍企业家企业考察调研

2016年12月23日,县政协副主席陈锦叶(左二)率提案组委员到广西壮族自治区三江县学习考察工作

2017年3月21日,县政协主席李春益(左三),副主席陈锦叶(左二)、赖斌(左一)等一行到广州番禺连南籍企业家企业考察调研

2017年3月22日,县政协主席李春益(右三),副主席陈锦叶、赖斌等一行到东莞市考察调研县政协委员企业

（三）扶贫济困

2010年4月2日，政协委员送医送药义诊活动

2010年7月1日，县政协领导带领机关干部到涡水镇瑶龙村扶贫慰问

2011年4月2日，广州市花都区政协主席黄水记（前左一）一行到连南开展捐资助学活动

2016年6月30日 县政协委员顺德企业家何杰常等一行25人视察连南县顺德小学、连顺民族高级中学并捐资助学。图为在顺德小学门前合影

2017年2月9日，县政协主席李春益（左一）、副主席邓建（前右一）调研三排镇横坑村精准扶贫工作

联谊往来

2011年4月2日,广州市花都区政协领导带领企业家一行到连南县寨南温泉等地考察调研。县委书记崔建军(前左一)、县政协原主席唐国伟(前右一)等陪同

2015年3月19日,辽宁省政协常委、教科卫体委员会专职副主任李小青(左三)等一行5人在省市政协对口专委领导陪同下,到连南县考察产学研问题。县政协副主席唐拾斤(右三)陪同

2015年4月24日,广州市越秀区政协领导到连南视察三江镇两河三岸,并就筹资建设沿陂至梅村桥问题进行调研

联谊往来

2014年11月20日，佛山市政协社会与法制委员会主任劳洪喜一行到连南考察工作，县政协副主席唐海英（左三）、秘书长房小亮（左一）陪同

2014年6月17日，广西壮族自治区大化瑶族自治县政协主席莫利细（左二）一行到连南考察非物质文化保护及传承工作。县政协副主席唐伟（左一）陪同到瑶族博物馆等地考察

2015年4月21日，英德市政协副主席刘军(左三)、秘书长蓝冬松一行9人，到连南县交流"委员之家"网络平台建设、提案办理等工作。图为副主席陈锦叶（右二）陪同参观中国瑶族博物馆。

联谊往来

2016年4月13日,清远市政协副主席李雨松(前左三)和湛江市政协副主席林家萍(前左二)一行到广东瑶族博物馆、千年瑶寨调研考察

2016年5月5日,清新区政协副主席钟锦嫦一行到连南交流工作

2016年12月6日,广西壮族自治区三江县政协副主席吴万清(左三)一行10人到连南交流工作,县政协副主席陈锦叶(左二)陪同

2017年2月7日,广西壮族自治区贺州市政协副主席黄志光(左四)一行来连南考察交流工作。县政协主席李春益(左三)陪同

文史工作

2015年8月30日，县政府召开纪念抗战胜利70周年活动暨县政协《连南文史》（抗战专辑）出版座谈会，县长李春益(后排左五)、县政协副主席及委室领导、县政府办负责人、学生代表、文史工作者代表参加。

县政协出版的文史资料
（2016年12月摄）

县政协出版的文史资料
（2016年12月摄）

（一）集体荣誉

2014年9月28日，中央民族工作会议暨国务院第六次全国民族团结进步表彰大会在北京召开。中共中央总书记、国家主席习近平，国务院总理李克强，全国人大常委会委员长张德江，全国政协主席俞正声等党和国家领导人为受表彰的模范集体和模范个人代表颁奖。连南县被评为全国民族团结进步模范集体。县长李春益（前右一）代表县政府上台领奖

2014年12月24日，广东省委、省政府召开全省民族工作会议暨第六次民族团结进步表彰大会。上图为省领导与代表合影

（二）个人荣誉

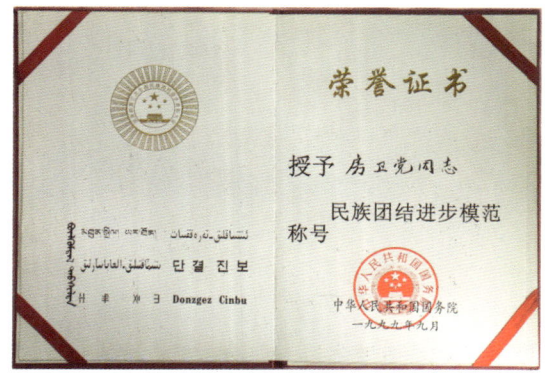

2003年3月3日，连南全国政协委员房卫党在北京人民大会堂参加第十届全国政协会议

（三）印章、证件

1990年7月30日前县政协印章

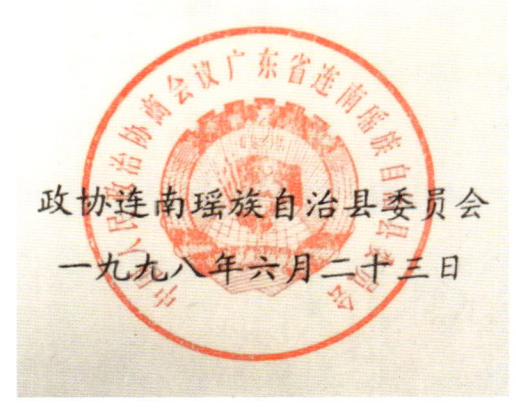

1990年7月30日，县政协新印章启用

会议证件

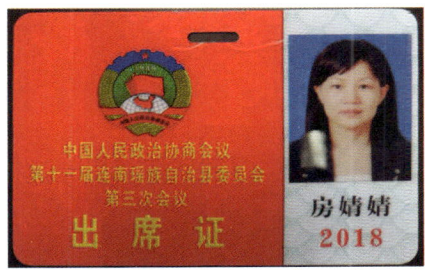

志书编纂

2018年2月28日,《连南瑶族自治县政协志》(1953—2016)评审委员会成员合影

《连南瑶族自治县政协志》(1953—2016)编辑部成员合影

目　录

序
总　述 ·· 1
大事记 ·· 7
第一章　历史沿革 ·· 94
　第一节　连南县政府参事室与连南区协商委员会 ····························· 94
　　一、建制沿革 ·· 94
　　二、县政府参事室 ·· 95
　　三、连南区协商委员会 ·· 96
　第二节　政协连阳各族自治县委员会 ·· 96
　第三节　政协连南瑶族自治县委员会 ·· 97
第二章　政协委员 ·· 99
　第一节　委员的产生 ·· 100
　第二节　委员的构成 ·· 100
　第三节　委员变动 ·· 103
　第四节　历届县政协委员名录（含特聘委员）······························· 106
　　一、第一届委员名录 ·· 106
　　二、第二届委员名录 ·· 107
　　三、第三届委员名录 ·· 108
　　四、第四届委员名录 ·· 108
　　五、第五届委员名录 ·· 109
　　六、第六届委员名录 ·· 110
　　七、第七届委员名录 ·· 111

八、第八届委员名录 ………………………………………………………… 112
　　九、第九届委员名录 ………………………………………………………… 113
　　十、第十届委员名录 ………………………………………………………… 115
　　十一、第十一届委员名录 …………………………………………………… 117

第三章　组织机构 ………………………………………………………………… 120

第一节　历届委员会及常务委员会 …………………………………………… 121
　　一、第一届委员会及常务委员会 …………………………………………… 121
　　二、第二届委员会及常务委员会 …………………………………………… 122
　　三、第三届委员会及常务委员会 …………………………………………… 123
　　四、第四届委员会及常务委员会 …………………………………………… 125
　　五、第五届委员会及常务委员会 …………………………………………… 126
　　六、第六届委员会及常务委员会 …………………………………………… 127
　　七、第七届委员会及常务委员会 …………………………………………… 128
　　八、第八届委员会及常务委员会 …………………………………………… 130
　　九、第九届委员会及常务委员会 …………………………………………… 131
　　十、第十届委员会及常务委员会 …………………………………………… 133
　　十一、第十一届委员会及常务委员会 ……………………………………… 135

第二节　工作机构 ……………………………………………………………… 137
　　一、科室设置（含历届政协机关工作人员名单） ………………………… 137
　　二、历届专门委员会、工作组 ……………………………………………… 143

第三节　党　组 ………………………………………………………………… 159

第四节　党群组织 ……………………………………………………………… 160
　　一、党支部 …………………………………………………………………… 160
　　二、工　会 …………………………………………………………………… 162

第四章　政协会议 ………………………………………………………………… 163

第一节　历届全体委员会议 …………………………………………………… 163
　　一、第一届委员会全体委员会议 …………………………………………… 163

二、第二届委员会全体委员会议……………………………………… 163
　　三、第三届委员会全体委员会议……………………………………… 164
　　四、第四届委员会全体委员会议……………………………………… 165
　　五、第五届委员会全体委员会议……………………………………… 166
　　六、第六届委员会全体委员会议……………………………………… 167
　　七、第七届委员会全体委员会议……………………………………… 168
　　八、第八届委员会全体委员会议……………………………………… 169
　　九、第九届委员会全体委员会议……………………………………… 171
　　十、第十届委员会全体委员会议……………………………………… 174
　　十一、第十一届委员会全体委员会议………………………………… 176
　第二节　历届常务委员会会议…………………………………………… 176
　　一、第一届常务委员会会议…………………………………………… 177
　　二、第二届常务委员会会议…………………………………………… 177
　　三、第三届常务委员会会议…………………………………………… 178
　　四、第四届常务委员会会议…………………………………………… 179
　　五、第五届常务委员会会议…………………………………………… 181
　　六、第六届常务委员会会议…………………………………………… 183
　　七、第七届常务委员会会议…………………………………………… 186
　　八、第八届常务委员会会议…………………………………………… 188
　　九、第九届常务委员会会议…………………………………………… 191
　　十、第十届常务委员会会议…………………………………………… 194
　　十一、第十一届常务委员会会议……………………………………… 198
　第三节　历届主席会议…………………………………………………… 198
　　一、第一届主席会议…………………………………………………… 198
　　二、第二届主席会议…………………………………………………… 193
　　三、第三届主席会议…………………………………………………… 199
　　四、第四届主席会议…………………………………………………… 199

五、第五届主席会议 …………………………………………………………… 200
　　六、第六届主席会议 …………………………………………………………… 200
　　七、第七届主席会议 …………………………………………………………… 202
　　八、第八届主席会议 …………………………………………………………… 205
　　九、第九届主席会议 …………………………………………………………… 207
　　十、第十届主席会议 …………………………………………………………… 209
　　十一、第十一届主席会议 ……………………………………………………… 216
　第四节　其他会议 ………………………………………………………………… 216
　　一、党组会议 …………………………………………………………………… 216
　　二、主席会议成员座谈会 ……………………………………………………… 219

第五章　政治协商和民主监督 ………………………………………………………… 221
　第一节　政治协商 ………………………………………………………………… 221
　第二节　视察调研 ………………………………………………………………… 221
　第三节　考　察 …………………………………………………………………… 230
　第四节　反映社情民意 …………………………………………………………… 231

第六章　参政议政 ……………………………………………………………………… 237
　第一节　大会议政发言 …………………………………………………………… 237
　第二节　听取县委、县政府工作通报 …………………………………………… 242
　第三节　听取和讨论县政府工作报告 …………………………………………… 243
　第四节　县委、县政府领导与委员协商议政座谈会 …………………………… 244
　　一、县委书记约见政协委员座谈会 …………………………………………… 244
　　二、县长约见政协委员座谈会 ………………………………………………… 245

第七章　提案工作 ……………………………………………………………………… 246
　第一节　提案征集 ………………………………………………………………… 246
　第二节　提案审查和处理 ………………………………………………………… 247
　　一、审查立案 …………………………………………………………………… 247
　　二、提案处理 …………………………………………………………………… 247

三、历届提案审查立案情况 ………………………………………… 248

 第三节　提案办理 …………………………………………………… 250
　　一、办理提案 ……………………………………………………… 250
　　二、历届提案办理情况 …………………………………………… 251

 第四节　重点提案 …………………………………………………… 255
　　一、县党政主要领导督办提案 …………………………………… 256
　　二、县政协领导督办提案 ………………………………………… 256

 第五节　建议案 ……………………………………………………… 256

 第六节　优秀提案 …………………………………………………… 257
　　一、县级优秀提案 ………………………………………………… 257
　　二、市级优秀提案 ………………………………………………… 260

 第七节　承办提案先进单位 ………………………………………… 260

第八章　文史工作 ……………………………………………………… 262

 第一节　史料征集 …………………………………………………… 262

 第二节　史料编辑出版 ……………………………………………… 263
　　一、《连南文史》编辑出版 ……………………………………… 265
　　二、其他史料收集编辑出版 ……………………………………… 266

 第三节　文史交流 …………………………………………………… 267

第九章　统战联谊协作 ………………………………………………… 268

 第一节　统战工作 …………………………………………………… 268

 第二节　联谊服务 …………………………………………………… 273
　　一、联谊活动 ……………………………………………………… 273
　　二、公益事业 ……………………………………………………… 277
　　三、招商引资 ……………………………………………………… 279

 第三节　毗邻协作 …………………………………………………… 279
　　一、承办协作会议 ………………………………………………… 279
　　二、参加协作会议 ………………………………………………… 281

第四节　庆典活动……286

第十章　机关工作……288

第一节　机关各委（科）室职责……288

第二节　机关工作与制度……292

一、学习教育……292

（一）理论法规学习……292

（二）专题学习……296

（三）委员培训……300

二、规章制度……301

三、党的工作……303

（一）制度建设……303

（二）学习教育活动……304

四、内务管理……306

（一）办公条件……306

（二）文秘档案……306

（三）后勤服务……307

（四）离退休干部管理……307

五、宣传信息……307

六、来信来访……310

七、挂联服务……312

第十一章　人　物……313

第一节　历届政协主席、副主席、副处级干部、秘书长简介……313

一、历届政协主席……313

二、历届政协副主席……319

三、县政协副处级干部……335

四、历届政协秘书长……335

第二节　全国、省、市政协委员名录……337

一、全国政协委员 …………………………………………… 337
　　二、广东省政协委员 ………………………………………… 338
　　三、韶关市政协委员 ………………………………………… 338
　　四、清远市政协委员 ………………………………………… 338

第三节　连南瑶族自治区、连阳各族自治县政协委员名录 ………… 339
　　一、连南瑶族自治区政协委员 ……………………………… 339
　　二、连阳各族自治县政协委员 ……………………………… 339

第四节　先进人物名录 ……………………………………………… 340
　　一、获省（部）级以上表彰的政协委员
　　　（1980~2011年）
　　　…………………………………………………………… 340

第十二章　文献辑存 ………………………………………………… 343
第一节　县委、县政府有关政协工作文件（选录） ……………… 343
第二节　县政协文件（选录） ……………………………………… 360
第三节　政协之友联谊会文献（选录） …………………………… 375
第四节　政协工作联系协作会文献（选录）
　　一、湘、桂、粤三省（区）毗邻县（市）政协工作联系协作会
　　　章程 ……………………………………………………… 386
　　二、湘、桂、粤三省（区）毗邻县（市、区）政协工作联系协
　　　作会第10次会议工作介绍 ……………………………… 388
　　三、湘、桂、粤三省（区）毗邻县（市、区）政协工作联系协
　　　作会第35次会议工作介绍 ……………………………… 396
　　四、县政协在湘桂粤三省（区）毗邻县（市、区）政协工作联
　　　系协作会上的发言材料（选录） ……………………… 402

第五节　历届县政协常委会工作报告 ……………………………… 411
　　一、县政协第一届常委会工作报告 ……………………… 411
　　二、县政协第二届常委会工作报告 ……………………… 411

三、县政协第三届常委会工作报告 …………………………………… 418
四、县政协第四届常委会工作报告 …………………………………… 424
五、县政协第五届常委会工作报告 …………………………………… 433
六、县政协第六届常委会工作报告 …………………………………… 441
七、县政协第七届常委会工作报告 …………………………………… 457
八、县政协第八届常委会工作报告 …………………………………… 466
九、县政协第九届常委会工作报告 …………………………………… 476
十、县政协第十届常委会工作报告 …………………………………… 484
十一、县政协第十一届常委会工作报告 ……………………………… 491

第六节 相关文献材料（选录） …………………………………………… 500
一、政协举行有关活动领导讲话 ……………………………………… 500
二、在庆祝人民政协成立65周年座谈会上的讲话 …………………… 512
三、优秀调研报告 ……………………………………………………… 520
四、县政协在全国、省、市政协会议上的提案、发言材料 ………… 542

后　记 ………………………………………………………………………… 560

序

　　中国共产党领导的多党合作和政治协商制度是我国的一项基本政治制度，政协组织是我国最广泛的爱国统一战线组织，是多党合作和政治协商的重要机构。政协连南瑶族自治县委员会（下简称县政协）自1953年1月成立以来，走过了63载不平凡的春秋，历经十一届委员会。这63个春秋，无论是在社会主义改造和建设时期，还是在改革开放和现代化建设的新时期，县政协都始终在中国共产党的领导下，高举团结民主的大旗，积极参与国家和地方大事，围绕中心工作，服务大局，认真履行"政治协商、民主监督、参政议政"职能。各界别人士、社会各界贤达在政协组织这个平台上，与中国共产党人精诚合作，发挥聪明才智，积极参与连南改革开放和社会主义现代化建设事业，为维护连南社会政治大局稳定，增进人民团结，促进经济社会全面协调可持续发展作出了重大贡献。可以说，连南县政协的63年，是与国家同呼吸、共命运的63年，是与连南发展紧密相连的63年，也是取得了巨大成就的63年。

　　当前，连南瑶族自治县（下简称"连南"）正进入经济社会转型发展时期。在新时代，落实科学发展，高举中国特色社会主义伟大旗帜，为实现中华民族伟大复兴中国梦，发展社会主义民主政治，加快现代化建设步伐，围绕"特色立县·生态崛起"发展目标，建设美丽、幸福、和谐连南，必须大力加强县政协工作，进一步发挥政协组织的作用。我们相信，在县委领导下，认真贯彻《中央关于进一步加强中国共产党领导的多党合作和政治协商制度建设的意见》以及《关于加强人民政协工作的意见》，为进一步发展社会主义民主、巩固和发展最广泛的爱国统一战线、做好人民政协工作创造更加有利的条件。新时代新任务对政协工作提出了新的更高的要求。政协组织要切实加强制度化建设，着力提高政治协商、民主监督、参政议政的能力和水平，充分发挥桥梁纽带作用，凝聚各方面的力量，为加强连南的经济建设、政治建设、文化建设、社会建设和生态文明建设作出新的更大的贡献。

《连南瑶族自治县政协志》（1953—2016）系统翔实地反映了连南县政协组织60多年来的历程和所取得的成就，是社会各界深化对中国共产党领导的多党合作和政治协商制度的认识，更好地了解连南政协工作的重要参考资料，对推动新阶段连南政协事业和爱国统一战线事业进一步健康发展具有重要意义。展望未来，连南县政协组织一定能发挥优良传统，不忘初心，继往开来，与时俱进，在建设美丽、幸福、和谐连南的伟大实践中谱写出新的更辉煌的篇章。

是为序。

政协第十一届连南瑶族自治县委员会主席　李春益
2017年12月

总 述

一

连南瑶族自治县隶属广东省清远市，位于广东省的西北部，东北与连州市交界，东南与阳山县相连，南接肇庆市怀集县，西邻连山壮族瑶族自治县，西北与湖南省江华瑶族自治县接壤。总面积约1306平方公里。2016年，全县设三江、寨岗、大麦山、三排、涡水、大坪、香坪7个镇，69个村民委员会，2个社区居民委员会。有瑶、汉、壮等22个民族，户籍总人口达17.37万人。瑶区面积占全县的80％以上。是全国唯一的排瑶聚居地，是世界经典乐曲《瑶族舞曲》的故乡。

连南历史悠久，新石器时代已有人类在三江伏兔山居住，隋唐时期已有一定数量的瑶族在山区从事农林猎活动。今连南县境，秦朝隶属长沙郡，汉属桂阳郡，三国、两晋划归始兴郡，南北朝时划归阳山郡，隋、唐、宋朝先后属熙平郡、连州。元朝改州为路，归属连州路，明代因之。清康熙四十二年（1703），始设理瑶同知，直隶于广州府。民国元年（1912），设瑶务处，管辖瑶族聚居地。民国十六年（1927），设立连阳化瑶局，隶属广东省政府。民国二十四年（1935），改化瑶局为安化管理局。民国三十五年（1946），撤安化管理局置连南县。中华人民共和国成立后，1950年5月成立连南县人民政府。1953年1月，与连山县合并，并将连县、阳山县部分地区划入，成立连南瑶族自治区，隶属粤北行署。1954年3月，恢复连山县建制，连南瑶族自治区亦于1955年6月改称自治县。1958年12月，与连县、连山、阳山合并为连阳各族自治县。1960年10月，阳山县恢复建制，原连阳各族自治县易名为连州各族自治县；1961年10月，撤连州各族自治县，恢复连南瑶族自治县，属韶关专区管辖。1988年1月清远市成立，连南归清远市管辖。县城设在三江镇。

连南自然风光秀美，山清水秀，物华天宝，资源丰富。连南人杰地灵，民族风情浓郁。连南气候四季分明，立体气候明显。

六十多年来，连南在党的光辉照耀下，在党的民族政策指引下，从县情出发，励精图治，团结拼搏，开拓进取，攻坚克难，艰苦奋斗，经济建设和社会各项事业取得了巨大的成就。连南人民正继往开来，再接再厉，朝着全面建成小康社会的发展目标迈进。

二

中国人民政治协商会议是中国人民爱国统一战线组织，是中国共产党领导的多党合作和政治协商的重要机构，是我国政治生活中发扬社会主义民主的重要形式。1953年1月21日至25日，连南瑶族自治区召开首届各族人民代表大会，审议通过《连南瑶族自治区各族各界人民代表会议协商委员会暂行组织条例》，选举产生协商委员会委员40人。同月27日，召开连南瑶族自治区人民代表会议协商委员会第一届委员代表大会，出席会议的代表40人，会议选举主席1人，副主席2人（第三副主席留给壮族担任）。政协连南瑶族自治县委员会自此成立。自连南县政协成立至2016年，经历11届委员会。由于自治县与连山县、连县、阳山等县两合两分和受"文化大革命"影响等客观原因，县政协一届委员会只开过一次全体会议，直到1980年11月才召开第二届委员会第一次全体会议，这期间二十七年基本停止活动。从1980年11月第二届委员会后到2016年，这个时期，是自治县政协从恢复到发展的时期，在中共连南瑶族自治县委的领导和上级政协的关心指导下，始终不渝地以马列主义、毛泽东思想、邓小平理论和"三个代表"重要思想、科学发展观为指导，解放思想，与时俱进，认真贯彻落实科学发展观以及习近平总书记系列重要讲话精神，充分发挥广大政协委员的主体作用，积极履行政治协商、民主监督、参政议政的职能。

党的十一届三中全会以来，伴随着我国改革开放的伟大历程，县政协与社会各界风雨同舟、携手共进，各项工作和职能不断发展和完善。一是领导和机构从一届时设1名主席2名副主席（均是兼职），未设置政协专门办事机关（县委指派一名干部兼职处理日常工作），尔后，主席、副主席逐步过渡到专职和兼职，并设立专门办事机关，即政协办公室和各委员会或科（室）；二是委员代表人数从一届的40人增至2016年的155人（十一届县政协委员定额157人）；委员代表界别从初期的几个增加到现在的23个，更具广泛性，委员的文化素质从低到高，年龄从大到小，更具先进性；三是政协工作要求从不够规范到逐步迈进制度化、规范化、程序化的轨道。随着党的工作重点转移，县政协的协商、监督内容更加丰富，参政议政范围更加广泛，形成履行职能的多层次、多渠道、多样化的特点。从第四届委员会起，县政协设置中共连南县政协党组。

三

县政协认真贯彻"长期共存、互相监督、肝胆相照、荣辱与共"方针，坚持团结、民主两大主题，坚持以经济建设为中心，坚持党的四项基本原则，坚持改革开放，以促进发展为第一要务，根据《中共中央关于进一步加强中国共产党领导的多党合作和政治协商制度建设的意见》《中国人民政治协商会议章程》《中共中央关于加强人民政协工作的意见》，围绕连南重要事务，人民群众关心关注的社会热点、难点问题以及统一战线内部关系等问题，利用全体委员会议、常委会议、主席会议、列席县人大会议，班子主要领导参加县委常委会议、县委书记会议，班子成员参加县党政班子联席会议、四套班子会议等形式，进行积极的协商讨论，通过专题议政、专题调查研究和视察，实事求是地写出调查视察报告、委员提案和议政发言材料，提出意见建议。历届政协都精心组织委员对县内的法治、经济、文化、教育、卫生、环保、生态、城建、民生等方面的工作进行调研视察，提出不少有价值的意见和建议。至第十届委员会第五次会议止，累计提出1443件提案，立案1401件，办复1393件，办复率占99.4%，大部分意见建议被政府及有关部门采纳，充分发挥了政治协商、民主监督、参政议政作用，为建设美丽、幸福、和谐新连南作出了贡献。

——**队伍建设不断加强**。从第一届至第十一届（2016年11月一次会议止），政协队伍状况变化巨大。委员人数由初期的40人增至现在的155人（十一届县政协委员定额157人），委员文化程度有很大提高，更具广泛性、代表性、先进性。历届政协坚持把加强学习、提高委员和机关工作人员素质摆在重要的位置，结合各个时期的形势和任务，以各种形式组织委员学习马列主义、毛泽东思想，学习邓小平理论、学习"三个代表"重要思想和科学发展观，学习习近平总书记系列重要讲话精神，学习党和国家的方针、政策和法律法规以及统一战线和人民政协的理论知识。根据工作需要，不定期举办委员培训班，邀请专家教授或省、市政协机关领导上课。此外,还要求委员和机关工作人员发扬人民政协自我学习、自我教育的优良传统,培养良好的情操,不断增强参政议政的能力和提高机关办事效率。政协队伍在社会中树立了良好的形象,社会各阶层主动向政协反映问题并积极配合支持政协工作。

——**履行职能渠道不断拓宽**。按照政协章程的规定,历届政协紧紧围绕全县各时期的中心任务,运用传统的工作方法,注重总结经验,不断扩展新的活动范围和领域,成为政治协商、民主监督、参政议政的主要形式,同时,又不断探索和拓宽履行职能的渠道。建立了优秀政协委员、先进工作组、优秀提案、承办提案先进单位的评选表彰制度,评选出的各类先进在次年的全体会议上进行表彰奖励,有效地调动了委员及相关人员的积极性。在创新开展专题协商、专题议政、专题调研、视察、专题研讨、民主评议、提出建议案、撰写提案、现场办案等活动中,充分发挥人才智力优势,集思广益,鼓励献计出力,并建立相应的提案督办机制,不断提高履行职能的质量和水平。

——**爱国统一战线及社会联谊不断巩固和发展**。历届县政协在"三胞"联谊和社会其他交往中做了大量的工作。一是通过有关渠道,不断扩大与海外侨胞、台湾同胞、香港、澳门爱国人士建立长期友好关系,吸引他们多来连南,了解连南,支持连南的建设以及进行扶贫助学等慈善公益活动。二是不断扩大与周边县(市)、区及省外部分地方政协的联谊交往。参加湘桂粤三省(区)毗邻县(市、区)政协工作联系协作会47次,1994年6月和2007年6月分别当班,成功举办了第10次和第35次协作会会议。协作会活动对于彼此学习交流政协工作和促进地方经济社会建设以及扩大交往、增进友谊,构建和谐社会起到了积极作用。

——**文史资料工作不断拓展**。文史资料工作是政协整体工作的重要组成部分。政协文史在史学界独树一帜,具有补史料之遗、匡史书之误、补档案之缺、辅文学之证的独特功能。

县政协文史资料工作从1985年开展以来,历届领导及文史工作人员非常注重文史的征集出版工作,本着对历史高度负责的事业心,以多种形式广征博采,征集、发掘、抢救了一大批文史资料,收集资料达400余万字,以专辑与综合内容相结合,整理出版了15辑《连南文史》。1995年,县政协文史委与市政协合作,编纂出版瑶族史料专辑——《清远文史》第九辑,有70篇文章,12幅照片,12万多字,并送省参评,被评为优秀文史;2015年,县政协提案文史委编纂出版纪念中国人民抗日战争暨世界反法西斯战争胜利70周年专辑——《连南文史》第十五辑,有46篇文章,44幅照片,15万多字。向省、市政协上送了几十万字的本地史料。充分发挥了文史资源"存史、资政、团结、育人"的独特作用。

连南县政协自1953年1月成立至2016年12月,走过了63年的历程,经历了十一届任职。在长期的工作实践和探索中,积累了一些经验和体会。

——**必须坚持共同思想政治基础**。人民政协作为大团结大联合的组织,涵盖各党派、各团体、各民族、各阶层和各界人士。实践充分证明,人民政协团结联合的范围越宽、程度越深,越需要坚持中国共产党的领导,坚持团结和民主两大主题,在尊重多样性中保持一致性。要在思想上同心同德,以中国特色社会主义理论体系增进共识;在目标上同心同向,以全面建设小康社会和中华民族伟大复兴宏伟目标坚定信念;在行动上同心同行,以推动科学发展、促进社会和谐生动实践汇聚力量。要在全体委员中大兴学习之风,依靠学习和实践走向未来,不断增强理论自信、道路自信、制度自信和文化自信,弘扬社会主义核心价值观,巩固共同思想政治基础。总之,坚持中国共产党的领导,人民政协事业的发展就有了可靠的政治保证,就能始终沿着正确的政治方向前进。

——**必须准确把握人民政协的性质和方向**。人民政协是中国人民爱国统一战线的组织,是中国共产党领导的多党合作和政治协商的重要机构,是我国政治生活中发扬社会主义民主的重要形式。这是对人民政协性质的科学界定,反映了人民政协的鲜明特征,体现了人民政协的独特优势,指明了人民政协事业的发展方向。无论国际风云如何变幻,无论国内经济社会如何变革,都要毫不动摇地坚持人民政协的性质和方向,坚定不移地走中国特色社会主义政治发展道路,始终坚持完善中国共产党领导的多党合作和政治协商制度,切实发挥我国社会主义政治制度的特点和优势。在工作实践中,要本着团结、民主、和谐的精神,体现合作、参与、协商的特点,广开言路、集思广益,尊重多数、照顾少数,不断扩大社会各阶层有序的政治参与。

——**必须坚持群众路线**。人民群众是中国共产党领导下的人民政协存在、发展的基础力量和智慧源泉。人民政协必须始终坚持群众路线,密切联系群众,从群众中来,到群众中去,把维护广大人民群众的根本利益作为政协履行职能的出发点和落脚点,设身处地为群众着想,实实在在为群众办事。要发挥政协话语权的作用,努力做到说得准、说得对,促进各项决策更好地体现群众利益。要发挥政协委员的主体作用,凭借自身社会影响或专业知识,深入基层倾听群众诉求,了解民生疾苦,帮助解决难题。要发挥统一战线在凝聚人心、协调关系、化解矛盾、稳定社会中的特殊作用,巩固和维护民族大团结,共同开创社会和谐人人有责、和谐社会人人共享的生动局面,不断提高群众的幸福指数。只有切实把关心群众、服务群众的工作做好,才能从人民群众创造历史的伟大进程中汲取智慧和力量,为人民政协事业的发展注入不竭的动力。

——**必须坚持改革创新**。只有牢牢把握时代脉搏,始终保持蓬勃朝气,不断推进人民政协理论创新、制度创新、工作创新,人民政协事业才能保持旺盛活力,在坚持和发展中国特色社会主义中发挥更大作用。要加强人民政协的制度化、规范化、程序化建设,更好地发挥人民政协的特点和优势,体现时代性,把握规律性,富于创造性。要着眼于政协工作新的实践和发展,注意研究和解决推进人民政协事业发展中出现的新情况、新问题,解放思想,与时俱进,不断探索政协工作的新形式、新途径,使政协工作更加富有生机和活力。要按照"党政所需、群众所盼、政协所能"的要求,围绕党委、政府的中心工作和深化改革中相关领域的热点、难点问题,精心选题,深入调研,创新思路,争取多出高质量调研精品,为党委、政府建言献策,不断提高协商议政水平。

大事记

1953 年

1月21—26日　首届连南各族各界人民代表大会召开。与会代表308人。会议选举产生连南瑶族自治区（县级）各族各界人民代表会议协商委员会（即中国人民政治协商会议连南瑶族自治县第一届委员会），委员40人，梁础当选区政协主席，王贵华、邓买尾八公当选区政协副主席。会议制订协商委员会的组织条例。

1月25日　连南瑶族自治区（县级）成立庆祝大会举行。全体政协委员参加庆祝大会。

4月15日　连南瑶族自治区（下简称自治区）第一届第二次各族各界人民代表大会召开。全体政协委员参加会议，会议宣布瑶区不分田、不划阶级、不斗霸的"三不政策"。

5月22日　自治区政协委员唐老丁三公、房耳环三公当选为广东省第二届各界人民代表大会代表。

29日　自治区协商委员会发出《关于瑶汉间杉木纠纷处理办法》。

8月　自治区政协委员唐志精选派为连南区少数民族代表，随省赴朝访问团到朝鲜慰问中国人民志愿军。

11月7—10日　自治区召开瑶族上层老人座谈会，协商有关民族团结、全面调整太公田和发展生产问题。

是年　通过全区瑶族上层老人会议协商，进行全面性调整太公田，解决无地、少地瑶族群众的土地问题。

1954 年

2月28日—3月1日　自治区召开第二届各族各界人民代表大会，全体政协委员参加会议，会议宣布恢复连山县建制的决定。

1955 年

11 月　"连南瑶族自治区人民政府"改称"连南瑶族自治县人民委员会"。

1956 年

7 月　连南瑶族自治县统战部成立。

10 月 10 日　接广东省委组织部通知,县委书记兼县长梁础的籍贯由广东新丰改为广东连南,并恢复瑶族姓名"邵良础"。

1957 年（缺）

1958 年

1 月 25 日　庆祝自治县成立五周年大会在县城三江镇召开。

10 月　连南、连山、连县、阳山四县合并为连阳各族自治县,县政府设在连州镇。

1959 年（缺）

1960 年

5 月 19—21 日　政协连阳各族自治县第一届委员会第一次会议在县城连州镇召开。会议听取成立政协连阳各族自治县第一届委员会第一次会议的筹备工作报告；选举邵良础为政协主席,沈一公、刘怀厚、刘子和为副主席,常务委员 15 人,秘书长 1 人,黄师仲、李志初当选为常委；听取县委书记邵良础关于形势和任务的报告。

10 月　阳山县划出,"连阳各族自治县"改称为"连州各族自治县"。

11 月 20 日　政协连州各族自治县委员会一届二次会议在连州县城召开。

1961 年

1月26日—2月2日　政协连州各族自治县委员会一届三次会议在连州召开。

4月25日　县政协召开全县知识界人士座谈会,各中小学非党、团校长、教导主任参加座谈会。学习了解国内国际形势和开放自由市场等。

5月6—12日　县政协在连州大旅店召开少数民族上层及社会人士座谈会,学习《人民公社工作条例》(草案)。

7日　县政协召开工商界、民主党派成员、归侨、医务、知识界人士座谈会,学习了解当前国内国际形势和开放自由市场等。

5月　政协连州各族自治县委员会增补蒋维铨等4位委员。

10月15日　撤销"连州各族自治县",恢复连县、连南瑶族自治县、连山壮族瑶族自治县三县建制,连南瑶族自治县驻地三江镇,属韶关地区管辖。

是年　在分县期间成立政协连南瑶族自治县第二届委员会筹备领导小组,具体工作由李东文负责。

1962 年（缺）

1963 年

7月1日　连南瑶族自治县成立十周年庆祝大会举行。

1964 年

4月12日　连南瑶族自治县选送一批土特产、矿产品,区域自治刊物、民族刺绣产品,旧社会地主阶级用的刑具、凶器等到中央民族文化宫展出。

7月30日　县政协接中共韶关地委组织部通知,县委书记邵良础调韶关工作。

1965 年（缺）

1966 年

12月　连南县召开全县学习毛主席著作先进单位、积极分子、贫下中农代表、民兵代表大会，会议开幕后代表和机关红卫兵举行了游行。此后，"文化大革命"冲击到各个方面，政协工作完全停止。

1967—1972 年（缺）

1973 年

政协连南县第二届委员会筹备领导小组的李东文调两委办专抓统侨工作。

1974—1977 年（缺）

1978 年

曾杰泉调任统侨科科长，政协、统战、民族、侨务工作开始逐步恢复，由统侨科负责。

1979 年

12月5日　县政协副主席、省政协委员李昌夫向省政协四届委员会提出三项提案：一是请求每年拨给连南吸收二十至三十名少数民族干部的编制指标，充实民族干部队伍；二是要求恢复民族地区干部、职工生活补贴费；三是要求恢复连南瑶族自治县工商联合会机构。

是年冬　连南召开民族工作会议，贯彻中央和省召开的民族、统战、侨务等几个会议精神。

1980 年

9 月　县委领导和有关部门领导组成二届政协筹备委员会，在全县范围内开展新时期政协工作宣传，组织广大干部和各界人士学习五届全国政协三次会议精神，同时按照县委〔1980〕33 号文件精神，进行广泛的民主协商，推荐出二届政协委员 63 名。

11 月 15—20 日　县政协召开二届一次会议，出席委员 63 人，选举产生常委会组成人员。

22 日　县政协召开二届一次常委会议，研究政协常委分工。

1981 年

1 月 5 日　县政协召开主席成员会议，研究春节前和全年政协工作。

14 日　县政协召开二届二次常委会议，学习政协章程草案，研究春节召开座谈会及把 64 名委员编成五个工作组等事宜。

16 日　县政协召开春节座谈会。

3 月 14 日　县政协召开二届三次常委会议，听取副主席李昌夫传达省政协四届三次会议精神，研究年度工作。

7 月 30 日　县政协召开二届四次常委会议，组织学习党的十一届六中全会文件，研究政协下一步工作。会上，副主席曾启煌在会上提出烧柴改烧煤、复办民族小学两项建议。

9 月 17 日　经县政协提出建议，县委决定撤销连南瑶族自治县人民政府办公室民族科，成立连南瑶族自治县民族事务委员会。

11 月 12 日　农历十月十六日，县政协接待一批港澳同胞到油岭观看"耍歌堂"表演。

是年　县政协通过开展调查研究，初步掌握全县侨胞和港澳同胞、台籍同胞、去台人员的情况，并主动与有关部门协作做好落实政策工作。

1982 年

1 月 7 日　县政协召开二届五次常委会议，讨论政协常委会工作报告（草案）、协商增补委员、增选常委建议，讨论二届二次会议议程、日程，研究召开春节座谈会具体事宜。

1月　县政协召开春节联谊座谈会。老干部、技术人员、人民教师、侨属，港澳台各界人士代表，及回乡探亲的华侨、港澳同胞和有影响的连南在外地工作的知识分子共70多人参加会议。

2月16日　县政协召开二届六次常委会议，讨论召开二届二次大会的议程、日期以及协商增补政协委员、常委的具体人选名单等事宜。

3月14日　县政协召开二届七次常委会议，讨论通过增补二届政协委员、常委、副主席等人员名单，并将讨论通过的人员名单作为候选人人选提请大会选举产生。

22—27日　县政协召开二届二次会议。会议出席委员65人，增选6位委员、3位常委和1位副主席。

7月16日　县政协召开二届八次常委会议，讨论《中华人民共和国宪法修改草案》。

8月2日　县政协对《中国人民政治协商会议章程（草案）》开展讨论，提出6处修改意见，并将意见上报省政协。

10月18日　县政协召开二届九次常委会议，学习党的十二大文件，研究召开二届三次会议事宜。

11月　县政协组织11名委员参加县少数民族参观团赴广西学习。

是年　组织部分委员参加巡视活动，到民族中学、民族小学和县人民医院等单位进行巡视座谈，并及时把问题转告有关部门和主管领导。

是年　县政协接待来信来访150多件，接待来访190多人次。

是年　县政协积极协助政府和有关部门调查处理民事、山林、土地纠纷26宗。

1983年

1月5日　县政协召开二届十次常委会议，传达省政协全会精神，研究召开二届三次大会的议程、日程和政协常委会工作报告等事项。

20—23日　县政协召开二届三次会议。会议出席委员66人。

25日　出席县政协二届三次会议的全体政协委员参加自治县成立三十周年庆祝大会和游行活动。

2月中旬　县委、县政府召开民族工作座谈会。各机关单位和部分公社少数民族代表共40多人参加会议。座谈会学习《中华人民共和国宪法》，学习党的民族政策，学习中央和省委领导的有关讲话，回顾和分析自治县成立以来的民族工作情况，总结经验教训，提出意见建议。

6月 省政协经济咨询工作组到连南进行智力支援，对县纺织厂、水泥厂、食品厂、冰室、酒家等单位进行视察和指导，对一些生产项目提出技术改造的具体意见。

7月2日 县政协召开二届十一次常委会议，传达学习省政协六届一次会议精神，学习全国政协六届一次会议文件，总结上半年政协工作，研究1983年下半年政协工作任务。

11月14日 县政协召开二届十二次常委会议，传达省和市政协会议精神，讨论召开县政协二届四次会议议程、日程和政协常委会工作报告等事项。

27—30日 县政协召开二届四次会议。会议出席委员65人。二届政协主席李积荣向大会作工作报告。

是年 县政协协助有关部门抓紧连南台胞台属政策工作的落实。全县应落实的有二十一宗，基本得到解决。

是年 县政协对县政协委员的政策落实情况进行全面检查。经复查落实，有10位委员在"文化大革命"期间受到不同程度的冲击，10人所受的错误对待先后得到纠正。

是年 县政协组织部分委员对金坑、涡水、白芒等公社学校和民族中学、民族小学及寨岗中学进行巡查，对存在的一些亟待解决的实际问题如教室、教师住房、瑶区适龄儿童入学率和教师素质等向政府和有关部门提出意见和建议。

是年 县政协接待群众来信来访共330人次，接待华侨、港澳同胞和外宾195人次。

是年 县政协协助政府和有关部门调解处理民事纠纷8宗。

1984年

3月 根据韶关市委〔1984〕11号文件精神，对县政协换届工作提出的具体意见，三月底连南县委根据文件精神以及政协意见，成立以县委副书记陈丕　为组长，县政协、县委组织部、县委统战部、县科委等领导参加的县政协换届筹备工作领导小组。

4月3日 县政协换届筹备工作领导小组举行第一次会议，学习市委文件，确定下届政协委员人数、研究委员产生的方式方法，对领导小组的成员进行具体分工。

4月9日　县政协召开常委会议，听取和讨论领导小组的换届工作意见以及筹备工作。

6月25—30日　县政协在县城三江召开三届一次会议。会议出席委员70人。新增加侨联、体育、个体户、专业户和重点户代表。会议选举产生常务委员17人、主席1人、副主席6人。

7月1日　县政协召开主席办公会议，传达省统战工作会议精神，讨论制订主席、常委、办公室会议制度，研究主席和办公室人员的工作分工，讨论1984年下半年政协工作安排。

9日　县政协召开三届一次常委会议（扩大到工作组组长），传达主席办公会议精神，研究工作组开展活动的具体要求。

27日　县政协召开汇报会议。县委书记李积荣到会听取汇报，副主席房泽荣等汇报韶关市政协会议精神。

8月9日　县政协召开三届二次常委会议，学习省委第一书记任仲夷的讲话精神，讨论落实政协委员的政策问题，安排三名常委具体抓此项工作。

10月8日　县政协召开三届三次常委会议（扩大到工作组组长），传达省政协工作会议精神，研究近期工作。

12月12日　县政协召开主席办公会议，决定成立连南瑶族自治县文史资料研究委员会，着手筹办连南文史资料工作。

是年　《连南政协》创刊，并出版三期。

是年　县政协给不脱产的农村政协委员发放信封、信笺和邮票，方便委员及时收集群众意见和建议。

是年　美籍华人、医学博士胡品雅定居美国40多年第一次回连南探亲，受到家乡人民热情接待。

是年　美籍华人、医生余海波从美国回连南探亲访友，受到家乡人民热情接待。

是年　县政协协助韶关市政协做好到连南食品厂、水泥厂、电机厂、纺织厂等单位的咨询服务工作。

1985年

1月　县政协组成调研组，连续五天深入农村各地调查了解群众生产生活急需解决的问题，综合写成七个问题的调查报告，提交县委并刊登在《连南政协》刊物上。

10 日 县政协召开三届四次常委会议，总结 1984 年工作，研究 1985 年工作计划。

3 月 县政协调入两名文史专职干部，并派送省社会主义学院培训学习。

4 月 29 日 县政协召开三届五次常委会议，研究召开三届二次会议事宜并讨论政协工作报告。

5 月 连南瑶族自治县文史资料研究委员会成立，由 11 人组成，丘卓任主任，班广勤任委员会办公室主任。

13 日 县政协在县城三江召开三届二次会议。大会审议政协工作报告和提案工作报告。

6 月 21 日 县政协召开三届六次常委会议，传达省政协五届三次会议精神，研究县政协下一步工作意见。

7 月 县政协财贸经济工作组开展对乡镇企业情况、三江市场调查活动；副主席房泽荣带领民族和政法两个工作组，会同有关区、乡领导对香坪、大坪、盘石三个区的山林纠纷，进行历时半个月的实地调查视察，对所发生的 12 宗纠纷，能解决的当场协商解决，对难以解决的提出意见转有关部门研究处理。

10 月 县政协文教卫生工作组对白芒、寨岗、三江等三个区的文教卫生状况进行调查视察，形成《关于部分中小学、医院情况的视察报告》。

9 日 韶关市政协在乳源县召开全市政协工作经验交流会，县政协副主席陈新寅代表连南在会上作题为"围绕四个结合开展工作组活动"的发言。

22 日 县政协召开三届七次常委会议（扩大到工作组组长），传达贯彻韶关市政协工作经验交流会精神，研究布置第四季度工作。

11 月 16 日 县政协召开主席办公会议，专题讨论连南发展山区经济问题。

12 月 20 日 县政协召开主席办公会议，总结 1985 年政协工作，研究 1986 年工作任务。

是年 县政协通过各种形式向政府和有关部门提出建设性意见 91 条，被县政府和有关部门采纳 51 条。

是年 县政协组织办公室人员两次走访农村委员了解生产生活。

是年 县政协委员蒋维全用七天时间，深入寨岗市场调查研究，形成书面建议《寨岗地区墟场设置应如何适应当前经济发展形势》。

是年 连南香坪发现金矿，县政协出面介绍有开发金矿技术的人才，协助县、区、乡成立南香金属开发有限公司。

是年　县政协文教和侨务工作组积极会同有关部门协商，解决淳溪中学复办问题。

是年　据县政协委员董佰妙反映，其侄子在中华人民共和国成立初送瑶胞为子，在瑶山结婚成家，不久病逝，遗下一男孩由亲房抚养，其海外亲人"朝思暮想盼望亲骨肉能回董家团聚"。为此，县政协领导多次到大坪区，对当事人做思想工作，终使董佰妙侄子当年遗下男丁认祖归宗。

是年　美籍华人、医生余海波携同其亲属孟嘉理、孟嘉玲等一行6人，第二次回连南探亲，受到家乡人民热情接待，挥毫题词"故乡水甜人情好"作留念。回美后，来信将其在县城的一处房产及邮寄来的1000元捐赠给淳溪中学作办学用。

是年　《连南文史资料》第一辑于十二月出版，罗昆烈参加编印工作，公安局何敏雄为封面设计，中国书法家协会会员董百振为封面题字。

是年　县政协副主席黄文明到困难地区百斤洞驻村扶贫，帮助治穷致富。

是年　县政协协助县委、县政府在深圳召开旅港连南同乡座谈会。

是年　县政协接待港澳同胞22批、250多人次。

1986 年

1月14日　县政协召开三届八次常委会议，总结1985年政协工作，研究1986年政协工作安排，讨论委员编组。

2月22日　县政协召开三届九次常委会议，传达韶关市政协常委扩大会议精神，研究召开政协三届三次大会的具体事项。

3月　县政协协助韶关市政协接待旅港连阳同乡会一行24人四乡参观团到连南的参观访问。

10日　县政协召开三届十次常委会议，讨论三届三次政协会议的工作报告和大会议程等。

30日　县政协在县城三江区召开三届三次会议。大会出席委员70人。会议审议通过政协工作报告，列席县七届人大三次会议。

5月5日　县政协召开三届十一次常委会议，学习全国政协会议文件和中央领导讲话。

6月10日　县政协召开三届十二次常委会议（扩大到工作组组长），传达贯彻省政协会议精神。

8月14日　县政协召开机关全体干部会议，传达市信访工作会议精神。

9月14日　县政协以党组名义向县委提交报告《关于进一步健全和完善政治协商制度》。

15日　县政协召开三届十三次常委会议，传达韶关市政协工作座谈会精神。

11月5日　县政协由两位副主席带领委员一行7人，历时11天，赴湖南的江华、道县和广西的富川、永乐、钟山、贺县等地参观学习。

21日　韶关市政协在始兴县召开政协工作经验交流会。连南县政协在会上作题为"抓紧时机抢救民族史料"的发言。

28日　县委根据县政协党组的报告向全县各级党组织发出《关于进一步加强同政协各委员会、工作组联系、协商的通知》，明确提出五点具体要求。

12月21日　县政协召开三届十四次常委（扩大）会议，传达贯彻广东省、韶关市政协工作经验交流会议精神，听取县政协7人到湖南、广西六县参观学习情况汇报。

是年　县政协积极参加《连南瑶族自治县自治条例》修改工作，并提出具体的修改意见。

是年　把政协工作组调整为10个类型、12个工作组。计划经济工作组调查视察县电机厂和轴承厂，分别形成《关于电机厂的视察报告》和《关于连南轴承厂的考察报告》；卫生工作组对南岗妇幼工作进行对口调查，形成《南岗妇幼工作调查情况》；民族工作组对白芒、板洞等三个瑶族边远山区教育工作开展调查，形成《对几个边远乡村小学教育工作视察情况的汇报》。

是年　侨居加拿大的董洁之女士，专程回到家乡，设宴感谢县政协帮其解决亲人从瑶区迁回家乡团聚的问题，给县政协赠送一块壁镜，上书"家乡亲人好　同胞情谊深"十个大字。

1987年

2月20日　部分县政协委员列席县人大七届四次会议，讨论修改《广东省连南瑶族自治县自治条例（初稿）》。

23日　县政协召开主席办公会议，讨论第三届政协工作报告，决定召开离任委员座谈会，讨论政协四届委员人选。

3月4日　县政协党组向县委提交《关于召开县政协四届一次会议的请示》。

7日　县政协召开三届十五次常委会。

9日　县政协党组向县委提交《关于四届政协委员安排情况的报告》。

10日　县政协政协领导、办公室全体干部以及本单位有选民资格的中国公民参加党群战线二选区的县人大代表选举、县政协委员推荐工作。

11日　县政协召开三届十六次常委会议。会议讨论审查三届政协工作报告、提案审查报告、文史收集出版工作报告及四届一次会议的议程、开幕词和闭幕词。

15日　县政协印发《关于召开县政协四届一次会议的通知》。

20日　县政协召开离任委员座谈会。

23日　县政协党组向县委提交《关于县政协四届常委候选人的报告》。

24—29日　县政协召开四届一次会议。会议选举产生新一届常委会组成人员17人，主席1人，副主席6人。

29日　县政协召开主席办公会议，研究主席、副主席分工，议定工作组划分原则，通过学习和会议制度。

4月1日　县政协党组向县委提交《关于县四届政协领导成员选举结果的报告》。

7日　县政协党组向县委提交《新一届政协党组人选名单的报告》。

11日　省政协常委、秘书长肖耀棠一行23人到连南考察。

23日　县政协召开四届一次常委会议，研究工作安排。

29日　政协办、县委统战部、侨办、民委发动群众对部、委、办领导进行"民主测定、民主评议、民意测验"的工作。测评对象有李志宏、班广勤、唐伟、赵龙福四人。

5月8日　县政协副主席许耿忠，常委李志宏、罗从到金坑公社，召开金坑小组全体委员会议，传达县政协四届一次常委会议精神。

5月9日　县政协常委李志宏、罗从二人到涡水召开涡水小组全体委员会议，传达县政协四届一次常委会议精神。

20日　县政协印发《关于关于组织委员开展学习活动的意见》。

6月16日　县政协印发《县政协四届一次常委会议纪要》。

是日　县政协主席唐彪，常委李志宏、罗从到大坪、香坪两个乡与委员房排六、房先德等人座谈农业开发等问题。

19日　县政协副主席丘卓带领办公室人员到三排、寨岗、大麦山镇等乡（镇）与委员房通留一、曾寿均、许一等人座谈在农业开发中的情况。

23—24日　县政协召开县城机关委员座谈会，研究如何开展好活动。

7月6日　县政协县城机关四个学习小组自改编后开展第一次学习活动。

14日　县政协主席唐彪，常委李志宏、罗从走访金坑乡政协委员房强、唐仁安。

18日　县政协召开政协四届二次常委扩大会议（扩大到工作组组长），传达省政协全会精神，研究解决如何开展工作组活动。

27日　县政协副主席黄文明到大麦山镇协助政协委员许一同志落实种养计划。

28日　县政协召开主席办公会议，研究主席、副主席承担开发性生产项目后，如何正确处理政协的日常事务与各人承担项目之间关系问题，如何协助政协委员许一把农业开发项目搞起来。

8月4日　县政协主席唐彪到大麦山帮助政协委员许一制订致富计划和农业开发规划。

8日　县政协召开四届三次常委会议，讨论副主席黎民生因工作调动辞去副主席职务问题，学习中央文件。

是日　县政协召开办公室新调进和调出人员迎送座谈会。

12—14日　县政协副主席丘卓参加经济"三胞"工作组考察连南县木器厂活动。

17日　县政协向县委提交《关于县木器厂的调查报告》。

31日　县政协召开党组会议，研究二科一室人选、派一名领导去石径联系与石径联营炼铁等问题。

9月2日　县政协召开县政协办全体工作人员会议。会上，罗从汇报县志办开会情况，班文勤汇报县纪检会议情况，李志宏总结办公室工作情况。副主席陈新寅参加会议并讲话。

8日　县政协印发《同意经委战线政协委员学习小组进一步开展学习考察活动意见的通知》。

15日　县政协办全体工作人员下乡参加三江镇五星村计划生育工作，历时12天。

30日　县政协召开政协办全体人员（包括在职四位驻会政协领导）会议，讨论石径联营炼铁等问题。会议决定：由陈新寅、班广勤先到黎埠炼铁厂调查后再议；与云浮县政协及三排、南岗联办大理石厂一事，由黄文明、杨坤甫先调查了解，提出方案再议；1987年上半年工作人员奖金发放办法，按工资总额发放；香坪办点问题由李志宏带办公室同志下去，4日前下乡；各工作组活动暂时由杨坤甫负责。

10月13日　县政协召开四届四次常委会议，讨论李志宏、班广勤、杨坤甫三位同志任职问题，传达县委在白水坑召开的五套班子会议精神，传达县委、县政府关于开展连南县成立三十五周年纪念活动的有关决定，听取唐彪汇报到四川、西安参观情况。

14日　县政协召开政协党组会议，讨论政协办人事问题。

16日　县政协向县委提交《关于政协视察县化工厂、铜矿、食品厂的情况报告》。

21日　县政协主席唐彪到盘石乡走访李明德等两位委员，了解两位委员在农业开发和林业生产中的情况。

30日　县政协副主席丘卓到板洞走访政协委员冯青妹、到寨岗镇走访政协委员任水泉、刘裕香，听取三位委员对农业开发的意见。

11月3日　县政协邀请林业局、教育局、卫生局、县供销社、苎蔴公司等五个单位负责人议事，就县政协走访委员时听取到的意见进行议事讨论。

5日　县政协副主席陈新寅，常委李志宏、唐伟、罗建荣、杨洪彬参观考察县水泥厂。

12—16日　县政协正、副主席参加县委全委扩大会议，学习党的十三大文件。

11月22日　县政协副主席丘卓陪同怀集县政协梁主席往板洞山寻找红色的花岗岩石和稀土。

27日　县政协在文化馆二楼会议室召开四届五次常委会议，学习党的十三大文件。

29日　县政协印发《抓好学习，调动委员的工作积极性的通知》。

12月4日　县政协主席唐彪走访政协委员曾桑均，研究如何开展活动问题。

12日　县政协印发《关于召开农村政协委员专业户座谈会的通知》。

23日　县政协召开农村专业户委员座谈会，座谈交流致富经验。参加会议人员七人。

26日　县政协副主席丘卓参加三江镇政协工作组活动，了解1987年的活动情况，研究1988年的学习和活动。

28日　县政协主席唐彪、副主席陈新寅到寨南的石径联系经营炼铁等有关问题。

1988 年

2月3日　县政协召开主席办公会议，讨论帮助乡镇办实业、传达省政协四届一次会议精神、组织人员慰问上两届政协领导等问题。

3月2日　县政协召开四届六次常委会议。

17日　县政协召开党组会议，研究政协四届二次会议有关事宜，讨论工作组调整方案。

18日　县政协召开四届七次常委会议，研究决定召开四届二次会议有关事宜。

29日—4月1日　县政办召开四届二次会议。

31日　部分政协委员在政府四楼会议室与县党政领导同志举行协商座谈会议。

4月29日　省政协副秘书长丁身尊一行4人到连南南岗、金坑等地了解民族风情。

5月5日　县政协经委、"三胞"工作组委员开展活动，调查了解县电机厂、连南工会。

6月2日　县政协副主席黄文明带领沈金定去郑州东方科技研究所商谈联营合办大理石厂有关事宜。

7月5日　县政协召开主席会议，讨论大坪乡社会治安问题。会后，将讨论情况写成书面材料提交县委。

11—25日　县政协办公室人员每天集中半天学习党的基本路线。

27日　县政协成立县《政协志》编纂工作领导小组。

30日　县政协召开办公室人员会议，讨论通过各项制度和人员分工。

8月8—10日　省政协民族宗教组一行4人在组长刘耀全带领下到连南白芒、九寨、三排、南岗等地考察。

17日　县政协副主席陈新寅参加南岗、三排区工作组委员活动。

23日　县政协副主席陈新寅率办公室李志宏、沈金定为南山大理石厂事宜到南岗、三排乡联系工作。

24日　县政协副主席陈新寅参加寨岗片政协工作组活动。

9月2日　县政协召开四届七次常委会议，传达上级会议精神，总结1988年上半年工作和研究1988年后四个月工作安排。

10月5—17日　县政协副主席丘卓率机关干部李志宏、罗从、许耿忠、杨洪彬、班广勤到粤西参观学习。

7日　县政协副主席陈新寅等6人被选举为市政协一届委员会委员。

13—15日　广西壮族自治区富川县政协黎树章等一行6人到连南参观。

11月6日　县政协副主席黄文明、丘卓接待东莞市政协副主席张荣根等4人。

14日　组织政协常委、工作组长到松柏洞铁矿、马安木茨高产片、三排养鸡场、县水泥厂参观考察。

16日　召开县政协四届八次常委会议，听取参观粤西地区情况汇报，研究下段工作，学习党的十三届三中全会精神。

21—22日　县政协副主席陈新寅参加寨南片政协委员活动，并参观松柏洞铁矿和板洞饮水工程。

27—28日　县政协主席唐彪参加二区片政协委员活动。

12月　县政协办公室被县委保密委员会评为"保密工作先进单位"。

9—14日　县政协副主席丘卓参加省政协召开的地方政协工作经验交流会议。

22日　县政协副主席黄文明、陈新寅出席淳溪中学建校40周年庆祝活动。

1989年

1月3日　县政协召开主席会议，讨论1988年工作总结和1989年工作意见。

5日　县政协副主席丘卓到怀集、云浮，了解稀土化验和办大理石厂等情况。

12日　县政协副主席陈新寅前往山联调查了解稀土分布质量等情况。

17日　县政协召开县政协四届九次常委会议，传达市政协一届一次会议精神及省政协经济交流工作会议精神，讨论县政协1988年工作总结和1989年工作意见。

2月22日　市政协副主席刘汉文等一行6人到连南了解政协工作开展情况。县政协副主席陈新寅陪同。

23日　县政协主席唐彪赴香港参观考察。

25日　县政协召开县政协四届十次政协常委会议，讨论四届三次会议具体事宜。

3月16日　县政协召开四届十一次常委会议，讨论召开例会的有关事宜。

20日　县委印发《关于加强政治协商和民主监督的通知》

24日　县政协副主席陈新寅、丘卓接待香港同胞禤振刚。

27—30日　县政协在县委党校召开四届三次会议。副主席陈新寅作工作报告，潘希奋等10位委员作大会议政发言，全体委员列席县人大会议。

4月4日　县政协副主席陈新寅在对台办公室会见从台湾归来的台湾同胞李毓粦父子。

5日　县政协主席唐彪到江华了解瑶族情况。

15日　市政协连南小组在县政协主席办公室举行活动。

22日　县政协科室全体干部收看胡耀邦同志追悼会电视实况。

24日　县政协提案委员会在主席办公室召开会议，研究委员提案。

29日　县政协主席唐彪、副主席陈新寅到香坪、大坪调查如何发挥政协委员的作用。

5月5日　县政协主席唐彪到交通局、卫生院了解政协委员开展政协工作情况。

6日　县政协主席唐彪到南岗调查政协工作情况。

8日　县政协主席唐彪、罗从到大麦山了解政协工作情况。

15日　县政协主席唐彪率队到广西梧州市参观学习。

17—18日　县政协主席唐彪参加香坪工作组活动，学习全国政协《暂行规定》，听取4位同志赴梧州的考察报告。

24日　县政协召开四届十二次常委会议，听取副主席陈新寅传达汇报市政协一届二次会议情况。

25日　三江联红村陈日源（台属）回家探亲。县对台办接待座谈，县政协副主席陈新寅出席座谈会。

6月10日　县政协副主席黄文明到澳门考察。

16日　县政协召开办公室全体干部会议，传达县委部委办局领导会议精神，学习邓小平讲话。

17日　县政协召开主席办公会议。

29日　韶关市乳源县政协主席邓中兴等4人到连南考察。县政协唐彪、陈新寅、黄文明等领导接待并介绍连南政协工作情况。次日，县政协副主席陈新寅陪同考察县水泥厂、毛织厂。

30日　县政协学习委员会召开会议，学习邓小平在接见军以上干部时的讲话和人民日报社论《立国之本、强国之路》，并讨论1989年下半年学习安排。

7月12日　县政协召开主席会议，总结1989年上半年工作，部署1989年下半年工作。

15—17日　省政协副主席王屏山带领省政协文教、宗教组一行6人到连南视察文教工作。

19日　县政协办公室全体干部学习邓小平、江泽民、李鹏三位中央领导讲话。

20日　县政协召开四届十三次常委（扩大）会议，总结1989年上半年工作，讨论1989年下半年工作意见。

21日　县委发文批转印发县政协党组《关于村委会改为管理区办事处的调查报告》。

8月4日　县政协向县委提交《关于庆祝中国人民政治协商会议成立四十周年活动的请示》。

7日　市政协副主席刘汉文到连南了解党外人士安排情况和庆祝政协四十周年工作情况。

9日　县政协副主席黄文明率队到连山就庆祝人民政协成立四十周年活动有关工作交换意见。同日，县委批复同意举行庆祝中国人民政协协商会议成立四十周年活动。

11—12日　县政府召开关于办理人大代表建议、政协委员提案和公文处理工作会议。副主席陈新寅在会上讲话。

19日　县政协召开主席办公会议，研究人民政协四十周年活动事项。

30日　县政协副主席黄文明率队参加在连县召开的湘桂粤三省（区）毗邻22县政协工作联系协作第1次会议。

31日　连山政协副主席莫自省到连南联系县志编纂工作。

9月18日　县政协副主席丘卓到寨岗接待马来西亚华侨邓华。

19日　县政协召开四届十四次常委会议，研究庆祝人民政协四十周年活动的各项筹备工作。同日，副主席丘卓带领县志办有关人员到韶关市始兴、南雄等县学习编修县志。

21日　连南隆重举行庆祝人民政协成立40周年大会。县政协主席唐彪在会上作题为"提高认识，履行职能，为完成新时期政协任务而奋斗"的报告，县委书记邓万社在会上作讲话。会上还进行有奖知识测验。

10月1—2日　青海省海西蒙古族藏族自治县政协参观团一行7人到连南考察。县政协副主席黄文明陪同。

6日　县政协办公室全体干部学习总书记江泽民国庆40周年讲话。

7—9日　省政协副主席王屏山一行16人到连南调研并出席"连南少数民族教育促进会"成立大会。省政协委员、香港知名企业家、省教育促进会副会长黄球担任该会名誉会长，并捐款30万元建立"黄球教学基金奖"，用于评选优秀校长和优秀教师活动。

22日　县政协主席唐彪会见香港利连达运输有限公司董事、总经理李国雄。

25日　县政协召开四届十五次常委会议，学习江泽民总书记国庆40周年讲话，讨论李国雄担任县政协委员问题。

26日　县政协副主席陈新寅接待从香港回来的原侨三中同学。

28日　县政协召开主席办公会议，传达市政协办公室主任会议精神。

11月25日　县政协主席唐彪，副主席陈新寅、黄文明接待美国瑶人一行10人。副主席黄文明陪同美国瑶人一行前往板洞观看过山瑶盘王节。

29日　县政协副主席丘卓接待英德县政协副主席吴由一行4人。

12月15日　县政协召开县政协四届十六次常委（扩大）会议（到工作组组长）。

23日　县政协召开党组会议，研究换届筹备小组人选问题。

26日　县政协副主席黄文明到阳山、韶关、清远、广州等地，办理连南革命老区事宜。

28日　县政协与统战部联合向县委提交《关于做好转届推荐委员的方案》。

1990年

1月4日　县政协副主席黄文明出席县革命老区促进会成立大会。

10日　县政协召开主席办公会议，讨论换届工作报告、设置专门委员会的工作简则和办公室设置三科一室等问题。

13日　县政协召开政协换届筹备小组成员会议。县委副书记罗子开主持，副主席陈新寅出席。

15日　县政协召开主席办公会议，研究和汇报政协工作。

16日　县政协副主席黄文明率队到农村慰问历届政协委员。

19日　县政协领导班子成员和办公室人员分两组对历届担任过政协常委的老同志进行春节慰问。

2月9日　县政协办公室召开全体人员学习《中共中央关于坚持和完善中国共产党领导的多党合作和政治协商制度的意见》以及2月8日人民

日报评论员文章《维护国家的长治久安是中共和各民主党派的神圣责任》。

19日　县政协召开四届十七次常委会议，传达市政协、统战、对台工作会议精神，学习《中共中央关于坚持和完善共产党领导的多党合作和政治协商制度的意见》，讨论换届工作报告草稿等。

21日　县政协换届筹备工作领导小组在主席办公室召开会议，讨论换届委员人选安排问题。

3月10日　县政协召开四届十八次常委会议，讨论政府工作报告征求意见稿以及政协换届大会有关事项。

12日　县政协召开办公室全体人员会议，研究如何做好换届大会的各项筹备工作。

17日　县委召开不再担任五届政协委员的41位老委员座谈会。到会委员28人，县委书记邓万社、副书记罗子开，县政协主席唐彪在会上讲话。

21日　县政协召开县政协四届十九次常委会议，检查换届大会的各项筹备工作。

3月22日　县政协港澳委员李国雄回连南参加县政协五届一次大会，县长邵德林派车专程到广州迎接。

23日　县政协召开四届二十次常委会议。

23—28日　县政协召开五届一次会议。出席会议委员82人。市政协副主席刘汉文代表市政协致贺词并讲话。大会选举产生新一届县政协领导班子。是首届有港澳同胞参加县政协会议。

30日　县政协召开主席办公会议，讨论决定一次常委会议时间、设置专门委员会和政协工作安排等问题。

31日　县政协召开五届一次常委会议，学习省政协《关于政治协商、民主监督的暂行规定》，讨论决定成立10个专门委员会，对常委进行分工，讨论安排1990年上半年工作。

4月6—26日　县政协副主席唐伟到北京参加全国少数民族地区人民政协政策研究学习班。

19日　顺德县江姓商人到连南商谈办厂联营事宜，县政协主席杨金隆陪同。

25日　县政协文史办公室搬迁至新办公地点（县招待所）。

26日　县委批复：政协党组由杨金隆任书记，黄海胜任副书记，党组成员由唐伟、李志宏、班广勤等五人组成。同日，召开党组会议，研究召开主席办公会议、1990年政协工作要点以及五、六月份工作安排等事项。

5月4日　县委印发《关于贯彻落实＜中共中央关于坚持和完善中国共产党领导的多党合作和政治协商制度的意见＞的决定》。

8日　县公安局治安股干部李志明、潘歧杆到县政协联系工作，就去台人员潘明记的弟弟潘石印一事征求意见。

12日　县政协召开主席办公会议，讨论决定召开常委会议和召开县部、委、办、局领导座谈会时间，成立县政协之友联谊会筹备组等事宜。

14日　县政协召开五届二次常委会议，传达市政协一届三次会议精神，讨论通过政协1990年工作意见和五、六月份工作安排。

15日　县政协召开部、委、办主要领导通报情况座谈会，学习党的十三届六中全会精神，通报县政协1990年工作意见及县委批转县政协党组《关于成立十个专门委员会开展政治协商民主监督对口协商的通知》。县委宣传部副部长何勇、统战部副部长伍永昆、党校副校长黄羽桥、政法委员会成域康、县财委主任林志华、科委主任苏晓坤、计委主任黄松坚、农委主任陈振扬、外经委副主任曾金云、医委副主任李英国、妇联主任石秀英、政府办副主任房荣、人大办科长刘纪暄、经委科长杨映光参加座谈会。

16日　县政协副主席主持召开爱国统一战线和社会法制委员会会议，研究1990年工作安排。

17日　县政协提案审查委员会召开会议，研究委员提案处理方案。

19日　县政协农业委员会召开会议，传达县委两个文件和县政协五届二次常委会议精神，制订工作计划。

23日　县政协副主席黄海胜、常委罗从去广西壮族自治区八步参加三省二十一县政协工作联系协作会。

25日　县政协副主席唐苇应邀前往英德参加英德县政协之友联谊会成立大会，并发去贺信。

6月2日　县政协文教卫生委员会召开会议，传达贯彻县委两个文件和政协五届二次常委会议精神，制订工作计划。

4日　阳山县政协主席黄汉忠一行三人到连南联系工作，县政协主席杨金隆、副主席黄海胜陪同。

5日　县政协主席杨金隆陪同省参事室和省民委领导到寨岗、金坑等地视察工作。

8日　县政协法制委员会和祖国统一联谊委员会联合召开对口单位领导座谈会，传达县委两个文件和县政协召开的部、委、办领导座谈会精神，制订工作计划。

9日　县政协召开主席办公会议，传达县委七届二次全委扩大会议精神和三省二十一县政协工作联系协作会精神，听取英德政协之友联谊会成立情况介绍，研究后续工作。

11日　县政协召开学习委员会会议，研究布置1990年下半年委员学习安排。

18日　县政协财贸外经委员会召开对口协商单位领导座谈会，贯彻政协部、委、办领导座谈会精神，制订工作计划。

25—26日　县政协文教卫生委员会分别到三排、南岗、香坪、大坪视察瑶区寄宿制学校问题，邀请副县长杨延强、教育局长陈应凤等人参加汇报会。

28日　湖南省嘉禾县政协一行14人到连南参观学习，县政协副主席黄海胜、黄文明、唐伟接待。

是日　港商黄祥到连南洽谈投资事宜，县政协副主席黄海胜和侨办潘歧参、山联乡党委书记巫志华等陪同。

29日　县政协副主席唐伟、王惠筠率政协妇女委员会到大麦山镇调研视察婚姻法贯彻情况。

7月4日　县政协召开科级以上干部会议，传达市政协办公室主任会议精神。

是日　县政协党组召开会议，研究人事安排问题。

6日　县政协副主席黄海胜会同县侨办到三江镇进行侨属调查摸底，为召开"三胞"亲属座谈会做准备。

9日　县政协副主席黄荣北率政协经济委员会调研视察寨岗酒厂。

11日　县政协主席杨金隆参加三省十五县经济协作筹备会议，着手筹办三省十五县经济协作大会。

13日　县政协主席杨金隆与县卫生局、县教育局领导到广州向省有关部门汇报情况，争取省对连南文教卫生事业给予经济支持。

18日　县政协召开机关全体人员会议，传达县委经济工作会议精神，讨论处理干部建私房问题。

24日　县政协社会法制委员会召开会议，研究开展活动事宜。

是日　县政协农业委员会组织人力到金坑乡调查林业生产问题。

27日　县政协妇女委员会和政法委员会联合再次到大麦山镇调查早婚、乱婚、拐带妇女等问题。

8月1日　市政协副主席李积荣到连南督促做好省在韶关召开的民族

工作座谈会的材料准备工作。

3日　县政协主席杨金隆率政协财贸外经委员会委员视察蚕桑生产。县委常委房俊强、县蚕桑办刘辉陪同。

是日　县政协祖国统一联谊委员会召开会议，讨论提出连南对外优惠政策，给县政府提供具体建议。

8—10日　连南举行三省十六县经济协作会。县政协主席杨金隆在大会上讲话。

15日　县政协文史委员会召开会议，研究和讨论下一步工作任务。

16日　港商黄求思到连南考察，县政协副主席黄海胜、黄文明陪同。

17—18日　县政协召开五届三次常委会议，听取政协七个委员会汇报六个专题视察报告，总结1990年政协工作情况，任免政协科、室领导人员。县委书记邓万社在会上作讲话并向政协常委通报全县经济工作情况，县人大常委会副主任陈荣培通报人大工作情况。副县长赵洋参加会议。

20日　县政协文史委员会召开会议，讨论文史工作问题。

是日　港商黄祥等一行三人到连南洽谈工作。县政协副主席黄海胜陪同。

9月8日　江华县政协主席李某（名字不详）和连县政协主席李沅清到连南开展工作交流，县政协主席杨金隆、副主席唐伟接待。

17日　湖南省郴县政协副主席刘大奇等四人到连南商讨三省二十四县政协工作联谊会有关事项，县政协主席杨金隆、副主席唐伟陪同。

18日　韶关市翁源县政协副主席曾赤丹一行5人到连南参观指导，县政协主席杨金隆陪同参观民族小学、民族中学和三排瑶山。

29日　连县政协召开政协之友联谊会成立大会。县政协主席杨金隆、副主席黄海胜等5人前往祝贺。

10月6日　县政协召开五届四次常委会（扩大到各专门委员会副主任），学习中央统战工作会议精神，讨论县政协《工作规则》《工作简则》《工作通则》试行草案，研究县政协1990年第四季度工作。

8日　县政协主席杨金隆到寨岗视察学校危房改造问题。

12日　澳门同胞一行18人在市委统战部部长刘汉文、市政府领导黄武君等陪同下到连南参观。县政协主席杨金隆陪同参观县民族小学、民族中学等单位。

13日　县政协主席杨金隆陪同市委领导、原连阳县委第一书记张庭槐等人到金坑视察工作。

15日　市政协副主席李积荣到连南检查迎接香港同胞旅游参观团的

准备工作。

16日　韶关市乳源瑶族自治县政协副主席李元章一行12人到连南视察卫生事业。县政协主席杨金隆、副主席唐伟陪同参观寨岗、三排卫生院和县民族小学。

18—19日　香港清远公会观光团一行52人，由市政协副主席李积荣陪同，经连州到连南观光。县五套班子领导罗子开、李瑶里六、杨金隆、杨延强、王业强、房卫民、潘希奋等迎接。观光团参观三排中学、三排小学、民族小学。

19日　汕头市政协副主席黎忠尚一行20人由桂林到连南参观视察三排瑶族风情。县政协副主席唐伟陪同。

23日　县政协副主席唐伟率政协农业委员会委员到香坪调研乡镇企业情况。

30日　县政协文教卫生委员会开展对县歌舞团调查视察活动。

11月5日　县政协副主席唐伟参加湖南郴县举行的三省二十六县政协工作联系协作会。

13日　县政协主席杨金隆参加市政协召开的市、县政协工作经验交流会，并在会上介绍连南把工作组改为专门委员会情况的经验。

15日　县政协妇女委员会到县水泥厂、电机厂、织布厂等单位视察贯彻省《女职工劳动保护条例》的实施情况。

16日　县政协副主席黄海胜率领政协祖国统一联谊委员会委员到寨岗开展视察活动。

17日　县政协农业委员会到寨南视察乡镇企业情况。

22日　县政协召开科、室领导会议，讨论决定1990年年底前完成政协志初稿。

23日　县政协召开主席办公会议，传达市政协经验交流会议精神，讨论1990年底前要完成的几项工作。

24日　县政协文教卫生委员会召开会议，听取委员汇报调查视察县歌舞团的情况。县委宣传部、组织部，县文化局等单位领导参加汇报会。

26—27日　县政协主席杨金隆带领政协财贸外经委员会视察三江、寨岗两个墟场。

12月1日　港商黄祥等12人到连南观看军寮洞"耍歌堂"表演。

3日　县政协副主席黄海胜、副县长赵洋与港商黄祥出席在县政府礼堂举行由黄祥带资开发山联公路的签字仪式。

4日　省政协副主席王屏山、省民委主任唐辉和处长李秀英到连南参加教育促进会会议。县政协主席杨金隆陪同参观县民中、民小和县教育促进会办的铁钉厂和洗选厂以及"黄球"科学馆基建场地。

13日　县政协主席杨金隆与副县长罗沛洵、教育局长陈应凤等到省向省政协副主席王屏山和省教育厅反映情况，要求拨款支持连南教育系统改造危房、民中建校和县教育促进会办实业。

14日　县政协文史委员会、提案委员会分别召开会议研究下一段工作。

是年　县政协协助联系点寨南乡称架管理区抓好五年治山致富的工作。

1991年

1月4日　连南原"侨三中"（注：是指民国时期国民党中央教育部属的"国立第三华侨中学"简称，抗战后期的1944年秋，从乐昌迁来连南三江办学）校友联谊会三江访问组七人到连南访问。县政协主席杨金隆与副县长罗沛洵陪同。

5—7日　县政协副主席黄海胜到大坪调研造林节柴改灶情况。

7日　连县政协副主席蔡明俊带领畜牧水产工作组到连南就畜牧水产体制改革等有关问题进行交流。县政协主席杨金隆陪同。

11日　县政协主席杨金隆、副主席黄海胜，县委书记邓万社、县长房卫党与港商黄祥洽谈投资建电站问题。县长房卫党陪同黄祥到黄连实地察看建板洞一级电站地址。

14—15日　湖南省临武县政协副主席石家培等一行五人到连南交流工作，实地考察县供销社、生资公司、寨岗供销社，了解化肥推销情况。县政协主席杨金隆、副主席黄海胜等陪同。

16日　县政协主席杨金隆率政协机关人员到寨南、寨岗、大麦山走访政协委员，并送上慰问品。

19日　县政协副处级调研员黄文明带领县政协机关人员上午到涡水、南岗、三排走访慰问政协委员，下午到阳山县政协交流矿石化验和开发问题。

21日　县政协召开全县部分科技人员座谈会。县委书记邓万社、副书记钟理荣，县人大主任李瑶理六，副县长罗沛洵，县政协副主席黄海胜、唐伟、黄荣北、潘希奋出席会议。邓万社在会上讲话。

是日　县政协副处级调研员黄文明到寨岗与阳山县政协主席黄汗忠等

人商讨氧化锌矿石开采问题。

23日　市政协委员、县政协副主席唐伟、陈新寅等到县人事局调研知识分子使用情况。

25日　县政协副主席黄海胜专程到广州迎接从美国回来的梁司徒（系原国民革命军陆军中将李楚瀛儿子李新平的妻妹），同车回来的还有港商黄祥。当天下午，梁司徒等人在县政协主席杨金隆、副主席黄海胜陪同下参观了县民族小学和三排瑶寨。黄祥和梁司徒当场各给民族小学捐款1000元（港币），梁司徒在三排给一位七十多岁的老太太100元（港币）。

27日　阳山县政协主席黄汉忠率原阳山县老干部一行六人到连南参观交流。县政协主席杨金隆陪同。

28日　县政协召开五届五次常委会议。

2月4日　县政协召开科室领导会议，传达1991年中央一号文件精神，研究春节前工作安排。

21日　县政协召开科室全体人员会议，传达县委常委会议精神，讨论成立房地产公司和政协例会召开时间以及成立政协联谊会等问题。

3月3日　香港清远商会观光团在市政协副主席李积荣带领下一行63人到连南参观。县委副书记罗子开、副县长罗沛洵、政协副主席潘希奋陪同观光团到县民族小学参观，商会捐款港币13880元资助民族小学。

8日　县政协召开关于引进联办厂的联席会议，研究秘鲁华侨莫云锋在连南办制衣厂事宜。副主席黄海胜、副处级调研员黄文明出席会议。

9日　县政协召开五届六次常委会议。

14日　县政协召开各专门委员会正副主任工作会议，研究例会议政发言材料问题。

19—21日　县政协召开五届二次全体会议。

21日　连南政协之友联谊会成立。连山、连县、阳山派代表团祝贺。联谊会会长邱啟明在大会上讲话，连南县委原书记、会员邵良础赠诗两首祝联谊会成立。

22日　县政协召开五届七次常委会议。

26日　县政协召开科室人员会议，总结五届二次会议成功经验、存在问题及教训。

29日　县政协召开五届八次常委会议。

4月3日　县政协县政协经济科技委员会与县科协召开农村科协会议，传达省科协会议精神、研究1991年农村科协工作开展。县政协主席杨金隆、政协常委谢应生出席会议。

5日　县政协农业委员会召开会议，与县委农村部、县农委讨论政治协商有关制度和农业委员会1991年工作计划。

8日　县政协之友联谊会召开会议，研究与港商莫云峰合作兴办制衣厂有关事宜。县政协李志宏、唐国伟、罗从、吴少军、肖积荣参加会议。

9日　县政协之友联谊会与港商莫云峰签订合作兴办制衣厂合同。县政协黄文明、唐国伟、肖炽荣、孔炳强四人从9—13日筹建制衣厂。

是日　乐昌县政协副主席马灿中一行四人到连南，商议1991年五月份召开三省二十六个县联谊会有关事宜。县政协主席杨金隆、副主席黄海胜，原县人大常委会副主任唐铁炉会见马灿中一行。

13日　县政协主席杨金隆、副主席黄文明到寨岗职业中学商讨制衣厂职工培训问题。

18日　县政协农业委员会与县委农村部、县农委及其所属单位召开对口协商会议，学习县委文件，商讨县政协农业委员会与县委农村部、县农委对口协商有关制度以及1991年活动计划。

19日　县政协召开第五次主席办公会议。

27日　县政协社会法制委员会召开会议，学习县委文件和专门委员会通则，研究与对口单位公安、司法、检察、法院、民委、共青团、法制的有关工作协商制度和1991年工作计划。

29日　县政协主席杨金隆主持召开驻会副主席和一室三科领导联席会议，研究出席三省二十六个县政协在乐昌召开的政协工作联系协作会议人员名单，讨论在协作会议上发言材料的撰写。

5月10日　县政协召开五届九次常委会议。

11日　县政协学习委员会召开会议，研究1991年学习计划。

16日　县政协主席杨金隆，科长唐国伟等一行到乐昌参加三省二十六县政协工作联系协作会。

17日　湖南省蓝山县政办主席蒋年旺等一行十人到连南商谈三省二十六县经济工作协作会筹备工作。

6月2—4日　市政协副主席李积荣、陈道行等一行五人到连南检查学习贯彻中央1989年14号文件情况。县政协主席杨金隆主席、县委副书记罗子开、县委统战部部长唐韦向市政协检查组汇报连南学习贯彻情况。检查组召开县领导班子非党领导同志座谈会，反馈到连南检查贯彻中央14号文件情况。

4日　县政协财经贸委员会召开会议，研究对口协商工作计划和1991年工作安排。

10日　港商黄祥到连南考察，县政协副主席黄海胜陪同到板洞协商投资板洞水库事宜。

17日　县政协主席杨金隆陪同香港普贤教育促进会主席区先生、执委林小姐、麦小姐等19人。促进会一行人先后到县民族小学和金坑、涡水等地参观考察。

20—21日　县政协农业委员会委员分成三个组分别到大麦山、三江、大坪调查农业生产开展情况。

20日　县政协主席杨金隆陪同香港良田公司张先生深入三排瑶寨岩洞，调查开发利用岩洞地下河旅游点问题。

22日　县政协统一祖国联谊委员会召开会议，研究活动方案。会议选举罗达梅为委员会副主任。

23日　县政协文教卫生委员会到寨岗职业中学，协商为县政协海富制衣厂职工岗前培训及安排职中毕业生进制衣厂事宜。

是日　汕头市澄海县政协副主席许川如等一行19人到连南考察三排瑶山风光。县政协副主席许耿忠陪同。

7月1日　县政协主席杨金隆出席香港良田公司与连南合作成立港瑶实业公司签字仪式。

2日　县政协召开庆祝中国共产党成立七十周年座谈会。

24　县政协主席杨金隆陪同香港良田公司联络员黄浩成到三排参加县旅游局接待瑞士旅游观光团活动。

25日　县政协党组召开会议，研究总结1991年上半年工作和布置下半年工作，确定召开政协常委会议时间。

28日—8月2日　省政协、省农工民主党联合调查组赴连南瑶族地区卫生工作调研组一行12人在省政协医卫体委员会副主任张勤、省政协民族宗教委员会副主任陈冬、省政协民族宗教委员会副主任、省农工民主党李泽堂等带领下到连南，对全县卫生工作进行系统调查，调查组分别视察县人民医院、县防疫站、县妇幼保健所、慢病站、卫生局、中医院以及三排乡、金坑乡卫生院等单位。

8月5—6日　县政协召开五届十次常委（扩大）会议。

是日　香港良田公司一行五人到达连南，其中有刘少奇的女儿刘涛，中华人民共和国第一任贸易部部长叶季壮的女儿叶佩英等。县政协主席杨金隆陪同。

10—11日　广州市黄埔区政协全体常委一行23人，由常务副主席陈云标等五位副主席带队，到连南参观考察。双方举行座谈会，各自介绍工作情况。县政协主席杨金隆，副主席黄海胜、许耿忠、潘希奋参加座谈会。黄埔区考察团先后参观县铜矿、化工厂和白水坑电站。杨金隆、潘希奋陪同。

9月14日　市政协副主席刘汉文等三人到连南调研。县政协副主席许耿忠陪同视察县海富城制衣厂建厂基建情况。

29日　县政协召开五届十一次常委（扩大）会议。

10月10—11日　市政协副主席李积荣到连南了解社教运动开展情况，同时视察县政协开办的海富城制衣厂。

21日　县政协党组召开会议，通报向老干局老人活动中心捐款情况。县政协委员、香港连达贸易公司和运输行董事长李四雄捐人民币二万元，县政协之友联谊会会员、丘文的儿子、香港新丰运输公司董事长丘颧南捐赠人民币二万元。

22日　广西壮族自治区恭城县政协潘正琨等一行5人到连南听取召开三省二十六县政协工作联系协作会意见，并参观海富城制衣厂。

11月6—7日　省政协委员、省基督教协会副会长范秀远等一行5人（其中有台湾省山地少数民族基督教灵泉圣乐团团长温梅桂）到连南考察。县政协主席杨金隆陪同观赏三排民族风光，参观县民族中学黄球科技楼，到县民族小学与教师、学生联欢，观看学生的文艺演出，温梅桂女士登台演唱歌曲，教学生舞蹈，向民族小学赠送人民币500元、价值500元音响一台。

11日　县政协召开主席办公会议。

19日　县政协副主席唐伟等一行三人往广西壮族自治区恭城瑶族自治县出席三省二十六县政协工作联系协作会议。

25日　市政协委员连南组到连南金坑乡、三江镇开展乡（镇）企业考察活动。

28日　县政协主席杨金隆到寨南称架管理区，了解社教运动进展，并实地察看果场和河堤修建情况。

29日　县政协召开农业委员会与县农委领导会议，研究到广西恭城县参加沼气发电问题。县政协主席杨金隆出席会议并提出意见，县政协李志宏、唐大其，县农委主任陈振扬、农业局副局长李买尾六等参加会议。

12月4日　县政协经济、科技委员会组织委员考察寨岗兽药厂、县化工厂、县酒厂。

14日　广西壮族自治区恭城瑶族自治县政协常务副主席吴嗣芳等一行六人到连南考察海富城制衣厂。县政协副主席黄文明陪同。

30—31日　县政协召开五届十二次常委会议。

1992年

1月17日　市政协副主席刘汉文到连南，听取市政协委员、县政协原副主席陈新寅汇报市政协连南工作组情况。

20日　县政协祖国统一委员会召开会议，总结1991年对口协商工作。

21日　县政协财贸外经委员会召开会议，向对口单位通报有关情况，总结1991年工作。

23日　县政协农业委员会召开会议，总结1991年工作，通过1992年工作要点及1992年例会发言提纲。

是日　县政协妇女委员会召开1991年年终总结会。

24日　县政协法制委员会召开1991年年终总结会。

25日　县政协文教卫生委员召开会议，向对口单位通报有关情况，总结1991年工作。

27日　县政协经济、科技委员会召开对口协商会议，通报1991年活动情况。

2月1日　县政协召开科室负责人会议，研究春节前需完成的工作。

11日　县政协召开机关全体人员会议，组织学习县委文件。

20日　县政协召开科室负责人会议，研究例会工作报告。

24日　县政协召开五届十三次常委（扩大）会议。

是日　县政协召开党组会议，研究向县委请示召开例会有关事宜。

25日　县政协召开例会筹备会议，研究会议分组事宜，并明确各组工作职责。

26日　县政协召开主席办公会议。

29日　县政协召开提案工作会议，总结1991年提案工作，提出1992年工作计划，讨论县政协五届三次会议提案工作报告。

3月6日　县政协召开主席办公会议。

25—28日　县政协召开五届三次会议。

4月11日　县政协提案审查委员会召开会议，讨论五届三次会议提案处理意见。

18日　广西壮族自治区贺县政协主席罗裕坤、副主席陈瑛到连南考察瑶族风情，主席杨金隆、副主席唐伟陪同参观三排度假村。

24—25日　省政协秘书长肖天山等一行6人到连南参观县民族小学、

海富城制衣厂和瑶族风情度假村。主席杨金隆、副主席唐伟陪同。

5月11日　县政协召开机关全体人员会议，研究计划生育突击行动和对残疾人捐款问题。

18—19日　湖南省江华县政协联络委员会主任李安树等一行4人到连南洽谈制衣厂招工等问题。

18—19日　汕尾市政协副主席吕自谋等一行6人到连南三排乡、县民族小学等参观考察。县政协副主席许耿忠陪同。

18—19日　台湾商人王宝庭、古某（名字不详）到连南三排度假村、老排、县民族小学参观考察，并定下意向性投资计划。

22日　县政协召开五届十四次常委（扩大）会议。

25—27日　市政协秘书长王建春率市委统战工作组一行5人，到连南检查统战工作，分别召开任实职的中共人士及非党人士座谈会。

27—30日　省政协副主席张展霞等一行7人到连南检查义务教育法执行情况。主席杨金隆、副主席潘希奋，副县长邹锡恒、教育局局长潘岐参陪同视察大麦山镇上洞小学、寨岗中学、南岗小学、三排中小学、县民族小学等学校。

6月2日　县政协副主席黄海胜到湖南省道县参加三省二十七县政协工作联谊协作会。

13日　香港东区社团赴清远参观团一行70人在市政协副主席李积荣陪同下，参观连南三排瑶族风情。县政协主席杨金隆陪同。

16—21日　县政协全国首届"美国华裔（瑶族）青年"夏令营在连南举办。

18日　省政协副主席王屏山一行到连南调研。县政协主席杨金隆向调研组汇报县教育促进会工作情况。

18—19日　台湾商人柯某、古某、丁某（三人名字均不详）到连南作投资考察。县政协主席杨金隆陪同考察三排度假村，商讨投资事宜。

25—26日　湖南省零陵市政协王建文一行到连南参观考察。副主席黄荣北陪同参观海富城制衣厂、黄球科学馆、三厂、三排度假村。

7月17日　湖南省道县政协主席周图章等一行9人到连南学习交流发展个体私营经济经验，县工商局、工商联及政协有关人员先后做情况介绍。

18—22日　香港华生（中港）货运公司董事谭德明到连南，与县政协商谈投资办实业，就合作成立"华连货运公司"有关事宜达成协议。

8月3日　县政协召开主席办公会议。

12—13日　县政协召开五届十五次常委（扩大）会议。

13日　市政协秘书长王建春等一行三人到连南，就科技兴县方面工作进行座谈。县政协主席杨金隆作汇报，连山县政协也派出代表作汇报。

20日　市政协副主席刘汉文、陈国盛到连南视察。主席杨金隆陪同前往三排度假村、三排顶防漏水厂等地视察。

30日　英德县政协主席吴由等一行5人到连南交流三省二十七县协作会举办经验。县政协主席杨金隆出席座谈会。

9月5日　县政协召开全县台胞台属会议，成立连南台胞台属联谊会，学习了解新时期对台工作方针、任务等。台胞台属代表共40多人出席会议。

14—15日　县政协外经财贸委员会召开座谈会，专题讨论供销社下放到乡镇管理后的问题以及由计划经济转到市场经济后的设想。县财贸、工商、供销等部门有关负责人参加会议。

10月7日　县政协党组召开会议，讨论政协专门委员会副主任以上党员干部联系党外委员制度，研究海富城制衣厂有关问题。

21—22日　县政协副主席黄海胜到英德县参加三省二十七县政协工作联系协作会。

11月1—4日　省政协民族宗教委员会副主任陈冬、林道英等一行12人到连南视察工农业建设情况。县政协主席杨金隆、副主席黄海胜，副县长邹锡恒陪同参观三排度假村、万山山庄，先后考察铁厂、铜矿、化工厂，寨南板洞山塘养鱼场，寨岗镇属果场，三排镇果梅、柑果场等，并召开座谈会听取意见和建议。

5日　县政协召开主席办公会议，议定五届第十六次常委会召开时间，研究部署庆祝瑶族"盘王节"活动有关事宜。

17—18日　县政协召开五届十六次常委（扩大）会议。

26—27日　县政协副主席王惠筠率妇女委员会委员到南岗开展适龄儿童入学视察活动。

12月12日　县政协党组召开会议，研究换届有关事宜。

是年　根据县委中心工作安排，县政协负责继续协助挂扶点寨南乡称架管理区搞好计生及沙田柚基础管理工作，负责经营制衣厂，负责跟进山联公路建设情况。

1993 年

1月3日　县政协召开各专门委员会负责人会议，总结1990年以来专门委员会工作经验、存在问题，提出后续工作意见，研究县政协换届前工作。

15日　县政协召开新春茶话会。县委副书记房卫党，县人大主任陈荣培，县政协正副主席，县政协之友联谊会员等29人参加会议。杨金隆总结1992年县政协工作，房卫党通报连南1992年经济社会发展成就及1993年计划，政协之友联谊会主席黄文明作发言。

2月17日　县政协召开五届十七次常委会议。

25日　县政协举行连南海富城制衣厂有限公司正式投产剪彩仪式。投资人莫云峰夫妇，海富城制衣厂领导班子成员、技术员、邵良础、郑吉、赖才清等嘉宾出席剪彩仪式。县政协主席杨金隆讲话，莫云峰致词。

27日　县政协召开主席会议。

3月3日　县政协召开不再担任第六届委员的第五届委员座谈会，并发放纪念品。

7日　县政协召开五届十八次常委会议。

8—12日　县政协召开六届一次会议。

11日　县政协召开六届一次常委会议。

4月7日　广西壮族自治区富川瑶族自治县政协主席唐际富等一行11人到连南参观考察旅游项目。县政协原主席杨金隆陪同参观瑶族风情度假村、万山山庄等。

5月3日　县政协党组召开会议，讨论党组改选事宜。

是日　县政协召开主席办公会议。

11—14日　县政协副主席黄海耳出席在广西壮族自治区钟山县召开的三省政协工作联系协作会。

22日　县政协召开六届二次常委会议。

6月11日　县政协召开县部、委、办负责人座谈会，学习《中国人民政治协商会议章程》及县委《关于贯彻落实政治协商、民主监督的实施意见》《关于贯彻落实中国共产党领导的多党合作和政治协商制度的意见》以及《关于开展对口协商的意见》等文件。会上，县政府办公室主任陈其本通报连南1993年上半年经济工作情况，县委常委郭娟就如何在全县开展学习贯彻落实《意见》讲话，县政协原主席杨金隆就如何发挥政协作用作发言。

24—27日　市政协、市委统战部贯彻中央14号文件工作组一行4人到连南检查工作。县政协、县委统战部分别汇报有关情况，市工作组分别在政协、人大会议室召开担任实职的党员和非党员领导干部座谈会，并通报有关情况。

7月7—8日　县政协财贸外经委员会组织委员到县供销社及其下属单位供销车队、贸易货栈、土产公司考察。副主席黄海胜参加考察活动。

17日　县政协学习委员会召开会议，学习市场经济理论，讨论1993年下半年工作意见。

31日　县政协召开主席会议。

8月4—5日　县政协召开六届三次常委会议。

20—22日　云南省政协常务副主席赵迁光在广东省民委主任唐辉陪同下到连南考察。考察团一行先后视察板洞水库食水工程、白水坑电站、南岗乡、万山山庄等地。县政协副主席李国城、黄海胜陪同考察。

10月5日　县政协召开主席会议。

15—16日　县政协主席罗子开率社会法制委员会委员到县公安局、县人民检察院、县人民法院、县司法局调研在反腐败斗争中如何开展思想、作风建设工作。

18—20日　全国政协委员方大棉（香港籍）等一行6人来连南、连县考察，先后参观抗日战争时期在连县居住的旧址、三江"省银行"旧址及现连南毛织厂、政协制衣厂、连南县民族小学等，并捐赠二万元给连南县民族小学建两个水泥面球场。

11月9—10日　县政协召开六届四次常委会议。

18—21日　县政协副主席黄海胜、副县长赵洋出席在湖南省桂阳县召开的三省26县政协工作联系协作会议。

26日　县政协农业委员会组织全体农村委员到板洞水库和黄莲一、二级电站视察。

12月1日　县政协经济科技委员会组织委员到县建委、科委视察。

12—14日　省民族宗教委员会主任肖天山，副主任林道英、范秀远率省政协第十七视察团一行9人，到连南视察民族政策落实情况。视察团先后到南岗、三排、金坑等地察看，并召开座谈会了解有关情况。

17日　市政协文史委员会主任罗耀辉等一行6人，到连南指导文史工作。

29日　县政协召开主席会议。

是年　为搞活经济，县政办成立协昌实业贸易公司，由唐明二科长任经理。

是年　海富城制衣厂先是承包给县政协干部褟顺民，后又转让给县二轻服装厂。

1994 年

1月21日　县政协党组召开民主生活会。会上，党组成员对照中央五条自律规定开展批评和自我批评。县政协科室负责人列席会议。

2月1日　县政协召开六届五次常委会议。

25日　县政协召开六届六次常委会议。

3月8—10日　县政协召开六届二次会议。

10日　县政协召开六届七次常委会议。

11日　县政协召开政协之友联谊会二届一次会议。会议选举产生新一届领导班子，罗子开当选为会长，黄海胜、李国城、黄海耳、陈新寅、黄文明、杨坤甫当选为副会长，邵良础、邓万社、邵德林为名誉会长。

22日　县政协召开提案委员会会议，审查六届二次会议提案。

4月25日　市政协副主席曾昭焕，文史委主任罗耀辉等一行5人到连南了解文史资料情况。

是日　连南成立三省二十七县政协工作联系协作会筹备工作领导小组。

5月12日　县政协召开六届八次常委（扩大）会议。邀请省社会主义学院有关教授到连南讲授政协章程修改情况报告。县政协委员45人参加听课，县政协主席罗子开，副主席潘希奋、黄海耳出席报告会。

6月7日　全国政协委员、内蒙古自治区政协委员、中国扶贫基金会委员云大棉及其夫人，香港松板集团叶志雄到连南参加桂湘粤三省（区）毗邻县（市、区）政协工作联系协作会第10次会议，并到县民族小学为云大棉捐资兴建的球场剪彩。

8—10日　湘、桂、粤三省（区）毗邻县（市、区）政协工作联系协作会第10次大会在连南召开。县政协副主席黄海胜向大会作筹备报告，县政协主席罗子开作县政协工作情况介绍，湖南省蓝山县、广西壮族自治区贺县、广东省乳源瑶族自治县等三个县的代表作经验介绍。会议期间，与会代表先后参观"瑶族耍歌堂"、三排万山山庄、度假村、县属厂校、涡水电站等地。会议通过大会纪要、交接班手续以及协作会会歌。

25—27日　省政协宗教委副主任范某（名字不详）等一行8人到连南大麦山镇发放赈灾大米12吨，参观县民族小学刺绣工艺品、县城的原基督教堂。

8月3日　县政协召开主席会议。

16日　广西壮族自治区贺县政协副主席梁洁玉、秘书长李永雁等一行6人到连南参观考察。

24日　县政协召开六届九次常委会议。

9月1日　县政协农业委员会委员视察三江镇联红管理区水灾情况，实地察看三江河堤损坏情况。

7—8日　县政协经济委员会委员调研三江片、寨岗片工业生产情况，先后视察县韶南厂、电线厂、新建水泥厂、寨岗酒厂、铜矿、黄连一级电站。

14—16日　省政协副主席、省委统战部部长肖天山，省民委副主任林道英等一行8人，到连南检查民族自治法贯彻情况。

10月17—21日　县政协主席罗子开出席在湖南省资兴县召开的湘、桂、粤三省（区）毗邻县（市、区）政协工作联系协作会。

22日　县政协副主席许耿忠率文卫体委员会委员到寨南、寨岗考察。

11月14日　县政协召开主席办公会议。

25日　县政协召开六届十次常委（扩大）会议。

12月9—10日　花都市政协文教体卫委员会主任黎杰生、副主任赖端秦等一行18人到连南考察学习医疗卫生改革经验。县政协主席罗子开、副主席许耿忠陪同。

13日　县政协农业委员会委员到寨南镇称架，寨岗镇金星、回龙、安田、山心等管理区考察冬修水利情况。

是年　县政协继续对口挂扶寨南镇称架管理区，结合实际给挂扶点送大米、食用油等，通过联系港商丘观南捐款1000元给挂扶点。

是年　县政协筹集资金以入股方式扶持县土石方工程公司开展业务，分别建起1955线石场和107国道石场。

1995年

1月5日　市政协委员连南组一行6人在组长、县政协主席罗子开率领下视察县调味料厂、新建水泥厂。

6日　县政协召开主席办公会议。

13日 县政协召开六届十一次常委会议。

19日 县政协文史委员会召开座谈会，研究编辑《瑶族文史资料》专辑有关问题。

2月10日 县政协召开主席办公会议。

23日 县政协召开六届十二次常委会议。

3月7日 县政协召开六届十三次常委会议。

8—10日 县政协召开六届三次会议。

28—29日 香港清远商会访问团在市政协副主席陈国盛、秘书长包玉凤陪同下到连南访问，捐款二万八千元用于连南抗洪救灾。县政协主席罗子开、县人大副主任李志德陪同访问团到三排乡观看瑶族歌舞表演，并将捐款中的一万二千元捐赠给乡政府用于教育事业。

5月11日 县政协召开主席办公会议。

18—20日 省政协医卫体委主任黄光华率省政协、省农工党调查组一行11人到连南调研妇幼保健工作，听取县卫生部门汇报，视察县中医院、县保健院，并到寨南和三排乡视察。

25日 县政协经济委员会委员考察大坪早造水稻插植面积和抛秧种植情况，并参观三江无花果种植基地。

31日 县政协召开六届一四次常委会议。

是日 肇庆市广宁县政协副主席冯肇刚率文体组委员一行15人到连南参观考察。

6月1日 珠海市斗门县政协常务副主席霍全庆等一行12人到连南交流工作，了解农业情况并参观三排古寨。

6—9日 县政协副主席黄海胜出席在湖南省蓝山县召开的湘、桂、粤三省（区）毗邻县（市、区）政协工作联系协作会。

23日 县政协文教卫生工作组到县妇幼保健院视察妇幼保健、妇幼保健法宣传等情况。

8月1日 县政协召开六届十五次常委会议。

9月1日 县政协召开主席办公会议。

5日 县政协经济委员会委员考察省道1955线路段、大麦山镇铜矿。

17日 广西壮族自治区富川瑶族自治县政协副主席任继翠等一行5人到连南征求召开湘、桂、粤三省（区）毗邻县（市、区）政协工作联系协作会意见。县政协主席罗子开陪同。

19日 盘建梅到县政协报到，任驻会副主席。

10月5日 县政协召开主席办公会议。

13日　县政协召开六届十六次常委会议。

17—20日　县政协副主席盘建梅出席在广西壮族自治区富川瑶族自治县召开的湘、桂、粤三省（区）毗邻县（市、区）政协工作联系协作会。

27日　县政协文史委员会委员到涡水大贵一级、二级电站实地考察。

12月1日　县政协文史委员会在县水电局召开座谈会，就编辑《水利水电文史资料》专辑征求意见。

12月6日　县政协主席罗子开带领市政协连南工作组委员考察南岗、大麦山移民工作，并实地考察蜈蚣田移民新村。

15日　县政协召开主席办公会议。

1996年

1月5日　县政协副主席黄海胜视察省道1955线寨岗至白芒段公路，并走访慰问曾寿均、曾木生、李保新等委员。

17日　县政协提案委员会召开会议，研究提案工作。

19日　县政协召开六届十七次常委会议。

3月2日　县政协召开六届十八次常委会议。

12—14日　县政协召开六届四次会议。

4月24日　乳源瑶族自治县政协副主席关定钧一行6人到连南考察交流"普九"和学校内部管理情况，分别到三排学校、南岗学校、民族中学、民族小学、进修学校参观。

5月3日　县政协召开党组会议和主席办公会议，讨论县政协1996年工作要点、人事任免、正副主席分工等事宜。

7—8日　县政协组成两个专题调查组，分别到县韶南厂、飞达毛织厂、利发毛织厂、连发木材工业有限公司、砖厂、美莲华礼服厂、顺大汽水厂、开源果脯厂、粮嘉酒店以及部分个体户调查收费情况。

13日　县政协召开六届十九次常委会议。

27—30日　县政协副主席盘建梅、许耿忠出席湖南省永兴县召开的湘、桂、粤三省（区）毗邻县（市、区）政协工作联系协作会第14次会议。

24日　由连南文史委员会编辑出版的《清远文史》第九辑在政协全省优秀文史资料图书评选中，被评为优秀文史二等奖，获颁发荣誉证书。

6月6—7日　省政协副主席、省委统战部部长肖耀堂等一行9人到连南考察指导工作。

18—21日　市政协调查组一行4人到连南调查个体私营企业发展情况。调查组先后听取县政府汇报、召开座谈会，到寨岗镇、县技监局、防疫站等单位视察，并与政府交换意见。

26—27日　县政协工交组到寨岗铁矿、酒厂、电线厂、电机厂等企业考察工业情况。

7月16日　县政协召开主席办公会议。

8月13日　县政协召开六届二十次常委会议。

15日　县政协副主席黄海耳获颁《中国当代音乐名人大辞典》入典证书。

9月9—18日　县政协组织部分委员赴长江三峡参观考察。

10月14—15日　县政协副主席黄海胜出席在阳山县召开的湘、桂、粤三省（区）毗邻县（市、区）政协工作联系协作会第15次会议。

14—16日　省政协第14视察团一行在顾问康乐书、团长肖天山率领下视察连南贯彻落实省第10次山区工作会议精神情况。

11月11日　县政协召开六届二十一次常委会议。

27日　县政协召开机关会议，布置做好十二月委员开展视察活动的准备工作。

29日　广州市海珠区政办主席陈月明等一行14人到连南交流工作。

12月3—5日　县政协各视察组开展全员视察活动。

是年　县政协继续挂扶寨南镇称架管理区，并增加三排镇牛头岭村为挂钩点。

1997年

1月29日　县政协召开机关工作会议，布置做好县政协六届第22次常委会议和县政协六届五次会议的筹备工作。

2月3日　县政协召开六届二十二次常委会议。

24日　县政协召开二十三次常委会议。

3月3—5日　县政协召开六届五次会议。

5日　市政协主席赵伯杰到连南调研。县政协主席罗子开陪同。

4月2—3日　省政协组织演员委员和省歌舞剧院演员到连南寨岗镇、三江镇民族影剧院开展扶贫演出活动。

4日　县政协召开主席会议。

22日　县政协召开学习会，邀请省社会主义学院有关教授讲授"香港回归后政协如何发挥作用"专题课。政协机关干部、县城的政协委员及有关单位负责人50多人参加。

5月28—30日　县政协主席罗子开出席在湖南省江永县召开的湘、桂、粤三省（区）毗邻县（市、区）政协工作联系协作会第16次会议。

6月2日　县政协召开六届二十四次常委会议。

10—11日　市委、市政府联合调查组陈俊华等一行5人到连南，检查县委、县政府重视支持政协工作情况。县政协主席罗子开、副主席盘建梅陪同。

12日　县政协主席罗子开视察金坑乡高岭移民新村建设情况。

13—14日　韶关市政协副主席罗继胜等一行5人到连南调研。县政协主席罗子开、副主席盘建梅陪同。

8月6日　县政协组织部分委员调研县铜矿转制、复产、人员安置等情况。

12日　县政协组织部分委员调研县韶南机械厂企业转制情况。

13日　县政协组织部分委员视察县电机厂。

9月5日　县政协提案委组织委员视察三江小学、三江中学和县民族中学。

9日　县政协召开六届二十五次常委会议。

10日　市政协在连南召开全市文史工作会议。

15日　县政协召开迎中秋、庆祝党的十五大召开座谈会，学习党的十五大精神，畅谈学习体会。

18—19日　市政协副主席陈子思率市政协视察团第15团（清城组）一行10人，视察连南三排、南岗乡扶贫攻坚工作，并到开源果脯厂视察个体私营经济发展情况。县政协主席罗子开、副主席盘建梅陪同。

23—25日　县政协主席罗子开率市政协连南工作组委员到清城区视察"三高"农业发展情况。

10月8—14日　县政协组织全体委员组成9个考察组，深入有关乡镇、部门单位、厂矿、学校开展扶贫攻坚、人口迁移、个体私营经济和"三高"农业、教育、文化、医疗等专题视察。

11月11—14日　县政协副主席黄海胜出席在广西壮族自治区昭平县召开的湘、桂、粤三省（区）毗邻县（市、区）政协工作联系协作会第17次会议。

12月9日　县政协召开六届二十六次常委会议。

1998 年

1月23日　县政协召开六届二十七次常委会议。

2月16日　县政协提案委召开会议，总结1993年换届以来五年的提案工作，讨论通过优秀提案和承办提案先进单位表彰名单。

20日　县政协召开六届二十八次常委会议。

3月8—11日　县政协召开七届一次会议。

16日　县政协召开机关全体人员会议，明确正、副主席工作分工和各专委会、工作组的设置，明确政协机关科室设置和人员配备安排及机关财务、车辆管理，部署1998年工作。

20日　县政协召开住县城三江片的不再担任第七届县政协委员的原六届委员座谈会。

24日　县政协召开七届一次常委会议。

27日　县政协文史委召开会议，研究出版《连南文史》第十一辑有关事宜。

4月7日　县政协到香坪、大坪镇慰问不再担任七届政协委员的原六届委员邓德连、李明德、房邓矮十仚、唐忠华等4人。

17日　县政协在寨岗镇召开寨岗片（含寨南、大麦山镇）不再担任七届政协委员的原六届委员座谈会。

21—22日　县政协计划城建组委员视察县城食水工程。

5月10日　县政协机关增设综合科，设置科长、副科长职位各一名。

29—30日　县政协主席房卫民出席在湖南省嘉禾县召开的湘、桂、粤三省（区）毗邻县（市、区）政协工作联系协作会第18次会议。

6月3—4日　县政协农林水委委员到大坪、南岗、寨岗镇视察脱贫奔康情况。

8日　县政协召开主席会议。

22日　县政协召开七届二次常委会议。

7月10日　县政协副主席许耿忠出席县政协提案和人大议案交办会议。

18—20日　县政协协助省政协、省农工党组织的专家医疗队一行21人到连南开展义诊指导、送医送药活动。

30日　县政协召开中小学素质教育专题座谈会。

8月5日　市政协视察组在连南召开法庭建设情况视察座谈会。县政协副主席唐国伟与会。

12日　市政协副主席陈国胜率民族三胞工作组委员到连南调研民族经济社会发展和民族宗教政策落实情况。县政协副主席唐国伟陪同。

13日　县政协召开七届三次常委会议。

21日　县政协召开各专委主任、工作组组长会议，研究全员视察工作。

25—26日　市政协佛冈工作组一行14人视察连南旅游业发展、农副产品加工等情况。

9月1—2日　市政协连南工作组委员罗子开一行到阳山县视察非公有经济发展情况。

7—9日　县政协农林水委乡镇第一视察组到香坪、南岗、涡水镇视察如何防止返贫工作。

9—11日　县政协民族三胞社会法制委第一视察组到县职中、供电局、科委、公路局、三排镇及国道107线视察安全文明建设情况。第二视察组到县林业分局、国土局、利发毛织厂、人民银行视察。

14—15日　县政协农林水委乡镇第二视察组到寨南、大麦山镇视察如何防止返贫工作。

16—17日　县政协科教文卫体委委员视察县初级卫生保健达标情况。

21—22日　县政协农林水工作组分成两个小组分别到大坪、金坑、寨岗、三排镇视察山地开发情况。

21—23日　县政协经济委委员视察县工业企业盈亏情况。

10月6—8日　县政协副主席唐国伟出席在韶关市乳源县召开的湘、桂、粤三省（区）毗邻县（市、区）政协工作联系协作会第19次会议。

20日　县政协召开主席会议。

29日　省政协副主席李金培率省政协第22视察团一行30多人视察连南旅游业。县政协主席房卫民，省八届政协委员、副县长盘建梅陪同。

11月19—20日　鹤山市政协副主席邓华杰等一行12人到连南交流工作。

1999年

1月18日　县政协召开主席会议。

20日　县政协召开原任主席征求意见会，征求对县政协常委会工作报告的修改意见和建议。

22日　县政协召开县城部分委员座谈会，讨论政协常委工作报告。

24日　县政协主席房卫民列席广东省政协八届二次全体会议。

2月8日　县政协召开七届四次常委会议。

24日　县政协机关召开副科级以上干部会议，研究七届五次常委会议的议程和县政协七届二次会议有关事项。

3月2日　县政协召开七届五次常委会议。

12日　东莞市政协副主席陈文敏等一行20人到连南考察。县政协主席房卫民陪同。

16—18日　县政协召开七届二次会议。

4月20—22日　省政协调研组林道英等一行12人对连南农业等情况进行调研。

5月13—14日　县政协民族三胞、社会法制委对县旅游业专题视察。

17日　市政协在连南召开全市政协法制工作座谈会。

24—26日　县政协主席房卫民出席在湖南省宜章县召开的湘、桂、粤三省（区）毗邻县（市、区）政协工作联系协作会第20次会议。

26日　市政协在连南召开全市政协文史工作座谈会。

27日　县政协召开主席会议。

31日　县召开政协提案和人大建议议案交办会议。县政协副主席许耿忠出席。

6月8日　县政协组织部分委员视察县钢坯企业用电情况。

10—11日　市政协副主席杨瑞先率市政协旅游调研组第二组一行8人调研连南旅游工作。

18日　县政协召开七届六次常委会议。

28—30日　县政协农林水委对山地农业开发（种竹情况）专题视察。

7月20—21日　广州市东山区政协科教文卫委员会一行18人到连南人民医院、南岗镇开展义诊活动。

23日　县政协召开主席会议。

28日　县政协召开文史工作会议，学习全国政协主席李瑞环讲话及省、市政协文史工作会议精神，研究连南文史工作。

是日　市政协文史委主任罗耀辉等一行4人到连南调研，县政协副主席黄海耳陪同。

8月30—31日　县政协副主席黄沛祥率经济委委员视察县非公有制经济发展情况。

9月14日　县政协召开主席会议。

23日　县政协召开机关退休干部座谈会，庆祝中华人民共和国成立

50周年和人民政协成立50周年。

27日　县政协召开七届七次常委会议。

29日　县召开庆祝建国50周年暨精神文明建设表彰大会，县政协被评为"文明单位"，县政协主席房卫民被评为"文明标兵户"。

10月9日　《清远日报》刊登题为《不懈追求的瑶族种养专业户——记连南县政协委员唐日星》文章，报道连南县政协委员唐日星的相关事迹。

12—13日　县政协主席房卫民出席在广西壮族自治区蒙山县召开的湘、桂、粤三省（区）毗邻县（市、区）政协工作联系协作会第21次会议。

19日　县政协举行委员培训班，邀请省社会主义学院教师肖莉、冯颖红对全体委员讲授《人民政协的光辉历程》和《澳门基本法》。

11月3—4日　县政协协助市政协连南工作组开展"连南发展三高农业情况"专题视察活动，并形成报告送市政协。

18日　县政协召开委员提案承办单位座谈会。

12月3日　县政协主席房卫民率政协法制工作组委员与县人大联合视察县看守所。

8日　县政协召开主席会议。

28日　县政协召开七届八次常委会议。

2000年

1月12日　县政协副主席许耿忠率县政协科教文卫体委员到县广播电视局视察。

20—25日　县政协主席房卫民列席省政协八届三次会议。

2月21日　县政协召开主席会议。

24日　县政协召开七届九次常委会议。

29日　县政协召开"三讲"教育动员大会。主席房卫民作动员讲话，县委书记雷广财、省巡视组成员吴定先到会指导并讲话。

3月7日　县政协召开七届十次常委会议。

8-10日　县政协召开七届三次会议。

11日　县政协召开主席会议。

31日　县政协召开七届十一次常委会议。

4月3—5日　县政协主席房卫民响应县委提出的下基层、进农村调研活动，了解群众想什么、盼什么，先后到大麦山、寨岗、南岗等镇了解情况。

30日 县政协副主席黄沛祥出席县政府召开的人大建议案和政协提案交办会。

5月25—26日 县政协主席房卫民出席在湖南临武县召开的湘、桂、粤三省（区）毗邻县（市、区）政协工作联系协作会第22次会议。

29—31日 县政协农林水委委员对县竹业公司体制问题进行专题调研。

6月20—23日 县政协主席房卫民，副主席陈水金、唐国伟、莫济深及部分委员组成考察组，以"如何加快引进外资进程，发展外向型企业和如何办好农业龙头企业，推动农民脱贫奔康步伐"为内容，先后到阳山县、佛冈县和韶关市乳源瑶族自治县，考察外资企业和农业龙头企业发展情况。

23—24日 以南方日报社原社长刘陶为团长的省政协第七视察团一行16人，在连南视察旅游业发展情况，听取旅游业资源开发利用情况汇报，并实地视察了解情况。

30日 县政协召开七届十二次常委会议。

7月20－21日、24日 县政协社会法制委员会组织部分委员通过听取政府主管部门和个体劳协的汇报、与部分个体户座谈及赴连山县参观学习等形式，对连南瑶族风情旅游业进行专题调研。

27日 县政协召开七届十三次常委会议。

8月7日 县政协召开主席会议。

30—31日 县政协组织经济委员会部分委员对贯彻落实《关于鼓励和扶持个体私营经济发展的若干规定》（南府办〔1999〕29号文）情况进行专题调研。

9月1日 县政协召开七届十四次常委会议。

11日 县政协科教文卫体委对县文化设施建设情况进行视察。

18—21日 县政协组织全体委员围绕脱贫奔康及扶贫开发两大会战主题，采取听取汇报、分为五个视察组分赴全县12个镇乡深入到各村委和农户实地视察调查、集中开会等形式开展视察活动。

27日 县政协召开七届十四次常委会议。

30日 县政协召开退休老同志庆国庆迎老人节座谈会。

10月20—22日 以陈文冠为组长的省政协视察组一行9人，在市政协副主席陈子思陪同下，到连南对扶贫开发"两大会战"工作进行专题视察。

26 日　县政协召开提案工作座谈会。

27 日　县政协召开主席会议。

11 月 24—27 日　县政协副主席陈水金出席在湖南省江华县召开的湘、桂、粤三省（区）毗邻县（市、区）政协工作联系协作会第 23 次会议。

28 日　县政协召开部分承办提案单位座谈会。

29 日　县委召开全县政协工作座谈会。县委副书记曾国富、主席房卫民先后作讲话。

12 月 8 日　县政协召开文史工作会议，讨论《连南文史》（水利专辑）出书事宜。

13 日　县政协社会法制委部分委员与部分县人大代表联合视察县看守所。

15 日　县政协召开主席会议。

26 日　县政协召开如何提高提案质量工作会议。

2001 年

1 月 9 日　县政协召开专题议政会议，讨论县委"十五"计划建议（草案）。

15 日　县政协召开主席会议。

2 月 7 日　全国政协副主席张思卿一行 20 多人到连南三排瑶寨考察。张思卿给连南题词："民族团结　共同进步"。

9 日　县政协召开各专委正副主任会议，总结各专委 2000 年工作，评选先进专委会。

23 日　县政协召开主席会议。

3 月 14 日　县政协召开七届十五次常委会议。

26—28 日　县政协召开七届四次会议。

28 日　云浮市政协主席张金泉一行 10 多人来连南考察，县政协主席房卫民陪同。

4 月 12 日　县政协副主席黄沛祥出席县政府召开的县人大议案建议和政协提案交办会议。

5 月 25 日　县政协社会法制委委员视察县法律援助工作。

30—31 日　县政协农林水委委员到寨岗、三排、香坪、三江等乡镇视察农副产品加工销售问题。

6月7日　湖南省宁远县政协副主席管玉湘等一行5人到连南考察交流工作。县政协副主席陈水金陪同。

12日　县政协常委视察县白果基地，听取县水果公司汇报。

18日　县人大代表杨延强，县政协委员房卫民、陈水金、李国祥、赖荣新等联合视察农业结构项目调整问题。

19—21日　县政协副主席黄沛祥出席在湖南省宁远县召开的湘、桂、粤三省（区）毗邻县（市、区）政协工作联系协作会第24次会议。

26日　县政协召开七届十六次常委会议。

29日　省社会主义学院处长莫卫红一行28人来连南调研，县政协主席房卫民、副主席黄沛祥陪同。

7月20日　县政协召开主席会议，总结分析政协上半年工作，研究下半年工作。

26日　省社会主义学院教师陈家辉等一行6人到连南调研，县政协副主席陈水金陪同。

31日　县政协副主席莫济深在市政协经济工作座谈会上作题为"努力提高调研视察质量，积极为县经济社会发展服务"的发言。

8月6—8日　省政协第七视察团冯灼锋等一行22人，到连南视察水电建设情况。视察团先后听取县政府领导汇报，到明珠变电站、径口水电站、板洞水库网络工程实地视察，召开有关水电建设座谈会听取意见。

11日　珠海市政协副秘书长杨观水一行来连南考察，县政协主席房卫民、副主席唐国伟陪同。

14—15日　市政协调研组对连南"增加农民收入"问题进行调研，先后听取县政府汇报，到三江镇、三排镇实地调研。县政协副主席陈水金陪同。

29日　县政协提案委组织第20号提案联名委员到县环保局实地视察，督办提案。

9月5日　贺州市政协主席谢庆丰等一行35人来连南考察，县政协主席房卫民，副主席陈水金、唐国伟陪同。

20日　县政协委员对县公安消防工作进行视察，召开座谈会，听取县公安局、消防大队领导汇报。

25日　县政协召开党组会议，通过建议，报县委增补赵翔辉为政协党组成员。

27日　县政协经济委委员对县城市政建设进行视察，听取县建委、环保局领导汇报，实地视察商业城开发区、三江河堤、引线路、鹿鸣关垃圾场等。

28日　县政协召开招商引资座谈会，部分委员、相关单位领导参加会议。副县长周岐贤到会指导。

10月8日　县政协召开主席会议。

11日　市政协视察团罗耀辉等一行9人来连南视察，先后听取县农业机械化情况汇报，到联红村实地视察。县政协副主席唐国伟陪同。

12日　县政协召开七届十七次常委会议。

22日　县政协党组、主席会议成员集中学习江泽民总书记"七一"重要讲话。

是日　县政协班子领导、部分委员听取县种桑养蚕指导部、县扶贫办汇报工作。

23—25日　县政协开展全员视察活动，分成五个组到七个乡镇视察。

30日　市政协连南工作组委员到广西壮族自治区贺州市区、桂林市利浦县等地考察旅游资源开发情况。

11月4日　市政协副主席曾昭唤带领市政协港澳委员一行21人到连南考察。县政协主席房卫民，副主席陈水金、唐国伟陪同。

8日　清新县政协副主席陈乃煌带领市政协清新工作组一行11人到连南考察。县政协副主席唐国伟陪同。

是日　《人民政协报》广东站副站长彭雨，市政协副主席陈子思等一行5人到连南调研。县政协主席房卫民陪同。

9日　县政协召开提案承办单位、提案人回访座谈会。

12日　县政协经济委召开非公有制经济发展座谈会。

22—23日　县政协副主席莫济深出席在连山县召开的湘、桂、粤三省（区）毗邻县（市、区）政协工作联系协作会第25次会议。

26日　县政协召开主席会议。

27日　县政协向县委、县政府提交《关于用两年时间新建设县城生活垃圾场的建议》。

30日　市政协连南工作组向市政协报送《市政协连南工作组赴桂、湘部分县、市考察旅游开发情况的报告和建议》。

12月1日　广州市政协副主席陈纪萱、珠海市政协副主席赵芝生等一行29人到连南考察。市政协副主席杨瑞先，县政协主席房卫民陪同。

24日　县政协召开七届十八次常委会议。

是年　县政协按照县委要求认真开展"三个代表"重要思想学习教育活动。

2002 年

1月15日 市政协副主席关翰琴带领省民盟一行20人到连南考察。县政协副主席唐国伟陪同。

3月6日 县政协召开主席会议。

7日 县政协召开七届十九次常委会议。

18—20日 县政协召开七届五次会议。

4月11—15日 县政协主席房卫民率农村（镇）委员一行13人到汕尾市陆河县等地参观考察青梅种植生产等情况。

21日 湖南省江华县政协主席李进清等一行5人来连南考察，县政协副主席陈水金陪同。

5月5日 省政协科教文卫委区建生等一行5人来连南调研，县政协副主席陈水金陪同。

是日 县政协副主席黄沛祥出席县政府召开的县人大建议议案和政协提案交办会议。

14—15日 省政协联谊会康乐书等一行15人到连南参观考察。县长房卫党、县政协主席房卫民陪同。

17日 县政协召开主席会议。

20日 佛冈县政协主席易伟明等一行10人来连南交流学习，县政协主席房卫民、副主席陈水金陪同。

31日 县政协主席房卫民率部分委员参加寨岗镇农业问题专题调研座谈会。

6月13日 县政协召开文史工作会议，研究出版《连南文史》第十二辑（综合性）有关工作。

20日 县政协召开主席会议。

30日 香港展能助学基础会、香港清远公会、中港汽车联合总会参观团一行向县妇幼保健所捐赠4万元，用于添置医疗设备。县政协主席房卫民、副县长盘建梅陪同。

7月9日 县政协召开七届二十次常委会议。

22日 县政协社会法制委委员对县消防、市政建设管理工作进行视察。

8月14日 县政协召开主席会议。

20日 县政协召开工业座谈会，对县工业发展提出建议。

29日　县政协提案委召开提案承办单位座谈会。

9月2日　县政协民族三胞委对县外资企业进行视察。

24日　县政协召开七届二十一次常委会议。

25日　县政协召开加强县民族中学高中部建设专题座谈会。

28—30日　县政协开展全员视察活动。

10月15—16日　市政协连南工作组委员对连南旅游业发展进行视察。

29—30日　县政协副主席唐国伟出席在清新县召开的湘、桂、粤三省（区）毗邻县（市、区）政协工作联系协作会第26次会议，在会上作题为《围绕大局，突出重点，充分发挥提案在解决热点难点问题中的作用》的发言。

11月15日　阳山县政协副主席王健均等一行10人到连南考察市政建设。县政协副主席陈水金陪同。

12月6日　县政协召开主席会议。

26日　河源市政协主席张伟乔等一行12人到连南考察。市政协副主席杨瑞先，县政协副主席陈水金、唐国伟陪同。

2003年

1月11—17日　县政协主席房卫民列席省政协九届一次会议。

26日　县政协召开主席会议。

2月28日　县政协召开主席会议。

3月4日　县政协召开七届二十二次常委会议。

17—19日　县政协召开八届一次会议。

24日　县政协召开主席会议。

是日　县政协召开八届一次常委会议。

4月14日　县政协召开主席会议。

17日　县政府办、县政协办联合发出《关于印发〈开展评选表彰优秀提案和承办提案先进单位活动的办法〉（试行）的通知》。

27—28日　县政协农林水委委员到县林业局、南岗、三排镇视察油茶基地建设情况。

30日　县政协副主席黄沛祥出席县政府召开的县人大议案建议和政协提案交办会议。

5月15日　省委副书记欧广源，省政协副主席、省委统战部部长朱小丹到连南调研。县委书记苏启科、县长房瑞贵，县政协主席房卫民、副主席唐国伟陪同。

16日　县政协召开主席会议。

29日　县政协经济委委员到县市政管理局、工商局视察。

6月18日　香港籍市政协委员刘敬恒到大麦山镇了解三洲等村缺少耕地等问题。县政协主席房卫民陪同。

24—25日　县政协农林水委委员视察山塘水库安全情况，听取县水利局汇报，到寨南镇实地视察。

25日　市政协连南工作组在市政协三届四次会议上提出的《关于解决107线（即清连一级公路）连南引线路口交通事故逐年上升问题的建议》的提案，被市政府、市政协评为优秀提案，受到表彰。

7月4日　县政协召开主席会议。

11日　县政协召开八届二次常委会议。

28—29日　县政协社会与法制委对县农村合作医疗情况进行视察，听取县农业局汇报，到三江、寨岗、南岗、涡水四镇了解有关情况。

31日—8月1日　县政协主席房卫民出席在广西壮族自治区贺州市八步区召开的湘、桂、粤三省（区）毗邻县（市、区）政协工作联系协作会第27次会议。

8月2日　香港籍市政协委员刘敬恒等一行9人到大麦山镇察看河堤等调研。县政协主席房卫民陪同。

19—21日　县政协民族三胞委委员到湖南省蓝山县、道县、江华县及广西壮族自治区贺州市八步区等地考察招商引资工作。

25日　县政协民族三胞委委员到连州市、阳山县考察招商引资工作。

9月2—3日　县政协经济委委员对县民营经济发展情况进行视察。

16日　县政协教科文卫体委委员对县中小学校收费情况进行视察。

19日　县政协召开八届三次常委会议。

22日　县政协副主席唐国伟、副县长房介二赴澳门参加清远澳门同乡会成立十周年庆祝活动。

30日　县政协召开主席会议。

10月22日　鹤山市政办副主席刘仕平等一行9人来连南交流学习，县政协主席房卫民陪同。

28日　市政协副主席关翰琴率市政协教科文卫体委委员到连南视察卫生工作情况。

31日　市政协委员冯国德、范金楣、张国荣等一行40人到连南考察县利发毛织厂。县政协主席房卫民、副县长唐拾斤陪同。

11月7日　县委书记苏启科，县长房瑞贵，县政协主席房卫民、副主席唐国伟参加市委召开的全市政协工作会议。县委副书记、县长房瑞贵代表连南县委作题为《加强党对政协工作领导，努力发挥政协职能作用》的发言。

20—21日　县政协副主席陈水金出席在湖南省桂阳县召开的湘、桂、粤三省（区）毗邻县（市、区）政协工作联系协作会第28次会议。

23—24日　市政协副主席关翰琴率调研组一行11人到连南调研城镇建设工作。副县长房坚一、县政协副主席陈水金陪同。

24日　澳门籍市政协委员一行18人来连南考察，县政协副主席唐国伟陪同。

26日　县政协召开八届四次常委会议。

2004年

1月12日　县政协召开各专委主任会议，总结工作，评选先进专委。

2月4日　县政协召开主席会议。

12日　县政协、县委宣传部、县委统战部、县工商联联合举办学习人民政协、统一战线和工商联理论知识专场新春文艺晚会。

18日　县政协召开主席会议。

3月1日　县政协召开八届五次常委会议。

9—11日　县政协召开八届二次会议。

24日　县政协召开机关科级以上干部会议，研究采拍"委员风采"、出版《连南文史》旅游业专辑等工作。

4月19日　县政协副主席黄沛祥出席县政府召开的县人大议案建议和政协提案交办会议。

29日　县政协召开主席会议。

30日　县政协副主席盘亚五贵率教科文卫体委委员对县图书馆、文化馆、博物馆、体育馆建设情况进行专题视察。

5月25—27日　县政协副主席唐国伟出席在连州市召开的湘、桂、粤三省（区）毗邻县（市、区）政协工作联系协作会第29次会议。

6月3—4日　县政协副主席陈水金率经济委委员对县北江、寨岗、明华、三江四个工业园区进行视察。

11日　县政协召开主席会议。

15日　德庆县政协常务副主席梁洪等一行8人到连南参观。

25日　县政协召开八届六次常委会议。

7月16日　县政协农林水委委员视察美莲华（连南）礼服有限公司、连南利发毛织厂和建设中的连南瑶族长寿温泉度假村等三家外资企业，了解企业在生产、建设过程中的困难和问题。

8月6日　县政协社会与法制委员会召开民营企业代表座谈会，听取民营企业对投资环境的意见和建议。

9月6日　县政协召开主席会议。

12—15日　县政协民族三胞委委员到香港、澳门、南海区等地考察产业转移有关情况。

9月23日　县政协召开八届七次常委会议。

23日　县政协召开庆祝中国人民政治协商会议成立五十五周年座谈会。县政协常委、历届政协老领导、历届委员代表等36人参加座谈会。县委常委、组织部长黄锦星出席会议并作讲话。

24日　县政协提案委召开提案工作学习会，对提高提案质量作辅导。

24日　县政协文史委召开学习会，学习胡锦涛在庆祝人民政协成立五十五周年大会上的讲话，对文史专辑的出版进行分工。

10月10日　县政协召开主席会议。

12日　县政协经济委对县地方道路沿线违章建房情况进行专题视察。

26日　市政协副主席冯国德率视察组一行16人到连南视察利用民族文化发展旅游业情况。常务副县长梁伟东，县政协主席房卫民、副主席陈水金陪同。

28—29日　市政协连南工作组会同县政协全体委员就贯彻中央一号文情况，对县辖各镇农业结构调整和农村劳务输出情况进行视察。

11月3—8日　市政协连南工作组到广西、福建等地考察学习。

6—8日　云南省政协原副主席赵廷光等一行6人到连南参观考察。县政协副主席黄沛祥陪同。

8日　市政协副主席李国良等一行11人到连南视察"抓好品牌建设，促进旅游发展"情况。县政协副主席黄沛祥陪同。

10日　市委副书记陈茂辉到连南检查贯彻落实《关于进一步加强政协工作的若干意见》情况。县政协班子领导参加有关座谈会。

12月8—10日　县政协主席房卫民、县委常委莫新铨出席在湖南省道县召开的湘、桂、粤三省（区）毗邻县（市、区）政协工作联系协作会第30次会议。

9日　县政协召开提案承办单位座谈会，交流办理提案的做法与经验体会，并就进一步办理好提案提出意见和建议。

20日 县政协召开主席会议。

2005年

1月4日 县政协召开八届八次常委会议。

14—16日 县政协主席房卫民、副主席唐国伟在香港探望港籍县政协委员。

21—25日 县政协主席房卫民列席省政协九届三次全体会议。

26日 县政协召开主席办公会议。

31日 县政协机关人员搬进县新行政综合办公大楼七楼办公。

2月1日 县政协召开八届九次常委会议。

24日 县政协召开八届十次常委会议。

3月2—4日 县政协召开八届三次全体会议。

25日 县政协召开八届第17次主席会议。

4月1日 陈海光调县政协报到工作。

6日 县政协副主席黄沛祥出席县政府召开的人大议案建议和政协提案交办会议。

18日 县政协召开党员领导班子民主生活会。

5月26日 县政协协助市政协就"加强少数民族地区经济发展"专题调研。

27日 县政协农林水委对民族旅游发展情况进行视察调研。

31日 县政协民族宗教三胞委对县招商引资工作进行视察。

6月10日 县政协召开党支部会议，总结开展保持共产党员先进性教育活动工作。

10日 县政协召开八届第18次主席会议。

21日 县政协经济委委员对县环境保护工作进行视察。

24日 县政协召开八届十一次常委会议。

27—29日 县委副书记李伟陆、县政协副主席唐国伟出席在乐昌市召开的湘、桂、粤三省（区）毗邻县（市、区）政协工作联系协作会第31次会议。

29日 连南召开庆祝中国共产党成立84周年暨表彰大会，县政协党支部被评为"优秀基层党组织"。

7月8日 县政协召开第八届19次主席会议。

12—14日　县政协教科文卫体委视察县农村合作医疗工作进行。

26日　县政协经济委对县劳动力就业转移情况进行视察。

8月11日　县政协文史委对县社保局就全县医保工作进行视察。

9月21日　县政协召开八届第20次主席会议。

是日　县政协社会与法制委对县机关作风建设情况进行视察。

10月18—20日　县政协开展全员视察活动，对农田水利建设、县行政服务中心运作情况进行视察。

24日　县政协召开八届十二次常委会议。

12月12日　县政协召开八届第21次主席会议。

30日　县政协召开八届第22次主席会议。

2006年

1月10日　县政协召开八届十三次常委会议。

2月28日—3月1日　县政协召开八届十四次常委会议。

3月28—30日　县政协八届四次会议召开。

4月21日　县政协副主席黄沛祥出席县政府召开的人大建议议案和政协提案交办会议。

24日　县政协协助清远市政协到连南开展"市长约见委员"专题调研活动。

5月23日　县政协社会与法制委视察县蔬菜基地建设情况。

24日　县政协民族宗教和三胞委视察县柠檬基地建设情况进行。

25—26日　县政协主席房卫民、县委副书记莫新铨、县政协秘书长赵翔辉出席在广西壮族自治区钟山县召开的湘、桂、粤三省（区）毗邻县（市、区）政协工作联系协作会第33次会议。会上，连南作题为"加强党对政协工作领导，充分发挥政协职能作用"的发言。

6月1—2日　县政协主席房卫民、副主席唐国伟参加在香港举行的广东各级政协委员联谊会成立大会。

13日　县政协农林水委视察县蚕桑基地建设情况。

18日　县政协领导参加县瑶山乐蓝藻生物制品厂开业庆典。该厂由县政协、县民宗局联合引进。

27日　县政协召开主席会议。

7月4—5日　县政协对县农业、林业、水利、扶贫有关工作进行调研。

11日　县政协召开八届十五次常委会议。

8月16日　县政协召开主席会议。

24日　县政协经济委委员视察有机稻种植和发展情况。

29日　县政协教科文卫体委委员视察鸡麻笋基地发展情况。

30—31日　全市政协主席工作交流座谈会在连南召开。会议听取连南招商引资工作情况汇报，交流学习贯彻《中共中央关于加强人民政协工作的意见》的情况。

9月21—25日　县政协教科文卫体委委员调研县民族高级中学办学情况。

10月9日　县政协召开八届第26次主席会议。

13日　县政协主席会议成员调研县职业技术教育发展情况。

20日　县政协召开八届十六次常委会议。

23日　县政协向县委、县政府提交《县政协主席会议关于办好县职业技术学校的建议案》。

11月14日　县政协召开主席办公会议。

30日　县政协开展2006年全员视察活动，参观县招商引资有关项目。

12月5日　县政协召开教育工作专题协商会议。

13日　县政协召开党组、主席会议，推荐县政协第九届委员会常务委员建议人选。

22日　县政协召开八届十七次常委会议。

2007年

1月6—8日　县政协召开九届一次会议。

22日　县政协召开九届第1次主席会议。

2月1—5日　县政协主席唐国伟列席省政协九届五次会议。

7日　县政协召开九届一次常委会议。

是日　县政协副主席陈锦叶出席县政府召开的人大议案建议和政协提案交办会议。

3月19日　县政协召开九届第2次主席会议。

26日　县委办印发《关于成立湘、桂、粤三省（区）毗邻（市、区）政协工作联系协作会第35次会议筹备领导小组的通知》。

30日　县政协提案与文史委视察县文物收集整理工作。

4月18日　县政协党支部召开党员会议，改选支委。

23日　县政协召开九届第3次主席会议。

25日　县政协农林水委委员视察油茶基地建设情况。

29日　县政协制定2007年学习计划安排工作。

5月7日　县政协引进的香港兆业集团（连南）时装厂开业。

8—10日　县政协主席唐国伟带领政协机关人员，到香港考察学习并看望港籍县政协委员。

11日　县政协召开九届第4次主席会议。

31日　市政协到连南就"如何加快少数民族地区人口聚集"专题进行调研。

6月13—15日　湘、桂、粤三省（区）毗邻县（市、区）政协工作联系协作会第35次会议在连南召开。

8月9日　县政协民族宗教和三胞委委员视察招商引资工作情况。

17日　县政协农林水委委员视察县创建省林业生态县工作情况。

29日　县政协经济委委员视察镇通行政村公路建设情况。

31日　县政协召开九届二次常委会议。

9月29日　县政协召开2007年度党员领导干部民主生活会。

10月24—25日　县政协副主席房坚一出席在湖南省蓝山县召开的湘、桂、粤三省（区）毗邻县（市、区）政协工作联系协作会第36次会议。

29—30日　县政协教科文卫体委委员视察县新型农村合作医疗工作。

30日　县政协社会与法制委委员视察县新农村建设工作。

31日　县政协召开九届三次常委会议。

11月12日　县政协主席唐国伟的《广纳群贤，广纳诤言，广交朋友——结合县政协实际谈如何落实"海纳百川"精神》撰文在《清远日报》刊登。此文是开展"树连南人精神、促连南大发展"主题征文之一。

22日　县政协开展全员视察活动，对蚕桑基地、柠檬基地和新农村建设试点单位进行视察。

2008年

1月4—6日　县政协主席唐国伟率机关一行11人到英德市、佛冈县、清城区、清新县等县（市、区）政协交流学习。

22日　市政协经济委员会主任徐国东率市政协工农业工作组一行8人到连南视察冬种绿肥工作。

2月18日　县政协机关干部职工为冰冻灾害捐款2950元。

3月5日　县政协召开九届第7次主席会议。

4月7日　县政协召开九届四次常委会议。

16日　阳山县政协主席李厚等一行11人到连南参观交流工作。

21至22日　清远市县（市、区）政协主席工作交流座谈会在连州、连南召开。22日上午，参会人员视察连南板洞灾情。

29日　县政协召开九届第8次主席会议。

5月14日　县政协召开九届五次常委会议。

6月12日　县政协主席唐国伟率政协机关人员到涡水镇瑶龙村，开展结对帮扶活动。

8月17—19日　县政协召开九届二次会议。

29日　县政协经济委委员对县招商引资情况进行视察调研，实地视察兆业（连南）服装有限公司和恒益（连南）针织制品厂有限公司，听取县招商局专题汇报，并进行即时议政。

9月18日　县政协文史资料委委员对全县劳动力培训和就业情况进行调研，听取县劳动和社会保障局专题汇报，并实地了解大麦山镇基层劳动服务所建设情况和寨岗镇迥龙工业园的燊昌（连南）塑胶金属有限公司外资企业劳动用工情况。

24—26日　省政协常委、民宗委主任杨华维率省政协民宗委调研组一行12人到连南考察调研少数民族地区县级中心医院建设情况。市政协副主席谭炳和陪同。

是月　县政协农林水委委员对全县林业生产发展情况进行视察调研，实地视察县城牛路水食水工程集水区内因年初冰冻灾害受损森林的林分改造、涡水镇和三江镇的高脂松种植、林科所的种苗培育等三方面的情况。

10月27日　湖南省永兴县政协王仁顺等一行4人到连南参观交流工作。

11月4日　县政协召开九届第9次主席会议。

14日　县政协社会与法制委委员对县工商行政执法情况进行调研，实地视察县工商局和寨岗工商所，听取县工商局专题汇报，并进行即时议政。

15—17日　县政协主席唐国伟、县委常委许崇砚出席在湖南省永兴县召开的湘、桂、粤三省（区）毗邻县（市、区）政协工作联系协作会第38次会议。

19日　德庆县政协副主席何其平等一行13人连南考察参观。

21日　县政协民族宗教和三胞委委员对县乡镇公共交通建设工作情

况进行视察调研，实地视察大坪、涡水镇农村公共交通情况，听取县交通局及相关镇的专题汇报，并进行即时议政。

28日　县政协教科文卫体委委员对县农村非法占用水田建房情况进行调研，实地视察大坪镇沿路农民非法占用水田建房情况，听取县国土和建设环保局的专题汇报。

12月10日　市政协副主席邓三妹与清城区政府副主席赖桂新率市政协清城组委员、清城区政协一行20多人到连南大坪镇旺洞小学开展助学活动。

11日　县政协召开文史工作座谈会，专题研究文史工作。拟在三年内出版《连南名人专辑》《连南非物质文化遗产专辑》《长鼓舞专辑》。主席唐国伟、副主席陈锦叶出席。

12日　县政协召开九届五次常委会议。

15日　市政协连南组召开座谈会，研究2009年市政协例会的议政发言材料和提案选题。

18日　县政协召开九届第10次主席会议。

25日　县政协开展2008年度全员视察活动，邀请市政协连南工作组委员参加。视察活动分三个组，采取实地视察、听取汇报、即时议政等形式进行。视察内容分别为连南奇乡生物科技有限公司生产及环保情况、连南新星水泥有限公司生产及环保情况、全县水利建设情况。被视察单位有连南奇乡生物科技有限公司、连南新星水泥有限公司、县水利局、寨岗镇、大麦山镇、香坪镇等。

2009年

1月5日　县政协召开九届第11次主席会议。

是日　县政协主席唐国伟率机关人员到阳山县政协交流学习。

6日　县政协主席唐国伟率机关人员到连州市政协交流学习。

20日　县政协主席唐国伟，副主席房坚一、陈锦叶率机关人员到挂扶点涡水镇瑶龙村调研扶贫与计生工作。

22—23日　县政协主席唐国伟率机关人员到广州市花都区政协交流学习。

2月9日　县政协召开九届第12次主席会议。

20日　广州市海珠区政协一行18人到连南交流工作并观看篝火晚会。

25日　县政协召开九届第13次主席会议。

3月3日　县政协召开九届七次常委会议。

6日　县政协召开九届第14次主席会议。

7—9日　县政协召开九届三次会议。

30日　县政协主席唐国伟，副主席唐拾斤、陈锦叶率机关人员到挂扶点涡水镇瑶龙村调研扶贫与计生工作。

31日　县政协召开九届第15次主席会议。

4月8日　县政协召开九届八次常委会议。

6月2—3日　珠海市斗门区政协副主席左昆华等一行17人到连南参观交流工作。

10日　县政协召开九届第16次主席会议。

16日　县政协举办县政协委员培训班。培训班由县政协主席唐国伟主持，县委书记崔建军作动员讲话，市政协秘书长胡继松、副秘书长王俊分别作"政协委员的荣誉和责任""当好委员献良策，履行职责促发展"专题辅导。

17日　县政协主席唐国伟率机关干部赴湖南省宜章县、汝城县、资兴市、桂东县、郴州市苏仙区政协交流学习。

18日　珠海市香洲区政协副主席黄杰明、张传生等一行8人到连南参观交流工作。

7月8—9日　民盟中央副主席、省政协副主席、民盟广东省委主委温思美，省政协常委、省民族宗教委主任杨华维率省政协"少数民族地区农业发展情况"专题调研组对连南农业发展情况进行专题调研。

18日　湛江市政协副主席魏志远等一行14人到连南参观考察。

20日　清城区政协主席赵建敏到连南参观交流工作。

22日　县政协副主席唐拾斤率农林水委委员围绕建设绿色产业强县进行视察调研。

28日　县政协副主席房坚一率民族宗教和三胞委委员对县民营企业现状进行调研。

8月4日　县政协副主席房坚一率社会和法制委委员对县人才流失情况以座谈会形式进行调研。

20日　县政协副主席房坚一率经济委委员调研县环境保护情况。

24日　县政协副主席陈锦叶率文史委委员调研县文化旅游产业发展情况。

9月21日　县政协举行纪念中国人民政治协商会议成立60周年座谈会。会议由副主席房坚一主持。主席唐国伟在讲话中回顾自治县政协半个多世纪来所走过的历程，总结政协工作的宝贵经验。县委常委、副县长李春益通报当时全县经济社会的运行情况。县委书记崔建军在讲话中充分肯定县政协半个多世纪来所作出的贡献，特别是在维护民族团结、招商引资、扶贫助学、建言献策等方面发挥出重要作用。省政协常委、副县长盘建梅，县政协原主席房工民等作发言。会上还举行"纪念人民政协成立60周年'中国移动G3杯'政协知识竞赛"抽奖活动，抽出一等奖2名、二等奖5名、三等奖10名、鼓励奖43名。

10月19日　县政协副主席陈锦叶率教科文卫体委委员就县学校治安问题到县科技教育局进行调研。

20日　湖南省江永县政协副主席唐尊溪等一行4人到连南参观交流工作。

20—21日　韶关市始兴县政协副主席肖强运等一行13人到连南参观民营企业和民族风情。

26日　县政协召开九届第17次主席会议。

27日　市政协副主席李雨松率工农业组、财经组一行15人到连南视察调研民营企业金融危机后的生产恢复情况。

28—29日　县政协主席唐国伟、副主席房坚一等一行7人到广州市花都区政协交流学习。

11月9—13日　县政协主席唐国伟、副主席唐伟率教科文卫体委委员到江门鹤山、新会、开平、台山市，珠海市斗门、香洲区政协交流学习。

9—13日　县政协副主席房坚一率经济委委员到云浮市下辖各县（区）政协交流学习。

16—18日　县政协副主席唐伟出席在湖南省江永县召开的湘、桂、粤三省（区）毗邻县（市、区）政协工作联系协作会第40次会议。

19日　县政协召开九届九次常委会议。

30日　台山市政协副主席陈俊立等一行24人到连南参观交流工作。

12月3—4日　全市政协、各民主党派、人民团体秘书长联席会议暨《清远政协》通讯员会议在连山、连南县召开。

4至6日　罗定市政协副主席伍华靖等一行20人到连南参观交流工作。

19日　省政协机关服务中心主任李旭明、处长王少勇等一行10多人到连南调研。

24日　县政协召开九届十次常委会议。

是年　县政协为大坪、大麦山镇部分小学解决500套台凳、500个书包，价值 6 万多元。县政协常委伍湛为贫困学生、敬老院、"双拥"捐款 4 万元；县政协委员李图明捐资 24 万元为大古坳小学兴建一幢三层教学楼；县政协委员胡启宇为大坪敬老院赠送 2 台太阳能热水器、捐赠 7000 元为旺洞小学添置教学设施；广州市花都区政协捐赠学校物资一批。

2010 年

1 月 4—5 日　县政协主席唐国伟到湖南省衡阳市政协了解连南政协委员童修竹有关情况。

11 日　县政协召开九届第 18 次主席会议。

26 日　县政协召开九届第 19 次主席会议。

2 月 2 日　县政协召开九届十一次常委会议。

4—6 日　县政协召开九届四次会议。房介二当选县政协主席。

10 日　县政协召开九届第 20 次主席会议。

3 月 4 日　县政协召开九届第 21 次主席会议。

9 日　省政协港澳台侨委副主任艾特莎在市政协主席邹学军陪同下到连南调研，就"送医送药献爱心"活动进行布置。县委书记崔建军参加座谈会。

4 月 2—3 日　省政协港澳台侨委员会组织粤港澳爱心医疗队到连南开展送医送药系列活动，治疗 485 人次，为患者送上价值 3 万元药品，并捐赠 10 万元给卫生部门。

8 日　县政协召开九届十二次常委会议。

5 月 15 日　县政协副主席陈锦叶到深圳市龙岗区参加清远同乡联谊会活动。

17 日　县政协召开九届第 22 次主席会议。

24—25 日　省政协副主席温兰子到连南出席"广东省政协民族宗教委员会援助孤儿"捐赠仪式，并到县政协座谈，看望机关人员。

26 日　县政协副主席唐拾斤出席连州市政协成立 50 周年庆典活动。

6 月 11 日　湖南省永兴县政协主席李本炎等一行 6 人到连南参观交流工作。

12 日　佛山市政协副秘书长杨才聪等一行 6 人在市政协秘书长胡继松陪同下到连南参观考察。

12—14 日　县政协副主席蔡志生出席在广西壮族自治区昭平县召开的湘、桂、粤三省（区）毗邻县（市、区）政协工作联系协作会第 41 次会议。

25日　县政协副主席唐拾斤率农林水委委员视察调研全县新农村建设工作。

7月1日　县政协机关人员到挂扶点涡水镇瑶龙村开展党支部扶贫济困活动。

8—10日　县政协副主席唐海英、蔡志生率机关人员到佛山市南海区参观学习。

12—14日　广东技术师范学院一行17人到连南开展"三下乡"及社会实践活动。县政协副主席唐海英陪同。

15—16日　县政协主席房介二率机关人员到广州市花都区、清远市清城区政协交流学习。

22日　县政协副主席唐拾斤、唐海英率经济委委员参观考察清远民族工业园A区、B区。

8月10日　市政协副主席邓三妹等一行4人到连南检查指导工作。

10—12日　县政协主席房介二到省委党校参加省政协举办的广东省政协提高参政议政能力培训班。

16—17日　省政协民宗委领导到连南调研农业发展情况。

19日　县政协副主席蔡志生率社会与法制委委员视察调研县社会治安工作。

26日　县政协副主席陈锦叶率文史委委员视察调研县城乡清洁工程实施情况。

27日　县政协副主席唐伟率教科文卫体委委员视察调研县生态旅游发展工作。

9月29日　中华民族团结促进会会长黄永谦等一行4人到连南参观考察。

10月9日　县政协召开九届第23次主席会议。

16日　县政协组织退休老干部到广西壮族自治区姑婆山观光。

21日　县政协副主席唐拾斤率民族宗教和三胞委委员围绕如何进一步促进连南民族大团结课题到县高寒移民新村、三排镇连水移民新村和连水蚕桑养殖基地视察调研。

28日　县政协召开九届十三次常委会议。

11月1—3日　县政协副主席唐海英出席在湖南省嘉禾县召开的湘、桂、粤三省（区）毗邻县（市、区）政协工作联系协作会第42次会议。

16—17日　省政协文化和文史资料委员会副主任陈忠烈、专职副主任梁川等一行10多人到连南专题调研文化遗产保护情况。

12月16日　县政协召开九届第24次主席会议。

24—26日　县政协主席房介二参加在香港召开的港籍县政协委员座谈会。

30日　县政协召开九届十四次常委会议。

2011年

1月13日　县政协召开九届第25次主席会议。

24日—25日　县政协召开九届五次会议。

28日　县政协主席房介二率政协机关人员到广州市花都区政协交流学习。

2月18日　县政协召开九届第26次主席会议。

3月11日　县政协召开九届第27次主席会议。

4月2—3日　广州市花都区政协主席黄水记等一行近30人到连南参观交流工作，并向连南县教育促进会捐款5万元。

7日　县政协主席房介二率政协机关人员到连州市政协交流学习。

12—13日　清新县政协主席李向武等一行20人到连南参观交流工作。

13—14日　全国政协民族和宗教委员会副主任周明甫等一行10多人，在省政协民族和宗教委员会副主任盘建梅，市政协主席邹学军、市政府副市长曾贤林、市政协副主席李雨松、市政协秘书长胡继松陪同下，到连南专题调研"民族自治县城镇化进程中的重要问题"，为党和国家决策提供参考依据。连南县四套班子领导郑远平、房介二、李春益、黄伟峰、唐拾斤、陈锦叶、唐伟、唐海英、蔡志生、潘康凯等陪同调研。

29日　县政协召开九届十六次常委会议。

5月9—10日　县政协主席房介二率政协机关人员到英德市、佛冈县、阳山县政协交流学习。

23—24日　广西壮族自治区昭平县政协副主席贝永和等一行4人到连南参观交流工作。

24—26日　县政协副主席蔡志生出席在韶关市乳源瑶族自治县召开的湘、桂、粤三省（区）毗邻县（市、区）政协工作联系协作会第43次会议。

6月3日　县政协召开九届第28次主席会议。

23—27日　县政协副主席唐拾斤率政协机关党员到陕西省延安市参观

学习。

7月8日　县政协副主席唐伟、潘康凯率教科文卫体委委员视察调研县民族医药健康产业基地建设工作。

15日　县政协农林水委委员视察调研县创建省级林业生态县工作。

18日　县政协召开九届第29次主席会议。

26日　湖南省桂阳县政协主席邱业纲等一行5人到连南考察少数民族文化保护和传承工作。

是月　县政协副主席蔡志生率社会法制委委员视察调研县地质灾害防治工作。

8月1日　县政协召开九届第30次主席会议。

18—19日　市政协秘书长胡继松等一行15人到连南调研少数民族地区卫生医疗事业工作。

9月16—18　县政协主席房介二、县委统战部长房华等一行4人赴港参加清远同乡会国庆联欢晚会，并对新一届港籍县政协委员人选进行考察。

21日　县政协召开九届第31次主席会议。

29日　县政协召开九届第32次主席会议。

是月　县政协副主席唐海英率经济委委员视察调研县城规划建设及执行情况。县政协副主席陈锦叶率文史资料委委员视察调研县公共文化设施建设工作。

10月12—14日　县政协副主席唐拾斤出席在湖南省宜章县召开的湘、桂、粤三省（区）毗邻县（市、区）政协工作联系协作会第44次会议。

17日　县政协召开九届第33次主席会议。

26日　县政协召开九届第34主席会议。

11月5日　县政协召开九届十七次常委会议。

7日　县政协召开九届第35次主席会议。

26日　县政协举办第十届县政协委员培训班。县政协主席房介二主持，县委书记崔建军作动员讲话，市政协副秘书长王俊作业务辅导。

26—28日　县政协召开十届一次会议。

12月2日　县政协召开十届第1次主席会议。

28日　县政协召开十届第2次主席会议。

2012年

2月10日　县政协召开十届第3次主席会议。

11—12日　县政协副主席唐海英、秘书长房小亮到香港参加马鞍山扶苗之友会活动。

14日　阳山县政协主席会议成员一行7人到连南参观交流工作。

17日　县政协召开机关工作会议，学习《中共清远市委政治协商规程（试行）》，传达县政协主席会议、县政府（扩大）会议精神。

22—23日　省政协经济委原主任张远贻、专职副主任赖悦辉等一行6人在市政协副主席李雨松陪同下到连南调研农业开发和扶贫工作。

29日　县政协召开十届第4次主席会议。

3月6日　县政协召开机关工作会议，通报工作情况，传达省政协在佛冈县召开的会议精神，明确由陈海光暂时负责提案委工作，借调县教育局房惠瑛接替吴海华工作。

9日　县政协召开十届一次常委会议。

20—22日　县政协召开全体委员议政会议，列席县人大第十四届二次会议。

21日　县政协召开第十届香港籍委员座谈会。县委书记雷玉春，县长郑远平，县委常委、常务副县长邱金水，县委常委、统战部长黄伟峰，县政协副主席唐海英、谢柏良、邓建，县政协秘书长房小亮，县政协常务委员会委员，县政协香港籍委员，县政协机关干部，团县委负责人参加座谈会。县政协香港籍委员当场为县"关爱基金"认捐100多万元。

30日　县政协召开十届第5次主席会议。

是日　县政协召开机关会议，传达学习全市政协工作会议、市政协六届一次常委会议、全县"正风行动"会议精神。

是月　县政协协助省政协开展大型课题调研，共向企业、培训机构、外出务工人员发放调查卷60套。

4月25日　县政协主席、党组书记房介二因病医治无效去世，终年58岁。

26日　县委书记、县人大常委会主任雷玉春，县委常委、组织部长许崇砚到县政协宣布由唐拾斤副主席临时主持县政协全面工作。

5月7日　县政协召开十届第6次主席会议。

是日　县政协召开机关工作会议，布置"正风"行动工作。

21日　县政协召开机关工作会议，通报上一次机关会议落实情况，布置县政协机关"正风"行动实施方案，研究政协机关如何贯彻省党代会精神，强调"科改委"人事元定之前，各就各位开展工作。

21—22日　县政协副主席唐拾斤、陈锦叶、唐海英、谢柏良、邓建等一行12人到清新县政协交流学习。

24日　县政协召开十届二次常委会议。

28—30日　县政协副主席谢柏良出席在湖南省临武县召开的湘、桂、粤三省（区）毗邻县（市、区）政协工作联系协作会第45次会议。

是月　唐拾斤副主席带领县政协农林水工作组委员专题视察县农村综合改革工作开展情况；经济工作组在邓建副主席带领下，对食品安全监管问题进行专题视察调研。

6月5—6日　县政协副主席唐海英、秘书长房小亮到韶关市始兴县参加省政协"委员之家"网络互动平台建设现场会。

8日　县政协召开十届第7次主席会议。

20日　县委书记、县人大常委会主任雷玉春，县委副书记李春益，县委常委、组织部长许崇砚到县政协召开领导干部会议，宣布由县委副书记李春益兼任县政协党组书记，主持县政协全面工作。县政协常委、政协机关全体人员参加会议。

25—26日　广西壮族自治区恭城县政协副主席吴艳琴一行10人到连南考察瑶族文化建设及旅游有关情况。县政协副主席陈锦叶、唐海英陪同。

26日　县政协召开机关工作会议，宣读扶贫济困方案：单位认捐5000元、处级干部1000元、科级干部500元、其他人员100元。党组书记李春益参加会议并作讲话。

7月6日　县政协召开十届第8次主席会议。

9日　县政协召开机关工作会议，明确县政协机关人员岗位职责。党组书记李春益要求机关人员要开拓创新、有所作为，服从安排、团结协作，遵守制度、争当创先争优单位。

18日　市政协视察团一行18人在市政协副主席、市委统战部长、团长吴显标，市政协秘书长、副团长胡继松，市政协港澳台侨民族宗教委主任、副团长曾建平，市政协连山工作组组长、连山县政协主席、副团长莫祖和带领下，到连南视察"三打"工作。县委副书记、县政协党组书记李春益，县委常委、政法委书记、"三打两建"办公室主任唐金文，县委常委、统战部长、政协党组副书记黄伟峰，县政府副县长、公安局长、打击欺行霸市领导小组组长张少雄,县政协副主席谢柏良陪同。

是月下旬　县政协组织县粤曲爱好者参加省政协第九届"四洲杯"粤港澳粤曲演唱大赛,并获清远赛区组织奖。

是月　根据县委、县政府中心工作需要,组成两个调研组,分别到二广高速连南沿线和大麦山地质灾害区域进行为期半个月的调研。

8月2日　县政协召开十届第9次主席会议。

4—5日　县委副书记、政协党组书记李春益,县委常委、统战部长黄伟峰,县委统战部常务副部长陈水金应邀赴港出席香港清远公会成立92周年暨新会址启用庆典活动。与连南政协港区委员进行座谈,对港区委员大力支持"连南青少年教育关爱基金"表示感谢和赞赏。

8日　县委副书记、政协党组书记李春益,政协副主席唐拾斤、唐海英、谢柏良等一行6人到省政协汇报连南经济社会建设及政协工作情况。省政协副主席唐国忠、副秘书长郭晓莉、民宗委专职副主任黄小梅、民宗委办公室主任吕远球等领导在省政协会客室会见李春益一行。

16日　县政协召开十届三次常委会议。

23日　县政协副主席谢柏良出席县检察院举行的部分人大代表、政协委员座谈会。

27日　县政协召开机关工作会议,通过县政协近期工作任务分解等事项。

28日　县政协副主席陈锦叶率文史资料工作组到县文广新局视察文化体育惠民工程建设工作。

29日　县政协副主席谢柏良率社会与法制工作组到县公安局及三江镇维稳中心调研维稳、治安情况。

9月10日　县委副书记、政协党组书记李春益,副主席陈锦叶、唐伟到挂扶点涡水镇瑶龙小学慰问教师,送上慰问金2000元。

11—12日　省政协办公厅行政处领导一行3人到连南调研了解政协常委会议室装修情况。

13日　县委副书记、政协党组书记李春益,副主席陈锦叶率县政协机关人员、县科技农业局、县农改办人员到阳山县交流学习。

13—14日　乳源县政协到连南考察了解瑶族文化情况。

19日　省政协"我省旅游业发展情况"专题视察团在团长、省政府发展研究中心党组副书记黄日东带领下,到连南考察旅游业发展情况。

20日　县政协召开十届第10次主席会议。

25日　县政协副主席邓建率教科文卫体工作组到县教育局调研校车

问题。

是日　县政协召开连南民营企业委员座谈会。副主席唐拾斤、陈锦叶、谢柏良、邓建，县政协委员、民营企业老板朱远光、谢立新、吴月明、何杰常、姚建勋、虞红云、黄智双等参加。

26日　县政协召开《连南知名人士录》编委座谈会，研究征稿编辑出版事项。

28日　县委副书记、政协党组书记李春益，副主席唐拾斤、陈锦叶、唐伟、唐海英、谢柏良、邓建到市政协汇报工作，并到清新县政协交流学习。

10月22—23日　市政协秘书长胡继松率"三打两建"视察团到连南检查指导工作。县领导李春益、唐金文、唐联志、黄伟峰、谢柏良等参加座谈会。

24日　县委副书记、政协党组书记李春益主持召开赴周边县学习征地拆迁工作会议。会议决定：由县政协牵头，会同县住建局、国土局、招商局、三江镇等单位成立两个调研组。两个调研组组长分别由副主席陈锦叶、邓建担任。

24—25日　县政协副主席唐拾斤到佛山市南海区参加全省市县（市、区）政协工作经验交流会。

25日　县政协召开十届四次常委会议。

29日　省政协民族宗教委函告县政协：由县政协提交的反映县人民医院门诊住院综合大楼缺口资金较大、缺乏医疗设备问题的报告，分别得到省政协副主席唐国忠、省民族宗教委主任陈小山的批示，同意"积极协调省卫生厅给予重点支持，或在少数民族发展资金安排上适当考虑"。关于要求帮助连南解决、免除民族自治地方承担的公路配套资金问题，省政协将以省民宗委的名义向2013年省政协十一届一次会议提交提案，并争取作为省政协的督办提案。

29—31日　县政协副主席邓建出席在连山县召开的湘、桂、粤三省（区）毗邻县（市、区）政协工作联系协作会第46次会议。

11月1日　县政协副主席唐伟率民族宗教和三胞工作组视察调研县产业园区建设工作。

3日　中央政府驻港联络办协调部副巡视员何虹，吉林省政协常委、清远市政协委员、南海航空货运香港有限公司董事长徐莉，重庆市政协常委、飞达帽业控股有限公司副主席兼董事总经理颜宝铃，武汉市政协常委、香港华乐发展有限公司董事长陈洁，广东省政协委员、香港丝宝集团副董事长古尔夫，云南省政协委员、成报传媒集团有限公司执行总经理普慧艳一行在市人大常委会副主任邓三妹、市政协港澳台侨民族宗教委主任曾建平陪同下，到连南参观访问。徐莉一行先后参观南岗千年瑶寨，慰问南岗敬老院并向老人送上慰问金，到连南高级中学与受资助学生互动联谊。据悉，徐莉曾捐款10万元给南岗敬老院，捐款50万元（分5年，每年10万元）资助就读连南高级中学经济有困难的学生。连南县领导雷玉春、李春益、王群英陪同。

11月8日　县政协副主席陈锦叶率提案工作组到县民政局召开提案办理工作座谈会。

9—10日　香港纪律部队林子俊一行在市政协主席何炳华陪同下到连南参观访问。林子俊一行先后观看篝火晚会，参观千年瑶寨。县领导雷玉春、李春益、唐拾斤、陈锦叶、唐海英陪同。

20—24日　征地搬迁工作考察一组在副主席陈锦叶带领下，到韶关市乳源、翁源、东源、龙门等县考察学习；二组在副主席邓建带领下，到肇庆市德庆、封开县，广西壮族自治区八步区、富川县等地考察学习。

27日　县政协召开机关工作会议，学习贯彻党的十八大精神。副主席唐拾斤、陈锦叶、唐伟、唐海英、谢柏良、邓建及政协全体机关人员、部分退休老同志参加会议。

12月8日　以清远市政协常委、香港清远友好协进会常务副会长何毅强为团长的深圳大学部分MBA校友企业家赴清远参访团一行8人，在市政协副主席李雨松陪同下，到连南参观访问。县领导李春益、邱金水、唐伟等陪同。

14日　省政协社会与法制委员会办公室一行5人在市政协秘书长胡继松、县政协副主席谢柏良陪同下参观连南南岗千年瑶寨。

17日　县政协召开十届第11次主席会议。

18日　县政协副主席邓建召集县政协各工作组负责人布置2013年例会议政发言材料写作任务。

26日　市政协副主席黄卫星率市政协教科文卫委、市文联有关人员到连南检查指导粤曲歌唱比赛选拔工作。

2013年

1月9—11日　连南举行成立60周年庆典暨第五届瑶族文化艺术节活动。

21日　县政协副主席陈锦叶陪同连南梦雅床上用品厂业主张金海到县政协机关扶扶点涡水镇瑶龙村开展送温暖活动，向贫困户送上棉被60套，价值4000多元。

2月1日　县政协副主席邓建陪同县政协委员、广东恒佳建筑工程有限公司总经理何杰常到县政办机关扶扶点涡水镇瑶龙村开展慰问活动，为30户贫困家庭送上慰问金15000元、慰问品一批。

4日　县政协召开十届第12次主席会议。

6日　县政协副主席唐拾斤、唐海英，秘书长房小亮拜访省政协民族宗教委员会。

20日　县政协召开机关会议，布置县政协例会筹备工作。

是日　县政协副主席唐海英到市参加省政协民族宗教委在清远召开的关于民族工作调研座谈会。

23日　全国政协原副主席陈锦华到广东瑶族博物馆、三排万山朝王等地考察连南少数民族地区经济社会发展情况。清远市委书记、市人大常委会主任葛长伟、市政协副主席陈新，县领导雷玉春、李春益、房坚一陪同。

3月13日　县政协组织粤曲爱好者参加市政协首届"美心杯"粤剧演艺大赛并获组织优秀奖。

27日　县委在县政协召开干部会议，县委常委、组织部长许崇砚代表县委宣布房坚一同志任县政协党组书记，李春益同志不再兼任县政协党组书记。

28日　县政协副主席唐拾斤、唐海英、唐伟率经济工作组及县市政局、行政综合执法局、工商局、经信局等单位有关领导，到连山壮族瑶族自治县学习市政建设及管理工作。

是日　县政协召开十届第13次主席会议。

4月1日　县政协召开十届第14次主席会议。

2日　县政协召开十届第15次主席会议。

是日　县政协召开十届三次常委会议。

3日　县政协召开机关会议，筹备例会有关工作。

9—11日　县政协召开十届二次会议。

22日　县政协召开十届第16次主席会议。

是日　县政协召开机关会议，传达主席会议精神，强调工作纪律和要求。

29日　广东省创意产业协会副会长、秘书长方城到连南考察文化旅游业。县政协副主席邓建陪同。

5月17日　县政协召开十届第17次主席会议。

22—23日　省政协调研组一行10人在民族宗教委主任、省农信社理事长、党委书记、团长罗继东，民族宗教委副主任、副团长廖迪娜带领和市政协副主席梁建文、秘书长胡继松等陪同下，到连南专题调研少数民族干部队伍和交通公路建设情况。县领导雷玉春、李春益、房坚一、许崇砚、房志荣、潘康凯、唐海英及相关部门负责人参加相关活动。

24日　县政协机关牵头召集县创卫责任区第3区所有责任单位（包括该区城乡清洁工程责任单位）开展大搞清洁卫生活动。县政协主席、县创卫第3区组长房坚一到场检查、督导。

6月5日　县政协召开十届第18次主席会议。

18日　县政协党支部公推直选新一届支部领导班子，房小亮当选书记，房惠瑛、陈伟坚当选委员。

24—26日　县政协副主席陈锦叶、秘书长房小亮出席在湖南省江华县召开的湘、桂、粤三省（区）毗邻县（市、区）政协工作联系协作会第47次会议。

26日　英德市政协主席陈耀初等一行11人到连南考察交流。县政协主席房坚一，副主席邓建、唐海英陪同。

27日　县政协副主席唐拾斤率农林水工作组委员到县林业碳汇林种植基地，视察森林碳汇林工程建设，先后到寨岗、三排等种植基地实地查看，详细了解种植树种、种植面积及树苗成活率等情况，围绕森林碳汇林工程建设情况建言献策。

7月3日　县政协副主席唐伟率县政协教科文卫体工作组委员到县民族小学，专题调研学校饮用水安全情况。

4日　县政协主席房坚一率县政协机关人员，到新调整的扶持点大麦山镇中心岗村委，就新一轮扶贫"双到"工作进行调研。

8日　县政协召开十届第19次主席会议。

17日　县政协召开十届六次常委会议。

8月16日　县政协召开十届第20次主席会议。

20日　县政协原副主席黄文明去世，享年80岁。唐拾斤副主席参加追悼会并致悼词。

9月2—3日　江门市台山市政协主席谭康乐，副主席蔡红珍、刘志方率社会法制文史委员会一行23人到连南考察社会维稳方面的工作，并参观南岗千年瑶寨、广东瑶族博物馆。县政协主席房坚一，副主席陈锦叶、谢柏良陪同。

10日　县政协召开机关会议，宣布成立《连南瑶族自治县政协志》编纂委员会，正式启动编纂工作。

11日　广西壮族自治区富川县政协副主席麦长莲一行6人到连南考察瑶族文化传承与保护工作，先后参观南岗千年瑶寨、广东瑶族博物馆，还到县文广新局通过座谈会听取有关工作开展情况。县政协副主席唐海英、邓建陪同。

25日　县政协召开十届第21次主席会议。

25—27日　县政协组织粤曲爱好者到清远市区参加选拔赛。

10月9日　县政协召开十届第22次主席会议。

10日　市政协副主席李雨松率视察团一行10多人到连南实地视察二广高速公路2标段。县政协副主席唐海英陪同。

11日　县政协主席房坚一到寨岗镇金光工业园调研委员企业建设，现场查看奇乡生物科技有限公司厂房建设情况，详细了解企业建设中存在的问题。

12日　香港连阳同乡会一行40多人在理事长陈翰荣带领下，回故乡连南参观。陈翰荣一行先后参观南岗千年瑶寨、广东瑶族博物馆，观赏瑶族篝火晚会，品尝故乡米酒、菜肴。县政协副主席唐海英陪同。

16日　县政协召开十届七次常委会议。

27日　湛江市政协副秘书长任天刚等一行4人在清远市政协法制和文史委主任韦世龙陪同下，到连南参观考察。

28—29日　县政协副主席唐拾斤到广州参加省政协宣传工作会议。

30日　县政协召开一届第23次主席会议。

11月6日　县政协副主席邓建主持召集全县人民团体单位布置明年例会议政发言材料写作任务。

26日　县政协提案组召开座谈会，学习省委办公厅印发的《关于进一步加强我省人民政协提案办理工作的意见》。

是日　县政协召开十届第24次主席会议。

12月5日　市政协主席何炳华率班子成员及有关委室负责人到连南调研工作。座谈会上，县政协主席房坚一汇报县政协工作情况。县委书记雷玉春参加座谈会，县长李春益及有关县领导陪同调研。

17日　市政协连南工作组委员在组长、县政协主席房坚一带领下，到寨岗镇金光工业园、广东明华机械有限公司连南分公司调研。

18日　县政协召开机关工作会议，布置十届三次全会筹备工作。

18—19日　茂名市政协副主席黄辉等一行10人在市政协人口资源环境委主任黄斌孝陪同下，到连南参观考察。

27日　县政协召开十届第25次主席会议。

是月　县政协完成"委员之家"网络互动平台建设并通过省政协验收。

2014年

1月6日　县政协召开十届八次常委会议。

12—14日　县政协召开十届三次会议。

13日　县政协在十届三次会议期间，专门安排时间进行"委员之家"网络互动平台培训，邀请广州联奕信息科技有限公司研发部陈龙工程师为全体委员授课。县政协在省政协的支持下，于2013年12月完成"委员之家"网络互动平台建设并通过验收。该平台的开通，将进一步拓展委员履职形式，为实现省、市、县三级政协联网互动，打造"永不落幕的政协全会"奠定基础。

13—17日　县政协副主席唐拾斤列席省政协十一届二次会议。

24日　县政协召开十届第26次主席会议。

27日　县政协召开机关会议，总结2013年度机关工作，布置春节前后工作。

2月11日　县政协主席房坚一到大麦山镇塘凼村委慰问、调研。

14日　县政协召开机关中层以上干部会议，研究办公用房调整问题。

25日　县政协召开十届第27次主席会议。

26日　县政协机关召开党的群众路线教育实践活动工作会议。定于每周三上午进行专题学习。

27日　县政协召开十届第28次主席会议。

是月　县政协主席、党员副主席多次到所联系的单位、镇指导开展党的群众路线教育实践活动。

3月1日　县政协主席房坚一，副主席唐海英到大麦山镇中心岗村委调研。

3日　县政协召开十届第29次主席会议。

4日　县政协召开十届第30次主席会议。

5日　省政协巡视员廖迪娜，市政协原主席邹学军、副秘书长王振华、港澳台侨民宗委主任曾建平等一行8人到连南调研。县政协主席房坚

一、副主席唐海英陪同。

7日　县政协机关干部房小亮、陈海光、唐军荣、唐秀莲、房伟荣到大麦山镇中心岗村委指导换届海选工作。

是日　县政协召开十届九次常委会议。

12日　县政协召开机关会议，布置2014年各项工作。

14日　县政协在人大建议、政协提案交办会上，向县政府移交提案33件（收到37件）。副主席陈锦叶出席交办会。

是日　县政协主席房坚一率机关干部一行6人到大麦山镇中心岗村委指导换届选举工作。

19日　县政协秘书长房小亮，办公室副主任科员、挂扶村第一书记房伟荣到大麦山镇中心岗村委指导支部换届选举。

20日　县政协副主席唐海英，秘书长房小亮召集有关部门布置第四届世界清远联谊大会在连南开展活动的有关工作。

是日　县政协主席房坚一主持召开机关学习会，将通过"四招"听取意见（即走访委员中的企业、邀请部分政协常委、邀请部分界别委员、邀请部分老同志）。

29—30日　云南省河口瑶族自治县政协副主席邓东艳等一行5人，到连南考察瑶族特色民居和瑶族历史文化。县政协主席房坚一、副主席唐海英、秘书长房小亮陪同。

是月　县政协领导班子成员分三个组走访县内23家委员企业。

4月1日　第四届世界清远联谊大会连阳线考察团近百名海内外乡亲嘉宾在市政协副秘书长王振华带领下，到连南参观南岗千年瑶寨、广东瑶族博物馆，领略瑶族历史文化。县政协主席房坚一、副主席唐海英、秘书长房小亮陪同。

2日　县政协副主席陈锦叶参加全县革命烈士公祭活动，并代表县四套班子讲话。

4日　县政协机关召开有各界别、常委、老同志代表参加的党的群众路线教育实践活动座谈会，征求对县政协班子和个人的意见和建议。

8日　县政协主席房坚一带领党支部党员，到挂扶村大麦山镇中心岗村党总支部开展"你有困难，我来服务"活动，共为该村房日旺、房言明两困难户捐献1900元爱心款（其中党支部党员捐款1350元）。房坚一还与大家一起学习新党章、重温入党誓词，走访困难户。

9—10日　省政协民宗委调研组一行10多人在省政协常委、民族宗教委主任、组长罗继东的带领和市政协副主席吴显标等陪同下，到连南开展

"金融机构如何扶持民族地区发展"专题调研。县政协主席房坚一主持座谈会。县长李春益作专题汇报,并从财政、特殊政策、基础设施建设、民生保障、生态补偿、土地政策等六个方面提出相关配套政策的建议。罗继东指出,民族地区要想方设法让金融(银行)服务当地发展,积极探索出一条路子。调研组围绕金融机构如何扶持民族地区发展、如何支持自治县"特色立县·生态崛起"进行积极探讨,并实地考察连水村墩龙移民新村及蚕桑油茶基地、连南农户自立服务社、连南扶贫双到孵化基地,参观广东瑶族博物馆。县领导潘康凯、唐海英及有关部门负责人参加调研活动。

30日 县政协主席房坚一到大麦山镇中心岗、望佳岭、塘凼村委调研指导计生工作。

是月 县政协班子成员多次到联系镇村指导计生工作。

5月7日 县政协举办骨干委员"委员之家"网络互动平台培训班,再次对"委员之家"网络互动平台业务进行培训。

是日 县政协主席房坚一、副主席唐海英到大麦山镇中心岗村慰问机关挂扶贫困户。

13日 县政协召开机关党的群众路线教育实践活动转段会议。

是日 县政协召开十届第31次主席会议。

15日 县政协民族宗教和三胞工作组召开座谈会。主席房坚一、副主席唐拾斤、秘书长房小亮出席。

16日 县政协召开十届第32次主席会议。

6月1—25日 县政协原主席唐国伟与原县政协香港委员杨镇炎自驾车到西藏采风,行程约11000公里。

5日 县政协副主席陈锦叶、唐伟、唐海英出席县非党干部、非公有制经济人士课题调研专题暨开展党的群众路线教育实践活动座谈会。

16日 县政协副主席唐海英到三排镇调研计生工作,并实地考察横坑村种养基地。

17日 广西壮族自治区大化瑶族自治县政协副主席莫利细、蓝廷周率"瑶族节庆文化研究"课题考察调研组一行8人,到连南考察,先后到广东瑶族博物馆、县民族小学、南岗千年瑶寨实地体验少数民族非物质文化保护及传承情况。县政协副主席唐伟、唐海英陪同。

26—27日 市政协连南组9名委员到市委党校参加政协第六届清远市委员会新任委员培训班学习。

7月1日 县政协党支部召开建党93周年座谈会。会上进行党章学习、座谈,并收到党员特殊党费479元;同意孙文忠转为正式党员。

14 日　县政协召开十届第 33 次主席会议。

15 日　县政协主席房坚一到大麦山镇望佳岭村指导、检查计生工作。

21 日　县政协召开十届第 34 次主席会议。

是日　县政协召开各工作组组长会议，对开展年度视察调研作部署。

28 日　县政协印发《政协连南瑶族自治县委员会门户网站及"委员之家"网络互动平台使用实施方案（试行）》。

29 日　县政协召开领导班子专题民主生活会。市委第七督导组常务副组长、市农业局调研员梁志祥，市委第七督导组成员、市交警大队副科长薛伟清到会指导。县政协党组书记、主席房坚一主持会议并通报民主生活会有关工作准备情况，代表班子进行对照检查发言，与其他党员副主席唐拾斤、谢柏良、邓建等分别作批评与自我批评。党外副主席陈锦叶、唐伟、唐海英及各委室正副职领导列席会议。

31 日　县政协再次邀请广州联奕信息科技有限公司研发部陈龙工程师到连南，具体指导县政协门户网站及"委员之家"网络互动平台建设。

8 月 5 日　县政协主席房坚一主持召开县政协课题调研工作会，要求调研组全体成员围绕"关于我县林区农民生活出路问题""关于民族地区人才流失的对策"两个课题深入调研，认真分析，形成质量较高的调研报告，充分体现政协的"话语权"。

6 日　县政协召开领导班子专题民主生活会通报会。市委第七督导组副组长赖建辉、成员黄伟文，县政协领导房坚一、唐拾斤、陈锦叶、唐伟、谢柏良，党员常委、各委室主任等参加会议。

8 日　龙门县政协主席杨绍冲等一行 6 人到连南考察旅游发展，先后参观广东瑶族博物馆、南岗千年瑶寨。县政协副主席陈锦叶陪同。

15 日　县政协机关班子召开民主生活会。副主席唐拾斤，县第一督导组副组长陈水金、成员叶智到会指导。

20 日　县政协主席房坚一、副主席唐伟率教科文卫体工作组视察调研县公立医院综合改革情况。

25 日　县政协经济工作组召开座谈会，学习县政协有关文件精神。副主席唐海英参加。

28 日　县政协协助省政协民宗委"将我省三个少数民族县纳入南岭山区国家集中连片特困地区"专题调研组于 8 月 25 至 29 日在清远市、广西壮族自治区贺州市调研的后勤保障工作，派出工作用车往返贺州、安排 28 日途经连南的接待工作。

29 日　县政协主席房坚一、副主席陈锦叶等一行 7 人，到阳山县政协交流学习，收集抗日战争期间连阳军民抗战史中有关连南部分史料。

9月3日 县政协副主席唐海英到县政协机关挂扶的大麦山镇中心岗村慰问贫困户。

11—12日 县政协主席房坚一到香港参加香港清远社团庆祝中华人民共和国成立65周年活动。

17日 县政协召开庆祝中国人民政治协商会议成立65周年座谈会。会议由副主席唐拾斤主持。主席房坚一、副县长李镜新、县委书记雷玉春先后作讲话，正处级老干部房卫民、唐国伟、罗绍鉴等人作发言。县委常委、统战部长、县政协党组副书记黄伟峰；县人大常委会副主任房华；副主席陈锦叶、唐伟、谢柏良，常委会成员、不是常委的工作组长、各委室副职；各人民团体负责人；在连南工作的市政协委员43人参加会议。

18日 县政协主席房坚一、副主席唐拾斤率民族宗教和三胞工作组视察二广高速公路连南段。

29日 县政协主席房坚一主持召开《连南政协志》编委第二次会议，县志办原主任许文清应邀到会并提出工作建议。

10月14日 县委、县政协召开成立研究八排瑶文化园和修复盘王庙工作座谈会。县委书记雷玉春，县政协主席房坚一、副主席唐海英及有关部门负责人参加。

17日 县政协主席房坚一、副主席唐海英率经济工作组委员到三排连水、油岭、三江塘冲、城西等村对县村民自治工作进行视察调研，并听取三江、三排镇和县民政局、组织部、农办、科农局、财政局等相关单位工作通报。

20日 县政协召开机关会议，学习习近平总书记在庆祝人民政协成立65周年大会上的重要讲话，以及广东省纪念中国人民政治协商会议成立65周年暨广东省政协成立59周年座谈会、市政协相关会议精神。会议还对县政协开展党的群众路线教育实践活动进行总结。

24日 县政协副主席唐拾斤率县政协农林水工作组对全县标准化农田水利建设情况进行视察调研。

28日 县政协副主席谢柏良率县政协社会和法制工作组到县法院、检察院，对全县司法改革工作进行视察调研。

是日 县政协提案工作组召开提案办理情况调研座谈会，先后听取县教育局、文广新局、市政局办理提案情况汇报。副主席陈锦叶出席并作讲话。

29日 县政协副主席陈锦叶率县政协文史资料工作组到三排镇油岭

村，对县古村落现状及保护情况进行视察调研。

11月20日　佛山市政协社会和法制委主任劳洪喜等一行10人到连南考察参观交流工作。

26日　县政协召开十届第35次主席会议。

28日　省政协副主席唐豪在省政协外事侨务委专职副主任张超美、市政协副主席谭炳和陪同下，到连南调研"全省县级政协组织建设基本情况"，研究分析面临的新情况、新问题，为推进基层政协履职能力现代化建设、夯实政协事业发展探索完善政策措施。调研组还考察南岗千年瑶寨、连水移民新村、广东瑶族博物馆。县领导雷玉春、李春益、房坚一、唐联志、李一贵、唐海英等陪同。

12月11日　新兴县政协副处领导严树海等一行18人到连南参观交流工作。县政协副主席陈锦叶陪同。

17日　市政协副主席李雨松带领市工商局、市农行等单位领导到大麦山镇中心岗村，就2014年"双到"工作与中心岗村委干部、驻村干部举行座谈，并实地察看扶贫项目落实情况。县政协主席房坚一及有关部门领导参加相关活动。

24日　县政协主席房坚一到广州出席广东省第六次民族团结进步表彰大会，被评为广东省民族团结进步模范个人。

2015 年

1月9日　县政协召开十届第36次主席会议。

12日　县政协召开十届第37次主席会议。

16日　连州市政协主席李成娟带领政协机关一行9人到连南交流文史工作经验。

22日　县政协召开十届十一次常委会议。

28日　县政协委员、广东恒佳建筑工程有限公司董事长何杰常到大坪中心小学开展一年一度的奖教奖学活动，奖励资金6.8万元。副主席邓健及有关单位负责人参加活动。

2月3—4日　县政协召开十届四次会议。

5日　市政协副主席李雨松带领市农行等负责人到连南大麦山镇中心岗村走访慰问挂扶点贫困户。县政协副主席唐海英、赖斌陪同。

3月3日　县政协召开十届第38次主席会议。

10日　县政协主席房坚一、秘书长房小亮到大麦山镇参加密切联系群众县镇联席会议。

11日　县政协召开十届十二次常委会议。

19日　辽宁省政协常委、教科卫体委员会专职副主任李小青等一行5人在省、市政协对口专委领导陪同下，到连南考察产学研问题。县政协主席房坚一、副主席唐拾斤陪同。

20日　县政协召开机关会议，传达全国、省、市三级政协全会精神，学习《关于进一步规范我县公务员津贴补贴的通知》文件，研究加快推进《连南文史》（抗战专辑）、《连南政协志》编纂出版工作事项。

22—23日　县政协副主席邓建到香港出席侨港连阳同乡会庆典活动。

4月1日　县政协副主席陈锦叶到清远市参加省政协召开的粤东西北市县政协"委员之家"网络互动平台座谈会。

8日　县政协主席房坚一率县政协机关、交通局、教育局等部门有关人员到大麦山镇中心岗、塘凼村，就密切联系群众活动中排查出来的修建路桥、复办教学点等问题，现场协商解决方案。

10日　县政协主席房坚一、秘书长房小亮到大麦山镇参加直接联系群众工作第四次联席会议暨第一次协调督办会议。

21日　英德市政协副主席刘军、秘书长蓝冬松等一行9人，到连南交流"委员之家"网络平台建设、提案办理等工作。县政协副主席陈锦叶陪同。

22日　市政协副主席唐远强、教科文卫委副主任陈确率市政协委员及市人社局、市卫计局、市社保局等部门有关人员到连南开展城乡居民医疗保险体系专题调研。调研组就细化病种分值结算方式、提高医生待遇、控制异地就医转诊率、调整医保协议内容、宣传发动提高农民参合积极性、树立正确的新农合观念等问题进行探讨，提出既要兼顾公立医院利益，更要降低老百姓负担。副县长黄素梅代表县政府作汇报。县政协主席房坚一、副主席唐拾斤等陪同。

28日　省政协党组成员覃卫东，省政协常委、副秘书长马光瑜率省政协委员一行10人到连南考察生态旅游发展情况。市政协副主席谢杰斌、人口资源环境委主任黄斌孝，县领导雷玉春、李春益、房坚一、邓建、唐海英陪同。

28—29日　江西省赣州市崇义县政协副主席肖青云等一行5人，到连南交流文史工作。县政协副主席陈锦叶陪同。

5月4日　县政协召开十届第39次主席会议。

是日　县政协主席房坚一率机关人员到县检察院听取规范司法行为专

项整治工作情况通报，并参观教育基地。

6日　县政协机关人员到大麦山镇中心岗挂扶村房卫东贫困户开展插田帮扶活动。

15日　县政协主席房坚一率县政协机关人员到广东连南大鲵省级自然保护区调研。

19日　县政协副主席邓建、秘书长房小亮、驻村第一书记房伟荣等到大麦山镇中心岗村督导计生工作。

21—22日　省政协副秘书长杜重年、办公厅宣传信息处长施志全、主任科员朱文辉在市政协副秘书长王小兵陪同下，到连南检查指导"委员之家"网络互动平台运作情况。座谈会由县政协副主席唐拾斤主持。副主席陈锦叶代表县政协汇报连南"委员之家"平台工作开展情况、存在问题和工作建议。施志全介绍全省"委员之家"平台运作情况。杜重年对开展好平台工作提出建议，一要发挥好委员的基干作用，二要讨论议题要与中心大局结合起来，三要善于抓住其他议题的闪光点进行整理。

28日　全国政协副主席、民革中央常务副主席齐续春率民革中央调研组到连南三排镇东芒村、南岗千年瑶寨考察调研发展生态产业和提高生态文明建设，提出要根据连南的资源优势大力发展生态农业、生态旅游业，把贫困地区实施的"产业扶贫"提升为"产业致富"，成为"生态致富的榜样"。民革广东省委会相关领导以及市领导葛长伟、梁志强、刘汉球，县领导雷玉春、李春益等陪同。

6月14—16日　县政协主席房坚一、副主席陈锦叶率领由各行业县政协委员组成的考察组一行10人赴湖南省怀化县、贵州省洛贯经济开发区等地，行程近2000公里，纵横广东、湖南、贵州、广西4省区，实地考察应用北大热解气化技术建设运行的垃圾热解气化厂，取得一手资料，为提高连南城乡垃圾处理水平和效果提供新的借鉴思路。

19日　县政协召开十届第40次主席会议。

30日　县政协召开十届第41次主席会议。

是日　县政协党支部举办"理想信念"专题学习研讨会，党支部书记房小亮作题为"坚定理想，严以修身"的中心发言。

7月1日　市政协主席梁志强、秘书长梁积福到连南调研。县政协主席房坚一向调研组汇报连南政办2014年工作亮点、委员履职情况和2015年工作情况，县委书记雷玉春汇报连南2015年中心工作。梁志强充分肯定政协工作，认为县政协在充分发挥委员积极性、结合当地实际议政以及对连南历史文化的挖掘等方面工作有特点有成效。

8 日　市政协副主席陈新、港澳台侨民族宗教委员会主任曾建平等一行10多人，到连南开展"少数民族地区如何留住人才、用好人才"专题调研。县政协副主席唐拾斤主持会议，副县长熊必永汇报连南人才工作情况。连山县也到会作相关汇报。驻连山、连南的部分市政协委员、有关职能单位参加座谈会。与会人员积极探讨留住人才、用好人才问题。县政协副主席唐海英作为该专题调研组成员之一，全程参与专题调研活动。

14 日　粤RRD383小车在S262线水足塘路段发生交通事故，主席房坚一、司机罗志伟受伤。

24 日　县委书记雷玉春到县政协召开短会，宣布县政协日常工作暂由副主席唐拾斤负责，党组工作暂由县委常委、统战部长、县政协党组副书记黄伟峰负责。县委常委、组织部长梁卫平，县委常委、统战部长、县政协党组副书记黄伟峰，县政协副主席、各委室正职参加会议。

8月4日　县政协副主席邓建率县政协机关有关人员到联系点大麦山镇中心岗村开展走村入户工作，当获悉该村妇女主任儿子患尿毒症（晚期）时，当即前往慰问，并送上慰问金。

12 日　县政协副主席唐拾斤率教科文卫体工作组委员视察调研县城生活饮用水安全情况。

31 日　县政协举办"纪念抗战胜利70周年"活动之《连南文史》（抗战专辑）出版座谈会。县长李春益、县政协副主席及委室领导、县政府办负责人、学生代表、文史工作者代表参加。与会者回顾连南抗战历史，牢记教训，表示要为实现中国梦而努力奋斗。座谈会结束后，县长李春益还约谈与会的县政协委员，听取大家对县政府工作的建议和意见。

9月16日　市政协副主席李雨松到连南大麦山镇中心岗村调研扶贫"双到"工作。县政协副主席邓建陪同。

23—24日　省政协第七视察团在省政协常委、民族宗教委主任、团长罗继东带领和在市政协党组副书记陈焕雄陪同下，到连南调研少数民族地区旅游业务发展情况。县领导雷玉春、李春益、房志荣、唐拾斤、唐海英等陪同。

10月16日　县政协党支部召开会议，听取市纪委调查组通报房坚一违纪调查情况，表决通过开除房坚一党籍处分的建议。会后召开县政协班子会议，同意市纪委调查组对房坚一的处理意见：开除党籍；撤职降为主任科员管理。

是日　县政协召开十届第42次主席会议。

19日　县政协党支部召开"三严三实"之谋事做人专题组织生活会，党员副主席唐拾斤、谢柏良、邓建以普通党员身份参加，县委常委、统战部长、县政协党组副书记黄伟峰到会指导。

28日　县政协副主席陈锦叶率提案工作组委员视察调研农村道路安全管理工作。

11月6日　县政协副主席唐拾斤、唐海英率领经济工作组委员对三排镇、三江镇辖区的省道261线（水足塘至广东瑶族博物馆）拟建设为"瑶族生态文化长廊"进行视察调研。在下午的座谈会上，三排、三江镇党委和县民宗局、旅游局、文广新局、林业局、县委农办、县公路局、财政局、住建局、市政局等部门围绕主题分别作建设性发言。

17日　县政协召开十届第43次主席会议。

18日　县政协副主席赖斌率农林水工作组委员视察调研县美丽乡村建设工作。

26—29日　省政协副主席温兰子，市政协副主席李雨松、陈新应邀到连南参加瑶艺节活动。

12月7日　县政协召开十届第44次主席会议。

9-10日　南澳县政协主席刘瑞华等一行10人到连南考察发展生态旅游工作。县政协副主席唐拾斤、唐海英陪同。

14日　县政协召开十届第45次主席会议。

18日　县政协副主席唐拾斤率民族宗教和三胞工作组委员视察三排瑶寨"云海花谷"建设项目。

25日　县政协副主席邓建、陈锦叶率文史工作组委员视察调研全县文物现状及保护工作。

是日　县政协副主席谢柏良率社会和法制工作组委员视察调研农村基层组织建设工作。

31日　县政协领导班子召开"三严三实"专题民主生活会。

是日　县政协机关班子召开"三严三实"专题民主生活会。

2016年

1月29日　县政协副主席邓建、秘书长房小亮慰问挂扶点大麦山镇中心岗村委及两户困难党员。

2月1日　市政协副主席谢杰斌到连南寨岗镇东升村慰问贫困户。县政协副主席谢柏良陪同。

2 日　市政协副主席李雨松到大麦山镇中心岗村慰问贫困户。

22 日　县政协召开十届第 46 次主席会议。

23—26 日　市政协连南工作组提交的提案《关于帮助连南县解决人才流失问题的建议》，在市政协六届五次会议上被评为优秀提案。

28 日　县政协召开十届第 47 次主席会议。

是日　县政协召开十届十三次常委会议。

29 日—3 月 1 日　省政协副秘书长、民族宗教委主任郭晓莉到连南调研少数民族精准扶贫工作。副县长潘康凯，县政协副主席唐拾斤、唐海英陪同。

3 月 1 日　唐拾斤同志任县政协党组书记。

2—4 日　县政协召开十届五次会议。唐拾斤补选为十届县政协主席。

7 日　县政协召开十届第 48 次主席会议。

14—15 日　江门市恩平市政协副主席梁水长等一行 13 人到连南交流工作。县政协副主席陈锦叶陪同。

22—24 日　县政协主席唐拾斤，副主席唐海英、谢柏良率县工商联班子成员赴佛山、中山、东莞等地，走访连南籍民营企业主。

4 月 6—7 日　省政协主席王荣到连南调研"精准扶贫、精准脱贫"工作，并实地考察瑶族民族特色文化。县长李春益汇报连南经济社会发展基本情况。省政协秘书长吴伟鹏，市委书记葛长伟，市政协主席梁志强、副主席陈新，县领导雷玉春、唐拾斤及相关部门负责人陪同调研。

8 日　县政协召开第二届工会会议，选举房伟荣为主席，唐秀莲、盘剑锋为委员。

13 日　湛江市政协副主席林家萍等一行 20 人到连南交流工作。市政协副主席李雨松，县政协副主席谢柏良陪同。

21—22 日　县政协主席唐拾斤、副主席谢柏良率县工商联班子成员赴广州、深圳等地，走访连南籍民营企业家。

5 月 5 日　清新区政协副主席钟锦嫦率社会和法制委一行 17 人到连南交流社会视频监控系统建设工作。县政协主席唐拾斤、副主席邓建陪同。

是日　县政协召开十届十四次常委会议。

13 日　县政协召开机关干部职工会议。三江镇、三排镇主要领导列席会议。主席唐拾斤主持会议，布置下阶段工作并学习市政协主席梁志强关于以创新思维加强队伍建设的讲话精神。副主席邓建、陈锦叶、谢柏良、赖斌出席会议。

19日 韶关市乐昌市政协副主席朱兰高率科教文卫体委员会一行8人到连南学习借鉴教育创强工作的经验做法，并实地考察民小和民幼。县政协副主席邓建陪同。

是日 连州市政协副主席叶本荣等一行5人到连南学习提案、文史方面的先进经验做法。县政协副主席陈锦叶陪同。

是日 怀集县政协副主席李奇洪等一行11人到连南交流少数民族地区旅游发展情况。县政协副主席唐海英陪同。

27日 省政协提案委主任周義等一行4人到连南调研县级政协提案工作重点联系点在开展提案工作中的做法、存在问题及建议。县政协副主席陈锦叶、秘书长房小亮、提案委主任陈海光等陪同。

是日 县政协召开机关工作会议。

6月6日 县政协召开十届第53次主席会议。

8日 县政协主席唐拾斤率县政协机关一行7人到广州市越秀区政协参观学习。

10—13日 珠三角（连南）商会联谊会在连南县城举行。49名企业家参加联谊活动。县政协领导及机关工作人员全程陪同。6月12日举办连南珠三角商会联谊座谈会，县长李春益、县委常委兼统战部长黄伟峰以及县政协班子参加，各商会会长、秘书长等围绕就连南家乡更好的发展纷纷在经济发展、旅游、民生教育等方面进行交流和探讨。李春益向企业家通报全县经济社会发展情况并现场解答企业家提出的焦点热点问题。

15—16日 广州连南商会会长林金水等一行6人到连南三排镇牛头岭、寨岗镇等地参观考察农业种植观光项目。县政协副主席邓建、陈锦叶，党组成员潘党恩陪同。

22日 县政协召开十届第54次主席会议。

29日 县政协召开十届十五次常委会议。

30日 县政协机关党支部召开会议。主席唐拾斤等政协领导以普通党员身份参加会议。会议由党支部书记唐军荣主持。会议的议程主要有：传达"两学一做"有关文件精神；学习换届有关要求；重温毛泽东同志有关讲话精神；党支部书记上党课；借建党95周年契机谈感想。

是日 县政协委员、广东恒佳建筑工程有限公司总经理何杰常带领顺德企业家俱乐部一行25人参加县扶贫济困晚会，现场捐款5.42万元。当天下午，何杰常携家人到大坪镇羊功其小学，为学校送上价值3万元的教学和生活用品。县政协主席唐拾斤陪同。

7月1日 县政协机关党支部8名党员到挂扶的大麦山镇中心岗村，

与23名党员一起，开展"两学一做"主题教育活动，庆祝建党95周年。

6日　市政协副主席唐远强率政协教科文卫委员组第二视察组，到连南视察少数民族传统体育保护与传承工作开展情况。市政协连南工作组委员应邀参加视察，县政协主席唐拾斤、副县长李一贵、副主席邓建陪同。

15日　县政协副主席赖斌率县政协农林水工作组政协委员到寨岗镇视察县中小河流整治工作。视察组先后到寨岗镇东升、万角、吊尾、石洋坑、安田村和大麦山镇新寨村等6段河堤视察。

21日　县政协主席唐拾斤、副主席邓建率县政协民族宗教和三胞工作组委员到寨岗镇山心茶叶基地实地视察调研。

27日　县政协召开十届第55次主席会议。

27日　县政协召开全体干部职工会议。会议明确：党建工作由副主席邓建负责，民族宗教委主任唐军荣具体抓；党风廉政工作由副主席谢柏良负责，办公室主任潘党恩具体抓；以后机关学习以党支部名义组织学习。

8月12日　县政协召开十届第56次主席会议。

17日　县政协副主席陈锦叶率提案工作组委员视察调研县民族特色村寨建设保护与发展工作。

22日　县政协召开全体干部职工会议。会议主要学习省政协主席王荣讲话精神；传达学习县直机关党委就县镇两级人代会换届选举工作动员会议精神；学习直属机关出席第十三次代表大会选举工作方案，组织推选县党代表候选人并通报收缴党费的有关情况学习《连南县县镇换届选举方案》和《关于成立县镇两级换届选举工作领导小组的通知》。

24日　县政协副主席邓建率县政协教科文卫体工作组委员视察调研县初中教育资源情况。

31日　县政协召开全体干部职工会议，推荐县人大代表候选人和三江镇人大代表候选人。

31日　县政协召开十届第57次主席会议。

9月2日　县政协副主席唐海英到广州市增城区考察新农村建设。

12日　县政协召开十届第58次主席会议。

18日　县政协召开十届第59次主席会议。

19日　县政协召开十届第60次主席会议。

21日　县政协召开十届第61次主席会议。

22—24日　县政协副主席陈锦叶率提案工作组委员和县民宗局负责特

色村镇工作的相关人员，到广西壮族自治区恭城县黄岭村、门等村、矮寨村、红岩村，三江侗族自治县程阳桥景区、鼓楼景区学习考察少数民族特色村镇保护与发展工作。

10月19日　县政协召开十届第62次主席会议。

11月9日　县政协召开十届第63次主席会议。

17日　县政协召开十届十六次常委会议。

21日—23日　县政协召开十一届一次会议。选举李春益为十一届县政协主席及十一届县政协班子和常委会组成人员。

28日　县政协召开十一届第1次主席会议。

29日　李春益任县政协党组书记。

12月6日　县政协召开十一届第1次党组（主席）扩大会议。

6日—7日　广西壮族自治区三江侗族自治县政协副主席吴万清等一行10人到连南考察水利基础设施工作。县政协副主席陈锦叶陪同。

19日　县政协召开十一届第2次主席会议。

27日　县政协召开十一届一次常委会议。

第一章 历史沿革

第一节 连南县政府参事室与连南区协商委员会

一、建制沿革

连南地域,春秋战国时期属楚国。秦朝属长沙郡。汉朝属桂阳郡。三国、晋朝属始兴郡。南北朝属阳山郡。隋朝属熙平郡(包括今阳山、连州市、连山县)。唐朝、宋朝属连州。元朝属连州路(元朝改连州为连州路)。明朝属连州。据《连州志》和《连山县志》记载,连阳地区虽早有瑶族居住,但单独设立"理瑶"机构,则始于清代康熙年间。康熙四十二年(1703),清朝政府开始建三江城,在城内设理瑶同知,隶属广州府,专理瑶务,行政区域分属连县、连山县、阳山县管辖。雍正七年(1729),改理瑶同知为理瑶军民直隶同知,仍属广州府。嘉庆二十二年(1817),又改理瑶军民直隶同知为连山绥瑶军民直隶同知,官府迁往连山县城(即今连山壮族瑶族自治县的太保镇旧城)。此时连山县改为连山绥瑶直隶厅。道光十二年(1832),清朝利用瑶族内部长期保留着的瑶老制社会组织,推行"以夷制夷"政策,千人之中设一瑶长,赏给顶戴办事。瑶长下设瑶练三四人,每月给饷银一两五钱,瑶长倍之。共设瑶长18名,瑶练64名,由瑶老中的富瑶充任,隶绥瑶把总,分管八排二十四冲,协助清朝政府掌管行政"治安"事务,以钳制瑶胞。民国元年(1912),连山绥瑶直隶厅复改为连山县,县府内设"瑶务处",管辖瑶族地区。民国十六年(1927),设"连阳化瑶局",隶属广东省国民政府。次年分置一、二、三区，分别在三江（属连县）、太保（属连山县）、寨岗（属阳山县）设三个办事处，五月，改"连阳化瑶局"为"连阳安化管理局"，局址在三溪（今三排镇山溪村），因房屋未建成，实际上仍驻连州，遥辖瑶区。民国二十八年（1939）迁入三江城。民国三十五年（1946）三月，撤"连阳安化管理局"，置连南县，县府驻三江城，统辖瑶区。当时设3个区、20个乡、94个保。国民党政府为了加强对少数民族的统治，在瑶区推行乡、保、甲制，但瑶长、瑶练仍保留，乡长、保长多由瑶长、瑶练担任。连南之名于兹第一次出现。

中华人民共和国成立后，于1950年5月16日成立连南县人民政府，县府驻三江，辖瑶区。1953年1月25日连山、连南两县合并，成立连南瑶族自治区（县级），把原连县的三江地区和阳山的寨岗地区（含今寨岗镇寨南片区）划入自治区版图。1954年3月，原连山辖地划出，恢复连山县建置。1955年6月，连南瑶族自治区改称为连南瑶族自治县。1958年12月又与连县、连山、阳山县合并为连阳各族自治县，县府设在连州镇。1960年10月，阳山县划出后，连阳各族自治县改称为连州各族自治县。1961年10月，撤销连州各族自治县，恢复连县、连山县、连南瑶族自治县建置，属韶关地区管辖。1983年地、市合并后，由韶关市辖。1988年1月划入清远市管辖。

二、县政府参事室

连南瑶区每个排寨均有2至5名不等的"上层老人"，他们是历史形成的特殊阶层。这一阶层人物多数略识文字，较为熟悉瑶区历代口头相传的历史，较为熟悉瑶区不成文的习惯法，较为能说会道，较为办事公道，而且年纪多为60岁以上，是民间的领袖人物，具有普遍的代表性、权威性、影响性。他们虽多数曾经被选任为排寨的头目公、讲理公等职位，负责处理对内、对外的各项事务（俗称"瑶老制"）但却无特权，社会地位与全排瑶民相同，仅是被当地瑶民尊崇而已。

在当时情况下，做好"上层老人"的统战工作，对稳定瑶区社会秩序、促进瑶民内部的团结，具有举足轻重的作用。为了做好"上层老人"的统战工作，连南县工委和县人民政府对瑶族上层人士采取尊重、团结、教育的态度，1950年5月，连南县人民政府成立不久，便建立县政府"参事室"，聘任14名威信高又热心为群众服务的瑶族"上层老人"为"参事"。

县政府"参事室"是根据瑶区特点设置的一个具有统战性、咨询性的机构。主要职能（任务）是：组织参事成员学习中国共产党和人民政府颁布的方针、政策，进行社会调查研究，向政府提出意见和建议；通过参事成员的工作，密切瑶族同胞与政府的联系，反映瑶民的意见和要求；参与讨论和审查县地方性法规草案和由县政府批准或发布的规章制度草案；向瑶族同胞宣传、解释政府的方针、政策，协助政府处理民事纠纷。

参事室参事，从瑶族同胞中挑选，多数是年纪较大并在群众中具有一定威信的人。他们的主要职责是参政议政。由于参事年岁较高，工作上要求他们尽力而为，量力而行，各尽所长。参事室参事时有增减，1950—1951年为8人，至1958年为14人，1959—1961年为2人。

参事室的主要成员有后来被推选为连南瑶族自治区（县级）正副县长的龙三公、沈一公，有在解放战争时期已与共产党建立关系的房耳环三公等人。还有唐瑶庚公、邓买尾八公、唐老丁三公、盘九一公、唐丁桥大旗公、邓乾佳公、唐沙里六公、房依社公、房罗卜买老公、唐金罗四公、房亚二公等人曾先后任参事。

1961年参事室撤销，不设县政府参事。

三、连南区协商委员会

1953年1月，连南瑶族自治区各族各界人民代表会议协商委员会成立。1955年6月，自治区改为自治县。1958年12月—1961年10月并入大县期间，连南政协工作中止。

第二节 政协连阳各族自治县委员会

第一次全体会议 1958年12月连南与连县、连山、阳山县合并为连阳各族自治县，县府设在连州镇。1960年5月19—23日，政协连阳各族自治县第一届委员会第一次全体会议在县城连州镇召开，应到委员71名（16个界别），会议邀请连阳煤矿、707地质队等单位代表列席参加会议。会议由刘怀厚致开幕词，赵福宜作筹备工作报告；县委书记兼县长邵良础到会并作《认清形势，明确任务，为实现1960年更大、更好、更全面的大跃进而奋勇前进!》讲话；会议听取副主席刘怀厚作的《高举总路线的光辉旗帜，加强改造，积极服务，为实现1960年全面大跃进而奋斗》工作报告；政协委员代表王秀衡等七人作大会发言；大会通过选举办法，选举邵良础为政协主席，刘怀厚、沈一公、刘子和为副主席，赵福宜为秘书长，潘杞、黄开炳、黄师仲、李志初、邓耒情、王秀衡、黄侠英、王忠化、巫家春、卢美俊等15人为常委；大会通过会议决议和《关于坚决支持苏联政府的严正声明，向世界人民公敌美帝国主义斗争到底的决议》。

第二次全体会议 1960年10月，阳山县划出后，"连阳各族自治县"改称为"连州各族自治县"。11月20日，政协连州各族自治县第一届委员会第二次会议在连州县城召开，时间一天。

第三次全体会议 政协连州各族自治县第一届委员会第三次会议于1961年1月26日至2月2日在县城连州召开，参加会议委员52人，列席4人。会议的主要内容是：学习讨论国内国际形势、学习毛主席著作，逐步改造世界观；成立各工作组，即文教卫生工作组、工商工作组、民族工作组、三胞工作组、联合工作组等5个工作组。会议期间召开了一次常委扩大会议，参加人数9人。

1961年5月，县政协在连州大旅店召开少数民族上层及社会人士座谈会。主要学习《人民公社工作条例》（草案）等内容。是月，政协连州各族自治县委员会增补连南的蒋维铨等4位委员。

第三节　政协连南瑶族自治县委员会

1961年10月，撤销"连州各族自治县"，恢复连县、连山县、连南瑶族自治县（下称连南县）建置。在分县期间成立"政协连南县二届委员会筹备领导小组"，具体工作由副科级统战干事李东文负责筹备。1966年至1979年的13年间，在十年"文化大革命"极"左"路线的冲击下，县政协被迫停止一切活动。恢复建制后至1979年，设连南瑶族自治县政协筹备委员会。1980年11月召开连南瑶族自治县政协（下称县政协）第二届第一次全体会议，选举产生新一届委员会，县政协工作始正常开展。

至2016年，县政协先后召开三届、四届、五届、六届、七届、八届、九届、十届、十一届一次政协会议，并先后选举产生各届政协委员会。县政协成立以来，充分发挥参政议政、民主监督的作用，团结和组织政协委员和各界人士就国家大政方针、自治县重要事务等问题进行政治协商，每年组织政协委员到农村、厂矿、机关、学校调查、视察，对县内的政治、经济、文化、教育、卫生、科技、旅游、环境保护、落实政策等方面提出意见、建议或提案，为促进连南县党政班子决策科学化、民主化起到了重要作用，推动了连南县社会经济文化各项事业的发展。

第二章　政协委员

　　政协委员是人民政协政治协商的主体，是人民政协切实履行政治协商、民主监督、参政议政职能作用的主要力量。政协委员的构成是多层次、多方位的，代表不同界别、不同领域参加政协组织。政协委员经过协商产生，协商委员人选是中国共产党统一战线工作中一项重要工作。该项工作涉及面广，影响大，是严肃、复杂的政治工作。每届委员人选既要考虑上下平衡，又要考虑左右比例。同时，还要考虑人选的广泛性、全面性、代表性。要把社会各界中有一定资历、威望和影响，在社会主义物质文明、精神文明建设和祖国统一大业中有一定贡献和作用的人士吸收到政协组织中来。协商、推荐、考察、公示、确定委员的整个过程，要求做到高度重视，统筹兼顾，不偏不漏，公正合理。政协委员绝大部分是在政协换届时协商产生的。但每届任期内，因自然减员需要补充，各党派、团体和政协、统战部门负责人易人，为便于工作，需要增加和变更委员时，也可以增加或变更参加单位、委员名额和决定人选，更多的情况是增补委员。政协委员要严格按照《中国人民政治协商会议章程》履行自己的权利和义务，应热爱祖国，拥护中国共产党的领导和社会主义事业，维护民族团结和国家统一，模范遵守国家的宪法和法律，在本界别中有代表性，密切联系群众，有较强的参政议政能力，热爱政协工作，有良好的道德品行和社会形象，充分发挥政协委员在社会主义政治文明、物质文明建设、社会稳定、祖国统一事业中的重要作用。

第一节　委员的产生

县政协委员以协商推荐的方式产生。每届政协委员名额和人选经上届县政协主席会议审议同意后，由县政协常务委员会议协商决定。

1953年1月21—26日，连南瑶族自治区各族各界人民代表会议协商委员会成立。1955年6月，自治区改为自治县。1958年12月—1961年10月并入大县期间，连南县政协工作中止。1980年9月，成立中国人民政治协商会议连南瑶族自治县委员会筹备委员会。1980年11月16—20日，成立中国人民政治协商会议连南瑶族自治县委员会。

1953—2016年，县政协委员商定依据《中国人民政治协商会议章程》规定，第一至第十一届政协委员由中国人民政治协商会议连南瑶族自治县委员会（筹备小组），按职业、党派、民族、性别、届别等条件确定各类委员比例及总人数，提出方案，经县委审批，然后将名额分配到各战线党委，再由基层党委分配到各部门，共同协商、推荐产生。从2003年3月第八届委员会开始，为了充分发扬民主，提高政协委员商定工作的透明度，对委员的推荐增加"公示"程序。本县政协委员分别来自中国共产党、无党派民主人士、少数民族、妇女联合会、工人（总工会）、青年（共青团）、解放军、宣传（新闻）、文化艺术体育、知识界、农业、科技、教育、、医疗卫生、财税、司法界、统战、侨属、工商联、非公有经济、特别邀请人士等界别。

1953—2016年，全县历届政协共协商、推荐正式委员1192名，其中每届第一次会议共安排1079名，届中增补113名。

第二节　委员的构成

1953—2016年，历届政协共协商、推荐正式委员1192名，其中一次会议1079名，届中增补113名。在第一次会议的1079名委员中，中共党员418名，占38.74%；非党人士661名，占61.26%；女委员221名，占20.48%；少数民族358名，占33.18%。

县政协一至十一届委员结构简况

表2—1　　　　　　　　　　　　　　　　　　　　　　　　　　　单位：名

届别		一	二	三	四	五	六
届始时间		1953.1	1980.11	1984.6	1987.3	1990.3	1993.3
委员总编制			64		90	90	103
一次会议安排		40	64	70	88	87	102
届中增补			6			5	15
界别设置（个）			15	22		17	17
其中	中共党员	17	32	25	28	31	41
	党外人士	23	32	45	60	56	61
	妇女	4	7	13	13	19	15
	少数民族	26	24	26	33	30	37
	香港地区			5		1	1
	大专以上			15		30	

续2—1 横表　　　　　　　　　　　　　　　　　　　　　　　　　单位：名

届别		七	八	九	十	十一	合计	占委员数%
届始时间		1998.3	2003.3	2007.1	2011.11	2016.11	—	
委员总编制		109	109	139	157	157	—	
一次会议安排		107	104	119	145	153		
届中增补		7	6	34	31	9	—	
界别设置（个）		19	23	21	21	21	—	
其中	中共党员	39	41	47	56	61	418	38.74
	党外人士	68	63	72	89	92	661	61.26
	妇女	18	23	29	34	46	221	20.48
	少数民族	12	35	38	43	54	358	33.18
	香港地区	12	8	10	11	13	—	—
	大专以上	57	70	82	110	131		

第一届委员会 1953年1月21日—26日，连南瑶族自治区各族各界人民代表会议召开，期间选举产生协商委员会委员40人。其中，中共委员17人，占42.5%；党外人士23人，占57.5%；妇女委员4人，占10%；少数民族委员26人，占65%。

第二届委员会 县政协第三届委员会安排委员64名，设置15个界别。第一次会议安排委员64人。其中，中共委员32人，占50%；党外人士32人，占50%；妇女委员7人，占10.94%；少数民族委员24人，占37.5%。

第三届委员会 县政协第三届委员会安排委员70名，设置22个界别。第一次会议安排委员70人。其中，中共委员25人，占35.72%；党外人士45人，占62.91%；妇女委员13人，占18.6%；少数民族委员26人，占37.1%。

第四届委员会 县政协第四届委员会安排委员90名。第一次会议安排委员84人。其中，中共委员25人，占29.76%；党外人士59人，占70.24%；妇女委员14人，占16.67%；少数民族委员33人，占39.29%。

第五届委员会 县政协第五届委员会安排委员90名，设置17个界别。第一次会议安排委员87人。其中，中共委员31人，占35.63%；党外人士56人，占64.37%；妇女委员19人，占21.83%；少数民族委员30人，占34.84%。大专以上30人，占34.84%。

第六届委员会 县政协第六届委员会安排委员总额103名，设置17个界别。第一次会议安排102名。其中，中共党员41名，占40.2%，党外人士61名，占59.8%。妇女委员15人，占14.7%；少数民族37人，36.27%。

第七届委员会 县政协第七届委员会安排委员总额109名，设置19个界别。第一次会议安排107名。其中，中共党员39名，占36.48%，党外人士68名，占63.52%。大专学历以上57人，占总委员的53.3%；中专或高中32人，比上届增加9.5%。委员平均年龄为42.9岁。委员中最大年龄为59岁，最小年龄为27岁。妇女委员18人，占16.82%。

第八届委员会 县政协第八届委员会安排委员总额109名，23个界别。第一次会议安排104名。其中，中共委员41人，占委员的39.42%，党外人士63人，占60.58%，妇女委员23人，占2.11%，少数民族委员35人，占3.65%。委员中年龄最大的58岁，最小的27岁，平均年龄43.22岁。本科以上13人，占委员总数2.5%；大专生70人，占67.3%；中专、高中生16人，5.39%；初中文化4人，占3.85%；小学文化1人，占 0.96%。

第九届委员会 县政协第九届委员会安排委员 139 名，设置 21 个界别。第一次会议安排委员 119 人。其中，中共委员 47 人，占 39.49%；党外人士 72 人，占 60.51%；妇女委员 29 人，占 24.36%；少数民族委员 38 人，占 31.93%。委员平均年龄 42.27 岁。研究生 1 人，本科 34 人，占 23.57%；大专 47 人，占 39.49%；中专（高中）21 人，占 17.64%；初中 6 人，占 5.04%；小学 10 人，占 8.40%。

第十届委员会 县政协十届委员会安排委员总额 157 名，设置 21 个界别。第一次会议安排委员 145 名。其中，连任委员 53 名，占 36.55%，新任委员 92 名，占 63.45%；中共委员 56 人，占 38.62%；党外人士 89 人，占 61.38%；妇女委员 34 人，占 23.45%；少数民族委员 43 人，占 29.66%。委员平均年龄 44.57 岁。研究生学历 2 人，本科学历 55 人，占 39.31%；大专学历 53 人，占 36.55%；中专（高中）学历 31 人，占 21.38%；初中 4 人，占 2.76%。35 岁以下 17 人，36 至 45 岁 75 人，46 至 54 岁 50 人，55 至 65 岁以上 11 人。

第十一届委员会 县政协第十一届委员会安排委员总额 157 名，设置 21 个界别。第一次会议安排委员 153 名。其中，中共委员 61 人，占 39.87%；党外人士 92 人，占 60.13%；妇女委员 46 人，占 30.07%；少数民族委员 54 人，占 35.29%。硕士 1 人，研究生 1 人，大学本科 78 人，大学专科 51 人，中专以下 22 人；年龄结构：35 岁以下 17 人，36 至 45 岁 75 人，46 至 54 岁 50 人，55 至 65 岁以上 11 人。

第三节　委员变动

第一届委员会 1953 年 1 月 21—26 日，连南瑶族自治区各族各界人民代表会议召开，期间选举产生协商委员会委员 40 人。

第二届委员会 1980 年 11 月县政协二届一次会议召开之前，安排县政协委员 64 人。1982 年县政协二届二次会议增补县政协委员 6 人。

第三届委员会 1984 年 6 月县政协三届一次会议召开之前，安排县政协委员 70 人。

第四届委员会 1987年3月县政协四届一次会议召开之前，安排县政协委员88人。

第五届委员会 1990年3月县政协五届一次会议召开之前，安排县政协委员87人。1991年3月9日县政协五届六次常委会议增补邓保英、甘加尚、邹有南、李保新、张解放等5人为县政协委员。

第六届委员会 1993年3月县政协六届一次会议召开之前，安排县政协委员102人。1994年2月25日县政协六届六次常委会议协商增补赵翔辉、谢林、龚晓鸣为县政协委员。1995年2月23日县政协六届十二次常委会议增补何新光、陈其本、伍永光、李国辉、张耀和、陈锦叶、唐明二、黄玉琼、梁金生等9人为县政协委员。1996年3月2日县政协六届十八次常委会议增补李比块八、罗良品、房斌等3人为县政协委员。

第七届委员会 1998年3月县政协七届一次会议召开之前，安排县政协委员107人。1999年3月2日县政协七届五次常委会议增补利国友、薛良龙、李担布为县政协委员。2000年2月24日县政协七届九次常委会议同意许耿忠、黄海耳因退休，伍勇翔因工作调动辞去委员；增补盘亚五贵为县政协委员。2000年3月7日县政协七届十次常委会议增补陈水金为县政协委员。2001年3月14日县政协七届十五次常委会议同意伍永昆因病已改，罗小平因工作调动辞去委员；增补卢见明、杨镇炎为县政协委员。2001年12月25日县政协七届十八次常委会议撤销房照三贵、房赟第七届县政协委员资格。

第八届委员会 2003年3月4日县政协七届二十二次常委会议决定，县政协第八届委员会安排委员109名，政协八届一次会议安排104名。2003年7月11日县政协八届二次常委会议同意刘少伟辞去县政协第八届委员职务。2003年12月26日县政协八届四次常委会议增补罗政威、谭春生等2名人士为县政协委员。2005年2月1日，县政协召开八届九次常委会议，在文建雄、汤宏文调离连南，李比块八病故，委员减少3人的情况下，增补成春、钟坤灵、许莹莹、王蕾等4名人士为县政协委员。

第九届委员会 2006年12月22日，县政协召开八届十七次常委会议，确定县政协第九届委员会安排委员总额139名，政协第九届一次会议安排119名。2008年5月14日，县政协召开九届五次常委会议，协商通过增补陈辉、邓广兰、谢昶华、周文清、邓志峰、吴月明、唐一贵、吕志立、沈丽梅、林双来、谭志雄、张程滔12人为县政协委员。2009年3月3日，县政协召开九届七次常委会议，协商增补房小亮、刘潭爱、黄伟峰

3人为县政协委员，同意赵翔辉辞去秘书长职务。2010年2月2日，县政协召开九届十一次常委会议，协商通过撤销童修竹委员资格，同意唐国伟辞去主席、委员职务，房坚一辞去副主席、委员职务；协商增补房介二、唐海英、蔡志生、黄学明、罗桂远、房秀芳、矫学军、潘智梅、潘水波9人为县政协委员。2010年10月28日，县政协召开九届十三次常委会议，协商增补沈碧霞为县政协委员。2010年12月30日县政协召开九届十四次常委会议，接受陈辉、黄学明、谢伟诚、邓承恩4人因工作调离辞去委员职务；接受黄伟峰因职务提拔辞去委员职务，同意撤销李担布县政协委员资格；协商增补潘康凯、钟朝辉、欧伟文、杜晓燕、杨钊河、潘素红6人为委员。政协第九届连南瑶族自治县委员会第五次会议安排委员139人。

第十届委员会 2011年11月5日县政协九届十七次常委会议，协商确定县政协第十届委员会安排委员总额157名，政协第十届连南瑶族自治县委员会委员第一次会议安排委员145名。2012年3月9日县政协十届一次常委会议，增补黄智双、周志明为第十届县政协委员。2013年4月2日县政协十届五次常委会议，接受县武装部黄红宇、供电局赖兆基、三排镇陈阅威、高级中学李忠泓等4人辞去委员职务；县政协主席房介二因病去世，其委员资格自然终止；同意撤销钟学文县政协委员资格、同意撤销刘文协县政协委员资格和常委委员职务；增补县政协党组书记房坚一、县政协民族宗教委主任唐军荣、县侨联主席邓昌房、县武装部副部长王小春、民宗局局长房斌、人社局局长邓广兰、审计局局长周小明、民政局局长沈峻、涡水中心小学校长房比六、人民医院副院长何新池、广播电视台吴朝阳、瑶族文化大酒店曾庆勋、香港建设发展有限公司张瑞贵等13位人士为第十届县政协委员会委员。政协第十届连南瑶族自治县委员会第二次会议安排委员153人。2014年1月6日县政协十届八次常委会议，接受县地方税务局唐志航、涡水镇蓝海晖、县委宣传部陈子涵等3人辞去委员职务；县活然保健食品有限公司谢立新委员因病去世，其委员资格自然终止；连南县迪瑞大酒店有限公司熊卫刚、连南南美农业发展有限公司关渐葵、连南县九寨一湾旅游投资有限公司侯玉贵等3位委员，由于工作等原因不能履行政协委员职责，同意他们辞去委员职务，侯玉贵同时辞去常务委员职务；新增县卫生和计划生育局局长李细征、县国土局局长毛志东、县招商局局长李心怡、县民族高级中学校长朱国河、广东明华机械有限公司连南分公司党委书记郑辉、县政协民族宗教委副主任唐秀莲、涡水镇农办主任唐罗二、县民族初级中学教师谢柳林、千年瑶寨旅游开发总公司执行董事龙涌波、连南夜雨酒吧俱乐部总经理朱海华等10位人士为第十届县政协委员会委员。政协第十届连南瑶族自治县委员会第三次会议安排委员156人。2014年3月7日县政协十届九次常委会议协商，同意撤销房军锋县政协委员资格。2014年9月17日县政协十届十次常委会议，接受县政协唐伟同志办理退休后，辞去副主席、委员职务；接受县工商局谢昶华、武装部王小春等两位委员因工作需要调离本县，辞去委员职务。2015年1月22日县政协十届十一次常委会议，接受中国移动连南分公司詹伟伟委员因工作需要调离本县，辞去委员职务；同意撤销县国土局局长毛志东政协委员资格；增补县水利局副局长赖斌、县人民武装部副部长曾泽东、中国移动连南分公司副总经理房海林、人保财险连南支公司经理莫祖琪、香港伟图发展有限公司执行董事陈登峰、中山市领君汽车服务有限公司总经理黄旭明、广东新业混凝土有限公司营销副总黎辉勇等7人为第十届县政协委员会委员。政协第十届连南瑶族自治县委员会第四次会议安排委员157人。2016年2月28日县政协十届十三次常委会议，接受香坪镇副镇长沈春凌、中国移动连南分公司副总经理房海林等两人因工作需要调离本县，辞去委员职务；同意撤销县政协原主席房坚一县政协委员资格。政协第十届连南瑶族自治县委员会第五次会议安排委员154人。

第十一届委员会 2016年11月17日县政协十届第十六次常委会议决定，县政协第十一届委员会安排委员总额157名，政协第十一届连南瑶族自治县委员会委员第一次会议安排委员153名。

此外，还经过充分协商，协助党委提名推荐在连南工作的全国、广东省、韶关市、清远市历届政协委员。

第四节　历届县政协委员名录（含特聘委员）

一、第一届委员名单（40名）
（1953.1—1958.10）

梁础（邵良础，瑶族）　　王贵华　　　　房蒸酒六（瑶族）
史金和（瑶族）　　　　　朱　明　　　　李长明

邓买尾八公（瑶族）	房耳环三公（瑶族）	沈江特三（瑶族）	
周　来	房仁安（瑶族）	李　雅（女）	
范君廉	冯隆富（瑶族）	莫子光（壮族）	
韦月卿（女，壮族）	房光计三（瑶族）	梁　奋	
陈育铨	袁德锋	唐金罗四（瑶族）	
唐志精（瑶族）	唐老丁三公（瑶族）	唐耀庚公（瑶族）	
房罗卜买老公（瑶族）	唐表盖四（瑶族）	邓先学	
郑　吉（女）	郑金贵（瑶族）	赵有福（瑶族）	
刘水生	欧阳燮	谢应玉（女）	
盘亚林火（瑶族）	唐罗古一（瑶族）	房瑶英沙六（瑶族）	
房何文（瑶族）	邓杰才（瑶族）	房比些公（瑶族）	
李香安（瑶族）			

二、第二届委员名单（70名）

（1980.11—1984.6）

房仁安	罗桂英（女）	房志明	李打米乡长公
邓义兴	龙大三	唐四维	唐罗古五
邓文忠	房大头公	沈火生	沈　强
房初一	房茶排六	祝　安	李兴芳
蒋维全	李秀林	吴水佛	陈玉佛（女）
黄振汉	黄宗平	曾宪培（女）	王志中
刘锦婉（女）	李积荣	杨金隆	黄文明
唐铁炉	赵　木	房瑞贵	陈柏年
陈留妹（女）	曾杰泉	房俊强	赵土妹（女）
唐志光	罗干文	黄海耳	余大帮
曾启煌	陈得绍	吴　越	张学文
黄文聪	邓志文	班广勤	李昌夫
房泽荣	翟兆泰	李志初	黎桂华
罗佛茂	邵先德	吴　力	欧阳燮
赵　武	梁镜清	刘烈宇	乔　义
邹喜全	王瑞荣	邓带云	王志强

邓买尾一　　　　李耿龙　　　　　罗　从　　　　　陈新寅
何仕育（女）　　曾志德

三、第三届委员名单（70名）
（1984.6—1987.3）

黄　汉　　　　　刘锦婉（女）　　董百妙（女）　　班朝坤
房仁安　　　　　杨炎林　　　　　黄振汉　　　　　唐少雄
唐大块四　　　　唐沙八妹（女）　房四妹（女）　　房排六
房大火一　　　　邓德连　　　　　李明德　　　　　沈火生
李秀燕（女）　　唐云辉　　　　　房　九　　　　　房下里公
莫间端　　　　　潘歧锦　　　　　蒋维全　　　　　刘绮香（女）
任水泉　　　　　陈应凤　　　　　陈留妹（女）　　房瑞贵
班广勤　　　　　王承仪　　　　　黄文明　　　　　李耿龙
罗　从　　　　　陈新寅　　　　　房泽荣　　　　　唐　彪
赵龙福　　　　　罗建堂　　　　　成域康　　　　　唐志光
蒋明性　　　　　黄志强　　　　　陈惠珍（女）　　杨洪彬
谢　华　　　　　房志林　　　　　欧阳燮　　　　　吴惠贞（女）
袁海林　　　　　房俊强　　　　　甘记火　　　　　龙宏翼
骆水旺　　　　　丘　卓　　　　　杨世珠　　　　　黄公厚
林鸿楷　　　　　李丽容　　　　　潘水勇　　　　　盘马了四
黄海耳　　　　　曾秀珍　　　　　陈少忠　　　　　罗桂英（女）
邓志文　　　　　潘希奋　　　　　陈德绍　　　　　何仕育（女）
邓绍初　　　　　曾启煌

四、第四届委员名单（87名）
（1987.3—1990.3）

李明德　　　　　唐　六　　　　　房先德　　　　　邓德连
房大火一　　　　房排六　　　　　江成义　　　　　房仁安
房　强　　　　　唐进荣　　　　　沈火生　　　　　房来白一
易圣鲁　　　　　董百妙（女）　　班朝坤　　　　　甘雪梅（女）

黄　汉	任水泉	刘绮香	曾寿均
黄称妹（女）	房观音	许　一	王镜萍（女）
李广良	冯青妹（女）	潘绪奇	唐沙八妹（女）
房四妹（女）	邓　三	唐少雄	唐崩角一
李　韶	赵　四	唐　彪	陈新寅
黄文明	丘　卓	李志宏	罗　从
唐　伟	赵龙福	罗建堂	邓　武
邵明秀	郑远平	邓三妹（女）	李耿龙
黄海耳	曾秀珍	龚政宇	邓国民
成域康	房泽文	邓作均	黎明生
李丽容（女）	罗达梅	熊国权	邓建文
房志林	欧阳燮	吴惠贞（女）	潘元庆
叶添信	肖炽荣	黄志强	杨洪彬
陈惠珍（女）	杨　峰	房先敏	袁海基
甘记火	李　辉	骆水旺	李　培
杨定增	潘希奋	梁学厚	梁　希
邓志文	许耿忠	陈惜英（女）	李良培
邓绍初	陈少忠	胡仲余	

五、第五届委员名单（92 名）

（1990.3—1993.3）

杨金隆	黄海胜	唐　伟	许耿忠
黄荣北	王慧筌（女）	潘希奋	李志宏
罗建堂	罗　从	邓三妹（女）	黄海耳
曾秀珍（女）	唐大其	王　洁	杨洪彬
谢应生	房坚一	赵龙福	邵明秀
罗运金	李耿龙	吴小玲（女）	何　勇
蒙秋瑶（女）	朱达权	卜定安	李丽容（女）
罗达梅	熊国权	古坤明	何永胜
梁学厚	李滔锦	成域康	杨昌锦
梁楚元	杨定增	董百妙（女）	甘雪梅（女）

任水泉	刘绮香（女）	曾寿均	江福财
房　九	房番加一	唐马道一	冯青妹（女）
曹永城	蓝玉清	曾　坚	莫济深
房志林	潘元庆	吴惠贞（女）	苏荣权
陈惠珍（女）	朱碧芬（女）	古梅英（女）	蒋仪郎
黄　汉	甘先达	房仁安	余爱和
房来白一	房志海	杨乃鼎	沈胡四二
唐沙八妹（女）	唐大其大不尔（女）	骆水旺	林国成
张志望（女）	刁仁宗	杨　峰	房先敏
袁海基	黄称妹（女）	汤瑞粦	黄择红（女）
房排六	卓　斌	邓德连	唐日新
李明德	陈少忠	李国雄（香港）	邓保英
甘加尚	邹有南	李保新	张解放

六、第六届委员名单（116名）

（1993.3—1998.3）

罗子开	李国城	黄海胜	唐　伟
许耿忠	潘希奋	唐国伟	杨坤甫
蒋绍勤	张解放	熊国权	曾　坚
王　洁	房志林	莫济深	潘元庆
苏荣权	邹有南	唐海明	朱碧芬（女）
朱和均	骆水旺	林国城	蒋仪郎
沈　环（女）	区宗寅	钟琼洲	吴仲秋
蒋绍平	唐四公一	房罗拜三	罗　从
邓　武	梁自仲	谢财滔	黄　斌
甘士兰（女）	赵龙福	邵明秀	吴小玲（女）
李耿龙	何　勇	黄海耳	曾秀珍（女）
陈明生	唐大其	朱达权	卜定安
李丽容	罗达梅	李荣坤	刁仁宗
杨　峰	房先敏	袁海基	邓保英
梁楚元	盘　奉	邵富亮	盘细莲（女）

杨定增	黄择红（女）	黄称妹（女）	古坤明
何永胜	梁海涛	罗锦凤	唐国才
钟思东（女）	李滔锦	曹永城	冯青妹（女）
房卫荣	房唐三	唐忠华	唐邓矮十崟
邓德连	唐日新	李明德	李国雄（香港）
唐才利	杨乃觉	盘建梅（女）	陈开源
董百妙（女）	黄　汉	甘加尚	杨乃鼎、
唐四公三	唐沙八妹（女）	唐大贵二	任水泉
刘绮香（女）	曾寿均	李保新	曾木生
房坚一	房番加一	唐马道一	蓝玉清
赵翔辉	龚晓鸣	谢　林	陈其本
唐明二	李国辉	梁金生	伍永光
陈锦叶	张耀和	何新光	黄玉琼（女）
李圣锋（香港）	李比块八	罗良品	房　斌

七、第七届委员名单（114名）

（1998.3—2003.3）

房卫民	唐国伟	许耿忠	黄海耳
黄沛祥	温仲湘	骆水旺	房　斌
李莫六	赖永亮	俞展寰	黄渭源
陈解放	邵锦玉（女）	龚晓鸣	梁坤评
邓　武	吴小玲（女）	唐志林	邵富亮
房少荣	赵翔辉	盘　奉	罗秋霞（女）
邵文要	潘歧超	张汉清	刘似推
房　华	沈　列（女）	蔡建民	甘土兰（女）
房四贵	朱名涛	黄择红（女）	罗锦凤
古坤明	胡秀锦（女）	张秀梅（女）	王凤传
郑燕清（女）	唐马六贵	沈利华	王少敏
班朝森	曾寿荣	陈开新	蒋绍平
谢财滔	房罗拜三	李国雄（香港）	李圣锋（香港）
李镜新	伍永昆	罗桥荣	陈开源

伍　湛	吴海清	房志林	莫济深
欧阳保	房瑶冷三	伍勇翔	李建桥
苏荣权	唐海明	邵泉宾	莫玉癸（女）
李比块八	李国样	朱达权	房亚二
潘燕萍（女）	欧阳振强	曾章荣	黄玉琼（女）
邓志锋	姚若选	陈锦堂	罗小平
曾　钊	陈锦叶	赖荣新	罗敏华
罗国防	吴东明	周化吉	王群英（女）
唐　方	唐永利	杨统信	房照三贵
曾石松	唐古一	陈海光	罗洁玲（女）
唐明英（女）	唐丹比六	房　赟	李　樱（女）
唐日新	唐明二	潘玉飘	利国友
薛良龙（香港）	李担布	盘亚五贵	陈水金
卢见明（香港）	杨镇炎（香港）		

八、第八届委员名单（110名）

（2003.3—2007.1）

房卫民（瑶族）	陈水金	唐国伟（瑶族）
黄沛祥	盘亚五贵（瑶族）	龚绍波
刘存瑛（女）	陈高洲	唐百养贵（瑶族）
房远宏（瑶族）	王群英（女）	曾永雄
房海锋（瑶族）	赵　伟（瑶族）	房舟波（瑶族）
唐丹比六（瑶族）	唐日新	陈海光
罗洁玲（女）	房志海（瑶族）	潘歧超
罗金财	谢财滔	胡庆东
范桂雄	唐金文（瑶族）	沈　列（女）
房二妹（女，瑶族）	蓝桂松	唐继锋（瑶族）
依　灵（女）	李国兴	盘细莲（女，瑶族）
曾庆辉	潘伯成	赵翔辉（瑶族）
唐明二（瑶族）	陈锦叶	罗秋霞（女）
李丽云（女，瑶族）	周柏青	唐海英（女，瑶族）

吴渊彪	李　樱（女，瑶族）	房秀英（女，瑶族）
潘木祥	吴卫清（女）	陈志愿
陈丽兰（女）	房建文（瑶族）	房瑶冷三（瑶族）
邵泉宾（瑶族）	谭定夫	李泽光（瑶族）
房少荣（瑶族）	罗劲奎	唐兴松
房海春（瑶族）	周小明	沈利华（瑶族）
韩木火	邱文军	黎水佛
王少敏	房满妹（女，瑶族）	潘卫东
黄芷君（女）	俞展寰	肖志红（女）
房亚二（瑶族）	陈　丽（女）	缪日明
蔡建民	房亚四（瑶族）	林丽群（女）
谢伟诚	邓秋菇（女）	刘少伟
文建雄	汤宏文	伍　湛
吴海清	朱远光	利国友
张　雄	童修竹	杨水松
潘记聪	潘俊涛	曾繁炎
谢雁秋（女）	廖水意	李担布（瑶族）
李比块八（瑶族）	李圣锋（香港）	黄承香（女，香港）
吕庆棠（香港）	温凯如（女，香港）	卢见明（香港）
薛良龙（香港）	杨镇炎（香港）	何秀武（香港）
唐海明（瑶族）	潘燕萍（女）	罗政威
谭春生	成　春	钟坤灵
许莹莹（女，香港）	王　蕾（女，香港）	

九、第九届委员名单（共 145 名）

（2007.1—2011.11）

吴卫清（女）	邱昶斌	潘党恩（瑶族）
陈锦叶	周文清	唐南琳（瑶族）
李　樱（女，瑶族）	钟能晓（女）	禤名立
李丽云（女，瑶族）	房亚冰（瑶族）	陈海光
潘木祥	刘庆辉	成　春

刘宪忠	朱远明	谭春生
陈　辉	唐　伟（瑶族）	沈利华（瑶族）
蓝梓芬	何立新	杨月云（女）
朱淑芬（女）	唐勇忠（瑶族）	李玉云
梁文科	王少敏	江伟兰
蓝桂松	张飘红（女）	赵洁敏（女）
房坚一（瑶族）	房志海（瑶族）	钟贤梓
谢锦清	唐海明（瑶族）	房海春（瑶族）
谢昶华	邓东海	甘红梅（女）
邓承恩	黄强忠	刘存瑛（女）
郭成灶	刘沛文	胡子卫
阙列辉	朱永辉	罗伟忠
邓志锋	毛志东	李国兴
房二妹（女，瑶族）	陈水金	邓广兰（女）
房亚三（瑶族）	潘伯成	邵艳云（女）
唐红华（瑶族）	潘歧增	黎艳霞（女）
房秀英（女，瑶族）	唐罗萍（女）	林丽群（女）
谢伟诚	肖礼根	易积良
官葵红（女）	唐春蓉（女，瑶族）	罗志尚
朱远光	谢柏秋	赵翔辉（瑶族）
范桂雄	罗金财	吴海清
利国友	杨水松	童修竹
潘康恒	钟坤灵	骆伟剑
李红霞（女）	伍　湛	罗洁玲
汪庆三	吕志城	曾永青
杨镇炎（香港）	卢见明（香港）	黄承香（女，香港）
温凯如（女，香港）	何秀武（香港）	胡启宇（香港）
张百贤（香港）	黄剑波（香港）	许莹莹（女，香港）
王　蕾（女，香港）	唐拾斤（瑶族）	李担布（瑶族）
赖　斌	陈家满	黄远刚
唐志强	唐　瑶（瑶族）	莫润月（女）
叶　智（女）	李一贵（瑶族）	陈建雄
邓勇安（瑶族）	刘潭爱	唐金山（瑶族）

盘马培英（女，瑶族）	贾铁军	钟学文
吕自立	房海锋（瑶族）	唐马达二妹（女，瑶族）
沈丽梅（女）	潘素红（女）	房小亮（瑶族）
唐日星（瑶族）	房介二（瑶族）	黄伟峰
唐海英（女，瑶族）	蔡志生	沈碧霞（女，瑶族）
潘康凯	钟朝辉	欧伟文
杜晓燕（女）	杨剑河	潘素红（女）

十、第十届委员名单（176名）

（2011.11—2016.11）

县政协第十届一次会议安排委员145名：

房介二	唐拾斤	陈锦叶
唐 伟	唐海英（女）	谢柏良
邓 建	黄伟峰	房小亮
刘庆辉	唐南琳	潘素红（女）
陈海光	房亚三	曾寿荣
房秀英（女）	盘纽莲（女）	欧志伟
房春华	陈水金	罗金财
房秀芳（女）	刘文协	刘存瑛（女）
罗志尚	蓝桂松	杨电南
欧永强	房亚冰	房二妹（女，红十字会）
官葵红（女）	杜晓燕（女）	罗小敏（女）
毕 德	曾金旺	李国兴
王依灵（女）	黎艳霞（女）	李 樱（女）
唐 瑶	盘振云	李丽云（女）
朱志强	唐志航	赖兆基
詹伟伟	谢昶华	陈承线
罗菲玲（女）	刘开平	张志强
房军锋	甘向荣	陈子涵（女）
唐铁荣	成 春	房二妹（女，县电视台）

李靖宇	邓丽银（女）	房瑶任一
钟学文	邱镜明	邓志峰
矫学军	贾铁军	罗红星
郑寿松	潘康才	魏健华
李忠泓	赖补君	黄光莹（女）
房国荣	邵建媚（女）	丁卫月（女）
王少敏	朱远明	潘智梅（女）
唐丽萍（女）	廖杨珍（女）	甘庆裕
房东辉	黄敏艳（女）	郭成灶
钟伟繁	潘锦峰	吴小玲（女）
房玉红（女）	罗志强	阙列辉
陈　斌	房继荣	董少芝（女）
唐亚二	江玉林	肖礼根
黄红宇	梁国盛	姚建勋
何杰常	侯玉贵	熊卫刚
关渐葵（女）	虞红云	朱远光
谢柏秋	骆伟剑	吴月明
谢立新	潘康恒	张　雄
谢锦瑶	潘记聪	杨水松
班朝晖（女）	杨健美（女）	霍福祥
潘木祥	房意科	石亚海
莫任月（女）	刘旭明	罗桂远
曾永青	潘木伟	蓝海晖
邓勇辉	陈阅威	唐一贵
房　杰	邹正富	沈春凌（女）
张其誉	唐继荣	林双来
胡启宇	林社权	李图明
黄剑波	卓乃裕	陈再浩
陈业文	孙振威	许莹莹（女）
梁志伟		

增补委员 31 名：

黄智双	周志明	房坚一
唐军荣	邓昌房	王小春
房　斌	邓广兰（女）	周小明
沈　峻	房比六	何新池
吴朝阳	曾庆勋	张瑞贵
李细征	毛志东	李心怡（女）
朱国河	郑　辉	唐秀莲（女）
唐罗二	谢柳林（女）	龙涌波（女）
赖　斌	曾泽东	房海林
莫祖琪	黄旭明	黎辉勇
陈登峰（香港）		

十一、第十一届委员名单（157 名）
（2016.11—　　　）

县政协第十一届一次会议安排委员 153 名：

李春益	房婧婧（女）	沈俊辉
陈锦叶	唐海英（女）	邓　建
赖　斌	厉冬梅（女）	房媛艳（女）
唐军荣	陈海光	房亚三
唐秀莲（女）	吴小玲（女）	房秀芳（女）
罗志尚	罗丽娥（女）	沈碧霞（女）
蒋海秀（女）	唐国荣	房志新
官葵红（女）	唐培珍（女）	潘永学
房亚冰	李志勇	王依甜（女）
杜晓燕（女）	房秀英（女）	邓海锋
房国荣	邓亚明	周宇枫

邓昌房	陈　昕	杨建明
盘志辉	盘振云	刘　畅
房　程	韩　鹏	房海辉
黄敏艳（女）	唐晨芳（女）	龙雪玲（女）
周小明	罗崇慧	李　洪
黄志雄	沈刘贵	盘二生
曾文锋	周建雄	房富珍（女）
杨　乐	房　斌	赵洁敏（女）
李靖宇	邓丽银（女）	陈　潜
罗明辉	沈　峻	房新福
房六斤	罗红星	盘振云
矫学军	房玉红（女）	曾东秋
贾铁军	邓志峰	卢德成
魏健华	周　灵（女）	谢柳林（女）
袁飞武	陈君玲（女）	邵建媚（女）
易丽莉（女）	丁卫月（女）	刘存瑛（女）
李志强	廖杨珍（女）	彭安洲
潘智梅（女）	颜建忠	蓝伟党
韦桂云（女）	郭成灶	甘晓东
罗焕霞（女）	罗志强	刘莉霞（女）
罗金财	房伟涛	房　政
房丽金（女）	罗月媚（女）	肖礼根
王　楠	罗昭敏（女）	陈俏梅（女）
余翠芬（女）	郑康豪	张伟洪
李东芬（女）	罗云毅	赵仙宝
曾永青	谢文祥	罗　绮
邓志光	罗良县	彭银玉（女）
李旭明	房比六	李秀丽（女）
徐志军	房六妹（女）	房卫雄
房火生四	潘景星	朱远光
谢柏秋	黄枫林	潘海锋
潘海立	石文彬	黄智双
曾志军	黄旭明	黎辉勇

房木生	胡结辉	唐罗伟
万卫东	霍福祥	何杰常
邵月蓉（女）	曾碧英（女）	房志荣
黄志辉	房　江	李小辉
周志明	李永光	陈懿秋（香港）
林双来（香港）	林智礼（香港）	林社权（香港）
陈登峰（香港）	黄剑群（女，香港）	李圣峰（香港）
胡启宇（香港）		

第三章　组织机构

政协最高协商机构是全体委员会议。《中国人民政治协商会议章程》第二十条规定："中国人民政治协商会议全国委员会由中国共产党、各民主党派、无党派人士、人民团体、各少数民族和各界的代表，香港特别行政区同胞、澳门特别行政区同胞、台湾同胞和归国侨胞的代表以及特别邀请的人士组成，设若干界别。中国人民政治协商会议地方全体委员会议闭会期间，委员会的组成，根据当地情况，参照全国委员会的组成决定。由设立的常务委员会行使政协职能，组织实现政协章程和全体委员会议规定的任务。《中国人民政治协商会议章程》第四十六条规定："中国人民政治协商会议各级地方委员会设常务委员会主持会务。常务委员会由地方委员会主席、副主席、秘书长和常务委员组成，其候选人由参加该地方委员会的各党派、团体、各民族和各界人士协商提名，经全体会议选举产生。"

县政协自1953年1月成立至今，已历经十一届，有63年历史。县政协设主席、副主席若干人和秘书长（1980—1984年始设，1984年6月后改设主任，2005年后补设秘书长）。县政协每年至少举行一次全体委员会议，行使选举主席、副主席、秘书长和常务委员；听取和审议常委会的工作报告；讨论并通过有关决议；根据秘书长提议任免副秘书长，决定县政协工作机构的设置和变动；参与地方事务重要问题的讨论，提出建议和批评等职能。县政协接受全国政协、省政协、市政协的指导。

第一节 历届委员会及常务委员会

一、第一届委员会及常务委员会

区（县）政协第一届委员会（1953.1—1958.10）。1953年1月21—25日，连南瑶族自治区召开首届各族人民代表大会，成立连南瑶族自治区人民代表会议协商委员会。1955年6月，自治区人民代表会议协商委员会改称为自治县人民代表会议协商委员会。1958年10月并大县，县政协撤销。"文化大革命"结束后，1980年11月恢复中国人民政治协商会议连南瑶族自治县委员会，同时设立办公室。1953年1月—1958年10月为政协连南瑶族自治区（县）第一届委员会。连南瑶族自治区人民代表会议协商委员会第一届委员代表会议，于1953年1月21—25日召开，出席会议的代表40人，会议选举主席1人、副主席2人（第三副主席由壮族充任），均是兼职，区政协办公室有区委派出一名干部兼职处理日常工作。

第一届常务委员会组成人员一览

表3—1

职务	姓名	性别	民族	出生年月	籍贯	党派	学历	任期时间	兼职情况
主席	邵良础（梁 础）	男	瑶	1918.6	广东连南	中共党员		1953.3—1958.10	
副主席	王华贵	男	汉	1916.5	河南鹿邑县	中共党员	初中	1953.3—1958.10	
副主席	邓买尾八公	男	瑶	1901	广东连南	非党		1953.3—1958.10	

注：本届未设常务委员。邵良础，原籍广东新丰县

二、第二届委员会及常务委员会

县政协第二届委员会（1980.11—1984.6），召开4次全体会议。会议设置界别15个，安排委员64人。常务委员会由18人组成，其中主席1人，副主席6人。1982年3月14日，第二届七次常委会议，增补陈新寅为副主席，乔义、邓买尾一为常委。

第二届常务委员会组成人员一览

表3—2

职务	姓名	性别	民族	出生年月	籍贯	党派	学历	任期时间	兼职情况
主席	李积荣	男	瑶	1932.10	广东连南	中共党员	初中	1980.11—1984.6	县委副书记
副主席	李昌夫	男	瑶	1909.11	广东连南	中共党员	高小	1980.11—1984.6	革委副书记
副主席	陈柏年	男	汉	1929.1	广东高鹤县（今高明区）	中共党员	初中	1980.11—1981.5	县革委副主任
副主席	张学文	男	汉	1917.6	广东揭西	非党	高中	1980.11—1984.6	县人民医院院长
副主席	唐铁炉	男	汉	1929.5	广东连州	中共党员	初中	1980.11—1984.6	组织部副部长
副主席	曾启煌	男	汉	1924.9	广东梅县	非党	高中	1980.11—1984.6	教育局副局长
副主席	翟兆泰	男	汉	1915.6	广东惠州	非党	大专	1980.11—1984.6	林业局副局长
副主席	陈新寅	男	汉	1932.9	广东连南	中共党员	初中	1982.3—1984.6	组织部长

续上表

职务	姓名	性别	民族	出生年月	籍贯	党派	学历	任期时间	兼职情况
常务委员	陈留妹	女	瑶	1934.6	广东连南	中共党员	初中	1980.11—1984.6	妇联副主任
	邹喜全	男	汉	1924.10	山东茌平县	中共党员	初中	1980.11—1984.6	经委副主任
	房泽荣	男	瑶	1926.2	广东连南	中共党员	初中	1980.11—1984.6	农林水办副主任
	欧阳燮	男	汉	1925.2	广东南海	非党	高小	1980.11—1984.6	糖专保管员
	赵 木	男	汉	1922.11	广东云浮县	中共党员	初中	1980.11—1984.6	县贫协副主任
	赵 武	男	汉	1930.8	广东连南	中共党员	高中	1980.11—1984.6	基建局局长
	班广勤	男	汉	1931.3	广东连南	中共党员	初中	1980.11—1984.6	科委计委副主任
	黄文明	男	汉	1932.8	广东连南	中共党员	初中	1980.11—1984.6	统战部长秘书长
	曾杰泉	男	汉	1933.9	广东从化	中共党员	高中	1980.11—1984.6	县经侨科副科长
	乔 义	男	汉	1910.10	山西省	中共党员	初小	1982.3—1984.6	
	邓买尾一	男	瑶	1923.1	广东连南	非党	高小	1982.3—1984.6	

三、第三届委员会及常务委员会

县政协第三届委员会（1984.6—1987.3），召开 3 次全体会议。会议设置界别 22 个，安排委员 70 人。常务委员会由 17 人组成，其中主席 1 人，副主席 7 人（其中专职 4 人）。

第三届常务委员会组成人员一览

表 3—3

职务	姓名	性别	民族	出生年月	籍贯	党派	学历	任期时间	兼职情况
主席	唐 彪	男	瑶	1931.11	广东连南	中共党员	中专	1984.6—1987.3	
副主席	陈新寅	男	汉	1932.9	广东连南	中共党员	初中	1984.6—1987.3	组织部长
	黄文明	男	汉	1932.8	广东连南	中共党员	初中	1984.6—1987.3	统战部长
	房泽荣	男	瑶	1926.2	广东连南	中共党员	初中	1984.6—1987.3	农林水办副主任
	曾启煌	男	汉	1924.9	广东梅县	非党	高中	1984.6—1987.3	教育局副局长
	陈德绍	男	汉	1920.5	广东澄海	非党	大学	1984.6—1987.3	民中校长
	黄公厚	男	汉	1935.8	广东罗定	中共党员	中专	1984.6—1987.3	林业副局长
	丘 卓	男	汉	1925.11	广东梅县	非党	大专	1984.6—1987.3	建筑公司副经理
常务委员	黄海耳	男	汉	1938.7	广东连南	非党	中专	1984.6—1987.3	歌舞团乐队指挥
	班广勤	男	汉	1931.3	广东连南	中共党员	初中	1984.6—1987.3	副主任
	陈少忠	男	汉	1937.4	广东连南	非党	大专	1984.6—1987.3	科委副科长
	罗 从	男	汉	1935	广东连南	非党	初中	1984.6—1987.3	干事
	欧阳燮	男	汉	1925.2	广东南海	非党	高小	1984.6—1987.3	糖专保管员
	何仕育	妇	汉	1936.6	广东连南	中共党员	中专	1984.6—1987.3	总护士长
	邓志文	男	瑶	1936.6	广东连南	非党	大学	1984.6—1987.3	人医副院长
	杨洪彬	男	汉	1929.12	广州市	非党	初中	1984.6—1987.3	会计（公工区）
	罗建棠	男	汉	1947.2	广东连南	非党	初中	1984.6—1987.3	城镇派出所副所长

四、第四届委员会及常务委员会

县政协第四届委员会（1987.3—1990.3），召开3次全体会议。会议设置界别17个，安排委员88人。常务委员会由17人组成，其中主席1人，副主席6人（其中专职3人）。

第四届常务委员会组成人员一览

表3—4

职务	姓名	性别	民族	出生年月	籍贯	党派	学历	任期时间	兼职情况
主席	唐彪	男	瑶	1931.11	广东连南	中共党员	中专	1987.3—1990.3	
副主席	陈新寅	男	汉	1932.9	广东连南	中共党员	初中	1987.3—1990.3	组织部长
	黄文明	男	汉	1932.8	广东连南	中共党员	初中	1987.3—1990.3	统战部长
	丘卓	男	汉	1925.11	广东梅县	非党	大专	1987.3—1990.3	
	黎民(明)生	男	汉	1933.1	广东郁南	非党	大学	1987.3—1987.8	农委科长
	许耿忠	男	汉	1941.11	广东海丰	非党	大学	1987.3—1990.3	防疫站站长
	胡仲余	男	汉	1936.5	广东连南	非党	大学	1987.3—1990.3	县科协
常务委员	李志宏	男	汉	1933.4	广东兴宁	中共党员	大专	1987.3—1990.3	政协办主任
	罗从	男	汉	1935.12	广东连南	非党	初中	1987.3—1990.3	干事
	唐伟	男	瑶	1937.12	广东连南	中共党员	大学	1987.3—1990.3	统战部副部长
	邓三妹	女	瑶	1956.3	广东连南	非党	中师	1987.3—1990.3	县妇联
	房泽文	男	瑶	1931.8	广东连南	非党	中专	1987.3—1990.3	三江法庭
	黄海耳	男	汉	1938.10	广东连州	非党	大专	1987.3—1990.3	县歌舞团
	杨洪彬	男	回	1929.12	广东广州	非党	大专	1987.3—1990.3	公路工区会计
	梁希	男	汉	1928.12	广东连县	非党	中专	1987.3—1990.3	三江中学副校长
	叶添信	男	汉	1929.9	广东连县	非党	初中	1987.3—1990.3	财政局预算股
	罗建棠	男	汉	1947.2	广东连南		初中	1987.3—1990.3	县侨办副主任

五、第五届委员会及常务委员会

县政协第五届委员会（1990.3—1993.3），召开3次全体会议。会议设置界别17个，安排委员87人。常务委员会由17人组成，其中主席1人，副主席6人（其中专职1人）。

第五届常务委员会组成人员一览

表3—5

职务	姓名	性别	民族	出生年月	籍贯	党派	学历	任期时间	兼职情况
主席	杨金隆	男	汉	1933.11	广东阳山	中共党员	高中	1990.3—1993.3	党组书记
副主席	黄海胜	男	汉	1940.11	广东连州	中共党员	大专	1990.3—1993.3	党组副书记
	唐伟	男	瑶	1937.2	广东连南	中共党员	大学	1990.3—1993.3	县委统战部
	许耿忠	男	汉	1941.11	广东海丰	非党	大专	1990.3—1993.3	县防疫站
	黄荣北	男	汉	1941.12	广东连南	非党	大学	1990.3—1993.3	县经委
	潘希奋	男	汉	1938.10	广东新丰	非党	大专	1990.3—1993.3	民小教导主任
	王慧筠	女	汉	1934.11	广东增城	非党	大专	1990.3—1993.3	县人医
常务委员	李志宏	男	汉	1932.9	广东连南	中共党员	初中	1990.3—1993.3	组织部长
	罗从	男	汉	1935.12	广东连南	非党	初中	1990.3—1993.3	干事
	罗建堂	男	汉	1947.2	广东连南	中共党员	初中	1990.3—1993.3	县侨办副主任
	邓三妹	女	瑶	1956.3	广东连南	非党	中师	1990.3—1993.3	县妇联
	唐大其	男	瑶	1958	广东连南	非党	中专	1990.3—1993.3	县农委
	黄海耳	男	汉	1938.9	广东连县	非党	大专	1990.3—1993.3	县文联
	杨洪彬	男	回	1929.12	广东广州	非党	大专	1990.3—1993.3	公路工区会计
	曾秀珍	女	汉	1929	广东连南	非党	大专	1990.3—1993.3	广播局
	王洁	男	瑶	1960	广东连山	中共党员	大专	1990.3—1993.3	县财政局
	谢应生	男	汉	1938	广东连南	非党	大专	1990.3—1993.3	县科协

六、第六届委员会及常务委员会

县政协第六届委员会（1993.3—1998.3），召开5次全体会议。会议设置界别18个，安排委员102人。常务委员会由24人组成，其中主席1人，副主席6人（其中专职4人）。1995年3月第六届三次会议增补陈其本为常务委员。1996年3月第六届四次会议增补李比块八、房斌、罗良品为常务委员。

第六届常务委员会组成人员一览

表3—6

职务	姓名	性别	民族	出生年月	籍贯	党派	学历	任期时间	兼职情况
主席	罗子开	男	壮	1942.10	广东连山	中共党员	大专	1993.3—1998.3	
副主席	黄海胜	男	汉	1940.11	广东连州	中共党员	大专	1993.3—1998.3	
	许耿忠	男	汉	1941.5	广东海丰	非党	大专	1993.3—1998.3	卫生局长
	潘希奋	男	汉	1938.10	广东新丰	非党	大专	1993.3—1998.3	民小96年5月去世
	李国城	男	汉	1939.9	广东连南	中共党员	大专	1993.3—1998.3	水电局长
	黄海耳	男	汉	1938.9	广东连州	非党	大专	1993.3—1998.3	县文联
	盘建梅	女	瑶	1960.05	广东连南	非党	大专	1993.3—1998.3	
常务委员	唐伟	男	瑶	1937.12	广东连南	中共党员	大学	1993.3—1998.3	县委统战部
	邓武	男	汉	1940.11	广东连南	中共党员	大专	1993.3—1998.3	组织部
	唐国伟	男	瑶	1951.11	广东连南	中共党员	大专书	1993.3—1998.3	县民委主任
	罗从	男	汉	1935.12	广东连南	非党	初中	1993.3—1998.3	
	唐大其	男	瑶	1958	广东连南	中共党员	中专	1993.3—1998.3	县农委副主任
	盘奉	男	瑶	1955.10	广东连南	非党	初中	1993.3—1998.3	县法院副院长

续上表

	姓名	性别	民族	出生年月	籍贯	政治面貌	文化程度	任职时间	工作单位
常务委员	曾秀珍	女	汉	1948	广东连南	非党	大学	1993.3—1998.3	县广播局
	吴小玲	女	汉	1964	广东连南	中共党员	中专	1993.3—1998.3	团县委书记
	罗锦凤	男	汉	1941.12	广东兴宁	非党	大学	1993.3—1998.3	县人医科协副主席
	区宗寅	男	汉	1937.12	广东连南	非党	中专	1993.3—1998.3	县经委
	陈开源	男	汉	1945.4	广东连南	非党	初中	1993.3—1998.3	开源果脯厂
	房罗拜三	男	瑶	1946.4	广东连南	非党	初中	1993.3—1998.3	县侨办副主任
	莫济深	男	汉	1946.5	广东连南	非党	高小	1993.3—1998.3	县供销社
	陈其本	男	汉	1938.12	广东梅县	中共党员	中专	1995.3—1998.3	
	李比块八	男	汉	1953.6	广东连南	非党	大专	1996.3—1998.3	
	罗良品	男	汉		广东连山	中共党员	本科	1996.3—1998.3	
	房 斌	男	汉	1946.7	广东连南	中共党员	大专	1996.3—1998.3	

七、第七届委员会及常务委员会

县政协第七届委员会（1998.3—2003.3），召开5次全体会议。会议设置界别19个，安排委员109人，第一次会议安排委员107人。常务委员会由22人组成，其中主席1人，副主席4人（其中专职1人）。1999年3月第七届二次会议增补利国友、李担布为常务委员。2000年3月第七届三次会议增补陈水金、莫济深、盘亚五贵等为县政协第七届委员会副主席。

第七届常务委员会组成人员一览

表 3—7

职务	姓名	性别	民族	出生年月	籍贯	党派	学历	任期时间	兼职情况
主席	房卫民	男	瑶	1947.07	广东连南	中共党员	党校大专	1998.3—2003.3	
副主席	唐国伟	男	瑶	1951.11	广东连南	中共党员	大专	1998.3—2003.3	统战部
副主席	许耿忠	男	汉	1941.5	广东海丰	非党	大专	1998.3—2003.3	卫生局
副主席	黄沛祥	男	冯	1945.12	广东连州	非党	本科	1998.3—2003.3	民族初级中学
副主席	黄海耳	男	汉	1938.9	广东连州	非党	大专	1998.3—2003.3	县文联
副主席	陈水金	男	汉	1955.08	广东连南	中共党员	党校大专	2000.3—2003.3	
副主席	莫济深	男	汉	1946.5	广东顺德	非党		2000.3—2003.3	县供销社
副主席	盘亚五贵	男	瑶	1958.08	广东连南	非党	大专	2000.3—2003.3	县人医
常务委员	王群英	女	汉	1970.8	广东阳山	非党	中专	1998.3—2003.3	寨岗镇副镇长
常务委员	邓志锋	男	汉	1964.10	广东英德	非党	高中	1998.3—2003.3	板洞水电公司
常务委员	伍湛	男	汉	1956.4	广东台山	非党	小学	1998.3—2003.3	工商联副会长
常务委员	李比块八	男	瑶	1953.6	广东连南	非党	大专	1998.3—2003.3	扶贫办
常务委员	吴小玲	女	汉	1964.4	广东连南	非党	大专	1998.3—2003.3	团县委书记、计生委主任
常务委员	房瑶冷三	男	瑶	1953.12	广东连南	中共党员	大专	1998.3—2003.3	财政局
常务委员	房罗拜三	男	瑶	1946.4	广东连南	非党	初中	1998.3—2003.3	侨务办
常务委员	罗锦凤	男	汉	1941.12	广东兴宁	非党	本科	1998.3—2003.3	县人医
常务委员	罗小平	男	汉	1963.8	广东连州	非党	本科	1998.3—2003.3	县科协

续上表

	姓名	性别	民族	出生年月	籍贯	党派	学历	任期时间	兼职情况
常务委员	罗秋霞	女	汉	1960	广东连南	非党	大专	1998.3—2003.3	接待科长
	莫济深	男	汉	1946.5	广东顺德	非党	初中	1998.3—2000.3	县供销社
	梁坤坪	男	汉	1941.9	广东连州	中共党员	大专	1998.3—2003.3	组织部副部长
	盘奉	男	瑶	1955.2	广东连南	非党	初中	1998.3—2003.3	法院
	赖荣新	男	汉	1945.10	广东连州	非党	本科	1998.3—2003.3	县科委副主任
	利国友	男	汉	1960.5	广东阳江	非党	中专	1999.3—2003.3	美莲华礼服公司
	李担布	男	瑶	1954.6	广东连南	中共党员	大专	1999.3—2003.3	县水电局长

八、第八届委员会及常务委员会

县政协第八届委员会（2003.3—2007.1），召开4次全体会议。会议设置界别23个，安排委员109人。常务委员会由18人组成，其中主席1人，副主席4人（其中专职1人）。2004年3月，第八届委员会第二次会议增选利国友、谭春生为常务委员。2005年3月，第八届委员会第三次会议选举赵翔辉为县政协常务委员、秘书长。

第八届常务委员会组成人员一览

表3—8

职务	姓名	性别	民族	出生年月	籍贯	党派	学历	任期时间	兼职情况
主席	房卫民	男	瑶	1947.07	广东连南	中共党员	大专	2003..3—2007.1	
副主席	唐国伟	男	瑶	1951.11	广东连南	中共党员	大专	2003..3—2007.1	
	陈水金	男	汉	1955.08	广东连南	中共党员	大专	2003.3—2007.1	
	黄沛祥	男	冯	1945.12	广东连州	非党	本科	2003..3—2007.1	民中副校长
	盘亚五贵	男	瑶	1958.08	广东连南	非党	大专	2003..3—2007.1	县人民医院院长

续上表

常务委员	李比块八	男	瑶	1953.06	广东连南	非党	大专	1993.3—2003.5	扶贫办主任
	王群英	女	汉	1970.08	广东阳山	非党	大专	1998.3—2007.1	寨岗人大副主席
	伍 湛	女	汉	1956.03	广东台山	非党	初中	1998.3—2007.1	连兴水电公司
	罗秋霞	女	汉	1960.10	广东连南	中共党员	大专	1998.3—2007.1	接待科长
	房瑶冷三	男	瑶	1953.11	广东连南	中共党员	大专	1998.3—2007.1	县财政局长
	李担布	男	瑶	1954.06	广东连南	中共党员	大专	1999.3—2007.1	水利局长
	吴海清	男	汉	1960.04	广东连南	非党	高中	2003.3—2007.1	
	沈利华	男	瑶	1966.	广东连南	非党	大专	2003.3—2007.1	卫生局
	唐海英	女	瑶	1965.05	广东连南	非党	大专	2003.3—2007.1	县民宗局
	童修竹	男	瑶	1964.11	湖南	非党	大专	2003.3—2007.1	盘古王文化园
	利国友	男	瑶	1960.10	广东阳江	非党	中专	2004.3—2007.1	美莲华礼服公司
	谭春生	男	瑶	1964.01	广东台山	非党	高中	2004.3—2007.1	连南利发毛织厂
	赵翔辉	男	瑶	1962.12	广东连南	中共党员	本科	2005.3—2007.1	秘书长

九、第九届委员会及常务委员会

政协县第九届委员会（2007.1—2011.11），召开5次全体会议。会议设置界别21个，安排委员139人。常务委员会由20人组成，其中主席1人，副主席5人（其中专职4人）秘书长1人。2008年8月，第九届委员会第二次会议增选邓广兰、谢柏秋为常务委员。2009年3月，第九届委员会第三次会议选举房小亮为秘书长，选举刘谭爱为常务委员。2010年2月，第九届委员会第四次会议补选房介二为第九届县政协主席，补选唐海英和蔡志生为第九届县政协副主席。2011年1月，第九届委员会第五次会议补选潘康凯为第九届县政协副主席。

第九届常务委员会组成人员一览

表 3—9

职务	姓名	性别	民族	出生年月	籍贯	党派	学历	任期时间	兼职情况
主席	唐国伟	男	瑶	1951.11	广东连南	中共党员	大专证书	2007.1—2010.2	
	房介二	男	瑶	1955.11	广东连南	中共党员	大专	2010.2—2011.11	
副主席	房坚一	男	瑶	1966.06	广东连南	中共党员	本科	2007.1—2010.2	
	唐拾斤	男	瑶	1956.12	广东连南	中共党员	本科	2007.1—2011.11	
	罗绍鉴	男	汉	1949.04	广东连南	中共党员	大专	2007.1—2008.9	
	陈锦叶	男	瑶	1960.01	广东连州	非党	大专	2007.1—2011.11	
	唐伟	男	瑶	1954.08	广东连南	非党	大专	2007.1—2011.11	县卫生局长、保健院长
	唐海英	女	瑶	1965.06	广东连南	非党	本科	2010.2—2011.11	
	蔡志生	男	汉	1958.01	广东揭西	中共党员	中专	2010.2—2011.11	
	潘康凯	男	汉	1973.02	广东连南	中共党员	本科	2011.1—2011.11	寨岗镇书记、旅游局长
常务委员	赵翔辉	男	瑶	1962.12	广东连南	中共党员	本科	2005.3—2009.3	秘书长
	伍湛	男	汉	1956.04	广东台山	非党	高中	2007.1—2011.11	
	谭春生	男	汉	1964.01	广东台山	非党	高中	2007.1—2011.11	
	王少敏	男	汉	1960.10	广东阳春	非党	中专	2007.1—2011.11	县中医院
	朱远光	男	汉	1965.09	湖南邵东	非党	高中	2007.1—2011.11	连南乐兴酒厂
	李国兴	男	汉	1959.10	广东连南	非党	本科	2007.1—2011.11	县委县政府办
	李樱	女	瑶	1964.02	广东连南	非党	大专	2007.1—2011.11	县文广新局
	汪庆三	男	汉	1972.09	广东揭西	非党	初中	2007.1—2011.11	连南三丰饼厂

续上表

职务	姓名	性别	民族	出生年月	籍贯	党派	学历	任期时间	兼职情况
常务委员	房海锋	男	瑶	1965.01	广东连南	非党	大专	2007.1—2011.11	涡水镇副镇长
	梁文科	男	汉	1962.10	广东连南	非党	本科	2007.1—2011.11	县职业技术学校
	赖斌	男	汉	1970.09	广东兴宁	非党	本科	2007.1—2011.11	县水利局
	邓广兰	女	汉	1971.09	广东乐昌	中共党员	本科	2008.8—2011.11	
	谢柏秋	男	汉	1957.01	广东连南	非党	高中	2008.8—2011.11	连南富涵矿业公司
	刘谭爱	男	汉		湖南			2009.3—2011.11	
	房小亮	男	瑶	1961.05	广东连南	中共党员	大专	2009.3—2011.11	秘书长

十、第十届委员会及常务委员会

县政协第十届委员会（2011.11—2016.11），召开5次全体会议。会议设置界别21个，安排委员157人。常务委员会由23人组成，其中主席1人，副主席6人，秘书长1人。2013年4月，第十届委员会第二次会议补选房坚一为县政协主席、补选唐军荣为常务委员。2014年1月，第十届委员会第三次会议增选李细征、吴小玲、曾庆勋为常务委员。2015年2月，第十届委员会第四次会议补选赖斌为副主席；补选黄旭明为常务委员。2016年3月，第十届委员会第五次会议补选唐拾斤为政协第十届委员会主席。

第十届常务委员会组成人员一览

表3—10

职务	姓名	性别	民族	出生年月	籍贯	党派	学历	任期时间	兼职情况
主席	房介二	男	瑶	1955.11	广东连南	中共党员	党校大专	2011.1—2012.4	
	房坚一	男	瑶	1956.06	广东连南	中共党员	党校本科	2013.3—2015.12	
	唐拾斤	男	瑶	1956.12	广东连南	中共党员	党校本科	2016.3—2016.11	

续上表

	姓名	性别	民族	出生年月	籍贯	政治面貌	学历	任职时间	备注
副主席	唐拾斤	男	瑶	1956.12	广东连南	中共党员	党校本科	2011.11—2016.3	
	陈锦叶	男	瑶	1960.01	广东连州	非党	大专	2011.11—2016.11	
	唐伟	男	瑶	1954.08	广东连南	非党	大专	2011.11—2014.9	
	唐海英	女	瑶	1965.06	广东连南	非党	党校本科	2011.11—2016.11	
	谢柏良	男	汉	1956.08	广东连南	中共党员	大专	2011.11—2016.11	
	邓建	男	瑶	1958.10	广东连南	中共党员	大专	2011.11—2016.11	
	赖斌	男	汉	1970.09	广东兴宁	非党	党校本科	2015.2—2016.11	兼水利局长
常务委员	房小亮	男	瑶	1961.05	广东连南	中共党员	大专	2011.11—2016.6	秘书长
	朱远光	男	汉	1965.09	湖南邵东	非党	高中	2011.11—2016.11	连南乐兴酒厂
	谢柏秋	男	汉	1957.01	广东连南	非党	高中	2011.11—2016.11	连南富涵矿业公司
	丁卫月	女	汉	1971.07	广东连南	非党	本科	2011.11—2016.11	县卫生局
	刘文协	男	汉	1957.12	广东连南	中共党员	大专	2011.11—2013.2	县计生局长
	杜晓燕	女	汉	1973.10	广东连南	非党	大专	2011.11—2016.11	县接待科长
	吴月明	男	汉	1967.05	广东连南	非党	高中	2011.11—2016.11	连南兴达电器公司
	沈春凌	女	瑶	1981.11	广东连南	非党	本科学士	2011.11—2016.2	香坪镇人大副主席
	陈水金	男	汉	1955.08	广东连南	中共党员	大专	2011.11—2016.11	县委统战部
	陈海光	男	汉	1968.12	广东连南	非党	大专	2011.11—2016.11	
	林双来	男	汉	1959.11	香港	非党	本科	2011.11—2016.11	香港兆业集团
	房春华	男	瑶	1978.05	广东连南	中共党员	本科	2011.11—2016.11	县委组织部副部长
	侯玉贵	男	汉	1954.03	广东广州	非党	高中	2011.11—2014.1	九寨一湾旅游投资公司

续上表

	姚建勋	男	汉	1972.07	广东花都	非党	本科	2011.11—2016.11	富邦华景房地产公司
常务委员	梁国盛	男	汉	1970.12	广东佛山	非党	本科	2011.11—2015.2	连南瑶族音乐城
	魏健华	男	汉	1966.12	广东五华	非党	大专	2011.11—2016.11	县教育局
	唐军荣	男	瑶	1965.05	广东连南	中共党员	本科	2013.4—2016.11	
	李细征	男	瑶	1968.01	广东连南	中共党员	本科	2014.1—2016.11	县计生局长
	吴小玲	女	瑶	1964.04	广东连南	中共党员	本科	2014.1—2016.11	县委统战部
	曾庆勋	男	汉	1969.06	广东连州	非党	中专	2014.1—2016.11	帝豪房地产、瑶族文化酒店
	黄旭明	男	汉	1974.04	广东连南	非党	大专	2015.2—2016.11	中山领君汽车服务有限公司

十一、第十一届委员会及常务委员会

县政协第十一届委员会（2016.11—   ）。会议设置界别21个，安排委员157人。常务委员会由23人组成，其中主席1人，副主席6人（其中专职5人）。

第十一届常务委员会组成人员一览

表3—11

职务	姓名	性别	民族	出生年月	籍贯	党派	学历	任期时间	兼职情况
主席	李春益	男	瑶	1965.07	广东连南	中共党员	本科	2016.11—	
副主席	房婧婧	女	瑶	1969.06	广东连南	中共党员	硕士	2016.11—	
	沈俊辉	男	瑶	1964.01	广东连南	中共党员	本科	2016.11	

续上表

	陈锦叶	男	瑶	1960.01	广东连州	非党	大专	2016.11—	
副主席	唐海英	女	瑶	1965.06	广东连南	非党	本科	2016.11—	
	邓 建	男	瑶	1958.10	广东连南	中共党员	大专	2016.11—2017.4	
	赖 斌	男	汉	1970.09	广东兴宁	非党	本科	2016.11—	兼水利局长
	房剑辉	男	瑶	1963.07	广东连南	中共党员	本科	2018.1—	公资中心主任
常务委员	房媛艳	女	瑶	1973.12	广东连南	中共党员	本科	2016.11—	秘书长
	丁卫月	女	汉	1971.07	广东连南	非党	本科	2016.11—	卫计局长
	朱远光	男	汉	1965.09	湖南邵东	非党	高中	2016.11—	连南乐兴酒厂
	杨建明	男	汉	1976.01	广东连州	中共党员	本科	2016.11—	组织部副部长
	吴小玲	女	瑶	1964.04	广东连南	中共党员	本科	2016.11—	统战部副部长
	陈海光	男	汉	1968.12	广东连南	非党	大专	2016.11—	
	林双来	男	汉	1959.11	香港	非党	本科	2016.11—2018.1	香港兆业集团
	官葵红	女	汉	1968.09	广东始兴	非党	大专	2016.11—	县残联副理事长
	房玉红	女	瑶	1976.09	广东连南	非党	大专	2016.11—	县农机监理站长
	房秀英	女	瑶	1974.07	广东连南	非党	本科	2016.11—	县监察局副局长
	赵洁敏	女	回	1979.01	广东连南	非党	本科	2016.11—	县电视台
	胡结辉	男	汉	1967.02	广东连南	非党	初中	2016.11—	佛山辉映卫浴洁具有限公司
	袁飞武	男	汉	1975.11	广东连南	非党	本科	2016.11—	县技校
	唐军荣	男	瑶	1965.05	广东连南	中共党员	本科	2016.11—	

续上表

常务委员	谢柏秋	男	汉	1957.01	广东连南	非党	高中	2016.11—	连南富涵矿业公司
	潘景星	男	汉	1977.08	广东连南	中共党员	大专	2016.11—	县工商联主席清远一号香猪

正处长级调研员　唐　彪（瑶族，1990.4—1992.5）
　　　　　　　　　杨金隆（1993.5—1994.2）
副处长级调研员　黄文明（1990.4—1992.11）
　　　　　　　　　陈新寅（1990.4—1992.11）
　　　　　　　　　唐　伟（瑶族，1993.5—1998.7）
　　　　　　　　　黄海胜（1998.3—2000.2）
　　　　　　　　　李国城（1998.3—1999.12）

第二节　工作机构

一、科室设置（含历届政协机关工作人员名单）

连南瑶族自治区（县）政协第一届委员会时，由县委派出一名干部兼职处理日常工作。

1980年11月，恢复中国人民政治协商会议连南瑶族自治县委员会。同时设立办公室，为正科级行政单位。县政协办公室在1980年11月第二届一次会议时开始设秘书长，1984年6月第三届一次会议后设主任。1987年8月，增设县政协组织联络科、宣传科，均为正科级行政单位。1990年6月，县政协机关的机构设置，在原办公室、组织联络科、宣传文史科的基础上，增设调查研究科，为正科级行政单位。同年8月，调查研究科更名为经济科。1991年7月，宣传文史科更名为综合科。1995年2月，撤销县政协内设的组织联络科、经济工作科和宣传综合科。设立科教文卫体委员会、经济工作委员会和民族宗教"三胞"联谊委员会，保留文史委员会、提案委员会和办公室，均为正科级行政单位。1997年4月25日，县政协机关的内设机构为政协办公室、组织联络科,均为正科级行政单位。1998年4月10日,县政协机关增设综合科,为正科级行政单位。2002年,县政协机关的内设机构,设置为"一室二科",即政协办公室、组织联络科、综合科,均为正科级行政单位。2005年3月第八届三次会议根据《中国人民政治协商会议章程》规定恢复改设置秘书长。2011年7月15日,县政协机关的内设机构,撤销原组织联络科、综合科,设置为"一室二委",即政协办公室、提案文史委员会、民族宗教委员会,均为正科级行政单位,其中秘书长兼任办公室主任。

1980—2016年办公室人员任职情况一览

表3—12

姓名	职务	性别	民族	出生年月	籍贯	党派	学历	任期时间	备注
黄文明	秘书长	男	汉	1932.08	广东连南	中共党员	初中	1980.11—1984.6 1980.11—1982.4	统战部长、政协常委
罗 从	副科长	男	汉	1935.12	连南三江	非党	初中	1981.5—1995.1	
苏晓坤	主任	男	汉	1939.5	湖南浏阳	中共党员	初中	1984.9—1986.3	
班广勤	副主任	男	汉	1931.3	连南寨岗	中共党员	初中	1984.6—1984.9 1986.3—1986.9	主持工作
李志宏	主任	男	汉	1933.4	广东兴宁	中共党员	大专	1986.10—1993.5	
杨坤甫	副主任 主任	男	汉	1936.4	广东南雄	中共党员	大专	1987.10—1991.10 1993.5—1994.8	1984.6调入
房 惠	科员	女	瑶	1958.11	连南香坪	中共党员	高中	1984.7—2013.12	2008年任副主任科员
唐剑明	科员	男	瑶	1961.3	连南三排	非党	本科	1985.3—1987.2	
房二妹	科员	女	瑶	1962.10	连南涡水	非党	高中	1986.3—2006.10	2003.12任组联科副科长
黄 湘	科员	男	汉	1939.10	连南三江	非党	初中	1987.6—1994.11	
沈 峻	科员	男	瑶	1963.2	连南金坑	非党	大学本科	1988.5—1991.8	
沈金定	科员	男	汉	1963.	广东连县	非党	大专	1988.5—1989.4	

续上表

姓名	职务	性别	民族	出生年月	籍贯	党派	学历	任期时间	备注
房周	科员	男	瑶	1962.9	连南香坪	非党	大学	1989.5—1990.1	
房亚三	科员 副主任 副秘书长	男	瑶	1964.10	连南三江	中共党员	大专	1990.3—1998.6 1998.6—2008.5 2005.6—2008.5	2005.6 起副主任兼副秘书长
谢应平	科员	男	汉	1941.8	连南三江	非党	本科	1992.4—2001.7	
禤顺明	科员	男	汉	1947	连南寨南	中共党员	初中	1992.11—1993.5	
罗志伟	司机	男	汉	1967.7	连南三江	非党	高中	1993.10—	
陈锦叶	副主任	男	汉	1960.1	广东连州	非党	大专	1994.11—1998.6	主持工作
房金锋	科员	男	瑶	1969.5	连南金坑	中共党员	大专	1998.4—2001.9	
房斌	主任	男	瑶	1946.7	连南大麦山	中共党员	大专	1998.6—2001.10	1996.3 调入 2002.4 退休
赵翔辉	主任 秘书长	男	瑶	1960.12	连南寨岗	中共党员	本科	2001.10—2009.3	2005.3 起兼秘书长
房麦晚	司机	男	瑶	1962.6	连南大坪	非党	高中	2002.8—2012.2	
刘庆辉	副秘书长 副主任	男	汉	1969.8	连南寨岗	非党	高中	2008.5—2016.5 2013.7—2016.5	2014.01 大专
房小亮	秘书长 主任	男	瑶	1961.5	连南香坪	中共党员	大专	2009.3—2016.6 2012.5—2016.6	2012.5 起秘书长兼主任
房伟荣	副主任 科员	男	瑶	1971.5	连南三江	中共党员	大专证书	2011.3—	
杨钊河	副秘书长 副主任	男	汉	1977.7	清城源潭	中共党员	本科	2016.5—	
潘党恩	主任	男	瑶	1967.10	连南寨岗	中共党员	本科	2016.6—2016.11	
房媛艳	秘书长 主任	女	瑶	1973.12	连南大坪	中共党员	本科	2016.11—	

1987—2012年组织联络科负责人任职情况一览

表3—13

姓名	职务	性别	民族	出生年月	籍贯	党派	学历	任期时间	备注
班广勤	科长	男	汉	1931.3	连南寨岗	中共党员	初中	1987.10—1991.10	
罗从	副科长	男	汉	1935.12	连南三江	中共党员	初中	1990.8—1995.2	
唐国伟	科长	男	瑶	1951.11	连南大坪	中共党员	中专	1991.10—1993.5	
蒋绍勤	科长	男	汉	1936.12	连南寨岗	中共党员	初中	1993.5—1998.3	
唐明二	科长	男	瑶	1949.2	连南三排	中共党员	大专	1998.6—2005.10	2008.11退休
房二妹	副科长	女	瑶	1962.11	连南涡水	中共党员	大专	2003.12—2006.10	
唐南琳	科长	男	瑶	1963.7	连南金坑	中共党员	大专	2006.1—2012.5	2012.9调出
潘素红	副科长	女	汉	1966.12	连南寨岗	中共党员	研究生	2008.5—2012.9	

1987—1991年宣传科负责人任职情况一览

表3—14

姓名	职务	性别	民族	出生年月	籍贯	党派	学历	任期时间	备注
蒋绍勤	科长	男	汉	1936.12	连南寨岗	中共党员	初中	1989.7—1990.8	主持工作
杨坤甫	副科长	男	汉	1936.4	广东南雄	中共党员	大专	1987.10—1991.10	
唐国伟	科长	男	瑶	1951.11	连南大坪	中共党员	大专	1990.8—1991.10	

1993—1995年宣传综合科负责人任职情况一览

表3—15

姓名	职务	性别	民族	出生年月	籍贯	党派	学历	任期时间	备注
何勇	科长	男	汉	1938.5	广东梅县	中共党员	本科	1993.5—1995.3	
禤顺明	科长	男	汉	1947.	连南寨南	中共党员	初中	1993.5—1995.3	

1990—1998年经济负责人任职情况一览

表3—16

姓名	职务	性别	民族	出生年月	籍贯	党派	学历	任期时间	备注
蒋绍勤	科长	男	汉	1936.12	连南寨岗	中共党员	初中	1990.8—1993.5	
肖炽荣	科长	男	汉	1939.6	广东兴宁	中共党员	大专	1991.10—1995.3	
唐明二	副科长	男	瑶	1949.12	连南三排	中共党员	大专	1993.5—1995.3	1993.1调入
张景祥	副科长	男	汉	1940.10	连南三江	非党	大专	1993.5—1995.3	
房连洲	副科长	男	瑶	1955.12	连南金坑	中共党员	大专	1995.10—1998.4	

1991—2012年综合科负责人任职情况一览

表3—17

姓名	职务	性别	民族	出生年月	籍贯	党派	学历	任期时间	备注
杨坤甫	科长	男	汉	1936.4	广东南雄	中共党员	大专	1991.10—1994.8	
陈锦叶	科长	男	汉	1960.1	广东连县	非党	大专	1998.6—2008.5	
禤顺明	副科长	男	汉	1947.	连南寨南	中共党员	初中	1998.6—2001.7	
陈海光	副科长 科长	男	汉	1958.12	连南寨岗	非党	大专	2005.3—2008.5	2008.5—2012.5科长
房亚三	副科长	男	瑶	1964.10	连南金坑	中共党员	大专	2008.6—2012.5	

1995—1998年民族宗教"三胞"负责人任职情况一览

表3—18

姓名	职务	性别	民族	出生年月	籍贯	党派	学历	任期时间	备注
张景祥	科长 副主任	男	汉	1940.10	连南三江	非党	大专	1995.3—1995.10	主持工作
房斌	主任	男	瑶	1946.7	连南大麦山	中共党员	大专	1996.5—1998.6	

1995—1998年科教文卫体委员会负责人任职情况一览

表3—19

姓名	职务	性别	民族	出生年月	籍贯	党派	学历	任期时间	备注
何勇	主任	男	汉	1938.5	广东梅县	中共党员	本科	1995.5—1998.6	

1995—1998年提案工作委员会负责人任职情况一览

表3—20

姓名	职务	性别	民族	出生年月	籍贯	党派	学历	任期时间	备注
唐明二	主任	男	瑶	1949.2	连南三排	中共党员	大专	1995.5—1998.6	

1995—1998年文史资料委员会负责人任职情况一览

表3—21

姓名	职务	性别	民族	出生年月	籍贯	党派	学历	任期时间	备注
禤顺明	副主任	男	汉	1947	连南寨南	中共党员	初中	1995.3—1998.6	

2012年提案文史委员会负责人任职情况一览

表3—22

姓名	职务	性别	民族	出生年月	籍贯	党派	学历	任期时间	备注
陈海光	主任	男	汉	1968.12	广东连南	非党	大专	2012.5—	
房亚三	副主任	男	瑶	1964.10	广东连南	中共党员	大专	2012.5—2017.6	

2012年民族宗教委员会负责人任职情况一览

表3—23

姓名	职务	性别	民族	出生年月	籍贯	党派	学历	任期时间	备注
唐军荣	主任	男	瑶	1965.5	连南金坑	中共党员	本科	2012.5—	
潘素红	副主任	女	汉	1966.12	连南寨岗	中共党员	研究生	2012.5—2012.10	
刘庆辉	副主任	男	汉	1969.8	连南寨岗	非党	高中	2012.10—2013.7	
唐秀莲	副主任	女	瑶	1968.12	连南三排	中共党员	大专	2013.7—	

二、历届专门委员会、工作组

1. 县政协第一届委员会〔缺〕

2. 县政协第二届委员会（1981.1—1984.6）

1981年1月14日，县政协召开二届二次常委会。会议决定委员编为5个组联系委员开展活动，分别是：经济建设法制组12人、科教文卫组20人、民族宗教组20人、华侨港澳台组7人、工商组5人。

经济建设法制小组（12人）

王瑞荣	王志中	邓带云	梁镜清
赵土妹	唐志光	房俊强	房瑞贵
乔 义	陈柏乇	邹喜全	赵 武

科教文卫小组（20人）

余大帮	曾启煌	陈得绍	吴 越
张学文	黄文聪	邓志文	罗桂英
黄海耳	罗干文	班广勤	杨金隆
翟兆泰	黎桂华	罗佛茂	黄宗平
李志初	刘烈宇	王志强	唐铁炉

民族宗教小组：（20人）

沈 强	房初一	房茶排六	房仁安
房志明	李打米乡长公	邓义兴	龙大三
唐四维	祝 安	唐罗古五	邓文忠
房大头公	沈火生	李兴芳	赵 木
李积荣	李昌夫	房泽荣	陈留妹

华侨港澳台小组（7人）

李秀林	陈玉併	黄振汉	刘锦婉
曾宪培	吴水佛	曾杰泉	

工商小组：（5人）

邵先德	吴 力	蒋维全	欧阳燮
黄文明			

3. 县政协第三届委员会（1984.6—1987.4）

1986年1月14日，县政协召开三届八次常委会议，讨论委员编组。

提案审查委员会（5人）

  主　任：曾启煌

  副主任：班广勤

  委　员：潘水勇　陈留妹　杨洪彬

侨务组：（11人）

王承仪	潘歧锦	李耿龙	吴惠珍
刘锦婉	黄振汉	董百妙	刘绮香
任水泉	班朝坤	黄文明	

少数民族组：（13人）

房仁安	唐少雄	唐大块四	房排六
房大火一	邓德连	李明德	沈火生
唐云辉	房九	房下里公	莫间端
赵龙福			

科技组：（9人）

蒋明胜	黄志强	甘记火	黄公厚
林鸿楷	李丽容	陈少忠	邓志文
曾秀珍			

经济建设组：（11人）

陈应凤	杨洪彬	谢华	房瑞贵
罗从	房志林	欧阳燊	袁海林
杨世珠	潘水勇	蒋维全	

文卫组：（9人）

曾启煌	陈德绍	邓绍初	杨炎林
罗桂英	盘马了四	黄海耳	潘歧奋
李秀燕			

妇女组：（5人）

陈留妹	唐四妹	唐沙八妹	陈惠珍
何仕育			

政法城建组：（9人）

唐志光　　　成域康　　　　房俊强　　　　罗建棠
骆水旺　　　龙宏翼　　　　班广勤　　　　黄　汉
丘　卓

4. 县政协第四届委员会（1987.4—1990.3）

1987年4月23日，县政协召开四届一次常委会议，会议明确各专委的工作任务。

提案审查委员会（7人）
主　任：黎民生　　　副主任：罗　从　邓三妹
委　员：房志林　邵明秀　邓志文　潘歧奋
学习委员会（8人）
主　任：黄文明　　　副主任：李志宏　邓　武
委　员：郑远平　曾秀瑶　邓国民　杨洪彬　邓作均
文史资料研究委员会（7人）
主　任：丘　卓　　　副主任：黄海耳　房泽文
委　员：梁　希　赵龙福　龚政宇　梁学厚
三胞联谊委员会（6人）
主　任：陈新寅　　　副主任：唐　伟　罗建棠
委　员：李耿龙　罗达梅　吴惠贞
农村一组：（盘石、香坪4人）
组长：房先德　　　组员：李明德　唐　六　邓德连
农村二组：（大坪3人）
组长：房排六　　　组员：房大火一　江成义
农村三组：（金坑3人）
组长：房　强　　　组员：房仁安　唐进荣
农村四组：（涡水3人）
组长：易圣鲁　　　组员：沈火生　房来白
农村五组：（三江镇4人）
组长：班朝坤　　　组员：董百妙（女）　甘雪梅（女）　黄　湟
农村六组：（寨岗镇4人）
组长：曾寿均　　　组员：徐水泉　刘绮香（女）　黄称妹（女）
农村七组：（大麦山镇3人）

组长：王镜萍（女） 　　　　组员：房观音　许　一

农村八组（寨南山联4人）

组长：潘绪奇　　　　组员：李广良　冯青妹（女）　赵　四

农村九组：（南岗乡3人）

组长：房四妹（女）　　　　组员：唐沙八妹（女）　邓　三

农村十组：（三排3人）

组长：唐少雄　　　　组员：唐崩角一　李　韶

文教、卫生组：（8人）

组长：潘希备

组员：梁学厚　梁　希　邓志文　许耿忠　陈惜美（女）
　　　李良培　邓绍初

经委、工会组：（8人）

组长：邵明秀

组员：黄志强　杨潜彬　杨　峰　房先敏　袁海基　李志宏
　　　陈惠珍（女）

计划、城建、科技组：（6人）

组长：甘记火

组员：李　辉　骆水旺　李　培　陈少忠　胡仲余

财经组：（6人）

组长：叶添信

组员：欧阳燮　潘元庆　房志林　肖积荣　罗　从

农委组：（6人）

组长：赵龙福

组员：黎民生　李丽容（女）　熊国权　邓建文　邓三妹（女）

政法组：（4人）

组长：邓和均

组员：房泽文　成域康　杨定增

文化、宣传：（6人）

组长：黄海耳

组员：曾秀珍（女）　龚正宇　邓国民　邓　武　郑远平

5. 县政协第五届委员会（1990.3—1993.3）

1990年3月31日，县政协召开五届一次常委会议，会议确定各专委会委员分组及主任、副主任名单。1990年10月6日县政协召开五届四次常委会议，会议讨论通过常委会工作规则、专委会组织通则及机关工作简则。

提案审查委员会（9人）
主　任：许耿忠　　　副主任：罗　从
委　员：黄择红　曾　坚　熊国权　袁海基　王　洁　张志望
　　　　骆水旺

文史资料委员会（6人）
主　任：唐　伟　　　副主任：黄海耳
委　员：梁学厚　汤瑞粦　赵龙福　罗运金

学习委员会（9人）
主　任：黄海胜　　　副主任：何　勇　杨洪彬
委　员：李志宏　曾秀珍　房坚一　李滔锦　将仪郎　古梅英

祖国统一联谊委员会（10人）
主　任：黄海胜　　　副主任：罗建堂　罗运金
委　员：李耿龙　吴惠贞　董百妙　任水泉　刘绮香　罗达梅
　　　　李国雄

农业工作委员会（19人）
主　任：唐　伟　　　副主任：李志宏　唐大其
委　员：甘先达　余爱礽　房来白一　房志海　江福财
　　　　沈胡四二　房番加一　房　九　熊国权　唐马道一
　　　　曹　城　蓝玉清　房排六　邓德连　房日新
　　　　李明德　朱达权

经济科技委员会（12人）
主　任：黄荣北　　　副主任：谢应生
委　员：卜定安　骆水旺　刁仁宗　袁海基　杨　峰　房先敏
　　　　陈少忠　杨洪彬　黄　汉　林国城

财贸外经委员会（9人）
主　任：杨金隆　　　副主任：王　洁
委　员：曾寿均　潘元庆　房志林　蒋仪郎　苏荣权　朱碧芬

莫济深 　文教卫生委员会（13人）
主　任：潘希奋　　　　副主任：黄择红　曾秀珍
委　员：蒙秋瑶　黄称妹　古坤明　何永胜　李滔锦　杨乃鼎
　　　　卓　斌　汤瑞粦　黄海耳　梁学厚

社会法制委员会（12人）
主　任：许耿忠　　　　副主任：赵龙福
委　员：吴小玲　成域康　杨昌锦　梁楚之　房仁安　杨定增
　　　　邵明秀　罗　从　何　勇　房坚一

妇女委员会（9人）
主　任：王慧筠　　　　副主任：邓三妹
成　员：李丽容　甘雪梅　陈惠珍　张志望　冯青妹　唐沙八妹
　　　　唐大其大不尔

6. 县政协第六届委员会（1993.3—1998.3）

1993年3月11日，县政协召开六届一次常委会议，会议讨论通过本届县政协下设6个专门委员会（文史体委、财贸外经委、经济科技委、农业委、社会法制委、祖国统一联谊委）和3个工作委员会（学习委、文史委、提案委）的设置及委员编组，各委主任、副主任名单。1994年2月25日，县政协召开六届六次常委会议，会议调整专委会主任、副主任。

提案审查委员会（人）
主　任：许耿忠　　　　副主任：罗　从
委　员：王　洁　邓保英　苏荣权　黄择红　黄　斌　曾　坚
　　　　莫济深　袁海基　熊国权

学习委员会（7人）
主　任：潘希奋　　　　副主任：唐国伟　何　勇
委　员：邓　武　吴小玲　甘土兰　盘　奉

文史委员会（9人）
主　任：黄海耳　　　　副主任：杨坤甫
委　员：赵龙福　陈民生　梁海涛　邵富亮　房志林　李厉容
　　　　谢财滔

农业委员会（26人）
主　任：盘建梅　　　　副主任：唐大其　朱达权　蒋绍勤

委　　员：唐忠华　冯青妹　唐沙八妹　房邓矮十崟　熊国权
　　　　　房番加一　唐马道一　曹　城　蓝玉清　邓德连
　　　　　唐日新　李明德　曾　坚　房唐三　唐才利　李厉容
　　　　　唐四公三　唐大贵二　曾寿均　卜定安　房卫荣

财贸外经委员会（12人）
　　主　　任：李国城　　　副主任：房志林　王　洁　莫济深
　　委　　员：潘元庆　苏荣权　张解放　朱碧芬　邹有南
　　　　　　　朱和均　唐海明　唐国伟

经济科技委员会（16人）
　　主　　任：黄海胜　　　副主任：区宗寅　骆水旺　袁海基
　　委　　员：刁仁宗　房先敏　唐四公一　杨　峰　吴仲秋
　　　　　　　林国城　黄　汉　沈　环　蒋仪郎　罗锦凤　钟琼洲
　　秘　　书：唐明二

文卫体委员会（17人）
　　主　　任：许秋忠　　　副主任：黄择红　杨坤甫
　　委　　员：潘希奋　曾秀珍　黄称妹　杨乃鼎　古坤明　何永胜
　　　　　　　李滔锦　钟思东　梁海涛　黄海耳　陈民生　唐国才
　　　　　　　杨乃镜　房坚一

社会法制委员会（16人）
　　主　　任：罗子开　　　副主任：邓　武　盘　奉
　　委　　员：邓保英　赵龙福　吴小玲　杨定增　梁楚元　邵富亮
　　　　　　　梁自仲　甘土兰　盘细莲　罗　从　邵明秀　何　勇
　　　　　　　黄　斌

祖国统一联谊委员会（15人）
　　主　　任：唐　伟　　　副主任：谢财滔　房罗拜三
　　委　　员：罗达梅　刘绮香　李耿龙　任水泉　李保新
　　　　　　　董百妙　李荣坤　甘加尚　李国雄　蒋绍平　陈开源
　　秘　　书：肖炽荣

7. 县政协第七届委员会（1998.3—2003.3）

1998年3月24日，县政协召开七届一次常委会议，会议通过委员编组，各委主任、副主任名单。

第一组（计划、城建组9人）

组　　长：温仲湘　　　　副组长：俞展寰

委　　员：李莫六　骆水旺　黄渭源　邵锦玉　赖永亮　陈解放
　　　　　房　斌

第二组（财贸、外经组10人）

组　　长：房志林　　　　副组长：莫济深

委　　员：欧阳保　伍勇翔　房瑶冷三　李建桥　苏荣权　唐海明
　　　　　邵泉宾　莫旭葵

第三组（工交、科技组8人）

组　　长：曾　钊　　　　副组长：罗小平

委　　员：罗敏华　罗国防　赖荣新　吴东明　周化吉　陈锦叶

第四组（文教、卫生组16人）

组　　长：黄择红　　　　副组长：罗锦凤

委　　员：古坤明　胡秀锦　张秀梅　王凤传　钟思东　陈志愿
　　　　　潘奇峰　房珊梅　唐马六贵　郑燕清　沈利华　王少敏
　　　　　班朝森　曾寿荣

第五组（乡镇组16人）

组　　长：王群英　　　　副组长：唐　方

委　　员：唐永利　杨统信　房照三贵　曾石松　唐古一　陈海光
　　　　　罗洁玲　唐丹比六　唐明英　房　赟　李　樱　唐日星
　　　　　唐明二　潘玉飘

第六组（三胞工商联组12人）

组　　长：伍永昆

副组长：房罗拜三

委　　员：谢财滔　李镜新　罗桥荣　陈开源　伍　湛　吴海清
　　　　　陈开新　蒋绍平　李国雄　李圣锋

第七组（社会法制组20人）

组　　长：龚晓鸣　　　　副组长：梁坤评

委　　员：邓　武　邵富亮　唐志林　沈　列　张清汉　潘歧超
　　　　　房　华　吴小玲　赵翔辉　房少荣　邵文要　盘　奉
　　　　　蔡建民　房四贵　朱名涛　罗秋霞　刘似推　甘土兰

第八组（农林水组11人）

组　　长：李比块八　　　副组长：李国样

委　　员：朱达权　房亚二　潘燕苹　欧阳振强　曾章荣　黄玉琼
　　　　　邓志锋　姚若选　陈锦堂

8. 县政协第八届委员会（2003.3—2007.2）

2003年3月24日，县政协召开八届一次常委会议，会议协商通过各专委会的委员安排及正副主任任命。

教科文卫体委员会（13人）
　　主　　任：沈利华　　副主任：陈志愿
　　委　　员：韩木火　邱文军　黎水佛　王少敏　周柏青　潘卫东
　　　　　　　房建文　蓝桂松　盘亚五贵　房满妹（女）　黄芷君（女）

经济委员会（11人）
　　主　　任：房瑶冷三　　副主任：邵泉宾
　　委　　员：唐海明　谭定夫　房少荣　罗勋奎　唐兴松　房海春
　　　　　　　肖志红（女）　李丽云（女）　俞展寰

社会与法制委员会（14人）
　　主　　任：房志海　　副主任：唐继锋
　　委　　员：王依灵（女）　陈水金　李　樱（女）　房秀英（女）
　　　　　　　唐金文　房二妹（女）　李国兴　潘伯成　蔡建民
　　　　　　　谢伟诚　罗秋霞（女）　林丽群（女）
（下设2个工作组）

民族宗教和三胞委员会（23人）
　　主　　任：胡庆东　　副主任：罗金财
　　港澳工作组组长：何秀武（香港）
　　委　　员：唐海英（女）　唐国伟　李圣锋（香港）　吕庆棠（香港）
　　　　　　　黄承香（女，香港）　温凯如（女，香港）
　　　　　　　卢见明（香港）　薛良龙（香港）　杨镇炎（香港）
　　　　　　　何秀武（香港）　罗洁玲（女）　范桂雄　伍　湛
　　　　　　　吴海清　朱远光　利国友　张　雄　童修竹　杨水松
　　　　　　　潘记聪　赵荛辉

文史资料委员会（13人）
　　主　　任：潘歧超　　副主任：潘木祥
　　委　　员：吴卫清（女）　陈丽兰（女）　陈锦叶　曾庆辉

邓秋菇（女） 沈列（女） 吴渊彪 盘细莲（女）
曾繁炎 陈丽（女） 刘存瑛（女）

农林水委员会（17人）
主　任：李比块八　副主任：王群英（女）
委　员：房卫民　李担布　潘燕萍（女）　陈高洲　唐百养贵
　　　　房远宏　曾永雄　房海锋　赵伟　唐丹比六
　　　　房舟波　唐日新　陈海光　潘俊涛　廖水意

提案委员会（12人）
主　任：谢财滔　副主任：周小明
委　员：黄沛祥　唐明二　文建雄　汤宏文　缪日明　房亚二
　　　　谢雁秋（女）　房亚四　李泽光　龚绍波
新增委员：刘少伟　罗政威　谭春生　成春　钟坤灵
　　　　许莹莹（女，香港）　王蕾（女，香港）

9. 县政协第九届委员会（2007.2—2012.3）

2007年2月7日，县政协召开九届一次常委会议。会议决定本届县政协下设提案与文史委、教科文卫体委、经济委、社会与法制委、民族宗教委和三胞委、农林水委等六个专委会；通过各专委会正副主任名单。

提案与文史委：
主　任：吴卫清（女）　副主任：邱昶斌　潘党恩
委　员：
提案组（9人）：
　　　　陈锦叶　周文清　唐南琳　潘党恩　禤名立
　　　　李樱（女）　钟能晓（女）　李丽云（女）　房亚冰
文史资料组（9人）：
　　　　吴卫清（女）　陈海光　潘木祥　刘庆辉　成春
　　　　刘宪忠　朱远明　谭春生　陈辉
教科文卫体委组（15人）：
主　任：沈利华　副主任：何立新　蓝梓芬
委　员：唐伟　杨月云（女）　朱淑芬（女）　唐勇忠
　　　　梁文科　王少敏　蓝桂松　江伟兰（女）　李玉云（女）
　　　　张飘红（女）　赵洁敏（女）　朱远明

经济委组（21人）：
主　任：房志海　　副主任：谢锦清　曾　吉
委　员：房坚一　钟贤梓　唐海明　房海春　谢昶华　邓东海
　　　　邓承恩　黄强忠　郭成灶　刘沛文　胡子卫　阙列辉
　　　　朱永辉　罗伟忠　邓志锋　甘红梅（女）　刘存瑛（女）
　　　　李普锋

社会与法制委组（20人）：
主　任：毛志东　　副主任：李国兴　潘歧增
委　员：罗绍鉴　房二妹（女）　陈水金　房亚三　邓广兰（女）
　　　　潘伯成　邵艳云（女）　唐红华　黎艳霞（女）
　　　　房秀英（女）　唐罗萍（女）　林丽群（女）　谢伟诚
　　　　唐春蓉（女）　肖礼根　易积良　官葵红（女）

民族宗教和三胞委组（32人）：
主　任：罗金财　　副主任：朱远光　谢柏秋
委　员：唐国伟　房介二　罗志尚　赵翔辉　范桂雄　吴海清
　　　　谭春生　利国友　杨水松　童修竹　潘康恒　钟坤灵
　　　　骆伟剑　李红霞（女）　伍　湛　罗洁玲　汪庆三
　　　　吕志城　曾永青　杨镇炎（香港）　卢见明（香港）
　　　　黄承香（香港）　温凯如（香港）　何秀武（香港）
　　　　胡启宇（香港）　张柏贤（香港）　黄剑波（香港）
　　　　许莹莹（女，香港）　王　蕾（女，香港）

农林水委组（21人）：
主　任：李担布　　副主任：赖　斌　陈家满
委　员：唐拾斤　黄远刚　唐志强　唐　瑶　叶　智（女）
　　　　李一贵　陈建雄　邓勇安　唐金山　莫润月（女）
　　　　唐日星　贾铁军　钟学文　房海锋　吕自立
　　　　沈丽梅（女）　盘马培英（女）　唐马达二妹（女）

新增委员（5人）：
　　　　房小亮　刘潭爱　黄伟峰　邓广兰（女）
　　　　唐春蓉（女）

10. 县政协第十届委员会（2012.3—2016.11）

2012年3月9日，县政协召开十届一次常委会议。会议协商决定本届县政协下设文史资料、提案、教科文卫体、经济、社会与法制、民族宗教和三胞、农林水等7个工作组以及各工作组组成人员名单。各工作组组成人员名单如下（排名不分先后）：

（1）文史资料工作组人员名单

组　　长：魏健华（召集人）　　副组长：唐铁荣　李国兴

委　　员：陈锦叶　邓　建（三次会议）　魏健华　唐铁荣　李国兴
　　　　　邓广兰（女）　曾金旺　甘向荣　成　春　李　樱（女）
　　　　　潘木祥　刘旭明　邹正富　陈海光　王少敏　邓勇辉
　　　　　罗志强　官葵红（女）　陈子涵（2011.11—2014.1）
　　　　　何新池　邓丽银（女）　房二妹（女、电视台）
　　　　　邵建媚（女）

资料员：陈子涵（女，2011.11—2014.1）
　　　　邵建媚（女，2014.1—2016.11）

（2）提案工作组人员名单

组　　长：陈海光（2011.1—2013.10）　周小明（2013.10—2016.11）

副组长：吴小玲（女）　肖礼根

委　　员：邓　建　唐拾斤（二次会议）　陈锦叶（三次会议）
　　　　　周小明　吴小玲（女）　肖礼根　房亚三　甘庆裕
　　　　　刘存瑛（女）　房亚冰　房二妹（女、县科协）
　　　　　罗小敏（女）　房东辉　贾铁军
　　　　　黄红宇（2011.11—2013.4）　王小春（2013.4—2014.9）

资料员：刘存瑛（女）

（3）教科文卫体工作组人员名单

组　　长：丁卫月（女，召集人）

副组长：刘庆辉　詹伟伟（2011.11—2015.1）
　　　　潘康才（2015.3—2016.11）

委　　员：唐　伟（2011.11—2014.9）　唐拾斤　丁卫月（女）
　　　　　刘庆辉　房　斌　李细征　毕　德　蓝桂松　房国荣
　　　　　潘康才　房比六　赖补君　杨电南　黄光莹（女）

　　　　　唐继锋　李靖宇　唐丽萍（女）　廖杨珍（女）
　　　　　谢柳林（女）　朱国河　詹伟伟（2011.11—2015.1）
　　　　　李忠泓（2011.11—2013.4）　房海林（2015.1—2016.2）
资料员：赖补君

（4）经济工作组人员名单

组　　长：房春华（召集人）
副组长：盘振云　唐志航（2011.11—2013.10）
　　　　　杜晓燕（女，2013.10—2016.11）
委　　员：唐拾斤　唐海英（女，二次会议）　房春华
　　　　　唐志航（2011.11—2013.10）　盘振云　杜晓燕（女）
　　　　　朱志强　唐　瑶　钟伟繁　阙列辉　潘锦峰
　　　　　房秀英（女）　张志强　房军锋（2011.11—2014.3）
　　　　　莫祖琪　罗菲玲（女）　潘智梅（女）　刘开平　罗红星
　　　　　吴朝阳　房玉红（女）　李心怡（女）
　　　　　毛志东（2014.1—2015.1）
资料员：罗菲玲（女）

（5）社会与法制工作组人员名单

组　　长：刘文协（2011.11—2013.4）　唐军荣（2013.4—2016.11）
副组长：曾寿荣　赖兆基（2011.11—2013.4）
　　　　　沈　峻（2013.4—2016.11）
委　　员：唐海英（女，一次会议）　谢柏良（二次会议）
　　　　　唐军荣　沈　峻　曾寿荣　陈　斌　欧志伟　罗金财
　　　　　江玉林　房继荣　唐亚二　郭成灶　陈承线　矫学军
　　　　　朱远明　曾泽东　谢昶华（2011.11—2014.9）
　　　　　潘素红（女）　董少芝（女）　李丽云（女）
　　　　　盘细莲（女）　刘文协（2011.11—2013.4）
资料员：董少芝（女，2011.11—2014.1）
　　　　　潘素红（女，2014.1—2016.11）

（6）民族宗教和三胞工作组人员名单（46人）

组　　长：房小亮（召集人）
副组长：朱远光　林双来
委　　员：房介二（2011.11—2012.4）　房坚一（2013.4—2015.12）
　　　　　唐拾斤（五次会议）　黄伟峰　房小亮　朱远光　林双来

　　　　　　黎辉勇　　罗志尚　　谢柏秋　　吴月明　　骆伟剑　　张瑞贵
　　　　　　梁国盛　　姚建勋　　何杰常　　欧永强　　霍福祥　　虞红云
　　　　　　潘康恒　　潘记聪　　张　雄　　谢锦瑶　　曾永青　　潘木伟
　　　　　　唐一贵　　胡启宇　　班朝晖（女）　林社权　　李图明
　　　　　　卓乃裕　　陈再浩　　房秀芳（女）　陈业文　　孙振威
　　　　　　黄剑波　　梁志伟　　许莹莹（女）　杨水松　　黄智双
　　　　　　周志明　　曾庆勋　　郑　辉　　杨健美（女）　朱海华
　　　　　　龙涌波（女）　陈登峰　　黄旭明
　　　　　　谢立新（2011.11—2014.1）　　熊卫刚（2011.11—2014.1）
　　　　　　关渐葵（2011.11—2014.1）　　侯玉贵（2011.11—2014.1）
　　资料员：房秀芳（女）
　　（7）农林水工作组人员名单（20人）
　　组　　长：陈水金（召集人）
　　副组长：房瑶任一　邓志峰
　　委　　员：谢柏良　邓　建（二次会议）　唐拾斤（三次会议）
　　　　　　赖　斌　陈水金　房瑶任一　邓志峰　唐南琳
　　　　　　陈阅威（2011.11—2013.4）　　蓝海晖（2011.11—2014.1）
　　　　　　沈春凌（2011.11—2016.2）　　钟学文（2011.11—2013.4）
　　　　　　邱镜明　罗桂远　黄敏艳（女）　王依灵（女）　唐罗二
　　　　　　张其誉　房　杰　郑寿松　黎艳霞（女）　房意科
　　　　　　石亚海　莫任月（女）　邓昌房　唐秀莲（女）
　　资料员：黄敏艳（女）

11. 县政协第十一届委员会（2016.11—　）

　　2016年11月17日，县政协召开十届十六次常委会议。会议协商确定县政协第十一届政协委员总额157名，十一届一次会议安排委员153名；协商通报筹备十一届一次会议有关事项，县政协下设文史资料、提案、教科文卫体、经济、社会与法制、民族宗教和三胞、农林水等7个工作组，确定各工作组组成人员名单（含召集人）。各工作组组成人员名单如下（排名不分先后）：
　　（1）文史资料工作组人员名单（19人）
　　组　　长：陈海光（召集人）

副组长：房　斌

委　员：李春益　陈海光　房　斌　盘志辉　邓亚明　曾文锋
　　　　陈　潜　邓昌房　房新福　杜晓燕（女）　房亚冰
　　　　贾铁军　李靖宇　李志勇　罗明辉　唐晨芳（女）
　　　　王依甜（女）　邓丽银（女）　黄敏艳（女）

资料员：李志勇

（2）提案工作组人员名单（13人）

组　　长：杨建明（召集人）

副组长：陈　昕

委　员：陈锦叶　杨建明　邓志锋　唐国荣　陈　昕　房海辉
　　　　房六斤　甘晓东　周宇枫　官葵红（女）　刘存瑛（女）
　　　　龙雪玲（女）　房亚三（2016.11—2017.6）

资料员：刘存瑛

（3）教科文卫体工作组人员名单（18人）

组　　长：丁卫月（女，召集人）

副组长：卢德成

委　员：邓　建（2016.11—2017.4）　丁卫月（女）　魏健华
　　　　卢德成　袁飞武　房比六　李志强　邓志光　陈君玲（女）
　　　　彭安洲　陈俏梅（女）　廖杨珍（女）　潘智梅（女）
　　　　邵建媚（女）
　　　　颜建忠　谢柳林（女）　易丽莉（女）　周　灵（女）

资料员：邵建媚（女）

（4）经济工作组人员名单（20人）

组　　长：赵洁敏（女，召集人）

副组长：房　程

委　员：唐海英（女）　房　程　郭成灶　黄志雄　赵洁敏（女）
　　　　蓝伟党　李　洪　罗崇慧　罗红星　房富珍（女）
　　　　杨　乐　郑康豪　周建雄　周小明　罗丽娥（女）
　　　　罗志强　沈刘贵　罗焕霞（女）　唐秀莲（女）
　　　　韦桂云（女）

资料员：罗崇慧

（5）社会与法制工作组人员名单（20人）

组　　长：唐军荣（召集人）

副组长：盘振云

委　员：沈俊辉　唐军荣　房伟涛　房国荣　房　政　房志新
　　　　房秀英（女）　罗金财　刘　畅　潘永学　盘二生
　　　　盘振云　王　楠　房丽金（女）　蒋海秀（女）
　　　　肖礼根　刘莉霞（女）　罗月媚（女）　罗昭敏（女）
　　　　唐培珍（女）

资料员：房　政

(6) 民族宗教和三胞工作组人员名单（43人）

组　长：房媛艳（女，召集人）

副组长：吴小玲（女）

委　员：房婧婧（女）　周冬梅（女）　房媛艳（女）
　　　　吴小玲（女）　林双来　胡结辉　潘景星　谢柏秋
　　　　朱远光　陈登峰　陈懿秋　邓海锋　房　江　房木生
　　　　房志荣　韩　鹏　何杰常　胡启宇　黄枫林　房秀芳（女）
　　　　霍福祥　黄旭明　黄志辉　黄智双　黄剑群（女）
　　　　黎辉勇　李圣峰　李小辉　李永光　林社权　林智礼
　　　　罗志尚　潘海锋　潘海立　邵月蓉（女）　石文彬
　　　　唐罗伟　万卫东　谢文祥　曾碧英（女）　曾志军
　　　　曾永青　周志明

资料员：房秀芳（女）

(7) 农林水工作组人员名单（19人）

组　长：房玉红（女，召集人）

副组长：李旭明

委　员：赖　斌　李旭明　房卫雄　矫学军　房玉红（女）
　　　　罗良县　罗　绮　罗云毅　沈　峻　房六妹（女）
　　　　徐志军　曾东秋　张伟洪　赵仙宝　房火生四
　　　　李东芬（女）　李秀丽（女）
　　　　彭银玉（女）　余翠芬（女）

资料员：罗　绮

第三节 党　组

1984年7月，经县委批准，设立县政协党组。至2016年底，党组成员任职情况如下：

书　记　唐　彪（瑶族，1984.7—1990.3）
　　　　杨金隆（1990.4—1993.4）
　　　　罗子开（壮族，1993.5—1998.4）
　　　　房卫民（瑶族，1998.4—2007.10）
　　　　唐国伟（瑶族，2007.10—2010.2）
　　　　房介二（瑶族，2010.2—2012.4）
　　　　李春益（瑶族，2012.6—2013.3）
　　　　房坚一（瑶族，2013.3—2015.12）
　　　　唐拾斤（瑶族，2016.3—2016.11）
　　　　李春益（瑶族，2016.11—　　）
副书记　陈新寅（1984.7—1993.3）
　　　　黄海胜（1990.4—1998.4）
　　　　唐　伟（瑶族，1993.5—1998.4）
　　　　唐国伟（瑶族，1998.4—2007.10）
　　　　李春益（瑶族，2007.10—2009.11）
　　　　房坚一（瑶族，2007.10—2010.2）
　　　　房婧婧（女，瑶族，2009.11—2011.3）
　　　　唐拾斤（瑶族，2010.3—2016.2）
　　　　房　华（瑶族，2011.3—2011.10）
　　　　黄伟峰（2011.10—2016.10）
　　　　房婧婧（女，瑶族，2016.10—　　）
　　　　周冬梅（女，2016.10—　　）
成　员　黄文明（1984.7—1990.4）
　　　　李志宏（1987.4—1993.5）
　　　　唐　伟（1987.4—1993.5）

班广勤（1990.4—1993.5）

李国城（1993.5—1998.4）

唐国伟（1993.5—1998.4）

何　勇（1993.5—1998.4）

房　斌（1998.4—2000.7）

唐明二（瑶族，1998.4—2007.10）

陈水金（2000.7—2007.10）

赵翔辉（瑶族，2001.10—2009.3）

罗绍鉴（2006.12—2008.8）

唐拾斤（瑶族，2007.10—2010.3）

唐南琳（瑶族，2009.3—2011.12）

蔡志生（2010.2—2011.10）

潘康凯（2010.12—2011.11）

谢柏良（2011.10—2016.10）

邓　建（瑶族，2011.10—2017.4）

房小亮（瑶族，2009.3—　）

王炜强（2016.5—2016.10）

潘党恩（瑶族，2016.5—2016.11）

沈俊辉（瑶族，2016.11—　）

房嫒艳（女，瑶族，2016.11—　）

第四节　党群组织

一、党支部

1984年9月19日，县直属机关党委发文重新成立"中共连南瑶族自治县人大办政协办总支委员会"，隶属县直属机关党委领导，下设人大办、政协办、统战部、民委、科委等党支部。1984年11月18日县直属机关党委发文成立"政协、统战总支委员会"，隶属县直属机关党委领导。总支委员会设3—5名委员，总支委员会筹备领导小组由班广勤、王承议、赵龙福三位同志组成。下设人大办、政协办、统战部、民委、科委等党支部。1985年3月，成立县政协机关党支部。1987年3月，成立县政协机关党支部。1993年6月10日，政协机关党支部换届，与会12名党员（1名请假）一致选举黄海胜、杨坤甫、肖炽荣、蒋绍勤、何勇为新一届支部委员，黄海胜任书记，杨坤甫任副书记。1997年11月5日，因杨坤甫、肖炽荣退休在外地定居，政协机关党支部决定补选2名支部委员，与会12名正式党员补选房斌、杨金隆为支部委员。1998年4月10日，政协机关党支部换届，与会12名党员（1名请假）一致选举房斌、唐明二、何勇为新一届支部委员，房斌任书记。2000年12月22日，政协机关党支部换届，11名党员（7名请假）一致选举陈水金、唐明二、房亚三为新一届支部委员，陈水金任书记。2004年6月29日，政协机关党支部换届，与会13名党员（8名请假，其中4人住外地）投票选举陈水金、唐明二、房亚三为新一届支部委员，陈水金任书记。2013年6月18日，开展公推直选县政协机关党支部书记、委员，房小亮任书记，房惠瑛、陈伟坚为委员。2016年5月18日，政协机关党支部换届，与会18名党员（4名请假，其中黄海胜、杨坤甫与子女居住外地，陈新寅、房斌病假）投票选举唐军荣、房惠瑛、陈伟坚为新一届支部委员，唐军荣任书记。2017年11月27日，政协机关党支部召开支部大会，与会15名党员投票选举杨钊河、房伟荣为支部委员，唐军荣继续任书记。党支部组成人员任职情况如下：

  书 记 班广勤（1984.7—1990.4）

        杨坤甫（1990.6—1993.7）

        黄海胜（1993.8—1998.4）

        房 斌（瑶族，1998.4—2000.12）

        陈水金（2000.12—2007.4）

        房坚一（瑶族，2007.10—2010.2）

        房小亮（瑶族，2010.6—2016.5）

        唐军荣（瑶族，2016.5—   ）

  副书记 杨坤甫（1993.8—1997.11）

  委 员 蒋绍勤（1993.8—1998.4）

        肖炽荣（1993.8—1997.11）

        何 勇（1993.8—2000.12）

        房 斌（瑶族，1997.11—1998.4）

        杨金隆（1997.11—1998.4）

唐明二（瑶族，1998.4—2007）
房亚三（瑶族，2000.12—2013.6）
唐南琳（瑶族，2007.12—2010.6）
潘素红（女，2010.6—2012.8）
房惠瑛（女，瑶族，2013.6—2017.11）
陈伟坚（2013.6—2017.11）
杨钊河（2017.11—　　　）
房伟荣（2017.11—　　　）

二、工　会

县总工会于2010年10月25日批准成立县政协机关工会，是年工会会员17人，经投票选举，房伟荣任第一届工会主席。2016年4月11日县政协机关工会换届，是年工会会员19人，经投票选举，房伟荣连任第二届工会主席。2016年4月20日，工会账户设立，各项活动步入正轨。县政协机关工会组成人员任职情况如下：

主　席　房伟荣（瑶族，2010.10—　　　）
委　员　房麦晚（瑶族，2010.10—2012.3）
　　　　罗志伟（2010.10—2016.4）
　　　　唐秀莲（女，瑶族，2016.4—　　　）
　　　　盘剑锋（瑶族，2016.4—　　　）

第四章 政协会议

第一节 历届全体委员会议

政协连南瑶族自治县委员会全体委员会议（又称县政协全体会议、全委会议、例会）是连南县政协最高层次的会议和协商形式。按照《中国人民政治协商会议章程》规定，全体会议每年至少举行1次。会议主要行使下列职权：选举主席、副主席、秘书长和常务委员；听取和审议常委会工作报告、提案工作报告；参与对国家和地方事务的重要问题的讨论，提出建议和批评；讨论并通过有关决议。列席同级人大例会，听取和讨论政府工作报告及有关报告。会议期间，参加政协的各人民团体和委员以提出提案、大会发言、专题座谈等形式履行职能，参政议政。

第一届县政协委员会（1953年1月）只召开1次会议。第二届至第五届委员会（1980年11月—1993年3月）每届任期为3年，第六届委员会（1993年3月）始任期为5年。

一、第一届委员会全体委员会议

1953年1月21日，在连南瑶族自治区各族各界人民代表会议上，审议通过《连南瑶族自治区各族各界人民代表会议协商委员会暂行组织条例》，选举产生协商委员会委员40人，主席梁础（邵良础），副主席王贵华、邓买尾八公。

二、第二届委员会全体委员会议

第一次会议于1980年11月15日至20日在县城召开。出席会议的委员 63 人。会议听取县委负责人所作的政治报告；选举李积荣为主席，李昌夫、翟兆泰、唐铁炉、曾启煌、陈柏年、张学文为副主席，黄文明为秘书长，房泽荣、黄文明、陈留妹、欧阳燮、赵武、邹喜全、班广勤、乔义、邓买尾一为常务委员。审议并通过会议决议：在新的历史时期，人民政协要积极开展工作，坚持四项基本原则，促进安定团结，为实现四个现代化作出贡献。与会委员列席县六届人大一次会议，参与协商县人大常委会、正副县长人选和重大问题的讨论。县委书记冯克芝在开幕会上作了讲话，李积荣代表第二届县政协筹备委员会作工作报告，张学文致开幕词，李昌夫致闭幕词。

第二次会议于 1982 年 3 月 22 日至 27 日在县城召开。出席会议的委员 65 人。会议审议和通过副主席李昌夫所作的常委会工作报告；增补何仕育、李耿龙、曾志德、邓买尾一、罗从、陈新寅为委员，邓买尾一、乔义、陈新寅为常务委员，陈新寅为副主席。与会委员列席县六届人大二次会议。

第三次会议于 1983 年 1 月 20 日至 23 日在县城召开。出席会议的委员 66 人。会议审议和通过副主席陈新寅所作的常委会工作报告。主席李积荣在闭幕会上作讲话。与会委员列席县六届人大三次会议，并于闭幕后参加自治县成立 30 周年庆祝大会和游行活动。

第四次会议于 1983 年 11 月 27 日至 30 日在县城召开。出席会议的委员 65 人。会议审议和通过主席李积荣所作的常委会工作报告，要求以新的政协章程为依据积极开展工作，进一步发挥人民政协"政治协商、民主监督"的作用。与会委员列席县六届人大四次会议。

三、第三届委员会全体委员会议

第一次会议于 1984 年 6 月 25 日至 30 日在县城召开。出席会议的委员 70 人。会议学习《中国人民政治协商会议章程》和全国政协主席邓颖超在全国政协六届二次会议上的讲话；听取和审议上届常委会工作报告。会议认为，要充分发挥政协人才聚集的优势，为物质文明和精神文明建设献计献策。会议选举产生新一届常委会组成人员 17 人，主席唐彪，副主席陈新寅、房泽荣、黄文明、陈德绍、黄公厚、丘卓，常务委员班广勤、何仕育、罗从、欧阳燮、陈少忠、黄海耳、杨洪彬、梁希、罗建堂、邓志文；收到 59 件提案。与会委员列席县七届人大一次会议，参与协商县人大常委会、正副县长人选和重大问题的讨论。政协韶关市委员会和市委统战部派人参加大会。县委书记李积荣在开幕会上讲话。

第二次会议于1985年5月13日至15日在县城召开。出席会议委员70人。会议学习中共中央《关于经济体制改革的决定》；审议通过副主席陈新寅所作的常委会工作报告和副主席曾启煌所作的提案工作报告；通过会议决议；收到提案和建议91件。与会委员列席县七届人大二次会议。县委书记李积荣到会讲话。

第三次会议于1986年3月30日至4月1日在县城召开。出席会议的委员70人。县委负责人在会上作连南经济建设和形势的讲话。会议审议和通过副主席陈新寅所作的常委会工作报告。与会委员列席县七届人大三次会议。主席唐彪在开幕会和闭幕会上讲话。

四、第四届委员会全体委员会议

第一次会议于1987年3月25日至29日在县城召开。出席会议的委员85人。会议学习中共中央关于坚持四项基本原则，反对资产阶级自由化的有关文件，学习《中国人民政治协商会议章程》和省市政协工作经验交流会精神；审议和通过唐彪所作第三届常委会工作报告，班广勤所作提案工作报告，丘卓作的文史资料征集出版情况报告；选举产生新一届常委会组成人员17人，主席唐彪，副主席陈新寅、黄文明、丘卓、黎民生、许耿忠、胡仲余，常务委员李志宏、罗从、唐伟、邓三妹、房泽文、黄海耳、杨洪彬、梁希、叶天信、罗建堂；通过成立提案审查、学习、文史资料研究、三胞联谊4个专门委员会，并选举产生组成人员；收到提案59件。与会委员列席县八届人大一次会议，对本县今后三年工作任务、发展规划和县人大常委会、县政府领导人选进行协商，取得共识。县委书记李积荣、韶关市政协副秘书长王和清、市委统战部张石参分别在开幕会上讲话。主席唐彪致闭幕词。

第二次会议于1988年3月29日至4月1日在县城召开。出席会议的委员87人。会议学习中共十三大文件精神；审议和通过主席唐彪所作的常委会工作报告，常委罗从所作的提案工作报告；收到提案46件。会议强调，政协工作要坚持中国共产党的基本路线，加强与各界人士的联系，为实现连南1988年国民经济与社会发展目标作出贡献。与会委员列席县八届人大二次会议。

第三次会议于1989年3月27日至30日在县城召开。出席会议的委员76人。会议审议和通过常委会工作报告和提案工作报告。会上有10名委员作大会发言。与会委员列席县八届人大四次会议，听取和讨论县政府工作报告及其他报告。县委书记李积荣在开幕会上讲话。

五、第五届委员会全体委员会议

第一次会议于1990年3月24日至28日在县城召开。第四届主席会议主持预备会议，通过会议议程和日程、主席团名单。杨金隆在开幕会上致开幕词，县委书记邓万社发表讲话，市政协副主席刘汉文致祝辞。会议听取和审议唐彪所作的第四届常委会工作报告、许耿忠所作的提案工作报告；选举杨金隆为本届县政协主席，黄海胜、唐伟、许耿忠、黄荣北、潘希奋、王慧筠为副主席，李志宏、罗从、罗建堂、邓三妹、唐大其、黄海耳、杨洪彬、曾秀珍、王洁、谢应生为常务委员；学习《中国人民政治协商会议章程》《政协全国委员会关于政治协商、民主监督的暂行规定》和《中共中央关于坚持和完善中国共产党领导的多党合作和政治协商制度的意见》；审议通过会议政治决议。与会委员列席县九届人大一次会议，听取和讨论县政府工作报告及其他报告。副主席黄海胜在闭幕会上讲话。

第二次会议于1991年3月19日至21日在县城召开。预备会议宣读会议议程和日程、连南县政治协商民主监督暂行规定、政协连南县常务委员会规则和专门委员会通则。县委副书记罗子开在开幕会上作讲话。会议听取和审议杨金隆所作的常委会工作报告、许耿忠所作的提案工作报告；审议通过会议关于常委会工作报告的决议和政治决议；听取和讨论县政府工作报告（草稿）及其他报告，提出具体的修改意见和建议（此次会议是单独召开，委员没有列席县人大会议）；各专门委员会作大会发言，提出12个专题意见和建议。会后举行县政协之友联谊会成立大会。

第三次会议于1992年3月25日至28日在县城召开。县委书记邓万社在开幕会上作讲话。会议听取和审议杨金隆所作的常委会工作报告和许耿忠所作的提案工作报告；学习中共中央〔1992〕2号文件精神；黄荣北、唐伟、黄海耳、许耿忠、唐日新、黄择红、唐大其、罗建堂、曾寿均、王慧筠、房志林、朱碧芬、邓保英等13名委员作大会议政发言，就乡镇企业、卫生事业、"三胞"联谊、外经贸等方面问题提出建议；表彰先进委员；收到提案68件；审议通过会议关于常委会工作报告的决议和政治决议。与会委员列席县九届人大三次会议，听取和讨论县政府工作报告及其他报告。

六、第六届委员会全体委员会议

第一次会议于1993年3月8日至12日在县城召开。第五届主席会议主持预备会议，通过主席团名单、会议议程和日程。罗子开在开幕会上致开幕词，县委书记邓万社发表讲话，市政协副主席陈国胜致祝词。会议听取和审议杨金隆所作的第五届常委会工作报告、午耿忠所作的提案工作报告；选举罗子开为县政协主席，黄海胜、许耿忠、潘希奋、李国城、黄海耳、盘建梅为副主席，唐伟、邓武、唐国伟、罗从、唐大其、盘奉、曾秀珍、吴小玲、罗锦凤、区宗寅、陈开源、房罗拜三、莫济深为常务委员；进行议政发言；收到提案52件；审议通过会议关于五届常务委员会工作报告的决议和政治决议。与会委员列席县十届人大一次会议，听取和讨论县政府工作报告及其他报告。副主席黄海胜在闭幕会上讲话。

第二次会议于1994年3月8日至10日在县城召开。会议听取和审议主席罗子开所作的常委会工作报告、副主席许耿忠所作的提案工作报告；传达省政协七届二次会议精神；进行议政发言；收到提案31件；审议通过会议政治决议。与会委员列席县十届人大三次会议，听取和讨论县政府工作报告及其他报告。会议次日召开县政协之友联谊会二届一次会议，选举产生第二届县政协之友联谊会理事会组成人员。

第三次会议于1995年3月8日至10日在县城召开。会议听取和审议副主席黄海胜所作的常委会工作报告、副主席许耿忠所作的提案工作报告；传达省市政协提案工作会议精神；增选陈其本为县政协常务委员；吴小玲、龚晓明、潘希奋、唐大其、罗锦凤等5名委员分别作大会议政发言，就个体私营企业、社会治安、教育、"三高"农业、困难企业等方面问题提出建议；收到提案55件，立案53件；审议通过会议决议。与会委员列席县十届人大四次会议，听取和讨论县政府工作报告及其他报告。县委书记雷广财、县政协主席罗子开在闭幕会上讲话。

第四次会议于1996年3月12日至14日在县城召开。会议听取和审议副主席李国城所作的常委会工作报告、副主席许耿忠所作的提案工作报告；增选李比块八、房斌、罗良品为县政协常务委员；黄海耳、李比块八、唐大其、盘奉、房允敏、钟思东、黄择红、李国辉、古坤明、谢财滔、蒋仪郎、蒋绍勤等11名委员分别作大会议政发言，就文史资料征编、加快脱贫步伐、减轻农民负担、社会治安、计生、精神文明建设、物价调控等方面提出建议；收到提案46件；审议通过会议决议。与会委员列席县十届人大五次会议，听取和讨论县政府工作报告及其他报告。县委书记雷广财、县政协主席罗子开在闭幕会上讲话。

第五次会议于1997年3月3日至5月在县城召开。会议听取和审议副主席黄海胜所作的常委会工作报告、副主席许耿忠所作的提案工作报告；传达学习省政协七届五次会议精神；农林水、卫生、教育、科技文化、政法群体、乡镇等9个工作组分别作大会议政发言，就扶贫攻坚、初级卫生保健达标、巩固和提高"普九"成果、基层精神文明建设、文化市场管理、减轻农民负担、科教兴县、"三高"农业等方面提出建议；审议通过会议决议。与会委员列席县十届人大六次会议，听取和讨论县政府工作报告及其他报告。县委书记雷广财、县政协主席罗子开在闭幕会上讲话。

七、第七届委员会全体委员会议

第一次会议于1998年3月8日至11日在县城召开。第六届主席会议主持预备会议，通过主席团成员及秘书长名单、会议议程、提案审查委员会委员名单。会议听取和审议罗子开所作的第六届常委会工作报告、许耿忠所作的提案工作报告；选举房卫民为县政协主席，唐国伟、许耿忠、黄海耳、黄沛祥为副主席，王群英、邓志锋、伍湛、李比块八、吴小玲、房瑶冷三、房罗拜三、罗锦凤、罗小平、罗秋霞、莫济深、梁坤评、盘奉、赖荣新为常务委员；农林水、财贸外经、计划城建、卫生等工作组及李国样、李莫六等委员分别作大会议政发言，就农村脱贫致富、集体财务管理、初级卫生保健达标、山地开发、县城规划建设等方面提出建议；表彰盘建梅委员提出的《关于要求把广场划给三江小学管辖的建议》等6件为六届一次会议以来优秀提案，县政府办公室、县教育局、县公安局等3个承办提案先进单位；收到提案58件；审议通过会议决议。与会委员列席县十一届人大一次会议，听取和讨论县政府工作报告及其他有关报告。县委书记雷广财、县政协主席房卫民在闭幕会上讲话。

第二次会议于1999年3月16日至18日在县城召开。会议听取和审议主席房卫民所作的常委会工作报告、副主席许耿忠所作的提案工作报告；增选李担布、利国友为县政协常务委员；农林水、科技文卫体、民族工商联、社会等工作组分别作大会议政发言，就林业结构调整、农业技术推广、个体私营经济、旅游业等方面提出建议；收到提案41件，立案40件；审议通过会议决议。与会委员列席县十一届人大三次会议，听取和讨论县政府工作报告及其他报告。县委书记雷广财在闭幕会上讲话。

第三次会议于2000年3月8日至10月在县城召开。会议听取和审议主席房卫民所作的常委会工作报告、唐明二所作的提案工作报告；补选陈水金、莫济深、盘亚五贵为县政协副主席；农林水专委会和民族工商联、计划城建、教育卫生等工作组分别作大会议政发言，就办好龙头企业、发展个体私营经济、规划与城建、合作医疗等方面提出建议；表彰刘似推委员提出的《关于禁止偷砍林木保护西北山绿化的建议》等6件为七届一次会议以来优秀提案；收到提案43件，立案42件；审议通过会议决议。与会委员列席县十一届人大四次会议，听取和讨论县政府工作报告及其他报告。县委书记雷广财在闭幕会上讲话。

第四次会议于2001年3月26日至28日在县城召开。会议听取和审议副主席陈水金所作的常委会工作报告、副主席黄沛祥所作的提案工作报告；经济、农林水、科教文卫体、社会法制等专委会作大会议政发言，分别就改善投资环境、优化农业结构、争创文明县城、扶持乡镇发展加工型企业等方面提出建议；表彰2000年度农林水、社会法制、科教文卫体等3个先进专委会；收到提案28件；审议通过会议决议。与会委员列席县十一届人大五次会议，听取和讨论县政府工作报告及其他报告。县委书记苏启科、县政协主席房卫民在闭幕会上讲话。

第五次会议于2002年3月18日至20日在县城召开。会议听取和审议副主席唐国伟所作的常委会工作报告、副主席黄沛祥所作的提案工作报告；农林水、经济、社会法制、科教文卫体等专委会作大会议政发言，分别就农业、工业、实施县城总体规划、中小学教师继续教育等方面提出建议；表彰2001年度农林水、社会法制、民族三胞等3个先进专委会；收到提案21件；审议通过会议决议。与会委员列席县十一届人大六次会议，听取和讨论县政府工作报告及其他报告。县委书记苏启科、县政协主席房卫民在闭幕会上讲话。

八、第八届委员会全体委员会议

第一次全体会议于2003年3月17日至19日在县城召开。第七届主席会议主持预备会议，通过会议议程、日程、主席团成员及秘书长名单、提案审查委员会委员名单。会议听取和审议房卫民所作的上一届常委会工作报告和黄沛祥所作的提案工作报告；选举房卫民为县政协主席，唐国伟、陈水金、盘亚五贵、黄沛祥为副主席，王群英、伍湛、李比块八、李担布、吴海清、沈利华、罗秋霞、房瑶冷三、唐海英、童修竹为常务委员；农林水、经济专委会作大会议政发言，分别就农业、工业化进程等方面提出建议；表彰2002年度房卫民委员提出的《关于修好县民族中学大门口至兰丰酒店屋角路段的排水沟，防止洪（污）水横流影响行路的建议》等8件优秀提案，县政府办公室、县水利局、县林业局、县农业局、县科教局、县交通局等6个承办提案先进单位，民族三胞、提案、农林水等3个先进专委会；收到提案39件，立案39件；审议通过会议决议。与会委员列席县十二届人大一次会议，听取和讨论县政府工作报告及其他报告。县委书记苏启科、县政协主席房卫民在闭幕会上讲话。

第二次全体会议于2004年3月9日至11日在县城召开。会议听取和审议副主席唐国伟所作的常委会工作报告、副主席黄沛祥所作的提案工作情况报告；选举利国友、谭春生为县政协常务委员；罗金财、房建文、周柏青等3名委员作大会议政发言，分别就招商引资、县城文化设施建设、巩固和发展农村合作医疗等方面提出建议；表彰2003年度刘存瑛委员提出的《要求拨款维修三江河堤，确保三江群众的生产和生命安全》、黄沛祥委员提出的《为弘扬中华文化优良传统，推进学校素质教育，建议科教局每年组织全县中小学生幼儿书画大赛》、房秀英等2名委员提出的《关于电机厂噪声问题的提案》、房秀英等2名委员提出的《关于重视公共厕所建设的提案》等4件优秀提案，县政府办公室、县水利局、县市政事业管理局等3个承办提案先进单位，农林水、提案、教科文卫体、民族宗教和三胞等4个先进专委会；收到提案28件；审议通过会议决议。与会委员列席县十二届人大二次会议，听取和讨论县政府工作报告及其他报告。县委书记梁建文、县政协主席房卫民在闭幕会上讲话。

第三次全体会议于2005年3月2日至4日在县会议中心召开，106名委员出席。会议听取和审议主席房卫民所作的常委会工作报告、副主席黄沛祥所作的提案工作情况报告；选举赵翔辉为县政协常务委员、秘书长；社会与法制、经济、教科文卫体等专委会作大会议政发言，分别就改善连南招商引资环境、加快地方公路建设、规范旅游行业管理等方面提出建议；表彰2004年度房卫民委员提出的《关于构筑绿化防火带，保护县城西北山的生态公益林的建议》、李泽光委员提出的《关于农贸市场设置公称的建议》、黎水佛委员提出的《建议修一条水泥人行道通向景点猫公山的山顶》、缪日明委员提出的《加大我县农村劳动力转移就业工作力度》、房海春委员提出的《关于整治三江河堤大排档占道经营的建议》等5件优秀提案，县政府办公室、县市政事业管理局、县劳动和社会保障局等3个承办提案先进单位，民族宗教和三胞、提案、教科文卫体等3个先进专委会；收到提案30件；审议通过会议决议。与会委员列席县十二届人大三次会议，听取和讨论县政府工作报告及其他报告。县委书记、县政协主席分别在闭幕会上作讲话。会议期间，县政协倡议为患病的县政协委员吴渊彪捐款，与会人员共捐款4810元。

第四次会议于2006年3月28至30日在县会议中心召开，106名委员出席。会议听取和审议主席房卫民所作的常委会工作报告、副主席黄沛祥所作的提案工作报告；社会与法制、经济、教科文卫体等专委会作大会议政发言，分别就建设和谐连南、培植税源、强化农村劳动者素质培训等方面提出建议；表彰2005年度廖水意委员提出的《关于改造西北山森林公园林种结构的提案》、黎水佛委员提出的《关于在顺德文化广场和汽车站前面"十字路口"修建减速带的建议》、缪日明委员提出的《关于加大我县农村贫困户就业扶贫工作力度的提案》等3件优秀提案，县政府办公室、县劳动和社会保障局、县林业局等3个承办提案先进单位，教科文卫体、社会与法制、提案等3个先进专委会，房瑶冷三、房建文、伍湛、房海春、刘存瑛、缪日明、李担布、潘伯成、温凯如等9名优秀委员；收到提案25件，立案24件；审议通过会议决议。与会委员列席县十二届人大四次会议，听取和讨论县政府工作报告及其他报告。县委书记在闭幕大会上讲话。

九、第九届委员会全体委员会议

第一次全体会议于2007年1月6日至8日在县会议中心召开，应到委员119人，实到119人。市政协派人到会宣读贺信。第八届主席会议主持预备会议，通过会议议程、日程、提案审查委员会委员名单、主席团成员及秘书长名单。会议听取和审议房卫民所作的第八届常委会工作报告、黄沛祥所作的提案工作报告；选举唐国伟为县政协主席，房坚一、唐拾斤、罗绍鉴、陈锦叶、唐伟为副主席，赵翔辉为秘书长，王少敏、朱远光、李国兴、伍湛、李樱、汪庆三、房海锋、梁文科、赖斌、谭春生为常务委员;社会与法制、教科文卫体、民族宗教和三胞、文史资料等专委会作大会议政发言,分别就创建旅游特色县、办好职业技术学校、发展民营经济、发挥人民政协的职能作用等方面提出建议;表彰2006年度教科文卫体委提出的《关于要求架设电话线路的提案》、黄芷君等9名委员提出的《关于要求解决连南民族小学师生饮用水问题的提案》等2件优秀提案,省电信有限公司连南分公司、县农业局等2个承办提案先进单位,农林水、经济、文史等3个先进专委会,黄芷君、邵泉宾、房志海、罗金财、陈海光、谢财滔、刘存瑛等7名优秀委员;收到提案24件,立案24件;审议通过会议决议。与会委员列席县十三届人大一次会议,听取和论县政府工作报告及其他报告。县政协主席唐国伟在闭幕会上讲话。

第二次会议于2008年8月17日至19日在县会议中心召开,应到委员128人,实到121人。会议听取和审议副主席房坚一所作的常委会工作报告、副主席陈锦叶所作的提案工作报告;增选邓广兰、谢柏秋为本届县政协常务委员;文史资料、社会与法制、农林水等专委会作大会议政发言,分别就加大民族文化遗产的抢救保护和承传、建设社会主义新农村、加快连南柠檬产业发展等方面提出建议;表彰2007年度李国兴等2名委员提出的《关于规范三江河道采砂的建议》、钟学文委员提出的《关于在农村开展沼气建设的建议》、谭春生委员提出的《要求整治利发毛织厂周边环境的建议》等3件优秀提案,县公路局、县农业局、县规划市政局等3个承办提案先进单位,民族宗教和三胞、农林水、提案与文史等3个先进专委会,李担布、沈利华、钟贤梓、潘伯成、禤名立、谢柏秋等6名优秀委员;收到提案28件,立案26件;审议通过会议决议。与会委员列席县十三届人大二次会议,听取和讨论县政府工作报告及其他报告。县委书记崔建军、县政协主席唐国伟在闭幕会上讲话。

第三次会议于2009年3月7日至9日在县会议中心召开,应到委员132人,实到117人。会议听取和审议副主席唐拾斤所作的常委会工作报告、副主席陈锦叶所作的提案工作报告;选举房小亮为县政协秘书长、刘潭爱为常务委员;文史资料、社会与法制、农林水等专委会作大会议政发言,分别就加快"民俗文化圣地"和"世界瑶族文化艺术之都"建设、促进就业、推进我县水利建设等方面提出建议;表彰2008年度王少敏等2名委员提出的《关于建议整治三江河堤绿化造林,营造一河两岸更加靓丽的风景线》、房海春委员提出的《南门大桥交通规划建设迫在眉睫》、禤名立委员提出的《关于人才工作的几点建议》等3件优秀提案,县科技教育局、县社会保险基金管理局、县水利局等3个承办提案先进单位，社会与法制、民族宗教和三胞、农林水等3个先进专委会，钟能晓、朱永辉、罗志尚、胡启宇、潘木祥、邵艳云、赖斌、李玉云等8名优秀委员；收到提案35件，立案35件；审议通过会议决议。与会委员列席县十三届人大三次会议，听取和讨论县政府工作报告及其他报告。县委书记崔建军在闭幕会上讲话。

第四次会议于2010年2月4日至6日在县会议中心召开，应到委员138人，实到124人。会议听取和审议副主席陈锦叶所作的常委会工作报告、副主席唐伟所作的提案工作报告；选举房介二为县政协主席，唐海英、蔡志生为副主席；社会和法制、经济、农林水等专委会作大会议政发言，分别就人才流失、加强集贸市场管理、加强西北山综合管护等方面提出建议；表彰2009年度提案委提出的《关于加快三江河堤休闲配套设施建设的建议》、李红霞委员提出的《发展连南经济，构建和谐社会》、骆伟剑委员提出的《关于整治县城老街道和市场经营秩序，进一步繁荣民族经济的建议》等3件优秀提案，县规划市政局、县卫生局、县文广新局等3个承办提案先进单位，经济、教科文卫体、提案等3个先进专委会，谢柏秋、钟学文、房志海、周文清、房秀英、陈海光、刘庆辉等7名优秀委员；收到提案22件，立案21件；审议通过会议决议。与会委员列席县十三届人大四次会议，听取和讨论县政府工作报告及其他报告。县委书记崔建军、县政协主席房介二在闭幕大会上讲话。

第五次会议于2011年1月24日至25日在县会议中心召开，应到委员139人，实到124人。会议听取和审议主席房介二所作的常委会工作报告、副主席陈锦叶所作的提案工作报告；选举潘康凯为本届县政协副主席；民族宗教和三胞、农林水、教科文卫体等专委会作大会议政发言，分别就促进民族团结、推进现代化农业发展、加快生态旅游发展等方面提出建议；表彰2010年度唐勇忠等7名委员提出的《关于优化青少年成长环境的几点建议》、李玉云等5名委员提出的《关于进一步改善县城街道卫生状况的建议》、禤名立委员提出的《关于抢修联红村水渠设施的建议》优秀提案3件，县委县政府办公室、县规划市政局、县公安局等3个承办提案先进单位，民族宗教和三胞、文史资料、社会与法制等3个先进专委会，房秀芳、房志海、唐南琳、李国兴、伍湛、谭春生、利国友、谢柏秋、蓝梓芬、唐马达二妹、吴卫清、何秀武、卢见明等13名优秀委员；收到提案16件，立案15件；审议通过会议决议。与会委员列席县十三届人大五次会议，听取和讨论县政府工作报告及其他报告。县委书记崔建军、县政协主席房介二在闭幕大会上讲话。

十、第十届委员会全体委员会议

第一次会议于2011年11月26至28日在县会议中心召开。应到委员145人，实到138人。市政协副主席李雨松到会宣读贺信。第九届主席会议主持预备会议，通过会议议程、日程、提案审查委员会委员名单、主席团成员及秘书长名单。会议听取和审议唐拾斤所作的第九届常委会工作报告、陈锦叶所作的第九届提案工作报告；选举房介二为县政协主席，唐拾斤、陈锦叶、唐伟、唐海英、谢柏良、邓建为副主席，房小亮为秘书长，丁卫月、朱远光、刘文协、杜晓燕、吴月明、沈春凌、陈水金、陈海光、林双来、房春华、侯玉贵、姚建勋、梁国盛、谢柏秋、魏健华为常务委员；文史资料、农林水、教科文卫体等专委会作大会议政发言，分别就加快公共文化设施建设、推进林权制度改革、民族医药健康产业等方面提出建议；县委书记崔建军、县长郑远平当场分别对做大做强连南民族医药健康产业和加快连南公共文化设施建设的发言材料作批示；表彰2011年度林丽群等11名委员提出的《关于加强对我县私立幼儿园规范管理的建议》、黎艳霞等8名委员提出的《关于加强青少年绿色上网的建议》、禤名立等4名委员提出的《应禁止送葬时沿街撒纸钱、放鞭炮的建议》等3件优秀提案，县民政局、县教育局、县人力资源和社保保障局等3个承办提案先进单位，经济、农林水、提案等3个先进专委会，禤名立、陈海光、房亚三、贾铁军、罗志尚、刘存瑛、沈利华等7名优秀委员；收到提案18件，立案18件；审议通过会议决议。与会委员列席县十四届人大一次会议，听取并讨论县政府工作报告及其他报告。县委书记崔建军、县政协主席房介二在闭幕大会上讲话。

第二次会议于2013年4月9日至11日在县会议中心召开。应到委员153人，实到137人。会议听取和审议副主席唐拾斤所作的常委会工作报告、副主席陈锦叶所作的提案工作报告；经济、提案、民宗和三胞、农林水、教科文卫体等工作组作大会议政发言，分别就加强食品安全监管、完善社会治安视频监控系统、加强党外领导干部培养选拔、改善农村人居环境、提升县城民族文化品位等方面提出建议；县委、县政府主要领导对其中的两个发言材料作批示；补选房坚一为本届县政协主席、唐军荣为常务委员；表彰2012年度李国兴等12名委员提出的《关于加快我县公共文化设施建设的建议》、曾金旺委员提出的《关于挖掘、征集和抢救民族文化档案资料的建议》、刘荐瑛委员提出的《关于重视农村"留守儿童"心理健康教育的建议》等3件优秀提案和县文广新局、县教育局、县市政局等3个承办提案先进单位，文史资料、提案、经济等3个先进工作组，唐铁荣、吴小玲、丁卫月、唐志航、林双来、张其誉等6名优秀委员，何杰常、林双来、李图明、林社权、陈再浩、胡启宇等6名突出贡献委员；收到提案40件，立案38件；审议通过会议决议。与会委员列席县十四届人大三次会议，听取和讨论县政府工作报告及其他报告。县委书记雷玉春、县政协主席房坚一在闭幕大会上讲话。

第三次会议于2014年1月12至14日在县会议中心召开。应到委员156人，实到140人。会议听取和审议主席房坚一所作的常委会工作报告、副主席陈锦叶所作的提案工作报告；经济、提案、农林水等工作组及县残联作大会议政发言，分别就加快人才强县战略、加强卫技人才队伍建设、发挥村民小组长作用、健全残疾人社会保障体系等方面提出建议；县委、县政府主要领导对其中的两个发言材料作批示；选举李细征、吴小玲、曾庆勋为本届县政协常务委员；收到提案33件，立案30件；审议通过会议决议；还进行"委员之家"网络互动平台培训，邀请广州联奕信息科技有限公司研发部工程师为与会委员授课；与会委员列席县十四届人大四次会议，听取和讨论县政府工作报告及其他报告。县委书记雷玉春、主席房坚一在闭幕大会上作讲话。此次会议突出两个特点：一是在精减会议文件、压缩工作报告的同时，将参政议政重要形式之一的议政发言材料大幅增加，从往年的3至5个增加到9个；二是认真贯彻落实有关文件规定，将原来拟表彰的2013年度优秀提案和承办提案先进单位、先进工作组和优秀委员全部改为通报表扬，以精神鼓励为主。

第四次会议于2015年2月3至4日在县会议中心召开。应到委员157人，实到142人。会议听取和审议主席房坚一所作的常委会工作报告、副主席陈锦叶所作的提案工作报告；提案、文史、经济等工作组作大会议政发言，分别就强化农村道路管理、推动文艺发展繁荣、发挥村民理事会作用等方面提出建议；选举赖斌为县政协副主席，黄旭明为常务委员；收到提案28件，立案25件；审议通过会议决议。与会委员列席县十四届人大五次会议，听取和讨论县政府工作报告及其他报告。县委书记雷玉春、县政协主席房坚一在闭幕大会上讲话。

第五次会议于 2016 年 2 月 2 至 4 日在县会议中心召开。应到委员 154 人，实到 137 人。会议听取和审议副主席唐拾斤所作的常委会工作报告、副主席唐海英所作的提案工作报告；提案、教科文卫体、经济、文史等工作组作大会议政发言；选举唐拾斤为县政协主席；收到提案 33 件，立案 25 件；审议通过会议决议。与会委员列席县十四届人大六次会议，听取和讨论县政府工作报告及其他报告。县委书记雷玉春、县政协主席唐拾斤在闭幕大会上讲话。

十一、第十一届委员会全体委员会议

第一次全体会议于 2016 年 11 月 21 至 23 日在县会议中心召开。会议应到委员 153 人，实到 142 人。会议听取并审议通过县政协第十届委员会主席唐拾斤所作的县政协第十届委员会常务委员会工作报告，县政协第十届委员会副主席陈锦叶所作的提案工作报告；听取并讨论县人民政府工作报告及有关报告；审议通过第一次会议决议；会议选举李春益为县政协主席，房婧婧（女）、沈俊辉、陈锦叶、唐海英（女）、邓建、赖斌为副主席，房媛艳（女）为秘书长，丁卫月（女）、朱远光、杨建明、吴小玲（女）、陈海光、林双来、官葵红、房玉红、房秀英（女）、赵洁敏（女）、胡结辉、袁飞武、唐军荣、谢柏秋、潘景星为常务委员。会议听取房玉红、赵洁敏、房斌三位委员分别代表县政协经济工作组、县政协经济工作组、县政协教科文卫体工作组所作的《发展农村电商　推进精准扶贫》《建设精品民宿　发展乡村旅游》《关于加快推进我县民族文化事业发展的建议》的议政发言；收到提案 31 件，立案 28 件。县委书记雷玉春、县政协主席李春益在闭幕大会上讲话。

第二节　历届常务委员会会议

政协连南瑶族自治县委员会常务委员会会议（简称常委会议）由主席、副主席、秘书长和常务委员参加。根据会议的内容和需要，邀请与议程有关的其他人员列席。常委会议一般每季度召开一次，由主席或副主席

主持。其日期、议程由主席会议决定。常委会议主要任务包括召集并主持全体会议；听取和协商讨论党委、政府及有关部门的重大决策、大政方针的实施报告和情况说明，提出意见和建议；协商讨论党和国家与连南的大政方针及群众普遍关心的重大问题，提出意见和建议；审议本会重要的专题调查报告、视察报告及重要提案、建议案；审议专委会的年度计划和工作总结报告，听取并审议专委会重要的工作汇报；根据秘书长的提议，任免委员会的副秘书长；决定委员会工作机构的设置和变动，并任免其领导成员。

一、第一届常务委员会会议

第一次会议于1960年5月21日召开。

第二次会议于1961年1月26日至2月2日一届三次全体委员会议期间召开。

二、第二届常务委员会会议

第一次会议于1980年11月22日由主席李积荣主持召开。会议讨论常委工作分工。

第二次会议于1981年1月14日由主席李积荣主持召开。会议学习政协章程；研究春节座谈会事项；决定委员编为5个组：经济建设法制组12人、科教文卫组20人、民族宗教组20人、华侨港澳台组7人、工商组5人。

第三次会议于1981年3月14日由副主席陈柏年主持召开。会议由副主席李昌夫传达省政协四届三次全会精神；研究年度工作。

第四次会议于1981年7月30日由副主席黄文明主持召开。会议学习中共十一届六中全会精神；研究近期工作。

第五次会议于1982年1月7日由主席李积荣主持召开。会议讨论常委会工作报告（草案）；协商增补委员、增选常委人选事项；讨论召开二届二次会议的议程、日程；研究春节座谈会事项。

第六次会议于1982年2月16日由主席李积荣主持召开。会议研究召开二届二次会议有关事项。

第七次会议于1982年3月14日由主席李积荣主持召开。会议研究召开二届二次会议事项；提名增补陈新寅、乔义、邓买尾一为常委人选，陈新寅为副主席人选。

第八次会议于1982年7月16日由副主席李昌夫主持召开。会议讨论宪法修改草案。

第九次会议于1982年10月18日由副主席陈新寅主持召开。会议学习中共十二大精神；研究召开二届三次会议事项。

第十次会议于1983年1月5日由副主席李昌夫主持召开。会议由李昌夫传达省政协全会精神；讨论常委会工作报告（草案）；研究召开二届三次会议事项。

第十一次会议于1983年7月2日由副主席陈新寅主持召开。会议传达省政协六届一次会议精神；总结当年上半年工作，研究当年下半年工作。

第十二次会议于1983年11月14日由副主席陈新寅主持召开。会议传达省市政协会议精神；讨论常委会工作报告（草案）；研究召开二届四次会议事项。

三、第三届常务委员会会议

第一次会议于1984年7月9日由主席唐彪主持召开。会议传达当年7月1日主席会议精神；研究工作组如何开展工作。

第二次会议于1984年8月9日由主席唐彪主持召开。会议研究落实部分县政协常委的政策落实问题；学习省委第一书记任仲夷讲话精神。

第三次（扩大）会议于1984年10月8日由副主席房泽荣、陈新寅主持召开。会议传达全省政协工作会议精神；研究当时近期工作。

第四次会议于1985年1月10日由主席唐彪主持召开。会议总结1984年工作，研究1985年工作；传达省市政协会议精神。

第五次会议于1985年4月29日由主席唐彪主持召开。会议讨论常委会工作报告（草案）、提案审查报告（草案）；研究召开三届二次会议事项。

第六次（扩大）会议于1985年6月21日由主席唐彪主持召开。会议传达贯彻省政协五届三次会议精神；研究工作组开展活动问题。

第七次会议于1985年10月22日由主席唐彪主持召开。会议传达市政协经验交流会精神；研究第四季度工作。

第八次会议于1986年1月14日由主席唐彪主持召开。会议总结1985年工作，研究1986年工作安排；讨论委员编组。

第九次会议于1986年2月22日由主席唐彪主持召开。会议研究召开三届三次会议事项；传达市政协常委扩大会议精神。

第十次会议于1986年3月10日由主席唐彪主持召开。会议讨论常委会工作报告（草案）；研究召开三届三次会议事项。

第十一次会议于1986年5月5日由主席唐彪主持召开。会议学习中央领导同志在全国政协会议的讲话；研究当时近期工作。

第十二次（扩大）会议于1986年6月10日由主席唐彪主持召开。会议传达省政协全会精神；研究当时下半年工作。

第十三次会议于1986年9月15日由主席唐彪主持召开。会议传达市政协工作座谈会精神。

第十四次（扩大）会议于1986年12月21日由主席唐彪主持召开。会议传达省市政协工作经验交流会精神；副主席丘卓汇报赴湖南、广西有关县政协考察学习情况；布置当时近期工作。

第十五次会议于1987年3月7日由主席唐彪主持召开。会议讨论换届问题；研究下一届委员安排问题；研究例会有关问题；传达省委统战部、组织部有关政协换届委员安排和韶关市委领导有关讲话精神。

第十六次会议于1987年3月11日由副主席陈新寅主持召开。会议讨论常委会工作报告（草案）、文史工作报告（草案）；研究召开四届一次会议具体事项。

四、第四届常务委员会会议

第一次会议于1987年4月23日由主席唐彪主持召开。会议学习政协章程、中央领导讲话精神；明确各专委的工作任务；协商常委会成员工作分工；研究各种会议制度。

第二次（扩大）会议于1987年7月18日由主席唐彪主持召开。会议传达省政协全会精神；学习市委文件；副主席陈新寅汇报受连阳同乡会邀请赴港参观情况。

第三次会议于1987年8月8日由副主席陈新寅主持召开。会议通过免去副主席黎民生职务问题；学习中央领导讲话精神。

第四次会议于1987年10月13日由主席唐彪主持召开。会议通过人事事项：李志宏任办公室主任，班广勤任组织联络科长，杨坤甫任宣传科副科长；传达县五套班子主要负责人会议精神；研究当前工作。

第五次会议于1987年11月27日由副主席陈新寅主持召开。会议学习党的十三大精神。

第六次会议于1988年3月2日由主席唐彪主持召开。会议研究召开四届二次会议事项；讨论常委会工作报告（草案）；协商增补1名副主席人选。

第七次会议于1988年9月2日由副主席陈新寅主持召开。会议传达市政协、统战部召开各县、区政协主席、统战部长筹备政协会议精神；研究当年第四季度工作。

第八次会议于1988年11月16日由主席唐彪主持召开。会议传达参观考察粤西地区办厂情况；研究工作；学习党的十三届三中全会精神。

第九次会议于1989年1月17日由主席唐彪主持召开。会议总结1988年工作；传达省政协工作会议精神、市政协一届一次会议精神。

第十次会议于1989年2月25日由副主席陈新寅主持召开。会议研究召开四届三次会议事项；学习全国政协政治协商、民主监督的文件精神。

第十一次会议于1989年3月16日由副主席陈新寅主持召开。会议研究召开四届三次会议事项；讨论常委会工作报告（草案）。

第十二次会议于1989年5月24日由副主席陈新寅主持召开。会议传达市政协全会精神。

第十三次（扩大）会议于1989年7月20日由副主席陈新寅主持召开。会议学习党的十三届四中全会精神；研究当年下半年工作；通过人事任免：蒋绍勤任宣传科长。

第十四次会议于1989年9月19日由主席唐彪主持召开。会议听取召开庆祝人民政协成立四十周年筹备情况，研究具体事项；听取副主席黄文明传达三省毗邻县政协协作会精神。

第十五次会议于1989年10月25日由主席唐彪主持召开。会议学习中共中央总书记江泽民国庆讲话精神；协商增补香港同胞李国雄为委员。

第十六次（扩大）会议于1989年12月15日由副主席丘卓主持召开。会议学习党的十三届五中全会精神；传达省市政协会议精神；研究工作。

第十七次会议于1990年2月19日由主席唐彪主持召开。会议传达市政协会议精神；讨论常委会工作报告（草案）。

第十八次会议于 1990 年 3 月 10 日由主席唐彪主持召开。会议讨论政府工作报告（征求意见稿）；协商确定第五届县政协委员。

第十九次会议于 1990 年 3 月 21 日由主席唐彪主持召开。会议协商下一届县人大、县政府、县政协领导班子人选；协商第五届县政协常委人选；通过五届一次会议的主席团名单及日程、议程（草案）。

第二十次会议于 1990 年 3 月 23 日由主席唐彪主持召开。会议协商同意黄海胜为副主席人选。

五、第五届常务委员会会议

第一次会议于 1990 年 3 月 31 日由主席杨金隆主持召开。会议学习业务知识；确定各专委会委员分组及主任、副主任名单；研究工作。

第二次会议于 1990 年 5 月 14 日由主席杨金隆主持召开。会议传达市政协会议精神；研究工作安排；学习中央文件。

第三次会议于 1990 年 8 月 17 日由主席杨金隆主持召开。会议向县委、县政府汇报县政协上半年工作及视察情况；县委向县政协通报上半年工作情况；学习传达全省统战会议精神；通过机关科室人事任免：蒋绍勤任经济科长，唐国伟任宣传科长，罗从任联络科副科长。

第四次会议于 1990 年 10 月 6 日由主席杨金隆主持召开。会议学习中央《关于加强统一战线工作的通知》；讨论通过常委会工作规则、专委会组织通则及机关工作简则；布置当年第四季度工作。

第五次会议于 1991 年 1 月 28 日由主席杨金隆主持召开。会议总结 1990 年工作和研究 1991 年工作；研究五届二次全会有关事项；讨论委员缺额和补充问题。

第六次会议于 1991 年 3 月 9 日由主席杨金隆主持召开。会议确定五届二次会议议程、日程，讨论常委会工作报告（草案）；通过连南《政治协商、民主监督的暂行规定》；协商增补邓保英、张解放、甘加尚、李宝新、邹有南为县政协委员。

第七次会议于 1991 年 3 月 22 日由主席杨金隆主持召开。会议总结评价筹备五届二次会议工作的经验和不足；任命邓保英为县政协社会法制委副主任。

第八次会议于 1991 年 3 月 29 日由主席杨金隆主持召开。会议协商县人大班子人选问题。

第九次会议于1991年5月10日由主席杨金隆主持召开。会议传达学习全国、省、市政协全会精神；研究制定各专委工作计划；布置当时下一阶段工作。

第十次会议于1991年8月5至6日分别由县人大主任陈荣培、主席杨金隆主持召开。会议听取县经委、交通局、技监局关于"两法一例"的情况汇报；杨金隆总结县政协当年上半年工作；县委书记邓万社通报全县当年上半年工作及今后工作设想；听取各专委工作汇报；通过罗达梅为县祖国统一联谊会副主任；布置工作。

第十一次会议于1991年9月29日分别由主席杨金隆、副主席黄海胜主持召开。会议听取县委副书记罗子开作当前国际形势报告。听取提案办理的情况汇报。通过机关科室人事任免：杨坤甫任综合科长，免去其办公室副主任职务；唐国伟为组织联络科长，免去班广勤组织联络科长职务；肖炽荣任经济科副科长。

第十二次会议于1991年12月30至31日由主席杨金隆主持召开。会议传达市政协工作座谈会和三省毗邻县政协协作会精神；总结1991年工作和提出1992年工作设想；通过提交县委、县政府的两项建议案；布置工作。

第十三次会议于1991年2月24日由主席杨金隆主持召开。会议传达省政协全会和市政协常委会精神；研究召开五届三次全会有关事项。

第十四次会议于1992年5月22日由主席杨金隆主持召开。会议学习田纪云在广交会交易团负责人和广东省直局以上党员干部会上的讲话；听取副主席黄海胜汇报在港与港、台、美连南"三胞"座谈的情况；讨论县政协常委会当年工作安排。

第十五次会议于1992年8月12至13日由主席杨金隆主持召开。会议听取各专委汇报当年上半年工作情况；听取县外经委和外引内联办汇报上半年连南引进外资和外经工作；总结当年上半年工作。县委书记邓万社参加会议。

第十六次会议于1992年11月17至18日分别由县委副书记罗子开和主席杨金隆主持召开。会议听取县长邵德林传达党的十四大精神；县委书记邓万社作关于学习贯彻党的十四大精神的讲话；传达在英德召开的三省毗邻县政协协作会精神；讨论成立广州新华新科技实业公司连南分公司问题。

第十七次会议于1993年2月17日由主席杨金隆主持召开。会议协商确定第六届县政协委员 103 人；讨论调整机关科室人员。

第十八次会议于 1993 年 3 月 7 日由主席杨金隆主持召开。会议讨论召开六届一次会议有关事项；协商县人大、县政府、县政协领导班子人选名单。县委书记邓万社参加会议并作讲话。

六、第六届常务委员会会议

第一次会议于 1993 年 3 月 11 日由主席罗子开主持召开。会议讨论通过县政协下设 6 个专门委员会（文史体委、财贸外经委、经济科技委、农业委、社会法制委、祖国统一联谊委）和 3 个工作委员会（学习委、文史委、提案委）的设置及委员编组，各委主任、副主任名单。

第二次会议于 1993 年 5 月 22 日由主席罗子开主持召开。会议传达学习全国政协全会精神；传达在广西钟山县召开的三省毗邻县政协协作会精神；通过机关委室人事任免：杨坤甫任办公室主任，何勇任宣传综合科长，禤顺明任宣传综合科副科长，唐明二任经济工作科长，张景祥任经济工作科副科长，肖积荣任经济工作科副科长，蒋绍勤任组织联络科长，罗从任组织联络科副科长；研究各专委工作。

第三次会议于 1993 年 8 月 4 至 5 日由主席罗子开主持召开。会议听取省社会主义学院教授关于政协知识的讲座；听取县政府副县长赵洋关于当年上半年经济工作及当年下半年工作设想通报；各专委汇报开展调研视察情况。

第四次会议于 1993 年 11 月 9 至 10 日由主席罗子开主持召开。会议听取县纪委书记王业强通报反腐败情况；学习《邓小平文选》第三卷；研究当年第四季度工作。

第五次会议于 1994 年 2 月 1 日由主席罗子开主持召开。会议传达在广西桂阳召开的三省毗邻县政协协作会精神；研究当年在连南召开的三省毗邻县政协协作会事项；讨论常委会工作报告（草案）；研究当年工作计划。

第六次会议于 1994 年 2 月 25 日由主席罗子开主持召开。会议审议六届二次会议议程、日程、常委会工作报告（草案）和提案工作报告（草案）等有关事项；协商增补赵翔辉、谢林、龚晓鸣为县政协委员；调整专委会主任、副主任；通过县政协之友联谊会组成人员名单。

第七次会议于 1994 年 3 月 10 日由主席罗子开主持召开。会议听取常委参加例会各组讨论的情况；各专委研究当年工作。

第八次（扩大）会议于1994年5月12日由主席罗子开主持召开。会议邀请省社会主义学院教授讲授业务知识。

第九次会议于1994年8月24日由主席罗子开主持召开。会议学习政协业务知识；总结当年上半年工作及研究下半年工作设想；听取县政府副县长罗沛洵通报当年上半年经济工作情况。

第十次会议于1994年11月25日由主席罗子开主持召开。会议学习党的十四大四中全会精神；审议通过陈锦叶任办公室副主任；讨论增补港澳委员问题；传达市县政协主席工作座谈会精神；布置工作。

第十一次会议于1995年1月13日由主席罗子开主持召开。会议听取各专委会工作汇报；传达市提案工作会议、市政协常委会精神；提出当时后几个月的工作安排。

第十二次会议于1995年2月23日由主席罗子开主持召开。会议讨论常委会工作报告（草案）、提案工作报告（草案）、六届三次全会日程安排等；协商增补陈锦叶、唐明二、张耀和、何新光、陈其本、李国辉、梁金生、伍永光、黄玉琼等9人为委员。

第十三次会议于1995年3月7日由主席罗子开主持召开。会议通报拟调整机关各委室领导人选，决定各工作组正副组长，协商增选一名常委人选，通过六届三次全会选举办法（草案）、常委分工。

第十四次会议于1995年5月31日由主席罗子开主持召开。会议听取县长房卫党通报县政府当年上半年经济工作情况；讨论通过县政协当年下半年工作要点；传达全国政协八届三次会议精神，协商增补李圣锋为县政协委员。

第十五次会议于1995年8月1日由主席罗子开主持召开。会议专题学习全国政协《关于政治协商、民主监督、参政议政的决定》。

第十六次会议于1995年10月13日由主席罗子开主持召开。会议学习市政协《关于政治协商、民主监督、参政议政的实施办法》；通过县政协的《实施办法》；审议通过人事任免；研究第四季度工作。

第十七次会议于1996年1月19日由主席罗子开主持召开。会议听取副县长杨延强通报经济社会发展情况；讨论县"九五"计划；总结常委会1995年工作；布置六届四次全会准备工作。

第十八次会议于1996年3月2日由主席罗子开主持召开。会议讨论常委会工作报告（草案）、提案工作报告（草案）、六届四次会议日程等；

协商增补李块八、罗良品、房斌为县政协委员，并作为常委人选；讨论《政府工作报告（征求意见稿）》。

第十九次会议于1996年5月13日由主席罗子开主持召开。会议听取县纠风办通报纠风情况；讨论县政协当年工作要点；审议通过房斌为民族宗教和"三胞"委副主任。

第二十次会议于1996年8月13日由主席罗子开主持召开。会议听取县政府县长房卫党通报上半年经济发展情况和落实《政府工作报告》情况；听取经委口通报当年上半年工作情况；总结当年上半年常委会及各专委会工作。

第二十一次会议于1996年11月11日由主席罗子开主持召开。会议贯彻市政协常委会议精神；学习党的十四届六中全会《关于加强精神文明建设的决定》；通报视察考察情况；研究布置做好年终总结。

第二十二次会议于1997年2月3日由主席罗子开主持召开。会议研究筹备例会事项；听取提案办理情况的汇报及1996年委员视察情况报告。

第二十三次会议于1997年2月24日由主席罗子开主持召开。会议讨论常委会工作报告（草案）、提案工作报告（草案）、六届五次会议议程、日程；讨论《政府工作报告（征求意见稿）》。

第二十四次会议于1997年6月2日由主席罗子开主持召开。会议围绕县的扶贫特别是农村层次脱贫攻坚工作进行评议；听取提案委汇报提案工作情况；学习全国政协八届五次会议精神。

第二十五次会议于1997年9月9日由主席罗子开主持召开。会议围绕县的工业生产、国企改革进行参政议政；传达市政协领导干部学习班暨政协工作经验交流会精神；布置第四季度工作。副县长杨延强应邀出席会议并作讲话。

第二十六次会议于1997年12月9日由主席罗子开主持召开。会议学习党的十五大精神；讨论通过1997年视察情况综合报告；研究换届有关事项；听取三省区毗邻县政协工作联系协作会第17次会议情况通报。

第二十七次会议于1998年1月23日由副主席黄海胜主持召开。会议由主席罗子开传达省政协会议精神及其他事项。

第二十八次会议于1998年2月20日由主席罗子开主持召开。会议由县委书记雷广财传达有关文件精神，宣布以房卫民为主做好例会筹备工作；县委副书记蓝新福宣读第七届县政协委员推荐名单及有关人事安排；协商确定第七届县政协委员名单；讨论常委会工作报告（草案）；通过七届一次会议议程、日程（草案）；授权主席会议通过有关未尽事项；罗子开、房卫民分别作讲话。

七、第七届常务委员会会议

第一次会议于1998年3月24日由主席房卫民主持召开。会议通报正副主席工作分工；通过县政协下设机构、委员编组：经济委下设3个工作组，科教文卫体委下设2个工作组，民族宗教三胞社会法制委下设民族工商联、三胞联谊工作组、社会工作组、法制工作组等4个组，农林水委下设农林水工作组、乡镇第一工作组（三江片）、乡镇第二工作组（寨岗片）等3个组，提案委，文史委；审议通过县政协常委会1998年工作要点。

第二次会议于1998年6月22日由主席房卫民主持召开。会议通报换届以来工作情况；审议通过人事任免：房斌任办公室主任，房亚三任办公室副主任，陈锦叶任综合科长，禤顺明任综合科副科长，唐明二任组织联络科长，何勇任组织联络科副科长；通报七届三次常委会议时间、议程；布置第三季度工作。县委副书记刘友记应邀出席会议并作讲话。

第三次会议于1998年8月13日由主席房卫民主持召开。会议围绕如何发展非公有制经济进行专题议政。副县长房介二到会通报县上半年经济工作情况，并提出发展非公有制经济的意见和措施。

第四次会议于1999年2月8日由主席房卫民主持召开。会议讨论通过常委会工作报告（草案）；讨论《政府工作报告（征求意见稿）》，副县长梁伟东到会通报政府工作报告起草情况；审议通过常委会1999年工作要点。

第五次会议于1999年3月2日由主席房卫民主持召开。会议审议七届二次会议议程、日程、常委值日安排、大会秘书处组成人员等有关事项；确定常委会工作报告、提案工作报告报告人；协商通过增补薛良龙为县政协委员名单；协调提名增补2名常委建议名单。

第六次会议于1999年6月18日由主席房卫民主持召开。会议听取县旅游局关于县旅游业发展情况汇报、民族三胞社会法制委开展相关工作的汇报；对旅游发展进行议政；通过《政协连南瑶族自治县委员会提案工作条例》；通过增设专委会及人事任免。县委副书记蓝新福、副县长梁伟东应邀出席会议并作讲话。

第七次会议于1999年9月27日由主席房卫民主持召开。会议听取副县长温国伟关于县个体私营经济发展情况通报、经济委员会视察县非公有制经济进行视察的情况汇报；对非公有制经济发展进行专题议政。

第八次会议于1999年12月28日由主席房卫民主持召开。会议总结1999年工作和提出2000年工作设想；确定七届三次会议议政发言内容及发言单位。县委副书记曾国富应邀出席会议并作讲话。

第九次会议于2000年2月24日由主席房卫民主持召开。副县长陈国胜到会听取《政府工作报告（征求意见稿）》的讨论情况；会议讨论通过常委会工作报告（草案）和例会有关事项；通过人事事项：同意许耿忠、黄海耳辞去副主席职务，协商通过增补盘亚五贵为县政协委员，协商提名盘亚五贵、莫济深为副主席候选人。

第十次会议于2000年3月7日由主席房卫民主持召开。会议协商通过增补陈水金为县政协委员，协商提名其为副主席候选人；确定议政发言名单；通过选举大会的监票员、计票员名单（草案）。

第十一次会议于2000年3月30日由主席房卫民主持召开。会议审议通过常委会2000年工作要点、各专委会2000年工作量化标准、各专委会和工作组领导变动。

第十二次会议于2000年6月30日由主席房卫民主持召开。会议通报主席会议成员近期到阳山、怀冈、乳源考察的情况；讨论通过常委会向县委县政府提出的《关于我县竹业生产管理的若干问题的建议》。县委副书记蓝新福应邀出席会议并讲话。

第十三次会议于2000年7月27日由主席房卫民主持召开。会议协商连南县城二〇二〇年规划，副县长冯彤到会听取协商情况并讲话。

第十四次会议于2000年9月27日由主席房卫民主持召开。会议听取社会法制委对瑶族风情旅游业进行专题调研的情况汇报；对旅游业发展进行专题议政。

2001年1月9日由主席房卫民主持召开常委、委员专题议政会议，讨论县委"十五"计划的建议（征求意见稿）。

第十五次会议于2001年3月14日由主席房卫民主持召开。会议协商讨论县国民经济和社会发展第十个五年计划（纲要）（征求意见稿）和《政府工作报告（征求意见稿）》；讨论通过常委会工作报告（草案）和提案工作报告（草案），确定报告人；通过七届四次会议议程、日程；协商增补卢见明、杨镇炎为县政协委员；审议通过常委会当年工作要点。

第十六次会议于2001年6月26日由主席房卫民主持召开。会议听取农林水委对县农副产品加工销售情况视察的情况汇报；讨论建设银杏基地建议稿；协商增补邵泉宾为经济委副主任。县委副书记曾国富、副县长房介二应邀出席会议并讲话。

第十七次会议于2001年10月12日由主席房卫民主持召开。会议讨论决定全员视察的内容、时间安排及视察方式；研究当前工作；协商通过人事任免事项：赵翔辉为办公室主任，免去房斌办公室主任职务。

第十八次会议于2001年12月24日由主席房卫民主持召开。会议听取各专委汇报一年来的工作；总结常委会2001年工作和提出2002年工作设想；讨论房照三贵、房赟两名委员违纪处理问题。

第十九次会议于2002年3月7日由主席房卫民主持召开。会议讨论通过常委会工作报告（草案）和提案工作报告（草案），确定报告人；通过七届五次会议议程、日程；讨论《政府工作报告（征求意见稿）》；审议通过常委会2002年工作要点；评选年度先进专委会。

第二十次会议于2002年7月9日由主席房卫民主持召开。会议对如何发展特色农业进行议政。副县长房介二应邀出席会议并讲话。

第二十一次会议于2002年9月24日由主席房卫民主持召开。会议对如何发展工业进行专题议政。副县长周岐贤应邀出席会议并讲话。

第二十二次会议于2003年3月4日由主席房卫民主持召开。会议协商确定104名县政协第八届委员会委员名单；讨论通过常委会工作报告（草案）和提案工作报告（草案），确定报告人；通过八届一次会议议程、日程（草案）和主席团建议名单，提交八届一次会议预备会议通过；评定七届五次会议以来的优秀提案和承办提案先进单位、2002年先进专委会；讨论《政府工作报告》（征求意见稿）。县委副书记曾国富、副县长莫新铨应邀出席会议并讲话。

八、第八届常务委员会会议

第一次会议于2003年3月24日由主席房卫民主持召开。会议协商通过各专委会的委员安排及正副主任任命；审议通过常委会当年工作要点。

第二次会议于2003年7月11日由主席房卫民主持召开。会议听取农林水委对山塘水库的视察报告，对该水库的除险加固工作进行协商议政，副县长李伟陆到会通报有关情况；传达市政协全会、常委会精神；同意刘少伟辞去县政协委员职务；布置当时近期主要工作。

第三次会议于2003年9月19日由主席房卫民主持召开。会议听取三胞委和经济委分别对招商引资、民营经济发展的调研报告，并进行协商议政。县委副书记曾国富、副县长梁伟东应邀出席会议并讲话。

第四次会议于2003年12月26日由主席房卫民主持召开。会议听取全员视察报告；协商增补罗政威、谭春生、梁焯荣等3人为县政协委员；协商提名谭春生、利国友为常务委员人选；审议通过房二妹任组织联络科副科长；总结2003年工作和研究2004年工作。

第五次会议于2004年3月1日由主席房卫民主持召开。会议讨论《政府工作报告》（征求意见稿）；讨论通过常委会工作报告（草案）和提案工作报告（草案），确定报告人；通过八届二次会议议程、日程；评定八届一次会议以来的优秀提案和承办提案先进单位、2003年先进专委会；审议通过常委会2004年工作要点。

第六次会议于2004年6月25日由主席房卫民主持召开。会议学习新修订的《中国人民政治协商会议章程》；总结上半年工作，研究下半年工作；协商通过李担布为县政协农林水委主任（原主任李比块八去世）。

第七次会议于2004年9月23日由主席房卫民主持召开。会议听取县经贸局汇报招商引资工作，副主席陈水金汇报对外资企业、工业园视察情况，副主席唐国伟汇报到香港、澳门、南海区考察情况，之后进行议政。县委常委刘少伟、副县长李伟陆应邀出席会议并讲话。

第八次会议于2005年1月4日由主席房卫民主持召开。会议总结2004年工作情况，研究提出2005年工作思路和工作任务，布置2005年例会议政发言材料的撰写任务。

第九次会议于2005年2月1日由主席房卫民主持召开。会议审议通过常委工作报告（草案）、提案工作报告（草案）并确定报告人，协商通过增补王蕾、许莹莹、成春、钟坤灵等4人为县政协委员，协商通过补选赵翔辉为常委和秘书长建议名单。

第十次会议于2005年2月24日由主席房卫民主持召开。会议讨论《政府工作报告》（征求意见稿）；审议通过八届三次会议议程、日程、常委值日安排、秘书长名单等有关事项；通过常委会2005年工作要点；协商确定八届二次会议以来的优秀提案和承办提案先进单位、2004年先进专委会；同意汤宏文、文建雄委员因工作调动辞去县政协委员职务。县委副书记、纪委书记莫新铨应邀出席会议并讲话。

第十一次会议于2005年6月24日由主席房卫民主持召开。会议学习《中共中央关于进一步加强中国共产党领导的多党合作和政治协商制度建设的意见》；对招商引资工作进行议政，副县长刘少伟到会听取议政情况并讲话；听取副主席、党支部书记陈水金通报县政协党支部参加第一批保持共产党员先进性教育活动的情况；审议通过房亚三任副秘书长，陈海光任综合科副科长；审议通过《关于评选表彰优秀政协委员的办法》（试行）。

第十二次会议于2005年10月24日由主席房卫民主持召开。会议听取社会与法制委汇报对县机关作风建设的视察情况，然后进行专题议政；同意免去唐明二组织联络科长职务。副县长梁伟东应邀出席会议。

第十三次会议于2006年1月10日由主席房卫民主持召开。会议审议通过唐南琳任组织联络科长；布置做好例会筹备工作和春节前有关工作。

第十四次会议于2006年2月28日至3月1日由主席房卫民主持召开。会议讨论《政府工作报告》（征求意见稿）、《连南瑶族自治县国民经济和社会发展第十一个五年规划纲要》《中共连南县委关于制定全县国民经济和社会发展第十一个五年规划的建议》（草案）；审议通过常委会工作报告（草案）、提案工作报告（草案）并确定报告人；通过八届四次会议的议程等有关事项；协商确定八届三次会议以来的优秀提案和承办提案先进单位、2005年优秀政协委员和先进专委会；通过常委会2006年工作要点。县委副书记、代县长李伟陆，常务副县长梁伟东应邀出席会议。

第十五次会议于2006年7月11日由主席房卫民主持召开。会议听取社会与法制委、民族宗教和三胞委、农林水委对县蔬菜、柠檬、蚕桑基地建设视察的情况汇报，听取县农业局汇报县农业农村工作及"十一五"农业农村经济发展规划情况，然后围绕农业发展问题进行专题议政。副县长唐拾斤应邀出席会议。

第十六次会议于2006年10月20日由主席房卫民主持召开。会议学习《中共中央关于加强人民政协工作的意见》；听取副主席、县委统战部长唐国伟作第九届县政协委员会委员安排的情况汇报；布置做好换届的有关准备工作：做好县政协第九届委员会委员的推荐和审定工作，认真总结八届一次会议以来的工作，拟写常委会工作报告、提案工作报告，认真组织拟好大会议政发言材料。会议对全体县政协常委提出要求：要正确对待去留，站好最后一班岗。

第十七次会议于2006年12月22日由主席房卫民主持召开。会议协商确定毛志东等119人为第九届县政协委员会委员；审议通过常委会工作报告（草案）、提案工作报告（草案）并确定报告人；通过九届一次会议日程、议程（草案），提交九届一次会议预备会议通过；协商确定八届四次会议以来的优秀提案和承办提案先进单位、2006年优秀政协委员和先进专委会；讨论《政府工作报告》（征求意见稿）；县委副书记谢全生宣读县委文件：唐国伟等17人为第九届县政协委员会常务委员会组成人员人选，罗绍鉴任县政协党组成员。县委常委、副县长刘少伟应邀出席会议并讲话。

九、第九届常务委员会会议

第一次会议于2007年2月7日由主席唐国伟主持召开。会议审议通过常委会2007年工作要点；决定县政协下设提案与文史委、教科文卫体委、经济委、社会与法制委、民族宗教和三胞委、农林水委等六个专委会；通过各专委会正副主任名单；传达省政协九届五次会议精神。

第二次会议于2007年8月31日由主席唐国伟主持召开。会议分别听取提案与文史委、农林水委、民族宗教和三胞委对县文物收集整理、油茶基地建设、创建省林业生态县和招商引资工作情况的视察汇报；协商决定缺额的委员名额在2008年例会前补足。

第三次会议于2007年10月31日由主席唐国伟主持召开。会议听取县交通局汇报农村公路建设情况、经济委汇报县镇通行政村公路建设情况并进行议政；组织学习党的十七大精神和全国政协全体会议工作规则、常委会工作规则。

第四次会议于2008年4月7日由主席唐国伟主持召开。会议专题进行"继续解放思想，坚持改革开放，争当实践科学发展观的排头兵"学习讨论活动。唐国伟作《继续解放思想，进一步提高我县政协工作水平》讲话。县委书记，县委常委沈冬青、李春益应邀出席会议并讲话。

第五次会议于2008年5月14日由主席唐国伟主持召开。会议讨论《政府工作报告》（征求意见稿）；审议通过九届二次会议的议程、日程、常委会工作报告（草案）和提案工作报告（草案）等有关事项；协商通过增补陈辉、邓广兰、谢诞华、周文清、邓志峰、吴月明、唐一贵、吕志立、沈丽梅、林双来、谭志雄、张程滔等12位人士为县政协委员；协商提名增补2名常务委员人选，提交九届二次会议选举；协调通过调整专委会的设置及部分委员的安排：周文清为提案委主任、唐南琳、潘党恩为副主任，吴卫清为文史委主任、陈海光、潘木祥为副主任，罗志尚为三胞委主任；审议通过人事任免：陈海光任综合科长，房亚三任综合科副科长、免去其副秘书长职务，刘庆辉任副秘书长，潘素红任组联科副科长；通过常委会2008年工作要点。

第六次会议于2008年12月12日由主席唐国伟主持召开。会议对县林业生产发展情况进行议政，副县长沈俊辉到会听取意见并作讲话；听取教科文卫体委、社会与法制委、经济委、民族宗教和三胞委、文史资料委分别对全县农村占用水田建房、工商行政执法、招商引资、乡村公共交通建设、劳动力培训和就业等工作的视察情况汇报；讨论通过《政协连南瑶族自治县委员会关于县政协委员参加会议、活动的规定》《政协连南瑶族自治县委员会关于主席会议成员联系常委制度》。

第七次会议于2009年3月3日由主席唐国伟主持召开。会议讨论《政府工作报告》（征求意见稿），县委常委、常务副县长林闻到会听取讨论情况；审议通过九届三次会议议程、日程、《常委会工作报告》（草案）和《提案工作报告》（草案）等有关事项；协商确定九届二次会议以来优秀提案和承办提案先进单位、先进专委会、优秀委员名单；协商增补黄伟峰、房小亮、刘谭爱3名人士为县政协委员；同意赵翔辉辞去秘书长职务；协商通过补选秘书长和增选1名常委建议名单。

第八次会议于2009年4月8日由主席唐国伟主持召开。会议学习科学发展观理论；唐国伟传达全县计生会议精神，要求大家齐心协力打好计生翻身仗；审议通过常委会当年工作要点。

第九次会议于2009年11月19日由主席唐国伟主持召开。会议对学校治安问题进行议政，副县长盘建梅到会听取议政情况；学习胡锦涛同志在庆祝中国人民政治协商会议成立60周年的重要讲话；听取各专委完成视察调研后的汇报。会后县政协将县学校治安问题形成建议案上报县委，得到县委主要领导的充分肯定。

第十次会议于2009年12月24日由主席唐国伟主持召开。与会人员实地视察县城污水处理厂、高寒山区移民新村、S262线等重点项目建设工程及连水蚕桑基地。市政协连南工作组委员应邀参加。

第十一次会议于2010年2月2日由主席唐国伟主持召开。会议讨论《政府工作报告》（征求意见稿），副县长唐联志到会听取讨论情况；审议通过九届四次会议议程、日程、《常委会工作报告》（草案）和《提案工作报告》（草案）等有关事项；协商确定九届三次会议以来优秀提案和承办提案先进单位、先进专委会、优秀委员名单；撤销童修竹县政协委员职务；协商增补房介二、唐海英、蔡志生等9人为县政协委员；同意唐国伟辞去主席、委员职务，房坚一辞去副主席、委员职务；县委常委、组织部长许崇砚宣读市委文件：提名房介二为主席人选，唐海英、蔡志生为副主席人选。

第十二次会议于2010年4月8日由副主席唐拾斤主持召开。会议由主席房介二传达市政协五届四次会议精神；审议通过常委会当年工作要点；学习全国政协、省政协全会精神。

第十三次会议于2010年10月28日由副主席唐拾斤主持召开。会议对城乡清洁工程开展情况进行议政，副县长唐联志到会听取议政情况并作讲话；听取各专委汇报；协商增补沈碧霞为县政协委员。

第十四次会议于2010年12月30日由主席房介二主持召开。会议由房介二宣读县委关于潘康凯任县政协党组成员和副主席人选的文件；协商增补潘康凯、钟朝辉、欧伟文、杜晓燕、杨钊河、潘素红等6人为县政协委员；实地视察红星移民新村、二广高速经过路段、县城高寒山区移民新村。

第十五次会议于2011年1月16日由主席房介二主持召开。会议讨论《政府工作报告》（征求意见稿），县委常委、副县长李春益到会听取讨论情况；审议通过常委会工作报告（草案）和提案工作报告（草案），九届五次会议议程、日程、秘书长名单、大会选举办法（草案）等有关事项；协商确定受表彰的九届四次会议以来的优秀提案和承办提案先进单位、2010年度先进专委会、优秀县政协委员名单。

第十六次会议于2011年4月29日由主席房介二主持召开。会议听取县林业局、县国土资源局、县扶贫办等3个政府部门到会通报近期工作情况；审议通过常委会当年工作要点。

第十七次会议于2011年11月5日由副主席唐拾斤主持召开。会议讨论《政府工作报告》（征求意见稿）；协商确定房介二等145人为县政协第十届委员会委员；审议通过常委会工作报告（草案）、提案工作报告（草案），确定报告人；审定九届五次会议以来的优秀提案和承办提案先进单位、2011年度先进专委会和优秀政协委员名单；会议宣读县委有关县政协人事安排的文件：南组干字〔2011〕96号文《关于房介二等同志任职意见的通知》和南委〔2011〕42号文《关于黄伟峰等同志职务任免的通知》。县委常委兼统战部部长、县政协党组副书记黄伟峰，副县长李镜新，县政协党组成员谢柏良、邓建应邀出席会议。

十、第十届常务委员会会议

第一次会议于2012年3月9日由副主席唐拾斤主持召开。会议听取县人民法院、县人民检察院、县监察局通报近期工作情况；审议通过常委会当年工作要点；协商决定县政协下设文史资料、提案、教科文卫体、经济、社会与法制、民族宗教和三胞、农林水等7个工作组以及各工作组组成人员名单；协商增补黄智双、周志明为县政协委员。

第二次会议于2012年5月24日由副主席唐拾斤主持召开。会议根据县委的意见，通过县政协机关人事任免事项：房小亮兼任办公室主任；陈海光任提案文史委员会主任，免去其综合科科长职务；唐军荣任民族宗教委员会主任；房亚三任提案文史委员会副主任，免去其综合科副科长职务；潘素红任民族宗教委员会副主任，免去其组织联络科副科长职务；免去唐南琳组织联络科科长职务。会议学习全市政协工作会议和省第十一次党代会精神，提出贯彻意见。

第三次会议于2012年8月16日由副主席唐拾斤主持召开。会议听取县水利局、县民政局通报近期工作情况；审议通过《政协连南瑶族自治县委员会关于政协委员履职的规定（试行）》；通报常委会上半年工作。县委副书记、县政协党组书记李春益传达县委十二届二次全会和市政协六届三次常委会议精神，并提出贯彻意见。与会人员参观县"三打"成果展。

第四次会议于2012年10月25日由县委副书记、县政协党组书记李春益主持召开。会议审议通过人事任免：刘庆辉任县政协民族宗教委员会副主任，免去潘素红县政协民族宗教委员会副主任职务；听取县科技农业局、县卫生局通报近期工作情况。与会人员实地视察"九寨一湾"圣陶湾温泉度假酒店、涡水镇大竹湾村无序用电、县福利院、县城南农贸市场。

第五次会议于2013年4月2日由副主席唐拾斤主持召开。县政协党组书记房坚一参加会议。县委常委、组织部长许崇砚代表县委通报人事安排。会议协商同意，按照政协章程向县政协十届二次会议提出主席人选和常务委员人选。县委常委兼统战部部长、县政协党组副书记黄伟峰作县政协委员变动说明。会议同意黄红宇、赖兆基、陈阅威、李忠泓四位委员因工作需要调离本县辞去县政协委员职务；撤销钟学文、刘文协县政协委员资格，免去刘文协县政协常委职务；协商增补房坚一、唐军荣、邓昌房、王小春、房斌、邓广兰、周小明、沈峻、房比六、何新池、吴朝阳、曾庆勋、张瑞贵等13位人士为县政协委员。县委常委、常务副县长邱金水对《政府工作报告》（征求意见稿）起草情况作了说明，并听取修改意见和建议。会议讨论《县政协常委会工作报告》《提案工作报告》（征求意见稿），确定报告人；审议十届二次会议议程、日程安排和提案审查委员会组成人员名单建议和总监票员、监票员名单（草案）；决定唐军荣为社会与法制组组长，沈峻为社会与法制组副组长；协商确定受表彰的优秀提案、承办提案先进单位名单，2012年度先进工作组、优秀和突出贡献委员名单；审议通过常委会当年工作要点。

第六次会议于2013年7月17日由主席房坚一主持召开。会议审议通过人事任免：刘庆辉兼任办公室副主任，免去其民族宗教委员会副主任职务；唐秀莲任民族宗教委员会副主任。会议听取县发改局、县计生局、县文广新局通报上半年工作情况；学习《中共广东省委关于在我省深入开展党的群众路线教育实践活动的实施意见》和中央八项规定等精神。房坚一要求常委会成员要进一步改过工作作风、密切联系群众，自觉遵守政协章程，多为县委县政府提出有参考价值的意见和建议。

第七次会议于2013年10月16日由主席房坚一主持召开。会议听取七个工作组今年以来工作开展情况汇报；协商调整有关工作组负责人：周小明任提案工作组组长，陈海光不再兼任提案工作组组长职务，杜晓燕兼任经济工作组副组长，免去唐志航经济工作组副组长职务；听取县重点办通报有关工作情况，并实地观察二广高速公路连南段。

第八次会议于2014年1月6日由主席房坚一主持召开。会议讨论县政协常委会工作报告、提案工作报告（征求意见稿），确定报告人；审议十届三次会议日期、议程、日程和提案审查委员会组成人员名单建议；审议选举办法和总监票员、监票员名单（草案）；协商确定十届二次会议以来的优秀提案、承办提案先进单位名单，2013年度先进工作组、优秀委员名单。会议协商决定增补、变更县政协委员：接受唐志航、蓝海晖、陈子涵等3名委员因工作需要调离本县辞去委员职务；同意熊卫刚、关渐葵、侯玉贵等3名委员因工作原因不能履行委员职责辞去委员职务、侯玉贵同时辞去常务委员职务；谢立新委员因病去世，其委员资格自然终止；增补李细征、毛志东、朱国河、谢柳林、郑辉、李心怡、唐秀莲、唐罗二、朱海华、龙涌波等为委员；协商提名增补3名常务委员人选，提交十届三次会议选举。副县长李镜新应邀到会听取讨论《政府工作报告》（征求意见稿）的修改意见和建议。

第九次会议于2014年3月7日由主席房坚一主持召开。会议审议通过常委会2014年工作要点；学习习近平同志重要讲话精神；传达省政协十一届二次会议、市政协六届三次会议精神；撤销房军锋县政协委员资格。

第十次会议于2014年9月17日由主席房坚一主持召开。会议审议通过唐秀莲试用期满任县政协民族宗教委员会副主任；协商同意谢昶华、王小春因工作变动调离本县辞去县政协委员职务；协商同意唐伟因达到退休年限辞去县政协副主席、委员职务。

第十一次会议于2015年1月22日由主席房坚一主持召开。会议讨论政府工作报告、县政协常委会工作报告、提案工作报告（征求意见稿）；审议十届四次会议日期、议程、日程安排和提案审查委员会组成人员名单建议、选举办法（草案）、总监票员监票员名单（草案）；协商决定增补、变更县政协委员：同意詹伟伟辞去委员职务，撤销毛志东委员资格，增补赖斌、黄旭明、陈登峰、曾泽东、莫祖琪、房海林为委员；提名赖斌为县政协副主席人选、黄旭明为常务委员人选。县委常委兼统战部部长、县政协党组副书记黄伟峰作委员拟变动情况及有关人事说明。副县长李镜新应邀到会听取讨论情况。

第十二次会议于2015年3月11日由主席房坚一主持召开。副主席唐拾斤、陈锦叶、唐海英、谢柏良、邓建、赖斌，秘书长房小亮和常务委员出席会议。会议审议通过《政协连南瑶族自治县委员会常务委员会2015年度工作要点》，协商各工作组年度调研选题；学习《中共中央关于加强社会主义协商民主建设的意见》《引领民族复兴的战略布局》；协商增补潘康才为教科文卫体工作组副组长。

第十三次会议于2016年2月29日由副主席唐拾斤主持召开。副主席陈锦叶、唐海英、谢柏良、邓建、赖斌，秘书长房小亮和常务委员出席会议。县委常委兼统战部部长、县政协党组副书记黄伟峰作委员拟变动情况及有关人事说明。副县长熊必永应邀到会听取讨论《政府工作报告》《十三五规划》（征求意见稿）情况。会议讨论县政协常委会工作报告、提案工作报告（征求意见稿）；审议十届五次会议日期、议程、日程安排和提案审查委员会组成人员名单建议、选举办法（草案）、总监票员监票员名单（草案）。会议同意房海林、沈春凌因调离本县辞去县政协委员职务及沈春凌常委职务；撤销房坚一委员资格，免去其县政协主席职务；协商同意提名唐拾斤为县政协主席人选。

第十四次会议于2016年5月6日由副主席邓建主持召开。主席唐拾斤，副主席陈锦叶、唐海英、谢柏良，秘书长房小亮和常务委员出席会议，不是常委的工作组长、各委室副职以及部分委员列席会议。会议审议通过《政协连南瑶族自治县委员会常务委员会2016年度工作要点》；协商通过杨钊河任政协连南瑶族自治县委员会副秘书长、办公室副主任，免去刘庆辉政协连南瑶族自治县委员会副秘书长、办公室副主任职务。唐拾斤在会上强调要把《连南政协》办好；要加强与广州、佛山、中山、东莞、深圳等商会的沟通交流，争取他们到连南投资置业、捐资助学、旅游观光；创新做好政协工作；做好换届委员选拔工作。

第十五次会议于2016年6月29日由副主席邓建主持召开。县政协主席唐拾斤，副主席陈锦叶、唐海英、谢柏良、赖斌，秘书长房小亮和常务委员出席会议，不是常委的工作组长、各委室副职以及部分委员列席会议。会议审议通过有关人事事项：同意房小亮辞去县政协秘书长职务，免去房小亮办公室主任职务，任命潘党恩同志为办公室主任。唐拾斤通报举办珠三角商会联谊会有关情况。县委常委兼统战部部长、县政协党组副书记黄伟峰应邀出席会议并讲话。

第十六次会议于2016年11月17日由唐拾斤主席主持召开。副主席邓建、陈锦叶、唐海英、谢柏良，秘书长房小亮和常务委员出席会议，不是常委的工作组长、各委室副职列席会议。会议讨论《政府工作报告》（征求意见稿），提出了修改意见和建议。会议审议通过县政协第十届委员会常务委员会工作报告、提案工作报告并确定报告人；协商通过县政协第十一届第一次会议日期、议程、日程安排和秘书长名单等有关事项；县委常委、县政协党组副书记、统战部长周冬梅作政协委员有关情况及人事说明；会议协商确定政协第十一届连南瑶族自治县委员会委员名单；会议协商同意谢柏良因达退休年限辞去县政协副主席、委员职务。

十一、第十一届常务委员会会议

第一次会议于2016年12月27日由县政协主席李春益主持召开。副主席房婧婧、陈锦叶、邓建、赖斌，秘书长房媛艳和常务委员出席会议，各委室副职列席会议。会议通报了《2016年度县政协工作总结》，审议通过了《政协连南瑶族自治县委员会常务委员会2017年度工作要点》；会议协商确定了县政协第十一届委员会各工作组分组及正副组长人员名单；会议协商通过了有关人事事项。最后，县政协主席李春益要求：一要加强学习，提高履职水平；二要开拓创新，以新的理念推进新时期政协工作；三要严格遵守有关规章制度，落实从严治党的新任务。

第三节　历届主席会议

政协连南瑶族自治县委员会主席会议（简称主席会议）由主席、副主席、秘书长组成，各委室、工作组与议题有关的其他负责人可列席会议。主席会议主要职责是：处理常委会的重要日常工作；主持下一届第一次全体会议预备会议；协商讨论本县重大决策和重要事务、群众关心的重大问题，提出意见和建议；审议以县政协名义提出的视察报告、调查报告和建议案；决定常委会议召开的日期、议程，审议提交常委会的文件；讨论决定委员视察、参观调查等重要活动。

一、第一届主席会议

缺。

二、第二届主席会议

1981年1月5日由主席李积荣主持召开。内容:研究春节前和1981年工作。

三、第三届主席会议

第一次会议于1984年7月1日由主席唐彪主持召开。会议传达全省统战会议精神；讨论主席会议、常委会议、工作组会议制度；协商领导及办公室人员工作分工；研究当年下半年工作安排。

第二次会议于1985年11月16日由主席唐彪主持召开。会议讨论山区经济工作问题。

第三次会议于1985年12月20日由主席唐彪主持召开。会议总结1985年工作，研究1986年工作安排。

第四次会议于1987年2月23日由主席唐彪主持召开。会议研究换届有关事项。

四、第四届主席会议

第一次会议于1987年3月29日由主席唐彪主持召开。会议研究办公室下设机构、各种会议制度；协商领导工作分工；布置当时当前工作。

第二次会议于1987年7月27日由主席唐彪主持召开。会议研究开发农业热点问题与开展生产结合问题；副主席陈新寅汇报市三胞工作会议精神；研究召开全县三胞家属座谈会问题。

第三次会议于1987年12月6日由主席唐彪主持召开。会议研究决定与南岗、三排、大麦山等区联营办大理石厂；传达市政协交流会精神。

第四次会议于1988年2月3日由主席唐彪主持召开。会议传达省政协六届一次全会精神；研究办实业问题。

第五次会议于1989年6月17日由主席唐彪主持召开。会议听取副主席丘卓到连县参加湘桂粤三省毗邻县政协协作会筹备会议情况；研究同意参加该会议并做好相关准备工作。

第六次会议于1989年7月12日由副主席陈新寅主持召开。会议总结当年上半年工作、布置当年下半年工作。

第七次会议于1989年10月28日由主席唐彪主持召开。会议传达市政协办公室主任会议精神；讨论认为1953年1月召开的连南瑶族自治区各族各界人民代表会议协商委员会不应作为第一届政协会议，而应于1960年5月在连阳大会时召开的政协会议定为连南第一届政协会议。

第八次会议于1990年1月10日由主席唐彪主持召开。会议研究换届有关事项，重点材料写作分工；讨论春节慰问问题；确定召开四届十七次常委会议时间、议程。

五、第五届主席会议

第一次会议于1990年3月30日由主席杨金隆主持召开。会议协商领导成员工作分工；确定召开五届一次常委会议时间、议程。

第二次会议于1990年6月9日由主席杨金隆主持召开。会议传达县委全会精神；研究"政协之友联谊会"筹备工作等。

第三次会议（缺）。

第四次会议于1990年11月23日由主席杨金隆主持召开。会议传达市政协工作经验交流会精神；布置当前工作；讨论办实业问题。

第五次会议于1991年4月19日由主席杨金隆主持召开。会议研究制定各专委工作计划；研究与港商联营办制衣厂问题；讨论1991年工作安排；决定五届九次常委会时间、议程。

第六次会议于1991年11月11日由主席杨金隆主持召开。副主席唐伟传达市政协会议精神，研究讨论三省二十六县恭城会议参加人员；做好接待连阳同乡会回县观光工作；对黄埔区进行回访；做好年尾各项工作以及1992年的计划准备工作等事项。

第七次会议于1992年3月6日由主席杨金隆主持召开。会议讨论常委会工作报告，同意《关于对14位委员的表彰决定》。

第八次会议于1992年8月3日由主席杨金隆主持召开。会议确定五届十五次常委会议时间、议程。

第九次会议于1992年11月5日由主席杨金隆主持召开。会议讨论决定五届十六次常委会议时间、议程；研究部署庆祝瑶族"盘王节"有关事宜。

六、第六届主席会议

第一次会议于1993年5月3日由主席罗子开主持召开。会议协商领导成员分工；布置当前主要工作。

第二次会议于1993年5月22日由主席罗子开主持召开。会议学习全国政协全会精神；讨论调整机关人员；研究各专委工作。

第三次会议于1993年7月31日由主席罗子开主持召开。会议传达省市政协会议精神；确定六届三次常委会议时间、议程；研究领导值班制；协商推荐市政协委员。

第四次会议于1993年10月5日由主席罗子开主持召开。会议传达学习中央关于开展反腐败斗争的文件精神；研究各专委开展活动情况；通报推荐市政协委员情况；确定六届四次常委会议时间、议程。

第五次会议于1993年12月29日由主席罗子开主持召开。会议传达市政协全会精神；传达在广迋桂阳召开的三省毗邻县政协协作会精神；研究明年在连南召开的三省毗邻县政协协作会的问题；确定六届五次常委会议时间、议程。

第六次会议于1994年8月3日由主席罗子开主持召开。内容：（无记录）

第七次会议于1994年11月14日由主席罗子开主持召开。会议确定六届十次常委会议时间、议程；研究人事事项。

第八次会议于1995年1月6日由主席罗子开主持召开。会议传达市提案工作会议、市政协常委会精神；理顺机关机构设置：撤销科，设置专门委员会，一室五委；确定六届十一次常委会议时间、议程。

第九次会议于1995年2月10日由主席罗子开主持召开。会议学习讨论县委书记雷广财在全县经济工作会议的讲话；布置六届三次全会工作安排。

第十次会议于1995年5月11日由主席罗子开主持召开。会议研究各专委会工作计划安排；讨论常委会工作要点；确定六届十四次常委会议时间、议程，协商增补委员人选。

第十一次会议于1995年9月1日由主席罗子开主持召开。会议传达市召开的县委书记会议精神和市政协二届六、七次常委会议精神；研究人事问题。

第十二次会议于1995年10月5日由主席罗子开主持召开。会议讨论《关于政治协商、民主监督、参政议政的实施办法》（讨论稿）、干部任免问题；确定六届十六次常委会议时间、议程；研究第四季度工作。

第十三次会议于1995年12月15日由主席罗子开主持召开。会议传达贯彻市提案会议精神；研究例会准备工作；确定六届十七次常委会议时间、议程；讨论县"九五"计划。

第十四次会议于1996年2月8日由主席罗子开主持召开。会议协商副处以上干部考核年度优秀名单；讨论例会有关事项。

第十五次会议于1996年5月3日由主席罗子开主持召开。会议研究县政协1996年工作要点；确定六届十九次常委会议时间、议程；协商领导班子成员分工。

第十六次会议于1996年7月16日由主席罗子开主持召开。会议听取各专委会当年上半年工作开展情况汇报；确定六届二十次常委会议时间、议程。

第十七次会议于1996年10月3日由主席罗子开主持召开。会议传达市政协常委会议精神；确定六届二十一次常委会议时间、议程；研究近期工作安排。

第十八次会议于1997年5月27日由主席罗子开主持召开。会议传达市委组织部会议精神；确定六届二十四次常委会议时间、议程。

第十九次会议于1997年12月1日由主席罗子开主持召开。会议讨论视察报告；布置1998年换届筹备工作。

第二十次会议于1997年12月31日由主席罗子开主持召开。会议确定六届二十七次常委会议时间、议程。

第二十一次会议于1998年2月12日由主席罗子开主持召开。会议对正副主席进行民主评议；确定六届二十八次常委会议时间、议程；讨论常委会工作报告等。

第二十二次会议于1998年2月17日由主席罗子开主持召开。会议县委副书记蓝新福宣读市委组织部批复县政协人事安排文件；协商候选人选；推荐七届一次全会提案审查委员会名单（草案），通过会议日程、委员分组名单。

七、第七届主席会议

第一次会议于1998年3月18日由主席房卫民主持召开。会议协商领导班子成员分工，研究当年常委会工作要点、委员编组。

第二次会议于1998年6月8日由主席房卫民主持召开。会议分析换届以来的工作情况，确定七届二次常委会议时间、议程，研究六、七月份工作安排。

第三次会议于1998年7月28日由主席房卫民主持召开。会议传达市政协常委会精神，确定七届三次常委会议时间、议程，研究全员视察事项。

第四次会议于1999年1月18日由主席房卫民主持召开。会议讨论修改常委会工作报告，确定七届四次常委会议时间、议程，协商增补委员人选。

第五次会议于1999年2月24日由主席房卫民主持召开。会议研究七届五次常委会议的议程和县政协七届二次会议有关事项。

第六次会议于1999年5月27日由主席房卫民主持召开。会议讨论修改政协提案工作条例、民族三胞社会法制委分成两个委、6月对农业开发进行视察等问题，确定七届六次常委会议时间、议程。

第七次会议于1999年7月23日由主席房卫民主持召开。会议总结分析当年上半年工作，研究布置当年下半年工作。

第八次会议于1999年9月14日由主席房卫民主持召开。会议确定七届七次常委会议时间、议程，研究全员视察。

第九次会议于1999年12月8日由主席房卫民主持召开。会议总结1999年工作，研究2000年工作计划。

第十次会议于2000年2月21日由主席房卫民主持召开。会议研究例会有关事项，传达县委有关会议内容。

第十一次会议于2000年3月11日由主席房卫民主持召开。会议协商调整领导成员分工，研究当年工作，确定七届十一次常委会议时间、议程。

第十二次会议于2000年6月16日由主席房卫民主持召开。会议学习江泽民在政协成立五十周年大会上的讲话，讨论农林水委《关于我县竹业生产管理若干问题的建议》，传达市提案会议精神。

第十三次会议于2000年8月7日由主席房卫民主持召开。会议总结当年上半年工作，研究当年下半年工作，听取社会法制委对旅游情况的调研报告。

第十四次会议于2000年9月1日由主席房卫民主持召开。会议学习江泽民总书记在中纪委全会上的讲话精神，观看影片《生死》抉择，研究和布置近期工作。

第十五次会议于2000年10月27日由主席房卫民主持召开。会议研究以县委名义召开的政协工作座谈会事项。

第十六次会议于2000年12月15日由主席房卫民主持召开。会议总结领导班子"三讲"教育"回头看"工作，总结当年工作，研究明年工作设想。

第十七次会议于2001年1月15日由主席房卫民主持召开。会议研究例会工作报告提纲、当年1至4月工作安排。

第十八次会议于2001年2月23日由主席房卫民主持召开。会议协商讨论县十五计划纲要、2000年度先进专委，确定七届十五次常委会议时间、议程。

第十九次会议于2001年7月20日由主席房卫民主持召开。会议总结当年上半年工作，研究当年下半年工作。

第二十次会议于2001年10月8日由主席房卫民主持召开。会议确定七届十七次常委会议时间、议程，研究全员视察事项。

第二十一次会议于2001年11月26日由主席房卫民主持召开。会议学习政协业务，总结当年工作，讨论《关于要求用两年时间新建县城生活垃圾场的建议》，确定七届十八次常委会议时间、议程。

第二十二次会议于2002年3月6日由主席房卫民主持召开。会议研究例会有关事项。

第二十三次会议于2002年5月17日由主席房卫民主持召开。会议通报近期工作情况，研究常委外出考察事项。

第二十四次会议于2002年6月20日由主席房卫民主持召开。会议确定下一次常委会议时间、议程。

第二十五次会议于2002年8月14日由主席房卫民主持召开，邀请陈国胜副县长参加。会议讨论视察旧垃圾场污染、新垃圾场建设情况。

第二十六次会议于2002年12月6日由主席房卫民主持召开。会议总结当年及五年来工作，进行学习。

第二十七次会议于2003年1月26日由主席房卫民主持召开。会议讨论县政协常委会工作报告和提案工作报告。

第二十八次会议于2003年2月28日由主席房卫民主持召开。会议协商八届县政协委员人选名单，研究例会有关事项。

八、第八届主席会议

第一次会议于 2003 年 3 月 24 日由主席房卫民主持召开。会议协商领导班子成员分工、专委会机构及正副主任人选，研究当年常委会工作要点。

第二次会议于 2003 年 4 月 12 日由主席房卫民主持召开。会议讨论县委关于进一步加强人民政协工作的意见，讨论评选先进专委会、优秀提案和先进承办单位的办法。

第三次会议于 2003 年 5 月 16 日由主席房卫民主持召开。会议进行理论学习，讨论《关于扎实办好三排和南岗镇油茶基地的建议案》和县招商引资优惠政策（征求意见稿）。

第四次会议于 2003 年 7 月 4 日由主席房卫民主持召开。会议学习胡锦涛"七一"讲话和省委省政府主要领导讲话精神，确定八届二次常委会议时间、议程，布置下一阶段工作。

第五次会议于 2003 年 8 月 12 日由主席房卫民主持召开。会议研究市政协来文调研政协具体职能、常委级别、班子成员待遇等问题。

第六次会议于 2003 年 9 月 30 日由主席房卫民主持召开。会议研究上报市政协工作会议材料，布置当年 10 月全员视察工作，讨论领导班子联系民营企业问题。

第七次会议于 2003 年 12 月 2 日由主席房卫民主持召开。会议确定八届四次常委会议时间、议程，协商增补政协委员、常委人选，研究举办人民政协、统一战线、工商联理论知识竞赛，讨论 2004 年工作思路。

第八次会议于 2004 年 2 月 4 日由主席房卫民主持召开。会议研究例会筹备工作。

第九次会议于 2004 年 2 月 18 日由主席房卫民主持召开。会议讨论例会两个工作报告，研究例会其他事项。

第十次会议于 2004 年 4 月 29 日由主席房卫民主持召开。会议学习政协章程，传达市政协四届二次会议精神，协商推荐李担布为县政协农林水委主任人选。

第十一次会议于 2004 年 6 月 11 日由主席房卫民主持召开。会议讨论加快县"四馆"建设的建议案，协商推荐廖水意为县政协农林水委主任人选，布置当时当前工作，确定八届六次常委会议时间、议程。

第十二次会议于2004年9月6日由主席房卫民主持召开。会议确定八届七次常委会议时间、议程，讨论召开庆祝人民政协成立55周年座谈会事项。

第十三次会议于2004年10月10日由主席房卫民主持召开。会议研究开展全员视察事项。

第十四次会议于2004年12月20日由主席房卫民主持召开。会议确定八届八次常委会议时间、议程，研究当时当前工作。

第十五次会议于2005年1月26日由主席房卫民主持召开。会议研究常委会工作报告提纲，协商增补委员、常委、秘书长人选。

第十六次会议（缺）。

第十七次会议于2005年3月25日由主席房卫民主持召开。会议进行年度考核，研究当年工作。

第十八次会议于2005年6月10日由主席房卫民主持召开。会议传达市政协主席联席会议精神，研究当面议政问题，通过评选表彰优秀政协委员办法，确定八届十一次常委会议时间、议程，协商人事事项。

第十九次会议于2005年7月8日由主席房卫民主持召开。会议讨论主席会议建议案。

第二十次会议于2005年9月30日由主席房卫民主持召开。会议研究开展全员视察事项，确定八届十二次常委会议时间、议程。

第二十一次会议于2005年12月12日由主席房卫民主持召开。会议研究2006年例会议政发言材料选题。

第二十二次会议于2005年12月31日由主席房卫民主持召开。会议总结当年工作，研究2006年例会准备工作，决定秘书长兼任人民政协通讯员。

第二十三次会议于2006年2月10日由主席房卫民主持召开。会议讨论当年主要工作，研究例会筹备工作，确定八届十四次常委会议时间、议程。

第二十四次会议于2006年6月27日由主席房卫民主持召开。会议确定八届十五次常委会议时间、议程。

第二十五次会议于2006年8月16日由主席房卫民主持召开。会议研究市政协第三季度主席联席会议在连南召开筹备工作。

第二十六次会议于2006年10月9日由主席房卫民主持召开。会议协商九届县政协委员人选名单，确定八届十六次常委会议时间、议程，布置对职业教育调研事项。

九、第九届主席会议

第一次会议于 2007 年 1 月 22 日由主席唐国伟主持召开。会议研究当年常委会工作要点，协商领导班子成员分工、专委会机构及其负责人，确定九届一次常委会议时间、议程。

第二次会议于 2007 年 3 月 19 日由主席唐国伟主持召开。会议传达市政协常委会和县党政班子会议精神，研究三省区毗邻县政协协作会筹备工作，通报引进项目情况。

第三次会议于 2007 年 4 月 23 日由主席唐国伟主持召开。会议听取政协协作会筹备工作情况汇报，研究机关科室的有关工作安排及其他事项。

第四次会议于 2007 年 5 月 11 日由主席唐国伟主持召开。会议研究政协协作会筹备工作。

第五次会议于 2007 年 9 月 21 日由主席唐国伟主持召开。会议围绕年度民主生活会查找领导班子存在问题，学习省党代会工作报告和全国政协十届五次会议精神。

第六次会议于 2007 年 11 月 13 日由主席唐国伟主持召开。会议研究当年要完成的各项工作、2008 年例会准备工作、议政发言材料选题。

第七次会议于 2008 年 3 月 5 日由主席唐国伟主持召开。会议研究例会两个工作报告，协商先进专委、优秀委员、优秀提案和承办单位名单，协商增补委员、常委人选，研究当年常委会工作要点。

第八次会议于 2008 年 4 月 29 日由主席唐国伟主持召开。会议协商领导层次年度优秀个人，研究购车及车辆使用事项。

第九次会议于 2008 年 11 月 4 日由主席唐国伟主持召开。会议确定九届六次常委会议时间、议程、议政选题，研究文史和挂扶工作，讨论政协委员参加会议、活动以及主席会议成员联系常委制度。

第十次会议于 2008 年 12 月 18 日由主席唐国伟主持召开。会议确定全员视察内容，通报县委、县政府当时近期主要工作安排。

第十一次会议于 2009 年 1 月 5 日由主席唐国伟主持召开。会议研究当年例会准备、年前有关工作，走访挂扶村、挂扶户事项。

第十二次会议于 2009 年 2 月 9 日由主席唐国伟主持召开。会议布置例会筹备工作，协商副主席房坚一分管机关。

第十三次会议于 2009 年 2 月 25 日由主席唐国伟主持召开。会议研究例会工作，确定九届七次常委会议时间、议程。

第十四次会议于2009年3月6日由主席唐国伟主持召开。会议讨论常委会工作报告定稿问题。

第十五次会议于2009年3月31日由主席唐国伟主持召开。会议研究当年常委会工作计划、领导成员分工、主席会议成员联系常委制度，确定九届八次常委会议时间、议程。

第十六次会议于2009年6月10日由主席唐国伟主持召开。会议讨论《庆祝人民政协成立60周年系列活动方案（草案）》，反馈班子民主生活会评议团的意见和建议，布置当时近期工作。

第十七次会议于2009年10月26日由主席唐国伟主持召开。会议讨论各专委的视察调研报告，听取领导班子成员分管工作汇报，布置当时当前工作。

第十八次会议于2010年1月11日由主席唐国伟主持召开。会议听取例会材料准备情况，协商县政协增补委员人选，布置当前工作。

第十九次会议于2010年1月26日由主席唐国伟主持召开。会议研究例会工作，确定九届十一次常委会议时间、议程。

第二十次会议于2010年2月10日由主席房介二主持召开。会议通报三名新领导到政协工作，研究当时近期工作。

第二十一次会议于2010年3月4日由主席房介二主持召开。会议协商领导班子成员工作分工，讨论当年常委会工作要点。

第二十二次会议于2010年5月17日由主席房介二主持召开。会议研究科室副职2009年度科学发展观考评奖金落实、财务制度、办公室调整、编制、领导经费使用等问题，讨论委员外出考察学习。

第二十三次会议于2010年10月9日由主席房介二主持召开。会议确定十三次常委会议时间、议程，研究港区委员座谈会事项，讨论连南文史十三辑编辑出版事项。

第二十四次会议于2010年12月16日由主席房介二主持召开。会议确定十四次常委会议时间、议程，协商县政协增补委员人选，安排例会主要材料写作分工，传达县委常委会议精神，研究走访事项。

第二十五次会议于2011年1月13日由主席房介二主持召开。会议研究例会筹备工作，确定十四次常委会议时间、议程。

第二十六次会议于2011年2月18日由主席房介二主持召开。会议研究2010年度机关科学发展观考评奖金发放方案，讨论纳入考评的中心工作分工，调整主席会议成员分工。

第二十七次会议于 2011 年 3 月 11 日由主席房介二主持召开。会议研究常委会工作要点，确定九届十六次常委会议时间、议程，讨论县政协机构、人员编制方案。

第二十八次会议于 2011 年 6 月 3 日由主席房介二主持召开。会议研究县政协机关科改委方案。

第二十九次会议于 2011 年 7 月 18 日由主席房介二主持召开。会议讨论《县政协领导班子工作总结（草案）》。

第三十次会议于 2011 年 8 月 1 日由主席房介二主持召开。会议传达县政协机关科改委批复文件和县委常委会议关于严明换届选举纪律要求。

第三十一次会议于 2011 年 9 月 21 日由主席房介二主持召开。会议传达县委常委会议精神和市委组织部、统战部关于政协人事安排工作的文件，安排县政协十届一次会议重点材料写作分工。

第三十二次会议于 2011 年 9 月 29 日由主席房介二主持召开。会议讨论《关于第十届政协连南瑶族自治县委员会人事安排工作的意见（征求意见稿）》。

第三十三次会议于 2011 年 10 月 17 日由副主席陈锦叶主持召开。会议讨论第十届县政协特邀人士建议名单。

第三十四次会议于 2011 年 10 月 26 日由主席房介二主持召开。会议宣读市委提名第十届县政协正副主席人选、第六届市政协委员名额及界别安排文件，协商第十届县政协委员人选名单，协商推荐我县出席第六届市政协委员人选，协商推荐第十届县政协常委会组成人员人选。县委常委房华、黄伟峰应邀出席。

第三十五次会议于 2011 年 11 月 7 日由副主席唐拾斤主持召开。会议听取十届一次会议秘书处筹备工作汇报，研究提交十届一次会议预备会议的有关文件，研究提交十届一次会议主席团第一次会议的有关文件，讨论选举办法（草案）、委员分组名单。

十、第十届主席会议

第一次会议于 2011 年 12 月 2 日由主席房介二主持召开。会议协商领导班子成员分工，研究将原各专委会相应改名为工作组、例会后续工作、领导办公室调整、电脑配置、上报新一届政协党组名单等事项。

第二次会议于2011年12月28日由主席房介二主持召开。会议通报县委民主生活会情况，研究当年春节前后有关工作。

第三次会议于2012年2月10日由主席房介二主持召开。会议研究当年常委会工作要点，讨论各工作组组成人员名单、主席会议成员联系常委制度、机关管理制度、各委室工作职责、借调人员等事项。

第四次会议于2012年2月29日由副主席唐拾斤主持召开。会议确定十届一次常委会议时间、议程，协商增补委员人选，研究召开港区委员座谈会、是否召开县政协例会、常委会议室装修等事项。

第五次会议于2012年3月30日由副主席唐拾斤主持召开。会议讨论常委会议室装修预算、购车等事项。

第六次会议于2012年5月7日由副主席唐拾斤主持召开。会议研究机关人员科学发展观2011年度考评奖金发放标准。

第七次会议于2012年6月8日由副主席唐拾斤主持召开。会议讨论《县政协机关人员岗位职责（草案）》，调整领导班子成员分工，通报省政协"委员之家"网络互动平台现场会精神。

第八次会议于2012年7月6日由县委副书记、县政协党组书记李春益主持召开。会议讨论《县政协机关人员岗位职责（草案）》、房介二有关费用、购置车辆等事项，通报机关财务运转情况。

第九次会议于2012年8月2日由县委副书记、县政协党组书记李春益主持召开。会议确定十届三次常委会议时间、议程，研究当年下半年工作，讨论机关有关管理制度。

第十次会议于2012年9月20日由县委副书记、县政协党组书记李春益主持召开。会议确定十届四次常委会议时间、议程，研究当年中秋国庆节前工作。

第十一次会议于2012年12月17日由县委副书记、县政协党组书记李春益主持召开。会议听取连南文史第14辑编辑情况，讨论例会议政发言材料选题，安排例会主要材料写作分工。

第十二次会议于2013年2月4日由副主席唐拾斤主持召开。会议通报财务运转情况，协商副主席层次2012年度优秀。

第十三次会议于2013年3月28日由党组书记房坚一主持召开，县委常委黄伟峰参加。会议确定十届五次常委会议时间、议程，研究召开十届二次会议有关事项。

第十四次会议于2013年4月1日由党组书记房坚一主持召开。会议听取十届二次会议秘书处筹备工作汇报，研究相关事项，讨论当年常委会工作要点。

第十五次会议于2013年4月2日由党组书记房坚一主持召开。会议研究召开例会有关事项。

第十六次会议于2013年4月22日由主席房坚一主持召开。会议调整领导班子成员分工，研究机关管理事项。

第十七次会议于2013年5月17日由主席房坚一主持召开。会议讨论连南文史第14辑开支，研究协助省政协调研工作。

第十八次会议于2013年6月5日由主席房坚一主持召开。会议研究机关人员科学发展观2012年度考评奖金发放标准，讨论主席会议成员联系常委制度，研究召开十届六次常委会事项。

第十九次会议于2013年7月8日由主席房坚一主持召开。会议确定十届六次常委会议时间、议程，讨论老同志生日慰问、涡水镇更名、县志年报、成立关工委等事项。

第二十次会议于2013年8月16日由主席房坚一主持召开。会议讨论各委室职责、机关人员岗位职责、成立《政协志》编委会、"委员之家"网络互动平台建设等事项。

第二十一次会议于2013年9月25日由主席房坚一主持召开。会议研究进一步抓好各自创卫责任区等事项。

第二十二次会议于2013年10月9日由主席房坚一主持召开。会议确定十届七次常委会时间、议程；通报县有关工作情况。

第二十三次会议于2013年10月30日由主席房坚一主持召开。会议讨论明年例会有关事项：扩大议政发言范围、委员评优、工作组评先、重点材料写作分工；研究处理粤R33275车事项；协商副主席邓建分管财务；副主席唐拾斤传达全省政协宣传工作会议；通报慰问外地老同志、"委员之家"建设等情况。

第二十四会议于2013年11月26日由主席房坚一主持召开。会议研究调整县政协机关办公用房事项（全部安排在六楼办公）。

第二十五会议于2013年12月27日由主席房坚一主持召开。会议确定十届八次常委会议时间、议程，研究召开十届三次会议有关事项。

第二十六次会议于2014年1月24日由主席房坚一主持召开。会议研究布置当年春节前后有关工作。

第二十七次会议于2014年2月25日由主席房坚一主持召开。会议讨论常委会当年度工作要点；决定选派房伟荣同志驻点挂扶村；协商调整主席会议成员分工，房坚一负责全面工作，唐拾斤分管三胞组、唐海英副主席分管计生和扶贫工作；研究县政协机关开展党的群众路线教育活动事项。

第二十八次会议于2014年2月27日由主席房坚一主持召开。会议专题研究清理调整县政协机关办公用房事项。

第二十九次会议于2014年3月3日由主席房坚一主持召开。会议确定十届九次常委会议时间、议程及其他事项。

第三十次会议于2014年3月4日由主席房坚一主持召开。会议讨论撤销房军锋县政协委员资格事项。

第三十一次主席会议于2014年5月13日由主席房坚一主持召开。会议决定房惠瑛为"委员之家"网络互动平台管理员，负责相关工作，其财务工作移交唐秀莲；选派唐军荣参加县计生专题调研；拟定"基层公职人员待遇问题"作为民宗委调研选题；老同志生日慰问改为通过银行汇款、电话慰问方式进行。

第三十二次主席会议于2014年5月16日由主席房坚一主持召开。会议传达县委扩大会议讨论规范津贴情况、布置撰写党的群众路线教育实践活动对照检查材料、通报房惠瑛负责"委员之家"网络互动平台具体工作及财务工作调整情况。

第三十三次主席会议于2014年7月14日由主席房坚一主持召开。会议讨论连南瑶族自治县庆祝中国人民政治协商会议成立65周年座谈会方案（草案），同意报县委审批；讨论拟召开各工作组组长会议事项。

第三十四次主席会议于2014年7月21日由主席房坚一主持召开。会议讨论《2014年连南瑶族自治县政协委员视察调研工作计划》（草案）；审议唐秀莲转正问题；协商谢昶华、王少春辞去县政协委员职务问题；讨论县政协班子对照检查材料。

第三十五次主席会议于2014年11月26日由主席房坚一主持召开。会议学习十八届四中全会精神；协商决定邓建暂时负责原唐伟的工作；对明年例会重点文字材料进行写作分工；讨论实践教育活动整改环节制订的县政协各项规章制度。

第三十六次主席会议于2015年1月9日由主席房坚一主持召开。会议协商拟定十届四届会议时间为当年2月3至5日，同意会议议程（草案）、日程（草案），要求草拟会议请示报县委审批。

第三十七次主席会议于 2015 年 1 月 12 日由主席房坚一主持召开。会议协商确定十届十一次常委会议议程（时间待定）；讨论十届四届会议议政发言材料有关事项。

第三十八次主席会议于 2015 年 3 月 3 日由主席房坚一主持召开。会议协商调整领导班子成员工作分工；协商推荐邓建为领导层次年度优秀；讨论当年度工作要点（草案）；协商十届十二次常委会议时间、议程；协商增补教科文卫体工作组副组长名单。县委组织部副部长周冬兰到会宣布赖斌正式报到。

第三十九次主席会议于 2015 年 5 月 4 日由主席房坚一主持召开。会议通报书记会议当前工作；协商"委员之家"鼓励发帖事项；协商市政协连南组 2014 年度优秀提案奖金处理办法。

第四十次主席会议于 2015 年 6 月 19 日由主席房坚一主持召开。会议学习"厉行节约、反对浪费"有关文件；协商老同志等有关经费处理问题；传达清远车改文件征求意见稿主要精神；通报考察赴湖南怀化、贵州洛贯等地应用北大热解气化技术建设运行的垃圾热解气化厂情况；研究当时近期工作。

第四十一次主席会议于 2015 年 6 月 30 日由主席房坚一主持召开。会议研究《连南文史（抗战专辑）》（送审稿），原则同意出版。

第四十二次主席会议于 2015 年 10 月 16 日由副主席唐拾斤主持召开。会议研究省人大、省政协征集议案、提案问题；同意支持机关挂扶点大麦山镇中心岗村经费 6000 元；讨论《连南文史（抗战专辑）》编审费、单位科级以下人员体检、视察调研等事项。

第四十三次主席会议于 2015 年 11 月 17 由副主席唐拾斤主持召开。会议一是通报房惠瑛借调县考评中心事项，提出尽快物色接手人选；二是工作组外出调研经费请款问题。

第四十四次主席会议于 2015 年 12 月 7 由副主席唐拾斤主持召开。会议一是传达县委关于创文工作的最新部署，要求全力以赴做好迎检工作；二是通报 12 月 8 日市委组织部到连南召开有关会议事项。

第四十五次主席会议于 2015 年 12 月 14 由副主席唐拾斤主持召开。会议一是研究布置县政协十届五次会议筹备工作（详见筹备工作分工）；二是强调公休尽量安排在年中休，不要安排在年前年后；三是研究出差补贴问题，根据有关文件规定，途中补贴按实际在途天数、每人每天 100 元报销；四是研究委员履职费问题：2015 年暂不发，2016 年争取列入财政预算再发；五是要求未完成调研视察的工作组，当月要完成；六是听取秘书长房小亮传达县委办布置筹备"两会"事项。

第四十六次主席会议于2016年2月22日由副主席唐拾斤主持召开。会议协商确定十届十三次常委会议议程；听取县委统战部通报委员变更情况；研究十届五次会议筹备工作有关事项。

第四十七次主席会议于2016年2月29日由副主席唐拾斤主持召开。会议协商表彰优秀提案事项，由提案委提出6件优秀提案目录（后请示县委，表彰改为通报表扬）。

第四十八次主席会议于2016年3月7日由主席唐拾斤主持召开。会议协商谢柏良为2015年度政协班子优秀人员；通报当年两个主要工作方向：拟争取资金100万元投入连南、拟主动承担县委县政府的调研任务；协商608小会议室调整至613室。

第四十九次主席会议于2016年3月17日由主席唐拾斤主持召开。会议协商调整领导班子成员工作分工等事项。

第五十次主席会议于2016年3月25日由主席唐拾斤主持召开。会议主席通报外出走访佛山、珠海等商会情况；要求机关人员每月汇报一次具体工作，委员每半年汇报一次工作情况。

第五十一次主席会议于2016年5月3日由主席唐拾斤主持召开。会议协商确定十届十四次常委会议时间和议程等事项。

第五十二次主席会议于2016年5月9日由主席唐拾斤主持召开。会议协商近期拟走访越秀区、顺德等政协、工商联；决定调整房亚三为挂扶村第一书记等事项。

第五十三次主席会议于2016年6月6日由主席唐拾斤主持召开。会议协商筹备珠三角连南商会联谊会事项；研究文史工作添置设备事项。

第五十四次主席会议于2016年6月22日由主席唐拾斤主持召开。会议主席唐拾斤通报市政协组织赴江苏考察情况；协商确定十届十五次常委会议议程；研究工会及其他事项。

第五十五次主席会议于2016年7月27日由主席唐拾斤主持召开。会议审议《县政协机关2016年"正风"行动实施方案》《县政协党风廉政建设和反腐败工作计划》《县政协领导班子成员党风廉政建设岗位职责》；协商副主席邓建分管党建工作，副主席谢柏良分管党风廉政工作；讨论其他事项。

第五十六次主席会议于2016年8月12日由主席唐拾斤主持召开。会议唐拾斤主席通报到浙江考察初中集中办学情况；协商制度建设、委员视察等事项。

第五十七次主席会议于 2016 年 8 月 31 日由主席唐拾斤主持召开，会议研究提案组、经济组外出考察学习事项；协商拨付 1.5 万元经费给机关挂扶村（中心岗村）；协商委员履职经费发放问题。

第五十八次主席会议于 2016 年 9 月 12 日由主席唐拾斤主持召开。会议对市政协委员连南组 8 个委员进行考核，推林双来委员为优秀市政协委员，并且同意连任，其他的委员不推选连任。初步推出新一届市政协委员人选名单。

第五十九次主席会议于 2016 年 9 月 18 日由主席唐拾斤主持召开。会议要求开好县政协班子关于严肃换届纪律专题民主生活会。组织学习换届纪律有关要求，"九个严禁""五个主体责任"。县政协班子成员依次发言，均表示保证遵守换届纪律，坚决服从组织安排。

第六十次主席会议于 2016 年 9 月 19 日由主席唐拾斤主持召开。会议审议拟任十一届县政协委员人选名单。唐拾斤主席传达市政协常委会议精神。

第六十一次主席会议于 2016 年 9 月 21 日由主席唐拾斤主持召开。会议审查县委统战部推定的县政协十一届委员人选方案；研究县政协十一届一次会议筹备工作分工等。

第六十二次主席会议于 2016 年 10 月 19 日由主席唐拾斤主持召开。会议主要是县委常委、组织部长梁卫平带县委常委、政协党组副书记、统战部长周冬梅初到政协认识座谈。

第六十三次主席会议于 2016 年 11 月 9 日由主席唐拾斤主持召开。会议研究协商确定《发展农村电商，推进精准扶贫》《发展乡村旅游建设精品民宿》《关于加快推进我县民族文化事业发展的建议》为县政协十一届一次会议议政发言材料。协商确定十届 16 次常委会于 11 月 17 日上午召开。协商通过召开县政协第十一届一次会议日期、议程、日程；提案审查委员会名单；主席团成员及秘书长名单；主席团常务主席名单；主席团常务主席主持人名单；副秘书长名单；选举办法（草案）；通过总监票人、监票人名单；协商通过会议决议（草案）。

十一、第十一届主席会议

第一次主席会议于 2016 年 11 月 28 日由主席李春益主持召开。李春益主席强调新政协班子成员要共同努力，把工作做好。同时听取副主席及各委室的工作汇报。李春益主席要求各位严格要求自己，遵守各方面的纪律；新一届政协班子成员要履行好职责，积极推进完成好分工各项工作，为连南经济发展作出贡献；政协班子，委室领导要互相尊重，互相团结。

第二次主席会议于 2016 年 12 月 19 日由主席李春益主持召开。会议明确主席会议成员分工；研究确定县政协十一届第一次常委会议于 12 月 27 日召开；确定 2017 年 1 月 6 日召开班子"两学一做"民主生活会以及协商对以后的相关工作。

第四节　其他会议

一、党组会议

1984 年 4 月—1998 年 4 月缺党组会议记录。

1998 年 4 月 13 日，县政协党组书记房卫民主持，4 人出席。会议研究县政协机关人事安排方案。

1998 年 7 月 22 日，房卫民主持，出席 4 人。会议研究委员视察、外出考察、对外联谊及加强机关建设等事项。

1998 年 8 月 10 日，房卫民主持，4 人出席，各科室正副职列席。会议召开民主生活会。

1998 年 10 月 16 日，房卫民主持，4 人出席。会议推荐市政协第三届委员人选；决定召开主席会议时间和议程。

1998 年 11 月 13 日，房卫民主持，4 人出席。会议传达市政协三届一次会议精神；推荐个别副主席人选报组织审批。

2000 年 2 月 16 日，房卫民主持，4 人出席，组织部 1 名副部长列席。会议协商补选 2 名副主席等事项。

2000年2月22日，房卫民主持，4人出席。会议传达县委"三讲"教育会议精神，研究县政协开展"三讲"事项。

2000年7月14日，房卫民主持，4人出席。会议研究增加1名党组成员及增补1名县政协委员事项。

2001年1月8日，房卫民主持，5人出席。会议讨论禤顺明申请提前退休问题。

2002年9月3日，房卫民主持，5人出席。会议研究党员领导干部民主生活会准备工作。

2002年9月11日，房卫民主持，5人出席，领导班子非党干部、机关副科级以上干部列席。会议召开党员领导干部民主生活会。

2002年12月19日，房卫民主持，5人出席。会议研究县政协第八届委员产生程序、名额分配及常务委员安排。

2003年1月24日，房卫民主持，5人出席，组织部、统战部各1名副部长列席。会议讨论县政协第八届委员推荐提名人选名单。

2003年2月28日，房卫民主持，5人出席。会议讨论县政协八届一次会议主席团人选名单。

2003年3月6日，房卫民主持，5人出席。会议讨论县政协第八届常务委员人选名单。

2003年4月11日，房卫民主持，5人出席。会议学习胡锦涛同志在中央纪委第二次全体会议上的重要讲话精神；讨论新一届县政协党组成员人选名单。

2003年7月4日，房卫民主持，5人出席。会议学习胡锦涛同志在中国共产党成立80周年上的重要讲话精神。

2004年8月18日，房卫民主持，5人出席。会议研究民主生活会准备工作；讨论机关拟调入个别人员问题。

2004年9月30日，房卫民主持，5人出席。会议学习中央关于加强党的执政能力建设的决定；研究全员视察事项。

2005年4月18日，房卫民主持召开县政协班子民主生活会。领导班子非党干部、机关副科级以上干部列席会议。

2005年6月9日，房卫民主持，5人出席。会议研究机关2名同志职务任免问题。

2005年10月21日，房卫民主持，4人出席。会议传达县政协机关个别同志退二线事项。

2006年8月28日，房卫民主持，5人出席。会议讨论县政协第九届委员安排工作意见。

2006年12月13日，房卫民主持，4人出席。会议研究县政协第九届常务委员人选。

2007年10月4日，县政协党组书记唐国伟主持，4人出席。会议讨论拟提拔机关个别同志及综合科人选问题。

2011年7月12日，县政协党组书记房介二主持，5人出席。会议研究机关"科改委"及委员外出考察学习事项。

2011年12月28日，房介二主持，5人出席。会议研究"科改委"各委室正副职拟任及机关拟借调人选。

2012年5月23日，县政协党组副书记唐拾斤主持，4人出席。会议传达县委对"科改委"人事任免意见；讨论调整领导分工问题；传达市政协工作会议精神。

2012年8月17日，县政协党组书记李春益主持，6人出席。会议研究个别人事拟变动事项。

2012年12月27日，李春益主持，6人出席。会议学习党的十八大精神；研究委员增补及机关拟提拔人员事项。

2013年3月28日，县政协党组书记房坚一主持，6人出席。会议研究委员拟变动人选名单及拟调整个别常委事项；学习全国两会精神。

2013年5月17日，房坚一主持，5人出席。会议研究个别人事拟变动事项；学习中央八项规定。

2013年5月24日，房坚一主持，6人出席。会议研究个别人事拟变动事项；学习《县委县政府关于改进工作作风，密切联系群众的实施意见》。

2013年12月18日，房坚一主持，5人出席，非党副主席、副秘书长列席。会议党组扩大会议，研究筹备例会事项，研究委员拟变动人选名单。

2014年3月4日，房坚一主持，5人出席。会议讨论拟撤销个别委员资格事项。

2014年9月17日，房坚一主持，5人出席。会议讨论机关个别同志试用期满（副科级）转正事项，研究个别副主席要求提前退休事项。

2015年1月9日，房坚一主持，5人出席。会议研究委员拟变动人选名单。

2016年1月18日,县委常委兼统战部长、县政协党组副书记黄伟峰主持,出席5人。会议传达关于个别领导撤职的意见书,并讨论拟撤销其委员资格事项。

2016年4月6日,县政协党组书记、副主席唐拾斤主持,5人出席。会议传达机关个别人事变动事项。

2016年7月13日,唐拾斤主持,6人出席。会议研究调整机关部分工作分工等事项。

2016年12月6日,县政协党组书记、主席李春益主持召开县政协党组、第十一届第一次主席会议,内容:1.传达省十一届八次全会精神。2.协商通过政协领导班子分工并报县委。协商通过各组委员分工。3.研究布置下一步工作:一是准备常委会工作;二是完善相关制度;三是尽快完成《政协志》修订;四是尽快提出2017年工作要点。

二、主席会议成员座谈会

2005年7月,县政协召开主席会议(座谈会),对市委主要领导关于"建立民族特区"设想,县政协提出"管理模式特殊、政策特殊倾斜、建设特殊扶持,待遇特殊照顾、环境特殊营造"等五点建议,被县委县政府办公室采纳,写进专题调研报告。

2015年8月31日,连南召开"纪念中国人民抗日战争胜利70周年"活动之《连南文史》第十五辑(抗战专辑)出版座谈会。政协副主席唐拾斤主持会议。县长李春益,县政协主席会议成员陈锦叶、唐海英、谢柏良、邓建、赖斌、房小亮,县政府办公室主任甘向荣,县志办主任李国兴,《连南文史》(抗战专辑)编委会成员潘振刚、萧维国以及师生代表等20人参加座谈。座谈会上,与会人员围绕会议主题发言,从不同角度回顾连南抗战历史,控诉日寇罪行,缅怀革命先烈,展望光辉未来。一致认为《连南文史》第十五辑(抗战专辑)一书的及时编辑出版具有特殊的现实的时代意义。县长李春益在会上感谢政协及有关编撰人员适时征集编辑出版《连南文史》(抗战专辑)一书,指出《连南文史》(抗战专辑)的出版,让社会各界了解连南抗战历史,更好警示和教育人们牢记历史,不忘过去,珍惜今天,珍爱和平,开创未来。共同缅怀革命先烈的功绩,弘扬爱国主义精神,增强民族忧患意识。并提出四点意见:一是要加强宣传,激发爱国热情。要加强爱国主义教育,弘扬优良传统,始终保持正确的政治方向，自觉践行社会主义核心价值观，立足岗位、多作贡献，发挥表率作用。二是要继续加强连南抗战历史原始资料的搜集、整理，尤其是有关远征军抗战的史料，发挥政协文史工作职能作用。三是要加大文物保护力度。如做好三江石泉山的规划、挖掘、保护工作等，助推对抗战时期国民广东省政府及其部门迁驻三江的旧址等历史资源的保护利用。四是要做好连南抗战历史原始资料的收集归档工作，发挥抗战文史资料"存史、资政、团结、育人"的功能作用。

第五章　政治协商和民主监督

第一节　政治协商

政治协商是人民政协的第一职能。协商内容三要是按《中国人民政治协商会议章程》的规定围绕国家和地方的大政方针、政治、经济、文化和社会生活中重要问题；各党派参加人民政协工作的共同事务、政协内部的重要事务以及有关爱国统一战线的相关重要问题：具体内容有：政府工作报告审议征求意见，县五年规划如"九五"至"十三五"规划等先征求意见，县班子人事征求意见，县政策、法规征求意见等。协商的主要形式有政协委员会全体会议、常务委员会议、主席会议、专委会对口协商会议、专题协商会议等政协各种各类的会议。

民主监督是对国家宪法、法律和法规的实施，重大方针政策的贯彻执行，国家机关及其工作人员的工作，通过建议和批评进行监督。县政协自成立以来，历届政协委员以强烈的社会责任感和使命感，倾听民意，了解民情，关注热点，积极探索和创新民主监督的形式、方法，提高监督效果，当好党和人民群众的纽带和桥梁，促进党风、政风和社会风气的好转，维护了社会稳定。

第二节　视察调研

人民政协的视察调研工作，是委员深入实际、联系群众、了解和反映社情民意、了解党和国家的方针政策贯彻落实情况的重要途径和方法，是委员履行政治协商、民主监督、参政议政职能的一种有效方式。通过视察调研，对工作中存在的问题向国家机关及其他部门提出意见和建议。

连南县政协重视开展视察、调研工作，每年根据工作需要，选择若干专题，深入实际，开展调查研究和视察活动，听取和了解社会各方面的意见和情况，努力发挥政协职能作用，为县委、县政府和有关部门提供决策依据，有力推动了自治县社会经济及各项事业的发展。其中，有些视察或调研还产生了较大的影响和作用。1980—2004年，共组织调研视察120多次。主要的调研视察活动有：1981年，对原籍连南的海外侨胞和港澳台同胞及其家属情况，进行摸底调查。

1982年，对县民族中学、民族小学和县人民医院落实知识分子政策进行调查，形成调查报告。

1983年，对金坑、涡水、白芒和民中、寨中、民小等学校教室、教师住房、适龄儿童入学率等问题进行调研，形成调查报告。

1984年，对全县农村工作进行调研，形成题为《当前农村急需解决的七个问题》的调查报告。

1985年7月，对香坪、大坪、盘石三个区的山林纠纷情况进行调查，写成《关于香坪、大坪、盘石三个区的山林纠纷的调查报告》。

1985年11月，对三江、寨岗市场进行调查，形成《关于三江和寨岗两个墟场设置安排的建议报告》。

1986年，对县电机厂、县轴承厂进行视察，对南岗妇幼工作，对白芒、板洞教育工作进行调查，均形成书面报告。

1987年，对县木器厂进行调查，并视察县化工厂、铜矿、食品厂，形成《关于县木器厂的调查报告》和《关于视察县化工厂、铜矿、食品厂的情况报告》。

1988年，视察县科委，形成《关于县科委办经济实体情况的报告》。

1989年7月，对部分村委会进行调查，形成《关于村委会改为管理区办事处的调查报告》。

1990年，县政协与市政协连南工作组调查县供水公司，形成《连南县城供水情况的调查报告》。视察县蚕桑办，形成《关于我县蚕桑生产的视察报告》。对引进外资工作进行调查，提出《关于修改我县引进外资优惠政策的建议》。到三排、南岗、香坪、大坪视察，写成《关于瑶区补贴性寄宿制班办学情况视察报告》。是年7月，协助省政协民宗委和文教委对连南贯彻执行民族政策情况进行调查。

1991年，县政协开展一系列调查视察活动，形成《农业开发的调查报告》《财贸外经的调查报告》《科委办实业的调查报告》《乡镇企业的调查报告》《职业中学的调查报告》《赴湘考察学校教育工作的报告》等17份书面报告。赴广西恭城瑶族自治县考察能源建设情况后，向县政府提出《关于学习恭城，加快我县农村能源建设的建议案》。7月，协助省政协医药卫生委对连南医疗卫生状况进行调查。

1992年5月，协助省政协民宗委和青妇委对连南贯彻九年义务教育法的专题调查视察。10月，协助省政协民宗委和科技委对连南发展民族科技工作进行调查。

1993年，视察县水泥厂、韶南厂、染织厂、农机厂和开源果脯厂以及其他私营企业、个体工商户，写成《关于县农机厂转换经营机制出现新局面和个体私营经济出现"婆婆多、收费多"问题的调查视察报告》和《建议采取有力措施，坚决制止对个体私营企业乱收费的专题报告》。听取建委、科委等单位反腐保廉和科技兴县工作汇报，写成视察报告。对金坑中学、南岗中学、民族小学进行视察，写成《民族小学的办学路子走对了》的视察报告。12月，协助省政协视察团视察民族政策落实情况，省政协视察团写出《在市场经济条件下，对少数民族的政策应更优惠更倾斜》的报告。

1994年，围绕抗灾复产和"三乱"（乱摊派、乱收费、乱罚款）等热点、难点问题开展调研视察活动。9月，协助省政协视察《民族区域自治法》贯彻执行情况。

1995年，视察县外经委下属的外经公司，针对存在问题提出改进意见。视察大坪、三江等乡镇发展"三高"农业情况，写成专题报告。5月，协助省政协视察团视察连南妇幼保健工作，形成《关于清远市及"三连一阳"地区妇幼保健工作的调查考察报告》。8月，协助省政协视察团视察教育工作，省政协形成《建设教育强省，民族教育不可忽视》的视察报告。12月，协助市政协连南工作组视察移民工作，形成《关于视察连南石灰岩山区移民情况的报告》。

1996年6月，到县属工业企业和农村基层视察，形成《关于县属工业企业存在问题的调查报告》，以及提出发展"三高"农业要有面积作保证、技术要下乡等建议；协助市政协视察县发展个体和私营经济情况，形成《关于清远市个体私营经济的调查报告》。8月，视察三江镇无花果基地，写成《关于我县无花果生产现状的调查报告》；10月，配合省政协视察团到香坪、南岗乡视察，形成《抓住机遇、加快发展、改变我省贫困地区面貌》的报告。12月，对农村三个层次脱贫、发展"三高"农业、工业交通建设、文教卫生事业等方面进行视察，形成《关于政协委员一九九六年视察情况的报告》。

1997年4月，同绕农村群众层次脱贫问题开展视察，形成《关于对南岗、大坪、金坑乡农村群众层次脱贫问题的视察报告》。10月，同绕县政府1997年工作报告提出的工作任务的实施情况进行视察，写成《关于县政协委员1997年视察情况的报告》。

1998年5月，对县城的饮用水情况开展视察，对县城供水有时水质较差和供水量不足等问题，向县委、县政府汇报和提出建议。9月，就国有工业企业盈亏情况、巩固扶贫成果、山地农业开发、初级卫生保健达标、安全文明小区建设等5个专题进行全员视察，并形成视察报告。协助省政协、省农工民主党组织的视察团，对南岗、大坪等地医疗卫生工作开展视察，省政协视察团提出连南要注意甲亢病防治等建议。

1999年5月，视察县旅游开发工作。6月，对县农业三大龙头企业之一的竹子基地进行专题视察并提出了建议。8月，对全县个体私营经济发展工作进行视察。10月，调查农村脱贫奔康和国有企业下岗工人再就业问题写成视察报告。对体育事业发展、广播电视工作、公安看守所设施建设等进行专题调查。

2000年6月，对县竹业公司体制问题和全县竹业发展情况进行视察，形成《关于我县竹业生产管理的若干问题的建议案》。9月，围绕脱贫奔小康、两大会战主题开展视察并写成专题报告。9月，科教文卫体委对县文化设施建设情况进行视察。

2001年5月，对县法律援助问题进行调查并提出建议。6月，会同县人大视察三排镇千亩银杏基地、百亩青梅园等，县政协常委会提出《加大投入力度，建设好千亩银杏基地的建议》。8月，协助省政协视察团对县小水电建设管理与发展情况开展视察。9月，对县城市政建设进行视察。10月，同绕县种桑养蚕及"一乡一品"两个专题组织视察并形成了专题报告。11月，县政协主席会议成员视察县城临时垃圾处理场，提出《关于用两年时间新建县城生活垃圾场的建议案》。

2002年4月，县政协赴陆河县考察青梅种植情况，形成《关于政协委员考察陆河县青梅生产情况的报告》。8月，主席会议对县城新旧垃圾场进行视察并提出书面建议。

2003年，开展六个方面的视察和调研活动：三排和南岗两镇的油茶基地建设，全县小水库（山塘）除险加固工作，周边县（市、区）招商引资工作，农村医保工作，农村学校收费情况以及县委、县政府鼓励和支持个体民营经济发展的政策措施落实的情况。10月，协助市政协对"三资"企业、民族旅游、市政建设、脱贫奔康等方面开展视察调研。

2004年4月，教科文卫体委对县"四馆"（文化馆、图书馆、博物馆、体育馆）建设进行视察，形成视察报告，之后，主席会议研究，形成了《关于把握好我省实施大文化建设机遇，加快我县"四馆"建设的建议案》；6月，经济委对县四个工业园区建设进行视察，形成视察报告；7月，农林水委对县外资企业发展进行视察，形成《关于对美莲华（连南）礼服有限公司等三家外资企业视察的情况汇报》；9月，民族宗教和三胞委到南海等地考察"因产业升级，珠三角产业如何向山区转移"的问题；10月，经济委对县地方道路建设情况进行了视察，形成视察报告；10月，开展全员视察，了解全县各镇及有关部门贯彻执行当年中央1号文的情况，形成视察报告。

2005年，各专委会开展的专题调研和视察活动8次（其中以专委为单位开展七次小型视察调研，一次全员视察），均形成调研视察报告，对连南经济社会发展中存在的问题提出解决意见和建议并转呈县委县政府和相关部门参考，许多意见建议被采纳，推动相关工作的顺利开展。5月27日，县政协农林水委对民族旅游发展情况进行视察调研。5月31日，县政协民族宗教三胞委对县招商引资工作进行视察。6月21日，县政协经济委对县环境保护工作进行视察。7月12—14日，县政协教科文卫体委对县农村合作医疗工作进行视察。7月26日，县政协经济委对县劳动力就业转移情况进行视察。8月11日，县政协文史委到县社保局视察县医保工作情况。9月21日，县政协社会与法制委对县机关作风建设情况进行视察。10月18—20日和26—28日，县政协开展全员视察活动，对农田水利建设、县行政服务中心运作情况进行视察。形成《关于2005年县政协委员全员视察情况的报告》，针对全县近年来农田水利建设存在的问题，提出四点建议，报送县委、县政府后，县委、县政府主要领导分别作批示，县委主要领导批示："请县有关领导研究政协委员就我县农田水利设施建设所提的建议，拟定实施方案。"

2006年，各专门委员会通过对8个专题调研视察，均形成有分量的调研视察报告，提出积极的意见和建议供县委县政府及相关部门参考。如2006年，县委提出继续加大"三农"工作力度，重点抓好蚕桑基地、柠檬基地、有机稻基地、蔬菜基地和鸡麻笋基地。县政协安排5个专委会分别对五大基地进行调研视察，有针对性地提出一些可行的意见和建议。5月23日，县政协社会与法制委对县蔬菜基地建设情况进行视察。5月24日，县政协民族宗教和三胞委对县柠檬基地建设情况进行视察。6月13日，县政协农林水委视察县蚕桑基地建设情况。7月4—5日，县政协对县农业、林业、水利、扶贫有关工作进行调研。8月24日，县政协经济委对县有机稻种植和发展情况进行视察。8月29日，县政协教科文卫体委视察鸡麻笋基地发展情况。9月21—25日，县政协教科文卫体委对县民族高级中学进行调研。10月13日县政协主席会议成员调研县职业技术教育发展情况。10月23日，向县委县政府报送《县政协主席会议关于办好县职业技术学校的建议案》。11月30日，县政协开展2006年全员视察活动，参观县招商引资，促工业发展有关项目。12月5日，县政协召开教育工作专题协商会议。

2007年，各专委认真组织和开展调研视察活动，分别对县文物收集整理情况、油茶基地建设情况、创建林业生态县情况、招商引资工作情况、社会主义新农村建设情况、农村合作医疗情况、公路建设情况等七个专题进行视察调研，以及开展一次全员视察活动，都形成有情况、有分析以及解决问题的意见和建议的视察报告。县政协通过《连南政协》会刊，把视察调研情况印发到各镇和县属各单位，让外界了解政协的活动，也让外界了解和掌握县有关工作的进展，较好地发挥了民主监督作用。3月30日，县政协提案与文史委对县文物收集整理工作进行视察。4月25日，县政协农林水委对油茶基地建设情况进行视察。8月9日，县政协民族宗教和三胞委对县招商引资工作进行视察。8月17日，县政协农林水委对县创建省林业生态县工作情况进行视察。8月29日，县政协经济委对县镇通行政村公路建设情况进行视察。10月29—30日，县政协教科委文卫体委对县新型农村合作医疗工作进行视察。10月30日，县政协社会与法制委对县新农村建设工作进行视察。11月22日，县政协开展全员视察活动，分别对县的蚕桑基地，柠檬基地和新农村建设试点单位进行视察。

2008年8月29日，经济委对县招商引资情况进行视察调研，实地视察兆业（连南）服装有限公司和恒益（连南）针织制品厂有限公司，听取县招商局专题汇报，并进行即时议政。9月18日，文史资料委对全县的劳动力培训和就业情况进行调研，听取县劳动和社会保障局的专题汇报，实地到大麦山镇了解基层劳动服务所建设情况和寨岗迥龙工业园的燊昌（连南）塑胶金属有限公司了解外资企业劳动用工情况。9月，农林水委对全县林业生产发展情况进行视察调研，实地视察县城牛路水食水工程集水区内因年初冰冻灾害受损森林的林分改造、涡水镇和三江镇的高脂松种植、林科所的种苗培育等三方面的情况。11月14日，社会与法制委对县工商行政执法情况进行调研，实地视察县工商局和寨岗工商所，听取县工商局的专题汇报，并进行即时议政。11月21日，民族宗教和三胞委对县乡镇公共交通建设工作情况进行视察调研，实地视察大坪镇、涡水镇农村公共交通情况，听取县交通局及相关镇的专题汇报，并进行即时议政。11月28日，教科文卫体委对县农村非法占用水田建房情况进行调研，实地视察大坪镇沿路农民非法占用水田建房情况，听取县国土和建设环保局的专题汇报。12月25日，开展2008年度全员视察活动，邀请市政协连南工作组委员参加。视察活动分三个组，采取实地视察、听取汇报、即时议政等形式进行。视察内容分别为连南奇乡生物科技有限公司生产及环保情况、连南新星水泥有限公司生产及环保情况、全县水利建设情况。被视察单位有连南奇乡生物科技有限公司、连南新星水泥有限公司、县水利局、寨岗镇、大麦山镇、香坪镇等。

2009年7月22日，农林水委在副主席唐拾斤带领下，围绕建设绿色产业强县进行视察调研。7月28日，民族宗教和三胞委在副主席房坚一带领下，对县民营企业现状进行调研。8月4日，社会和法制委对县人才流失情况以座谈会形式进行调研，座谈会由副主席房坚一主持。8月20日，经济委在副主席房坚一带领下，对县环境保护情况进行调研。8月24日，文史委在副主席陈锦叶带领下，对县文化旅游产业进行调研。10月19日，教科文卫体委在副主席陈锦叶带领下，就县学校治安问题到县科技教育局进行调研。12月24日，县政协召开九届十次常委会议。与会人员实地视察县城污水处理厂、高寒山区移民新村、S262线等重点项目建设工程及连水蚕桑基地。市政协连南工作组委员应邀参加。

2010年6月25日，农林水委在唐拾斤副主席的带领下，视察调研全县新农村建设情况。7月22日，经济委在副主席唐拾斤、唐海英的带领下，实地视察清远民族工业园A区、B区。8月19日，社会与法制委在副主席蔡志生带领下，视察调研县社会治安工作情况。8月26日，文史委在副主席陈锦叶的带领下，对县城乡清洁工程实施情况进行专题视察调研。

8月27日，教科文卫体委在唐伟副主席带领下，就县生态旅游发展情况进行视察调研。10月21日，民族宗教和三胞委在副主席唐拾斤的带领下，围绕如何进一步促进县民族大团结课题到县高寒移民新村、三排镇连水移民新村和三排镇连水蚕桑养殖基地进行视察调研。12月30日，县政协召开九届十四次常委会议。与会人员实地视察红星移民新村、二广高速经过路段、县城高寒山区移民新村。

2011年7月8日，教科文卫体委员会在唐伟、潘康凯副主席带领下，视察调研县民族医药健康产业基地建设情况。7月15日，农林水委视察调研创建省级林业生态县情况。7月，社会法制委在副主席蔡志生带领下，视察调研地质灾害防治工作。9月，经济委在副主席唐海英带领下，视察调研县城规划建设及执行情况。文史资料委在副主席陈锦叶带领下，视察调研公共文化设施建设情况。

2012年5月，农林水工作组对县农村综合改革工作的开展情况进行专题视察，形成《关于视察我县农村综合改革工作的调研报告》；经济工作组对县食品安全监管问题进行专题视察调研，形成《关于对县食品安全监管工作视察的情况报告》。2012年7月，根据县委县政府的中心工作需要，县政协组成两个调研组，分别深入县二广高速沿线和大麦山地质灾害区域进行为期半个月的调研，形成《关于对二广高速公路连南段有关情况的调研报告》和《关于对大麦山镇地质灾害情况的调研报告》。2012年8月，县政协文史资料工作组到县文广新局视察文化体育惠民工程情况，形成《关于对县公共文化体育惠民工程建设情况的视察报告》。2012年8月29日，县政协社会与法制工作组到县公安局及三江镇维稳中心调研维稳、治安情况，形成《关于对县维稳治安问题视察的情况报告》。2012年9月25日，县政协教科文卫体工作组到县教育局调研校车问题，形成《关于对我县校车问题进行调研的情况报告》。2012年11月1日，民族宗教和三胞工作组对县产业园区建设工作情况进行视察调研，形成《关于对县产业园区建设工作视察的情况报告》。2012年11月8日，县政协提案工作组到县市政局召开提案办理工作调研座谈会，形成会议纪要。

2013年2月28日，副主席唐拾斤、唐海英、唐伟率经济工作组及县市政局、行政综合执法局、工商局、经信局等单位有关领导，到连山县学习市政建设及管理工作。6月27日，副主席唐拾斤率农林水工作组委员深入县林业碳汇林种植基地，视察森林碳汇林工程建设，围绕森林碳汇林工程建设情况积极建言献策。7月3日，副主席唐伟率县政协教科文卫体工作组委员到县民族小学，对该校饮、用水安全情况进行专题调研。

2014年8月5日，主席房坚一主持召开县政协课题调研工作会，要求调研组全体成员围绕"关于连南县林区农民生活出路问题""关于民族地区人才流失的对策"两个课题深入调研，认真分析，形成质量较高的调研报告。8月20日，主席房坚一、副主席唐伟率教科文卫体工作组视察调研县公立医院综合改革情况。9月18日，主席房坚一、副主席唐拾斤率民族宗教和三胞组视察二广高速公路连南段。10月17日，主席房坚一、副主席唐海英率经济工作组委员对县村民自治工作进行视察调研。10月24日，副主席唐拾斤率县政协农林水工作组对全县标准化农田水利建设情况进行视察调研。10月28日，副主席谢柏良率县政协社会和法制工作组到县法院、检察院，对全县司法改革工作进行视察调研。10月28日，提案工作组召开提案办理情况调研座谈会，先后听取县教育局、文广新局、市政局办理提案情况汇报。10月29日，副主席陈锦叶率县政协文史资料工作组到三排镇油岭村，对连南县古村落现状及保护情况进行视察调研。

2015年8月12日，副主席唐拾斤率教科文卫体工作组委员视察调研县城生活饮用水安全情况。10月28日，副主席陈锦叶带领提案工作组委员对农村道路安全管理工作进行视察调研。11月6日，副主席唐拾斤、唐海英率领经济组委员对三排镇、三江镇辖区的省道261线（水足塘至广东博物馆）拟建设为"瑶族生态文化长廊"进行视察调研。11月18日，副主席赖斌带领农林水工作组委员对县美丽乡村建设工作进行视察调研。12月18日，副主席唐拾斤带领民族宗教和三胞工作组委员视察三排瑶寨"云海花谷"建设项目，召开座谈会就县民营企业在发展过程中遇到的问题进行探讨。12月25日，邓建、陈锦叶带领文史工作组委员视察调研全县文物现状及保护情况。12月25日，副主席谢柏良带领社会和法制工作组委员视察调研基层组织建设情况。

2016年7月15日，县政协副主席赖斌率县政协农林水工作组委员到寨岗镇视察县中小河流整治工作。视察组先后到寨岗东升、万角、吊尾、石洋坑、安田和大麦山新寨等6段河堤进行视察。7月21日，县政协民族宗教和三胞工作组委员在县政协主席唐拾斤、副主席邓建的带领下，到寨岗镇山心茶叶基地进行实地视察调研。8月17日，县政协提案工作组委员在政协副主席陈锦叶率领下，视察调研县民族特色村寨建设保护与发展工作。8月24日，在县政协副主席邓建的带领下，县政协教科文卫体工作组委员对县初中教育资源情况开展专题视察调研。

第三节 考 察

2000年6月20至23日，县政协主席房卫民、副主席陈水金、唐国伟、莫济深及部分委员组成考察组，以"如何加快引进外资进程，发展外向型企业和如何办好农业龙头企业，推动农民脱贫奔康步伐"为内容，先后到阳山、佛冈、乳源三县，考察这三个县的外资企业和农业龙头企业的发展情况。

2002年4月，县政协主席房卫民率农林水工作组委员赴陆河县考察青梅种植情况，形成《关于政协委员考察陆河县青梅生产情况的报告》。

2007年5月8—10日，主席唐国伟带领政协机关人员，赴香港看望港籍县政协委员和考察学习。

2011年5月23—27日，副主席唐拾斤率机关党员赴革命圣地延安参观学习。

2012年11月—12月，根据县委、县政府中心工作需要，就县在征地搬迁工作中遇到的困难和问题，由陈锦叶、邓建两名副主席任组长，组成两个专题调研组，在深入县内调研的基础上，分赴粤北的乳源、翁源，粤东的东源、龙门，粤西的德庆、封开，广西的富川、八步进行考察学习。前后历时一个多月，对县内县外征地搬迁工作有了较为全面的了解，特别是兄弟县所介绍的好做法和成功经验，为连南更好地开展征地搬迁工作提供借鉴。形成《县政协关于征地搬迁工作的调研考察报告》。

2015年6月14—16日，县政协主席房坚一、副主席陈锦叶率各专业委员组成的考察组一行10人赴湖南怀化、贵州洛贯等地，行程近4千里，纵横广东、湖南、贵州、广西4省区，深入实地考察应用北大热解气化技术建设运行的垃圾热解气化厂，取得一手资料，为提高县城乡垃圾处理水平和效果提供崭新的工作思路。

2016年9月2日，县政协副主席唐海英一行到增城区调研考察新农村建设有关情况。

2016年9月22—24日，县政协副主席陈锦叶带领提案工作组委员和县民宗局负责特色村镇工作的相关人员，赴广西壮族自治区恭城县黄岭、门等、矮寨、红岩屯、三江县程阳桥、鼓楼学习考察少数民族特色村镇保护与发展工作。

第四节　反映社情民意

1953年—2016年，县政办先后收到群众来信328件，接待来访群众1101人次。对群众的来信来访，县政协认真对待，积极负责，注重倾听群众的呼声，主动反映社情民意，并通过提案或情况反映等形式，向县委、县政府及其有关部门反映，促进问题的解决，为构建和谐社会献策出力。

第一届委员会　通过发出《关于瑶汉间杉木纠纷处理办法》，解决杉木纠纷问题；通过全县上层老人会议协商，进行全面性调整太公田，解决了无地、少地瑶族群众的土地问题。

第二届委员会　共接待来信来访174件、525人次。协助政府和有关部门调查处理山林、土地等民事纠纷26宗；协助有关部门抓紧县台胞台属政策工作的落实，全县应落实的有21宗基本得到解决；对政协委员本身的政策落实全面进行检查，发现有10位政协委员经复查都先后得到了纠正；协助政府和有关部门调解处理民事纠纷8宗。

第三届委员会　协调政协委员的政策落实问题；协助韶关市政协做好到县食品厂、水泥厂、电机厂、纺织厂等单位的咨询服务工作；会同香坪、大坪、盘石三个区的山林纠纷进行半个月实地视察调研，对所发生的十二宗山林纠纷，做到能解决的当场协商解决，对难以解决的，则提出意见转有关部门研究处理；多次深入瑶区，大力协助解决政协委员董伯妙亲人后代骨肉团聚问题。接待美籍华人医生余海波偕同其亲属回乡探亲，其挥毫写下"故乡水甜人情好"的题词作留念，回美国后，来信将其在县城的一间房产产权出让以及1000元邮寄回来，捐赠给淳溪中学办学用；以提案形式，为原小商贩过渡人员赵东生落实政策，因赵的原单位合并，赵东生又已被解雇回湖南老乡，缺乏原始处理材料，后经政协协调县相关单位联合办案，为赵落实政策。

第四届委员会 促使县政府对大坪区爬车越货案件出现社会治安问题的解决；围绕"四个结合"（即结合经济建设，结合党的中心工作任务，结合群众迫切要求解决的问题，结合本地区、本部门工作实际），促使县科技、文化教育、农林、医疗卫生、财贸、环境保护、落实政策、经济改革、群众生活等方面问题的解决；促使做好政协委员本身的政策落实，促使华侨政策工作，重点是落实侨房的政策，全县共落实侨房33户，面积共22235平方米，深受海外华侨，港澳同胞的亲属的好评；促使做好全县知名人士政策的落实工作，根据政策规定，会同有关部门对知名人士何春帆的政策落实，客观的评价其功过，并为其墓碑举行揭幕仪式，何春帆亲属将落实房屋政策一万元人民币，捐给县淳溪中学作为奖学基金。

第五届委员会 围绕实现连南第二个战略目标献计出力，协助县十年规划与"八五"计划的制定和实施；促使共商连南科技兴农大事、发展连南县工业的一些看法和落实民族政策、依靠科技进步推动经济发展、加速连南县乡镇企业发展、加强海外联系做好三胞联谊工作专题意见和建议落实；促使财贸外经、科委办实业、乡镇企业、蚕桑生产发展工作落实；促使修改连南县引进外资优惠政策以及职业中学的发展规划实施；推动县科技进步，促进经济发展，召开"振兴连南经济"科技研讨会，促使县农业如何上好治山致富的三个台阶；如何办好县、乡、镇企业，发展资源型加工业；如何搞好横向联系，发展对外经济等政策制定实施；促使县规划发展十五万亩山楂基地；发挥委员作用，把濒临死火的京南兽药厂救活，并使这个厂获得了全国"七·五"星火计划银牌奖，有五个产品填补广东省的空白；委员直接或间接参与研制成功的全县十六个科技新产品中，有十二个产品，并大批量生产投放市场的。支持县科技协会，开展科技兴农一条街"活动；挖掘旅游资源，协助县委、县政府与港商良田公司合作，共同开发得天独厚的民族风情旅游业连南瑶族风情度假村，为四十周年大庆作出一份献礼；协助县委、县政府筹集资金2071万元，铺设县城柏油路街道和从县城到连接107国道的柏油路；协助落实新建县城汽车站，山联公路第一、第二期工程，筹建百斤洞公路；动员当地政协委员共同协作，与连山县一起扩建323国道黄洞路段；促使完成水竹塘到寨岗的柏油路段改造和铺设寨岗到寨南的水泥路面；促使继续完成山联公路第二期工程，以及323国道的鹿鸣关路段等；促使交通局投资25.7万元，建设4.05公里牛头岭公路建成通车；促使集资200多万元，兴建县城三层现代设施的新农贸市场交付使用；促使兴建县城老人活动中心；促使兴建县人民医院门诊大楼；促使县大麦山铜矿生活饮水问题，得到较好的解决。

第六届委员会 促使县制定扶贫攻坚政策措施，促使县制定关于进一步加强农村集体和农民负担的意见，促使有关部门对农村集体财务进行整顿，健全农村财务制度，减轻农民的负担。促使县纠正行业不正之风和加快个体私营经济发展措施得到落实，制止有关部门乱收费、乱罚款的行为，有效地保护企业的利益；促使县发展三高农业，打好脱贫攻坚战；促使县在抓好扶贫攻坚、人口迁移、个体私营经济发展、供销系统机制转换、"三资"企业和外贸发展、交通能源、城建及精神文明建设等各项工作方面的实施过程中，提出中肯的意见和建议；促使县在林区、半林区和石灰岩地区按照长、中、短结合和以乡一品的构思，提出全县农村贫困户解决温饱的主攻方向，并作出大力发展粮食生产、大力发展养殖业和大力发展积极作物的决策；促使县围绕"三高"农业基地建设，立足提高农村经济的整体效益，提出进行适度规模经营，建立以名、优、特为主的基地建设，如对无花果种植、加工、销售的建议；促使县农口、科委、科协和农产品流通部门，技术服务到户和产品流通到户，解决农村科技水平较低和农民担心产品卖不出去的情况，同样引起县委、县政府的重视问题；牵线搭桥，筹措资金，改善办学条件围绕加快教育事业发展，先后与香港基督教三自爱委员会、香港教育界等社会团体加强联系，支持连南发展教育事业，引进资金120万元，改建和新建校舍9栋，新添置一批教学仪器，帮助困难学生570名，有效第促进实现"普九"达标；促使引进资金改善高寒山区和石灰岩地区瑶族群众的生产生活条件，加快解决温饱步伐，配合县的大规模移民搬迁工作。与港澳扶轮社云大棉先生联系，捐资100多万元在大麦山镇兴建60多户的扶轮瑶族新村，促使筹资60多万元，在金坑乡兴建一个60多户人的高岭移民新村，改善居住在高寒山区的瑶族群众的生产生活条件；促使引进资金发展集体经济，通过与外商和国内外客商联系，先后引进资金350多万元，兴办经济项目6个，为乡镇和区脱贫达标作出了应有的努力；挂扶乡村，发挥政协机关效能，立足扶持发展生产力，指导帮助瑶族群众改变传统落后习俗。通过启发引导群众，挂扶的贫困户80%以上实现了猪栏水泥硬底化，过去以年只养一趟猪，现可养二至三趟，大大提高生产效率，解决以往瑶区多数是猪无圈、牛无栏，人禽混居，养殖水平底下状况，扎实开展"结对子"帮扶活动，机关干部职工捐资扶持40户贫困户，发展种养项目130多个，帮助解决生活用水和用电的困难，受到群众的好评。

第七届委员会 促使增加农民收入，对全县的青梅、蔬菜和蚕桑种植，个体私营经济的发展、农业和农村的问题、竹业龙头企业的状况以及民族旅游开发等，提出集中扶贫资金办好农业龙头企业和招商引资必须真正做好政策优惠，敢于让利等四条建议；牵线搭桥引资达360多万元，资助三排牛头岭小学、大坪中心小学、盘石中心小学等六个乡镇的17间学校建校和添置教学设备，扶助653名贫困生就学；促使旅台人员李毓燊投资200万元兴建连南中医院毓燊门诊部；促使世界宣明会投入153万元，为瑶族村民架设自来水、修桥、铺路和助学；促使旅台人员陈日源、陈建生捐资10万元开发三江猫公山景区；促使香港展能助学基金会、香港清远公会、中港汽车联合总会为连南妇幼保健所捐赠助医资金4万元。

第八届委员会 促使县委县政府重新制定招商引资政策，提出招商引资无闲人，层层有任务和压力、财政安排专项基金、政策一优再优、提供全方位优质服务等具体内容；连续跟踪监督社会关注的热点难点"三农"工作问题，促使县重点抓好蚕桑基地、柠檬基地、有机稻基地、蔬菜基地和鸡麻笋基地和新型农村合作医疗、农村小学收费、高中教育质量与职业技术教育发展、地方道路建设以及农村水利基础设施建设落实；联系基督教香港信义会、香港马鞍山扶苗之友会和香港敬文扶苗会筹措助学金210多万元，使2600多人次的贫困生圆上学梦。

第九届委员会 促使高寒山区自愿移民新村、县城污水处理厂、S262线等重点项目工程建成使用；推荐委员担任有关部门的特约监督员、行风评议员、人民陪审员；派员参加干部考察、工作检查，以及年度科学发展观考评、社会治安综合治理及信访责任制检查考评，发挥民主监督职能。促使招商引资、社会治安、工业园区、水利建设、文物保护、林业、城乡清洁工程、基础设施建设等方面工作落实；成功引进投资350万美元的兆业（连南）时装有限公司，并协助该企业购买县政府原划拨给东方玻璃厂闲置的土地进行二期建设；与县工商联等有关单位，引资1350万元扩建寨岗纳米碳酸钙厂；争取抗灾复产专项资金20万港元，用于抗灾复产；组织政协委员和机关人员捐资汶川特大地震、玉树大地震。联系争取花都区政协、香港普贤教育促进会、香港大埔七约乡公所、中山市东风商会等社会团体，捐资500多万元，助学、助教活动，改善县部分学校的教学条件，使数以千计的困难学生圆读书梦、大学梦；争取到400万元中医和妇幼保健专项补助资金，解决县医疗卫生存在问题。

第十届委员会 促使做大做强我县民族医药健康产业；加强食品安全

监管，确保公众饮食安全；加快推进人才强县战略，加大投入力度；促使推动县文艺的大发展大繁荣开展；推动打造"瑶族风情生态体验带"；促使大力发展绿色生态农业，加快农民增收工作开展；促使健全全县残疾人社会保障体系建设，民族特色文化旅游产业发展，加强村民自治能力建设，中小河流治理和教育资源配置等方面工作的开展和落实，促使县公共文化体育设施建设，古村落现状及保护，文物现状和保护工作实施；促使全县农村道路安全管理工作、县交警大队工作、少数民族特色村镇保护与发展工作落实；促使县民族小学学生用水、县城生活饮用水安全、校车安全问题、公立医院综合改革和初中教育资源整合工作落实；促使市场建设管理、食品安全监管、村民自治重心下移和建设精品民宿工作落实；促使县综治维稳、创建平安连南、司法改革、基层组织建设和村民自治能力建设工作落实；促使县产业园区建设、外资企业、二广高速连南段建设、三排瑶寨"云海花谷"项目和寨岗镇山心茶叶基地建设落实；促使县农村综合改革、森林碳汇林工程建设、标准化农田水利建设和中小河流治理顺利推进；促使县林农生活出路问题解决，落实大力发展林下经济政策措施；促使民族地区人才流失的问题，征地拆迁工作的困难和问题、二广高速沿线建设和大麦山地质灾害问题解决；引导和鼓励香港委员、珠三角委员在扶贫开发、助学、慈善、招商引资等方面做善事、办实事，促使林双来、李图明带动港区委员捐赠90多万元成立"连南青少年关爱基金"；促使林社权委员投资8000多万元兴建酒店；促使何杰常、霍福祥委员各捐资50多万元奖教奖学、修缮学校、慰问贫困户，还组织公司员工多批次到连南旅游观光；促使朱远光、谢柏秋、吴月明等委员参与慰问驻军、集资修路等活动，与其他委员一起，捐款捐物200多万元回报社会；通过政协渠道向上争取基本公共服务均等化政策，促使县人民医院门诊住院综合大楼缺口资金、医疗设备缺乏问题和瑶族博物馆升级改造缺口资金问题，分别得到省政协和省民族宗教委领导的支持，定向追加50万元少数民族发展资金和20万元的升级改造专项资金。

第十一届委员会 促使发展乡村旅游，建设精品民宿、加快连南县文化旅游产业发展规划措施落实；促使推进全县全面建成小康社会、加快绿色发展、特色发展规划实施；促使县打造"国家全域旅游示范区"的全域推进创建工作实施，编制《连南县全域旅游总体规划（2017—2030）》《连南县创建全域旅游示范区工作实施方案（2017—2018）》，明确全域旅游发展的目标任务、工作重点、实施措施；促使加大财政投入力度，每年计划安排预算500万元专项资金用于乡村公共服务设施建设,全力打造全域旅游发展新格局措施落实;促使加快推进"旅游+产业"融合发展,以云海花谷景区、《瑶颂·瑶族舞曲》等推进旅游重点项目建设;促使以节庆活动、瑶族歌舞走出去、音乐营销等模式,加大宣传推介,提升旅游品牌形象,有力推动全县"特色、绿色"民族文化旅游业发展;促使加快美丽乡村建设,县财政安排专项资金440.46万元,用于各镇基础设施建设、农村保洁员工资补助和农村生活垃圾处理工作经费;促使进一步做好连南县中小河流治理,结合美丽乡村建设,采取生态护岸、建设亲水设施的方案,投资4.2亿元,治理全县河床209公里,完成全部主体工程建设,实现"河畅、岸固、水清、生态"的治理成效;促使精准扶贫、加强县城道路交通标线的规范设置和管理、发展农村电商等措施落实。

第六章　参政议政

参政议政是人民政协履行职能的重要方式，也是党政领导机关经常听取参加政协的各民主党派、人民团体和各族各界人士的意见和建议，切实做好工作的有效方式。历届政协委员以饱满的政治热情，高度的政治责任感和无私的奉献精神，紧紧围绕县委和县政府的中心工作，针对经济发展和社会各项事业发展过程中的重大问题以及人民群众普遍关心的问题，深入调查研究，认真了解分析情况，积极撰写议政材料，并通过调研报告、提案等形式提出合理化意见和建议，促进社会主义民主政治的健康发展。

第一节　大会议政发言

1992年3月，县政协召开第五届委员会第三次会议，开始有大会议政发言，截至2016年11月县政协召开的十一届一次会议止，共有132篇大会议政发言。

1992年3月在县政协五届三次会议上，有13篇大会议政发言。

分别为：《对我县依靠科技进步推动经济发展的几点建议》（黄荣北）；《关于加强我县乡镇企业发展的几点建议》（唐伟）；《为振兴连南献爱心》（黄海耳）；《关于增加卫生事业建设经费投入的建议》；《要致富种果树》（唐日星）；《关于办好我县职业中学补贴性寄宿制民族班的建议》（黄择红）；《关于开发我县以沼气为主的农村能源的建议》（唐大其）；《加强对海外的联系，做好"三胞"联谊工作》（罗建堂）；《当好政协委员，为群众多办实事》（曾寿均）；《关于重视培养、选拔女领导干部的意见》(王慧筠);《请求帮助商、供、粮企业摆脱困境的一些建议》(房志林);《关于做好我县外贸工作的两点建议》(朱碧芬);《全社会都要重视引导青少年走正道》(邓保英)。

县政协第六届委员会第一次至第五次会议,共有34篇大会议政发言。其中:

1993年3月在县政协六届一次会议上5篇:《关于加快个体私营企业发展,促进山区经济的几点建议》;《要求县政府增加投入,加快我县一"无"三"配套"建设》;《在改革开放新形势下,更要做好"三胞"工作》;《我县普通教育亟待大力扶持》;《全面贯彻落实〈企业法〉和〈条例〉,还权于企业,增强企业活力》。

1994年3月在县政协六届二次会议上5篇:《对发展我县"三高"农业提几点建议》;《对我县教育工作的几点建议》;《对国有老企业改造问题的几点建议》;《全社会都来关心青少年健康成长》;《积极稳妥推进金融体制改革,促进经济发展》。

1995年3月在县政协六届三次会议上5篇:《促进我县个体私营企业发展的几点建议》(吴小玲);《关于搞好我县社会治安的建议》(龚晓鸣);《有关教育问题的二点建议》(潘希奋);《抓住机遇,充分发挥山区优势,大力发展"三高"农业》(唐大其);《帮助困难企业走出困境的建议》(罗锦凤)。

1996年3月在县政协六届四次会议上10篇:《加强我县文史资料征编工作的几点建议》(黄海耳);《认真总结经验,加快我县脱贫步伐的几点建议》(李比块八);《关于进一步加强农村集体财务管理和减轻农民负担的建议》(唐大其);《关于进一步落实社会治安综合治理工作的几点建议》(盘奉);《关于县酒厂扩大生产规模急需投入资金的建议》(房先敏);《关于在"九五"时期抓好计生工作的几点建议》(钟思东);《把我县精神文明建设提到更加突出地位的建议》(李国辉);《积极推进我县教师进修学校标准化建设的几点建议》(古坤明);《加大我县对台工作力度的几点建议》(谢财滔);《加快我县物价调控的几点建议》(蒋仪郎)。

1997年3月在县政协六届五次会议上9篇:《关于我县扶贫攻坚工作及开发对策的建议》(农林水工作组);《必须采取有效措施加快"初保"进程,确保我县如期实现初级卫生保健达标上等级的建议》(卫生工作组);《必须采取有效措施巩固和提高"普九"成果》(教育工作组);《关于进一步加强基层精神文明建设的建议》(科技文化工作组);《关于加强社会文化市场管理的建议》（科技文化工作组）；《关于减轻农民负担问题的建议》（农林水工作组）；《依法经营，依法谋利——我县国营企、事业单位在经济活动中存在的一些法律问题的建议》（政法群体工作组）；《科技兴县浅见》（科技文化工作组）；《关于发展"三高"农业政策要兑现的建议》（乡镇工作组）。

县政协第七届委员会第一次至第五次会议，共有22篇专委会或工作组大会议政发言。其中：

1998年3月在县政协七届一次会议上6篇：《关于农村脱贫致富的策略与措施建议》（农林水工作组）；《谨慎决策，强化管理，务求实效——关于我县山地开发的建议》（李国样）；《关于加大农村集体财务管理的力度，切实扭转混乱状况，把管理形成规范化、制度化、法制化的建设机制》（财贸外经工作组）；《关于加快我县县城规划建设的建议》（计划城建工作组）；《关于我县再就业工程的建议》（李莫六）；《切实抓好我县初级卫生保健达标工作的建议》（卫生工作组）。

1999年3月在县政协七届二次会议上4篇：《加大林业结构调整力度，再创林业经济新优势》（农林水工作组）；《关于进一步加强农业技术推广工作的建议》（科技文卫体工作组）；《巩固和发展我县个体私营经济的建议》（民族工商联工作组）；《发展我县旅游业的现实思考》（社会工作组）。

2000年3月在县政协七届三次会议上4篇：《吸取教训，创造经验，把龙头企业办好》（县政协农林水委员会）；《关于把我县个体私营经济的发展推向新阶段的建议》（民族工商联工作组）；《县城规划与建设的几点建议》（计划城建工作组）；《办好合作医疗的几点建议》（教育卫生工作组）。

2001年3月在县政协七届四次会议上4篇：《改善投资环境，吸收劳动密集型企业到我县安家落户》（政协经济委员会）；《调整优化农业结构，切实增加农民收入》（政协农林水委员人）；《增强城市意识，提高全民素质，争创文明县城》（科教文卫体委员会）；《关于集中使用好扶贫资金，重点扶持乡镇发展加工型企业的建议》（政协社会法制委员会）。

2002年3月在县政协七届五次会议上4篇：《我县农业面临的挑战及其对策》（政协农林水委员会）；《发展工业是强县富民的必由之路》（政协经济委员会）；《关于实施县城总体规划的几点建议》（社会法制委员会）；《关于中小学教师继续教育的思考》（科教文卫体委员会）。

县政协第八届委员会第一次至第四次会议，共有11篇委员或专委会议政发言。其中：

2003年3月在县政协八届一次会议上2篇：《全面建设小康必须重视农业问题》（农林水委员会）；《营造良好的综合环境加快工业化进程》（经济工作委员会）。

2004年3月在县政协八届二次会议上：《要加快连南经济发展步伐就必须加大招商引资的工作力度》（罗金财）；《关于加快县城文化设施建设步伐的建议》（房建文）；《加大工作力度，巩固和发展农村合作医疗》（周柏青）。

2005年3月在县政协八届三次会议上：《群策群力，努力改善我县招商引资的环境》（社会与法制委员会）；《加快地方公路建设，促进连南经济腾飞》（政协经济委员会）；《规范旅游行业管理，实现企业和社会双赢》（教科文卫体委员会）。

2006年3月在县政协八届四次会议上：《建设和谐连南必须正视和解决前进中的问题》（社会与法制委员会）；《积极培植税源，促进县域经济协调发展》（政协经济委员会）；《强化农村劳动者素质培训，促进富余劳动力转移就业》（教科文卫体委员会）。

县政协第九届委员会第一次会议至第五次会议，共有16篇专委会大会议政发言。

2007年1月在县政协九届一次会议上：《大力打造民族文化精品，积极创建旅游特色县》（社会与法制委员会）；《努力办好职业技术学校，为我县培养高素质人才》（教科文卫体委员会）；《发展连南民族经济的几点思路和建议》（民族宗教和三胞委员会）；《认真贯彻落实〈意见〉精神，切实发挥人民政协的职能作用》（文史委员会）。

2008年8月在县政协九届二次会议上：《加大民族文化遗产的抢救、保护和传承工作，建设特色文化县》（政协文史委员会）；《连南县建设社会主义新农村应注意的几个方面》（政协社会与法制委员会）；《加快我县柠檬产业发展的建议》（政协农林水委员会）。

2009年3月在县政协九届三次会议上：《关于加快"民俗文化圣地"和"世界瑶族文化艺术之都"建设步伐的建议》（文史委员会）；《加强引导培训，努力促进就业，确保社会持续稳定发展》（社会与法制委员会）；《关于推进我县水利建设的几点建议》（政协农林水委员会）。

2010年2月在县政协九届四次会议上：《采取有力措施解决我县人才流失的问题》（社会与法制委员会）；《加强集贸市场管理，提升连南休闲之都品位》（政协经济委员会）；《关于加强西北山综合管护的建议》（政协农林水委员会)。

2011年1月在县政协九届五次会议上:《加快科学发展,保进民族团结》(民族宗教和三胞委员会);《提升农业产业化水平,推进我县现代化农业发展》(政协农林水委员会);《关于我县生态旅游发展的建议》(教科文卫体委员会)。

县政协第十届委员会第一次至第五次会议,共有24篇专委会或工作组或各界别大会议政发言。

2011年11月在县政协十届一次会议上:《关于加快我县公共文化设施建设的建议》(县政协文史资料委员会);《提高调处工作实效,推进林权制度改革》(县政协农林水委员会);《关于做大做强我县民族医药健康产业的建议》(县政协教科文卫体委员会)。

2013年4月在县政协十届二次会议上:《加强食品安全监管,确保公众饮食安全》(县政协经济工作组);《完善社会治安视频监控系统保民安》(县政协提案工作组);《关于进一步加强我县党外领导干部培养选拔工作的建议》(县政协民族宗教与三胞工作组);《关于改善我县农村人居环境的建议》(县政协农林水工作组);《进一步提升县城民族文化品位的建议》(县政协教科文卫体工作组)。

2014年1月在县政协十届三次会议上:《关于加快推进人才强县战略的建议》(县政协经济工作组);《加强卫生技术人才队伍建设,促进医疗卫生事业健康发展》(县政协提案工作组);《关于进一步发挥村民小组长作用的建议》(县政协农林水工作组);《关于健全我县残疾人社会保障体系的建议》(县残联);《关于加快启动县民族体育中心规划建设的建议》(县政协文史资料工作组);《对我县农业可持续发展的建议》(县政协农林水工作组);《加强"两新"组织党建工作的建议》(县政协社会和法制工作组);《关于推动我县文艺繁荣发展的建议》(县文联);《关于加大对我县生态资源(产品)宣传推介力度的建议》(县侨联)。

2015年2月在县政协十届四次会议上:《强化农村道路管理,保障农民交通安全》(县政协提案工作组);《加大投入力度,推动我县文艺的大发展大繁荣》(县政协文史工作组);《发挥村民理事会作用,推动村民自治重心下移》(县政协经济工作组)。

2016年3月在县政协十届五次会议上:《升级天罗地网,强化管控能力》(县政协提案工作组);《关于加强县城生活饮用水安全的建议》(县政协教科文卫体工作组);《关于打造"瑶族风情生态体验带"的建议》

（县政协经济工作组）；《关于加强我县文物保护工作的建议》（县政协文史工作组）。

2016年11月在县政协十一届一次会议上，共有12篇工作组大会议政发言。《发展农村电商，推进精准扶贫》（县政协经济工作组）；《建设精品民宿，发展乡村旅游》（县政协经济工作组）；《关于加快推进我县民族文化事业发展的建议》（县政协教科文卫体工作组）；《关于加强乡镇敬老院机构队伍建设的建议》（县政协提案工作组）；《关于加快我县文化旅游产业发展的建议》（县政协文史工作组）；《关于扎实推进我县"农综改"工作的建议》（县政协文史工作组）；《关于进一步做好我县中小河流治理的建议》（县政协农林水工作组）；《关于提高村民自治能力建设的建议》（县政协社会与法制工作组）《加强我县少数民族特色村镇保护与发展工作的建议》（县政协提案工作组）；《加快培育和发展社会组织的建议》（县政协社会与法制工作组）；《对我县新时期精准扶贫开发工作的几点建议》（县政协农林水工作组）；《对我县茶叶产业发展的几点建议》（县政协民族宗教和三胞工作组）。

第二节　听取县委、县政府工作通报

县政协为使政协委员全面了解有关情况，更好地发挥参政议政的作用，定期或不定期邀请县委、县政府领导向政协委员通报全县工作情况。

1989年9月21日，县政协举行庆祝人民政协成立40周年大会，县委书记邓万社在会上讲话。

1993年1月15日，县政协召开新春茶话会，县委副书记房卫党通报全县过去一年所取得的成绩及当年工作计划。

1993年6月11日，县政协召开部、委、办、局负责人座谈会，学习全国政协章程（总纲）及县委贯彻政治协商、民主监督的实施意见、贯彻共产党领导多党合作条例的意见，以及有关开展对口协商的意见等文件，县委常委郭娟作关于全县开展学习的讲话。

1998年2月20日，县政协召开六届二十八次常委会议，县委书记雷广财、副书记蓝新福、县委常委房卫民应邀参加会议。雷书记宣读了市委关于连南县人大、政府、政协班子人选的意见；协商决定县政协七届委员会委员名额和人选安排等。

2004年9月23日，县政协召开庆祝中国人民政治协商会议成立55周年座谈会。县委常委、组织部长黄锦星受县委书记梁建文委托作讲话，副县长李伟陆代表县政府讲话。

2009年9月21日，在县政协会议室举行纪念中国人民政治协商会议成立60周年座谈会。县委常委、副县长李春益代表县政府向与会人员通报当前全县经济社会的运行情况。县委书记崔建军在讲话中要求县政协主动服务于全县发展大局，共同谱写好连南科学发展的新篇章。

2012年3月21日，县政协召开第十届香港委员座谈会，县委书记雷玉春，县长郑远平，县委常委、常务副县长邱金水，县委常委、统战部长黄伟峰，县政协副主席唐海英、谢柏良、邓建，秘书长房小亮，常务委员会委员，港区委员，县政协机关干部，团县委负责人参加座谈会。县长郑远平代表县政府向港区委员通报连南县学生就读情况。

2014年9月17日，县政协召开庆祝中国人民政治协商会议成立65周年座谈会。副县长李镜新通报全县经济社会的运行情况。

2016年6月12日，县政协召开连南珠三角商会联谊座谈会。

第三节 听取和讨论县政府工作报告

县政协委员在每年召开的全体会议期间，都列席县人民代表大会全体会议，听取和讨论县人民政府、县人民检察院、县人民法院、县经济和社会发展情况、县财政决算预算工作报告。随后，县政协将意见、建议转送县政府和有关单位。

1996年1月19日，县政协召开六届十七次常委会议，听取县政府通报1995年经济工作和实施《政府工作报告》的情况及1996年工作计划、评议1995年《政府工作报告》的实施情况和讨论协商县"九五"计划。

2016年11月17日，县政协召开第十届第十六次常委会议。听取县政府通报2016年经济工作情况，讨论《政府工作报告》（征求意见稿）。

第四节 县委、县政府领导与委员协商议政座谈会

一、县委书记约见政协委员座谈会

2008年4月7日下午，中共连南县委在县政协会议室召开书记约见政协常委座谈会，县委书记带领县委常委、县委、县政府办主任沈冬青，县委常委、宣传部长、统战部长李春益到会约见县政协常委，进行面对面的协商讨论。

座谈会上，县委书记首先代表县委、县政府向到会的政协常委通报继续解放思想学习讨论活动基本情况，并指出，会议是为推进全县解放思想学习讨论活动第二阶段重点工作，进一步理清全县经济社会又好又快科学发展新思路等问题进行的调研活动，希望各位政协常委积极建言献策。县政协主席唐国伟就如何继续解放思想，进一步提高政协工作水平提出意见：一是继续解放思想，更好地履行政协各项职能；二是继续解放思想，推进政协工作的机制创新；三是继续解放思想想，切实加强政协干部队伍建设。同时要求政协人要不断加强政治理论学习，为发挥职能作用提供思想保证；二要着力反映社情民意，切实发挥好桥梁作用；三要积极开展联谊，调研视察和民主监督工作；四要做好舆论宣传工作，进一步提高政协和委员的影响力。总之，要不断推进政治协商，民主监督，参政议政的规范化、制度化和程序化，为推进科学发展，建设和谐连南作出更大的贡献。与会常委发挥参政议政职能，根据各自会前的调查和了解到的情况，畅所欲言，各抒己见，气氛热烈，针对连南在科学发展中所遇到的突出问题和困难，进行认真讨论和建言献策，从中集聚破解发展难题的一些好办法、好措施。一是进一步弘扬"海纳百川、昂扬向上、团结拼搏、奋发有为"的"连南人精神"，提升连南人形象。通过开展多形式、多渠道的宣传活动，解决群众的陈旧观念问题。二是着力保障和改善民生，破解"三农"问题。密切党政群关系，大破"等、靠、要"思想。大力发展种养业，千方百计增加农民收入；创新扶贫方式，加大扶贫攻坚力度，大抓行

政村卫生站建设，建好房子，培训好医生，解决村民看病难、看病贵，使村民小病不出村能医好，防止因病返贫；同时，要帮助建设好100人以上自然村公路、桥梁，解决移民难，村民生产生活难的问题。三是加大招商引资力度，大力扶持民营经济发展。四是加大旅游资源开发力度，打造好瑶族风情旅游文化品牌，充分挖掘自然和人文旅游资源。开发连南"鹿鸣新八景"，扩大S261线至油岭公路，联通油岭至千年瑶寨景区公路，增加自然景观，使游客领略独一无二的排瑶风情，玩得好，留得住，加快"旅游名县"的建设步伐。五是大力打造瑶族特色文化品牌，推进第三产业发展。从"瑶"字上做文章，办好"广场文化"，对被国务院确定为国家首批非物质文化遗产代表作的"瑶族耍歌堂"和第二批非物质文化遗产代表作的"瑶族长鼓舞"这两个项目，要全面投入，精心打造为自治县的旅游文化品牌项目，发挥名牌效应作用等。与会政协常委还就有关经济、文化、社会和民生，切实做好统筹规划，资源整合开发，自然生态环境的保护和建设，社会治安整治等方面提出不少切实可行的意见和建议。县领导认真听取与会常委的意见、建议，并表示：这是一次讨论调研活动，靠一次座谈会不可能解决很多问题，政协应多为县委、县政府建言献策，县委、县政府将认真考虑和吸纳常委们的意见和建议，继续解放思想，积极推进自治县的各项工作。

座谈会由县政协主席唐国伟主持，副主席房坚一、唐拾斤、罗绍鉴、陈锦叶、秘书长赵翔辉及政协常委参加座谈会。

二、县长约见政协委员座谈会

2015年8月31日，在县政协会议室举办"纪念抗战胜利70周年"活动之《连南文史》（抗战专辑）出版座谈会。县长李春益、县政协副主席及委室领导、县政府办负责人、学生代表、文史工作者代表参加。与会者回顾连南抗战历史，牢记教训，表示要为实现中国梦而努力奋斗。座谈会结束后，县长李春益还约谈与会的县政协委员，听取大家对县政府工作的建议和意见。

第七章 提案工作

政协提案是政协委员和政协参加单位向政协全体会议或者常务委员会提出的、经提案审查委员会或提案委员会审查立案后，交承办单位办理的书面意见和建议。政协提案作为人民政协履行政治协商、民主监督、参政议政职能的重要方式，以方式灵活、内容丰富、程序规范、成效明显的特点和优势，为推进中国社会主义现代化建设、完成祖国统一、维护世界和平与促进共同发展这三大历史任务服务。提案的提出时间主要集中在政协全委会议期间，平时提案较少。县政协从一九八四年六月第三届委员会第一次会议起，开始设置提案审查委员会，开始办理提案。三十多年来，政协委员提出的提案不仅有相当的数量而且质量逐年提高，绝大多数提案都围绕全县工作大局提出问题和解决办法，较好地发挥了提案在解决事关大局和广大人民群众普遍关心的热点难点问题中的作用，为自治县的建设作出了积极的贡献。县政协还通过完善提案工作制度，推动政协提案工作的制度化、规范化、程序化。

第一节 提案征集

征集提案是整个提案工作的前提和基础。每年召开县政协全委会之前，提案委员会把书写政协提案注意事项及提案选题内容提纲印发到每个委员手中，使委员在撰写提案时，做到选题正确、言之有据、案情清楚、建议措施可行。在每年的全委会上，县政协常委会作提案工作报告，认真分析上一年度提案工作情况，提出新一年提案工作要求，指导委员围绕经济社会发展中一些前瞻性问题，人民群众关心的热点、难点问题等选择课题。鼓励委员深入调查研究，掌握实际情况。组织委员参加有关视察、调研、检查、评议等活动，向委员通报党委和政府中心工作，使委员充分知情参政，为写好提案创造条件。提案只能一事一议，实事求是，简明扼要，做到有情况、有分析、有具体的建议，书写字迹工整、清楚。委员提出的提案，由发起人作为第一提案人签名列于首位；以专门委员会或工作组名义提出的提案，由该组织负责人签名。提案按规定格式使用统一印制的提案纸或以电子文本的方式提交。

第二节　提案审查和处理

每届政协第一次会议成立提案审查委员会，负责第一次会议期间提案的审查工作，并向全体会议书面报告提案审查情况。第一次会议闭幕后，提案审查委员会作为提案委员会，在常务委员会和主席会议领导下，按照职责开展提案工作。由一名县政协副主席分管提案委员会，提案委员会负责处理提案的日常工作。

一、审查立案

审查立案是提案工作的一个重要环节。每年大会期间，及时收集提案，并召开提案委全体委员会议进行审查立案。对符合提案严肃性、科学性、可行性"三性"要求，主题鲜明，针对性强、建议措施可行的予以立案；凡涉及党和国家秘密、国家明令禁止、超越本县事权范围、中共党员对党内有关组织人事安排方面有意见、进入民事刑事行政诉讼及仲裁程序、属于学术讨论、为本人或亲属解决个人问题、宣传推介具体作品产品、指名举报、承办单位正在解决落实又重复提出、内容空泛没有具体建议的不予立案。提案审查完毕，由提案审查委员会或提案委员会形成提案审查报告，在全委会议上向全体委员报告提案工作情况。

二、提案处理

政协全体会议闭幕后一个月内，经审查立案的提案，将全部移交县人民政府并协商召开提案交办会议，主席或分管副主席出席交办会议，根据提案的内容和有关单位的职责分工确定承办单位和审议重点提案，向各承办单位提出办理要求。根据需要，提案办理分为独办和会办两种方式。提案只需一个单位单独办理的为独办；需两个以上单位办理的为会办；会办的，需确定一个单位牵头、其他单位协同办理。政协全体会议闭幕期间，委员提出的提案，由提案委员会审查立案后及时送县政府办公室转交有关单位承办。提案委员会对涉及全局或重大问题的提案，可以提请主席会议或常委会审议通过后，以建议案形式向有关方面提出。

三、历届提案审查立案情况

1984年—2004年间，收到提案1012件，立案994件，提案内容广泛，涵盖政治、经济、科技、教育、文化、体育、卫生、城建、交通等各个方面，委员们忧国忧民，为国为民之心跃然纸上。

县政协八届三次会议以前提案审查立案情况参见历届政协提案工作情况统计表。

县政协八届三次会议以来提案审查立案情况 收到提案43件，立案43件（其中专委会集体提案1件、个人提案42件）。

县政协八届四次会议以来提案审查立案情况 收到提案37件，立案37件。

县政协九届一次会议以来提案审查立案情况 收到提案35件，立案35件。

县政协九届二次会议以来提案审查立案情况 收到提案32件，立案30件，立案率为93.8%。

县政协九届三次会议以来提案审查立案情况 收到提案47件，立案47件。提出或参与提出的委员有193人次。经济建设方面提案5件，占10.6%；农林业和农村建设方面提案7件，占14.9%；教科文卫体方面提案7件，占14.9%；城市建设和管理方面18件，占38.3%；其中以专委会名义提出的集体提案1件。

县政协九届四次会议以来提案审查立案情况 收到提案33件，立案31件。经济发展方面提案2件，农林业和农村建设方面提案5件，市政建设和管理方面10件，人才培养提案2件，社会治安2件，旅游开发3件，招商引资1件，社会发展1件，供电管理1件，其他4件。

县政协九届五次会议以来提案审查立案情况 收到提案26件，立案25件。

第九届县政协委员提案审查立案情况 提交提案173件，经提案委员会审查，立案168件，立案率为97%。其中，涉及经济建设方面的36件，占 21.6%；农林水方面的 27 件，占 16.2%；市政方面的 39 件，占 23.4%；教科文卫体方面 29 件，占 17.4%；社会治安方面 13 件，占 7.8%；招商引资方面 9 件、旅游方面 8 件，分别占 5.4% 和 4.8%；其他方面 7 件，占 4%。

县政协十届一次会议以来提案审查立案情况　有 137 人次提出或参与提出提案 31 件，经审查立案 30 件。其中，各界别集体提案和各委组提案 8 件。按类别划分，农林水方面 6 件，科教文卫体方面 10 件，市政及环保方面 8 件，综合、政法、劳动人事方面 6 件。

县政协十届二次会议以来提案审查立案情况　有 79 人次提出或参与提出个人或联名提案 38 件，各工作组提出集体提案 7 件，经审查共立案 43 件。从提案的内容来划分：农业农村建设（包括水利、城防工程）方面 7 件，市政建设管理方面 7 件，交通建设管理方面 3 件，劳动保障和人事方面 5 件，住建环保方面 4 件，综治维稳方面 4 件，文化教育卫生和食品安全方面 9 件，其他方面 4 件。

县政协十届三次会议以来提案审查立案情况　有 46 人次提出个人或联名提案 31 件，各工作组提出集体提案 8 件，共收到提案 39 件。经审查共立案 34 件，其中委员个人或联名提案 26 件，集体提案 8 件。从提案的内容划分，农业和农村建设方面 4 件，人才建设和党建工作方面 3 件，文化体育方面 5 件，教育方面 3 件，住建环保方面 2 件，市场建设管理方面 3 件，交通公路方面 2 件，市政建设方面 4 件，其他方面 8 件。

县政协十届四次会议以来提案审查立案情况　有 49 人次提出个人或联名提案 24 件，各工作组提出集体提案 6 件，收到提案总数为 30 件。经审查共立案 27 件，其中委员个人或联名提案 22 件，集体提案 5 件。从提案的内容划分，农业和农村工作方面 7 件，文教卫生旅游方面 6 件，交通公路方面 3 件，市政建设管理方面 6 件，其他方面 5 件。

县政协十届五次会议以来提案审查立案情况　收到提案总数为 33 件，经审查共立案 25 件，不予立案 8 件。

第十届县政协委员提案审查立案情况　提交提案 178 件，内容涉及经济、文化和社会生活的各个方面，提出许多意见和建议。经审查，立案 159 件。

县政协十一届一次会议委员提案审查立案情况　收到提案总数为 31 件，经审查共立案 25 件，不予立案 3 件。

第三节 提案办理

提案办理由承办提案单位根据国家法律、法规和政策规定办理提案，并将办理情况和结果书面答复提案者，提案办理是提案工作的中心环节，办理结果是提案涉及意见和建议采纳情况的真实反映，是提高委员满意度的关键。

一、办理提案

县政协常委会把提案督办作为重要工作来抓，主席会议听取提案工作情况汇报，协调提案办理。对政协全体会议及闭会期间提出并确定立案的提案，县政协提案委员会及时转交县政府办公室，再由县政府办公室分别转交有关单位承办。

县委、县政府重视提案办理落实工作，成立由常务副县长或副县长任组长的提案办理工作领导小组及相应机构，及时召开提案交办工作会议，县政府办公室作出做好政协提案办理工作的具体要求，发至各承办单位。

承办单位把办理提案工作纳入议事日程，提案承办单位一把手作为提案办理的第一责任人，分管领导亲自抓好办理工作的落实，确定办理工作部门和人员，加强与有关部门、政协提案委员会及提案者的沟通和联系，对提案答复意见审核把关。承办单位在接到提案之日起，按政府规定的时间完成办理工作；因办理情况复杂或暂时受客观条件限制确需延长办理时间的，征得交办单位和县政协提案委员会同意，一般延期不得超过两个月。对提案中提出的问题，凡应解决且有条件解决的抓紧解决；应解决但因各种原因暂时未能解决的制定计划，逐步解决；对确定不可行的，实事求是地向提案者讲明情况，做好解释工作。

承办单位对独办提案直接答复提案者；对会办提案在收到提案一个月内与主办单位沟通，并在两个月内将会办意见函告主办单位，由主办单位综合会办单位意见后答复提案者。答复及会办意见按照规范的行文格式同时抄送县政府办公室和县政协提案委员会，并向提案者寄（送）办理情况征询意见表。县政府在当年提案办理工作完成后，向县政协常委会通报提案办理情况。县政协常委会在全委会议上就提案征集、立案、交接、办理、协调、信息反馈、落实及经济社会效益,以及优秀提案和承办提案先进单位推荐等情况以书面形式向全体委员会作出报告。

二、历届提案办理情况

1984年—2004年间,立案的994件,绝大部分经过承办单位的认真办理,所提问题得到很好或较好解决,产生了显著的经济效益和社会效益,特别是在各级党委、政府贯彻执行上级政策,制定本县规划,减少决策失误,解决群众关心关注的问题中,起到重要作用。

县政协八届三次会议以前提案审查立案情况参见历届政协提案工作情况统计表

县政协八届三次会议以来提案办理情况　立案的43件,到2005年12月底,全部办复,办复率100%。办理结果为三个方面:所提意见建议和问题已经得到解决的10件,占23%;所提问题和意见建议计划落实和正在落实的10件,占23%;所提问题和意见建议由于条件所限未能解决或暂时未能解决的23件,占54%。

县政协八届四次会议以来提案办理情况　立案的37件,到2006年12月30日止,全部办复。

县政协九届一次会议以来提案办理情况　立案的35件提案。到2007年12月30日止,全部办复。其中提出的建议得到采纳,问题已经解决或列入计划准备解决的提案29件,占82.9%;因条件所限,一时确实难于解决的或有待今后解决的提案6件,占17.1%,承办单位实事求是地向委员作了解释。

县政协九届二次会议以来提案办理情况　立案的30件提案全部办复。其中,所提问题已经得到解决或落实的有21件,占立案提案总数的70%;被有关方面纳入各类规划、计划或转化为政策正在组织实施的有3件,占立案提案总数的10%。对暂不具备条件解决的提案,有关承办单位作了解释和说明。

县政协九届三次会议以来提案办理情况　立案的47件提案全部办复。所提意见和建议已经解决或基本解决的30件,占提案总数的63.8%;所提问题正在解决或列入计划逐步解决的6件,占12.8%;被有关方面纳入各类规划、计划或转化为政策正在组织实施的有3件。

县政协九届四次会议以来提案办理情况　立案的31件提案全部办复。所提意见和建议已经解决或基本解决的22件，占提案总数的71%；所提问题正在解决或列入计划逐步解决的5件，占16.1%；因各种原因对暂时不具备条件解决的提案4件，占12.9%。对那些暂不具备条件解决的提案，有关承办单位作解释和说明。

县政协九届五次会议以来提案办理情况　立案的25件提案全部办复。

第九届县政协委员提案办理情况　经提案委员会审查，共立案的168件，经过承办单位的认真办理，委员提案均以100%有效办理，并100%予以办复，办复满意率达94.8%。其中，条件成熟已获得解决或列入计划准备解决的占93.6%；因条件限制暂时难以解决的，承办单位都能与相关政协委员联系，主动沟通解释；未达立案条件的委员建议，也以委员来信的形式，转送相关单位研究处理。

县政协十届一次会议以来提案办理情况　经审查立案的30件提案100%得到办理答复，所提问题已经得到采纳的共24件，占立案提案总数的80%，其中落实的有11件，占36.7%；被有关方面纳入各类规划、计划或正在实施的有13件，占43.3%。对暂不具备条件解决的提案，也都作了解释和说明。未立案的1件提案，已将其作为委员来信转有关部门研究处理。

县政协十届二次会议以来提案办理情况　经审查立案的43件提案100%得到办理答复。提案所提问题已经得到采纳的共33件，占立案总数的76.7%，其中落实的有22件，占51.1%；被有关单位纳入各类规划、计划正在实施的有11件，占25.6%。暂不具备条件目前不能解决的提案有10件，占23.3%，承办单位都作了解释和说明。未立案的2件提案，已将其作为委员来信转有关部门研究处理。

县政协十届三次会议以来提案办理情况　立案的34件提案100%得到办理答复。其中提案所提问题已经得到全部落实的共9件，占立案总数的26.5%；提案所提问题被有关单位纳入各类规划、计划正在实施的有15件，占44.1%；暂不具备条件目前不能解决的提案有10件，占29.4%。

县政协十届四次会议以来提案办理情况　截至2015年12月中旬，立案的27件提案全部得到办复。提案答复满意率100%。提案所提问题已经得到落实或被有关单位纳入各类规划、计划正在实施的有22件，占立案总数的81.5%。暂不具备条件，目前不能解决的提案有5件，占立案总数的18.5%。

县政协十届五次会议以来提案办理情况　立案的25件提案全部得到办复，提案答复满意率100%。

第十届县政协委员提案办理情况 共提交提案178件，经审查立案159件，提案办复率为100%。提案所提问题已经解决或采纳的共76件，占立案总数的48%；列入计划或拟采纳的有48件，占立案总数的30%；暂时不具备条件解决的提案有35件，占立案总数的22%。

第十一届一次会议县政协委员提案办理情况 经审查立案的28件提案100%得到办理答复，提案答复满意率100%。未立案的3件提案，已将其作为委员来信转有关部门研究处理。

历届县政协提案工作情况统计表

表7—1

届数	提案数量			办理情况								表彰情况	说明
	收到件数	立案件数	作来信处理数	办复件数	%	已落实件数	%	部分落实件数	%	因条件限制不能落实件数	%		
第三届委员会	110	110		110	100	48	43.6	30	27.3	32	29.1	1998年3月的县政协全体会议开始，不定期对评选出来的优秀提案和承办提案先进单位进行表彰。	
第四届委员会	119	119		119	100	42	35.2	24	20	53	44.8		
第五届委员会	219	210	9	210	100								
五届一次会议	102	95	7	95	100	30	31.6	45	47.4	20	21		
五届二次会议	58	56	2	56	100	32	57	7	12.5	17	30.5		
五届三次会议	59	59		59	100								
第六届委员会	250	249	1	249	100	231	92.8	10	4	8	3.2		
六届一次会议	55	55		55	100	21	40	8	14.5	26	45.5		
六届二次会议	35	34	1	34	100	8	23.5	14	41	12	35.5		
六届三次会议	54	53	1	53	100	36	68	7	13	10	19		
六届四次会议	60	60		60	100	23	39			37	81		
六届五次会议	46	46		46	100								

续上表

届 数	提案数量			办 理 情 况								表彰情况	说明
	收到件数	立案件数	作来信处理数	办复件数		已落实件数		部分落实件数		因条件限制不能落实件数			
				件数	%	件数	%	件数	%	件数	%		
第七届委员会	220	213	7	205	90.2	90	43.9	97	47.4	18	8.7		
七届一次会议	65	65		65	100	31	48	21	32	13	20		
七届二次会议	44	42	2	42	100	16	38	26	62				
七届三次会议	55	54	1	51	94	24	47	27	53				
七届四次会议	29	29		24	82.8	8	33.3	16	66.7				
七届五次会议	27	23	4	23	100								
第八届委员会	174	173	1	173	100	33							
八届一次会议	49	49		49	100	5	10.2	10	20.4	34	69.4		
八届二次会议	45	44	1	44	100	28	64	12	27	4	8		
八届三次会议	43	43		43	100	10	23	10	23	23	54		
八届四次会议	37	37		37	100								
第九届委员会	173	168	5	168	100								
九届一次会议	35	35		35	100	29	82.9			6	17.1		
九届二次会议	32	30	2	30	100	21	70	3	10	6	20		
九届三次会议	47	47		47	100	30	63.8	9	10.2	8	17		
九届四次会议	33	31	2	31	100	22	71	5	16.1	4	12.9		
九届五次会议	26	25	1	25	100								
第十届委员会	115	107	8	107	100								

续上表

届数	提案数量			办理情况								表彰情况	说明
	收到件数	立案件数	作来信处理数	办复件数		已落实件数		部分落实件数		因条件限制不能落实件数			
				件数	%	件数	%	件数	%	件数	%		
十届一次会议	31	30	1	30	100	24	80			6	20		
十届二次会议	45	43	2	43	100	33	76.7			10	23.3		
十届三次会议	39	34	5	34	100	9	26.5	15	44.1	10	29.4		
十届四次会议	30	27	3	27	100	22	81.5			5	18.5		
十届五次会议	33	25	8	25	100	12	48	9	36	4	16		
第十一届一次会议	31	28	3	28	100								
合计	1474	1429	45	1421	99.4								

第四节　重点提案

重点提案是政协委员、政协参加单位围绕党委、政府中心工作，人民群众切身利益和社会普遍关注的热点和难点问题提出，反映问题准确，分析问题客观，建议合理，操作性强，通过办理取得明显成效，对经济社会发展具有重要推动作用的提案。重点题案包括县委、县政府主要领导亲自督办提案。县委办公室、县政府办公室会同政协办公室、县政协提案委员会做好督办的联络、协调和服务、跟踪落实工作。重点提案主办单位牵头，与会办单位建立办理工作联系协调机制，制定办理工作方案，采取召开协商座谈会、实地考察、专题调研等形式，力求取得实效。交办单位和承办单位根据县政协主席会议意见，进一步完善办理措施，按督办领导的要求抓好落实，形成办理答复意见，报牵头督办的领导审批后，正式答复提案者。

一、县党政主要领导督办提案

第十届委员会，县党政主要领导督办提案共 10 件。十届一次会议上，县委主要领导在《关于做大做强我县民族医药健康产业的建议》上阅批；县政府主要领导在《关于加快我县公共文化设施建设的建议》上作了批示；均得到较好落实。十届二次会议上，县委、县政府主要领导分别在《进一步提升县城民族文化品位的建议》《关于完善社会治安视频监控系统保障民众安全的建议》上作出批示，选为重点提案办理，使所提的一些问题得到较好的解决。十届三次会议上，县委、县政府主要领导分别在《关于加快推进人才强县战略的建议》《关于健全我县残疾人社会保障体系的建议上》作出了批示，选为重点提案办理。十届四次会议后，县委、县政府主要领导分别在《发挥村民理事会作用，推动村民自治重心下移》《关于完善县城街道牌和门牌号的建议》上作出批示，作为重点提案办理。十届五次会议后，县委、县政府主要领导分别在《关于加强县城生活饮用水安全的建议》《关于加强我县文物保护工作的建议》上作出批示，选为重点提案办理。

二、县政协领导督办提案

第九届委员会，县政协主要领导督办提案 5 件。2010 年，县政协主要领导在《关于抢修联红村水渠等设施的建议》上批示，并由分管领导带队，会同提案承办单位领导、提出提案的委员、工程施工方代表和村委干部等，对提案办理进行现场办公，使委员提出的建议得到及时采纳，提出的问题得到较好解决。

第五节 建议案

建议案是人民政协全体会议、常委会议、主席会议就全县经济社会发展中重大问题、人民群众普遍反映社会热点、难点问题，依照《中国人民政治协商会议章程》赋予的职能，向县委、县政府专门提出的重要提案。县政协自成立至今，根据各个社会时期的不同情况，及时提出建议案，为党委、政府决策提供有参考价值的依据，并促进地方一些重大问题的解决。有关建议案如下：

2003年5月16日，向县委、县政府提交《政协连南瑶族自治县委员会主席会议关于扎实办好三排南岗两镇油茶基地的建议案》。

2004年6月14日，向县委、县政府提交《关于把握好我省实施大文化建设机遇加快我县"四馆"建设的建议案》（2004年6月11日县政协八届十一次主席会议通过）。

2005年7月8日，向县委、县政府提交《关于当前招商引资工作应注意的几个问题的建议案》（2005年7月8日县政协八届十九次主席会议通过）。县委于8月22日《关于当前招商引资工作应注意的几个问题建议案的答复》。

2006年10月23日，向县委、县政府提交《县政协主席会议关于办好县职业技术学校的建议案》。

2009年11月19日，县政协召开九届九次常委会议。县政府副县长盘建梅到会听取对连南县学校治安问题进行议政的情况。听取各专委完成视察调研后的汇报。会后将连南县学校治安问题形成建议案上报县委，得到县委主要领导的充分肯定。

第六节　优秀提案

为了发挥提案在履行人民政协政治协商、民主监督、参政议政职能中的作用，调动政协委员撰写提案和承办单位办理提案的积极性、提高提案的质量，自县政协七届一次会议以来，不定期对优秀提案在全委会进行表彰。

1998年—2016年，县政协共表彰（或通报表扬）63件优秀提案。优秀提案及提案者如下：

一、县级优秀提案

1993—1997年度（6件）：（1998年3月县政协七届一次会议表彰）：

《关于要求把广场划给三江小学管辖的建议》（盘建梅）、《发展"三高"农业必须有面积作保证》（蒋绍勤）、《关于把"普九"工作摆上政府议事日程的建议》（黄择红）、《建议加大打击力度，确保全县人民群众人身生命安全》（唐沙八妹）、《关于如何解决我县科技兴教的建议》（黄玉琼）、《关于提高代课教师的建议》（张耀和）。

1998—1999年度（6件），（2000年2月县政协七届三次会议表彰）：《关于禁止偷砍林木，保护西北山绿化的建议》（刘似推）、《关于请求县政府、卫生局支持我院购买CT款项的提案》（罗锦凤）、《关于发展完善农村合作医疗的建议》（王群英）、《关于加强街道车辆管理的建议》（李担布）、《把巩固"普九"工作提到政府工作的议事日程上来的提案》（班朝森）、《发展我县旅游的现实思考》（政协社会工作组）。

2000—2002年度（8件），（2003年3月县政协八届一次会议表彰）：《关于修好县民族中学大门口至兰丰酒店屋角路段的排水沟，防止洪（污）水横流影响行路的建议》（房卫民）、《关于解决连南民族中学高中师资缺乏问题的几点建议》（黄沛祥等九位委员）、《关于请求县政府拨款翻修我院住院部的提案》（罗锦凤）、《整治旧城街道水沟，改善居民生活环境的建议》（沈利华）、《维护生态平衡，确保可持续发展的建议》（李担布）、《尽快建立法律援助中心的建议》（龚晓鸣、邵富亮）、《关于如何解决我县垃圾污染的建议》（吴东明）、《创造旅游县市，保护自然环境，整治三江河，还连南一道靓丽风景线》（王少敏等四位委员）

2003年度（4件），（2004年3月县政协八届二次会议表彰）：《要求拨款维修三江河堤，确保三江群众的生产和生命安全》（刘存瑛）、《为弘扬中华文化优良传统，推进学校素质教育，建议科教局每年组织全县中小学幼儿书画大赛》（黄沛祥）、《关于电机厂噪声问题的提案》（房秀英、唐海英）、《关于重视公共厕所建设的提案》（房秀英、唐国伟）。

2004年度（5件），（2005年3月县政协八届三次会议表彰）：《关于构筑绿化防火林带保护县城西北山的生态公益林的建议》（房卫民）、《关于农贸市场设置公称的建议》（李泽光）、《建议修一条水泥人行道通向景点猫公山的山顶》（黎水佛）、《加大我县农村劳动力转移就业工作力度》（缪日明）、《关于整治三江河堤大排档占道经营的建议》（房海春）。

2005年度（3件），（2006年3月县政协八届四次会议表彰）：《关于改造西北山森林公园林种结构的提案》（廖水意）、《关于在顺德文化广场和汽车站前面"十字路口"修建减速带的建议》（黎水佛）、《关于加大我县农村贫困户就业扶贫工作力度的提案》（缪日明）。

2006年度（2件），（2007年1月县政协九届一次会议表彰）：《关于要求架设电话线路的提案》（县政协教科文卫体委）、《关于要求解决连南民族小学师生饮用水问题的提案》（黄芷君等九位委员）。

2007年度（3件），（2008年8月县政协九届二次会议表彰）：《关于规范三江河道采砂的建议》（李国兴、邵艳云）、《关于在农村开展沼气建设的建议》（钟学文）、《要求整治汭发毛织厂周边环境的建议》（谭春生）。

2008年度（3件），（2009年3月县政协九届三次会议表彰）：《关于建议整治三江河堤绿化造林，营造一河两岸更加靓丽的风景线》（王少敏、江伟兰等委员）、《南门大桥交通规划建设迫在眉睫》（房海春）、《关于人才工作的几点建议》（禤名立）。

2009年度（3件），（2010年2月县政协九届四次会议表彰）：《关于加快三江河堤休闲配套设施建设的建议》（县政协提案委）、《发展连南经济，构建和谐社会》（李红霞）、《关于整治县城老街道和市场经营秩序，进一步繁荣民族经济的建议》（骆伟剑）。

2010年度（3件），（2011年1月县政协九届五次会议表彰）：《关于优化青少年成长环境的几点建议》（唐勇忠等七位委员）、《关于进一步改善县城街道卫生状况的建议》（李玉云等五位委员）、《关于抢修联红村水渠设施的建议》（禤名立）。

2011年度（3件），（2011年11月县政协十届一次会议表彰）：《关于加强对我县私立幼儿园规范管理的建议》（林丽群等十一位委员）、《关于加强青少年绿色上网的建议》（黎艳霞等八位委员）、《应禁止送葬时沿街撒纸钱、放鞭炮》（禤名立等四位委员）。

2012年度（3件），（2013年4月县政协十届二次会议表彰）：《关于加快我县公共文化设施建设的建议》（李国兴等十二位委员）、《关于挖掘、征集和抢救民族文化档案资料的建议》（曾金旺）、《关于重视农村"留守儿童"心理健康教育的建议》（刘存瑛）。

2013年度（5件），（2014年1月县政协十届三次会议通报表扬）：《关于加快推进"两不具备"村庄搬迁安置工作开展的建议》（贾铁军）、《关于改善乡镇公务员流失状况的建议》（潘木祥）、《关于进一步加强我县党外领导干部培养选拔工作的建议》（县政协民族宗教和三胞工作组）、《关于完善社会治安视频监控系统保障民众安全的建议》（县政协提案工作组）、《关于改善我县农村人居环境的建议》（县政协农林水工作组）。

2015年度（6件），（2016年3月县政协十届五次会议通报表扬）：《发挥村民理事会作用，推动村民自治重心下移》（经济工作组）、《关于完善县城街道牌和门牌号的建议》（陈海光等两位委员）、《关于关爱农村留守儿童的建议》（王依灵等十二位委员）、《关于推进我县公立医院改革的建议》（教科文卫体工作组）、《强化农村道路管理，保障农民交通安全》（提案工作组）、《关于要求进一步完善水圳铺盖的建议》（房二妹委员）。

二、市级优秀提案

2003年6月25日，市政协连南工作组在市政协三届四次会议上提出的《关于解决107线（即清远一级公路）连南引线路口交通事故逐年上升问题的建议》的提案，被市政府、市政协评为优秀提案，受到表彰。

2014年度（2015年1月市政协六届四次会议表彰）：《关于加快推进民族自治县人才强县战略的建议》（连南工作组）。

2015年度（2016年2月市政协六届五次会议表彰）：连南工作组提出的《关于帮助连南县解决人才流失问题的建议》（连南工作组）。

第七节 承办提案先进单位

为鼓励政协提案承办单位求真务实、开拓创新，提高提案的办理质量，自县政协第七届委员会以来，不定期对承办提案先进单位在全委会上进行表彰。2003年4月15日，县政府办、县政协办联合下发{2003}9号《关于印发〈开展评选表彰优秀提案和承办提案先进单位活动的办法〉（试行）的通知》，明确优秀提案和承办提案先进单位的条件、评选的时限、范围和方法，以及表彰奖励办法，表彰工作逐步规范。2014年改为通报表扬，2015年根据有关规定，取消表彰活动。

1993年至2013年度，先后有县政府办、县教育局、县公安局、县水利局、县林业局等15个单位共41次被评为承办提案先进单位（详见承办提案先进单位名单）。

承办提案先进单位名单：

1993—1997 年度：县政府办　县教育局　县公安局
2000—2002 年度：县政府办　县水利局　县林业局　县农业局
　　　　　　　　县交通局　县科教局
2003 年度：县政府办　县水利局　县市政局
2004 年度：县政府办　县市政局　县劳动和社会保障局
2005 年度：县政府办　县劳动和社会保障局　县林业局
2006 年度：省电信有限公司连南分公司　县林业局
2007 年度：县公路局　县农业局　县规划市政局
2008 年度：县科技教育局　县社会保险基金管理局　县水利局
2009 年度：县规划市政局　县卫生局　县文化体育广电新闻出版局
2010 年度：县委县政府办公室　县规划市政局　县公安局
2011 年度：县民政局　县教育局　县人力资源社会保障局
2012 年度：县文化体育广电新闻出版局　县教育局　县市政局
2013 年度：县住房城乡规划建设局　县卫生和计划生育局　县市政局

第八章　文史工作

文史资料工作是周恩来总理倡导而发展起来的，人民政协的文史资料工作既是学术工作，又是爱国统一战线工作的重要组成部分，也是一项促进祖国大团结大统一、建设社会主义精神文明并惠及后代的重要工作。政协章程规定：中国人民政治协商会议全国委员会和地方委员会根据统一战线组织的特点进行关于中国近代史、现代史资料的征集、研究和出版工作。根据这一规定，县政协如实反映历史的本来面目，做到为巩固和扩大爱国统一战线服务、为历史研究和历史教学服务、为建设社会主义精神文明服务"三个服务"。县政协1985年设立"文史资料研究委员会"，对连南的史料开始进行征集、整理和出版。文史工作逐步完善，成为政协工作的重要组成部分。

第一节　史料征集

征集史料是做好文史资料工作的基础，坚持做到广征博采、实行全面征集和专题征集相结合，全面征集举凡连南政治、经济、军事、文教、科技、华侨、民族、宗教和社会生活等方面史料，专题征集根据连南的历史特点，征集近代、现代发生的某些重大历史事件和重要历史人物的活动情况。征集史料范围以征集近、现代史的史料为主，内容包括连南少数民族情况、连南人民革命斗争史料、连南历史文献和历史人物的介绍、连南解放后各行各业的建设发展和经验教训以及重大事件和长期奋战建设山区的名人志士记述等。体现亲历、亲见、亲闻的"三亲"史料要求。

在处理稿件上，对来稿未采用的，予以保存。对已采用稿都给予适当的稿费。对文史资料的征集出版经费由县政府纳入财政预算。对于重要的历史人物和重大政治历史事件的史料，组织力量进行调查考证和综合整理，做到史料真实。建立审稿制度，凡是要登的稿件，先由县政协机关文史工作干部定（选）出初稿、提出意见，再交由编辑小组审阅整理，最后由主管文史工作的副主席或主席会议审定。

第二节　史料编辑出版

连南县政协1985年设立文史资料研究委员会，负责连南史料征集、整理和出版工作。到2015年12月底止，出版《连南文史》共十五辑，约60多万字。

1985年，编辑出版《连南文史》第一辑，收录文章10篇（含创刊词、征稿启事2篇）。

1986年，编辑出版《连南文史》第二辑，收录文章12篇；1986年12月，编辑出版《连南文史》第三辑，收录文章13篇；1987年底，编辑出版《连南文史》第四辑，收录文章24篇。

1988年，编辑出版《连南文史》第五辑（排瑶史料专辑），收录文章13篇。

1989年，编辑出版《连南文史》第六辑，收录文章17篇。

1990年，编辑出版《连南文史》第七辑，收录文章12篇，7万多字。

1993年，编辑出版《连南文史》第八辑，收录文章13篇，3万多字。

1994年，编辑出版《连南文史》第九辑，收录文章12篇，重点是反映原国民党将领李楚瀛在抗日战争时期的事例史料。

1996年8月，编辑出版《连南文史》第十辑，收录文章11篇，7万余字。

2001年5月，与县水利局、供电局联合编辑出版《连南文史》第十一辑（水利水电专辑），分类为"建制往事""水利建设""江河整治""蓄水纪事""骨干水电站工程""电力工程""往事回眸""文史考证""抗洪谱""人物篇"等10章，收录文章38篇，20多万字，时任县长房卫党作"后记"。

2006年12月，文史委编辑出版《连南文史》第十二辑旅游业专辑。全辑有38幅彩图，县政协第八届委员会主席房卫民作序，全书分瑶山风光、民族风情、景区景点建设及其他三大部分，17篇文章，约六万六千多字。此专辑图文并茂，史料翔实，受到社会各界的赞赏。

2008年12月11日，县政协召开文史工作座谈会。主席唐国伟、副主席陈锦叶参加。会议传达全市文史工作会议精神，并研究自治县文史工作。县政协文史资料委拟在三年内出版《连南非物质文化遗产专辑》《连南古今名人专辑》。将编辑《连南文史》第十三辑列入工作计划，征集"连南县非物质文化遗产"文稿约16万字；其他历史、人物资料30篇近10万字，图片一批。

2011年，编印连南文史资料第13辑《连南非物质文化遗产》。数易其稿。《连南非物质文化遗产》的编印出版。对于保护和利用好非物质文化遗产，传承民族优秀文化精髓，打造民族文化旅游专业县，推动连南县文化事业发展都具有重要意义。11月中旬，省政协文化和文史资料委员会10多名省级专家学者对连南文化遗产保护情况进行专题考察调研，充分肯定连南文化遗产保护工作。

县政协第九届委员会期间，文史委向省市政协报送历史人物及其他稿件上百篇，有数十篇稿件入选《福地清远之清远特产与美食》《港澳台侨同胞支持清远建设实录》等书。

2012年，结合自治县成立60周年县庆，发挥政协文史资料在存史、资政、团结、育人中的社会作用，积极谋划，编辑出版连南文史资料第14辑《连南古今名人专辑》，收录人物280多名，为社会各界提供特色文化需求。加强与文史资料作者的联系，征集到其他文史资料和图片一批。

2014年，于2015年纪念抗日战争暨世界反法西斯胜利70周年之际，编辑出版《连南文史》第十五辑（抗战专辑，约15万字）。

2015年8月，出版《连南文史》第十五辑（抗战专辑，15万多字）；抓紧推进《连南政协志》编纂工作，已完成初稿。

一、《连南文史》编辑出版

《连南文史》资料编辑出版情况一览

表8—1

名称	辑数	主要内容	编辑单位（主编）	责任编辑	字数印数	出版时间
连南文史	1	连南县沿革、瑶族概况、人文等	文史委员会	班广勤	2万多字 1000册	1985.11
连南文史	2	连南人文、风俗习惯、轶闻等	文史委员会	—	3.3万多字 1000册	1986.6
连南文史	3	连南人文、瑶族习俗、轶闻等	文史资料研究委员会	—	3.4万多字 1000册	1986.12
连南文史资料	4	连南人文、瑶族习俗、史海钩沉、轶闻等	文史资料研究委员会	—	8.3万多字 1000册	1987.11
连南文史资料	5	连南八排瑶历史文化、习俗专辑	文史资料研究委员会	—	3.6万多字 1000册	1988.12
连南文史资料	6	连南三江历史人文、轶闻等	文史资料研究委员会	黄 湘	4.6万多字 1000册	1989.11
连南文史资料	7	连南人文、历史文化、习俗等	文史资料研究委员会	黄 湘 沈 峻	7万多字 1000册	1990.11
连南文史资料	8	连南历史、水电、林业、经济发展等	文史资料研究委员会	黄 湘 谢应平	3万多字 1000册	1993.11
连南文史资料	9	抗战时的连南三江、原国民党将领李楚瀛在抗日时期的事例史料等	文史资料研究委员会	黄 湘 谢应平	3万多字 1000册	1994.11
连南文史	10	连南人文历史、抗戈时人物等	文史资料委员会	禤顺明	7万多字 1000册	1996.8
连南文史	11	水利、水电专辑。连南水利、水电、电力发展史等	文史资料委、县水电局、供电局	禤顺明	20万多字 1000册	2001.5
连南文史	12	旅游业专辑。瑶山风光、民族风情、景区景点建设等及彩图38幅	文史资料委员会	陈锦叶	6.6万多字 1000册	2006.12
连南文史	13	连南民间习俗、舞蹈、曲艺、神话传说、传统手工艺、美术、瑶族传统民歌、文化空间等及非遗图片	文史委、县文化广电新闻出版局	陈海光	13万多字 2000册	2010.11
连南文史	14	辑录连南古今282人简介	提案文史委员会	陈海光	12万多字 2000册	2013.3
连南文史	15	刊载46篇连南区域人民抗日救亡活动历史回眸、人物春秋、历史记忆以及有关的照片等史料	提案文史委员会	陈海光	15万多字 2000册	2015.6

二、其他史料收集编辑出版

县政协还组织开展有关史料收集编写和研究工作。

1990年—1991年，组织编写《连南县政协志》（1953—1990年）的编写工作，约12万字。在积极做好文史资料征集工作的同时，为系统地整理自治县政协成立60多年来的历史记载，2013年9月上旬又正式启动拟于本届政协任期完成出版的《连南瑶族自治县政协志》大型编纂工作。

按照1992年6月省政协文史办在清远市召开的全省文史工作会议的布置，完成中南五省（区）协作项目，出版《瑶族风情录》一书的编写（共50篇文章、约6万字、60张照片），上送省政协文史委。

1995年，县政协文史委与清远市政协合作，出版瑶族史料专辑《清远文史》第九辑，该辑从社会政治、经济文化、风俗规约、婚恋家庭、宗教节庆、民间艺术、人物史迹等七个方面记述连南瑶族的来源及发展概况，收录史料文章70篇，12幅照片，12万多字，并送省参评，被评为优秀文史。

是年，县政协文史委对知名人士原国民党少将高参甘霖的史料进行了专题研究。

1994年—1995年，征集到姓氏文史资料5万余字。

2003年，协助清远市政协文史委出版《清远文史》第十七辑《赤子情深》。连南组稿10多篇文章编入该书。是年，协助清远市政协文史委出版了《清远文史》第十八辑《清远文物荟萃》。

2009年—2010年，向市政协提供历史人物及其他稿件50多篇。由市政协编辑出版的《福地清远之清远特产与美食》一书，全县32篇稿件被采用。

2011年，积极为清远福地文化论坛撰稿并得到采用。市政协主编的《港澳台侨同胞支持清远建设实录》一书，连南多篇文章被采用，较好地宣传香港同胞在连南投资的先进事迹。

2013年，市政协编辑出版的《福地清远之清远历史人物》一书，连南稿件28篇被采用。

2014年，向省政协报送"广东改革开放一千个第一"专题文史资料4篇1.4万字；向市政协报送"连南八景"等文史资料、图片一批；完成政协年报资料30万字。

连南县的文史工作在为发展爱国统一战线服务，为历史研究和教学服务，为社会主义精神文明建设服务的过程中有效地发挥了"存史、资政、团结、育人"的作用。

第三节　文史交流

《连南文史资料》出版以后，内发到县属机关单位和乡（镇）村，外发至广东省各市、县、毗邻省有关县和港澳地区，引起社会各阶层的热切关注和浓厚兴趣，深受读者垂爱。海外同胞阅后加深对家乡的了解，思乡绵绵。大专院校的师生和有关研究机关把它当成有价值的研究资料。广东中山图书馆等单位致函索要收藏。中小学把它作为乡土教材，进行历史知识教育。一些质量比较高的资料，得到上级文史资料刊物登载。

第九章 统战联谊协作

第一节 统战工作

巩固和发展爱国统一战线,加强海内外联系,增进了解,增进团结,争取人心,凝聚力量,是政协的一项重要工作。党的十一届三中全会以来,县政协把握团结和民主两大主题,坚持大团结大联合,加强与统战部门协作,积极协助有关部门落实各项统战政策。

1953年1月,连南瑶族自治区(县)各族各界人民代表会议协商委员会成立。4月,连南瑶族自治区一届二次各族各界人民代表大会在县城举行,全体县政协委员参加。会议宣布不分田、不划阶级、不斗争的"三不政策"。5月,委员唐老丁三公、房耳环三公当选为省第二届代表大会代表;连南瑶族自治区(县)各族各界人民代表会议协商委员会发出"关于瑶汉间杉木纠纷处理办法"。8月,选派委员唐志精为本县少数民族代表,随省赴朝访问团到朝鲜慰问志愿军。11月,自治区召开瑶族上层老人座谈会,协商有关民族团结和社会改革、发展生产问题。是年,通过全县上层老人会议协商,进行全面性调整太公田,解决了无地、少地瑶族群众的土地问题。

1978—1988年,落实统战政策。遵照党中央拨乱反正和平反冤、假、错案的有关政策精神,连南在落实统战政策方面做了大量工作,从而进一步团结国内外广大爱国者为实现祖国和平统一大业和振兴中华民族共同努力奋斗。1978至1979年,为县委第一书记张富兴等34名县级领导干部、763名干部、99名中小学教师平反和恢复名誉;1985年6月,为1949年夏"淳溪中学准备武装暴动"案平反;1985年11月,为爱国民主人士何春帆彻底恢复政治名誉,并于1988年2月为其举行揭幕仪式;1986年3月,为台湾同胞李耿龙恢复干部待遇。至1988年,已经落实统战政策

160宗。

做好接待工作。在积极做好人民群众的来信来访接待工作的同时,热情做好华侨、外宾和港、澳、台同胞的旅游参观、探亲访友接待工作。期间共接待群众来信来访750人(次);接待旅游、探亲、访友的共600多人(次)。通过做好接待工作,进一步加强与各界人士的联系,增进相互间的了解与友谊,激发华侨、外宾、港澳台同胞的爱国爱乡感情。通过召开各界人士、民族干部、侨属、港、澳、台家亲属等各种类型的座谈会,编写对外宣传广播稿,以及深入重点人物家中个别谈心,接待回乡探亲旅游者和节日慰问等形式,大力宣传党的统战政策、祖国和家乡新面貌。不少台、侨属还表示要想方设法去寻访在台、在海外的亲友,如实地把党和国家的政策和家乡的变化情况告诉他们,鼓励他们回来探亲访友,以进一步增强相互的感情,密切相互的关系,为祖国的四化建设和统一大业贡献力量。目前由港澳台和海外归来探亲访友的人越来越多,甚至连原来在国民党军政界任过职的也回来。1985年11月,协助韶关市政协在深圳北江大酒店召开旅港同乡座谈会。

妥善处理遗留问题。会同有关部门,注意解决落实政策中的遗留问题,对委员们的落实政策情况进行了一次全面的检查。通过检查,发现有10名委员在过去的历次运动中,受到各种不同程度的冲击。其中有6名同志被错办,4名同志受了过重的处分,经过检查复议,都先后得到平反纠正,妥善的解决。有的职务、级别得到适当的调整;有的恢复公职。此外,尚有9名同志在"文化大革命"期间受到较大的打击和伤害。这些同志的问题,也先后妥善解决,生活困难得到补助,政治名誉得到恢复。县政协还协助有关单位调解民事案件,对在全县范围内发生的民事、山林等纠纷案(事)件,深入的进行调查处理。几年来,共调处34宗,较好地防止事态恶化,增进了民族团结,调动了他们的积极性。

1990—1993年,通过认真做好工作,使全县的"三胞"工作出现新局面:1990年组织专门的调查组,摸清全县"三胞"人员的基本情况以及他们分别侨居的国家和地区。1991年10月,派出专人专程到省、市有关部门作专题汇报,得到省、市有关部门的支持,表示要协助做好这些有较大影响人物的工作,从而确定今后做好"三胞"工作的中心和对象。是年,县政协祖国统一联谊委员会会同侨办、侨联和对台办等单位负责人,联合走访56户有影响的"三胞"亲属,重点走访,以联络感情、增进友谊。同时,召开多次"三胞"亲属座谈会,听取意见和建议,随后又走访深圳、珠海、番禺、顺德、中山、惠州、河源等地,吸取他们引进外资优惠条件的经验,最后写成"关于修改我县引进外资政策的建议"上报,得到县委、县政府的采纳。1992年4月,派县政协副主席、县政协祖国统一联谊委员会主任黄海胜,赴港召开两次座谈会。在港期间,得到旅居香港的连南政协委员李国雄、政协之友联谊会会员丘观南,以及原在连南工作过的李圣峰等的大力相助,于4月8-9日,在香港九龙尖沙咀香港大酒楼召开连南旅居海外的原国民党军政职官人员及其子女20多人的座谈会。他们40多年未回过家乡,对家乡的建设、亲友情况等十分关注,问长问短、气氛格外亲切。4月16日在九龙联邦大酒楼召开原在连南工作过的在港人员及连南部分居港同胞座谈会,与李朗明、陈烈培等20多人进行亲切的座谈,气氛十分热烈。通过座谈,加深了了解、联络了感情,是县政协工作第一次"走出去","三胞"工作有了新突破。一位资历较深、影响较大的旅居台湾的长者因事不能赶来香港出席座谈会,特意从台湾打来长途电话,表示歉意和恳请准假。很多"三胞"纷纷在座谈会上表示愿为连南家乡的建设"贡献绵薄之力",会议取得了很好的效果。1992年,离别故土数十年的董漫滋女士(台国大代表董百洵之女),在新春佳节期间回乡探亲,受到县五套班子的亲切接见和热情接待,她表示一定要把家乡的变化和进步,如实转告父亲,并表示今后还要多回来看看。1992年9月,协助县台办,召开全县台胞台属大会,成立县台胞台属联谊会,扩大和发展联谊面,动员他们做好县"92友好观光年瑶族耍歌堂、盘王节"和自治县成立四十周年庆典活动的宣传和接待工作,动员台胞台属努力做好追赶"四小龙",开展招商、宣传、办实业三项活动。会后,台属曾伟,把台胞带回和寄回的资金,办起了拥有100多工人的雄达珠绣厂。3年来,通过做好"三胞"工作,共接待"三胞"38批次354人。其中台胞9批35人;接受"三胞"为老人活动中心、山联公路、民族小学、残疾人联合会等的捐款共13万元,其中李国雄捐款3万元,丘观南捐款8万元,连阳同乡会永远会长杨杰捐款7000元。还有黄球捐赠"黄球科学馆"、黄祥带资建设的山联公路第一期工程等,总投资1070万元,为自治县成立四十周年大庆献礼。

  1993—1998年,根据政协对外交往和联系工作的特点和优势,运用多种渠道和形式,加强与"三胞"的联谊工作,积极开展对外交流活动,努力为祖国统一多作贡献。一是热情接待回乡探亲、旅游、参观、投资、洽谈商务的台港澳同胞,5年来共接待1000多人次。二是加强同县政协香港籍委员的联系，多次邀请他们回来视察，及时反映他们的意见和建议，使香港委员积极为县发展经济项目寻找合作伙伴。三是香港回归前夕，县政协邀请省社会主义学院及广州市政协的专家、学者到连南讲授《中华人民共和国香港特别行政区基本法》等课题，县政协常委和县城政协委员、政协机关干部职工及有关部门领导参加学习。四是继续做好"三胞"亲属的探访工作，会同县侨办、县台办等有关单位，经常深入"三胞"亲属家中，了解他们的生产、生活情况，听取他们对政府的建议和要求。五是积极牵线搭桥，设法引进资金，为县的两个文明建设服务。广大"三胞"爱国爱乡，热心扶持贫困地区脱贫致富和兴办公益事业，县政协积极配合做好这项工作，经多方努力，筹得一批款项，用于扶贫和兴办"希望小学"，为连南的扶贫攻坚、兴办公益事业作出贡献。

2003年9月20—22日，县政协副主席、统战部长唐国伟应邀赴澳门参加清远同乡会成立70周年庆典。12月24日，澳门清远同乡会一行18人在会长赖振权带领下，到连南参观访问，澳门日报记者随团采访。

2005年，三江镇联红村去台人员陈新盈（已故）夫人吴美云，首次率3个女儿一行9人回家乡探亲访友。县政协副主席、统战部长唐国伟，县台办负责人谢财滔接待客人，并介绍家乡发展变化情况。12月19日，县政协副主席、统战部长唐国伟被省委统战部授予"全省统战工作先进工作者"荣誉称号，获邀参加广东省统战部长会议暨全省统战工作先进单位和先进个人表彰大会。

2006年，深入贯彻中央对台方针，切实做好对台各项工作。一是妥善处理徐秋平违规事件。二是对县台资企业进行专项调研。三是做好台湾商人、昌鸿国际有限公司总经理胡敏升（原国民党高级将领胡琏之孙）等人到连南参观考察接待工作。是年，县委统战部联系到连南开展捐资助学活动的团体有9批，捐资总额25万元以上，受惠贫困学生近800人次。

2007年，7月，县二商联副会长、连南乐兴酒厂厂长朱远光先生到中央党校参加"2007年广东省民营企业家中央党校培训班"，成为连南首位到中央党校学习的民营企业家。12月下旬，县委组织部、统战部召开第一次联席会议，专题研究党外人士政治安排和党外干部实职安排工作；县委常委、宣传部长、统战部长李春益应邀参加省委统战部召开的专题研讨会。连南《对增强山区县级统战工作活力的思考》调研文章为全市唯一入选本次研讨会的发言材料。是年，为困难台胞台属落实补助，其中已故台胞李耿龙妻子王平留2000元、其女李梦诗3000元、台胞张镜周1800元。

李梦诗还在县台办大力协助下,被湛江海洋大学加分录取。

2008年,8月下旬,台湾东森电视台主持人侯升伟、文学记者刘孟欣、摄影记者彭德裕等一行3人到连南盘王庙和南岗千年瑶寨等景区进行为期两天的拍摄,制作《中国大体验—广东篇》节目。9月,按照省市委统战部的部署做好我县新的社会阶层人士调查工作,历时一个多月,深入走访全县与新的社会阶层人士有关部门。据调查,连南新的社会阶层人士基本人数为435人,其中民营科技企业创业人员或技术人员107人,受聘私营企业的管理技术人员50人,受聘外资企业的管理技术人员130人,私营企业家35人,中介组织从业人员41人,自由职业者72人。

2009年,面对国际金融危机的影响,由市委统战部、县委统战部牵头,组织县主要领导和民营企业代表、县有关部门领导赴港开展活动,进一步增强连南县企业家应对金融危机、发展经济的信心。

2010年,到香港召开连南港区政协委员座谈会,进一步征求他们对县政协工作和经济社会建设的意见。会同县委统战部,为次年2月在清远召开的世界清远联谊会做好连南籍邀请人员相关工作。11月25日,南岗千年瑶寨被省委统战部授予"广东统一战线基地",为清远市首个"广东统一战线基地"。同日,在县委书记、县人大常委会主任崔建军,县委常委、常务副县长林闻和县委常委、宣传部部长、统战部部长房婧婧的陪同下,省委统战部副部长唐晓萍和市政协副主席、市委统战部长阮灶新一行15人到南岗千年瑶寨举行挂牌仪式。

2011年,组织连南应邀出席的5名嘉宾参加2月在香港举行的香港清远商会春茗联欢活动。开展"百家民企进老区扶百村感恩"行动,共筹资125万元,其中民企老板和当地群众筹资65万元,县政府支持60万元,建筑寨岗镇老虎冲村、大麦山镇中心岗村两个老区5公里的水泥路。继续做好引资助学工作。其中,倡导香港政协委员向县有关学校赠送价值5万元的学习、生活用品一批;引进南海航空货运(香港)有限公司董事长徐莉为连南顺德高级中学捐资50万元(从2011年起连续5年,每年10万元),资助50名就读高级中学经济有困难的学生;引进佛山寨岗同乡会捐赠寨岗镇山心、安田、老虎冲等小学电脑、风扇、台凳等物品一批,价值约10万元。

2012年,通过书信电函、考察访问、回乡接待、组织各镇举行乡情调查等多种形式,增进同海外人士的乡情、亲情和友情。接待海外同胞20多人次。组织县相关领导应邀赴港参加各种社团庆典活动。4月组织各镇开展乡情调查，进一步完善县乡情交友信息库。

2013年，县委统战部充分发挥侨联、台联、台办、海联会等统战组织的作用，积极搭建资金、技术、人才、项目引进的平台，共接待香港同胞300多人次，捐资助学资金额20多万元。组织县相关领导参加香港清远各界人士国庆联欢会。加强与国际、国内宗教人士的交流互动，正确引导宗教人士在连南的捐资助学活动及传教活动。

2014年，开展经常性的对外联络联谊工作，健全海外交友名册，组织县相关领导应邀赴港参加社团庆典活动，配合港澳中联办组织港澳爱国爱港澳人士到连南进行义教和考察。

2015年，以"清远社团总会"和"连南海外联谊会"为桥梁，密切与有关海外社团的联系。协助香港"知识"杂志社组织41名香港学生赴连南参观学习，增进香港青年对粤北地区的了解和加强港清两地青年之间的交流。

2016年，县委统战部通过召开座谈会、春节茶话会和登门拜访等形式，加强与港澳台同胞沟通联系，增强港澳台同胞对"和平统一，一国两制"基本方针和有关政策的了解和认同。发展壮大爱国爱港、爱国爱澳力量。继续加大《反分裂国家法》宣传力度和做好连南县乡亲乡情信息采集登记工作。7月，台湾新竹科学跨业交流会一行15人在市委台办主任何久斌的陪同下，对连南的招商环境和瑶族文化艺术进行为期两天的参访考察。

第二节　联谊服务

对外联谊、广交朋友是政协工作的重要组成部分。县政协加强与统战等相关部门协作，为建设连南发挥好联谊服务。

一、联谊活动

1980—1988年，"三胞"联谊委员会配合统战、侨务等部门与港澳同胞、台胞、华侨进行沟通与联系，围绕"和平统一，振兴中华"这个总的目标，积极宣传和落实党的政策，激发他们的爱国爱乡热情。对他们回乡探亲访友、旅游观光、洽谈生意给予热情接待，共接待6197人次。其中，1984年1月，县委统战部会同有关单位，到深圳召开去台人员留在香港同胞座谈会。1984年，美籍华人胡品雅博士，经广州回连南家乡探亲，看到家乡的变化，他深有感触地说："共产党真了不起，共产党的政策的确好。我回美后要把共产党的好政策和家乡的可喜变化，告诉海外的亲人和朋友，叫他们也回家乡看看"。1985年，80高龄的美籍华人余海波医生，偕女儿一行6人回乡探亲，受到热情接待，她深有感触地说："千好万好不如家乡好，千亲万亲不如家乡亲"。临别前还题词"故乡水甜人更好"作留念。她回美国后，来信表示将其在连南县城内的1间房屋产权，连同邮寄来的1000美元，捐赠给淳溪中学作为支援家乡办学的一份心意。1986年3月，接待由团长杨杰，副团长关志汇、梁兆棠带领的旅港连阳同乡会回乡参观团一行24人，并为参观团成员郑光找到阔别30多年的外甥陈稿清，为何炳均找到表妹张佩英，为刘德志找到侄女刘绮香、刘清香，侄子刘卓山、刘卓亦、刘卓宗、刘卓柿，胞妹刘球英等亲人。1984—1987年，淳溪中学收到来自美国、印尼侨胞和港、澳同胞余海波、黄刚、胡品雅、董盛秉等18人热心资助复办淳溪中学的捐资1.6万多元。

1989—2013年，湘桂粤三省（区）毗邻县（市、区）政协工作联系协作会分别在会员县召开47次会议，连南均派人参加。其中，1994年6月召开的第10次会议、2007年6月召开的第35次会议由连南承办。

1990—1993年，组建成立连南政协之友联谊会，进一步发扬人民政协的优良传统。1990年5月12日成立筹备机构，派出副主席唐伟等筹备小组人员，到英德等地学习经验，草拟章程，发展第一批会员。1991年3月21日成立连南政协之友联谊会。1991年9月，针对国际风云变幻的形势，联谊会召集全体会员，举行国际形势报告会，县委副书记罗子开到会作国际形势报告。1993年1月15日，县政协举行春节茶话会，全体会员出席，县委副书记房卫党、县人大主任陈荣培到会讲话，会上肖国平代表他的哥哥肖国根，赠送长8米宽1.5米的《粤北古镇三江》巨幅画图。

1993—1998年，通过请进来、走出去、广交朋友等形式，多方筹措扶贫资金。一是引进资金改善办学条件。先后与香港基督教三自爱委员会、香港教育界等社会团体加强联系，请他们到连南来实地考察，支持连南发展教育事业。共引进资金120万元，改建和新建校舍9栋，新添置一批教学仪器，帮助困难学生570名，有效促进实现"普九"达标。二是引进资金改善高寒山区和石灰岩地区瑶族群众的生产生活条件，加快解决温饱步伐。配合全县大规模移民搬迁工作，县政协主要领导与港澳扶轮社云大棉联系，扶轮社捐资100多万元在大麦山镇兴建扶轮瑶族新村。5年，先后引进资金350多万元，兴办经济项目6个。

1998—2003年，加强对外联谊工作，为自治县两个文明建设作贡献。一是会同县委统战部、县台办等单位积极开展"三胞"联谊活动。共接待到连南探亲、旅游观光、投资考察以及扶贫助学助医的港澳台同胞（社团）39批2792人次。牵线搭桥引资达360多万元。其中，引进外资资助三排牛头岭小学、大坪中心小学、盘石中心小学等6个乡镇的17间学校建校和添置教学设备，扶助653名贫困生就学；连南旅台人员李毓鄰投资200万元兴建的连南中医院毓鄰门诊部，于2000年9月投入使用；连南旅台人员陈日源、陈建生捐资10万元开发猫公山景区。二是热情做好全国政协、省市政协及兄弟县（市、区）政协领导的来访接待工作。其中，接待全国政协副主席张思卿一行；协助省政协第七视察团视察连南小水电建设管理与发展情况。接待香港展能助学基金会、香港清远公会、中港汽车联合总会组成的慰问团，为连南妇幼保健所捐赠助医资金4万元。三是加强与兄弟县（市、区）的联系与交流。加强与周边县（市、区）来往，还主动与珠海、东莞、三水、广州海珠区等经济发达地区政协的联系。

2003—2007年，发挥大统战作用，通过香港特邀委员的关系，大力开展捐资助学活动，得到基督教香港信义会、香港马鞍山扶苗之友会和香港敬文扶苗会等社会力量的支持，共筹措助学金210多万元，使2600多人次的贫困生圆了读书梦。2005年春节前夕，主席房卫民赴香港探望在香港的县政协委员；国庆节前夕，主席房卫民与县委、县人大、县政府的有关领导，应邀出席在香港举行的香港清远各界庆祝中华人民共和国成立56周年国庆会，加强与"三胞"联系。2007年5月，县政协主要领导带领机关人员，到香港等地走访港区委员，加强交往联谊；同年，县政协加强与阳山、连州、连山等周边县（市、区）政协的联谊工作，接待湖南省郴州市政协、广西区贺州市八步区政协等10多个单位，增进交流与协作。

2008年，引进市政协清城工作组、清城区政协到大坪镇旺洞小学开展助学活动，为全体师生送上慰问金和学习用具。香港马鞍山扶苗之友会等热心社团13批178人次到连南开展助学活动，捐资65万多元，以及学习用具和衣物等一大批，755名学生受到资助。县政协委员、燊昌（连南）塑胶金属有限公司执行董事胡启宇，慷慨解囊4万元，帮助大坪镇一名小孩解决急需做人工脑骨盖手术的费用。是年县委统战部共引进抗冰救灾复产资金60多万元。

2009年，接待省内及湖南兄弟县市政协考察团（组）近20批200多人次。其中，花都区政协一行25人应邀参加第二届瑶族文化艺术节活动。花都区工商联为大坪、大麦山部分小学解决500套台凳、500个书包，价值6万多元；伍湛委员为贫困学生、敬老院、"双拥"捐款4万元；李图明委员捐资24万元为大古坳小学兴建一幢三层教学楼；胡启宇委员为大坪敬老院赠送2台太阳能热水器、捐赠7000元为旺洞小学添置教学设施；花都区政协捐赠学校物资一批。

2010年，在全省首个扶贫济困日活动中，连南私营业主中的政协委员积极响应，其中伍湛捐款10000元、利国友捐款6000元、谭春生捐款5000元。潘康恒捐款3000元支持西南灾区，谢柏秋捐款4000元支持双拥工作。接待省内外各级政协考察团（组）近20批200多人次。其中，大力协助省政协港澳台委员会组织粤港爱心医疗队4月上旬到连南开展送医送药系列活动，他们向县卫生部门捐赠10万元，为患者送上价值3万元药品。

2011年，加强与兄弟县（市、区）政协联谊，走访周边县政协，接待30多批各级政协团组。其中，花都区政协一行近30人在主席黄水记带领下到连南参观，并向县教促会捐款5万元。

2012年，多次到省市政协汇报连南经济社会建设及政协工作情况，就连南卫生、交通等存在的困难，通过政协渠道积极向上争取基本公共服务均等化政策。其中，由县政协报送的关于县人民医院门诊住院综合大楼缺口资金较大、缺乏医疗设备问题，分别得到省政协分管领导、省民族宗教委主要领导的批示，定向追加50万元少数民族发展资金。赴港参加香港清远公会成立92周年暨新会址启用庆典、马鞍山扶苗之友会等活动。加强与兄弟县（市、区）政协交流，走访周边县政协，接待包括中央政府驻港联络办协调部副巡视员何虹，吉林省政协常委、南海航空货运香港有限公司董事长徐莉在内的各级政协团组40多批次。

2013年，接待相隔近30年来首次大型组团回故乡探访的香港连阳同乡会。10月17-18日，清远市党外知识分子联谊会在连南开展"名医下乡巡回讲座暨连南县2013乡村医生培训班"。

2014年，协助市政协承办的第四届世界清远联谊大会连阳线大型考察团近百名海内外乡亲嘉宾，到连南考察南岗千年瑶寨、广东瑶族博物馆，领略瑶族历史文化。8月22日,由市党外知识分子联谊会主办,市委统战部、县委统战部协办的"盛世欢歌·和谐清远"送戏下乡文艺晚会在连南顺德文化广场举行。

2015年3月,县政协副主席邓建赴港参加侨港连阳同乡会活动。8月1日,以港澳台湾同乡会会长邱文潜为团长的港澳台湾同乡会参访团一行32人,在广东省台联会长颜珂、市委台办副主任钟建新的陪同下,到连南开展为期两天的参访活动。

2016年,县政协主席唐拾斤先后率队走访珠三角连南商会,初步形成发挥珠三角连南籍企业老板自身联系广泛、信息畅通优势。是年,珠三角连南籍工商人士多次带领企业老板到连南考察投资项目,组织捐款改善连南办学条件。6月10-13日,借中国"文化遗产日"广东分会场系列活动在连南举办之机,县政协和工商联共同举办珠三角连南商会联谊活动,有49名企业家参加这次活动。期间召开连南珠三角商会联谊座谈会,县长李春益,县政协主席唐拾斤,县委常委、统战部长黄伟峰以及县政协班子成员参加,与会人员就经济发展、旅游、民生教育、投资等方面问题进行交流和探讨。李春益向企业家通报全县经济社会发展情况并现场解答企业家提出的焦点热点问题。

二、公益事业

1994年8月24日,投入抗洪救灾工作,全国政协委员云大棉捐民小5.6万元、港币85万元(其中10万买大米);香港基督教捐大麦山大米一车、盘石电站50万元、三排中心小学82万元。

2004年4月,县民营企业家伍湛等一行代表全县民营企业界到连州市星子镇东红小学献爱心,为白血病患者李钰小朋友送上慰问金2.5万元。2005年2月,由连州市委统战部、工商联主办,阳山、连山、连南县委统战部、工商联协办的连阳四县(市)民营企业家共谋山区经济协调发展论坛会在连州市召开,发起人之一伍湛出资3万元。

2007—2011年,一大批非公有制经济界委员、香港籍委员通过开展扶贫、敬老、拥军等主题活动回报社会。通过各种关系,多方面、多渠道争取社会力量,参与助学、助教活动,花都区政协、香港普贤教育促进会、香港大埔七约乡公所、中山市东风商会等社会团体,捐资达500多万元,有效改善连南部分学校的教学条件,使数以千计的困难学生圆了读书梦、大学梦。

2012年，县政协委员通过各种形式积极参与扶贫、助学、敬老等公益活动。值得一提的是，在县政协港区委员小组召集人、香港兆业集团董事长林双来，县政协港区委员、香港恒团有限公司董事长李图明带动下，港区委员积极支持成立"连南青少年关爱基金"，共认捐100多万元。其中，林双来委员捐赠30万元，李图明委员捐赠30万元（首期到账10万元），林社权、胡启宇、陈再浩等委员各捐赠10万元（卓乃裕委员捐赠5万元，黄剑波委员认捐5万元、已到账1万元，梁志伟委员认捐5万元，陈业文委员认捐3万元）。何杰常委员通过奖教奖学、修缮学校、慰问贫困户等多种形式捐资30多万元。朱远光、谢柏秋、吴月明、谢立新等委员还积极参与县工商联组织的慰问驻军、集资修路等活动，与其他会员一起，共捐款捐物10多万元回报社会。县政协还争取到省宗教团体10万元善款支持涡水修建桥梁。

2013年，争取社会力量回报社会，引导委员参与扶贫、助学、敬老等公益活动，共建和谐社会。其中，何杰常委员通过慰问贫困户、奖学助教等形式捐资近30万元。经济工商界委员积极参与县工商联组织的慰问驻军、集资修路等活动。引进香港沙田扶轮社捐资3万元修建金坑中学、塘冲小学爱心厨房，引导连南梦雅床上用品厂到瑶龙村开展送温暖活动，向贫困户送上棉被60套。是年，县委统战部接待香港同胞300多人次，捐资助学资金额达20多万元

2014年，何杰常委员为奖教奖学和困难群众捐款捐物10多万元；姚建勋、朱远光、吴月明、曾庆勋、谢柏秋、谢锦瑶、周志明、张雄、潘康恒等委员为县政协挂扶村修路捐款3.6万元。是年，中央政府驻澳门联络办人事部长常毓兴率澳门水电工会一行共17人到连南开展捐资助学交流活动，捐赠60万元人民币兴建连南三江镇城西小学新教学综合楼。

8月，经县委统战部联系，中山市清远商会爱心企业家一行5人对当年连南高考状元、被南方医科大学录取的寨岗镇官坑村李永香及阳爱村蒋德明家开展助学送温暖活动，送上爱心款4万多元。

2015年，通过政协渠道，为广东瑶族博物馆争取瑶绣产业发展经费15万元。委员积极参与扶贫、助学、敬老、修路及美丽乡村建设等公益活动，其中林双来、何杰常、姚建勋、胡启宇、朱远光、谢柏秋、吴月明、周志明、谢锦瑶等委员捐款捐物数十万元回报社会。县工商联加强与深圳、广州、佛山、东莞、中山等地连南商会联系，筹措资金30多万元，

并鼓励他们积极投身连南光彩事业。

2016年，6月30日，县政协委员何杰常带领顺德企业家俱乐部一行25人参加连南扶贫济困晚会，现场捐款54200元。当天下午，何杰常携家人到大坪镇羊公其小学送上价值3万元的教学和生活用品。2011—2016年，霍福祥委员捐资50多万元，到连南开展助学助教活动。

三、招商引资

1990—1993年，引进顺德县江先生与县计委合作，联办连顺塑料厂；与港商莫云峰合作兴办连南海富城制衣厂；引进外商黄详带资150万元，开发山联公路；大力协助县委、县政府与港商良田公司合作，合作开发连南瑶族风情度假村。

2007—2011年，争取市政协支持抗灾复产专项资金20万港元；通过省政协争取400万元中医和妇幼保健专项补助资金；引进投资350万美元的兆业（连南）时装有限公司；之后又协助该企业购买县政府原划拨给东方玻璃厂闲置的土地进行二期建设；协助县工商联等有关单位，引资1350万元扩建寨岗纳米碳酸钙厂。

第三节　毗邻协作

湘桂粤三省（区）毗邻县（市、区）政协工作联系协作会1989年上半年由湖南蓝山县、广西贺县、广东连县发起。首次会议在连县召开，有26个会员县参加。该协作会由会员县轮流当班，每年召开两次会议。旨在交流政协工作经验，增进友谊，共谋发展，不断开创政协工作新局面。2013年下半年，协作会第48次会议原定在清新区召开。因当班县停办而中止。

一、承办协作会议

第10次协作会　1994年6月8日至10日，湘桂粤三省（区）毗邻县

（市、区）政协工作联系协作会第 10 次会议在连南召开。

出席会议的有广西壮族自治区贺县、钟山县、富川瑶族自治县、昭平县、蒙山县、恭城瑶族自治县，湖南省桂阳县、郴县、宜章县、资兴市、永兴县、嘉禾县、临武县、永州市、江华瑶族自治县、蓝山县、宁远县、道县、江永县，广东省英德县、乐昌市、阳山县、连州市、连山壮族瑶族自治县、乳源瑶族自治县、连南瑶族自治县等 26 个会员县（市、区）政协领导、党政领导和政协机关委、办、科等领导，到会人数 190 人。全国政协委员云大棉，清远市政协副主席向载德应邀到会并发表讲话。

会议由政协连南瑶族自治县委员会主持。副主席黄海胜作筹备工作报告，主席罗子开作通报县政协工作情况，县委书记邓万社致词，县长邵德林介绍县情；清远市政协副主席向载德作讲话；广西贺县、湖南省蓝山县、广东省乳源瑶族自治县政协作工作经验发言。会议期间，相互交流经济和科技信息，参观连南合资企业、个体户、电站、学校、景点，观看"耍歌堂"和县歌舞团的演出。

会议讨论修改协作会会歌；协商 1994 年下半年第 11 次协作会的当班县为湖南省资兴市，广东省乐昌市、湖南省嘉禾县、广西恭城瑶族自治县等 3 个县届时作大会发言。会议同意湖南省双牌县退出会员县的请求。

这次会议开得别开生面，合作气氛浓郁，既是政协工作经验交流会，又是互通经济、科技信息，共谋振兴大计的协作会。

第 35 次协作会　2007 年 6 月 13 日至 15 日，湘桂粤三省（区）毗邻县（市、区）政协工作联系协作会第 35 次会议在连南召开。

出席会议的有湖南省永州市冷水滩区、零陵区、道县、宁远县、江永县、蓝山县、江华瑶族自治县，郴州市苏仙区、资兴市、桂阳县、永兴县、宜章县、嘉禾县、临武县、汝城县、桂东县、安仁县、株洲县、攸县、茶陵县；广西壮族自治区贺州市八步区、富川瑶族自治县、昭平县、钟山县；广东省乐昌市、乳源瑶族自治县、连州市、阳山县、连山壮族瑶族自治县、清新县、连南瑶族自治县等 31 个会员县（市、区）政协领导、党政领导和政协机关委、办、科等领导；新入会的湖南省醴陵市政协领导；广东省政协常委盘建梅，清远市政协副主席潘绪光、邓三妹，秘书长李华；中共连南瑶族自治县县委书记、县人大常委会主任，县委副书记、县长李伟陆，县委副书记谢全生、县人大常务副主任房介二等领导出席会议；何秀武等 9 名香港籍连南县政协委员应邀参加会议。到会人数 203 人。

会议由政协连南瑶族自治县委员会主持。6月13日晚，召开预备会议，通过筹备工作报告、会议议程、日程安排、湖南省醴陵市政协入会申请等事项。

6月14日上午9时，湘桂粤三省（区）毗邻县（市、区）政协工作联系协作会第35次会议开幕。会上，县委书记致欢迎词，县长李伟陆介绍县情，主席唐国伟通报县政协工作情况；清远市政协副主席潘绪光作讲话；广西壮族自治区昭平县、湖南省株洲县和桂阳县政协作工作经验发言；各会员县（市、区）相互交流工作情况和有关信息。会议期间，与会人员参观连南寨岗迥龙工业园区、永达五金制品厂、连南利发毛织厂、连南鹿鸣茧丝绸公司缫丝厂、连顺民族高级中学和南岗千年瑶寨。会议还组织联欢活动。

会议协商，2007年下半年第36次协作会的当班县为湖南省蓝山县；湖南省攸县、广西壮族自治区八步区、广东省阳山县等3个县届时作大会发言。

会议于6月15日上午闭幕，举行协作会第35次会议当班县与第36次会议当班县的交接仪式，第36次会议当班县湖南省蓝山县政协主席黄楚政作讲话。

这次会议以"增进友谊、紧密合作，互相促进、和谐相邻，推动发展、共创繁荣"为主题，探讨新时期政协工作，交流经济、社会发展信息，增进友谊，体现团结、联谊的宗旨，达到预期的目的。

二、参加协作会议

1989年6月，湘桂粤三省毗邻县政协协作会筹备会议在连县召开。县政协副主席丘卓参加。

1989年8月30日至9月1日，湘桂粤三省（区）毗邻县（市、区）政协工作联系协作会第1次会议在连县召开。县政协副主席黄文明、常委罗从等参加。

1990年5月23至25日，湘桂粤三省（区）毗邻县（市、区）政协工作联系协作会第2次会议在广西贺县召开。县政协副主席黄海胜、常委罗从等参加。

1990年11月5至7日，湘桂粤三省（区）毗邻县（市、区）政协工作联系协作会第3次会议在湖南郴县（苏仙区）召开。县政协副主席唐伟、经济科长蒋绍勤等参加。

1991年5月17至19日，湘桂粤三省（区）毗邻县（市、区）政协工作联系协作会第4次会议在乐昌市召开。县政协主席杨金隆、宣传科长唐国伟等参加。

1991年11月19至20日，湘桂粤三省（区）毗邻县（市、区）政协工作联系协作会第5次会议在广西恭城县召开。县政协副主席唐伟、综合科长杨坤甫等参加。

1992年6月2至4日，湘桂粤三省（区）毗邻县（市、区）政协工作联系协作会第6次会议在湖南道县召开。县政协副主席黄海胜、组联科副科长罗从等参加。

1992年10月20至22日，湘桂粤三省（区）毗邻县（市、区）政协工作联系协作会第7次会议在英德市召开。县政协副主席黄海胜、综合科长杨坤甫等参加。

1993年5月11至13日，湘桂粤三省（区）毗邻县（市、区）政协工作联系协作会第8次会议在广西钟山县召开。县政协副主席黄海耳、组联科副科长罗从等参加。

1993年11月19至21日，湘桂粤三省（区）毗邻县（市、区）政协工作联系协作会第9次会议在湖南桂阳县召开。县政府副县长赵洋，县政协副主席黄海胜、宣传综合科长何勇等参加。

1994年6月8至10日，湘桂粤三省（区）毗邻县（市、区）政协工作联系协作会第10次会议在连南召开。

1994年10月17至20日，湘桂粤三省（区）毗邻县（市、区）政协工作联系协作会第11次会议在湖南资兴市召开。县政协主席罗子开、经济科副科长张景祥，县政府副县长李明初等参加。

1995年6月6至8日，湘桂粤三省（区）毗邻县（市、区）政协工作联系协作会第12次会议在湖南蓝山县召开。县政协副主席黄海胜、办公室副主任陈锦叶等参加。

1995年10月17至19日，湘桂粤三省（区）毗邻县（市、区）政协工作联系协作会第13次会议在广西富川县召开。县政协副主席盘建梅、办公室副主任陈锦叶、组联科长蒋绍勤等参加。

1996年5月27至29日，湘桂粤三省（区）毗邻县（市、区）政协工作联系协作会第14次会议在湖南永兴县召开。县政协副主席许耿忠、盘建梅，民族宗教三胞工作委员会主任房斌、办公室房二妹等参加。

1996年10月13至15日，湘桂粤三省（区）毗邻县（市、区）政协工作联系协作会第15次会议在阳山县召开。县政办副主席黄海胜、提案委主任唐明二等参加。

1997年5月28至30日，湘桂粤三省（区）毗邻县（市、区）政协工作联系协作会第16次会议在湖南江永县召开。县政协主席罗子开、副主席莫济深、办公室副主任陈锦叶等参加。

1997年11月11至13日，湘桂粤三省（区）毗邻县（市、区）政协工作联系协作会第17次会议在广西昭平县召开。县政协副主席黄海胜、科教文卫主任何勇、办公室副主任陈锦叶、房二妹等参加。

1998年5月28至30日，湘桂粤三省（区）毗邻县（市、区）政协工作联系协作会第18次会议在湖南嘉禾县召开。县政协主席房卫民、办公室主任房斌、综合科长陈锦叶，县委副书记刘友记等参加。

1998年10月7至8日，湘桂粤三省（区）毗邻县（市、区）政协工作联系协作会第19次会议在湖南宜章县召开。县政协副主席唐国伟等参加。唐国伟在会上作《发挥优势，为扶贫攻坚献计出力》的发言。

1999年5月24至26日，湘桂粤三省（区）毗邻县（市、区）政协工作联系协作会第20次会议在乳源县召开。县政协主席房卫民、副主席唐国伟、办公室副主任房亚三等参加。

1999年10月12至13日，湘桂粤三省（区）毗邻县（市、区）政协工作联系协作会第21次会议在广西蒙山县召开。县政协主席房卫民、办公室主任房斌等参加。

2000年5月24至26日，湘桂粤三省（区）毗邻县（市、区）政协工作联系协作会第22次会议在湖南临武县召开。县政协主席房卫民、办公室副主任房亚三等参加。

2000年11月24至27日，湘桂粤三省（区）毗邻县（市、区）政协工作联系协作会第23次会议在湖南江华县召开。县政协副主席陈水金、组联科长唐明二等参加。

2001年6月19至20日，湘桂粤三省（区）毗邻县（市、区）政协工作联系协作会第24次会议在湖南宁远县召开。县政协副主席黄沛祥、办公室副主任房亚三等参加。

2001年11月22至23日，湘桂粤三省（区）毗邻县（市、区）政协工作联系协作会第25次会议在连山县召开。县政协副主席莫济深、办公室主任赵翔辉等参加。

2002年10月29至30日,湘桂粤三省(区)毗邻县(市、区)政协工作联系协作会第26次会议在清新县召开。县政协副主席唐国伟、综合科长陈锦叶等参加。

2003年7月31日至8月1日,湘桂粤三省(区)毗邻县(市、区)政协工作联系协作会第27次会议在广西贺州市八步区召开。县政协主席房卫民、办公室主任赵翔辉等参加。

2003年11月19至21日,湘桂粤三省(区)毗邻县(市、区)政协工作联系协作会第28次会议在湖南桂阳县召开。县政协副主席陈水金、办公室副主任房亚三、组联科房二妹等参加。

2004年5月25至27日,湘桂粤三省(区)毗邻县(市、区)政协工作联系协作会第29次会议在连州市召开。县政协副主席唐国伟、组联科长唐明二、办公室副主任房亚三等参加。

2004年12月8至10日,湘桂粤三省(区)毗邻县(市、区)政协工作联系协作会第30次会议在湖南道县召开。县政协主席房卫民、秘书长赵翔辉,县委副书记莫新铨等参加。

2005年6月27至29日,湘桂粤三省(区)毗邻县(市、区)政协工作联系协作会第31次会议在乐昌市召开。县委副书记李伟陆,县政协副主席唐国伟、副秘书长房亚三等参加。

2005年10月18至20日,湘桂粤三省(区)毗邻县(市、区)政协工作联系协作会第32次会议在湖南资兴市召开。县政协主席房卫民、综合科副科长陈海光等参加。

2006年5月25至26日,湘桂粤三省(区)毗邻县(市、区)政协工作联系协作会第33次会议在广西钟山县召开。县政协主席房卫民、秘书长赵翔辉,县委副书记莫新铨等参加。连南作《加强党对政协工作领导,充分发挥政协职能作用》的发言。

2006年10月29至31日,湘桂粤三省(区)毗邻县(市、区)政协工作联系协作会第34次会议在湖南郴州市苏仙区召开。县政协主席房卫民、副主席唐国伟、秘书长赵翔辉,副县长温兆康、县委县政府办副主任李国兴、财政局副局长李洪、文广新局副局长李樱、接待科长罗秋霞等参加。温兆康代表第35次会议当班县作讲话。

2007年6月13至15日,湘桂粤三省(区)毗邻县(市、区)政协工作联系协作会第35次会议在连南召开。

2007年10月23至25日,湘桂粤三省(区)毗邻县(市、区)政协工作联系协作会第 36 次会议在湖南蓝山县召开。县政协副主席房坚一、组联科长唐南琳、综合科副科长陈海光等参加。

2008 年 6 月 10 至 12 日，湘桂粤三省（区）毗邻县（市、区）政协工作联系协作会第 37 次会议在广西富川县召开。县政协副主席唐拾斤、综合科副科长房亚三等参加。

2008 年 11 月 15 至 17 日，湘桂粤三省（区）毗邻县（市、区）政协工作联系协作会第 38 次会议在湖南永兴县召开。县政协主席唐国伟、副秘书长刘庆辉，县委常委许崇砚、县委县政府办副主任徐新权等参加。

2009 年 6 月 23 至 25 日，湘桂粤三省（区）毗邻县（市、区）政协工作联系协作会第 39 次会议在阳山县召开。县委常委、宣传部长房婧婧，县政协副主席陈锦叶、组联科副科长潘素红、办公室房惠等参加。

2009 年 11 月 16 至 18 日，湘桂粤三省（区）毗邻县（市、区）政协工作联系协作会第 40 次会议在湖南江永县召开。县政协副主席唐伟、秘书长房小亮、综合科长陈海光等参加。

2010 年 6 月 12 至 14 日，湘桂粤三省（区）毗邻县（市、区）政协工作联系协作会第 41 次会议在广西昭平县召开。县政协副主席蔡志生、组联科长唐南琳、综合科副科长房亚三等参加。

2010 年 6 月 12 至 14 日，湘桂粤三省（区）毗邻县（市、区）政协工作联系协作会第 42 次会议在湖南嘉禾县召开。县政协副主席唐海英、副秘书长刘庆辉、科员吴海华等参加。

2011 年 5 月 24 至 26 日，湘桂粤三省（区）毗邻县（市、区）政协工作联系协作会第 43 次会议在乳源县召开。县政协副主席蔡志生、综合科长陈海光、办公室副主任科员房惠，机关事务局李娟英等参加。

2011 年 12 至 14 日，湘桂粤三省（区）毗邻县（市、区）政协工作联系协作会第 44 次会议在湖南宜章县召开。县政协副主席唐拾斤、秘书长房小亮、办公室吴海华等参加。

2012 年 5 月 28 至 30 日，湘桂粤三省（区）毗邻县（市、区）政协工作联系协作会第 45 次会议在湖南临武县召开。县政协副主席谢柏良、民宗委副主任潘素红、办公室房惠瑛等参加。

2012 年 10 月 29 至 31 日，湘桂粤三省（区）毗邻县（市、区）政协工作联系协作会第 46 次会议在连山县召开。县政协副主席邓建、民宗委主任唐军荣、办公室副主任科员房伟荣等参加。

2013 年 6 月 24 至 26 日，湘桂粤三省（区）政协工作联系协作会第47次会议在湖南江华县召开。县政协副主席陈锦叶、秘书长房小亮、提案文史委副主任房亚三等参加。

第四节 庆典活动

县委、县政府十分重视、关心政协工作，通过会议、活动等形式促进政协工作开展。1989年9月21日，县政协举行庆祝人民政协成立40周年大会，主席唐彪作题为《提高认识，履行职能，为完成新时期政协任务而奋斗》的讲话，县委书记邓万社在会上作讲话。会上还进行有奖知识测验。1993年1月15日，县政协召开新春茶话会，县人大常委会主任陈荣培、县政协班子成员、县政协之友会员等近30人参加。县政协主席杨金隆总结过去一年的工作，县委副书记房卫党通报全县过去一年所取得的成绩及1993年工作计划。1993年6月11日，县政协召开部、委、办、局负责人座谈会，学习全国政协章程（总纲）及县委贯彻政治协商、民主监督的实施意见、贯彻共产党领导多党合作条例的意见，以及有关开展对口协商的意见等文件，县委常委郭娟作关于全县开展学习的讲话，县政协主席杨金隆就如何发挥政协作用、地位和方法作发言。2000年11月29日，县委召开全县政协工作座谈会。县政协主席房卫民、县委副书记曾国富作讲话。2004年，县政协会同县委统战部、宣传部、县工商联举办"人民政协、统一战线、工商联理论知识知多少"的理论学习活动。在《连南报》以专版的形式发出有奖学习问卷4000份，举办政协、统战理论专题文艺晚会，较好地学习、宣传统一战线理论知识。2月12日晚，在县民族影剧院举行的文艺晚会上，县委副书记曾国富代表县委、县政府作讲话，县政协主席房卫民代表主办单位向协办单位连兴水电开发有限公司、南阳水泥有限公司、西南水电发展有限公司赠送纪念匾。晚会现场抽出本次知识竞赛获奖名单86名。2004年9月23日，县政协在连南迎宾馆三楼会议室召开庆祝中国人民政治协商会议成立55周年座谈会。县委常委、组织部长黄锦星受县委书记梁建文委托作讲话，副县长李伟陆代表县政府作讲话，县政协主席房卫民在座谈时与大家一起畅谈人民政协55年的光辉历程和自治县政协51年所走过的历程。2009年9月21日，在县政协会议室举行纪念中国人民政治协商会议成立60周年座谈会。会议由县政协副主席房坚一主持。县政协主席唐国伟在讲话中重温人民政协的性质、地位和作用，回顾自治县政协半个多世纪来所走过的历程，总结政协工作的宝贵经验。县委常委、副县长李春益代表县政府向与会人员通报当前全县经济社会的运行情况。县委书记崔建军在讲话中要求县政协主动服务于全县发展大局，共同谱写好连南科学发展的新篇章。省政协常委、副县长盘建梅，县政协原主席房卫民，县委统战部常务副部长陈水金等作发言。会上还举行政协知识竞赛抽奖活动。县委常委、三江镇党委书记房华，县委常委、宣传部长、统战部长房婧婧，县人大常委会副主任、总工会主席谢柏良，县政协副主席唐拾斤、陈锦叶、唐伟；县政协常委、各专委主任、各科室正副科长、正处级退休干部；工商联、人民团体负责人；省市政协委员、党外人士、瑶族老人代表；各镇委书记等近60人参加会议。2014年9月17日，在县政协常委会议室召开庆祝中国人民政治协商会议成立65周年座谈会。会议由副主席唐拾斤主持。主席房坚一、副县长李镜新、县委书记雷玉春分别作讲话，政协原主席房卫民、唐国伟、正处级老干部罗绍鉴等人作发言。县委常委、统战部长、县政协党组副书记黄伟峰；县人大常委会副主任房华；副主席陈锦叶、唐伟、谢柏良，常委会成员、不是常委的工作组长、各委室副职；各人民团体负责人；在连南工作的市政协委员等40多人参加会议。

第十章 机关工作

第一节 机关各委(科)室职责

政协机关是处理政协常委会日常工作的办事机构,是县政协内设机构。其职能如下:

一、负责县政协全体委员会议、常委会议、主席会议、委员专题座谈会和专门委员会的会务工作。

二、组织实施全体委员会议、常委会议、主席会议的决议、决定。

三、组织、征集、交办委员提案。

四、负责与委员的联系以及委员视察、参观、调查、座谈等活动的组织、具体服务工作。

五、负责宣传报道,收集反映各界人士的意见和建议,处理群众来信来访。

六、负责与港澳同胞、台湾同胞、海外侨胞的联系以及对外友好交往工作。

七、联系清远市政协办公室和县委、县人大、县政府有关部门,互相配合,协调工作。

八、联系县工商联等有关团体机关,互相沟通、协调,处理好共同的有关事务。

九、负责县政协各项活动的后勤保障工作。

十、承办省政协办公厅、清远市政协办公室、县政协领导以及县委领导交办的其他事项。

各时期县政协机关各委（科）室职责

2002年2月前各委（科）室职责

办公室

承办县政协机关具体日常事务；负责全体委员会议、常务会议、主席会议等的会务工作；县政协领导公务活动的联系工作；处理群众来信来访；负责机关文电处理、文书要案、文印、通讯、机要保密工作；负责编辑出版《连南政协》刊物；研究和宣传统一战线以及人民政协的理论政策，为领导提供参考意见及资料；负责与省、市政协及各地政协有关事务的联系；负责全体委员会议、常务会议以及以县政协名义举办的重大活动的后勤保障工作；负责机关财务管理和物资管理；负责各市、县政协领导及团组、海内外来宾的来访接待工作。

综合科

负责草拟专门委员会工作计划和工作报告并组织实施；负责起草全体委员会议、常委会议和有关政协工作的主要文件；负责文史方面工作，并征集出版《连南文史资料》；负责新闻宣传和信息工作；完成主席、副主席交办的其他工作任务。

组织联络科

按照干部管理权限做好机关的人事工作，负责干部的经常性考核，干部工资调整，核实办理干部离、退休手续等；负责收集委员提案，检查督促承办单位落实委员提案，做好提案反馈工作；负责与委员的联络，关心委员的思想、工作和生活；负责以县政协名义进行的委员集体视察活动；协助祖国统一联谊委员会以及有关部门、单位组织"三胞"联谊活动；协助政协领导做好侨办、对台办、民委的联系，做好"三胞""瑶族上层"的联络、联谊工作；协助政协领导做好有关人士联络接洽工作；完成主席、副主席交办的其他工作任务。

经济科

负责与科技经济委员会、财贸委员会、农业委员会联系，并协助该三个委员会草拟工作计划、总结工作；协助三个委员会开展视察、调研、参观、考察等活动；为三个委员会提供学习资料、经济信息和经济情报；积极协助政协三个委员会和有关单位引进外资工作；完成主席、副主席交办的其他工作任务。

宣传科

做好政协的性质、地位、任务、作用的宣传工作；协助学习委员会抓好委员学习工作；协助学习委员会提供学习资料，安排学习活动；协助文史委员会抓好文史工作；办好《连南政协》通讯工作；完成主席、副主席交办的其他工作任务。

2002年2月—2011年7月各委（科）室职责

办公室

承办县政协机关具体日常事务；负责全体委员会议、常务会议、主席会议等的会务工作；县政协领导公务活动的联系工作；处理群众来信来访；负责机关文电处理、文书要案、文印、通讯、机要保密工作；负责编辑出版《连南政协》刊物；研究和宣传统一战线以及人民政协的理论政策，为领导提供参考意见及资料；负责与省、市政协及各地政协有关事务的联系；负责全体委员会议、常务会议以及以县政协名义举办的重大活动的后勤保障工作；负责机关财务管理和物资管理；负责各市、县政协领导及团组、海内外来宾的来访接待工作。

综合科

负责草拟专门委员会工作计划和工作报告并组织实施；负责起草全体委员会议、常委会议和有关政协工作的主要文件；负责文史方面工作，并征集出版《连南文史资料》；负责新闻宣传和信息工作；完成主席、副主席交办的其他工作任务。

组织联络科

按照干部管理权限做好机关的人事工作，负责干部的经常性考核，干部工资调整，核实办理干部离、退休手续等；负责收集委员提案，检查督促承办单位落实委员提案，做好提案反馈工作；负责与委员的联络，关心委员的思想、工作和生活；负责以县政协名义进行的委员集体视察活动；协助祖国统一联谊委员会以及有关部门、单位组织"三胞"联谊活动；协助政协领导做好侨办、对台办、民委的联系，做好"三胞""瑶族上层"的联络、联谊工作；协助政协领导做好有关人士联络接洽工作；完成主席、副主席交办的其他工作任务。

2011年7月后各委（科）室职责

内设一室（办公室）两委（提案文史委员会、民族宗教委员会）职能职责：

办公室

承办政协机关日常事务；负责全委会议、常委会议、主席会议材料统筹和常委会议、主席会议会务工作，负责全委会议、常委会议以及县政协名义举办的重大活动的后勤保障工作；负责县政协领导公务活动的联系工作；负责文电处理、文稿草拟、电子政务、文印档案、上传下达、机要保密工作；负责新闻宣传信息，负责编辑出版全委会《文件汇编》会刊、《连南政协》及年报资料工作；负责组织人事、学习培训工作；负责组织政协委员的编组、委员增补、资料更新及选派委员参加相关会议活动工作；负责与省、市政协有关事务的联系；负责政协连南县委员会和办公室印章的保管和鉴印；协助提案工作委员会办理委员提案工作；负责处理群众来信来访；负责政协机关财务、车辆和物资管理工作；负责各市、县政协领导及团组、海内外来宾的来访接待工作；做好与机关各科室的协调平衡工作；完成主席会议成员交办的其他工作。

提案文史委员会

负责提案与文史方面的工作；组织、收集、交办提案，加强与提案人（单位）和承办单位的联系和沟通，做好提案的跟踪和督办工作；挖掘、整理、研究连南历史文化并负责连南文史资料的征集、编辑和出版工作，向省市政协报送文史资料；负责政协建议案和政协年鉴有关工作；完成主席会议成员交办的其他工作。

民族宗教委员会

贯彻执行党和国家的民族宗教方针、政策，开展民族宗教法律、法规、政策的宣传、教育工作，了解掌握全县民族宗教方面的情况和动态，做好民族宗教方面的调研视察工作，提出建议和意见；研究宣传统一战线和人民政协的理论政策，为领导提供参考意见及资料，向省市政协报送理论材料；完成主席会议成员交办的其他工作。

第二节　机关工作与制度

一、学习教育

（一）理论法规学习

第一届委员会　第一届政协期间，重点抓了对瑶族上层人物的经常性学习，指派专人负责组织，学习党的民族政策，学习党在瑶区实行的和平民主改革政策，学习当时国家颁布的过渡时期总路线和合作化运动等一系列的方针政策，推动了当时瑶区民主改革和合作化运动。学习讨论并通过"连南瑶族自治区各族各界人民代表会议协商委员会暂行组织条例"等。

1966年12月28日，县政协参加全县召开的学习毛主席著作先进单位、积极分子、贫下中农代表、民兵代表大会。

1980年，学习胡耀邦、李先念等中央领导同志在全国侨务工作和侨联座谈会上的讲话，学习《关于建国以来党的若干历史问题的决议》，执行中央明确规定对华侨实行"一视同仁,不得歧视,根据特点,适当照顾"的原则。

第二届委员会　县政协二届三次全体会议学习全国人大五届五次会议文件学习，学习政协章程和全国统战会议纪要。学习全国人大五届二十二次常委会议通过的《关于严惩严重破坏经济罪犯的决定》。1981年7月30日，二届四次政协常委会，学习中共中央十一届六中全会文件。1982年7月16日，二届八次常委会讨论了"中华人民共和国宪法修改草案"，提出了不少修改意见和建议。8月21日，对省政协转来的《中国人民政治协商会议章程草案》开展讨论，提出政协机构应包括各少数民族等六处修改意见，并将修改意见上报省政协。积极做好侨属、台属三胞工作，组织他们学习党的方针政策，学习叶剑英委员长《关于台湾回归祖国实现和平统一的方针政策》，宣传祖国面貌日新月异，工农业生产大发展的大好形势。10月18日九次常委会议学习中共中央十二大文件。11月组织有十一名政协委员参加的县少数民族赴广西学习参观团，历时12天，开阔眼界，增长知识。1983年2月15日，协助县委、县政府召开各机关单位和部分公社少数民族代表共40多人参加的民族工作座谈会，会上学习《中华人民共和国宪法》、党的民族政策、中央和省委领导的有关讲话，回顾和分析自治县成立以来的民族工作情况，总结经验教训，提出了不少很好的建设性意见。7月2日政协十一次常委会传达省政协六届一次会议精神，学习全国政协六届一次会议文件。11月14日十二次常委会传达学习省和市政协会议精神。

第三届委员会 三届一次全委会认真学习政协章程和邓颖超在全国政协六届二次会议上的重要讲话。传达学习省统战工作会议精神。1984年8月9日召开二次常委会，学习林若、任仲夷、梁灵光的讲话；10月8日，三次常委会传达省政协会议精神。1985年6月21日六次常委会传达省政协五届三次会议精神；10月22日，七次常委会传达市政协工作经验交流会议精神，学习中共中央《关于经济体制改革的决定》。1986年2月22日九次常委会议传达韶关市政协常委扩大会议精神；5月5日十一次常委会学习全国政协会议文件和中央领导的讲话；6月10日十二次常委会传达贯彻省第五次政协会议精神；8月14日政协召开全体干部会议传达市信访工作会议精神；9月15日十三次常委会传达市政协工作座谈会精神；11月5日政协一行七人历时11天赴湖南的江华、道县和广西的富川、平乐、钟山、贺县等地参观学习；12月21日十四次常委会，传达贯彻省、市政协工作经验交流会议精神并组织政协7人到湖南广西六县参观学习；1987年1月20日，政协组织学习中共中央〔1987〕1号文件；2月20日部分政协委员列席人大七届四次会议，讨论修改广东省"连南瑶族自治县自治条例"的初稿，并提出具体修改意见。

第四届委员会 四届一次全委会深入学习政协章程，学习地方政协工作座谈会和中央统战工作会议精神以及省市政协工作经验交流会议精神。县政协四届二次全委会学习中国共产党第十三届全国代表大会精神。县政协四届三次全委会学习中国人民政治协商会议第七届全国委员会常务委员会第四次会议通过的《关于政治协商、民主监督的暂行规定》。1987年7月21日政协相关领导参加县委召开的副科级以上干部会议，内容是传达省召开的全省第二次山区工作会议精神；10月13日四次常委会传达县委在白水坑召开的五套班子会议精神；11月27日五次常委会，学习中共中央十三大文件，学习中共中央总书记的工作报告。1988年2月3日主席办公会传达省政协四届一次会议精神；7月8日政协机关全体人员听取县委关于学习党的基本路线动员报告会；7月11日至25日，政协机关工作人员集中半天学习党的基本路线；9月2日政协七次常委会传达省政协肇庆会议精神；10月5日至17日，部分机关政协委员前往粤西参观学习；11月15日，八次政协常委会学习中央十三届三中全会精神。1989年1月17日，政协第八次常委会传达市政协一届一次会议精神及省政协经济交流工作会议精神；3月20日，县委发出《关于加强政治协商和民主监督的通知》；4月8日机关全体干部学习市统战工作会议精神；6日机关全体干部学习中央李鹏、杨尚昆的讲话；16日传达县委部委办局领导党员干部会议精神，学习邓小平讲话；30日学习邓小平在军以上干部讲话和人民日报《立国之本、强国之路》的社论。7月19日办公室全体干部学习邓小平、李鹏、江泽民的讲话。9月6日办公室全体干部学习江泽民总书记国庆四十周年讲话和省关于处理私房问题的通知；11日传达县清理建私房会议精神；25日十五次常委会议学习总书记江泽民国庆四十周年讲话；27日主席办公会传达市政协办公室主任会议精神。1989年12月学习中共中央《关于进一步治理整顿和深化改革的决定》和江泽民在五中全会上的讲话。

第五届委员会 1990年3月31日政协五届一次常委会议，学习省的暂行条例（南方日报3月28日）；1990年5月7日，县政协五届二次常委会议，学习中央文件；1990年7月18日，政协机关传达了县委经济工作会议精神。1990年10月6日，县政协五届四次常委会学习中央统战工作会议精神；10月12日政协6位同志前往番禺、珠海、惠阳等地参观学习。1991年5月22日，县政协五届14次常委会议，学习田纪云同志在广交会交易团负责人和广东省直局以上党员干部会上的讲话；8月12日，县政协五届15次常委会议：1. 认真组织学习邓小平视察南方谈话精神；2. 协助省政协妇女青年委员会对我县实施的《义务教育法》的调整考察；3. 认真组织落实"三省文史瑶族风情录"编写工作。1992年11月17日，县政协五届16次常委会议传达学习党的十四大精神和广东省委六届八次全委（扩大）会议精神。

第六届委员会 1993年10月5日，县政协六届四次主席办公会传达反腐倡廉会议精神，学习中央反腐文件，学习"江泽民总书记讲话"和省委相关文件，深入开展反腐败斗争。

1993年11月9-10日，县政协六届四次常委会：1. 进一步贯彻中央反腐斗争决定，县纪委书记通报全县反腐败斗争情况；2. 学习邓小平文选第三卷。

1994年学习《中共广东省纪委、广东省监察厅关于共产党员、国家机关工作人员参与"黄、赌、毒"活动党纪、政纪处分暂行规定》。学习县委《关于县直机关学习贯彻四中全会（决定）》的意见。1995年4月学习中组部、中宣部《广泛开展向孔繁森同志学习活动》。1996年4月学习江泽民《领导干部一定要讲政治》；11月，学习中央十四届六中全会《关于加强精神文明建设的决议》。1997年4月22日，县政协召开学习会，邀请省社会主义学院教师讲授《基本法》，香港回归后政协如何发挥作用，政办履行职能规范化、制度化建设问题等。县政协机关干部、县城的政协委员及有关单位领导共50多人参加；12月学习中央十五大报告。

第七届委员会 2001年10月学习《中共中央关于加强和改进党的作风建设的决定》，学习八个坚持八个反对。2002年7月学习全国政协九届五次会议精神，党政领导干部选拔任用工作条例；12月学习《中共中央关于认真学习贯彻党的十六大精神的通知》《中共广东省委关于学习贯彻〈中共中央关于认真学习贯彻党的十六大精神的通知〉的通知》、学习江泽民在十五大所作的报告《高举邓小平理论伟大旗帜，把建设有中国特色社会主义事业全面推向二十一世纪》、学习李鹏在九届全国人大一次会议上所作的《政府工作报告》。2003年4月学习中共广东省委关于实施固本强基工程全面推进党的基层组织建设的决定，省纪委关于2003年开展纪律教育学习月活动的意见。6月学习胡锦涛在十六大的讲话。2004年2月学习《中国共产党党内监督条例》《中国共产党纪律处分条例》。5月学习"三个代表"重要思想。6月学习科学发展观。10月学习中共广东省委关于贯彻《中共中央关于加强党的执政能力建设的决定》的意见。12月学习《中共中央关于在全党开展以实践"三个代表"重要思想为主要内容的保持共产党员先进性教育活动的意见》。《中共广东省委关于组织"十百千万"干部下基层驻农村深入推进固本强基工程的意见》。《关于中共广东省委办公厅转发〈省委组织部关于在全省共产党员中开展"理想、责任、能力、形象"教育活动的意见〉的通知》。

第八届委员会 2005年6月学习中共中央《关于进一步加强中国共产党领导的多党合作和政治协商制度建设的意见》，学习《25个理论问题》，学习胡锦涛"七一"讲话，学习张德江、黄华华在全省贯彻落实胡锦涛总书记视察广东时《在全面建设小康社会进程中较好地发挥排头兵作用》的讲话精神。学习《关于严禁党政机关工作人员参与"六合彩"赌博活动的规定》。

第九届委员会 2006年学习张德江《关于坚持以民为本，惠民先行》的讲话。2006年5月学习《中共中央关于加强人民政协工作的意见》，中共中央、国务院关于印发《中华人民共和国公务员法实施方案》的通知。11月学习《中共中央关于构建社会主义和谐社会若干重大问题的决定》、广东省委关于贯彻《中共中央关于构建社会主义和谐社会若干重大问题的决定》的实施意见。学习党的十七大报告和十七届三中全会精神、胡锦涛在第十七届中纪委第二次全会上的重要讲话。学习中央关于厉行勤俭节约、反对奢侈浪费的有关规定，学习科学发展观理论。2007年9月，学习张德江在省党代会上所作的报告；学习省政协十届二次全会精神；学习胡锦涛《全面贯彻落实科学发展观、推动经济社会又快又好发展》《珠江三角洲地区改革发展规划纲要》等。

第十届委员会 学习十八大报告、省十一次党代会和市政协工作会议精神。学习党的十八届三中、四中全会精神和习近平总书记在庆祝中国人民政治协商会议成立65周年大会上的讲话；学习全国两会精神，中央关于改进工作作风、密切联系群众的八项规定，县委、县政府关于改进工作作风密切联系群众的实施意见，清远市关于党员领导干部述职述廉的实施细则；中共广东省委关于在我省深入开展党的群众路线教育实践活动的实施意见，中共广东省委关于深入学习贯彻习近平总书记一系列重要讲话精神的通知，省纪委关于整治庸懒散奢等不良风气、切实改进工作作风的意见，县纪委关于集中开展反腐倡廉警示教育活动的意见，连南开展纪律教育月学习月活动实施方案等。

2012年11月8日，收听收看中国共产党十八大开幕式，听取胡锦涛同志向大会作《坚定不移沿着中国特色社会主义道路前进，为全面建成小康社会而奋斗》的报告；学习《中国共产党章程（修正案）》。

（二）专题学习

第一届委员会 1980年9月，在全县范围开展新时期政协工作的宣传活动，组织广大干部和各界人士学习全国五届三次政协会议精神。

第二届委员会 1981年1月4日，二届二次常委会，学习政协章程草案；1981年3月14日，二届三次常委会，传达省政协四届三次会议精神。1982年8月21日，对"政协章程"草案开展讨论，提出政协机构应包括

"各少数民族"等修改意见上报省；1983年7月学习全国政协六届一次会议精神。

政协二届三次全体会议深入学习中共中央十二大文件，学习全国人大五届五次会议文件，学习政协章程和全国统战会议纪要。

第三届委员会 学习政协章程和全国政协主席邓颖超在全国政协六届二次会议上的讲话。1986年5月学习省委［1986］18号文件批转省政协党组《关于我省政协工作情况的报告》。

第四届委员会 政协四届一次全会深入学习政协章程，学习地方政协工作座谈会和中央统战工作会议精神以及省市政协工作经验交流会议精神。1987年5月8日部分政协领导和常委在金坑公社召开政协委员会议，传达县政协四届一次常委会议精神。5月9日，部分政协常委在涡水召集政协委员开会，传达贯彻县政协四届一次常委会议精神。5月20日，政协发出"关于组织委员开展学习活动的意见"。9月8日政协发出"同意经委战线政协委员学习小组进一步开展学习视察活动意见的通知"。11月29日，政协发出"抓好学习，调动委员的工作积极性的通知"。12月12日政协发出"关于召开农村政协委员专业户座谈会的通知"。1988年21日，举行庆祝人民政协成立四十周年大会，进行有奖知识测验。1990年2月9日办公室召开全体人员学习《中共中央关于坚持和完善中国共产党领导的多党合作和政治协商制度的意见》以及学习人民日报2月8日"维护国家的长治久安是中共和各民主党派的神圣责任"。19日十七次常委会传达清远市政协、统战、对台工作会议精神，学习中共中央关于多党合作和政治协商制度意见。县政协四届三次全会，认真学习了中国人民政治协商会议第七届全国委员会常务委员会第四次会议通过的《关于政治协商、民主监督的暂行规定》。

第五届委员会 1990年3月31日，政协五届一次常委会学习省政协《政协全国委员会关于政治协商、民主监督的暂行规定》。1990年3月30日五届一次主席会：学习政协章程和中共中央意见。4月6日政协三位同志去北京参加全国少数民族地区人民政协政策研究学习班学习，时间20天。5月14日二次常委会议学习中央六中全会文件，传达市政协一届三次会议精神。1990年8月17日，五届常委三次会议：1.学习传达省统战会议精神（江泽民总书记在全国统战工作会议上的讲话、林若同志在省统战会议上的讲话），进一步宣传政协的性质、地位、作用，提高人们对政协的认识。2.翻印转发县委关于贯彻中共中央《关于坚持和完善中国共产党领导的多党合作和政治协商制度的意见》的决定，召开各战线负责同志座谈会及部、委、办、局主要领导座谈会，加深对政协工作的认识，引起重视，争取各科局单位的支持。组织一次政协委员学习政协性质、业务知识测验，收回试卷公布成绩。1990年10月6日，五届四次常委会议：1. 学习中共中央［1990］10号文件《关于加强统一战线工作的通知》。2. 讨论修改和通过政协常委工作规划、专门委员会组织通则及机关工作简则。3. 畅谈学习体会，会议要求会后各委员会要组织委员反复学习，深刻领会中央10号文件精神，各委员会应按计划组织委员学习、考察，进一步学习中央10号文件、政协章程及省、市关于政治协商、民主监督的暂行规定，促进学习正常开展。会议决定在11月份由学习委员会进行一次学习考试，检查学习效果，各委员会还要根据自己的实际和结合活动的内容，学习有关对口协商单位所执行的党的有关方针政策。4. 开展一次办实业的活动，各委员会可根据工作需要和可能条件，组织到外地学习参观，准备组织部分政协机关工作人员到外地了解学习办实业的经验，积极引进项目、资金，为振兴连南经济出力。1990年11月23日主席办公会：1. 传达贯彻全市政协工作经验交流会精神。连南县政协介绍的经验有两个，一个是"把工作组改为专门委员会设置的情况汇报"，另一个是"我县提案工作情况汇报"，市政协认为我县改工作组为专门委员会比较科学，给予充分的肯定。2. 进一步学习中央10号和14号文件和七中全会精神，以及江泽民总书记的讲话精神，加深理解江泽民总书记讲话归纳起来是一个中核心、五个基本精神、十个基本观点。坚持以经济建设为中心、以统一祖国为目的，坚持四项基本原则，进一步推进协商监督的制度化、经常化、科学化，继续完善多党合作制度，继续做好"三胞"工作，加强自身的组织建设、机关建设、学习建设、作风建设等，贯彻《暂行规定》，提高参政议政能力，使政协工作有新的面貌、新的变化。1991年5月10日，传达全国政协会议精神和省、市政协会议精神。政协在国家政治生活中越来越重要，作用是其他组织无法代替的，政协代表面广、人才济济，能很好发挥参政议政作用。政协今年工作的指导思想要本着"想大事、抓大事、议大事"的精神，抓重点、抓热点、抓难点，要量力而行，也要尽力而为，真正发挥作用。一是重点完善政治协商制度，抓好中央《意见》及县《暂行规定》的贯彻，按暂行规定开展工作，抓好非党人士的安排和推荐工作，要抓好各级领导干部联系群众的情况，党风建设（三大优良作风）要加强。二是要搞好委员的学习，除县委及宣传部规定学习外，学习有关视察单位的政策及学习有关的资料及本县的《暂行规定》，另可根据情况条件出外学习考察。1991年8月5日，五届常委10次会议：进一步学习贯彻中央《意见》，按意见开展工作。6月2至4日，市政协检查连南学习贯彻中央《意见》情况，认为有声势、有效果，安排非党人士任职，学习《暂行规定》，制订协商制度，协商监督走上正轨。

第六届委员会 1993年5月3日六届一次主席会：换届后做好政协的宣传工作，特别是新委员，学习县委批转的对口协调单位文件、中国人民政治协商会议章程、专门委员会组织通则等有关制度。1993年5月22日五届二次主席会议学习全国政协八届三次会议精神。1993年6月11日部、委、办战线领导对口协商座会：1.学习《中国人民政治协商会议章程》和县委《批转县政协党组〈关于我会10个专门委员会开展对口协商、民主监督的报告〉的通知》以及《关于贯彻〈中共中央关于坚持和完善中国共产党领导的多党合作和政治协商制度的意见〉的决定》。2.这次会议是换届后第一次邀请部、委、办领导召开座谈会，目的是通过见面座谈，就中间层次对口协商工作取得共识，有利于今后开展对口协商工作。3.进一步开展对口协商工作，一要加强学习，换届后新的政协领导、委员对政协工作不够熟悉，十四大提出建立社会主义市场经济，这是理论上的突破，我们要从思想上、行动上转变，必须加强学习。二要加强调查研究，专门委员会要根据自己的工作范围，围绕县的大政方针、重要问题以及群众关心、反映强烈的热点问题进行调查。调查要有超前性，还要有真实性，必要时采取突击调查的方法，掌握真实的材料。三要对调查材料进行综合，适当时候与对口协商单位协商，重大问题通过主席会议、政协常委会议形成议案提交县委、县政府处理。政协专门委员会要有主动精神，多与对口协商单位联系，有关对口协商的部、委、办领导应多支持政协专门委员会开展工作，从人力、物力、车辆等方面大力支持，使协商监督真正做到"两头热"。政协专门委员会要加强自身建设，建立健全有关制度，真正调动委员积极性，发挥整体功能作用。1993年8月4日，六届三次政协常委会传达省七届三次常委会议及市一届二十五次常委会议精神，强调政协工作要到位，思想认识、职能、制度、自身建设到位。1993年12月29日，六届五次主席会：1.传达市二届一次政协会议精神。2.传达政协三省二十七县协作会议精神，明年轮到连南县当班，研究相关工作。1994年8月，学习《论政协工作的到位》。1994年8月24日，六届九次常委会，学习政协报"新时期下加强政协学习工作的探索"，省社会主义教育学院教师讲授了政协新章程及"三胞"工作,抓好学习贯彻,平时学习邓小平建设有中国特色的社会主义理论,政协机关学习正常。1994年11月25日,六届十次政协常委会传达市政协主席工作座谈会精神,注重抓好委员的学习,提高素质;抓宣传,提高政协知名度,抓自身建设,抓本身的经济。1995年8月,学习全国政协《关于政治协商、民主监督、参政议政的决定》;学习中共清远市委《关于贯彻中委〔1995〕13号文精神加强人民政协工作的决定》、清远市委《关于政治协商、民主监督、参政议政的实施办法》。1997年6月,学习全国政协八届五次会议精神。

第七届委员会 传达市政协三届一次会议精神。1998年学习全国政协九届一次会议精神和李瑞环在闭幕会上的讲话。2002年7月学习《全国政协九届五次会议精神》。

第八届委员会 学习新的政协章程、学习市政协四届二次会议精神,贾庆林在全国政协十届二次会议上的工作报告。2005年6月,学习中共中央《关于进一步加强中国共产党领导的多党合作和政治协商制度建设的意见》;2006年5月,学习中共中央关于加强人民政协工作的意见。

第九届委员会 传达省政协九届五次会议精神,全国政协十届五次会议精神。学习党的十七大精神,学习科学发展观理论,学习全国政协全体会议工作规则和常委会议工作规则,学习胡锦涛在纪念人民政协成立60周年讲话,省政协十届二次全会,传达市政协五届三、四次全会精神。

第十届委员会 学习《中共清远市委政治协商规程》。学习广东省委办《关于进一步加强我省人民政协提案办理工作的意见》。

(三)委员培训

1988年政协委员邓作均"关于加强饮食卫生服务检查监督,保证人民身体健康"的提案,承包单位经县政协协调,举办食品从业人学习班4期,参加学习的厨师和冷饮制作人员96人,分期分批对全县食品卫生从业人员进行健康检查。1993年8月4日,六届三次政协常委会:1. 听取省社会主义学院教授关于政协知识的讲座。肖老师讲授人民政协的历史、性质、地位和作用、任务;侯主任讲授人民政协的基本职能(政治协商、民主监督、参政议政)。2009年6月16日,举办全县政协委员培训班,邀请清远市政协秘书长胡继松作《政协委员的荣誉和责任》的辅导:一是政协委员荣誉责任之本源;二是如何当好政协委员。市政协副秘书长王俊做《当好委员献良策,履行职责促发展》的辅导:一是新时期提案工作的地位;二是提案工作的作用;三是提高提案工作质量需要掌握的基本知识;四是提高提案工作质量需要解决的具体问题。9月21日,举行纪念中国人民政治协商会议成立60周年座谈会,重温人民政协的性质、地位和作用,并进行"纪念中国人民政协成立60周年政协知识竞赛"抽奖活动。2011年11月,县政协十届一次会议期间,举办政协委员培训班,邀请清远市政协副秘书长做业务辅导。县政协在十届三次会议期间,专门安排时间进行"委员之家"网络互动平台培训,邀请广州联奕信息科技有限公司研发部陈龙工程师为全体委员授课。县政协在省政协的支持下,于2013年12月,完成"委员之家"网络互动平台建设并通过验收。该平台的开通,进一步拓展了委员履职形式,为实现省、市、县三级政协联网互动,打造"永不落幕的政协全会"奠定了基础。2014年5月7日,县政协举办骨干委员"委员之家"网络互动平台培训班,再次对"委员之家"网络互动平台业务进行培训。房惠瑛参加在省委党校举行的全省政协宣传和网络干部培训班。市政协连南组9名委员到市委党校参加政协第六届清远市委员会新任委员培训班学习。出台政协连南瑶族自治县委员会门户网站及"委员之家"网络互动平台使用实施方案(试行)。

二、规章制度

制度建设是人民政协工作实现制度化、规范化、程序化的基础。为使政协履行职能真正到位,做到政治协商更加切实、民主监督更加有效,参政议政更加富有成果,历届县政协都重视制度建设,通过不断健全和完善政协各项规章制度,推进政协履行职能规范化、制度化建设,明确规定政协履行职能的内容、形式,克服工作的随意性和盲目性,使政协履行协商监督、参政议政有章可循,使各级各部门更加了解政协、支持政协工作。1953年,政协一届一次全会制定《连南瑶族自治区各族各界人民代表会议协商委员会暂行组织条例》,共11条。1953年5月29日,协商委员会发出"关于瑶汉间杉木纠纷处理办法"。11月7日,自治区召开瑶族上层老人座谈会,历时4天,会议协商有关民族团结和社会改革、发展生产问题。是年,通过全县上层老人会议协商,进行了全面性调整太公田,解决无地、少地瑶族群众的土地问题。制定《政协第五届连南县委员会常务委员会工作规则》《中国人民政治协商会议第五届连南县委员会专门委员会组织通则》《中国人民政治协商会议第五届连南县委员会机关工作简则》等。1984年7月1日，召开政协三届一次主席会议，讨论制订政协主席、常委、办公室会议制度。1988年7月5日，县政协制订了各科室职权、工作人员岗位责任制及有关制度。1991年3月9日，通过《政治协商、民主监督的暂行规定》。县委转发《政协连南瑶族自治县委员会关于政治协商、民主监督、参政议政的实施办法》的通知。南委〔2012〕20号：关于县政协委员履职规定的批复，实施《政协连南瑶族自治县委员会关于政协委员履职的规定（试行）》。

1988年7月5日制订的几项制度：文件报纸书信杂志收发制度：一是文件收发要登记；二是文件要及时送阅，传阅文件要签名；三是做好文件报纸书信杂志的保管、存档、保密工作。物资保管：凡属公物要由专人管理，造册编号登记，个人借用要写借条。损失要赔偿，二办公室用具原则上由办公室统一购买，专人保管，特殊情况也可拿单据来报销。财务制度：一是出纳要及时发放工资、各种款项；二是账目要日清月结，及时报账，每季把收入开支情况向领导汇报一次；三是应按有关制度规定开支经费；四是及时向有关部门申报财务计划。考勤制度：一是每天要及时上班；二是每天出勤要登记；三是有事有病要请假；四是旷工两天、事假病假十天按政府有关文件精神执行。

提案几项制度：1.审查立案制度，对委员提案做到逐件逐案进行审查，并根据提案的内容分类编号立案。2.统一交办制度，提案审查立案后，统一由县政府送交到各承办单位。3.催办和回领制度。4.报告和会报制度。5.立卷存档制度。

2014年县政协制订的各项制度：县政协机关财务管理制度（包括管理原则、经费开支、存款与现金管理等）、县政协机关工作管理制度（包括学习制度、考勤制度、城乡清洁工程工作等）、县政协机关公文办理制度、县政协机关车辆管理制度（包括车辆用途、车辆调度、行车事项、其他事项等）、县政协机关工作人员岗位职责、《主席会议成员联系政协常委制度》（包括联系内容、联系形式、联系分工等）《县政协委员参加会议、活动的规定》共9条。政协连南县委关于政协委员履职的规定。《连南县政协机关考勤管理规定》。政协《关于公务车辆使用管理的规定》。会议规则。连南县政协领导班子制度建设计划。县政协视察调研工作制度。县政协委室领导联系工作制度。政协机关各委室工作职责。

2012年印发《政协连南瑶族自治县委员会关于主席会议成员联系常委制度》；2015年印发《政协连南瑶族自治县委员会提案工作制度》。

2016年6月6日，县政协第十届委员会第五十三次主席会议通过《政协连南瑶族自治县委员会文史工作规则》。

三、党的工作

机关党的建设始终坚持党要管党的原则，坚持有效监督的原则，履行机关党组织的基本职能，坚持服务原则，协助行政负责人完成工作任务，坚持讲求实效原则，加强和改正机关党的工作，用改革精神研究和解决党的建设的新矛盾新问题。

（一）制度建设

1986年5月，县政协党组南协〔1986〕09号文：关于贯彻中央中办发〔1986〕10号和省委粤发〔1986〕13号文件精神的意见，抓好三件事：一是抓好党员教育，建议今后一段时间内，党课和县委党校办班学习，应增设人民政协和统一战线内容这一课；二是抓好干部学习，划出一段时间，要求所有机关干部都必须参加统一战线的理论学习；三是由县广播站开办统一战线专题节目，利用有线广播开展宣传教育。县委十分重视政协工作，1986年，县委发出《关于进一步加强同政协各委员会、工作组联系、协商的通知》，明确提出了五点具体要求。1988年7月，发现大坪出现社会治安问题，主要是爬车越货案件，政协形成书面处理建议报告县委。1989年，县委根据中共中央四中全会精神，在全县开展农村党的基层组织建设、农村基层政权建设和农村商品基地建设的"三建"工作，政协从稳定大局首先要稳定农村，选择农村基层政权建设开展一个多月时间调研，形成"关于村委会改为管理区办事处的调查报告"报县委，得到县委重视同意印发。县政协党组，发出《关于庆祝中国人民政治协商会议成立四十周年活动的请示》，县委批复同意举行庆祝中国人民政治协商会议成立四十周年的活动。县委发出《关于加强政治协商和民主监督的通知》《批转县政协党组〈关于香坪乡党委组织学习政协文件的汇报〉的通知》（附县政协党组关于香坪乡党委组织学习政协文件的汇报）《批转县政协党组〈关于我会十个专门委员会开展对口协商、民主监督的报告〉的通知》《关于贯彻〈中共中央关于坚持和完善中国共产党领导的多党合作和政治协商制度的意见〉的决定》。1994年11月25日，六届十次政协常委会：1.学习《关于学习十四届四中全会通知》，突出党的建设的重要性。2.《关于加强党的建设几个重大问题的决定》，充分发挥政协作用，协助中国共产党搞好党的建设。1997年，政协连南瑶族自治县委员会机关党支部廉政建设制度。1998年，县委批转执行《关于政治协商、民主监督、参政议政的实施办法》。2013年，制定《县政协领导班子成员党风廉政建设岗位职责》，明确各自的职责范围和职责内容。《县政协领导班子议事决策规则》，包括指导思想、议事决策应遵守的原则、主要内容、程序和方式、有关纪律等。《县政协党组讨论决定干部任免事项守则》。学习"52个不准""四大纪律""八项要求""八个严禁"、中央"八项规定"、中共广东省委《关于深入开展党的群众路线教育实践活动的实施意见》。2015年印发《关于细化县政协党风廉政建设主体责任强化责任追究的通知》《关于印发政协连南瑶族自治县委员会2015年"正风"行动实施方案的通知》、关于印发《县政协2015年纪律教育学习活动实施方案》的通知。2016年印发《县政协2016年廉政谈话计划》。

（二）学习教育活动

1988年9月，政协党支部召开支部大会学习评议党员的有关文件。10月支部书记参加县举办的支部书记学习班，为期10天。11月，政协4人赴广西梧州市参观学习。6月3日，政协全体党员参加县委传达李鹏、杨尚昆等四位同志的讲话精神。9月5日，县政协蒋绍勤、房周、沈峻分别去大坪、香坪、南岗搞"三建"工作。1989年，政协从稳定大局首先要稳定农村，选择了农村基层政权建设开展了一个多月时间的调研，形成了"关于村委会改为管理区办事处的调查报告"报县委。1990年9月10日，政协派员参加县农村"四大管理"工作队下乡到三排搞农村工作。1990年11月15日，政协全体干部参加县治山致富誓师大会。1998年7月，主席会传达市政协常委会精神，学习邓小平理论，学习李瑞环主席在全国第四次主席会议上的讲话。1998年8月，政协党组根据县委的精神部署进行三个专题民主生活会：一是如何继续发扬艰苦奋斗、勤俭节约的优良传统作风；二是如何管好家庭配偶子女，带头树立好家风；三是对自己管辖的范围内的党风廉政建设要切实负起领导责任。1999年6月，七届6次常委会修改通过《政协连南瑶族自治县委员会提案工作条例》。2000年2月，党组传达县委"三讲"教育会议有关精神，同时研究政协如何开展"三讲"工作，成立"三讲"教育工作领导小组。2000年6月，七届12次主席会学习江泽民在政协成立50周年大会上的讲话。2000年7月，七届13次常委会协商连南县城区2020年规划。2000年9月，七届14次主席会学习江泽民观看《生死抉择》后的讲话。2000年10月，七届15次主席会学习黄丽满同志在全省政协工作座谈会上的讲话和郭荣昌主席在全省政协工作座谈会上的讲话。2001年1月，常委会专题讨论县委"十五"计划的建议（征求意见稿）。2001年3月，七届十五次常委会协商讨论《连南县国民经济和社会发展第十个五年计划（纲要）》（征求意见稿）。2001年10月，党组会学习胡锦涛同志《深入学习正确领会全面贯彻江泽民同志"七一"重要讲话精神》。2001年10月，学习《中共中央关于加强和改进党的作风建设的决定》。2001年11月，七届二十一次主席会学习人民政协报评论员文章《深入学习六中全会精神，推进人民政协工作》。2002年9月，党组等学习中共十五届六中全会"八个坚持、八个反对"和江泽民"5.31"重要讲话。2003年4月，党组会议学习了胡锦涛同志在中央纪委第二次全体会议上的讲话。2003年7月，党组会学习胡锦涛在中国共产党成立82周年上的讲话和张德江同志的讲话。学习贯彻"三个代表"重要思想问题。2004年9月，党组学习《中共中央关于加强党的执政能力建设的决定》。2005年，围绕"党员受教育、群众得实惠"的目的，举办了第一批保持共产党员先进性教育活动。全体政协委员开展"爱国、守法、诚信、知礼"教育活动。根据中共中央《关于在全党开展以实践"三个代表"重要思想为主要内容的保持共产党员先进性教育活动的意见》，召开政协班子成员、党组成员、机关副科以上干部参加的党员领导干部民主生活会。2007年9月，民主生活会查找班子在理想信念、精神状态、推动发展、群众工作和廉政建设方面存在的问题。2009年，参加了全省第二批深入学习实践科学发展观活动，历时半年，围绕"党员干部受教育、科学发展上水平、人民群众得实惠"的总体要求，分三个阶段进行。一是学习调研阶段：1.广泛发动；2.深入学习；3.深化调研。二是分析检查阶段：1.广泛征求群众意见；2.精心组织召开领导班子专题民主生活会；3.形成高质量的领导班子分析检查报告。三是整改落实阶段：1.认真制订整改落实方案；2. 切实解决突出问题；3. 着力创新体制机制。2013年，着力整治"庸懒散奢"不良风气，开展"正风"行动，以"治庸提能力、治懒提效能、治散聚合力、治奢促廉洁"，通过加强宣传教育、深化效能监察、畅通投诉渠道、曝光反面典型、强化责任追究等措施，切实转变干部作风，提高干部的执行力和机关工作效能。2014年，按照县委的统一部署，政协机关深入开展党的群众路线教育实践活动。政协党支部党员与挂扶点大麦山镇中心岗村委党员开展"你有困难我来帮助"活动，一起学习新党章，重温入党誓词，现场捐款1900元，随即慰问了两户党员困难户。从2015年5月下旬开始，县政协领导班子开展"三严三实"专题教育。分六个阶段进行：（一）开展专题调研（2015年5月下旬至6月）。（二）组织专题研学（2015年5月至12月）。1. 加强日常学习（2015年5月至12月）。2. 组织专题研讨（2015年5月至8月）。（三）开展专题交流（2015年5月至12月）。（四）讲好专题党课（2015年6月前）。（五）抓好分类培训（2015年12月前）。（六）召开专题民主生活会和组织生活会。（七）强化整改落实和立规执纪。从2016年5月下旬开始，县政协机关开展"学党章党规、学系列讲话，做合格党员"学习教育。分十个阶段进行：1. 成立机构；2. 制订工作方案；3. 召开动员会议；4. 组织个人自学；5. 开展集中学习讨论；6. 开展专题党课；7. 召开专题组织生活会和开展民主评议党员；8. 制定整改台账；9. 立足岗位作贡献；10. 收集整理档案资料。

四、内务管理

（一）办公条件

2004年以前，县政协在朝阳路县行政综合大楼二楼办公，条件简陋；2005年1月31日，县政协搬入顺德文化广场县行政综合办公大楼7楼办公；2015年，调整到县行政综合办公大楼一号楼6楼办公。

（二）文秘档案

文秘档案是政协机关的一项重要工作，办公室负责起草文件，重要工作报告、调研报告，总结材料，编发会刊、简报和政协信息，审核、修改、印发材料，组织会务，对外联系及宣传，做好来文登记、送阅转办、分类归档、保密和发文工作。档案总数（2010年）194卷（册），其中永久档案104卷、长期档案90卷，统一集中到县档案局存放。单位暂存档案37卷。

（三）后勤服务

后勤工作是政协机关工作的重要组成部分，是政协事业发展的基础条件，也是人民政协履行职能发挥作用的基本保障。服务是政协后勤工作的立身之本，县政协机关坚持为统战工作服务、为政协委员服务、为机关工作和职工生活服务的"三服务"宗旨，按照"讲质量、讲效率、讲规范、讲服务"的要求，不断推进后勤工作的改革和发展，提高后勤工作的管理能力和保障水平。

（四）离退休干部管理

离退休干部在不同的历史时期为党和人民作出贡献，有着丰富的阅历和实际工作经验，是党和国家的宝贵财富，是不可忽视的一支力量。关心照顾好离退休干部，是党的一贯优良传统。历届县政协高度重视贯彻执行有关老干部工作的方针、政策，不断满足老干部物质、文化、精神需求，使老干部愉快安度晚年。为每位离退休干部订阅《秋光》杂志，每逢离退休干部生日时送上生日慰问金、生病住院时到医院看望慰问。1990年5月，走访农村委员和慰问离退休常委。制订老干部生日、住院慰问制度。2013年9月27至29日，县政协副主席邓建一行4人专程到珠海、深圳看望老同志杨坤甫、肖积荣。

五、宣传信息

县政协自1953年1月成立，第一、第二届时，主要运用有线广播宣传，当时有线广播遍布全县每一个村寨和每一户农户，第三、四、五届期间，由于电子工业迅速发展，有线广播进一步发展成有线和无线电台相结合，有线电视和无线电视相结合，提供了很好的现代化宣传工具，县政协经常为电台和电视台提供稿件，编写资料，及时宣传报道人民政协的各种活动。以后由于各种原因特别是遭到"文化大革命"的十年浩劫，人民政协的组织受到严重破坏，政协工作因此完全停止。1980年11月，县委成立政协二届筹备委员会，在全县开展对新时期人民政协工作的宣传，各级党政部门组织广大党员、干部和各界人士，认真学习全国政协五届三次、六次会议和全国人大五届三次会议有关文件，同时还通过广播和各种会议等形式，宣传新的历史时期统一战线的性质、任务、方针和政策，宣传做好政协工作的重要意义，为建立健全政协机构、恢复政协工作打下坚实的思想基础。1983年，印发《中国人民政治协商会议章程》。1984年12月，创办《连南政协》刊物。是年，给每一个不脱产的农村政协委员配备信封、信笺和邮票，方便农村政协委员及时收集群众意见和建议。1984年12月12日，主席会议讨论决定成立连南瑶族自治县文史资料研究委员会，负责将全县的史料进行征集、整理和出版，1985年12月，《连南文史》第一辑出版，到2016年12月止，共出版15辑约110万字。1989年，印发《关于人民政协工作的论述资料摘编》和《学习宣传参考资料》，1989年，印发《政协全国委员会关于政治协商民主监督的暂行规定》《纪念人民政协成立40周年人民政协知识学习资料》，1989年9月，在电台和电视台上分别举办"人民政协基本知识专题讲座"节目，系统介绍人民政协的性质、地位、任务和作用，还整理10位政协委员的先进事迹进行宣传。利用照片橱窗宣传，每年定期举办一次，时间在每年举行一次例会时，组织人力把大会实况拍成照片，内容有开幕式、闭幕式、主席讲话、大会发言、小组讨论以及大会的其他活动等，组成一套完整的宣传照片供文化部门宣传使用。

  1989年10月9日，韶关市政协在乳源县召开全市政协工作经验交流会，县政协作"围绕四个结合开展工作组活动"大会发言，这篇发言材料后刊登在《南方日报》上。1990年11月13日，清远市政协召开全市政协工作经验交流会，县政协作题为"把工作组改为专门委员会设置的情况汇报"发言。

  1990年，翻印《中共中央关于坚持和完善中国共产党领导的多党合作和政治协商制度的意见》，宣传人民政协的性质、地位、作用和任务，宣传中国共产党领导的多党合作和民主协商制度是我国的一项基本政治制度，是我国具有中国特色的社会主义制度的优点和特点。

宣传进一步发挥各民主党派和人民政协在国家政治生活中的作用，这是社会主义民主的本质要求，这是我国政治体制改革的一个重要内容，宣传党的"长期共存、互相监督、肝胆相照、荣辱与共"的十六字方针。宣传爱国统一战线的各项方针政策，促进"一国两制"和祖国统一大业的实现，宣传党的知识分子政策，充分发挥知识分子在社会主义建设中的积极作用。宣传党的民族政策，改善和发展社会主义的民族关系，增进各族人民的大团结。宣传党的宗教政策，团结宗教各爱国人士和宗教信仰者为祖国建设和统一贡献力量。宣传党的侨务政策，加强同国内外侨胞的联系和团结，鼓励他们为祖国的建设事业和祖国统一大业作出贡献。宣传国内外和本地区的大好形势，宣传好人好事和先进典型，宣传人民政协要以经济建设为中心的三大任务（社会主义现代化建设，争取台湾回归祖国统一，反对霸权主义、维护世界和平），宣传不断清除"左"的错误思想，团结一切可以团结的力量，巩固和扩大最广泛的爱国统一战线，调动千军万马，充分发挥海内外人士的爱国热情和聪明才智，为振兴中华，为实现党的总任务、总目标（翻两番、两个文明建设和三大任务）而努力奋斗。宣传和传播先进思想，宣传爱祖国、爱人民、爱劳动、爱科学、爱社会主义的公德以及革命理想，道德和纪律，宣传社会主义民主和法制建设，努力活跃群众文化生活，为实现社会主义物质文明和精神文明而努力奋斗。

1994年6月8日，湘桂粤三省（区）毗邻县（市）政协工作联系协作会第十次会议在连南县城召开，这是一次推介连南、宣传连南的大盛会。

1997年10月9日，《清远日报》刊登《不懈追求的瑶族种养专业户——记连南县政协委员唐日星》。

2003年11月，在清远市政协工作会议上作题为"加强党对政协工作领导，充分发挥政协职能作用"的发言。2004年2月，在县民族影剧院隆重举办学习人民政协、统一战线和工商联理论知识专场新春文艺晚会，进行了抽奖。

连南文史：排瑶史料专辑、水利水电专辑、旅游业专辑、连南非物质文化遗产专辑、连南古今名人专辑、抗战专辑。在市政协举办的"人民政协与清远科学发展"征文中，完成5篇，其中2篇论文获奖。对于保护和利用好非物质文化遗产，传承民族优秀文化精髓，发挥文史资料在存史、资政、团结、育人中的社会作用，推动连南文化事业发展具有重要意义。在人民政协报、省市级报刊上发表。如《福地清远之清远特产与美食》《港澳台侨同胞支持清远建设实录》。出版《瑶族风情录》，上报省政协文史委，清远日报、清远政协等刊。协助清远政协文史委出版清远文史第十七辑《赤子情深》十八辑《清远文物荟萃》。

县政协主席房卫民的文章《加强党对政协工作领导，充分发挥政协职能作用》被收编入由中央党校出版的《加强党的先进性建设，构建和谐社会的基层力量》的其中一卷《政协专卷》。

县政协数十篇稿件入选清远市政协主编的《福地清远之清远特产与美食》《港澳台侨同胞支持清远建设实录》等书。其中，《福地清远之清远特产与美食》一书，连南有32篇稿件被采用。

向省政协报送"广东改革开放一千个第一"专题文史资料4篇1.4万字，向清远市政协报送"连南八景"等文史资料。

六、来信来访

1953年4月15日，连南瑶族自治区第一届第二次各族各界人民代表大会在县城三江举行，全体县政协委员参加会议，会议宣布"不分田、不划阶级、不批斗"的"三不"政策。5月29日，政协发出《关于瑶汉间杉木纠纷处理办法》。8月，县政协委员唐志精被县选派为本县少数民族代表随省赴朝访问团到朝鲜慰问志愿军。是年，通过全县上层老人会议协商，进行全面性调整太公田，解决了无地、少地瑶族群众的土地问题。

1982年共接待来信来访156件、195人次。协助政府和有关部门调查处理山林、土地等民事纠纷26宗。

1983年，协助有关部门抓紧县台胞台属政策工作的落实，全县应落实的有21宗基本得到解决，其中台胞李耿龙是"文化大革命"期间来到连南的，经多次书函并派人去广州等地调查落实，终于弄清是一宗冤案，为李耿龙进行了平反纠正，并于9月份为其复职安排工作。为寨岗公社成头冲大队台属刘绮香平反，追查"文化大革命"时被查抄的物资，并在经济上给予应有的抚恤和补偿。是年，对政协委员本身的政策落实进行全面检查，发现有10位政协委员在"文化大革命"期间都受到不同程度的冲击，其中6位政协委员纯属搞错，4位政协委员受到过重处分，经复查都先后得到了纠正。是年，接待群众来信来访330人次，接待华侨、港澳同胞和外宾195人次。是年，协助政府和有关部门调解处理民事纠纷8宗。

1984年7月1日，政协三届一次主席会议讨论制订主席、常委、办公室会议制度，具体讨论落实政协委员的政策落实问题，九月协助韶关市政协在深圳召开旅港乡亲座谈会。1984年12月，接待美籍华人医学博士胡品雅先生定居美国四十多年第一次回乡探亲、余海波医生从美国回来探亲访友。协助韶关市政协做好到县食品厂、水泥厂、电机厂、纺织厂等单位的咨询服务工作。

1985年7月，县政协会同有关乡对香坪、大坪、盘石三个区的山林纠纷进行半个月实地视察调研，对所发生的十二宗山林纠纷，做到能解决的当场协商解决，对难于解决的，则提出意见转有关部门研究处理。是年，县政协多次深入瑶区，大力协助解决政协委员董佰妙亲人后代骨肉团聚问题。美籍华人余海波医生，偕同其亲属一行6人又一次回乡探亲，受到政协热情接待，挥毫写下"故乡水甜人情好"的题词作留念，回美国后，来信将其在县城的一间房产产权以及1000元邮寄回来，捐赠给淳溪中学办学用。是年，政协协助县在深圳召开旅港同乡座谈会。1985年，接待港澳同胞22批250多人次。

1986年3月，协助韶关市政协接待旅港连阳同乡会一行24人回乡参观团到连南县的参观访问。

1984年至1986年连续三年，政协委员蒋维全（原是寨岗合作商店主任）均以提案形式，要求为原小商贩过渡人员赵东生落实政策，因赵的原单位合并，赵本人又已被解雇回湖南老家，缺乏原始处理材料，后经政协协调县相关单位联合办案，为赵落实政策。

1987年4月11日，省政协肖秘书长一行23人到连南县考察工作；6月25日，部分机关政协委员走访三江镇政协委员、养鸡专业户甘雪梅同志；7月7日，走访政协委员叶天讯，了解他参加政协工作的感受；7月8日至9日，走访政协委员曾寿均和许一同志，主要向两人了解在改革开放中如何搞活经济等问题。

1988年3月14日，政协接待到连南参观的湖南省蓝山县政协主席雷湮治一行四人；4月25日，政协走访慰问三江片政协委员；4月29日，省政协副秘书长丁身尊一行四人到连南了解民族风情等情况，先后参观了南岗、金坑等地。

1988年7月，发现大坪出现社会治安问题，主要是爬车越货案件，政协形成了书面处理建议报告县委。

1989年4月4日，中国台湾同胞李毓粦父子两人从中国台湾归来，陈新寅在对台办接待座谈。

2013年10月12日，香港连阳同乡会一行40多人在陈翰荣理事长带领下，回连南故乡参观。

2014年，协助清远市政协承办的第四届世界清远联谊大会接待连阳线考察团近百名海内外嘉宾。

七、挂联服务

1988年1月14日，县政协干部黄湘抽调去南岗乡搞扶贫工作；3月27日，县政协干部罗从抽调去南岗乡搞扶贫工作。

1994年，县政协挂钩点转至寨南乡，主要工作，一是协助抓计生工作，二是征收公粮工作。以后的"千干扶千户"工作，主要是对挂扶的管理区实行三帮，即帮助区级班子加强思想政治建设，坚定信心，转变工作作风，扎实带领群众脱贫奔小康；帮助指导瑶族群众学科学、用科学，改变落后的生产习惯。帮助贫困户制订生产规划，选择适宜的生产项目，跟踪检查生产发展情况，扎实开展"结对子"帮扶活动。

2009年，县政协挂扶联系涡水镇瑶龙村，实施第一轮"规划到户、责任到人"的扶贫"双到"工作。经多方筹措资金支持该村开展计生、扶贫、党建工作，在实施"规划到户、责任到人"扶贫开发工作中，全体机关人员多次深入挂扶户，了解生产生活情况，帮助制订发展项目等。

2013年7月，县政协挂扶联系点由涡水镇瑶龙村调整到大麦山镇中心岗村。2013年7月4日，县政协主席房坚一带领县政协机关人员，到新调整的扶持点大麦山镇中心岗村委，就新一轮扶贫"双到"工作进行调研，并提出三点意见：一是村干部与市、县驻村第一书记要深入农户，再做好摸底调查，因地制宜制订扶贫实施方案；二是解放思想，创新思路，积极引导村民发展经济；三是拓宽渠道，带领村民脱贫致富。

第十一章 人 物

第一节 历届政协主席、副主席、副处级干部、秘书长简介

一、历届政协主席

邵良础，县政协第一届主席。原名梁础，出生于1918年6月，瑶族，原籍广东新丰县，1941年8月参加工作，同年加入中国共产党。

1949—1950年，任中国人民解放军粤桂湘边纵队连江支队司令部参谋，1950年1月—1950年8月，任广东北江军分区司令部作战教育科科长。1950年8月—1953年，先后任连南县副县长、县长；1952年秋，为加强连南党政领导力量，经中共韶关地委批准，入籍连南县山联村，易名为邵良础。1953年1月—1964年7月，任政协连南瑶族自治区主席。

李积荣，县政协第二届主席。1932年10月出生，瑶族，连山县太保镇龙颈村人，初中文化，1951年7月参加工作，1954年6月加入中国共产党。

1951年在连山参加土改运动，历任连山供销社副股长、股长，副主任，商业局副局长，连阳各族自治县商业局副局长，韶关专署商业局百货批发站副经理，连山商业局局长、供销社主任、公社副书记、公社书记、县委常委；1980年9月—1983年6月，任中共连南瑶族自治县县委副书记，1980年11月—1984年6月，任县政协主席。

唐彪，县政协第三、第四届主席。1931年11月出生，瑶族，连南县大坪镇大坪村人，中专学历，1950年10月参加工作，1954年9月加入中国共产党。

1951年11月—1952年2月，在广东民族事务委员会任科员；1952年2月—1952年11月，在北江民族工作队任队委；1952年11月—1954年3月，在连南二区任副区长、连南县文教科科长；1954年3月—1959年1月，先后在连南二区任区长赴北京中央团校学习，在县团委任书记兼任三区区委书记；1959年1月—1962年，在连阳县福堂公社、称架公社、香坪公社任党委书记；1962年—1979年5月，在乳源县任副县长、县委委员兼任农业局长、科技局长；1979年5月—1984年6月，先后任连南县革委会副主任、人大常委会副主任；1984年6月—1987年3月，任县政协主席。

杨金隆，县政协第五届主席。1933年11月出生，汉族，广东省阳山县黎埠镇人，1950年12月参加工作，1954年2月加入中国共产党。

1950年12月—1952年12月，在阳山县宣传队、黎埠、寨岗区工作；1952年12月—1955年10月，在连南县委、人委、县委宣传部工作；1955年10月—1958年12月，任连南县人委办主任、团县委副书记、县审干办副主任；1959年12月—1961年9月，任连阳各族自治县宣传部秘书、副部长，连州宣传部副部长；1961年9月—1966年8月，任连南县委宣传部副部长、寨岗公社党委书记；1966年8月—1968年9月，任县学"毛著"办公室负责人；1968年9月—1969年4月，受审查下放在"五七"干校；1969年4月—1980年10月，任县工宣队负责人、县革委办事组副组长、政工组副组长兼宣传办主任、县委办主任、县革委办主任、县委常委、第四届县委委员；1980年10月—1987年3月，任县政府副县长；1987年3月—1990年3月，任县政协主席。

罗子开，县政协第六届主席。1943年10月出生，壮族，连山县小三江镇人，1964年8月参加工作，1965年11月加入中国共产党。

1964年8月—1968年11月，任连山县文教卫生办干部；1968年12月—1975年1月，任连山县教育局政工股股长；1975年2月—1980年4月，任连山县委组织部干事、副科长；1980年5月—1988年12月，任中共连山县委常委、人事局局长、组织部长；1989年1月—1993年2月，任中共连南县委副书记；1993年3月—1998年8月，任政协主席。

房卫民，县政协第七、八届主席。1947年7月出生，瑶族，连南县大坪镇大坪村人，大专学历，1964年3月参加工作，1966年5月加入中国共产党。

1964年3月—1964年8月，任连南县大掌公社大坪大队干部；1964年8月—1966年6月，先后在曲江枫湾公社、连南县九寨公社任教育运动工作队员；1966年6月—1968年2月，在团县委工作；1968年2月—1970年10月，在部队服兵役，先后任战士、班长、排长、副连长、参谋；1970年10月—1979年10月在连南县人武部任参谋；1979年10月—1985年9月，先后在大坪、南岗公社任管委会副主任、副书记、书记；1985年9月—1987年7月，在中共广东省委党校大专班学习进修；1987年7月—1990年3月，先后任县武装部、县委宣传部部长；1990年4月—1998年2月，任县委常委；1998年3月—2007年6月，任县政协党组书记、主席。

唐国伟，县政协第九届主席。1951年11月出生，瑶族，连南县大坪镇旺洞村人，大专学历，1968年2月参加工作，1970年6月加入中国共产党。

1968年2月—1971年2月，解放军某部战士；1971年2月—1971年8月，复员在家务农；1971年8月—1972年8月，在韶关师范学习；1972年8月—1978年10月，先后在香坪、大坪任教；1978年10

月—1983年12月，在县教育局任会计；1983年12月—1984年10月，任南岗区公所副区长；1984年10年—1985年3月，任香坪区委副书记、区公所区长；1985年4月—1986年6月，任香坪区委书记、香坪区公所区长；1986年6月—1988年3月，任大坪乡党委书记；1988年3月—1990年6月，任县畜牧水产局局长；1990年6月—1991年9月，任县政协宣传科科长；1990年9月—1992年3月，在暨南大学经济管理大专证书班进修；1991年9月—1993年5月，任县政协组织联络科科长；1993年5月—1998年4月，任县民委主任；1998年3月—2007年1月，任县政协副主席、党组副书记、县委统战部部长；2007年1月—2010年4月，任县政协主席。

房介二，县政协第九、十届主席。1954年11月出生，瑶族，连南县大坪镇军寮村人，大专学历，1975年2月参加工作，1977年4月加入中国共产党。

1975年2月—1976年10月，在大坪公社军寮小学，任民办教师；1976年10月—1980年1月，先后任大坪公社军寮大队治保主任、党支部书记；1980年1月—1986年12月，先后任大坪公社团委副书记、书记，大坪区委委员，香坪区委委员；1986年12月—1987年1月，任香坪区委副书记；1987年1月—1992年2月，先后任香坪乡党委副书记、书记；1992年2月—1995年8月，任大坪乡党委书记（1993年3月—1995年7月兼任大坪乡乡长）；1995年8月—2003年3月，任县人民政府副县长；2003年3月—2006年2月，任县人大常委会党组副书记、副主任；2006年2月—2010年2月，任县人大常委会党组副书记、副主任，正处级干部；2010年2月—2011年11月，任县政协第九届党组书记、主席；2011年11月—2012年4月，任县政协第十届党组书记、主席。

房坚一，县政协第十届主席。1956年6月出生，瑶族，连南县大麦山镇塘犁坑村人，本科学历，1974年3月参加工作，1974年8月加入中国共产党。

1974年3月—1974年8月，在白芒公社农科站技术员，1974年8月—1974年10月，在白芒公社塘梨坑大队任民兵营长兼团支书；1974年10月—1975年9月，任香坪公社路线教育运动队员；1975年9月—

1976年9月，任涡水公社路线教育运动必坑工作组副组长；1976年9月—1978年7月，在涡水公社武装部任干事；1978年7月—1980年3月，在金坑公社武装部任干事；1980年3月—1981年3月，在白芒公社武装部任干事；1981年3月—1983年7月，在白芒公社管委会任副主任；1983年7月—1990年5月，在县委组织部先后任副组长、副部长；1990年5月—2000年5月，任县劳动局局长；2000年5月—2000年6月，任县委常委、县委政法委书记；2000年6月—2001年1月，任县委常委、县委政法委书记，大麦山镇党委书记（1998年9月—2000年12月，参加中共广东省委党校函授行政管理专业本科班学习）；2001年1月—2003年3月，任县委常委、县委政法委书记、县委政法战线党委书记；2003年3月—2005年5月，任县人民政府副县长；2005年5月—2007年1月，任县人民政府副县长，县委政法委副书记；2007年1月—2007年7月，任县政协副主席，县委政法委副书记；2007年7月—2010年1月，任县政协副主席；2010年1月—2010年2月，任县政协副主席，县正处级干部；2010年2月—2011年9月，任县人大常委会党组副书记、常务副主任，县正处级干部；2011年9月—2012年1月，任县委委员、县人大常委会党组副书记、常务副主任、县正处级干部；2012年1月—2012年3月，任县委委员、县人大常委会党组副书记、常务副主任、代理主任；2012年3月—2013年4月，任县委委员、县人大常委会党组副书记、常务副主任，县正处级干部；2013年4月—2015年12月，任县委委员、县政协党组书记、主席。

唐拾斤，县政协第十届主席。1956年12月出生，瑶族，连南县三排镇油岭村人，本科学历，1976年11月参加工作，1992年12月加入中国共产党。

1974年10月—1976年2月，任南岗公社油岭大队文书、团总支书记；1976年3月—1978年12月，就读韶关师范生物化学专业，中专毕业；1978年12月—1982年9月，在涡水中学任教；1982年9月—1984年9月，任县民族小学教师兼少先队总辅导员；1984年9月—1986年3月，任县民族中学教师兼团委书记；1986年3月—1988年3月，先后任县农林技校教师，教务副主任、主任；1988年3月—1990年8月，任县农林技校副校长；1990年8月—1991年8月，任县人民政府办公室副主任；1991年8月—1992年10月，挂任广州黄埔区外经委副主任（1990年9月—1992年1月，参加暨南大学行政管理专业证书班学习）；1993年2月—1994年3月，任南岗乡乡长；1994年3月—1995年8月，任南岗乡党委副书记、乡长；1995年8月—1996年1月，任大坪乡（镇）党委书记；1996年1月—1998年4月，任大坪乡（镇）党委书记、人大主席；1998年4月—1998年5月，任县教育局局长；1998年5月—1999年5月，任县教育局副局长（主持全面工作）；1999年5月—2002年2月，任县教育局局长；2002年2月—2002年9月任县科教局局长；2002年9月—2003年5月任县科教局局长、科教卫生系统党委书记（2002年9月—2005年7月，就读中共广东省委党校行政管理专业，本科毕业）；2003年3月—2007年1月，任县人民政府副县长；2003年5月—2007年1月，任县人民政府党组成员；2007年1月—2016年2月，任县政协党组副书记、副主席。2016年2月，被提名为县政协主席候选人；2016年3月—2016年11月，任县政协党组书记、主席。

李春益，县政协第十一届党组书记、主席。1965年7月出生，瑶族，连南县大坪镇牛路水村人，本科学历，1986年7月参加工作，1991年9月加入中国共产党。

1981年9月—1986年6月，在中南民族学院中文系读书，本科毕业；1986年7月—1987年9月，先后任香坪乡政府干部、办公室副主任；1987年9月—1988年12月，任南岗乡政府农村统计员；1988年12月—1995年11月，任县委宣传部宣传组干部、组长；1995年11月—1998年4月，任县委宣传部副部长；1998年4月—1999年3月，任县文化局局长；1999年3月—2005年7月，任涡水镇党委书记；2002年1月—2005年7月，兼任涡水镇人大主席（2003年3月，当选第十届中共连南县委委员）；2005年5月—2005年7月，任县长助理、第十届县委委员、涡水镇党委书记、镇人大主席；2005年7月—2006年11月，任县长助理、第十届县委委员；2006年11月—2007年3月，任县委常委；2007年3月—2009年4月，任县委常委，县宣传系统党委书记、县委宣传部部长、县委统战部部长；2009年4月—2011年9月，任县委常委、副县长；

2011年9月—2012年6月,任清远市委市政府办党组成员、副主任;2012年6月—2013年3月,任中共连南县委副书记、县政协党组书记、兼任县社工委主任;2013年3月—2013年4月,任县委副书记,县政府党组书记、副县长、代理县长,兼任县社工委主任;2013年4月—2013年5月,任县委副书记,县政府党组书记、县长,兼任县社工委主任;2013年5月—2016年10月,任县委副书记,县政府党组书记、县长;2016年10月—2016年11月,任县政府党组书记、县长;2016年11月,任县政协党组书记、主席。

二、历届政协副主席

王贵华,县政协第一届副主席。1916年5月出生,汉族,河南省鹿邑县人,初中学历,1932年3月参加工作,1937年4月加入中国共产党。

1952年12月—1953年1月,任中共连南县工作委员会书记;1953年1月—10月,任中共连南瑶族自治区委员会书记;1952年12月—1953年1月,兼任连南县武装部政委;1953年1月—10月,兼任连南瑶族自治区武装部政委;1953年1月—10月,任政协连南瑶族自治区第一届第一副主席。

邓买尾八公,县政协第一届副主席。1901年出生,瑶族,连南县三排镇南岗村人,初小学历,1953年参加工作,南岗瑶寨第6代瑶长,中华人民共和国成立后被连南县政府任命为县参事,1953年1月—1958年12月,任县政协副主席。

李昌夫,县政协第二届副主席。原名唐帮毫一,曾用名李昌,1909年11月出生,瑶族,连南县三排镇三排村人,初小文化,1949年10月参加工作,1958年12月加入中国共产党。1980年11月—1984年6月任县政协副主席。

翟兆泰，县政协第二届副主席。1915年6月出生，汉族，广东惠州市人，1952年11月参加工作。

1952年11月—1953年4月，在广东省建筑公司工作；1953年4月—1958年12月，任连南县建设科、林业局技术员、副局长；1959年1月—1962年2月，任连阳各族自治县林业部、阳山林业局副科长、副局长；1962年3月—1983年8月，先后任连南县林业局、林业森工局副局长、县农林大学副校长兼林科所长；1980年11月—1984年6月，任县政协副主席。

唐铁炉，县政协第二届副主席。1928年7月出生，汉族，连州市人，初中文化，1949年11月参加工作，1952年11月加入中国共产党。1980年11月—1984年6月，任县政协副主席。

曾启煌，县政协第二届、三届副主席。1924年8月出生，汉族，广东梅县人，1950年12月参加工作。

1947年1月—1948年12月，在梅县均安小学任教；1949年1月—1949年7月，在兴宁新小学任教；1949年7月—1950年12月，在梅县均安小学任教；1950年12月—1951年8月，在广州南方大学读书；1951年8月—1979年12月，任连南民族中学、寨岗中学、三江中学教师、主任、副校长；1979年12月—1980年11月，任连南县教育局副局长；1980年11月—1987年3月，任县政协副主席。

陈柏年，县政协第二届副主席。1929年1月出生，汉族，广东高鹤县（今高明区）人，初中学历，1948年1月参加工作。中共党员。1980年11月—1981年5月任县政协副主席。

张学文，县政协第二届副主席。1917年6月出生，汉族，广东揭西人，高中学历，1949年9月参加工作，1986年1月加入中国共产党。

1949年至1953年，任翁源县卫生院院长；1953年10月—1984年4月，在连南县人民医院先后任医师、院长；1980年11月—1984年6月，任县政协副主席。

陈新寅，县政协第二、三、四届副主席。1932年9月出生，汉族，连南县三江镇联红村人，初中学历，1951年7月参加工作，1953年12月加入中国共产党。

1951年7月—8月，任三江城和乡征粮工作队队员；1951年9月—1953年2月，在家乡参加土改，任村大组专、副乡专；1953年3月—4月，任三江单元土改复查工作队队员；1953年5月—1954年1月，任城和乡人民政府乡长；1954年2月—3月在粤北党校学习；1954年4月，任新和乡普选工作队乡组长；1954年5月—7月，任三江联乡办事处副主任；1954年8月—1955年1月，任连南县公安局干事；1955年2月—1956年1月，任连南县第五区公安特派员；1956年2月—1956年5月，任连南瑶族自治县审干办公室干事；1956年6月—1959年9月，任连南县、连阳县兵役局助理员；1959年10月—1960年4月，在边防部队锻炼体验生活，战士；1960年5月—10月，任连阳各族自治县兵役局助理员；1960年11月—1961年7月，在韶关军分区政治部保卫科协助工作；1961年8月—9月，任连阳县、连州各族自治县兵役局助理员；1961年10月—1964年12月，任县武装部助理员；1965年1月—1967年2月，韶关军分区政治部干部科，干事；1967年3月—1978年9月，任县武装部科员、副政委；1978年10月—1982年5月，任县委组织部部长；1982年3月—1990年3月，任县政协副主席；1990年3月—1992年8月，任县政协副处级调研员；2014年9月享受正处级生活福利待遇。

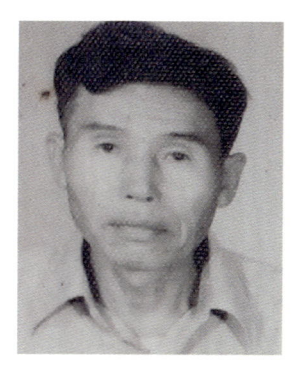

房泽荣，县政协第三届副主席。1926年2月出生，瑶族，连南县香坪镇人，1951年2月参加工作，1954年12月参加中国共产党。

1951年2月—1953年3月，任连南民主建政工队队员、香坪乡乡长；1953年3月—1956年6月，任县人委会财政科副科长；1956年6月—1956年12月，任县统战部二区副部长兼区党委书记；1956年12月—1958年11月，任县农村工作部副书记；1958年11月—1961年3月，任连山县永和、太保公社副书记；1961年3月—1963年3月，任香坪、大掌公社党委书记；1963年3月—1974年3月，任县委农村部副部长；1974年3月—1978年12月，任县农机局副局长；1978年12月—1984年4月，任县农办副主任；1984年6月—1987年3月，任县政协副主席。

黄文明，县政协第三、四届副主席。1933年8月出生，汉族，连南县三江镇塘冲口村人，初中学历，1953年3月参加工作，1956年8月加入中国共产党。

1953年3月—1959年2月，任三江供销社副主任；1959年2月—1961年1月，任三江公社党委委员；1961年1月—1964年1月，任金坑公社党委委员；1965年8月—1976年2月，任三排公社党委委员、第一副主任、书记；1976年2月—1978年11月，任县委常委、组织部部长；1978年11月—1979年7月，任县委常委、农村部部长；1979年8月—1980年8月，任县纪律检查委员会书记；1980年9月—1985年8月，任县委统战部部长；1984年6月—1990年3月，任县政协副主席。

陈德绍，县政协第三届副主席。1920年5月出生，汉族，广东澄海县人，大学学历，1949年5月参加工作，1984年11月加入中国共产党。

1947年9月—1949年5月，在澄海一中任教员；1949年5月—1949年10月，在饶平凤凰山区四支入伍任审核股长；1949年10月—1956年8月，任汕头市邮电局秘书；1956年8月—1958年2月，任广州市、广东邮电管理局科员；1958年2月—1984年5月，任连南县民族中学教师、副校长、校长；1984年6月—1987年3月，任县政协副主席。

黄公厚，县政协第三届副主席。1935年8月出生，汉族，广东罗定市人，大学学历，1954年9月参加工作。

1954年9月—1995年9月，先后任林业局技术助理员、技术员、股长、副局长、局长（高级工程师）；1984年6月—1987年3月，任县政协副主席。

丘卓，县政协第三、四届副主席。1925年11月出生，汉族，广东梅县人，初中学历，1950年12月参加工作。

1950年12月—1951年4月，任北江专署曲江土地改革委员会工作队村组长；1951年5月—1952年10月，任北江专署连县土地改革委员会工作队乡组长；1953年6月—1954年10月，任北江专署连山、连南县土地改革委员会巡视员、单位组长；1953年7月—1954年3月，任连南县粮食局经管股长；1954年4月—1957年12月，任连南供销合作总社物价市管股长；1957年12月—1958年11月，任连南县南岗大乡财粮员；1958年12月—1961年9月，任连阳各族自治县、连州各族自治县三江公社财贸办公室主任；1961年10月—1966年4月，任连南县南岗公社副社长；1966年4月—1970年6月，任县石灰厂副厂长，1970年6月后并入县水泥厂；1971年3月—1978年7月被迫劝退回家生产；1978年8月—1984年5月，任县建筑公司副经理；1984年6月—1987年12月，任县政协副主席。

许耿忠，县政协第四、五、六、七届副主席。1941年11月出生，汉族，广东海丰县人，大专学历，1966年4月参加工作。1966年4月—1969年12月，在九寨卫生院工作；1970年1月—1979年12月，在寨南卫生院工作；1980年1月—1989年12月，任县卫生防疫站科主任、副站长；1990年1月—1996年2月，任县卫生局副局长；1996年3月—2000年1月，任县卫生局局长；1987年3月—2000年3月，任县政协副主席。

胡仲余，县政协第四届副主席。1935年5月出生，汉族，连南县三江镇人，1961年9月参加工作。1961年9月—1983年4月，在新疆精河县地方国营牛场工作；1983年5月—1986年6月，在县畜牧水产局畜科所，任所长；1986年7月—1995年4月，在县科委工作；1987年3月—1990年3月，任县政协副主席。

黎民（明）生，县政协第四届副主席。1933年1月出生，男，汉族，广东郁南县人，大学学历，1953年2月参加工作。1987年3月—1987年8月任县政协副主席。

黄海胜，县政协第五、六届副主席。1939年12月出生，汉族，连州市附城镇（现连州镇）人，大专学历，1958年10月参加工作，1961年4月加入中国共产党。

1958年11月—1961年12月，在部队先后任战士、副班长、班长；1962年1月—1976年2月，在部队先后任指导员、营管理员、副连长、连长、营长；1976年3月—1977年12月，在河北石家庄高级步兵学校学习；1978年1月—1982年3月，任解放军某部副团长；1982年4月—1983年2月，任县人大常委会办公室主任；1983年3月—1987年7月，任县委宣传部部长；1984年8月—1990年3月，任县委常委；1990年3月—1998年3月，任政协副主席。

唐伟，县政协第五届副主席。1937年12月出生，瑶族，连南县大坪镇大掌村人，大专学历，1951年5月参加工作，1953年8月加入中国共产党。1990年3月—1993年3月，任县政协副主席。

黄荣北，县政协第五届副主席。1941年12月出生，汉族，连南县三江镇人，大学学历，1964年8月参加工作。

1964年8月—1965年5月，在北京二机部设计院任技术员；1965年6月—1967年10月，在成都八一四设计院任技术员；1967年10月—1985年6月，在太原核工业部第七设计院任技术员、工程师；1985年6月—1988年8月，在县科委任工程师、高级工程师；1988年8月—2001年12月，在县经济委员会任总工程师；1990年3月—1993年3月，任县政协副主席。

潘希奋，县政协第五、第六届副主席。1938年10月出生，汉族，广东新丰县人，1954年9月参加工作。

1954年9月—1970年10月，先后在三江、南岗、三排、金坑小学任教；1970年10月—1972年12月，"两退一插"在金坑大龙劳动；1973年1月—1981年8月，在金坑大龙小学任教师；1981年9月—1982年8月，在三排中学任教师；1982年8月—1990年3月，在县民族小学任校长、教导主任；1990年3月—1996年5月，任县政协副主席。

王慧筠，县政协第五届副主席。1934年11月出生，汉族，广东增城县人，大专学历，1954年7月参加工作。

1954年7月—1959年9月，在连山县卫生院工作，1959年7月—1963年3月，在广东省卫生干部学院进修学习；1963年3月—1972年4月，在县妇幼保健院工作；1972年4月—1993年5月，任县人民医院妇产科主任；1990年3月—1993年3月，任县政协副主席。

李国城，县政协第六届副主席。1939年11月出生，汉族，连南县寨岗镇万角村人，1958年1月参加工作，1962年5月加入中国共产党。

1958年1月—1964年1月，在部队服役，任班长、副排长；1964年3月—1965年9月，任寨岗公社武装部干事；1965年10月—1980年10月，先后任寨岗公社、三江公社、大坪公社副书记；1980年11月—1984年1月，任寨岗公社副书记、书记；1984年2月—1984年12月，任县财委副主任、农工商副经理；1984年12月—1993年3月，任县水电局局长；1993年3月—1998年3月，任县政协副主席、水电局局长；1998年4月—1999年11月，任县政协副处级调研员。

黄海耳，县政协第六、七届副主席。1939年9月10日出生，汉族，连州市西岸镇人，1955年8月1日参加工作。

1955年9月—1958年12月，在连县红阳小学任教；1958年12月—1959年1月，在广州音专进修学习；1959年1月—1971年8月，在连州、连南、寨岗中学任教；1971年8月—1988年5月，任县民族歌舞团乐队队长、编导、艺委会副主任；1988年5月—1990年8月，任县文联三级作曲、市文联常委，政协常委；1990年8月—1991年8月，任县文联副主席；1993年3月—2000年3月，任政协副主席。

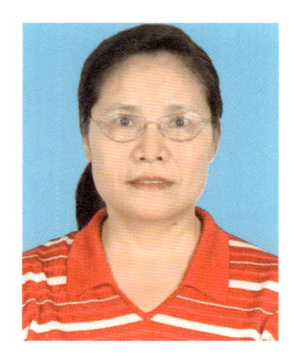

盘建梅，县政协第六届副主席。1960年5月出生，瑶族，连南县三排镇连水村人，本科学历，1977年7月参加工作。

1977年7月—1979年8月，在小龙林场当知青；1979年9月—1985年6月在九寨供销社任出纳、会计；1985年6月—1989年3月，任县供电局干部（1986年9月—1988年7月，在广东民族学院学习）；1989年3月—1990年10月，任县供电局工会主席；1990年3月，任县人大常委委员；1990年10月—1991年6月，任县人大教科文卫科副科长；1991年6月—1996年1月，任三江镇副镇长；1993年4月—1998年3月，任县政协副主席。

黄沛祥，县政协第七、第八届副主席。1945年12月出生，汉族，连州市连州镇人，本科学历，1964年9月参加工作。

1964年9月—1970年8月，在三江中心小学任教；1970年9月—1978年8月，在三江中心小学附设初中部任教；1978年9月—1981年8月，在三江中学任教；1981年9月—1989年9月，在县民族中学任教师；1989年9月—1991年9月，任县民族中学教导处副主任；1991年9月—1993年9月，任县民族中学教务处主任；1993年9月—2005年7月，任县民族中学副校长；1998年3月—2007年1月，任县政协副主席。

练水金，县政协第七、第八届副主席。1955年8月出生，汉族，连南县三江镇五星村人，大专学历，1976年9月参加工作，1980年1月加入中国共产党。

1976年9月—1977年12月，任三江公社五星大队农技员、大队干部；1978年1月—1980年1月，任三江公社农科站农技员；1980年1月—1982年5月，任三江公社（镇）干部；1982年6月—1988年8月，任县委组织部干事；1988年8月—1989年12月，任县委副科长级组织员；1989年12月—1999年1月，任三江镇党委副书记；1990年11月—1999年1月，任三江镇镇长；1998年12月—2000年6月，任三江镇党委书记；2000年3月—2007年1月，任县政协副主席。

莫济深，县政协第七届副主席。1946年5月出生，汉族，广东顺德区人，1963年5月参加工作。

1963年5月—1968年8月，在县公路工区工作；1968年9月—1969年3月，在寨岗镇居委会工作；1969年4月—1975年12月，任寨岗镇铁屎坪茶场副局长、场长；1975年12月—1976年4月，任县建筑公司寨岗电锯车间工人；1976年6月—1981年8月，任寨岗供销社业务员；1981年9月—1988年5月，任县土产公司副经理；1988年5月—2000年3月，任县供销社副主任、主任；2000年3月—2003年3月，任县政协副主席。

盘亚五贵，县政协第七、第八届副主席。1958年8月出生，瑶族，连南县三排镇东芒村人，大专学历，1976年7月参加工作。

1975年1月—1975年8月，任三排公社三排大队"赤脚医生"；1975年9月—1977年8月，在广东中医学院南雄分院做学员；1977年8月—1984年7月，任三排公社三排大队"赤脚医生"；1984年8月—1990年4月，任三排卫生院医生；1990年4月—1991年11月，任三排卫生院副院长；1991年11月—1995年7月，任县中医院副院长；1995年7月—2000年6月，任县中医院院长；2000年6月—2005年12月，任县人民医院院长；2000年3月—2007年1月，任县政协副主席。

罗绍鉴，县政协第九届副主席。1949年4月出生，汉族，连南县三江镇联红村人，大专毕业，1970年3月参加工作，1976年9月加入中国共产党。

1970年3月—1970年11月，任三江公社联红小学民办任教；1970年11月—1973年7月，在中山大学中文系读书；1973年7月—1974年10月，任大掌公社党委宣传干事；1974年10月—1976年10月，任涡水公社宣传干事；1976年10月—1980年12月，先后任涡水公社团委书记、党委委员；1981年1月—1983年12月，任涡水公社管委会副主任；1983年12月—1985年8月，任涡水区公所副区长；1985年8月—1988年3月，任县委党校办公室主任；1988年3月—1989年12月，任大坪乡党委副书记；1990年1月—1990年6月，任县调处山林纠纷办公室副主任；1990年6月—1998年4月，任县调处山林纠纷办公室主任；1998年4月—2004年1月，任县人民检察院检察长、党组书记；2004年1月—2004年4月，任连山县人民检察院副检察长、代理检察长；2004年4月—2006年12月，任连山县人民检察院检察长；2007年1月—2008年8月，任连南县政协党组成员、副主席，正处级干部。

陈锔叶，县政协第九、十届、十一届副主席。1960年1月出生，汉族，连州市连州镇人，大专毕业，1975年9月参加工作。

1975年9月—1978年9月，在寨岗知青场当知青；1978年9月—1981年7月，在韶关师范专科学校读书，大专毕业；1981年8月—1982年7月，任县大坪中学教师；1982年8月—1989年2月，任县民族中学教师；1989年3月—1991年7月，任县教育局教研员；1991年8月—1994年7月，任县委办综合组组长；1994年8月—1998年6月，任县政协办副主任；1998年6月—2007年1月，任县政协综合科科长；2007年1月—2016年12月，任县政协副主席。

唐伟，县政协第九、十届副主席。1954年8月出生，瑶族，连南县香坪镇新联村人，大专学历，1974年2月参加工作。

1974年2月—1981年4月，任县防疫站医士；1981年4月—1990年4月，历任香坪卫生院医士、副院长、医师、院长；1990年4月—1996年5月，先后任县卫生局医政股副股长、股长；1996年5月—2006年8月，任县卫生局副局长；2006年8月—2007年1月，任县卫生局局长；2007年1月—2007年7月，任县政协副主席、县卫生局局长；2007年7月—2011年1月，任县政协副主席、卫生局长、县保健院院长；2011年1月—2014年8月，任县政协副主席。

唐海英，县政协第九、十届、十一届副主席。1965年5月出生，瑶族，连南县三江镇金坑村人，本科学历，1984年9月参加工作。

1984年9月—1987年7月，先后任金坑桥头尾小学代课教师、民办教师；1987年7月—1991年7月，任金坑鱼岔坑小学教师；1991年7月—1992年7月，任金坑泥楼小学教师；1992年7月—1993年8月，任金坑中心小学教师、少先队辅导员；1993年8月—2002年1月，任县政府办公室文教科科员；2002年1月—2003年5月，任县民族宗教事务局副局长（主持全面工作）；2003年5月—2007年1月，任县民族宗教事务局局长；2007年1月—2010年2月，任县人大常委会副主任；2010年2月—2016年12月，任县政协副主席。

蔡志生，县政协第九届副主席。1958年1月出生，汉族，广东省揭西县人，中专学历，1975年8月参加工作，1987年7月加入中国共产党。

1975年8月—1978年2月，在连山县五四茶场工作；1978年2月—1981年2月，在部队服兵役；1981年2月—1992年2月，先后任连山县人民检察院法警、书记员、助理检察员、检察员、反贪局侦查股股长；1992年2月—1996年12月，任连山县人民检察院副科级侦察员、反贪局副局长；1993年4月—2004年1月，任连山县检察委员会委员；1996年12月—1997年3月，任连山县人民检察院副检察长、反贪局局长；1997年3月—1999年10月任连山县人检察院副检察长、反贪局局长、党组成员；1999年10月—1999年11月任连山县人民检察院代理检察长、反贪局局长、党组成员；1999年11月—1999年12月，任连山县人民检察院代理检察长、反贪局局长、党组书记；1999年12月—2000年3月，任连山县人民检察院代理检察长、党组书记、正科长级检察员；2000年3月—2003年12月，任连山县人民检察院党组书记、检察长；2003年12月—2004年2月，任连南县人民检察院副检察长、代理检察长；2004年2月—2005年10月任连南县人民检察院检察长；2005年10月—2010年1月，任县人民检察院党组书记、检察长；2010年1月—2010年2月，成为连南县政协副主席人选；2011年11月，任县政协党组成员、副主席。

潘康凯，县政协第九届副主席。1973年2月出生，汉族，连南县三江镇城西村人，本科学历，1991年7月参加工作，1997年10月加入中国共产党。

1991年7月—1992年11月，在金坑中学任教；1992年11月—1993年12月，在县对外经济工作委员会工作，干部；1993年12月—1999年1月，任县对外经济工作委员会业务组副组长（1994年9月—1997年7月，参加广东省广播电视大学会计专业学习，大专毕业；1998年4月—2002年6月，参加华南师范大学自学考试学习，本科毕业）；1999年1月—2001年5月，任县对外经济贸易局业务股股长；2001年5月—2002年2月，任县对外经济贸易局副主任科员；2002年2月—2003年11月，任县对外经济贸易局副局长；2003年11月—2005年7月，任共青团连南县委员会书记；2005年7月—2006年8月，任涡水镇党委书记；2006年8月—2006年12月，任寨岗镇党委书记；2006年12月—2010年12月，任寨岗镇党委书记、人大主席；2010年12月—2011年1月，任连南县政协党组成员，寨岗镇党委书记、人大主席；2011年1月—2011年3月，任连南县政协党组成员、副主席，寨岗镇党委书记、人大主席；2011年3月—2011年11月，任县政协党组成员、副主席、县旅游局局长。

谢柏良，县政协第十届副主席。1956年8月出生，汉族，连南县寨岗镇山心村人，大专学历，1977年1月参加工作，1982年4月加入中国共产党。

1977年1月—1979年12月，任寨岗公社山心大队民兵营长、团支部书记；1980年1月—1980年7月，任寨岗公社团委干事；1980年7月—1985年1月，任寨岗公社武装干事兼团委副书记；1985年1月—1989年4月，任寨岗镇党委组织委员兼团委书记；1989年4月—1998年4月，任寨岗镇党委副书记（1995年3月—1995年12月，挂任广东省广州市黄埔区南岗镇党委副书记）；1998年4月—1998年12月，任寨南镇党委书记；1998年12月—2002年1月，任寨岗镇党委书记；2002年1月—2003年3月，任寨岗镇党委书记、人大主席；2003年3月—2003年5月，任县人大常委会党组副书记、副主任；2003年5月—2011年11月，任县人大常委会党组成员、人大常委会副主任、县总工会主席；2011

年11月—2016年11月，任政协党组成员、副主席。

邓建，县政协第十届、十一届副主席。1958年11月出生，瑶族，连南县大坪镇大掌村人，大专学历，1975年8月参加工作，1979年12月加入中国共产党。

1975年8月—1976年12月，在大坪公社大洞电站工作；1976年12月—1978年5月，在汕头武警部队服役，战士；1978年5月—1978年12月，任广东省军区后勤部汽车驾驶员；1978年12月—1981年9月，先后任广东省公安厅十处汽车队驾驶员、文书、司务长、代副指导员、副指导员；1981年9月—1986年11月，任广东省武警总队后勤部运输队副指导员；1986年11月—1987年1月，任白芒区公所干部；1987年1月—1988年9月，任白芒区委党委委员；1988年9月—1989年12月，任大麦山镇党委副书记；1989年9月—1991年7月，在广东省华南农业大学干部专修科乡镇企业管理学习，大专毕业；1991年8月—1992年1月，任大麦山镇党委副书记；1992年1月—1992年3月，任涡水乡党委副书记；1992年3月—1996年1月，任涡水乡党委副书记、乡长；1996年1月—1996年3月，任涡水乡正科干部；1996年3月—1998年7月，任县人大常委会组织联络科科长；1998年7月—2003年3月，任县人大常委会办公室主任；2003年3月—2003年5月，任县人大常委会副主任、办公室主任；2003年5月—2011年10月，任县人大常委会副主任；2011年10月—2016年11月，任县政协党组成员，政协副主席。

赖斌，县政协第十届、十一届副主席。1970年9月出生，汉族，广东省兴宁市人，本科学历，1988年10月参加工作。

1988年10月—1991年1月，在涡水四级电站工作；1991年1月—1997年3月，在县水电局工作，先后任工人、干部、设计室副主任；1997年3月—1999年1月，任涡水镇镇长助理；1999年1月—2004年12月，任涡水镇副镇长（1997年9月—2000年7月，在中共广东省委党校经济管理专业学习，大专毕业）；2004年12月—2005年4月，任三排镇副镇长候选人、副科干部；2005年4月—2006年8月，任县水利局副局长（2002年9月—2005年7月，在中共广东省委党校行政管理专业学习，本科毕业）；2006年8月—2007年1月，任县水利局副局长、正科干部；2007年1月—2011年11月，任县政协常务委员会委员，县水利局副局长、正科干部；2011年11月—2013年4月，任县水利局副局长、正科干部；2013年4月—2015年1月，任县人大常务委员会委员，县水利局副局长、正科干部；2015年1月—2016年11月，任县政协副主席、县水利局局长。

房婧婧，县政协第十一届党组副书记、副主席。1969年6月出生，瑶族，连南县大麦山镇白芒村人，本科学历，硕士学位，1991年7月参加工作，1997年9月加入中国共产党。

1987年9月—1991年7月，在中山大学地质系地质专业学习，本科毕业；1991年7月—1995年9月，任县矿质办公室干部；1995年9月—2001年9月，任县科学技术委员会办公室干部、办公室主任、情报信息股股长；2001年9月—2003年4月，任金坑镇党委委员；2003年4月—2004年6月，任南岗镇党委书记；2004年6月—2005年8月，任县计划生育局副局长、正科级干部；2005年8月—2006年11月，兼任县招商局局长、任县经济贸易局正科级干部；2006年11月—2008年4月，兼任县招商局局长、县行政服务中心主任，任县经济贸易局正科级干部；2008年4月—2008年5月，任连南县行政服务中心主任兼任连南县招商局局长；2008年5月—2009年4月，任县总工会副主席、主任科员（2004年9月—2008年12月，在华南农业大学农业推广专业硕士专业学习，取得硕士学位）；2009年3月—2009年4月，任连南县委常委、县总工会副主席；2009年4月—2009年11月，任县委常委、宣传部部长、统战部部长；2009年11月—2011年3月，任县委常委、宣传部部长、统战部部长，连南县政协党组副书记；2011年3月—2016年11月，任连南县委常委、宣传部部长；2016年11月，任县政协第十一届党组副书记、副主席。

沈俊辉，县政协第十一届副主席。1964年1月出生，瑶族，连南县三排镇横坑村人，本科学历，1978年9月参加工作，1989年4月加入中国共产党。

1978年9月—1979年2月，任南岗公社横坑大队团支部书记；1979年2月—1981年3月，任南岗公社横坑小学民办教师；1983年2月—1990年8月，在南岗公社横坑小学、南岗小学、百斤洞小学工作，历任教师、副教导主任、教导主任、校长（1981年3月—1983年2月，在韶关市中等师范学校学习，中师毕业）；1990年8月—1991年2月，任南岗中学教导主任；1991年2月—1993年3月，在南岗乡先后任党委组织干事、党政办副主任、主任；1993年3月—1994年1月，任南岗乡党委委员；1994年1月—1995年8月，任南岗乡党委委员、乡团委书记（1992年9月—1995年8月，在中共广东省委党校经济管理函授大专班学习，大专毕业）；1995年8月—1995年12月，任南岗乡党委副书记；1995年12月—1998年4月，任南岗乡乡长、乡党委副书记；1998年4月—2003年5月，任县人事局局长、县编办主任（1998年9月—2000年12月，在中共广东省委党校函授行政管理专业学习，本科毕业）；2003年5月—2005年7月，任县发展计划系统党委书记，县发展计划局局长兼统计局局长、物价局局长；2005年7月—2007年1月，任县发展计划系统党委书记、县发展和改革局局长、统计局局长、物价局局长；2007年1月—2007年2月，任县人民政府副县长，县发展计划系统党委书记、县发展和改革局局长、统计局局长、物价局局长；2007年2月—2007年7月，任县人民政府副县长；2007年7月—2009年7月，任县人民政府副县长、县政法委副书记；2009年7月—2009年10月，任县人民政府副县长；2009年10月—2010年2月，任县人民政府副县长，县政法委副书记；2010年2月—2010年3月，任县人大常委会副主任、县政法委副书记；2010年3月—2010年5月，任县人大常委会党组成员、副主任、县委政法委副书记；2010年5月—2016年11月，任县人大常委会党组成员、副主任；2016年11月，任县政协党组成员、副主席。

三、县政协副处级干部

房小亮，1961年5月出生，瑶族，连南县香坪镇人，大专毕业，1977年8月参加工作，1991年1月加入中国共产党。

2007年2月—2008年12月任县林业局局长、连南板洞省级自然保护区管理主任（副处级）；2009年3月—2016年6月，任县副处级干部、县政协党组成员、办公室主任、秘书长。

四、历届政协秘书长

黄文明，1980年11月—1984年6月，任秘书长。（详见副主席简介）

赵翔辉，政协第八、第九届委员会秘书长。1963年1月出生，瑶族，连南县寨岗镇白水坑村人，本科毕业，1985年7月参加工作，1988年9月加入中国共产党。

1985年7月—1985年10月，任韶关大学教师；1985年10月—1987年5月，任连南团县委干部；1987年5月—1988年12月，任县委宣传部干部；1988年12月—1989年12月，任县委宣传部宣传组长；1989年12月—1992年8月，任山联乡党委副书记；1992年8月—1993年5月，任县广播电视局副局长；1993年5月—1996年5月，任连南县委办公室副主任；1996年5月—2000年6月，任县委办公室副主任、县委办公室正科长级调研员；2000年6月—2001年9月，任县人民政府办公室主任；2001年9月—2005年3月，任县政协办公室主任；2005年3月—2009年1月，任县政协秘书长、政协办公室主任；2009年1月—2009年3月，任连南县林业局局长、县政协秘书长。

房小亮，政协第九、第十届委员会秘书长。1961年5月出生，瑶族，连南县香坪镇香坪村人，大专毕业，1977年8月参加工作，1991年4月加入中国共产党。

1977年8月—1980年1月，任白芒知青农场知青；1980年1月—1985年12月，任县农机厂工人；1985年12月—1987年9月，任三排区公所干部；1987年9月—1989年9月，在广东民族学院行政管理专业读书，大专毕业；1989年9月—1994年10月，任三排乡政府干部；1994年10月—1996年1月，任金坑乡办公室副主任、组织干事；1996年1月—1999年1月，任金坑镇党委委员、人大副主席；1999年1月—2001年1月，任金坑镇党委委员、纪委书记；2001年1月—2001年9月，任大麦山镇党委副书记；2001年9月—2002年1月，任金坑镇党委副书记；2002年1月—2004年6月，任金坑镇党委副书记、镇长；2004年6月—2007年2月，任县林业局副局长、正科干部；2007年2月—2007年5月，任县林业局局长；2007年5月—2007年6月，任广东连南板洞省级自然保护区管理处主任、县林业局局长（副处级）；2007年6月—2007年12月，任广东连南板洞省级自然保护区管理处主任、县农林水系统党委委员、县林业局局长；2007年12月—2008年12月，任广东连南板洞省级自然保护区管理处主任、县农林水系统党委副书记、县林业局局长；2008年12月—2009年3月，任广东连南板洞省级自然保护区管理处主任；2009年3月—2012年5月，任广东连南板洞省及自然保护区管理处主任、县政协党组成员、县政协秘书长；2012年5月—2013年4月，任广东连南板洞省级自然保护区管理处主任、县政协党组成员、县政协秘书长、县政协办公室主任；2013年4月—2016年6月，任县政协党组成员、县政协秘书长、办公室主任、县副处级干部；2016年6月，任县政协党组成员、县政协副处级干部。

房媛艳，政协第十一届委员会秘书长。1973年12月出生，瑶族，连南县大坪镇大坪村人，本科毕业，1996年9月参加工作，2000年12月加入中国共产党。

1993年9月—1996年7月，广东民族学院中英文秘书专业学习，大专毕业；1996年9月—1997年12月，任涡水乡人大办主任兼妇联副主席；1997年12月—2002年1月，任香坪镇党政办副主任、人大办主任、妇联副主席（1998年4月—2000年12月，参加中共广东省委党校函授行政管理专业学习，本科毕业）；2002年1月—2004年8月，任香坪镇人大副主席；2004年8月—2004年12月，任香坪镇党委委员、人大副主席、妇联主席；2004年12月—2006年11月，任香坪镇党委委员、人大副主席、副镇长；2006年11月—2008年12月，任香坪镇党委委员、人大副主席；2008年12月—2011年5月，任香坪镇党委副书记、人大副主席；2011年5月—2011年10月，任涡水镇党委副书记；2011年10月—2015年3月，任涡水镇党委副书记、镇长；2015年3月—2016年11月，任县残联理事长；2016年11月，任县政协党组成员、秘书长。

第二节　全国、省、市政协委员名录

一、全国政协委员

邵良础

邵良础，全国第五、第六届政协委员。

房卫党

房卫党，瑶族，1949年11月出生，连南县三江镇塘冲高岭村人，全国第九、第十届政协委员。

二、广东省政协委员

邵良础　广东省第二届政协委员
李志初　广东省第三、五届政协委员
李昌夫　广东省第四届政协委员
王贵华　广东省第四届政协委员
唐　伟　广东省第七届政协委员
盘建梅　广东省第八、九、十届政协委员（1998.1—2013.1）；
　　　　广东省政协常委（2004.2.13—2008.1.20）；
　　　　广东省政协第十届委员会民族宗教委员会副主任

三、　韶关市政协委员

李志初　韶关市第五届政协委员　少数民族
　　　　（1983年12月—1989年1月）
黄文明　韶关市第五届政协委员　特邀人士（同上）
梁增端　韶关市第五届政协委员　教育界（同上）
何仕育　韶关市第五届政协委员　医药界（同上）

四、清远市政协委员

第一届　陈新寅　唐　伟　黄荣北　黄沛祥　黄慧筠（女）　刘钦林
第二届　罗子开　唐　伟　邓四妹（女）　朱达权　黄荣北　潘希奋
第三届　房卫民　唐国伟　伍　湛　王群英（女）　唐　伟　黄荣北
　　　　陈锦堂
第四届　房卫民　唐国伟　伍　湛　王群英（女）　赖　斌　卢池鹤
　　　　何海权
第五届　唐国伟　房介二　李春益　伍　湛　赖　斌　房海锋
　　　　苏红波　黄芷君（女）　谢柏秋　房婧婧（女）
第六届　房介二　房坚一　黄伟峰　赵　翔　刘庆辉　朱远光
　　　　林双来　潘党恩　唐丽萍（女）　唐永秀（女）

| 第七届 | 李春益　周冬梅（女）　唐海英（女）　丁卫月（女）
潘景星　潘俐君（女）　房秀芳（女）　陈君玲（女）
李靖宇　林双来 |

第三节　连南瑶族自治区、连阳各族自治县政协委员名录

一、连南瑶族自治区政协委员

1953年1月27日，连南瑶族自治区（连南县、连山县合并）第一届人民代表会议协商委员会召开，政协委员共有40名，其中连南县有35名。第一届委员名单如下：

梁　础（邵良础）　王贵华　邓买尾八公　史金和　朱　明
李　雅（女）　房蒸酒六　沈江特三　周　来　房仁安
袁德锋　房耳环三公　梁　奋　陈育铨　范君廉　唐志精
房光计三　唐金罗四　唐老丁三公　唐耀庚公　欧阳燮
房罗卜买老公　唐表盖四　郑　吉（女）　郑金贵　赵有福
刘水生　盘亚林火　谢应玉　唐罗古一　李香安
房瑶英沙六　房何文　邓杰才　房比些公

二、连阳各族自治县政协委员

1960年5月19日，中国人民政治协商会议连阳各族自治县第一届委员会第一次会议在连州召开，邵良础当选为主席，沈一公为副主席，黄师仲、李志初当选为常委。本届委员共有72名，其中连南县有14名。全体委员名单如下：

邵良础　杨金隆　蔡义君　潘铭贤　张超群　黄　秀　邓　森
张万祥　黄月治　刘怀厚　陈耀康　赵福宜　黄开禹　沈一公
李志初　赵亚莲　黄秀娣　莫啟救　黄师仲　张学文　何柏荣
陈　陆　陈维法　刘子和　卢美俊　罗良本　雷啟灿　李昌年

黄　明	陈　虹	何大顶	成承上	孙有强	王秀衡	肖　佳
黄侠英	邹云水	马卫棠	许操典	雷二姣	冯坤华	吴观丙
张永喜	黄文德	丘子安	黄顶勋	王忠化	刘俊义	黄　池
潘元生	黄景荣	邓耒情	杨秋妹	陈　焕	梁泳津	巫家春
廖先兴	李钧泉	潘　杞	叶菊英	吴石房	黄仲洁	温志雄
欧云娣	何光里	李丙坤	江　仁	盘九一公	唐吃烟公	
房里猪四公	徐副政委					

第四节　先进人物名录

一、获省（部）级以上表彰的政协委员（1980—2011年）

罗桂英（女），1980年被全国妇联评为全国"三八"红旗手，被广东省政府评为省劳动模范；1983年出席全国少数民族地区科技先进工作者代表会议。

蒋明性，1982年被广东省政府评为先进生产工作者。

杨金隆，1983年被广东省政府评为计划生育先进工作者；1986年被评为全国计划生育工作先进个人。

潘希奋，1984年被评为全国优秀班主任，1988年被评为特级教师。

蒋绍勤，1989年被评为全国计划生育先进工作者。

邓武，1990年被省委评为优秀党务工作者。

黄公厚，1993年被全国绿委授予全国绿化奖章；1994年被省委、省政府评为"绿化广东"先进工作者。

邓国民，1994年被国家民委评为"全国少数民族优秀厂长（经理）"，1995年被省委评为优秀共产党员。

李国城，1993年、1995年先后被省委、省政府评为精神文明建设先进个人；1996年被国家水利部、计委评为全国第二批初级电气化县建设先进工作者；1997年被国家水利部评为全国水利经济先进工作者。

房卫党，1994年、1999年先后被国务院评为全国民族团结进步模范；1998年当选由国务院军转办、人民日报社等13家单位举办的

"98时代人物优秀专业退伍军人",其事迹载于《时代人物风采录》一书。

房卫民,1994年被省军区评为抗洪抢险先进个人。

黄海胜,1994年被省政府评为省民族团结进步先进个人。

伍勇翔,1996年被省委、省政府评为"二五"普法先进个人。

邓健,1993年被省政府评为少数民族计划生育先进工作者。

赖永亮,1994年被全国第三产业普查领导小组评为全国第三产业普查先进工作者。

许耿忠,1997年被省政府评为广东省山区建设优秀人才。

邓三妹(女),1998年任县妇联副主席时被全国妇联、国家民委评为全国各族妇女团结进步模范个人。

潘党恩,1998年任县民族小学校长时被教育部评为全国十佳春蕾园丁。

吴小玲(女),1998年任团县委书记时被共青团中央、国家民委、全国青联评为全国各族青年团结进步模范个人。

黄沛祥,1989年被国家教委评为全国优秀教师;1998年被中国教育学会、中学语文教学专业委员会评为第二届全国优秀语文教师。

房介二,1998年被国家统计局、国家农业普查领导小组评为农业普查先进个人。

杨定增,2000年、2001年先后被省军区评为好主官。

李比块八,2000年被省委、省政府评为省扶贫"两大会战"有突出贡献个人。

罗绍鉴,1999年被省检察院评为全省检察机关人民满意的检察干警。

盘建梅(女),2001年被省政府评为城乡初级卫生保健工作先进个人。

黄光莹(女),2001年被全国中小学教学改革中心评为全国推进素质教育先进工作者。

甘庆裕,1996年被国务院第二次全国工业普查领导小组评为先进个人;2002年被国务院第二次全国基本单位普查领导小组办公室评为先进个人。

蒋仪郎,2003年被省委评为优秀共产党员。

曾繁炎,2004年被省委、省政府评为防治高致病性禽流感先进工作者。

许文清,2005年被中国地方志办公室评为全国修志先进工作者。

唐海英(女),2005年被广东省人事厅、省民族宗教事务委员会评为广东省民族宗教工作先进个人;2006年被国家民族宗教事务委员会评为

2001—2005年全国民委系统法制宣传教育先进个人。

郑远平，2009年被省政府授予省民族团结进步模范个人荣誉称号。

唐国伟，2009年被省政府授予省民族团结进步模范个人荣誉称号。

吴卫清（女），2009年被省政府授予省民族团结进步模范个人荣誉称号。

唐丽萍（女），2010年被授予广东省五一劳动奖章。

唐马达二妹（女），2011年被中共中央组织部评为全国优秀党务工作者。

房坚一，2014年被广东省授予民族团结进步先进个人。

第十二章　文献辑存

第一节　县委、县政府有关政协工作文件（选录）

关于进一步加强同政协各委员会、工作组联系、协商的通知

（南委发〔1986〕49号）

各区（镇）党委，县属机关各单位党组织：

为适应新时期政协工作的需要，便于县政协委员会、工作组开展工作，更进一步发挥人民政协的"政治协商、民族监督"职能作用，有利于政协委员知情出力，发挥"综合人才库"的优势，促进我县"两个文明"建设。县委要求各有关部门要进一步加强同政协各方面的联系，使政治协商、民主监督经常化、制度化。为此特作如下决定：

一、县政协下设的提案、文史、学习和"三胞"四个委员会和文教、宣传、党群、三胞、农林、经济计划、财贸、卫生、党建等工作组在开展考察和调查研究活动时，有关单位必须给予支持和方便；各部门如需对某些问题开展调查研究，可与县政协的有关工作组通气，必要时可联合开展调查研究工作，为政协委员创造知情出力条件。

二、为更利于对一些重大事宜的了解与协商，各对口单位召开重要的专业性会议和各项大型活动，应邀请政协有关委员会、工作组派人参加；乡（镇）人民代表会议，应邀请本乡（镇）的政协委员列席

会议，以发挥各委员的议政作用。

三、针对我县改革、开发、发展山区经济等出现的新情况、新问题，政府有关部门制度的重大措施，在未公布实施之前应征求政协有关人士、工作组的意见，做到协商于决策之前，监督于决定之后。

四、宣传部门协助县政协宣传报道统战方针政策，加强政协、统战理论的学习和宣传教育。

五、各部门对县政协各委员会、工作组的调查报告、咨询建议、考察意见等，要认真负责地及时进行研究，提出解决意见，并及时回复县政协。

总之，对政协各委员会和工作组的活动，各有关部门都要予以支持和提供方便，同时还要求政协的各项活动应做到求实效，不流于形式，提高质量，为我县"四化"建设作出应有的贡献。

以上通知，请认真贯彻执行。

中共连南瑶族自治县委员会
一九八六年十一月二十八日

关于贯彻《中共中央关于坚持和完善中国共产党领导的多党合作和政治协商制度的意见》的决定

（南委发〔1990〕47号）

各乡镇党委、县属部、委、办、局（公司）：

中共中央《关于坚持和完善中国共产党领导的多党合作和政治协商制度的意见》，既体现了中国共产党的领导，又进一步充分发挥民主党派、无党派爱国人士和各界代表的协商监督作用。符合中国国情，深得民心。是富有生命力的。在我国实行共产党领导的多党合作的政党体制，是中国政治制度的特点和优点，是经过长期实践形成的一项基本政治制度。在我县坚持和完善共产党领导的多党合作和政治协商制度，对推进社会主义民主政治和法制建设，促进全县各族人民的团结，搞好改革开放和社会主义两个文明的建设，都具有重大意义。我们必须把贯彻落实《意见》作为政治生活中的一件大事来抓，切实建立和健全协商监督制度。现作出如下决定：

一、扩大与民主人士的政治协商的形式和渠道

1. 县、乡（镇）委主要领导，邀请人民团体主要领导人和各界代表人物举行协商会，就我县、乡（镇）的大政方针、各级领导人选、重要事务和群众关心及统一战线内部关系重大的问题，进行政治协商，一般每年举行一至二次。

2. 由县委副书记、县长或委托中共县政协党组召开社会各界人士座谈会、通报会，传达重要文件，交流情况。

3. 中共连南县委统战部应积极协助县委同民主人士保持密切联系，协商各种关系。

4. 必须充分发挥民主人士在县、乡（镇）人民代表大会中的作用。要确保各界人士在县、乡（镇）人民代表大会、人大常委会占有适当的比例。民主人士的人民代表在人大活动中，应以人民代表身份，按法律规定进行活动。

5. 县、乡（镇）人民政府召开全体会议或有关会议讨论工作时可视需要邀请政协领导和人民团体的负责人、无党派的知名人士列席，政府及有关部门可聘请民主人士兼职任顾问或参加咨询机构。

民主人士要按照国家政策规定，有计划地开展联谊工作，协助引进资金、技术和人才。在开展经济、科技、教育、法律、卫生、文化等咨询及社会服务工作中，要注意社会效益，政府部门应予支持。

6. 进一步发挥民主人士在人民政协制度中的作用，县政协要坚决贯彻全国政协制定的《关于政治协商、民主监督的暂行规定》，政协主席会议、常委会议和全委会，民主人士应就我县治理整顿和深化改革工作，提出意见、建议和批评；对我县两个文明建设和群众生活重大问题提出应兴应革的提案。

要尊重民主人士的政协委员的视察、举报及参加有关调查和检查活动的权利。对他们提出的问题，政府有关部门要认真研究处理和答复。

政协机关中应有一定数量的民主人士担任专职领导，真正做到有职、有权、有责。

二、逐步健全监督机制

我国是人民民主专政的社会主义国家，在党政事业单位任职的共产党员和党外人士都是国家公务人员，都必须严格遵守党纪、政纪、法纪，全心全意为人民服务。民主人士参加人大和政协进行民主监督，主要形式和内容有人民代表大会、常委会、人大主任会和政协全委会、常委会、主席会议、代表、委员视察、提案、汇报、调查和检查活动，对国家宪法、法

律和省、市、县的地方法规、条例的实施，国家和地方制定的主要方针、政策的贯彻执行。县经济社会发展计划及财政预算的执行，国家机关及其工作人员在履行职责、遵守法纪、为政清廉等方面的情况，以及各级人代会和政协全委会执行决议的情况，进行必要的民主监督。

三、安排好民主人士担任各级政府领导及政府职能部门的实职工作

非中共人员担任地方政府及其政府职能部门的领导职务，是实现共产党领导的多党合作的一项重要内容，也是直接参政的表现。选配民主人士担任各级政府及其职能部门的领导职务，要坚持德才兼备的原则和干部"四化"方针。统战部门、组织和人事部门对民主人士中适合任职条件的人选，要认真做好考察和培养工作，并大胆使用。

中共连南瑶族自治县委员会

一九九〇年五月四日

关于批转《政协连南瑶族自治县委员会关于政治协商、民主监督的暂行规定》的通知

（南委发〔1991〕21号）

各乡（镇）党委、战线党委、县直属机关党委、县武装部党委、县属部、委、办、局（公司）、厂矿、学校、场：

县委同意政协连南瑶族自治县委员会提出的《政协连南瑶族自治县委员会关于政协协商、民主监督的暂行规定》。县委认为，这个规定符合政治体制改革原则和民主政治建设的要求，有利于加强政治协商、民主监督，促进我县重大决策的民主化、科学化。这个规定已经县政协常委会通过颁布，请你们根据本乡（镇）、本单位、本部门的实际情况，认真贯彻执行。

中共连南瑶族自治县委员会

一九九一年三月十五日

政协连南瑶族自治县委员会关于政治协商、民主监督的暂行规定

（一九九一年三月九日第五届六次常务委员会议通过）

中国共产党领导的多党合作和政治协商制度是我国的一项基本制度、它是在长期革命与建设中形成和发展起来的，是我国政治体制的特点和优势。政协连南瑶族自治县委员会是我县最广泛的爱国统一战线组织，也是我县建设社会主义民主政治、实行共产党领导的多党合作和政治协商制度的重要组织形式。为了坚持和完善共产党的多党合作和政治协商制度，逐步实现政治协商、民主监督的经常化、制度化，进一步发挥我县人民政协在国家、地方政治生活中的作用，根据《中华人民共和国宪法》《中共中央关于坚持和完善中国共产党领导的多党合作和政治协商制度的意见》以及《中国人民政治协商会议章程》，参照《政协全国委员会关于政治协商、民主监督的暂行规定》和政协省、市、兄弟县委员会《关于政治协商、民主监督的暂行规定》，结合我县的实际情况，特制定本规定。

第一条 县人民政协的主要职能是对国家的大方针、我县重要事务以及群众生活、爱国统一战线内部关系等重要问题进行政治协商，并通过提出建议和批评，发挥民主监督的作用。

第二条 政治协商、民主监督的目的是：（一）发扬社会主义民主，倾听各方面的意见和要求，为参加本县人民政协的民主党派、无党派爱国人士、人民团体、少数民族人士和各界人士参政议政开辟畅通的渠道，集思广益，促进本县重大决策的民主化、科学化；（二）监督国家宪法、法律、方针政策在本县的贯彻实施；（三）协助和推动本县国家机关改进工作，提高办事效率，克服官僚主义，反对腐败行为；（四）推动本县社会主义物质文明、精神文明、民主法制的建设，促进社会生产力的发展；（五）协调社会各方面的关系，促进各方面的沟通和理解，加强共产党领导的各党派、团体的团结合作；（六）贯彻执行"一国两制"的方针，主动做好"三胞"联谊工作，促进祖国统一大业的实现。

第三条 政治协商的主要内容包括：（一）本县在社会主义物质文明、社会主义精神文明、社会主义民主法制建设和改革开放、治理整顿中的重要方针政策及重要部署；（二）本县经济与社会发展规划；（三）本县政

府工作报告和本县南下预算结果；（四）本县政治生活、经济生活、群众生活及城镇建设、行政区划变动等方面的重大问题；（五）中共连南瑶族自治县委员会提出的县级领导人人选；（六）本县的重要法律草案；（七）本县对外交往中的重要方针政策；（八）本县各党派之间的共同性事务、政协内部的重要事务及爱国统一战线的其他重要问题。

第四条 政治协商的主要形式有：政协连南瑶族自治县委员会全体委员会议，常务委员会议，主席会议，常务委员专题座谈会，各专门委员会会议，根据需要召开的本县各党派、无党派爱国人士、人民团体、少数民族人士和各界爱国人士的代表参加的协商座谈会等，以及应邀列席中共连南瑶族自治县县委、县人大常委会、县人民政府及其职能部门的有关会议。

第五条 民主监督的主要内容包括：（一）国家宪法、法律和法规在本县的实施情况；（二）中共中央、国家领导机关和省、市领导机关制定的重要方针在本县的贯彻执行情况；（三）本县国民经济和社会发展计划及财政预算的执行情况；（四）本县国家机关及其工作人员在履行职责、遵守法纪、为政清廉等方面的情况；（五）参加县政协的各单位和个人遵守政协章程和执行政协决议的情况。

第六条 民主监督的主要形式有：政协连南瑶族自治县委员会的全体会议，常委会议或主席会议向中共连南瑶族自治县县委、县人大常委会、县人民政府提出建议案，各专门委员会向县有关部门、单位提出建议或有关报告，通过委员提案、举报、视察考察或以其他形式提出批评和建议，参加中共连南瑶族自治县县委、县人大常委会、县人民政府有关部门组织的重要调查和检查活动。

第七条 县政协主席会议根据县委、县人大常委会、县人民政府、各党派、各人民团体以及县党政有关部门的提议，安排协商活动并决定协商的形式和参加范围。

县政协主席会议认为需要协商的问题，也可以建议县委、县人大常委会、县人民政府、各党派、各人民团体以及县党政有关部门将问题提交政协协商。

各专门委员会认为需要协商的问题，报经县政协主席或副主席同意后，也可以建议县党政部门将问题提交县政协有关专门委员会协商。

政治协商一般应在决策之前进行。

第八条 县政协进行政治协商，可视情况邀请中共连南瑶族自治县县委、县人大常委会、县人民政府以及有关部门的负责人参加会议，并请有关负责人就提交协商的问题作出说明。

第九条 协商的议题与会期确定之后，县政协办公室提前将会议日期、内容及有关文件告送参加会议人员，以便与会人员事先做好准备，充分反映各有关方面的意见。

第十条 县政协委员的民主权利应受到保护，在政协的各种会议上，各种意见都可以充分发表。委员提案随时都可以向提案委员会提交。

第十一条 县政协的全体会议、常委会议应作新闻报道，其他形式的重大协商会议及重要活动一般也应作新闻报道。

第十二条 各专门委员会在县政协常委会的领导下，组织委员参加各项经常性活动，做好专题座谈、专题调查、委员提案和委员举报工作，并同县的有关部门取得密切联系，相互支持，相互配合。

第十三条 各专门委员会的重要会议和委员的重要提案，可由各专门委员会通过后提交常委会议或主席会议讨论。经常委会议或主席会议审议通过后，以常委会议或主席会议建议案的形式向有关方面或部门提出。

第十四条 以县政协全体会议、常委会议、主席会议或各专门委员会名义提出的建议、意见和批评，均由县政协办公室以正式文件送达有关部门，请有关方面或部门积极负责地进行研究处理，并将结果尽快以正式文件形式作出答复。

对政协委员的提案和举报，县政协有关机构应及时提请有关部门或单位认真研究处理，并尽快予以答复。若委员对答复有异议，可再提出意见和建议，要求有关部门或单位重新考虑和答复。

第十五条 为切实履行政治协商、民主监督的主要职能，县政协要通过各种形式，以帮助委员了解情况，为委员参政议政创造良好的条件；县政协委员要努力学习，深入实际，调查研究，密切联系自己所代表的党派、团体及有关方面的群众，积极反映他们的意见和要求，在参政议政中更好地发挥应有的作用。

第十六条 本规定于一九九一年三月九日经县政协五届常务委员会六次会议通过实施。

中共连南瑶族自治县委员会
关于转发《政协连南瑶族自治县委员会关于政协协商、民主监督、参政议政的实施办法》的通知

(南委发〔1996〕14号)

各乡镇党委、各战线党委、县直属机关党委、县武装部党委、县直属副科以上单位党组织：

县委同意县政协党组提出的《政协连南瑶族自治县委员会关于政治协商、民主监督、参政议政的实施办法》，请各乡镇、部门、单位结合实际，在开展政治协商和民主监督的工作中认真贯彻执行。

人民政协是我国人民爱国统一战线的组织，是共产党领导的多党合作和政治协商的重要机构，是我国政治生活中发扬社会主义民主的重要形式。各级党委、部门、单位必须充分重视人民政协在建设具有中国特色社会主义中的重要作用，为政协开展工作积极创造条件，进一步推进我县政治协商、民主监督和参政议政的规范化、制度化，使其在改革开放和现代化建设中发挥更大的作用。

附：《政协连南瑶族自治县委员会关于政治协商、民主监督、参政议政的实施办法》

中共连南瑶族自治县委员会
一九九六年一月三十日

政协连南瑶族自治县委员会
关于政治协商、民主监督、参政议政的实施办法

（1995年10月13日中国人民政治协商会议连南瑶族自治县第六届委员会常务委员会第十六次会议通过）

根据《政协全国委员会关于政治协商、民主监督、参政议政的规定》和《政协清远市委员会关于政治协商、民主监督、参政议政的实施办法》精神，为在本县加强社会主义民主政治建设，逐步实现政治协商、民主监督和参政议政的规范化、制度化，进一步发挥无党派爱国人士、人民团体、少数民族人士和各界爱国人士在全县政治生活中的作用，特制定本实施办法。

第一条　中国人民政治协商会议是中国人民爱国统一战线的组织，是中国共产党领导的多党合作和政治协商的重要机构，是我国政治生活中发扬社会主义民主的重要形式。政协连南瑶族自治县是中国人民政治协商会议的地方组织，在中共连南瑶族自治县县委的领导和全国、省、市政协的指导下，按照《中国人民政治协商会议章程》进行工作。

第二条　县政协的主要职能是政治协商和民主监督，组织参加县政协的各人民团体和各族各界人士参政议政。目的是：发扬社会主义民主，反映社会各方面的意见和要求，为参加人民政协的无党派爱国人士、人民团体、少数民族人士和各界爱国人士发挥作用开辟畅通的民主渠道，集思广益，促进我县重大决策的科学化与民主化，监督国家宪法、法律和方针政策及地方法律、法规和方针政策的贯彻执行；协助并推动本县国家机关改进工作，提高效率，克服官僚主义，反对腐败现象；推动社会主义物质文明、精神文明和民主法制的建设，促进社会主义市场经济和社会生产力的发展。

第三条　县政协的政治协商是对本县大政方针以及政治、经济、文化和社会生活中的重要问题在决策之前进行协商和就决策执行过程中的重要问题进行协商。

政治协商的主要内容包括：本县在社会主义物质文明、精神文明、民主法制建设和改革开放中的重要方针政策及重要部署，政府工作报告、财政预算，经济与社会发展规划，政治生活方面的重大事项，地方重要法规草案，县委提出县领导人选，本县内行政区域的变动，外事方面的重要举

措，群众生活的重大问题，政协内部的重要事务以及有关爱国统一战线的其他重要问题。

政治协商的主要形式有：县政协全体会议、常务委员会议、主席会议、常务委员专题座谈会、各专门委员会会议，根据需要召开的无党派爱国人士、人民团体、少数民族人士和各界爱国人士的代表参加的协商座谈会等。

第四条 县委、县人大常委会、县政府、各人民团体提议协商的问题，由县政协主席会议安排协商活动并决定协商的形式和参加范围；县党政有关部门提议协商的问题，县政府办公室或有关专门委员会统筹安排协商活动。

县政协主席会议认为需要协商的问题，可以建议县委、县政府、各人民团体将问题提交县政协协商；各专门委员会认为需要协商的问题，报经县政协主席或副主席同意后，也可以建议县党政有关部门将问题提交县政协有关专门委员会协商。

第五条 全体会议、常务委员会议、主席会议。

全体会议每年至少举行一次，按照《中国人民政治协商会议章程》行使职权，全体会议由常务委员会召集并主持。

常委会议一般每季度举行一次。会议的日期、议程由主席会议决定，常委会议由主席主持，也可由主席委托的副主席主持。常委会议的主要任务有：讨论决定常委会会务工作中的重大问题；听取县委、县政府及其部门关于贯彻党和国家大政方针和地方施政工作的报告或说明，并进行协商讨论，提出建议和批评；审议重要的视察报告、专题调查报告、重要提案和建议案；审议专门委员会的工作报告；协商决定本届政协参加单位、委员名额和人选变更及下届政协专门委员会和工作组的设置、变动及其组成人员；任免县政协专委会和办公室领导人选。

县政协机关各委、室主要负责人，以及与议程有关的其他人员列席常委会议。根据需要，还可邀请县有关党政部门负责人列席常委会议。

主席会议一般每月召开一次。必要时可临时召开。会议由主席主持，也可由主席委托的副主席主持。会议的议程由主席或主持会议的副主席提出。主席会议的任务主要有：常委会议闭会期间，讨论处理常委会的重要会务工作；协商讨论县委、县政府的重大方针以及群众生活中普遍关心的重大问题，提出建议和意见。

全体会议、常委会议、主席会议应充分发扬民主，进行协商讨论，全面反映各方面的意见和建议。重大问题需要作出决定的，按民主集中制原则办理。

第六条 县政协的民主监督是对宪法、法律、法规的实施，国家及地方重大方针政策的贯彻执行，县国家机关及其工作人员的工作，通过建议和批评进行监督。

民主监督的主要内容包括：国家宪法、法律、法规及地方法律、法规的实施情况；中共中央与国家领导机关、中共广东省委和省政府、清远市委和市政府及本县县委和县政府制定的重要方针政策的贯彻执行情况，县国民经济和社会发展计划及财政预算执行情况，参加县政协的各单位和个人遵守政协章程和执行政协决议的情况。

民主监督的主要形式有：全体会议、常委会议、主席会议向县委、县政府提出建议案；各专门委员会提出建议或有关报告，委员视察，委员提案，委员举报或以其他形式提出批评和建议，参加县委、县政府有关部门组织的调查和检查活动；提案、建议案、视察报告送达有关单位一定时间后的跟踪监督工作等。

第七条 提案、建议案。

提案、建议案应当围绕国家大政方针的贯彻实施情况，地方经济、政治、社会等方面的重要事务，以及人民生活、爱国统一战线内部关系等方面的重要问题提出。

县政协委员可以个人或者联名方式提出提案；参加县政协的各人民团体以及县政协各专门委员会，可以联合提出提案。提案可以在全体会议期间提出，也可以在闭会期间提出。

各专门委员会、工作组的重要地方委员的重要提案，经常委会议或主席会议审议通过后，以县政协常委会议或主席会议建议案的形式向县委、县人大常委会、县政府提出。

第八条 委员视察。

县政协每年组织1至2次委员视察。

委员视察以专门委员会、工作组为基础组成若干视察组，在县政协领导带领下开展视察活动。视察组成员以政协委员为主，根据需要可邀请人民团体、有关单位人员及有关专家参加。视察的主要内容和重点是每年县人大通过的《政府工作报告》的执行情况，县委和县政府的重要工作部署、重大决策实施情况及群众普遍关心的社会重大问题。县政协办公室按照常委会议和主席会议通过的视察方案对视察工作作统一安排。

每次视察前均应做好深入细致的前期调查研究和协调工作，明确目的、方向、任务，向委员介绍有关情况，组织委员学习有关的政策和专业知识，并周密安排日程。

视察结束后，要将视察情况及时形成视察报告。整个视察结束后，由县政协领导召开常委会会议或主席会议听取各视察组汇报，可邀请县委、县政府及有关部门负责人员参加。视察报告送有关单位、部门和县党政领导。各专门委员会和工作组每年应组织委员开展视察活动。政协委员参加视察活动，其所在单位应给予支持。

第九条 县政协组织的参政议政的内容和形式除上述政治协商、民主监督方面的规定的内容和形式以外，还包括选择人民群众关心、党政部门重视、政协力所能及的课题，组织调查和研究，积极主动地向党政领导机关提出建设性意见；同时也可采取适合政协自身特点的各种活动和工作形式，广开言路，广开才路，充分发挥委员和各界人士的专长和作用，为改革开放和现代化建设献计献策。

第十条 专门委员会。

县政协专门委员会在常委会的领导下，组织委员参加各项经常性活动，对全体会议和常委会议提出的各项任务组织实施，并同县委、县人大常委会、县政府的有关部门取得密切联系，相互支持，相互配合。

专门委员会的主要活动内容包括：围绕县委、县政府的中心工作，就本县的政治、经济、文化教育、新闻宣传、科学技术、体育卫生、计划生育、法制建设、民族宗教、妇女青年、统战工作党政有关部门召开的有关会议或邀请有关部门就调查研究的问题进行专题座谈协商；与党政部门、人民团体联合举办具有实质性内容和较大影响的活动等。

专门委员会应充分运用视察和提案这两项基本工作方法，并与其他参政议政活动和工作形式有机地结合起来，广泛发动委员参加协商监督和参政议政活动。

第十一条 工作组。

县政协工作组在常委会领导和有关专门委员会联系指导下，组织委员开展政治协商、民主监督、参政议政的活动。

工作组每年至少进行一次视察、考察活动。

第十二条 县政协委员的民主权利应当受到保护。在县政协的各种会议上，各种意见都可以发表，任何单位和个人都不得对提出批评、反对意见和举报的政协委员进行打击报复。

第十三条 县政协全体会议、常委会议，各新闻单位应给予充分的宣传报道，县政协其他形式的协商监督和参政议政活动，根据需要进行宣传报道。

第十四条 为切实履行政协主要职能，县政协要通过各种形式帮助委员了解有关情况，为委员参政议政创造条件。

县政协委员要努力学习建设有中国特色的社会主义理论，提高理论政策水平和参政议政能力；自觉遵守宪法和其他法律、法规；认真履行《中国人民政治协商会议章程》，全面贯彻执行《政协全国委员会关于政治协商、民主监督、参政议政的规定》及本实施办法，深入实际，调查研究，密切联系自己所代表的团体及有关方面的群众，积极反映群众的意见和要求，在参政议政中更好地发挥应有的作用。

第十五条 县政协各项具体工作在本办法中未尽事宜，参照政协全国委员会各项工作规则、简则、条例执行，并结合实际逐步建立健全县政协各项规则、简则和条例。

第十六条 本实施办法自中国人民政治协商会议连南瑶族自治县委员会常务委员会通过之日起实行。

关于印发《中共连南瑶族自治县委关于进一步加强人民政协工作的意见》的通知

（南委发〔2003〕38号）

各镇党委，县属有关单位：

现将《中共连南瑶族自治县委关于进一步加强人民政协工作的意见》印发给你们，请结合实际，认真贯彻执行。

中共连南瑶族自治县委员会

2003年4月17日

附： 中共连南瑶族自治县委关于进一步加强人民政协工作的意见

长期以来，县政协高举社会主义、爱国主义两面旗帜，围绕团结、民主两大主题，按照人民政协的章程，认真履行政治协商、民主监督、参政议政的职能，为加强我县的社会主义民主政治建设，促进经济发展和社会全面进步作出了积极的贡献。随着改革开放的不断深入，社会主义市场经济体制的逐步完善，以及全面建设小康社会的实施，人民政协担负的任务将更加繁重。各级党委、县直各单位必须进一步加强人民政协的工作，更好地发挥人民政协的优势和作用，加快我县两个文明建设的步伐，为此，县委根据中央和省委的有关精神，提出如下意见：

一、进一步提高对人民政协性质、地位和作用的认识

人民政协是中国人民最广泛的爱国统一战线组织，是中国共产党领导的多党合作和政治协商的重要机构，是我国政治生活中发扬社会主义民主的重要形式。中国共产党领导的多党合作和政治协商制度，是我国的一项基本政治制度。人民政协在我国政治结构、政治生活中具有重要的地位。各镇党委、县直各单位要从加强和改善党的领导，巩固执政党的地位，加强社会主义政治建设，实现广泛的团结，维护社会政治稳定，推进经济发展、社会进步以及祖国和平统一大业的战略高度，深刻认识中国共产党领导的多党合作、政治协商制度的重要作用和意义，进一步提高对人民政协性质、地位和作用的认识，增强统战意识和政协意识，积极探索加强和改进党对政协工作领导的有效途径和方法，支持人民政协按照政协章程卓有成效地履行政治协商、民主监督、参政议政的职能，不断推进政协履行职能的规范化、制度化。

二、积极支持人民政协履行职能

各镇党委、县直各单位要支持人民政协履行政治协商的职能，把政治协商真正纳入党委和政府的决策程序，不断提高决策的科学性和民主性。要坚持"三在前"的原则，积极支持人民政协按照政协章程履行政治协商的职能，在重大问题做出决策之前，要与政协进行协商；政府部门在重大事项实施之前，要提请政协进行协商。

为抓好"三在前"工作，县委决定由党委副书记负责分管，并由县委、县政府指定办公室一位同志抓具体落实工作。

政治协商的主要内容：

（一）县人民政府工作；

（二）县国民经济和社会发展计划以及重大项目的拟定和实施；

（三）城市建设的总体规划和重要部署以及环境保护；

（四）重要法规和重要行政规章的制定；

（五）政协内部的重要事务；

（六）其他有需要协商的重要事项。

政治协商的主要形式：

（一）县委或县政府主持召开协商会议；

（二）县委或县政府主持召开的一年一次的向政协常委通报重大问题的会议；

（三）县政协委员会全体会议；

（四）县政协常务委员会议；

（五）县政协召开的无党派人士、人民团体、少数民族人士和各界爱国人士代表参加的协商座谈会。

（六）县政协主席列席县委常委会议，副主席列席县政府常务会议。

根据协商的需要，县政协可以邀请县人大常委会或县政府以及有关部门的负责人参加会议，请他们就协商的议题通报有关情况或作出说明。全国各级党委、政府及其部门对政协以各种方式提出的意见和建议要高度重视，特别是县政协主席会议建议案和县政协常委建议案一定要给予书面答复。

实现"三在前"原则的协商办法与程序：

（一）在党委决策之前、人大通过之前、政府实施之前，对重大问题广泛征求意见和进行充分的调查研究、论证、协商是实现"三在前"的主要办法和重要的指导方针。

（二）参与决策的政协领导可根据需要及时组织有关人员进行调查和协商。

（三）党委、政府和人大对政协提供的信息要认真对待，并反馈到决策当中，以提高决策的科学水平。

（四）召开县委、县政府、人大、政协办公室主任联席会议，并使之成为制度，以加强信息沟通，这是搞好"三在前"的重要步骤。

（五）需要组织协商的重大问题可遵循：确定议题——材料准备——组织协商——信息成果（一般以"纪要""建议"等形式写成专题协商结果材料）——跟踪落实——回复等六个程序进行。

（六）协商会议必须充分发扬民主，尊重和依法保护政协委员、无党派和各界人士的民主权利，支持和鼓励他们畅所欲言、直抒己见、批评和建议。

要支持人民政协履行民主监督的职能，不断增强监督效果。人民政协是反映各人民团体和各族人民群众意见，发挥民主监督作用的重要渠道。各镇党委、县直各单位要支持人民政协的民主监督工作，重大问题的决策，重大事项的实施，重大方针政策和执行等情况要适时向政协通报；要建立政协提案、意见、建议的办理和反馈制度。要重视政协的提案和建议，及时办理和回复，认真听取提案人对办理的反馈意见，自觉接受人民政协的民主监督。对政协组织的调查研究、视察、协商等活动，要积极主动提供材料和必要的条件。党政机关及其工作人员要自觉接受和欢迎政协对自身工作和勤政廉政等情况进行民主监督。政协组织要把民主监督放在重要位置上，进一步完善提案、建议案、视察调研、专项检查、反映社情民意、委员举报等行之有效的监督手段，改进和加强对党政机关及其工作人员的监督。每年选择1～3个政府部门咨询和评议活动。要充分运用各种监督形式和手段，不断增强监督效果，努力做到既敢监督，又善于监督，坚持监督与支持相统一。

要支持人民政协履行参政议政的职能，不断提高参政议政的水平。党委要经常给政协交任务、出题目，政府要努力为政协开展重要专题调查、视察、课题研究、民主评议、爱国主义教育、海内外联谊和对外交往等活动创造良好条件，确保政协参政议政活动的顺利开展。政协组织要围绕全县工作的大局，充分发挥政协人才荟萃、联系广泛、渠道畅通的特点和优势，选择党政重视、群众关心、政协有条件做好的课题，组织调查和研究，积极主动地向党政领导机关提出建设性的意见；要通过多种方式，广开言路，广开才路，充分发挥委员专长和作用，为改革开放和社会主义现代化建设献计献策。对政协建议案、政协提案，党委、政府要高度重视，对重点提案，党政主要领导要关心过问办理情况，有关部门要求认真办理。

人民政协要牢牢把握大团结、大联合的主题，积极推进我县社会主义民主政治建设。政协、政协委员要以高度的责任感，把增强共同目标下的大团结作为一项重要的政治任务来抓，搞好政协内部的团结，搞好各自联系的群众的团结，搞好海内外爱国力量的团结。要按求同存异的原则，多做增进了解、加深理解、消除误解、达到谅解的工作；多做协调关系、化解矛盾、理顺情绪、鼓舞士气的工作；多做巩固和扩大爱国统一战线的工作，要努力营造民主和谐的气氛，尊重和保护政协委员的民主权利，让政协委员、各界人士畅所欲言，各抒己见，使政协成为反映社情民意的渠道，成为发扬民主的场所，成为我们党联系群众、团结各界的纽带和桥梁。要加强各人民团体、各族各界人士的联谊工作，积极鼓励和支持他们利用人民政协这个团结合作、参政议政的重要场所，充分发表各种意见、建议、要求和呼声，最大限度地把各团体、各族各界人士的意志和力量集中到改革开放和现代化建设上来。

三、切实加强对人民政协的领导

要切实把政协工作纳入党委的全局工作来部署，把政协工作列入重要议事日程。县委拟每年至少安排一次常委会听取政协党组的工作汇报（一般安排在第四季度），研究解决政协工作中的重要问题，分工一名副书记负责联系政协工作，政府要指定一名副县长联系政协工作。党委对重大问题、重大事项的决策和重大工作部署要及时向政协党组通报。政协党组书记列席县委常委会议。政府召开常务会议以及其他重要会议，要邀请政协领导或政协机关的负责人。建立并完善党委、人大、政府、政协办公室主任联席会议制度，每年至少召开2次碰头会（上半年和下半年各一次），互通情况，协商研究解决有关问题。人大各工作委员会、政府有关职能部门要与政协相应的专门委员会建立对口联系制度，加强联系和沟通。政协组织要自觉接受党的领导，紧紧围绕党委的工作中心开展政协工作；政协党组要坚持向党委请示汇报，对事关统一战线和经济社会全局发展的重大问题，重大视察活动，重要社情民意，重要意见和建议，要及时向党委报告；对需要党委审批决定的事情，及时请示党委，从制度上保证党始终发挥总揽全局、协调各方的领导核心作用。

要切实加强政协领导班子和干部队伍的建设。政协领导班子和政协机关工作人员，要按照"讲学习、讲政治、讲正气"的要求，带头学习政治经济理论、统一战线理论、法律法规和现代化科学文化知识，努力掌握有关政协工作的基本理论、基本知识，不断提高政协机关的办事效率和办事质量，提高机关工作人员为政协委员服务、为人民服务的自觉性。要加强政协的领导班子建设，使政协常委会和专门委员会形成合理的知识结构、梯次年龄结构和专业结构，提高政协驻会委员的比例。要把政协机关干部的培养、锻炼、使用纳入全县干部队伍的总体规划，进一步加强政协干部的培养、选拔工作，逐步实现政协干部队伍的专业化和年轻化。按照德才兼备原则和"四化"方针，充实和优化政协干部队伍结构，实施政协机关干部同党政机关干部的双向交流，努力造就一支高素质的政协干部队伍。

要认真做好同政协委员的沟通联系工作。政协委员所在单位要为委员开展活动提供时间、交通、通信等方面的条件。政协机关的重要工作安排和工作情况，要采取适当形式向政协委员通报，建立健全政协常委会组成人员联系政协委员制度，充分听取委员与人民群众的意见和呼声。政协委员在调查、视察时，各有关部门必须认真对待，提供真实情况。对阻碍执行职能，侵害政协委员合法权益的行为，要依法严肃查处。

建立健全支持人民政协履行职能的目标管理和年度考核制度。要将是否懂得中国共产党领导的多党合作和政治协商制度的作用和意义，是否重视政协工作，列入党政干部考核的内容。政府要确保政协召开全委会议、组织委员视察、专题调研、开展外事活动、组织委员和干部培训、宣传报道等的经费，将其列入本级财政预算，并根据经济发展情况逐步增加，及时足额拨付到位。县委委托县政协党组联合县委办、县委统战部、县政府、县直各单位贯彻执行中央和省委关于政协工作意见的情况进行检查，确保真正做到思想认识到位、制度落实到位和工作支持到位。

第二节　县政协文件（选录）

连南瑶族自治区各族各界人民代表会议协商委员会暂行组织条例（草案）

（一九五三年一月二十六日）

第一条　本条例根据自治区各族各界人民代表会议暂行组织条例第九条之规定制定之。

第二条　自治区各族各界人民代表会议协商委员会（以下简称自治区协商委员会）由本自治区各族各界人民代表会议选举主席一人，副主席三人及委员三十一至三十五人组成之。

自治区协商委员会得设常务委员会，主持会务，由全体委员中互选委员九人组成之，协商委员会主席、副主席为常务委员主席、副主席。

第三条　自治区协商委员会的任期，与本自治区各族各界人民代表会议同，连选得连任。自治区协商委员会委员遇有更换必要时，经协商委员会商定，得提请自治区各族各界人民代表会议更换之。

第四条　自治区协商委员会的职能如下：

一、组织与推动自治区人民代表会议各族代表，在各种场合，以各种方式传达人民代表会议的决议及自治区人民政府政策法令，并协助推行。

二、经常地联系人民代表会议的各族代表、民主党派、人民团体、民主人士、民族领袖人物，并通过他们广泛联系人民，协助政府动员人民进行各种工作，有计划地蒐（搜）集各方面意见，及时提议政府采纳。

三、接受各族人民的建议、询问、要求、申诉与批评，负责加以适当的处理，务使有着落，有交代。

四、审议政府交议的文件和议案。

五、负责进行自治区人民民主统一战线工作，及加强各民族之间和各民族内部的团结与合作。并协助政府解决其相互之间的有关问题。

六、组织座谈会和学习会，协助与推动各民主党派、人民团体、民主人士和民族领袖人物，关于时事、政策和理论的学习。

七、接受与办理省（行署区）协商委员会委托事项与建议，必要时得向其汇报情况。

八、负责进行下届人民代表会议的准备工作。

第五条 自治区协商委员会，由主席负责召集，并主持会议。

第六条 自治区协商委员会设秘书二人，协助主席、副主席进行日常工作。

第七条 自治区协商委员会举行全体委员会议时，协商委员会常务委员会，得向全体委员会议汇报工作。

第八条 住在本自治区的广东省协商委员会委员，得列席自治区协商委员会的会议。

第九条 自治区协商委员会，每一个月开会一次，必要时得提前或延期召集之。

第十条 自治区协商委员会全体委员会议，须有过半数的委员出席，始得开会，须有出席委员过半数的同意，始得通过决议。

第十一条 本条例经本自治区首届各族各界人民代表会议通过，呈请上级人民政府批准后试行之，其修改同。

关于建立政协内部的中共党员和党外委员经常性联系制度的通知

(南协党〔1992〕003号)

为加强政协内部的中共党员和党外委员的密切联系,经政协党组讨论决定,政协专门委员会副主任以上的中共党员干部和党外部分政协委员建立经常性的联系制度(具体详见附表)。望今后切实加强联系,沟通思想,互相交流工作中所碰到所关心的问题,共同为更好地发挥人民政协政治协商、民主监督的职能作用,做出应有的努力。

附:《政协内部中共党员与党外委员联系的制度》

一、对象与分工

以党外政协委员联系对象,县政协各专门委员会副主任以上党员干部每人联系2~3人(具体分工联系对象见附表)。

二、任务和要求

总的要求:做到与党外人士交知心朋友。其任务:主要是通过联系,就共同关心的问题,互相交换意见,沟通思想;取得共识,要求党员干部要多鼓励党外委员反映实际情况,提出批评和建议,拓宽政治协商民主监督渠道;对党外委员反映的重大问题,要及时处理和答复,要为他们排忧解难,创造良好的工作条件,从政治、工作、生活上关心、支持、帮助党外委员,充分发挥他们在两个文明建设中的作用。

三、形式和制度

形式上,按联系的对象,采取预约上门、家访、个别交谈、电话、书信等方式进行。为使联系经常化、制度化,要求每季度至少联系一次,必要时间随时交谈,相互之间要加强互相通气,互相信赖,坦诚相见。

中共连南县政协党组
一九九二年十月九日

附表：

	党员干部	党外委员
主　席	杨金隆	黄荣北　李国雄　罗　从
副主席	黄海胜	潘希奋　王慧筠　罗达梅
副主席	唐　伟	许玖忠　邓三妹　杨　峰
常　委	李志宏	黄海耳　谢应生　汤瑞粦
常　委	唐大其	唐日新　卜定安
常　委	罗建堂	董百妙　李耿龙　刘绮香
专门委员会副主任	赵龙福	成域康　房仁安
专门委员会副主任	邓保英	熊国权　曾　坚
专门委员会副主任	黄择红	黄称殊　曾秀珍　张志望
专门委员会副主任	房志林	苏荣权　曾寿均
专门委员会副主任	何　勇	梁学厚　何永胜

印发《政协连南瑶族自治县委员会关于县政协委员参加会议、活动的规定》的通知

（南协办〔2009〕1号）

县政协委员：

《政协连南瑶族自治县委员会关于县政协委员参加会议、活动的规定》已经政协连南瑶族自治县第九届委员会第六次常委会议通过，现印发给你们，请认真学习并自觉执行。

附：《连南县政协关于县政协委员参加会议、活动的规定》

政协连南瑶族自治县委员会办公室

2009年1月5日

政协连南瑶族自治县委员会关于县政协委员参加会议、活动的规定

(2008年12月12日县政协九届六次常委会议通过)

第一条 为进一步明确县政协委员参加政协会议、活动的有关要求，切实增强责任感和使命感，调动委员履行职责的积极性，根据《中国人民政治协商会议章程》和《中共中央关于加强人民政协工作的意见》（中发〔2006〕5号）以及有关文件精神，结合工作实际，制定本规定。

第二条 委员一届内至少参加一次以上县政协组织的学习或培训活动，每年至少参加一次县政协组织安排的视察、调研或考察等活动。

第三条 委员要积极反映所代表团体和界别群众意见，每年至少提交一件提案、一条建议或一条信息。

第四条 委员因特殊原因不能出席全体会议，应及时办理请假手续。需全程请假的，至少应提前三天向县政协组联科请假，并经县政协秘书长批准；会议期间请假的，应提前向会议秘书处请假，并经会议秘书处秘书长批准。

委员一次未请假全程缺席全体会议的，县政协以书面通知予以提醒，通知发给本人及所在单位（非公有制经济委员、农村委员发给推荐单位，港澳委员发给提名单位。下同），并由县政协组联科存档，委员一届内累计达三次被书面通知提醒的，将依据程序取消其委员资格，并书面通知本人及所在单位。

第五条 常委因特殊原因不能出席常务会议，应及时办理请假手续。需全程请假的，应提前两天以上向县政协组联科请假，并经县政协秘书长批准；会议期间请假的，应提前向县政协秘书长请假并经批准。

常委一届内累计两次未请假全程缺席常委会议的，县政协以书面通知予以提醒，通知发给本人及所在单位，并由县政协组联科存档，累计达五次被书面通知提醒的，将劝告其辞去常委职务，并书面通知本人及所在单位。

第六条 委员要主动加强与县政协的联系。对要求反馈的材料，及时准确回复。工作、职务、职称变动，通讯地址和电话号码变更以及奖惩等，及时告知县政协组联科。

第七条 委员因特殊情况不能参加视察、调研或考察等活动的，应向组织活动的负责人请假，无特殊原因三次未经批准不参加活动的，将以书

面通知形式予以提醒，经提醒依然无故缺席活动的，将劝其辞去委员职务。

第八条 委员参加政协活动情况将予以登记统计，委员会组织的活动，由组联科负责登记统计，专委会组织的活动，由专委会或组联科负责登记统计，最后汇总到办公室。每年度由县政协办公室向全体委员通报，并将常委、委员参加会议、活动和提交提案情况作为考虑推荐提名连任下届政协委员人选的条件。

第九条 本规定经县政协常委会议通过后，于2009年1月1日起施行，由县政协常委会负责解释。

关于印发主席会议成员联系常委制度的通知

（南协办〔2013〕3号）

县政协常委会成员：

鉴于部分领导工作变动，经主席会议研究同意，现将调整后的《政协连南瑶族自治县委员会关于主席会议成员联系常委制度》印发给你们，请遵照执行。

附：《政协连南瑶族自治县委员会关于主席会议成员联系常委制度》

政协连南瑶族自治县委员会办公室

2013年6月5日

政协连南瑶族自治县委员会
关于主席会议成员联系常委制度

为认真贯彻落实《中共广东省委关于加强新形势下人民政协工作的决定》（粤发〔2011〕21号）和《中共清远市委关于贯彻落实〈中共广东省委关于加强新形势下人民政协工作的决定〉的意见》（清发〔2011〕27号）文件精神，充分发挥和提高县政协常务委员会委员在政协工作中的作用，积极履行好人民政协的政治协商、民主监督、参政议政职能，不断推进政协工作的制度化、规范化、程序化建设,特制定主席会议成员联系常委制度。

一、联系内容

1. 了解所联系常委在履行职能开展工作中遇到的问题和存在的困难,共商解决的办法;

2. 了解和掌握所联系对象单位的基本情况和单位支持委员履行职责的情况;

3. 向所联系常委通报县政协的有关情况,听取他们对县政协工作的意见和建议;

4. 听取所联系常委有关社情民意的情况反映。

二、联系形式

1. 个别谈心。根据情况需要约请所联系的常委进行交谈。时间不限,可随时约请,也可互相约请。

2. 集体座谈。根据需要约请所联系的常委进行座谈,可定主题或无主题漫谈式。每半年举行一次。

3. 对所了解的情况要以书面形式或口头形式在主席会议上进行通报,必要时可整理成材料向党委、政府及有关部门反映并督促问题的解决。

三、联系分工

房坚一主席联系陈水金、林双来常委;

唐拾斤副主席联系沈春凌、朱远光常委;

陈锦叶副主席联系魏健华、姚建勋常委;

唐伟副主席联系丁卫月、梁国盛常委;

唐海英副主席联系唐军荣、侯玉贵常委;

谢柏良副主席联系陈海光、谢柏秋常委;

邓建副主席联系房春华、吴月明常委;

房小亮秘书长联系杜晓燕常委。

本制度自通过之日起施行。

关于印发《政协连南瑶族自治县委员会提案工作制度》的通知

(南协〔2015〕8号)

县政协委员：

为了更好地发挥政协提案在履行政治协商、民主监督和参政议政职能中的作用，现将政协第十届连南瑶族自治县委员会第十一次常委会议通过的《政协连南瑶族自治县委员会提案工作制度》印发给你们，请贯彻执行。

附：《中国人民政治协商会议连南瑶族自治县委员会提案工作制度》

政协连南瑶族自治县委员会
2015年4月21日

中国人民政治协商会议
连南瑶族自治县委员会提案工作制度

(2015年1月22日政协第十届连南瑶族自治县委员会常务委员会第十一次会议通过)

第一章 总 则

第一条 为发挥人民政协提案（以下简称"提案"）在履行政治协商、民主监督、参政议政职能中的重要作用，根据《中国人民政治协商会议章程》《中国人民政治协商会议广东省委员会提案工作条例》，结合我县实际，制定本制度。

第二条 提案是政协委员和参加政协的各党派、各人民团体以及政协各专门委员会或工作组（以下统称提案者），向政协全体会议或者常务委员会提出的、经提案审查委员会或者提案委员会审查立案后，交承办单位办理的书面意见和建议。

提案是人民政协履行职能的重要方式，是坚持和完善中国共产党领导的多党合作和政治协商制度的重要载体，是发扬中国特色社会主义民主的重要形式，是协助中国共产党和国家行政机关实现决策民主化、科学化的重要渠道。

第三条 提案工作以马克思列宁主义、毛泽东思想、邓小平理论和"三个代表"重要思想为指导，深入贯彻落实科学发展观和习近平总书记系列重要讲话精神，坚持中国特色社会主义政治发展道路，遵循"长期共存、互相监督、肝胆相照、荣辱与共"的方针，充分发扬民主，广开言路，调动一切积极因素，为推进改革开放和社会主义现代化建设、推进祖国和平统一大业、维护世界和平与促进共同发展服务。

第四条 提案工作坚持围绕中心、服务大局、提高质量、讲求实效的方针，加强制度化、规范化、程序化和信息化建设，注重提高提案质量、办理质量和服务质量。

第五条 提案工作是人民政协的一项全局性工作。政协委员和参加政协的各党派、各人民团体以及政协各专门委员会、工作组，应当密切协作，充分利用提案的方式履行职能。

第六条 政协全体会议听取和审议常务委员会关于提案工作情况的报告，审议提案审查委员会或提案委员会关于提案审查情况的书面报告。

第七条 每届政协第一次会议成立提案审查委员会，由主任、副主任和委员若干人组成，成员从本届政协委员中产生，由第一次会议预备会议决定；负责第一次全体会议期间提案的审查立案工作，并向全体会议书面报告提案收集和审查情况。

第二章 提案委员会

第八条 每届政协第一次会议闭会后，经常务委员会会议审议通过，提案审查委员会作为提案委员会或提案工作组，列入专门委员会或工作组序列，在常务委员会和主席会议领导下，负责提案工作，每届任期五年。提案委员会或工作组组成人员调整，依据有关规定办理。

第九条 提案委员会的职责：

（一）起草常务委员会关于提案工作情况的报告，向政协全体会议书面报告提案审查情况，向政协常务委员会会议、主席会议报告工作；

（二）制定政协全体会议期间提案工作方案和提案委员会年度工作计划；

（三）依照本制度的规定，组织征集提案，做好知情明政服务；

（四）对收到的提案审查立案，协商确定承办单位；

（五）对提案办理工作进行检查和督促，对办理不符合要求的，及时商请承办单位重新办理；

（六）对提案进行综合分析，采取多种形式向中共连南瑶族自治县委员会、连南瑶族自治县人民政府和其他有关部门反映其中的重要意见和建议；

（七）做好重点提案遴选和督办的联络、协调和服务工作；

（八）组织提案工作的宣传报道，逐步推动提案工作公开化；

（九）组织提案工作学习研讨，开展提案工作理论研究；

（十）推进提案工作信息化建设；

（十一）加强与中共连南瑶族自治县委员会办公室、连南瑶族自治县人大常委会办公室、连南瑶族自治县人民政府办公室、政协连南瑶族自治县委员会办公室以及各承办单位的联系；

（十二）加强与提案者的联系与协作；

（十三）接受市政协提案委员会的工作指导；加强与市政协提案委员会的联系与交流。

第十条　提案委员会形成的重要文件，须经提案委员会全体会议或者主任会议讨论通过，并由提案委员会主任或者主任委托的副主任审定、签发。

第十一条　提案委员会全体会议一般每季度举行一次，必要时可以临时召集。

第三章　提案的提出

第十二条　提案的提出方式：

（一）政协连南瑶族自治县委员会委员，可以个人名义或者联名方式提出提案；

（二）政协全体会议期间，可以小组或者联组名义提出提案；

（三）参加政协的各党派、人民团体及其他界别，可以党派、团体、界别名义提出提案，也可联合提出提案；

（四）政协连南瑶族自治县委员会各专门委员会，可以专门委员会名义提出提案，也可联合提出提案。

第十三条　提案的基本要求：

（一）提案应当坚持严肃性、科学性、前瞻性、可行性，围绕贯彻落实国家大政方针,中共连南瑶族自治县委员会、连南瑶族自治县人民政府的中心工作和人民群众普遍关心的经济建设、政治建设、文化建设、社会建设以及生态文明建设中的重要问题建言谋策;

(二)提案须一事一案,实事求是,简明扼要,做到有情况、有分析、有具体建议;

(三)委员联名提出的提案,发起人作为第一提案人,签名列于首位;以界别、小组或者联组名义提出的提案,须由召集人签名;以党派、人民团体、政协专门委员会名义提出的提案,须由该组织署名并加盖公章;

(四)提案的书写应当符合规范要求,使用统一印制的提案纸,做到一事一案,字迹工整。

第十四条 提案可以在政协全体会议期间提出,也可以在闭会期间提出。每年十月份之后至次年政协全体会议提案征集截止时间之前提交的提案,作为政协全体会议期间的提案处理;每年政协全体会议提案征集截止时间之后至当年九月底前提交的提案,作为闭会期间的提案处理。

第十五条 提案委员会应当加强闭会期间的提案征集工作。提案者应当重视在闭会期间提出提案,可将有关调研报告或者在政协全体会议、常务委员会会议和专题协商会议上的发言按照要求转化为提案。

第四章 提案的审查和处理

第十六条 提案审查委员会、提案委员会本着尊重和维护提案者的民主权利、保证提案质量的原则,对收到的提案进行认真审查,符合本条例第三章规定的,予以立案。

经审查立案的提案,应当根据提案的内容和有关单位的职责分工确定承办单位,凡涉及两个或两个以上承办单位办理的提案,应当确定主办单位和会办单位,或者分别办理单位。

第十七条 有下列情形之一的,不予立案:

(一)涉及党和国家秘密的;

(二)国家明令禁止的;

(三)中共党员对党内有关组织、人事安排等方面有意见的;

(四)民主党派成员反映本组织内部问题的;

(五)进入民事、刑事、行政诉讼程序或行政复议、仲裁程序,尚未结案的或执纪执法机关正在审查的违纪违法问题;

(六)属于学术研讨的;

（七）为本人或亲属解决个人问题的；

（八）宣传、推介具体作品、产品的；

（九）指名举报的；

（十）内容空泛、没有具体建议或反映情况事实不清，缺乏分析，没有说服力的；

（十一）围绕已解决事项重复提出提案的；

（十二）一案多事，难以确定主办单位的；

（十三）超越本县事权范围的。

经审查不予立案的，应当及时通知提案者。所提意见和建议转送有关部门研究处理或参考。在征得提案者同意的情况下，也可作撤案处理。

第十八条 提案委员会对涉及全局问题的重大提案，应提请主席会议审议通过后，以建议案形式向有关方面提出。

第十九条 提案经审查立案后，应当及时交办。全体会议期间的提案，县人民政府通过召开承办单位会议集中交办，闭会期间的提案，随时交办。

第五章　提案的办理

第二十条 承办提案的中共连南瑶族自治县委员会有关部门、连南瑶族自治县人民代表大会及其常务委员会有关部门、连南瑶族自治县人民政府有关部门、政协连南瑶族自治县委员会有关部门、中央省市驻连南单位、有关人民团体等，根据国家法律、法规、政策和中共连南瑶族自治县委员会、连南瑶族自治县人民政府有关规定办理提案，并向提案者作出书面答复。

（一）提案办理工作应切实加强领导，有专人负责，健全制度，严格程序，保证质量。承办单位收到提案后，应在四个月内进行办理答复。确属问题复杂、办理难度大的提案，须商提案委员会同意延长办理时间，一般不超过两个月。提案的答复应当按规范格式行文，须经承办单位负责人审签并加盖公章。办理提案应注重切实解决问题，凡应解决且有条件解决的要抓紧解决；应解决但因各种原因暂时未能解决的要制订计划，逐步解决；对确实不可行的，应实事求是地向提案者说明情况，做好解释工作。

（二）涉及两个或两个以上单位会同办理的提案，主要办理单位应当主动协商，会同办理单位应当积极配合，及时将会同办理意见函告主要办理单位，由主要办理单位答复提案者；分别办理的提案，由各承办单位分别答复提案者。若主要办理单位和会同办理单位对提案的办理有不同意见和分歧，主要办理单位应及时提请有关综合部门进行协调，提案委员会予以协助。

（三）承办单位应当主动加强与提案者的联系与沟通，共商解决问题的办法，在书面答复前，应先征求提案者的意见。

（四）委员联名的提案，办理复文寄送第一提案人；党派、人民团体、政协专门委员会或政协工作组的提案，办理复文寄送提案单位；界别、小组或者联组的提案，办理复文寄送召集人。所有办理复文均抄送县人民政府办公室、县政协提案委员会。

（五）提案答复后，如情况变化，原表示要解决的问题不能兑现或延期落实的，承办单位应当主动函告提案者，说明原因，同时抄送县人民政府办公室、县政协提案委员会。

（六）提案者收到办理复文后，须认真负责地填写《提案办理情况征询意见表》，并在十个工作日内寄送县政府办公室。如提案者对办理结果不满意，县政府办公室会同提案委员会，应建议承办单位重新研究，作进一步的办理和答复。

第二十一条　商请连南瑶族自治县人民政府在年底向政协连南瑶族自治县委员会常务委员会会议通报办理政协提案工作情况。

第六章　提案的督办

第二十二条　提案的督办在主席会议领导下，由办公室统筹协调，提案委员会组织实施，各专门委员会予以协助。倡导和鼓励提案者以各种方式参与提案的督办。

第二十三条　对围绕我县政治、经济和社会发展的重大问题以及人民群众普遍关心的重要问题提出，反映问题准确，分析问题客观，建议合理，可操作性强的提案，可以选作重点提案。

第二十四条　重点提案按规定程序研究确定。提案委员会应当就重点提案的遴选与督办加强与中共连南瑶族自治县委员会办公室、连南瑶族自治县人民政府办公室、提案者以及相关部门的联系与协作。

第二十五条　重点提案，由中共连南瑶族自治县委员会、连南瑶族自治县人民政府主要领导和政协连南瑶族自治县委员会主席会议进行督办。督办工作由领衔督办的县领导牵头，可以采用政协组织、提案者、有关单位相结合的协商座谈、实地考察、专题调研、走访等方式，推动办理工作，保证办理质量。对提案中当年不能解决的重要问题，要跟踪督办，促进落实。

第二十六条 对于提案中的重要意见和建议，提案委员会可以通过《重要提案摘报》等方式报送有关领导。

第二十七条 对于未按期办复的提案，提案委员会应当及时催办。

第二十八条 建立和完善政协各专门委员会督办提案工作机制，每个专门委员会每年至少督办一件相关的提案。

第七章 附 则

第二十九条 本制度经政协连南瑶族自治县委员会常务委员会会议审议通过后实行。

第三十条 本制度由政协连南瑶族自治县委员会提案委员会负责解释。

政协连南瑶族自治县委员会文史工作规则

（2016年6月6日县政协第十届委员会第53次主席会议通过）

第一条 为促进政协连南瑶族自治县委员会文史资料工作的制度化、规范化和程序化，更好地完成文史的各项工作任务，根据《中国人民政治协商会议章程》和《政协全国委员会关于加强文史资料工作的意见》的要求，以及政协连南瑶族自治县委员会全体会议提出的各项任务，结合政协文史工作实际，制定本工作规则。

第二条 政协文史资料工作，是一项富有统一战线和人民政协特点的重要工作，是政协的一项经常性、基础性工作，也是一项重要的社会主义文化建设事业。

第三条 政协文史工作的任务是：根据统一战线的特点，负责本县的近、现代和当代文史资料的征集、整理、编辑、出版、研究工作，充分发挥"存史、资政、团结、育人"的作用。

第四条 政协文史工作的原则是：坚持解放思想、实事求是，要求忠于史实、秉笔直书；坚持统战和"三亲"即亲历、亲睹、亲闻特色，允许多说并存，尊重历史见证人从不同侧面对历史事件的表述；对本县发生过的重大历史事件、重要历史人物，对本县社会产生重大影响的人和事，尤其是近代以来当事人"三亲"的事件，进行广泛的征集并做好编辑出版工作,将《连南文史》办成具有统战特色的爱国主义乡土教材,为本县经济社会建设服务;坚持服务大局,注重社会效益,遵守国家有关法律法规。

第五条 政协文史工作在政协连南瑶族自治县委员会常务委员会和主席会议领导下开展工作,执行全体会议和常务委员会议的决议。

第六条 政协文史工作主要职责:

(一)按照"有史料价值、有教育意义、有借鉴作用"的标准,征集、出版近现代和当代文史资料,以更好地发挥文史资料"存史、资政、团结、育人"的社会功能。

(二)广泛联系工商联、人民团体、文化事业单位以及包括港澳台胞和海外侨胞在内的各界人士参加文史资料工作,壮大文史骨干队伍,巩固和扩大爱国统一战线,为促进我县文化事业大繁荣大发展服务。

(三)在努力做好文史资料征集出版工作的前提下,围绕全县经济建设大局,向县政协领导提议,开展具有文史特色的调研、考察、视察、座谈等活动,提出意见、建议和提案,推动我县改革开放和社会主义四个文明建设;组织各种活动,积极为委员知情出力、履行职能创造条件。

(四)加强与省、市政协相关部门的联系,主动争取省、市政协的工作指导,贯彻省、市政协的有关精神和工作部署。

(五)加强与外地政协的交流与协作,认真学习先进经验。

(六)加强自身建设,加强思想政治工作和业务学习,不断改进和提高工作质量。

(七)承办县政协常委会议、主席会议和主席、副主席交办的有关事宜。

(八)研究拟定文史工作年度工作计划和工作总结。

(九)协商议定其他与文史工作相关的重要问题。

第七条 做好《连南文史》编辑出版工作。对有条件的镇、行业,将与其协商组织征集、撰写资料,编辑出版专辑。遵循去伪存真、实事求是的原则,对已发表的史料进行研究、订正。

第八条 根据工作需要,向县政协领导提议,组织召开全县文史资料工作会议,贯彻上级精神,总结、研究、部署工作,交流经验。

第九条 为做好文史资料的征、采集工作,根据本规则第六条工作职责,拟对所征、采集的文史资料给予每千字120.00元,每张照片150.00元的采访编撰研究经费补助;对开展具有文史特色的调研、考察、视察、座谈、交流与协作等活动,经县政协主管领导批准,给予适当的文史研究经费补助。

第十条 本规则经县政协主席会议通过后实施。

第三节　政协之友联谊会文献（选录）

关于筹建连南瑶族自治县政协之友联谊会征求意见函

南协办（1990）008 号

为发扬人民政协的优良传统，为加强联系，增进友谊，为搞活我县民族地区经济，为祖国统一、振兴中华作出积极的贡献，经第五届政协委员会反复讨论拟成立"连南瑶族自治县政协之友联谊会"，并于五月十二日组成了联谊会筹备小组，具体组织筹建工作，现已草拟了《连南瑶族自治县政协之友联谊会章程》（草案）特此致函给您，征求您本人的具体意见：

1、请在百忙中抽空审阅《连南瑶族自治县政协之友联谊会章程》，并请提出具体的修改意见；

2、筹备组拟邀请您加入联谊会的组织，并随函寄上申请表格一式两份，如同意，请于　月　日前连同（草案）修改意见一并寄县政协办公室筹备组收。

一九九〇年六月十四日

连南瑶族自治县政协之友联谊会理事会成员及下设机构

名誉会长：邵良础、邓万社、邵德林、唐　彪
会　　长：杨金隆
副会长：黄文明、黄海胜、陈新寅
秘书长：李志宏。
副秘书长：王承议
理　　事：丘　卓、陈德绍、曾启煌、张学文、叶添信
常务理事：由正、副会长和秘书长组成。
整理会下设三个组：
组织联络组，组长：罗　从
经济咨询组，组长：蒋绎勤

社会服务组，组长：唐国伟

一九九一年三月十日

连南瑶族自治县政协之友联谊会章程

第一章　总　则

第一条　连南瑶族自治县政协之友联谊会，是中国人民政治协商会议连南瑶族自治县委员会领导下的群众性联谊团体。

第二条　连南瑶族自治县政协之友联谊会的宗旨是：发扬人民政协的优良传统，加强与历届政协委员和热心政协工作的各界人士之间的联系、广交朋友，开展各种联谊和咨询活动，为搞活我县经济促进我县社会主义物质文明和精神文明建设，为统一祖国、振兴中华作出积极贡献。

第三条　连南瑶族自治县政协之友联谊会的任务是：组织会员学习，加强与海内外各界人士以及社会团体的联系，开展参观采访和各种咨询、文化体育健身活动。

第二章　会　员

第四条　凡承认和履行本会章程，按期交纳会费的下列人士，经本人申请，常务理事会同意均可参加本会，成为本会会员。

一、现届省、市、县政协委员，历届县政协委员以及县政协机关工作人员。

二、经济、科技、教育、文化、卫生、体育等领域内有一定影响的或技术专长的各界人士。

三、热心政协工作的各界人民团体，港、澳、台同胞，海外侨胞，以及外籍华人等人士。

第三章　委员权利和义务

第五条　会员享有下列权利：

一、对本会各项工作以及本县社会主义建设事业，提出意见建议。

二、参加本会组织的各种联谊活动。

三、受本会赠阅的会讯有其他有关资料。

第六条　本会会员要履行下列义务：

一、遵守本会章程和有关规定，关心本会工作，维护本会声誉，积极参加本会的联谊活动。

二、广交朋友、加强同港、澳、台同胞和海外侨胞的联系，增进友谊，鼓励他们为建设新连南、为祖国统一作出贡献。

三、每年自觉地交纳一次会费。

第四章　组织机构

第七条　联谊会聘请名誉会长、副会长若干人。

第八条　联谊会设会长一人、副会长若干人。

第九条　联谊会的常设理事会。理事会成员每届任期三年，可以连选连任，与县政协同期换届。理事会由若干人组成，下设秘书长一人，副秘书长若干人。

第十条　理事会设常务理事，由会长、副会长、秘书长、副秘书长及理事若干人组成，负责理事会的常务工作。

第十一条　联谊会的会长，由县政协主席担任。副会长、秘书长、常务理事人选由县政协常委会议协商提名，经理事会民主选举产生。副秘书长由秘书长提名，报常务理事会商议审定。增补理事成员由理事会议协商产生。下一届理事会成员由上一届理事会向县政协主席会议提名推荐商定，经会员大会民主选举产生。

第十二条　本会设组织联络组、经济咨询服务组、社会服务组，由秘书长聘任若干工作人员，负责理事会日常工作。

第十三条　理事会每年至少举行一次全体会议，讨论联谊会的重要事务。常务理事会每年向会员用书面或口头报告一次工作。

第五章 经　费

第十四条　本会的活动经费来源：

县政协拨出部分活动经费，会员会费，各单位和海内外友好人士的赞助等。

第六章 附　则

第十五条　本会会址暂设在县政协办公室内。

第十六条　本章程经理事会会议通过，必要时可经理事会议进行修改。

一九九一年三月

政协之友联谊会活动小组安排

第一组（三胞）：董佰妙　唐沙八妹　丘　卓　黄海胜　杨金隆
　　　　　　　　班广勤
第二组（经济）：王承议　蒋绍勤　甘记火　叶添信　吴少军
　　　　　　　　龙宏翼　曾寿均　黄文明　罗良品　肖积荣
第三组（文卫）：黄沛祥　丘启明　黄海耳　陈德绍　罗锦凤
　　　　　　　　张学文　曾启煌　江祥义　易圣者　唐国伟
第四组（党群）：唐　彪　陈新寅　杨洪彬　唐少雄　熊国权
　　　　　　　　罗　从　李志宏
第五组（广州）：邵良础　郑　吉　赖才清

在连南瑶族自治县政协之友联谊会
第一次会员大会上的讲话

联谊会会长　杨金隆

（一九九一年三月二十一日）

各位会员、各位领导、各位来宾、同志们：

　　正当我们热烈庆祝中国人民政治协商会议连南瑶族自治县五届二次会议胜利闭幕的时候，连南县政协之友联谊会又相继成立了，这是我县各族各界人民政治生活中的又一件大喜事。在这喜庆的日子里，让我代表连南政协之友联谊会理事会，向出席今天大会的领导、来宾和出席今天会议的全体同志表示热烈的欢迎和衷心的感谢！向全体会员表示热烈的祝贺，并向各位致以亲切的问候！

　　我县政协之友联谊会，是根据省、市政协有关精神和参照一些兄弟县近年来先后成立政协之友联谊会的经验做法成立的。它的诞生旨在发扬人民政协的优良传统，加强与历届政协委员和热心政协工作的海内外各界人士的联系，广交朋友，增进友谊，交流信息，团结各界人士，开展各种联谊和咨询活动，为推进我县的社会主义物质文明和精神文明建设，为统一祖国、振兴中华作出积极的贡献。政协之友联谊会是在县政协领导下的群众性联谊团体，它具有广泛的包容性：凡在我县的省、市、县历届政协委员，在县经济、科技、文教、卫生、体育等领域中有一定影响的人士，以及热心政协工作的各界人士，只要本人自愿申请，承认本会章程，交纳会费，经理事会同意，即可为政协之友联谊会会员。它是政协与各界人士联系的又一个桥梁，是密切海内外各界人士以及社会团体联系的纽带，联谊会将通过组织会员学习，组织必要的参观访问，举办咨询服务，广交朋友，加深了解，增进友谊，增强团结，开展文体活动，活跃会员身心，发展会员的专长，更好地为我县两个文明建设服务。

　　连南瑶族自治县政协之友联谊会成立之后，将要根据《章程》开展各种有益的活动。为了把联谊会的工作更好地开展起来，在此，我提出几点意见供大家参考。

一、加强学习，提高认识

我们要学习《连南政协之友联谊会章程》，了解联谊会的性质、宗旨和任务，明确会员的权利和义务，热爱和关心联谊会，积极参加各项活动，特别要加强马克思主义的理论学习。当前要学习好马克思主义哲学，用马列主义科学理论武装自己的头脑，提高思想水平，增强辨别是非曲直的能力，使我们能在复杂的形势下保持清醒的头脑。当前国际风云变幻，情况错综复杂，因此我们要在加强理论学习的同时，还要加强时事政治和当前的路线、方针、政策的学习。了解国内外的形势，提高政策水平。去年公开发表的中共中央《关于加强和完善中国共产党领导的多党合作和政治协商制度的意见》和《关于加强党和群众联系的决定》是两个很重要的文件，我们应结合自己的实际进行学习，认真领会文件的精神实质，努力做好工作。我们要关心连南的建设事业，围绕县委在各个阶段的中心工作，开展各种联谊活动，积极引进外资，促进我县各项事业向前发展。

二、积极参加联谊活动，共同办好联谊会

理事会要根据实际和可能本着量力而行，注重质量，讲求社会效益的精神，提出一些活动内容和活动计划。希望同志们积极参加出谋献策，要通过各类活动，广交朋友，增进友谊，使联谊会越搞越活。

三、加强团结，为维护社会、政治和经济稳定而努力，稳定社会、稳定政治局面、稳定经济的持续协调发展是我们当前的首要任务

在县委和政协的领导下，联谊会应发挥自己的联系面广的优势，加强与促进各级班子、各级干部、各族各界人民的团结和合作，团结一切可以团结的力量，共同把我们的事情办好。我们政协之友联谊会不少是老同志，他们都有做好思想政治工作、经济工作和各项工作的经验，应该在这方面发挥更大的作用。当前在社会主义建设中，仍存在不少困难和矛盾，更需要我们齐心合力，同舟共济，去克服困难，解决矛盾。为深入开展治理整顿深化改革。为上好治山致富新台阶和实现我县今后十年规划和"八五"时期战略任务作出贡献。

四、保重身体，延年益寿，发挥余热，造福后代

在座的会员不少都已离退的老同志，年纪比较大，请大家要注意保重身体。平时也可根据各人的经历、身体和家庭情况的实际，抽出一点时间进行社交活动或整理一下笔记，写写回忆录或为地方志、党史、文史提供一些资料和写一些文章等，做自己力所能及的对社会有益的工作。活跃身心，开拓人生长寿之路。

同志们！政协之友联谊会的诞生，对发挥人民政协的优良传统，加强各界人士的联系，发挥老政协委员的作用，必将产生积极的效果。让我们以热烈的掌声，庆祝连南自治县政协之友联谊会的诞生！

最后，希望各位领导和来宾要提宝贵意见，并祝愿各位身体健康、工作顺利、万事如意。谢谢大家！

在连南瑶族自治县政协之友联谊会成立大会上的讲话

中共连南县委书记　邓万社

（一九九一年三月二十一日）

各位朋友、各位同志：

在我们庆祝中国人民政治协商会议连南县五届二次会议闭幕之际，连南县政协之友联谊会接着成立。在此，我代表县五套班子向政协之友联谊会的全体会员，表示热烈的祝贺！向同志们致以亲切的问候！

中共中央《关于坚持和完善中国共产党领导的多党合作和政治协商制度的意见》，标志着共产党领导的多党合作和政治协商制度作为我们国家的一项基本政治制度已日臻完善，更明确人民政协在这一具有中国特色的政治制度中的重要地位和历史责任，标志着人民政协工作已进入一个新的发展阶段。我县政协之友联谊会的成立，是人民政协工作和爱国统一战线工作的一个新发展。政协之友联谊会，是在县政协领导下的，有历届政协委员、热心政协工作和海内外各界人士参加的群众联谊团体。它的诞生，有利于发扬人民政协的优良传统，发挥历届政协委员及热心政协工作的各界人士的积极性，更广泛地开展人民政协工作，进一步巩固和扩大爱国统

一战线；有利于发挥政协和三胞联谊的优势，促进经济、文化、科技交流，扩大对外开放；有利于发展与各界人士的交往，联络感情，协调关系，增进友谊，团结一切可以团结的力量，化消极因素为积极因素，为统一祖国、振兴中华，为推进我县的社会主义物质文明和精神文明建设作出贡献。

政协之友联谊会汇集了各方面的人才，具有智力优势。会员中，有历届市、县政协委员；有人民团体成员和无党派人士；有在我县经济、科技、文化教育、卫生体育等方面有影响的人士。大家在各自的岗位上，为连南县的改革开放、治理整顿和两个文明建设尽心尽力，作出了重大的贡献！已退居二线的和离、退休的老同志，在支持县委、县政府和各部门的工作中继续发挥着积极的作用，促进我县各项事业更顺利地向前发展。借此机会，我代表县五套班子和全县人民向大家表示衷心的感谢和崇高的敬意！今后，希望大家能继续以高度的爱国爱乡热情，发挥自身力量和影响，为我县的各项建设事业献计出力，排忧解难，作出新的贡献。

朋友们、同志们，当前我国正处于改革开放、治理整顿的关键时刻，稳定政治、稳定经济是当前压倒一切的首要任务。我们要认清形势，振奋精神，增强信心，坚持贯彻党的十三届五中、六中、七中全会精神，坚定不移地执行治理整顿和深化改革的方针、政策，努力推进我县各项事业的发展。希望各位发挥自己的力量和影响，发挥人民政协团结协调功能，团结一切可以团结的力量，不断扩大爱国统一战线，为巩固和发展安定团结的政治局面作出贡献。同时希望各位能继续发挥自己的智慧和才能，对我县的治理整顿和深化改革提出意见和建议。利用各自社会联系面广的优势，为发展外向型经济服务。为使我县国民经济持续、稳定、协调发展而努力。

在政协之友联谊会成立之际，县委、县政府殷切希望大家要关心爱护自己的组织，遵守章程，履行义务，通过开展各种形式的联谊活动，增强政协之友联谊会的凝聚力，发挥其应有的作用。

最后，祝各位工作愉快！身体健康！

连南瑶族自治县政协之友联谊会第一届理事会工作报告

(一九九四年三月十一日)

副会长　黄文明

各位会员、各位领导、来宾、同志们、朋友们：

　　正当中国人民政治协商会议连南瑶族自治县六届二次会议胜利闭幕的时候，连南瑶族自治县政协之友联谊会第二届会员大会又相继召开了。在此我代表县政协之友联谊会理事会，向出席今天大会的领导、来宾和出席今天会议的全体同志表示热烈的欢迎和衷心的感谢！向全体会员表示热烈的祝贺，并向各位致以亲切的问候！

　　自一九九一年三月二十一日正式成立连南瑶族自治县政协之友联谊会以来，至今已三年了，三年来，第一届县政协之友联谊会在县委、县政协的领导和县政协之友联谊会理事会的主持下，经过全体会员的共同努力，积极开展了各项联谊活动，取得了很好的效果。我们这次大会是总结三年的工作，研究和部署下一届理事会的工作安排，同时，这次大会还将选举产生新一届理事会。回顾过去的三年，我们主要做了如下工作：

1. 加强学习，提高认识

　　县政协之友联谊会成立后，按照《连南瑶族自治县政协之友联谊会章程》的规定，组织会员学习马列主义，学习时事政治，学习党的路线、方针、政策，以提高思想政策水平。同时还组织学习《章程》，使每一个会员都了解联谊会的性质、宗旨和任务，明确会员的权利和义务，热爱和关心联谊会。在一九九一年九月间，我们还针对当时国际风云变幻的形势，召集了一次全体会员和在县城的政协委员，举行了国际形势报告会，县委副书记罗子开同志（现任县政协主席）应邀到会作了国际形势报告，统一了大家的思想，增强了共识。

2. 积极引进外资，为我县经济建设尽了一份力量

　　一九九一年与外籍华人莫云峰先生合作筹建了连南海富城制衣厂。当年四月引进外资100万港元进口全套制衣设备，十月份开始试产。经过一年多的试产后，于一九九三年二月十五日，连南海富城制衣厂举行了正式投产剪彩仪式，县政协之友联谊会名誉会长邵良础同志以及会长杨金隆同志亲自进行了剪彩,办起这间厂办了一件实事,但是由于种种原因、经济效益不够理想。当前,只要加强经营管理,必将产生更大的社会效益和经济效益。一九九三年六月二十七日,我会接待了三连(连南、连县、连山)侨三中校友会在我县首次大聚会,我会副会长陈新寅、副秘书长王承仪同志陪同下在我县考察联系办实业,得到了侨三中校友会的深情谢意,并发出投资办实业的意向,同时,侨三中校友会还给三江淳溪中学捐赠了奖学金和给我县老人活动中心及南门大桥捐赠共8万元。

3. 一九九三年一月十五日,政协之友联谊会会员出席了县政协举行的迎春茶话会,会长杨金隆同志作了报告,县委副书记房卫党、县人大主任陈荣培应邀到会讲了话,通报了全县工农业和各行各业的发展情况,使到会会员认清了改革开放的大好形势,鼓舞了发展大好形势的信心。会上肖国平代表他的哥哥肖国灯同志,向县政协赠送了长八米、宽一米半的《粤北古镇三江》的巨幅画图。会后,我们将这巨幅画图移交县档案局妥为保管。

4. 广交朋友,加强与海外"三胞"联谊

县政协之友联谊会是政协与各界人士联系的一个桥梁,又是密切海内外各界人士以及社会团体联系的纽带。县政协之友联谊会充分发挥自己的优势,广交朋友,增进友谊,增强团结。一九九二年四月,县政协副主席、联谊会副会长黄海胜同志去香港召开两次具有突破意义的座谈会,得到了在港的县政协委员李国雄先生和县政协之友联谊会会员丘观南先生等的大力相助,丘观南先生还为我县老人活动中心及山联公路捐款八万元。一九九二年春节,离别故土数十年的董漫滋女士(原在中国台湾"国大代表"董百洵先生之女)回乡探亲,受到县五套班子及联谊会领导的亲切接见和热情接待,她表示:一定要把家乡的变化和进步,如实转告父亲。她说:"今后还要多回来看看!"一九九二年九月五日,协助县对台办召开全县台胞台属大会,成立县台胞台属联谊会,扩大和发展联谊面。会后,台属曾伟把台胞带回和寄回的资金,办起了拥有一百多工人的雄达珠绣厂。

县政协之友联谊会成立三年来,做了大量的工作,成绩是肯定的。根据《连南瑶族自治县政协之友联谊会章程》规定,第一届县政协之友联谊会理事会已任期届满。为使转届后联谊会工作做得更好,现提出如下几点设想和建议:

1. 继续加强学习,提高认识

当前,要认真学习《邓小平文选》第三卷和中共十四届三中全会通过的《关于建立社会主义市场经济若干问题的决定》,要结合实际,认真领会把我们联谊会的工作做得更好。要进一步学习《连南瑶族自治县政协之友联谊会章程》，了解联谊会的性质、宗旨和任务，明确会员的权利和义务，热爱和关心联谊会积极参加联谊会的各项活动。通过学习，要进一步发扬人民政协的优良传统，加强与历届政协委员的热心政协工作的各界人士之间的联系，开展各种联谊和咨询活动，为改革开放，加速建立社会主义市场经济体制，促进我县两个文明建设，为统一祖国、振兴中华作出积极的贡献。

2. 宣传联谊会的章程，扩大联谊会的组织，发展一批新会员

政协之友联谊会是中国人民政治协商会议连南瑶族自治县委员会领导下的群众性联谊团体，任务是组织会员学习，加强与海内外各界人士以及社会团体的联系，开展参观采访和各种咨询、文化体育健身活动。它的宗旨是：广交朋友，开展各种联谊活动，为搞活我县经济，促进我县社会主义物质文明和精神文明建设，为统一祖国、振兴中华作出积极的贡献。凡是承认和履行本会章程并按期交纳会费，热心政协工作的各界人民团体、港澳台同胞、海外侨胞、外籍华人，以及历届政协委员、政协机关工作人员和有一定影响或技术专长的各界人士，经本人申请，常务理事会同意，均可成为本会会员。我们要积极宣传联谊会的章程，不断扩大联谊会的组织，发展一批新会员。在新的一年里，计划在香港首先建立第一个会员小组，把发展新会员的工作扩展到海外去。

3. 建立健全会员的"活动日"制度，保证开展经常性的联谊咨询活动

按照《政协之友联谊会章程》第三章的规定：会员享有对本会和本县社会主义建设事业提出意见和建设等三项权利以及遵守本会章程，关心本会工作，维护本会声誉，积极参加本会的联谊活动等三项义务。为保证会员更好地享受和履行自己的权利和义务，根据一九九四年三月一日第一届常务理事会讨论决定今后必须建立和健全会员"活动日"制度，以达到相互传递信息、交流经验和体会，活动日定在每季末（即逢六、九、十二月）的最后一个星期天早上，举行早餐茶话会，定期开展"活动日"制度。

4. 加强团结，为我县改革开放和经济建设服务

联谊会要发挥自己联系面广的优势，在县委和政协的领导下，加强与促进各级班子、各级干部、各族各界人士的团结和合作，加强与港、澳、台同胞、海外侨胞以及外籍华人的联系，团结一切可以团结的力量，共同把我们的事情办好。我们政协之友联谊会不少是老同志，他们都有做好思想工作、经济工作和各项工作的经验，应该在这方面发挥更大作用，为我县的改革开放和经济建设服务，为统一祖国、振兴中华作出自己应有的贡献。

5. 保重身体，延年益寿，发挥余热，造福后代

在座的会员不少都是离退休的老同志，年纪比较大，请大家要注意保重身体，开展适当的文体活动，活跃身心，延年益寿。平时根据自己的实际和可能，做一些力所能及的对社会有益的工作，发挥余热，造福后代。

同志们，朋友们，县政协之友联谊会转届以后，将继续加强与历届政协委员和热心政协工作的各界人士之间的联系，广交朋友，开展各种联谊和咨询活动，为我县的改革开放和经济建设，为我县各项事业的发展，作出积极的贡献。最后，祝愿各位身体健康、工作顺利、万事胜意。谢谢大家！

第四节　政协工作联系协作会文献（选录）

一、湘、桂、粤三省（区）毗邻县（市）政协工作联系协作会章程

（一九八九年六月十五日通过）

第一章　宗　旨

湘、桂、粤三省（区）毗邻县（市）政协工作联系协作会（简称联系协作会，以下同），是在中国共产党的领导下，以经济建设为中心，坚持四项基本原则，坚持改革开放的总方针。坚持自愿互利，恪守信任原则的区域性协作组织，通过互相联系，交换信息，交流工作经验，达到互相启发，互相促进，增进友谊和牵线搭桥，在开展资源开发、生产加工、技术交流、扩大流通网络等方面的协作或合作，使人民政协的工作更好地发挥参政议政作用，为当地党政机关决策民主化、科学化提供较多的依据，更好地为精神文明建设、物质文明建设服务。此种联系协作应保持连续性，不受政协换届而中断。

第二章 会　员

参加本联系协作会的成员是在互相提议、联系协商、自愿信任的基础上组成的。是湖南省的江华瑶族自治县、蓝山县、宁远县、道县、江永县、嘉禾县、临武县、宜章县、桂阳县、郴县；广西壮族自治区的贺县、昭平县、钟山县、富川瑶族自治县、平东县、恭城县；广东省的阳山县、连南瑶族自治县、连山壮族瑶族自治县、乳源瑶族自治县、乐昌县、怀集县、连县等二十三县的政协委员会为基本会员。基本会员原则上应予固定，如要退出，应向当班县提出申请并提交会议讨论通过，今后视实际需要与可能，亦可增加新会员，增加新会员也应经过申请讨论通过。

第三章 联系协作方式

本联系协作会不设理事会和其他常设机构，以会员大会协商议事为准。采取由各会员轮流当班，主持会议和办理协作事宜。会员大会原则上每年举行两次，会议所需资料由会员各自准备并印好，每次会议的最后一项议程就是确定下一次会议的当班县和开会时间、内容、参加人员。正式开会时间由当班县提前半个月发出通知为准，会议并邀请所辖本地区的市、地区的政协或政协联络处出席指导，每次会议结束应写出纪要，分送各县政协、党委、政府和人大常委会及有关部门。

会议经费。除住宿费、交通费由各自支付外，其余经费由当班县负责结算。并要提倡勤俭节约，不搞攀比，每年除开会联系外，平时应经常交换资料和信息，必要时可开展互相参观考察，把政协工作做得更活跃。

第四章 联系协作的内容与方法

凡对发展当地经济、科技、教育、医疗卫生事业、开发自然资源、加工生产、开辟流通渠道，进行物资余缺调剂等项目协作和政协工作的经验交流。

各项协作项目，按平等互利原则。经协商成功后，均应签订"协作项目议定书"，在执行过程中，在本联系协作会范围内，都应给有关部门疏通渠道，消除阻力，保证协作的成功落实。

本章程已经第一次会议的预备会议讨论通过并实行，如要修改补充，要经会员大会修改通过。

注：本协作会章程在以后的会议中已作过修订，修订后的文本不再收录。

二、湘、桂、粤三省（区）毗邻县（市、区）政协工作联系协作会第10次会议工作介绍

发挥政协职能，为经济建设服务

政协连南瑶族自治县委员会主席　罗子开

（1994年6月8日）

各位主席、各位领导、来宾、同志们：

　　湘桂粤三省（区）毗邻县（市）政协工作联系协作会第10次会议今天胜利开幕了，首先，我代表政协连南瑶族自治县委员会对前来参加会议的各位主席和同志们表示热烈的欢迎，对应邀光临指导会议的各县（市）政府官员和上级领导表示衷心感谢。这次会议中心议题是认真履行"协作会"章程，交流政协工作经验，互相学习，取长补短，推进各县（市）政协工作向前深入发展；开展横向经济联系，互通经济科技信息，促进三省（区）毗邻县（市）经济和各项事业的发展。会议期间，还要敬请大家光临指导我县的经济建设和社会发展情况，衷心希望把会议开成共同振兴、共同促进的大会。预祝会议圆满成功！

　　借此机会，就政协连南瑶族自治县委员会在履行"政治协商、民主监督"基本职能，为经济建设服务所做的一些工作，向各位主席、来宾、同志们作个简单汇报，希望大家对我县政协工作提出意见和指导。

（一）

　　政协连南瑶族自治县委员会是同连南瑶族自治县于1953年1月同时成立的，与自治县一同走过了四十多年的历程。至今已是第六届了。本届

委员会由 18 个界别组成，共有委员 102 名，其中：中共党员占 41%，女委员占 15%，少数民族委员占 37%。根据界别和工作性质，按照委员归口、协商对口的原则，设立六个专门委员会，即农业、经济科技、财贸外经、文卫体、社会法制、祖国统一委员会。政办机关内设文史、学习、提案委员会。本届常务委员会共设常委 20 人，现有正、副主席 7 名，其中兼职副主席 5 名，政协机关设置"一室三科"，即政协办公室和经济科、组织联络科、宣传综合科。机关工作人员现职的共有 18 人（包括专职的正、副主席 2 人）。自治县政协委员会自成立以来，遵照政协章程的规定，积极履行"政治协商、民主监督"职能，为自治县的经济建设和民主政治建设，为巩固和发展爱国统一战线，加强民族团结，为促进自治县的政治、经济和社会发展，发挥了自己应有的作用。特别是近年来，随着邓小平视察南方谈话和中共十四大召开，我们政协为经济建设服务的思想更加明确，一切工作自觉地服从和服务于经济建设这个中心，充分发挥政协自身的优势，主动、自觉地与县委、县政府一道，共同致力于自治县的经济建设，取得了一定的经济效益和社会效益。

（二）

为改革开放和经济建设服务，这是人民政协的主要任务之一。近年来，我们紧紧围绕这个主题，认真履行自己的职能，积极开展协商监督，有力地推动了我县民族经济的向前发展，我们着重抓好如下几件事：

切实开好全体委员会议和常务委员会议等各种会议，认真进行参政议政。每年一度的全体会议是政协章程赋予人民政协履行政治协商、民主监督、参政议政的神圣使命。自 1991 年到今年的四年中，我们运用大会的讲坛，共发表了 35 篇专题议政发言。每年大会发言，我们都综合报送县委，引起有关部门重视，起到良好的决策咨询作用。政协常务委员会议是政协全体会议闭会期间的常务机构，常务委员会议就是全体会议闭会期间履行人民政协"协商、监督"，进行参政议政职能的主要形式。我们像开好全体会议那样，同样高度重视开好常务委员会议，针对我县经济建设和各个时期不同的实际，分别邀请五套班子领导参加我们的常委会议，进行面对面的充分协商，使我县经济建设等重大问题，在最高领导层中易于取得一致的共识。例如蚕桑生产的问题，常委会议邀请主管农村工作的县委常委参加，形成了一致的合力，蚕桑生产问题迅速得到了解决。我县自五届政协以来共召开这样的常委会议达 26 次之多，很好地发挥了政协在国家、地方政治生活中的积极作用。

充分发挥政协各专门委员会的整体功能作用，针对自治县经济建设和社会发展中的重大问题和人民群众反映最强烈的热点、难点问题，开展调查视察活动。向县委、县政府提交调查（视察）报告，提出我们的建议。由于我们把协商监督的立足点放在经济建设上，所协商的事情都是本县经济建设中的实际问题，因此，县委、县政府都很重视。如在去年六月，县政协经济科技委员会考察了县水泥厂、县农机厂、陈开源果脯厂、明华饭店等厂店及私营企业、个体工商户，写成了《关于县农机厂转换经营机制出现新局面和个体私营经济出现"婆婆多、收费多"问题的调查视察报告》和《建议采取有力措施 坚决制止对个体私营企业乱收费的专题报告》，引起县委、县政府及有关部门的高度重视，报告意见被采纳。县政府针对"三乱"问题，及时下达明文规定，不许乱收费，制定了若干规定，有效地制止乱收费等"三乱"现象。促进了厂矿和个体私营企业的壮大发展，使全县个体私营经济从原来的2700户发展到3500户。自五届政协以来，政协各专门委员会共组织了40次调查考察和视察，写成了调查报告53份（书面材料），为自治县的经济建设和社会发展，为深化改革、扩大开放，提供了很有参考价值的决策依据。例如1992年3月，政协农业工作委员会和"三胞"委员会联合组织的调查，针对我县原北江厂急待解决的问题，写成了《关于解决原北江厂水电供应机构的报告》，很快得到县政府的批示，成立了专门机构，迅速得到了解决。

按县委的分工，本会领导协助县委、县政府尽力完成指定分管的工作项目，做到量力而行、尽力而为，不但献计还亲自出力，努力促进我县经济腾飞。本会五届政协领导杨金隆主席协助县委、县政府抓民族风情旅游业——瑶族风情度假村的开发建设，经过两年多的努力，现已建成试业。本会现任主要领导负责筹建我县高科技的重点工程项目天然调味厂，总投资2200多万元，现基本完成土建主体工程，已进入设备安排阶段，可望今年建成投产。本会专职副主席黄海胜负责交通、公路建设，近三四年来，协助县委、县政府同交通公路主管部门一块，在公路、交通部门配合下，使全县公路交通道路的建设出现了一个崭新的面貌，为我县经济发展打下了良好的基础。

充分发挥委员在各自工作岗位上的积极作用。我们注意发挥委员的个体优势，充分发挥委员在各自工作岗位上的积极作用。如李国诚委员主管水电工作，成绩显著，去年被省委、省政府授予全省文明单位。今年三月，经省验收工作组验收，我县为全国第二批农村水电初级电气化县。又如曾寿均委员，担任寨岗镇新埠管理区主任后，加倍努力工作，使这个管理区保持了"吨谷区"荣誉，人均收入1100元，办好了五个实业，被县和镇评为先进工作者。再如唐日新委员，响应县委、县政府号召，带头发展水果生产，每年单是水果生产一项收入就达4000多元，还扩种沙田柚7亩，决心向立体农业进军。他还帮助指导全乡四个管理区13个点250多亩8000多株果树的栽培、管理工作，热心扶持其他群众脱贫致富。

积极扩展海内外"三胞"联谊活动，主动开展外引内联工作，为经济建设服务。我县侨居海外"三胞"有三千多人，县内有"三胞"亲属两千多人，他们之间有着千丝万缕的联系。通过我们的调查摸底掌握了我县在中国台湾和海外有五名国民党高级军、政人员和四名知名专家学者的具体情况后，我们专题向省、市有关部门作了汇报，并得到省、市有关部门支持，表示协助做好这些有较大影响人士的工作。1991年，县政协祖国统一委员会会同县侨办、对台办走访了五十多户有影响的"三胞"亲属，联络感情，增进友谊。并多次召开"三胞"亲属座谈会，听取他们的意见和建议，我们还走访珠江三角洲七个县市，吸取他们引进外资优惠条件的经验，提出修改我县引进外资优惠政策的建议，得到县委、县政府的采纳，适时修改制定了我县引资的优惠政策。1992年，我会领导又亲赴香港召开了两次具有突破意义的座谈会，一个是召开连南旅居海外的原国民党军、政官员及其子女座谈会，另一个是召开原在连南工作过的在港人员及连南部分居港同胞座谈会，他们几十年未回过家乡，对家乡的建设、亲友情况十分关注，问长问短，气氛格外亲切。通过座谈，加深了了解，联络了感情，很多"三胞"在座谈会上表示愿为连南家乡的建设贡献"绵薄之力"。五届政协以来，我们共接待"三胞"47批472人次，扩大了"三胞"团结面。推动和接受"三胞"为县公益事业捐款45万多元。我们注意因势利导，鼓励"三胞"回乡办企业和公益事业，努力做好穿针引线工作。仅1993年，县政协引进项目（包括意向性项目）五个，总投资近1800万元。在引进外资中，我们十分注意抓好如下五点：一是充分发挥人民政协具有广泛联系面的这一优势，与海内外"三胞"亲人广泛联系，建立感情，沟通信息，为外引内联，引进外资打下牢固基础；二是发现意向，主动出击，派出专人跟踪，抓住不放。例如建办塑料厂，我们派出专人跟踪联系，连续七次往返顺德，引进了顺德江先生与我县计委合作，联办了连顺塑料厂，现该厂发展为我县单独自办，产品供不应求，富有效益；三是反复宣传本县优惠政策，打消外商疑虑，力促外商安心投资。例如筹建山联公路，经我们主动、多方联系港商，反复交代优惠政策，结果引进了外商黄祥先生带资130万元，开发我县山联公路获得成功；四是做好一切服务，包括办理各种手续，领取各项证件以及海关签证放行等，方便外商投资。例如建办"连南海富城制衣厂"，港商莫先生只负责投资100万港币，180台进口机器设备，其余一切建厂手续证件，全由我方包揽。目前该厂生产正常，可望产生较好的经济效益；五是注意改善投资环境，包括公路、电力、供水、通信电话等，总的叫五通一平，都要不断改善。我们体会到，能做好以上五个方面工作，就能够比较好地吸引外商到本地投资办实业。我县共引进外资项目36家，合同利用外资3100万美元。

（三）

为确实履行"政治协商、民主监督"职能，更好地为经济建设服务，我们注意加强政协的自身建设。首先，发扬人民政协自我学习、自我教育的优良传统和作风，狠抓委员和机关工作人员的学习，提高对人民政协性质、地位、任务和作用的认识，增强做好政协工作的自豪感和责任感。通过学习，提高思想觉悟和参政议政水平，进一步解放思想，改进作风，创造性开展工作，提高工作效率。其次，坚持和完善各项规章制度。我会五届委员会先后制订了《政协机关工作简则》《政协专门委员会组织通则》《政协常务委员会工作规则》以及《关于政治协商、民主监督的暂行规定》。六届委员会继续实施原制定的各项规章制度，修改了《常务委员会工作规则》，新制订了《提案工作条例》和《主席值班制度》，特别是建立主席、副主席轮流值班制度，使本会领导真正做到有职有权有责，1993年试行以来，已收到一定效果。建立完善各项规章制度，推动我县政协工作走向规范化、经常化、制度化。再次，努力办好"连南政协"刊物和加强与新闻单位联系和协作，增强对人民政协的宣传报道，使社会各个方面更了解、熟悉、关心、支持政协工作，推动我县政协组织的自身建设。四是加强同三省（区）毗邻县（市）政协的联系，九次参加了粤桂湘三省（区）毗邻县（市）政协工作联系协作会，其中有两次经广东代表推选在大会作了政协工作情况介绍。我们还认真做好兄弟县（市）政协领导光临我县指导的接待工作，认真吸取他们的经验，改正自己的工作。

各位领导、来宾、同志们，我县政协虽然在发挥政协职能，为经济建设服务方面做了一些工作，取得了一定成果，但距离形势发展的要求，与毗邻县（市）政协所做的工作比较还有很大差距。我们决不错过这次会议机会，决心虚心向前来参加会议的各兄弟县（市）领导和同志们学习，以后也要同兄弟县（市）政协加强联系，进一步互相学习。按照党的"抓住机遇，深化改革，扩大开放，促进发展，保持稳定"的工作方针，以邓小平同志建设有中国特色的社会主义理论和党的十四大精神为指导，扎扎实实开展各项工作，为促进我县经济建设和各项事业的发展，为初步建立社会主义市场经济体制，为我县在2010年内基本实现现代化而努力奋斗！

谢谢大家！

湘、桂、粤三省（区）毗邻县（市、区）政协工作联系协作会第十次会议会议纪要

（一九九四年六月十日全会通过）

桂、湘、粤三省（区）毗邻县（市）政协工作联系协作会第十次会议，于一九九四年六月八日—十日在广东省连南瑶族自治县县城举行。

参加会议的有广西壮族自治区的贺县、钟山县、富川瑶族自治县、昭平县、蒙山县、恭城瑶族自治县，湖南省的桂阳县、郴县、宜章县、资兴市、永兴县、嘉禾县、临武县、永州市、江华瑶族自治县、蓝山县、宁远县、道县、江永县，广东省的连南瑶族自治县、英德市、乐昌市、阳山县、连州市、连山壮族瑶族自治县、乳源瑶族自治县共26个县（市）。本次会议原计划148人，实到190人。各会员县（市）的政协、政府领导以及有关部门的负责同志参加了会议，会员县湖南省双牌县因故未出席会议。

应邀亲临大会指导的副县长和经济部门以及其他部门负责人的有：广西壮族自治区的钟山县、贺县、蒙山县、富川瑶族自治县、昭平县、恭城瑶族自治县，湖南省的桂阳县、嘉禾县、宜章县、郴县、永州市、蓝山县、宁远县、临武县、资兴市、道县，广东省的乐昌市、阳山县、连山壮族瑶族自治县、乳源瑶族自治县、连南瑶族自治县。

本次会议同时邀请了各会员县（市）政府、经济和其他部门亲临大会指导，是历次会议参会人员最多的一次。全国政协委员、香港云大棉先生一行四人，政协清远市委员会副主席向载德一行三人应邀前来大会指导，并向大会祝贺。

本次会议的中心议题：一是认真履行"协作会"章程，组织交流经

验，取长补短，推动政协工作向前发展；二是坚持以经济建设为中心，开展横向经济联系，互通经济、科技信息，促进毗邻县（市）经济和各项事业深入发展。

这次会议由政协连南瑶族自治县委员会主持，县政协常务副主席黄海胜、主席罗子开分别作了第十次会议的筹备工作报告和九次会议以来政协连南瑶族自治县委员会工作情况的报告。中共连南瑶族自治县县委书记邓万社代表县五套班子向大会表示热烈祝贺，向参会同志表示热烈欢迎和亲切问候！县长邵德林向大会介绍了连南县经济建设和各项事业发展情况。清远市政协副主席向载德在大会上发表了热情洋溢的讲话。广西贺县、湖南蓝山县、广东乳源瑶族自治县政协的负责同志在大会上分别介绍了他们的工作经验。会议期间，相互交流了经济和科技信息，参观了连南县的中外合资企业、个体户、电站、学校、旅游景点，与会同志还参加了连南县委、县政府举行的招待会；观看了具有民族风情的瑶族"耍歌堂"和县歌舞团的演出。

与会同志一致认为：这次会议虽然时间不长，但内容丰富，中心突出，有民族特色，会议开得生动活跃，合作气氛浓郁，友情深厚，既是政协工作经验交流会，又是互通经济、科技信息，共谋振兴大计的协作会。

与会同志就新形势下如何坚持中国共产党领导的多党合作、以经济建设为中心等问题展开了热烈讨论，并在如下三个问题上达成了共识。

一、深入学习建设有中国特色社会主义理论，社会主义市场经济理论、《邓小平文选第三卷》和修改后的政协章程，把握精神实质，学以致用，不断增进共识，坚持"改革、发展、稳定"方针，把"政治协商、民主监督"这一基本职能落到实处。

二、坚持经济建设为中心，保持国民经济持续、快速、健康发展。小平同志强调："发展才是硬道理"，"问题的最终解决还是靠经济的发展"。为此，我们在履行"政治协商、民主监督"时，要服从服务于经济建设。一要主动参与，促进经济建设发展；二要注重调查研究，为经济建设出谋、献计、出力；三要组织和发挥政协委员各自的优势，服务经济建设。

三、拓展海内外联谊渠道，加速外引内联工作。随着对香港、澳门恢复行使主权日期临近，以及台湾海峡两岸关系的发展，改革开放的扩大和深化，我们在经济建设进程中，特别是我们边远山区县，遇到的难题是资金和人才的短缺，因此，我们要充分发挥人民政协联系面广的优势，拓宽联谊渠道，做好外引内联工作，加快资金和人才的引进，为本地区经济腾飞献计出力，在具体工作中，首先要大力宣传本地区有关外引内联的优惠政策；其次要协助做好必要的服务，包括签证、领证和引进；三要注意改善投资环境，包括公路、水电、电话通信；第四是发现意向，主动联系、加强协作，抓出成效。

大会通过充分酝酿协商，研究统一了"协作会"的会务工作，并作出了如下决定：

1. 讨论、修改了《桂、湘、粤三省（区）毗邻县（市）政协工作联系协作会会歌》。会歌由连南政协副主席黄海耳创作。还待进一步修改、完善后，移交协作会第十一次会议讨论通过。

2. 大会根据湖南省双牌县政协再次提出退出"协作会"会员县的请求，经全会认真协商，一致同意湖南省双牌县政协退出"协作会"会员县，希望双牌县政协继续保持与会员县的密切联系。

3. 大会商定，一九九四年下半年，"协作会"第十一次会议，推行资兴市为当班县（市），广东乐昌市、湖南嘉禾县、广西恭城瑶族自治县政协在第十一次会议上介绍工作经验。

本次会议由于政协连南瑶族自治县委员会的认真筹备和中共连南瑶族自治县委员会、县人民政府的高度重视，各会员县（市）的鼎力支持，以及各位来宾和全国政协委员云大棉先生、清远市政协领导同志的亲临指导，会议开得成功，达到预期目的，与会人员表示满意。

会议于一九九四年六月十日上午在雄壮的国歌声中胜利闭幕。

桂、湘、粤三省（区）毗邻县（市）政协
工作联系协作会第十次会议秘书处
一九九四年六月十日

三、湘、桂、粤三省（区）毗邻县（市、区）政协工作联系协作会第 35 次会议工作介绍

围绕中心工作　积极履行自身职能

政协连南瑶族自治县委员会主席　唐国伟

（2007 年 6 月 14 日）

尊敬的各位领导、同志们、朋友们：

　　有朋自远方来，不亦乐乎。在全国各族人民认真学习，全面贯彻落实党的十六届六中全会精神和科学发展观，为构建社会主义和谐社会努力奋斗的新形势下，湘桂粤三省（区）毗邻县（市、区）政协工作联系协作会第三十五次会议今天隆重开幕了！这是一次与时俱进，开拓创新，加强区域合作，增进相互了解，扩大信息交流，促进政协工作共同发展的盛会。在此，我谨代表政协连南瑶族自治县委员会向前来参加会议的各位领导、各位同仁表示热烈的欢迎！十八年来，湘、桂、粤三省（区）毗邻县（市、区）政协工作联系协作会的队伍不断地发展壮大，各会员县（市、区）政协组织之间以此为平台，加深了了解，密切了关系，交流了经验，加强了合作；通过相互学习，取长补短，人民政协组织的各项工作得以更快更好地发展，为当地的经济建设和社会发展发挥着积极的作用。近年来，协作会顺应时代的发展要求，成为促进三省（区）毗邻地区优势互补，共同发展的活动平台，充分展现了协作会的活力和作用。值此盛会，我真诚地希望大家畅所欲言，全力推介经验，加强信息交流，对连南的建设发展和政协的工作不吝赐教。

　　政协连南瑶族自治县委员会自 1953 年第一次会议以来，已经走过了八届历程。至今，本会九届共有 21 个界别，119 名委员，有正副主席 6 人，常委 17 人，设有 6 个专委会；政协机关设有一室二科（办公室，综合科和组联科），共有工作人员 8 人。多年来，全县各族人民坚持以邓小平理论、"三个代表"重要思想为指导，认真贯彻和落实科学发展观，不断深化改革，扩大开放，开拓进取，自治县的经济和社会各项事业取得了新的成就；我们政协始终坚持中国共产党的领导，在中共连南县委的领导

下，坚持以发展为第一要务，紧紧围绕我县的工作大局，牢牢把握团结和民主两大主题，积极履行三大职能，为巩固和发展爱国统一战线，维护安定团结，促进我县经济和社会发展发挥了应有的作用。

多年来，我们始终围绕全县的工作大局，并结合自身的工作实际，积极发挥政协的职能作用。

一、围绕县委、县政府工作中心，议大事商政事

围绕中心，服务大局是我们政协工作的出发点和落脚点，也是我们一直坚持的工作态度和工作作风。多年来，我们紧紧围绕县委、县政府各个时期的工作中心，做了大量的工作，并得到了县委、县政府的高度重视。

一是对事关全县大局和长远利益的工作进行协商讨论。2003年是党中央提出全面建设小康社会的第一年，也是上一届委员会任期的头一年，县委提出了"三年打基础、五年上台阶，十年翻两番"的宏伟目标，我们结合本县实际，认真协商讨论了《政府工作报告》，尤其是对今后五年的奋斗目标，进行了充分协商讨论，提出了不少客观的意见和建议，得到了县人民政府的重视和采纳。2005年是我县全面实施和完成"十五"计划目标，衔接"十一五"发展规划的关键一年，我们按照县委"抓落实、打基础、促发展"以及"打强工业牌、打旺旅游牌、打好民族牌、打实教育牌"的要求，认真协商讨论了"十一五"发展规划，为我县全面建设和谐社会提出了不少好的意见和建议。总之，我们始终自觉地把政协的工作与县委、县政府的部署要求结合在一起，自觉地服从服务全县工作大局，为全县各项事业的发展尽责尽力。

二是对县委、县政府重大工作的部署实施进行跟踪监督。为充分发挥政协的民主监督作用，每一年我们都围绕县委、县政府的中心工作，在进行民主协商的基础上，结合自身的特点和自治县的实际情况，通过主席会议，常务委员会议等形式，确定出当年的工作要点；并将工作要点分解到每个季度，每个专委会实施和落实。使我们的工作既围绕全县的工作大局，又富有可操作性，在全面完成每年工作安排的同时，又较好地发挥了民主监督的职能。

三是本会主要领导参加高层会议，在重大问题上直接提出来自政协方面的意见和建议。多年来，由于我们在重大原则问题上，始终与县委保持高度一致，在具体工作中，恪守"有为才有位"的理念，并努力做到"尽职而不越位，帮忙而不添乱"，从而赢得了县委、县政府的重视和支持。近年来，本会主要领导不仅列席县委常委会议和县委、县政府联席工作会议，还列席了书记会议，使我县在高层决策时能直接听到来自政协的

意见和呼声。这也使得政治协商"三在前"（党委决策之前，人大会议通过之前，政府实施之前）的原则得到了较好的贯彻和落实，从而确保了政协参政议政的质量和水平。

二、围绕热点难点问题，积极建言献策

关注热点难点问题，深入调查研究，掌握第一手资料，积极反映社情民意，是我们政协多年来的工作思路和工作重点。在八届委员会期间，我们安排了24次以专委会为单位的小型调研视察，4次全员视察和5次当面议政活动；就有关情况进行了协商议政。一是在招商引资工作问题上，大胆建言献策。招商引资是全县工作的重点和难点，也是我们多年来一直关注的热点问题。2003年，我们就将它列为当年的工作重点，并于8月份安排民族三胞委前往湖南省的蓝山、道县、江华等县和广西壮族自治区贺州市八步区和周边的连阳地区进行考察调研，向县委县政府提交了书面报告，提出招商引资应做到"招商引资无闲人，层层有任务和压力、财政安排专项基金、政策一优再优、提供全方位优质服务"等具体的意见和建议，这些意见和建议都被县委县政府在后来重新制定招商引资政策时所采纳。去年，我们组织全体委员视察了寨岗迴龙工业园区和永达金属制品厂以及东方（连南）玻璃厂、缫丝厂等，让委员们亲身体验我县近年招商引资的成果。二是在"三农"工作问题上，连续跟踪监督。"三农"问题一直是全县各级极为关注的问题，也是社会关注的热点难点问题。多年来，我们都给予了高度重视，在每一年的工作安排中，都安排有视察和调研。2006年，县委提出继续加大"三农"工作力度，重点抓好蚕桑基地、柠檬基地、有机稻基地、蔬菜基地和鸡麻笋基地建设。对此，我们安排5个专委会分别对五大基地进行了调研视察，通过视察，有针对性地提出了一些可行的意见和建议，有效地促进了农业基地的建设和发展。三是在公共基础设施建设和文化教育等问题上，积极建言立论。公共基础设施建设和文化、卫生工作一直是我们政协关注的热点问题，这些工作的开展都倾注了我们政协委员的热情与心血。2003年、2004年、2005年我们分别安排专门委员会就新型农村合作医疗、农村小学收费、高中教育质量与职业技术教育发展、地方道路建设以及农村水利基础设施建设等情况进行了视察调研，并就有关问题与县的主管领导及主管单位进行了当面议政和大会发言。

三、围绕政协自身工作需要，认真组织理论学习

自觉学习、自愿学习是人民政协的优良传统。一直以来，我们结合自身的实际情况，通过各种形式，有目的、有计划地组织了各种理论知识学习，较好地提高了履行职能的水平。

一是强化政治理论学习。近几年,重大的政治活动比较多,每一次活动,我们都按照上级的部署要求,认真组织委员们进行学习。特别是2004年,中共中央召开了十六届四中全会,作出了《中共中央关于加强党的执政能力建设的决定》,这是中国共产党的一件大事,我们按照县委的要求,认真组织了常务委员、主席会议成员和党组成员进行了专题学习;与此同时,我们还发文要求各专委会认真组织学习。2005年,中央又提出了在全党开展以实践"三个代表"重要思想为主要内容的保持共产党员先进性教育活动,委员中的中共党员积极参与学习,认真学习有关理论篇章,从中受到了教育。

二是强化业务理论学习。2003年年初,我们会同县委统战部、宣传部、县工商联举办了"人民政协、统一战线、工商联理论知识知多少"的理论学习活动,在《连南报》以专版的形式发出有奖学习问卷4000份,举办政协、统战理论专题文艺晚会,较好地学习和宣传了统一战线理论知识;2004年,中国人民政治协商会议第十届全国委员会第二次会议通过了《中国人民政治协商会议章程修正案》,这是政协的一件大事,我们及时发出通知要求各专委会组织委员学习,为了方便自学,我们发给每个委员人手一本新的政协章程,并印发了三份学习辅导材料。为使委员们进一步掌握政协理论知识,在八届四次会议上,我们还安排了提案工作的专题辅导学习。在人民政协成立五十五周年的座谈会上,与会的同志还交流了学习与工作经验。

三是强化政协机关工作人员的理论学习。进行政治理论学习,是政协机关工作人员一项经常性的工作。每一年,我们都制定出《县政协班子及政协委员、机关工作人员学习计划》和《县政协机关党员干部学习计划》,这些学习计划都安排有专门的主题和组织学习的具体人员,既学习理论原著又联系实际开展讨论,收到了预期的效果。

此外,我们还积极发挥大统战的作用,通过连南香港委员的关系,大力开展捐资助学活动。近四年来,我们得到了基督教香港信义会、香港马鞍山扶苗之友会和香港敬文扶苗会等社会力量的支持,共筹措助学金210多万元,使2600多人次的贫困生圆了上学梦。

连南县政协近几年来所取得的成绩,是中共连南县委正确领导,连南县人民政府大力支持和上级政协指导的结果;是全体县政协委员和各职能部门、社会各界配合的结果;是协作会各兄弟县(市、区)政协传经送宝的结果。但是,我们的工作与上级的要求、与兄弟县(市、区)相比还有一定距离。我们将抓住全国上下切实加强人民政协工作的大好机遇,借着这次会议的东风，向各位同仁虚心学习，共同探讨人民政协工作的开展大计，在全面建设小康社会的新阶段，在人民政协事业发展的新起点上，开拓进取，扎实工作，不断为开创政协工作的新局面作出新的贡献，为建设社会主义和谐社会献计出力。

他山之石，可以攻玉。借此机会，我们一定认真学习兄弟县（市、区）的宝贵经验，不断提高我们履行职能的能力和水平。

谢谢大家！

湘、桂、粤三省（区）毗邻县（市、区）政协工作联系协作会第35次会议会议纪要

2007年6月13日—15日，湘、桂、粤三省（区）毗邻县（市、区）政协工作联系协作会第35次会议在连南瑶族自治县召开。

出席这次会议的有湖南省永州市冷水滩区、零陵区、道县、宁远县、江永县、蓝山县、江华瑶族自治县，郴州市苏仙区、资兴市、桂阳县、永兴县、宜章县、嘉禾县、临武县、汝城县、桂东县、安仁县，株洲县、攸县、茶陵县；广西壮族自治区贺州市八步区、富川瑶族自治县、昭平县、钟山县；广东省乐昌市、乳源瑶族自治县、连州市、阳山县、连山壮族瑶族自治县、清新县、连南瑶族自治县等31个会员县（市、区）政协领导、党政领导和政协机关委、办、科等领导；新入会的湖南省醴陵市政协领导；广东省清远市政协副主席潘绪光、邓三妹，秘书长李华到会指导；广东省政协常委盘建梅，县委副书记、县长李伟陆，县委副书记谢全生、县人大常务副主任房介二等领导出席了会议；香港籍连南县政协委员何秀武等9位香港委员应邀参加了会议，会议到会人数203人。

会议由协作会当班县广东省连南瑶族自治县政协主持。

6月13日晚召开了预备会议，各会员县（市、区）政协带队领导出席会议。预备会议一致通过了会议筹备工作报告、会议议程、日程安排、湖南省醴陵市政协入会申请等事项。

6月14日上午9时，湘、桂、粤三省（区）毗邻县（市、区）政协工作联系协作会第35次会议在广东省连南瑶族自治县隆重开幕。会上，县委副书记、县长李伟陆介绍了连南瑶族自治县县情；广东省清远市政协副主席潘绪光作了讲话；连南瑶族自治县政协主席唐国伟介绍了连南瑶族

自治县政协工作情况；广西壮族自治区昭平县政协、湖南省株洲县政协和桂阳县政协在会上作工作经验发言；各会员县（市、区）相互交流了工作情况和有关信息。会议期间，与会同志参观了连南县寨岗迴龙工业园区、永达五金制品厂、连南利发毛织厂、连南鹿鸣茧丝绸公司缫丝厂、连顺民族高级中学和南岗千年瑶寨，加深了对连南县社会进步和经济发展的了解，并对连南的发展提出了许多宝贵的意见。会议还组织了有趣的联欢活动。

会议一致商定：2007年下半年，协作会的当班县为湖南省蓝山县，并推荐湖南省攸县、广西壮族自治区八步区、广东省阳山县三个县在协作会第36次会议上作大会发言。

会议于6月15日上午闭幕。在闭幕式上举行了协作会第35次会议当班县与第36次会议当班县的交接仪式，迎接协作会第36次会议当班县湖南省蓝山县政协主席黄楚政作了讲话。

这次会议坚持以邓小平理论、"三个代表"重要思想和中共十六届六中全会精神为指导，认真学习贯彻《中共中央关于加强人民政协工作的意见》精神，贯彻落实科学发展观，坚持以发展为第一要务这个中心，以"增进友谊、紧密合作，互相促进，和谐相邻，推动发展、共创繁荣"为主题，探讨了新时期政协工作，强化创新意识，突出工作重点，围绕大局，适应新形势，大家交流了经济、社会发展信息，增进了友情，结交了新朋友，体现了团结、联谊的宗旨，达到了预期的目的，为推动毗邻地区经济社会又好又快发展发挥了积极作用，也将为进一步开创政协工作新局面打下良好基础。

会议希望在今后工作中，各会员县（市、区）要认真学习贯彻好《中共中央关于加强人民政协工作的意见》精神，运用好人民政协这一政治组织和民主形式为实现中国共产党的总任务、总目标服务，要把学习贯彻《意见》精神与充分履行政治协商、民主监督、参政议政职能结合起来。要继续巩固和加强协作会组织，不断丰富活动形式，提高活动水平，扩大活动成果，为实现三省（区）毗邻地区的共同繁荣作出新的更大贡献。

四、县政协在湘桂粤三省（区）毗邻县（市、区）政协工作联系协作会上的发言材料（选录）

1. 湘、桂、粤三省（区）毗邻县（市、区）政协工作联系协作会第19次会议材料

发挥优势为扶贫攻坚献计出力

——政协广东省连南瑶族自治县委员会

1998年10月7日

连南瑶族自治县地处粤西北山区，是广东省三个少数民族自治县之一，在全县人口中，瑶族占51%。改革开放以来，特别是近年来，经过全县各族干部群众的共同努力，各项基础设施建设得到明显加强，经济和社会各项事业有了长足的发展。但由于社会历史原因，全县的经济整体实力仍然处于相对落后之中，是广东省有名的贫困县之一。为了改变这种落后面貌，县委、县政府连续几年把扶贫攻坚工作列为全县工作的重中之重来抓。特别是在九七年的扶贫攻坚战中，在上级党委政府的高度重视下，在各对口扶贫单位的大力支持下，县委县政府带领全县人民，竭尽全力，打了一场漂亮的攻坚战，四项脱贫指标均达到省的要求。在连续几年的脱贫攻坚工作中，我们政协紧紧围绕这一中心积极履行职责，充分发挥优势，献计出力，为全县完成省下达的扶贫攻坚指标任务作出了应有的贡献。

一、发挥委员分布广的优势做好宣传工作

在扶贫攻坚中，我们抓住政协委员遍布城镇农村和条条块块，文化素质都比较高这一优势，发挥他们在全县广泛实施"扶贫先扶志、致富先治愚"的群众教育活动中的重要作用。我们首先是更新政协委员的观念，增强完成脱贫攻坚任务的信心和决心。一是有计划、有步骤地组织政协委员学习邓小平"贫穷不是社会主义""发展才是硬道理"等理论，充分认识脱贫攻坚是一场必须打赢的硬仗，解决群众的温饱，摘掉贫困帽子，全县

上下人人有责。二是聘请大专院校和科研单位的教授、专家到我县来上辅导课，传授科学知识和农村实用科学技术，为政协委员指导贫困户开展科学种养活动打基础。三是分期分批组织政协委员到珠江三角洲和湖南、广西等先行脱贫致富的山区县学习考察，开阔视野，增强打好扶贫攻坚战的信心和决心。其次，组织政协委员围绕县的扶贫攻坚任务利用各种形式开展宣传活动。把本会会刊《连南政协》作为传播上级党委政府和县委县政府指示决策、政策措施的主渠道，经常登载县委县政府在扶贫攻坚的精神和县政协常委会议的有关内容，发至每个委员，使委员及时了解并向群众广泛宣传县委县政府的指示和决策。县政协主席、副主席及政协机关人员分工联系各界别的委员，定期走访委员，通报全县扶贫攻坚进展情况，了解委员在实施思想教育中的主要做法和经验。总结先进，树立典型。我们及时总结了县政协委员、香坪镇种养专业户唐日星通过种沙田柚和养鸡等年纯收入4万多元的典型事例，广泛向群众宣传，使群众懂得了勤劳才能富的道理，看到了富裕生活的希望，增强了群众发展生产的信心。

二、发挥政协人才多的优势实施专题议政

最近这几年，我们围绕全县脱贫攻坚这个中心连续专题议政，为县委县政府正确决策进而取得脱贫攻坚工作的显著成绩贡献了一份力量。

一是认真组织全委会的议政发言，出谋献策。九三年以来，每年的全委会都安排有2至3篇关于发展农村经济，使群众尽快富裕起来的大会发言，为县委县政府开展扶贫攻坚工作提出了不少行之有效的建议，得到重视和采纳。比如，在一九九六年的六届四次会议上，唐大其委员所作的《关于进一步加强农村集体财务管理和减轻农民负担的建议》的议政发言，提出了"对全县农村集体财务进行全面清理和审计，建立健全财务制度"的建议，引起县委县政府的高度重视。当年，县政府组织专门队伍对农村集体财务进行了全面整顿，促进了农村扶贫工作。几年来，我们随着扶贫攻坚的不断深入，在不同的阶段都有针对性地提出相关的建议。如一九九六年提出扶贫先扶志、治穷先治愚的建议，旨在转变贫困地区广大群众的思想观念，充分调动他们脱贫致富的积极性。一九九七年提出扶贫攻坚的基本对策：一是加大社会资源开发力度，进一步促进农村精神文明建设；二要选择新的经济增长类型和新的经济增长点；三要采取分类扶持的方式；四要推广公司加农户的经营模式等，为全县在实施全面攻坚中所采纳。一九九八年在巩固扶贫成果方面又提出了做好短、中、长期发展规划，逐步实现农村脱贫致富目标；培养农业人才，普及农业技术教育；推

广适用农业技术，改善农业生产环境；建设生态农业，促进农村经济持续稳定发展等方面的建议。还有加快山区开发步伐、发展"三高"农业所采取的政策要予以兑现等建议都为县政府所重视和采纳。

二是开好常委会，以建议案的形式开展专题议政。从一九九三年以来，本会常委会以全县的扶贫攻坚工作作为议政的重点，共提出这方面的建议案6件，为县委县政府提出了很多好建议。如一九九七年六届二十四次常委会把"大力发展'三高'农业，打好脱贫攻坚战"作为会议专题。经过会议专题讨论，各抒己见，向县委、县政府提出了包括加强对群众的思想教育，调动他们发展生产的积极性；抓住有上级和兄弟县（市）大力扶持的机遇，全力投入到脱贫攻坚工作中去；扶贫工作要与农村基层党组织建设结合起来，与思想工作结合起来；加强农村治安工作，让群众安心发展生产；在解决脱贫问题之后返贫问题应引起重视，找出防止返贫的路子等方面内容的建议案。

三是精心组织委员视察，为党政领导机关开展扶贫攻坚提供决策依据。围绕"三高"农业基地建设开展专题调查。如一九九四年水灾之后对发展"三高"农业进行专题调查，提出发展"三高"农业要有面积作保证的建议，当年全县复耕面积600多亩；一九九六年视察无花果基地，提出要做好产前、产中、产后"一条龙"服务的建议，县委县政府拨出专款20万元用于收购无花果，解决了无花果加工缺少资金的问题。围绕选准脱贫生产项目开展调查论证。根据我县有林区、半林区和石灰岩地区的各自不同特点，组织有关委员和专业人员分别开展调查，按照"长、中、短结合"和"一乡一品"的构思，提出了因地制宜发展生产，不搞"一刀切"的建议受到广大干部群众的赞同。围绕搞好技术服务和产品流通会同有关部门开展联合调查。我们针对我县农村科技水平较低和农民担心产品卖不出去的情况，会同农口、科技和农产品流通部门，深入乡镇、管理区和村进行调查，提出技术服务到户和购销产品到户的建议，引起县委县政府的重视，及时采取措施加大了对农村科技投入，并筹资指定有关学校培训农村实用人才，组织有关部门领导进行调查研究，疏通农副产品渠道，解决了群众生产的产品出卖难的问题。

三、发挥委员联系宽的优势引进扶贫资金

几年来，我们发动全体委员通过请进来、走出去、广交朋友等形式，为扶贫攻坚多方筹措资金。一是围绕加快教育事业的发展，引进资金改善办学条件。我们先后与香港基督教协会和香港教育界人士加强联系，请他们到连南来实地考察连南教育事业，共引得资金260万元，改建和新建校

舍9栋，添置了一批教学设备，帮助困难学生570名，为我县九六年顺利实现"普九"达标出了一份力。二是围绕改善贫困地区群众生产生活条件、加快脱贫步伐，引进资金为高寒山区和石灰岩地区群众实施移民搬迁。我会领导通过多方联系做工作，得到港澳扶轮社捐资100多万元在大麦山镇兴建了一个60多户人的扶轮瑶族新村。另外，在清远市政协的关心支持下，到位资金60多万元，加上本县投入的部分资金，在金坑镇兴建了一个60多户人的高岭移民新村，使瑶族群众的生产生活条件明显改善。三是围绕农村集体经济薄弱的问题引进资金发展集体经济项目。通过本会出面与外商和国内客商联系，先后引进资金350万元，兴办经济项目6个，为农村集体经济脱贫达标作出了应有的贡献。

四、发挥政协一套班子作用，直接参与扶贫

在多年的扶贫攻坚工作中，政协作为一套班子，始终与县委、县政府共同站在一条战壕，同唱一台戏，为全县更快地使群众脱贫和几个层次要摘掉贫困帽子而心往一处想、劲往一处使，同心同德，进言献计。一是本会领导按照县委县政府的分工，连续几年担任县的部分工程项目的领导工作，为县的重点工程项目四处奔波，埋头苦干，作出了应有的贡献。二是组织本会机关干部职工积极开展"千干扶千户"活动，认真完成县委县政府赋予的攻坚任务。我们对挂钩扶持的管理区实行"三帮"，即派出工作队员，坚持驻点，帮助区级班子加强思想政治建设，坚定信心，转变工作作风，扎实带领群众脱贫奔康；帮助指导瑶族群众学科学，用科学，改变落后的生产习惯。扶持的贫困户80%以上实现了科学养猪，生产效率大大提高；帮助贫困户制订生产规划，选择适宜的生产项目，跟踪检查生产发展情况，扎实开展"结对子"帮扶活动。通过政协机关全体干部职工的努力，贫困户生产项目大大增加，收入明显提高，所帮扶的40户贫困户，经过验收，均达到了省定的温饱标准，年人均收入最低的也达到了1170元，圆满地完成了县交给的扶持贫困户任务。此外，我们还拿出一万元，会同其他挂扶单位扶持该管理区发展集体经济项目，确保了脱贫达标。

经过全县瑶汉族干部群众的共同努力，我县在九七年底如期完成省定的各项脱贫指标任务。今年，我们继续围绕脱贫奔康工作积极履行职能，在6月初和9月中旬，就如何防止返贫和加快奔康步伐的问题，分别组织了专题调查和视察，向县委县政府提出了建议，同时继续组织政协机关做好挂扶工作，为全县的脱贫奔康献计出力。

2. 湘桂粤三省（区）毗邻县（市、区）政协工作联系协作会第33次会议（广西钟山县）发言材料

加强党对政协工作领导　充分发挥政协职能作用

中共连南瑶族自治县委员会　副书记　莫新铨

政协工作是党的工作的重要组成部分，加强和改善党对政协工作的领导，是党委统揽全局、协调各方的重要环节，也是充分发挥人民政协职能的根本保证。近年来，连南县委认真贯彻落实《中共中央关于坚持和完善中国共产党领导的多党合作和政治协商制度的意见》《中共中央关于加强人民政协工作的意见》，以及省、市委关于加强党对政协工作领导的指示精神，始终坚持把政协工作纳入全局工作之中，不断加强对政协工作的领导，积极为政协开展工作创造条件，充分发挥人民政协在经济和社会发展中的重要作用，使政协工作一年比一年有所进展，在群策群力推进自治县经济和社会发展中取得了明显成效。

一、切实加强政协队伍建设

政协队伍的整体素质如何，直接影响着人民政协职能的发挥。为此，我们积极支持政协搞好自身建设。

一是在委员的产生中严把质量关。政协委员是人民政协履行职能的主体。政协组织中的每位成员是由各党派各团体、无党派民主人士和各族各界的代表、台湾同胞、港澳同胞和归国华侨的代表以及特别邀请的人士参加组成的。我们县虽然没有其他民主党派，但它是一个少数民族自治县，所以在委员的协商产生中，我们不仅强调政治结构、知识结构，而且更注意广泛性和代表性，将各民族中的优秀代表安排为政协委员。如本届委员会共安排委员104名，来自23个界别，比上一届增加了4个界别；其中少数民族委员35人，占33.65%，比上一届增加了6个百分点；政协委员中具有大专以上学历的83人，占79.8%，比上届增加了26个百分点。这不仅体现了政协组织的广泛性和代表性，而且委员具有较高的文化素质，为政协履行好职能、发挥作用提供了可靠的保证。

二是在政协常委的安排中讲求素质和实力。人民政协常委会议是全体委员会议闭会期间，主持全体委员会议确定的各项工作，研究决定与县委

和政府进行协商、监督事项的重要会议形式。政协常委人选的确定，直接关系到协商监督的力度和效果。对此，我们对政协常委人选的确定，广泛听取了不同层次、不同界别人士的意见和建议，将各界别、各团体的骨干选拔安排担任政协常委。随着改革开放不断深入和发展，社会经济成分、组织形式、就业方式、利益关系和分配方式以及社会阶层构成状况都发生了新的变化，而我县由于历史和区位的原因，民营经济的发展比较滞后，对此，我们注重把有影响的民营企业主安排担任县政协的常委，以辐射和带动全县民营经济和第三产业的发展。如在上届和本届委员会的常委中，都分别安排有民营企业主3名和5人。本届政协常委中安排了5名企业主，占政协常委人数的33%。这些常委都是我县民营企业的骨干和佼佼者，不仅自身的产业得到了快速发展，并积极回报社会，热衷各种社会公益事业，为我县的经济和社会发展作出了积极贡献，而且在履行政协三大职能中发挥了重要作用，得到了自治县各族群众的尊重和认同。

三是在政协班子成员的配备中注重威望和影响。政协班子是县四套班子之一，其组成人员都是我县的重要领导。政协是一个协商的组织，既不是国家权力机关，也不是国家行政执行机关，但人民政协组织各党派、各人民团体和各族各界人士对党和国家的重大决策在决策之前，进行广泛的政治协商，发扬民主，集思广益，使决策更加科学、更加符合实际，这已成为我国党政领导决策的一种程序，成为领导体制和政治体制的一个优点和特点。所以，配强配好政协班子，发挥其应有的作用，显得尤为重要。为此，我们在确定班子成员时，严格执行"四化标准"和德才兼备的原则，在广泛听取意见的基础上，把那些从政经验丰富，在各级干部和人民群众中拥有较高威望的同志安排到政协班子中担任职务。如近两届政协班子主要领导都是由在县委班子工作多年，且工作水平和能力较强的同志担任。通过他们的威望和影响，使政协的工作不断取得进步。

四是在政协机关干部队伍的建设中重视交流和培养使用。政协机关具有秘书、服务、参谋、协调等多方面的功能和作用。政协机关干部的队伍建设，直接关系到整个政协工作的质量和水平。一直以来，我们都十分重视政协机关干部的交流、培养和选拔任用工作。近些年来，我们充分尊重县政协党组的意见，对县政协机关干部进行了全面的考察和培训，先后在政协机关原有的干部中，提拔了2名办公室副主任，1名科长和1名副科长，安排1名干部到乡镇担任领导职务；交流1名中层干部到县人大任职；并从其他单位选派3名干部到政协机关任职。使政协机关干部与党政机关干部双向交流，有进有出，充满生机和活力。去年例会，我们按照政协章程修正案的要求,落实了秘书长负责制,配备了秘书长1名,副秘书长1名,使政协机关工作更符合政协章程的要求。

二、不断推进党对政协领导的规范化和制度化建设

共产党的领导是人民政协履行职能的根本保证。坚持共产党的领导,决定着人民政协的性质和发展方向。加强党对政协领导的规范化和制度化建设,可以使政治协商、民主监督、参政议政做到有章可循,运作有序,也有助于克服政协工作"因人而异"的随意现象,更有助于坚持和完善中国共产党领导的多党合作和政治协商这一基本政治制度。这些年来,我们不断建立和完善有关制度,使党对政协的领导逐步进入规范化、制度化的轨道,使政协履行职能的效率显著提高。

(一)坚持县委领导联系政协制度。县委领导联系政协工作制度是县委加强对政协工作领导的一项根本制度。坚持实行这一制度,有助于县委及时了解和掌握政协工作的开展动态,总结政协工作的先进经验,帮助和解决政协工作中遇到的问题和困难。对此,县委指定1名副书记,县政府指定1名副县长联系政协的工作,无论是在班子换届还是领导工作变动,都能及时调整联系政协工作的领导,使县委和县政府领导联系政协工作的制度落到了实处。联系政协工作的领导通过参加政协召开的有关会议,听取政协委员的意见和建议,帮助解决县政协在开展工作中的一些实际问题,使政协工作在党的领导下不断开创新局面。

(二)落实听取政协请示报告制度。为使政协工作的运转纳入全县工作大局,保证政协工作在全局中有位有责,使政协履行职能的方向不偏离大局,凡是县政协有重大事项向县委请示报告,我们都安排专门时间进行听取和研究。如对政协每年例会的工作报告,年度工作安排、机关人事调整等问题,我们都做到了及时研究。对于政协工作中一些需要我们出面才能施行的工作任务,我们都能给予支持和解决。这几年,我们先后为县政协转发了《政协连南瑶族自治县委员会提案工作条例》和《关于开展征集建国后连南文史资料工作的意见》,要求全县各级各部门认真做好政协提案工作和文史资料的征集工作。2003年4月,我们下发了《中共连南瑶族自治县委关于进一步加强人民政协工作的意见》,使全县政协工作的规范化和制度化建设得到了进一步的加强。

(三)坚持情况通报制度。为使政协委员及时了解和掌握全县的工作情况,鼓励他们积极建言献策,县委、县政府通过各种渠道,让政协委员知情知政。首先,组织召开各种会议,面对面地向委员通报各时期的工作情况,并亲自倾听委员的意见和建议,其次,以文件和会议纪要的形式,

将县委的重要部署和县政府决定的有关事项，通报给县政协机关，经过县政协机关的工作，让委员们知情。再次，利用应邀参加政协组织的会议和活动，及时向委员通报情况。这不仅将县委、县政府的工作意图和全县各项工作的状况让委员们了解和掌握，而且使委员们的建言献策目的性更明确，针对性更强，取得的效果更加明显。近年来，我县在制定全县经济和社会发展的中长期规划、重要人事安排和人民生活中的重要问题，都事先向政协通报或征求意见，把政协履行职能的作用真正纳入到县委、县政府的工作程序。

（四）落实县政协主席列席县委常委会议制度。县政协主席列席县委常委会议，是落实中国共产党对政协领导的最实际的措施之一。从1998年以后，我们坚持落实了县政协主席列席县委常委会议制度和列席县党政班子联席会议制度，从2004年起，我们还落实了县政协主席列席县委书记办公会议制度。通过这些制度的落实，使县政协主席在更高的层次上参与全县重大事项的决策，同时使政协工作在更高的层次上得到了认同。除此之外，我们县委和政府的主要领导，还根据不同时期的工作要求，在县委和政府要讨论作出决策之前，个别征求县政协主席或副主席的意见，做到重大决策和重要人事安排协商在前。

三、调动政协发挥职能的积极性

政治协商、民主监督、组织参加政协的各党派、团体和各族各界人士参政议政，是人民政协的主要职能。支持人民政协履行这些职能，发挥其积极性，对于推进社会主义现代化建设，充分发扬社会主义民主，巩固和发展中华民族的大团结和大统一，实现中华民族的伟大复兴，具有非常重要的意义。近年来，我们把如何调动政协发挥职能的积极性摆上县委的重要议事日程。

（一）积极支持人民政协依照章程规定开展政治协商。我们始终遵循"三在前"的原则，把政治协商真正纳入党委和政府的决策程序，不断提高决策的科学性和民主性。凡是县委重大决策和重要工作部署，在实施前，都主动提交政协或邀请政协委员进行协商；对涉及全县经济和社会发展的全局性问题，请政协召开有关会议进行协商讨论，广泛听取意见，并将这些做法以县委文件的形式确定下来，发至各级各部门。如我县在制定2001—2020年的城市发展规划时，县委将规划草案提交县政协进行协商讨论，县政协召开了七届十三次常委会，进行了专题协商，提出了建设性的意见和建议；今年3月，县政协召开常委会议，对《中共连南瑶族自治县委关于制定全县国民经济和社会发展第十一个五年规划的建议》和规划纲要进行协商讨论,提出了不少好的意见和建议,对这些意见和建议,我们都给予高度重视和采纳。

(二)自觉接受人民政协的民主监督。党委、政府的工作,需要来自各方面的监督。实践证明,加强民主监督,有利于及时发现问题,纠正失误,有效地促进工作,推动各项事业的健康发展。近几年来,县委采取有效措施,通过各种形式,尊重和不断扩大政协委员的知情、参与、监督等民主权力,切实尊重和保障各个界别、广大委员提出批评和发表不同意见的权利,努力营造知无不言、言无不尽、融洽和谐、生动活泼的政治氛围,为政协履行民主监督职能创造宽松的政治环境,用实际行动体现对政协民主监督的欢迎和支持。一方面,大力支持人民政协开展视察和评议活动。县委发文要求各级和各部门自觉接受并协助政协搞好视察活动,认真办理政协的建议和意见,并按规定及时答复。鼓励和支持政协委员对全县的一些政策措施,各项工作提出意见、批评和建议。一些机关部门还主动聘请政协委员担任各类监督员,经常邀请他们参与各类行风评议,检查评比活动,发挥了较好的民主监督作用。另一方面,认真办理政协提案。始终坚持把政协委员提案办理作为促进全县各项工作的重要方式,要求有关部门做到件件有回音,事事有着落。特别是对政协的常委建议案和主席建议案,县委给予认真研究,并由主要领导作出批示,以保证建议案提出的问题得到及时的落实和解决。

(三)积极为政协参政议政创造良好条件。政协组织具有人才集聚,联系广泛的独特优势。发挥好这一优势,对促进经济社会发展具有重要作用。县委、县政府在确保县政协开展经常的参政议政的同时,还为政协出题目、提要求、交任务,为政协参政议政创造更好的条件,使政协的参政议政更加活跃,建言献策更有成效。1. 组织政协领导参与县的中心工作。在县的各项中心工作中,县政协班子成员与县其他班子的领导一起分工,一样考核,分工联系各乡镇各企业,使他们更大程度地知情知政,建言献策,更好地发挥作用。2. 主动对政协出题目,交任务。县委一方面放手让政协围绕中心工作开展活动;另一方面注重围绕事关长远发展的重大问题和阶段性任务,给政协出题目。如我县青梅基地的发展问题,干部群众意见分歧比较大,为作出科学决策,县委主要领导指示县政协到外地种植青梅规模较大的县进行考察调研。县政协及时提出了调研意见,为县委、县政府的决策提供了科学依据。3. 发挥人民政协维护安定团结的重要作用。人民政协作为最广泛的爱国统一战线组织,政协委员是社会各界中的优秀代表。县委充分利用政协广泛联系各界的优势,积极支持政协发挥桥梁和纽带作用，帮助做好增进团结、理顺关系、化解矛盾、促进稳定的工作。积极鼓励广大政协委员与本界的群众保持密切联系，在更大范围内听取群众的呼声和要求，积极反映群众的意见和建议，共同维护大局的稳定。

几年来，我们对如何加强党对政协工作的领导、促进政协工作迈向规范化、制度化作了一些探索和实践，也取得较好的效果，但与当前形势和人民群众的要求还有较大的差距。我们决心以"三个代表"重要思想为指导，切实做好加强和改善党对政协的领导工作，使我县政协工作得到更大的进步，为推动我县物质文明、政治文明和精神文明建设发挥更大的作用。

第五节　历届县政协常委会工作报告

一、县政协第一届常委会工作报告

（缺）

二、县政协第二届常委会工作报告

李积荣

（1980年11月15日）

各位委员、各位同志：

我受县政协二届一次会议筹备委员会的委托，向会议作如下工作报告，请予审议。

一、我县二届政协第一次会议的筹备情况

我县第一届政协，是1953年成立的。成立后，由于连阳几县又分又合，人事变动较大，机构极不健全。后来，又遭林彪、"四人帮"的十年浩劫，革命的统一战线受到严重破坏，我县的政协工作也基本上没有进行。粉碎"四人帮"后，中共中央对发展革命统一战线和开展政协工作十

分重视。根据中央和省、地委的有关指示精神，近年来我县先后进行了右派改正，侨改户改变成分和原工商业者的区别等大量工作，平反了一大批由于林彪、"四人帮"极"左"路线的影响所造成的冤假错案，去年冬还召开了民族工作会议，贯彻了中央和省委召开的民族、统战、侨务等几个会议的精神，在全县范围内开展了党的民族政策的再教育，使党的民族政策、党对知识分子的政策、侨务政策和对原国民党起义、投诚人员等政策得到了进一步的贯彻落实，发展了安定团结的政治局面，为成立二届政协、恢复政协工作创造了良好的条件。今年下半年以来，在县委的统一领导下，我们对政协二届一次会议又着重做了如下三件工作：

一是开展了对新时期政协工作的宣传。各级党政部门，组织广大党员、干部和各界人士，认真学习全国五届政协三次会议和五届人大三次会议的有关文件，并通过广播和召开各种会议等形式，宣传新的历史时期统一战线的性质、任务、方针和政策，使大家进一步明确了做好政协工作的重要性，为健全机构、恢复政协工作打下了一定的思想基础。

二是成立政协筹备委员会，为会议的召开作了一定的准备。今年9月，组织了一个有县委领导和有关部门领导同志参加的二届政协筹备委员会，对恢复我县政协组织和开展政协工作，进行了反复的讨论和研究。二届政协筹备委员会下面还设立了秘书资料、人事、会务三个小组，围绕我县政协二届一次会议的召开，分别做了不少具体的工作。

三是民主协商，推荐了县政协第二届委员会委员名单。各公社和各战线，按照县委〔1980〕33号文件中统一分配的名额，进行了充分的酝酿，并经筹备委员会平衡，最后民主协商，决定了县政协第二届委员名单共63名。这些委员，既有教育界、科技界、卫生界和原工商界的人士，也有少数民族的爱国上层人士，还有归侨、侨眷、军队干部和党内、党外的同志。在63名委员中，非党人士32名，占51%；少数民族24名，占38%。

从目前情况看，二届政协的各项筹备工作已基本就绪，所推荐的政协委员，也具有一定的广泛性和代表性。这样，通过做好筹备工作，就从思想和组织等各个方面，为开好这次政协二届一次会议打下了一定的基础。

二、关于新时期统一战线的性质、任务和基本方针政策

中国人民政治协商会议，是中国共产党领导下的革命统一战线的组织。在过去的几十年里，由于坚决贯彻了党的统一战线的方针和政策，充分发挥了人民政协这一统战组织的积极作用。现在，我国已经进入了以实现四个现代化为中心任务的新的历史时期，统一战线也进入了一个新的历史发展阶段。随着这个伟大的历史性转变，统一战线的性质、任务、方针和政策都发生了新的重大变化。深刻领会新时期统一战线的性质、任务和基本方针政策，这对于我们做好今后的政协工作，是很有必要的。

第一，我们要看到新时期的统一战线，是一个非常广泛的联盟。邓小平同志在五届全国政协第二次会议的开幕词中指出：在新的历史时期，"我国的统一战线已经成为工人阶级领导的、工农联盟为基础的社会主义劳动者和拥护社会主义的爱国者的广泛联盟"。这是根据我国三十年来社会的阶级状况等各方面的发展变化而提出来的。经过三十年的变化和发展，首先是工人阶级和其他劳动者的联盟扩大了。这是因为，知识分子的绝大多数已经成为工人阶级自己的一部分，原来的剥削阶级中间有劳动能力的绝大多数人已经改造成为自食其力的劳动者。社会主义的工人、农民、知识分子和其他拥护社会主义的爱国者，都是我国社会的主人翁，是新长征的主力，是我们的依靠力量。另一方面，经过三十年的发展和变化，工人阶级同非劳动者当中的一切爱国者的联盟也扩大了。它不但包括拥护社会主义的爱国者，而且包括拥护祖国统一的爱国者，即包括台湾、港澳和侨胞中的一切爱国人士，包括全中华民族一切热爱祖国的人士。这是决定新时期统一战线广泛性的社会基础。所以，党中央指示：现阶段的统一战线，应当称为革命的、爱国的统一战线，它包括社会主义劳动者和拥护社会主义的爱国者以及一切热爱祖国的人们。因此，我们必须放宽视野，不仅要熟悉原有的工作对象，还要着眼新的工作对象，着眼于台湾回归祖国、着眼于港澳同胞和国外华侨，着眼于发展国际反霸统一战线。这是新形势对我们提出的新要求。

第二，我们要明确认识新时期统一战线的根本任务，就是要调动一切积极因素，化消极因素为积极因素，团结一切可以团结的力量，为实现祖国统一和四个现代化而奋斗。这就是说，新时期的统一战线，担负着为四个现代化服务和统一祖国的双重任务。统一战线属于上层建筑的范畴，归根到底，是要为发展社会生产力服务的。在新民主主义革命时期，我们党领导的广泛的人民民主统一战线，配合武装斗争，推翻三大敌人的反动统治，它的目的是为了建立无产阶级专政，解放反动腐朽的生产关系所束缚的生产力。中华人民共和国成立以后，我们党继续巩固和发展革命统一战线，团结教育全国各族人民和一切爱国力量，胜利地开展反对国内外敌人的斗争，推进所有制的社会主义改造，为社会主义建设服务，目的仍然是为了在新生产关系下面保护和发展生产力，扩大和加强社会主义的经济基础。现在，我国进入了一个新的历史时期。我们党的总任务，就是要团结全国各族人民，同心同德，有计划，按比例，多快好省地发展社会主义经济，建设现代化的、高度民主、高度文明的社会主义强国。而党的总路线和总任务，从来就是我们统一战线的共同政治纲领。按照党在新时期的总路线和总任务，我国现阶段所要解决的主要矛盾，就是要改革生产关系和上层建筑中那些妨碍实现四个现代化的部分，扫除一切不利于实现四个现代化的旧习惯势力，把我国目前还是很低的生产力水平迅速提高到现代化水平，在本世纪内实现四个现代化。因此，我们必须适应这一形势，坚持以生产斗争为中心，牢固树立统战工作必须为现代化建设服务这一根本的指导思想。同时，还要立足于争取台湾回归祖国，这是统一战线所担负的另一方面的任务。我们应当按照《告台湾同胞书》的精神，调动党内外人士的积极性，通过他们在港、澳、台和国外的社会关系，积极开展工作。由此可见，新时期统一战线担负的任务是十分光荣而艰巨的。中央主要领导同志在《政府工作报告》中强调指出："我们要充分发挥统一战线的作用，调动一切积极因素，团结一切可以团结的力量，来保证我们光荣而艰巨的社会主义现代化建设事业的胜利。"我们应当充分认识新时期统一战线的重要作用，增强信心，认真把统战工作和政协工作做好。

第三，我们还要认清新时期统一战线的基本方针政策，就是要把正确处理人民内部矛盾作为总题目。在新的历史发展时期，由于我国内部阶级状况发生了根本的变化，作为阶级的剥削阶级已经不存在了。虽然也还存在阶级斗争，但它已经不是我国社会目前的主要矛盾。正确地开展阶级斗争，也是为社会主义现代化建设这一中心任务服务的。就统一战线内部来说，社会主义的工人、农民、知识分子和其他拥护社会主义的爱国者之间，在政治态度上、思想感情上虽然还存在着某些差别，存在着这样或那样的矛盾，但这些都是属于人民内部矛盾。在他们之间没有根本的利害冲突。建设和发展社会主义，是统一战线内部所有成员的共同利益和根本愿望。所以，新时期的统一战线工作，应当把正确处理人民内部矛盾作为总题目。要严格遵照社会主义民主和社会主义法制，采取服之以理、导之以法、疏而不堵的方法，即从团结的愿望出发，坚持正面说服教育，平心静气地讨论问题，开展批评与自我批评，积极帮助各方面人士在实现四个现代化中不断取得新的进步。只有这样，我们才能正确处理统一战线内部的各种矛盾，发掘和调动一切积极因素，加强各民族人民和一切爱国力量的大团结，发展安定团结的政治局面，为现代化建设和实现统一祖国大业作出应有的贡献。

三、关于今后统一战线和人民政协的工作

在新的形势下，革命统一战线进一步巩固和发展，我们政协应该做的

事情也很多。根据新时期统一战线的性质、任务和基本方针政策，结合我县的具体情况，为了充分发挥统一战线和人民政协的作用，对今后一个时期的工作提出如下意见：（一）调动一切积极因素，为加快我县经济建设服务。在本世纪内实现四个现代化，是全党全军和全国各族人民为之奋斗的总目标。我国是一个多民族的国家。现代化非常需要少数民族，少数民族非常需要现代化。由于历史的原因和林彪、"四人帮"极"左"路线的严重干扰破坏，我县特别是瑶区的经济、文化还是比较落后，群众生活水平仍然比较低。努力加快我县经济建设的步伐，让全县人民尽快富裕起来，这是摆在我们面前的一项重要任务。按照新时期形势发展的要求，在今年九月召开的第四次县党代会上，县委在工作报告中提出了我县今后三五年内的经济建设规划设想和具体措施，在这次召开的第六届县人民代表大会上也将进一步提出我县今后经济建设的具体指标要求和措施，我们统一战线和人民政协要围绕实现这些规划，努力开展工作。我县是少数民族地区，少数民族上层爱国人士不少，大、中专以上程度的农业技术员有81名、工程技术员52名、医务人员282名，教员284名，其他大、中专技术员326名；归侨、侨眷、港澳台家属有1200多人，他们的亲人分布在二十多个国家和地区。只要我们充分发挥人民政协的作用，切实保障和尊重人民政协的政治自由、组织独立和法律上的平等权利，进一步落实好党的民族、知识分子、侨务等政策，在政治上、思想上、生活上、工作上给予关怀照顾，切实解决他们的实际困难和问题，认真搞好他们的团结教育工作，就能充分发挥他们的积极作用，调动起一切积极因素，为建设连南作出积极的贡献。

（二）认真落实统战政策，巩固和发展安定团结的政治局面。党的统战政策，是根据党的思想路线和政策路线制定的，是党的总政策中不可分割的重要部分。在各级党委的直接领导和重视下，前段我县落实政策的工作取得了很大的成绩，但任务还很艰巨。我们一定要协助党和政府，进一步落实好党的统战政策。就当前来说，要突出抓好如下几个方面政策的落实：第一，对原工商业者的区别工作，目前还有一些手尾，要按照中共中央〔1979〕84号和95号文件的精神继续抓紧进行，本着"实事求是""从宽了结"的原则去做，力争尽快了结这一工作；第二，要抓紧做好侨改户改变成分的工作。据了解，我县尚未改变成分的华侨地主、富农及其家庭成员共有十多户。主要是有的干部、社员对此项工作不够理解，致使迟迟没有结束。我们一定要按照国务院侨务办公室《关于改变华侨地主、富农成分问题的意见》，在做好思想教育的基础上认真把这项工作抓紧抓好；第三，对原国民党起义投诚人员和去台湾人员的亲属的工作也还要继续做好。凡因这些问题受牵连、受处理的，要按照党的政策有关规定，督促有关部门抓紧调查纠正；第四，要继续加强对广大归侨、侨眷的思想教育工作，关心归侨、侨眷的生产和生活。要协助有关部门积极做好侨汇物资供应，改善接待工作，为我县经济建设争取更多的外汇；第五，要进一步落实党对知识分子的政策。知识分子是工人阶级的一部分，是四化建设的尖兵。我们一定要依靠他们来办好各项事业，尊重他们的辛勤劳动。要做到在政治上充分信任，工作上大胆放手，生活上优先照顾，使他们真正有职有权有责，充分发挥在四化建设中的积极作用。除了上述这五个方面的政策以外，我们还要协助党和政府认真贯彻好党的民族政策。这不仅是当前而且是长期的一项重要任务。党的民族政策，内容是很丰富的。为了适应于形势发展的需要，我们尤其要关心自治县机关的政权建设，热情帮助党和政府迅速培养一大批德才兼备的少数民族干部。同时还要想办法、出主意，积极帮助少数民族地区发展经济、文化教育、卫生事业，并加强群众的思想教育，以防止和克服大汉族主义和地方民族主义，进一步增强民族团结，共同把连南的事情办好。

（三）组织政协委员和各界人士认真学习马列主义、毛泽东思想和时事政策，努力做好工作。党的工作着重点转移后，对我们政协工作提出了更高的要求。我们一定要密切结合为四化服务的实践，采取各种形式，组织政协委员和各界人士认真学习马列主义、毛泽东思想，学习时事政策。当前，还要继续组织学习党的十一届五中全会公报和邓小平同志《关于目前的形势和任务》的报告，学习全国五届人大三次会议和全国五届政协三次会议的文件以及全国统战工作会议的精神，务使大家对五中全会的伟大意义和在新的历史阶段中统一战线和人民政协的任务、作用，有个一致的认识，进而统一思想，增强信心，同心同德，为实现四个现代化的宏伟目标而努力。同时，为了适应向四化进军的需要，我们还要组织学习经济理论、管理知识、科技知识和法律知识，以提高科学文化水平和业务水平。在组织学习过程中，要发扬实事求是、理论联系实际的优良学风，提倡敞开思想，畅所欲言，明辨是非，以理服人，互相促进，共同提高。今后，我县凡有关重要会议、文件的传达和重要时事，都要组织政协委员和各界人士进行学习讨论，并还可以结合各个时期的学习内容，有计划地组织大家到工厂、农村调查研究，参观学习。通过学习，进行自我教育，开展自我批评和互相帮助，继续改造思想，提高为四化建设和统一祖国多作贡献的自觉性，努力做到思想上不断进步，行动上有所体现。

（四）积极做好对台和港澳工作，为实现祖国统一大业作出贡献。华主席今年五月访日期间在会见旅日华侨和台湾同胞代表时的讲话指出："台湾回归祖国，实现祖国统一，是摆在我们面前的一件大事。祖国政府和人民十分怀念台湾骨肉同胞。"目前的形势对台湾回归祖国十分有利。我们一定要按照党对台湾回归祖国已经制定了的基本方针和政策，积极主动地做好台湾同胞、港澳同胞和海外侨胞的工作。要掌握时机，通过各种渠道，认真做好政策宣传和团结工作。同时，还要认真做好华侨和港澳同胞的接待工作，无论是主动上门或请进来，不论人多人少，都要热情接待，使他们感到社会主义祖国的温暖、可爱，从而消除他们因反动宣传所造成的疑虑，更好地发挥他们穿针引线作用，并通过他们努力引进外资、设备，加速我县经济建设。

（五）发扬民主协商精神，密切同各界人士的联系，充分发挥人民政协在我县政治生活中的作用。人民政协是发展社会主义民主的重要组织和联系人民群众的重要纽带。我们要发扬民主协商的优良传统，对我县今后的政治生活、大政方针和社会主义建设中的重大问题，必须适时召开政协全委会或常务委员会，进行民主协商讨论，提出意见和建议，并发挥对宪法和法律实施的监督作用。同时，还要组织政协成员听取群众意见，协助党和政府深入开展社会主义民主和社会主义法制的教育，更好地处理民主与集中、自由与纪律的关系，批判无政府主义和极端个人主义，打击各种犯罪分子，维护正常的社会秩序、生产秩序、工作秩序和人民群众的生活秩序，保证社会主义四化建设的顺利进行。

委员们，同志们，人民政协是毛主席和周总理亲手创立的。在新的历史时期，人民政协作为革命的爱国的统一战线重要组织，它所担负的任务更加光荣而艰巨。我们的工作也是大有作为的。让我们在马列主义、毛泽东思想的指引下，在中共连南县委的直接领导下，努力做解放思想的促进派，做安定团结的促进派，做四化建设的促进派，做完成祖国统一大业的促进派，为建设文明、富裕的新连南，为实现四个现代化的宏伟目标，为早日完成祖国统一大业而共同奋斗。

三、县政协第三届常委会工作报告

陈新寅

1984年6月20日

各位委员：

我受县二届政协常委会的委托，向本届政协全体委员第一次会议作工作报告，请予审议。

我县二届政协自1980年11月召开第一次全体委员会议以来，至今已有三年六个月的时间了。三年多来，我们全县各族人民在上级和县委的正确领导下，认真学习和贯彻执行党的十一届三中全会以来的路线、方针、政策，在全面开创社会主义建设新局面中，不断胜利前进，使我县物质文明和精神文明建设取得了可喜的成就。农林业生产持续增长，农村经济正在向商品性发展，农村形势一片大好；工业总产值不断提高，地方工业稳步发展，企业素质大大改善；商业改革取得较大成效，内、外贸易越搞越活；城乡市场出现了中华人民共和国成立以来少有的繁荣景象，人民生活有了较大改善；社会风气和社会治安明显好转，安定团结的政治局面不断巩固；教育、卫生、科技事业有了新的发展，计划生育工作取得显著成效；城镇建设经过三年努力，县城面貌焕然一新；政权建设得到加强，政府工作有了较大改进，各级领导班子成员向四化方向迈出了一大步。在各行各业大干四化的热潮中，我们县政协遵照党的政策和国家宪法，坚持"长期共存，互相监督，肝胆相照，荣辱与共"的方针，根据自己的职责和任务，在上级政协的指导和县委的关怀领导下，同样做了大量的工作，取得了较好的成绩。综合起来，主要有如下几个方面：

一、制订了制度，充实了力量，参与了国家和全县大事的讨论

我们根据自己的任务与特点，为使工作顺利地开展起来，常委会先后制订了会议制度、学习制度、小组活动制度等。几年来，按照这些制度，基本上做到了一年召开一次全委会，每季召开一次常委会。并运用集中与分散，听报告、听广播与个人看书报、文件相结合的方式，全体委员先后着重学习了中共十二大文件，学习了《中华人民共和国宪法》，学习了《中国人民政治协商会议章程》。同时还根据党的各个时期的中心工作，认真学习了党和国家的有关方针政策、法律法令。通过会议和学习等活动，委员们不仅积极地参加了国家大政方针和全县大事的讨论、研究，发挥政治协商、民主监督的作用，而且进一步促进了自身的革命化建设。我们有不少委员，在自己的工作岗位上，兢兢业业埋头苦干，为四化建设作出了应有的贡献。有的还光荣地被评为先进工作（生产）者，得到了人民群众的好评。

但是有一部分委员，自二届一次会议以后，由于工作的需要和情况的变化，已调离了原来的工作岗位。这对委员的广泛性、代表性带来了一些影响。为了适应新形势发展的要求和工作的需要，经委员们的充分协商讨论，几年来共增选了六名委员，其中三名常委，一名副主席，使我们政协组织得到进一步的健全，力量得到进一步的充实。

二、对"三胞"及其家属的情况进行了调查了解

过去由于极"左"路线的影响，我县大多数侨胞和台湾同胞、港澳同胞及其家属都十分害怕"海外关系"，不敢也不愿暴露自己的身份。为了落实党对这些人的政策，消除极"左"思想的影响，把工作做到每家每户、每个人身上，我们会同有关部门，对上述人员进行了调查摸底了解工作。现已初步了解和掌握了他们的基本情况，为今后进一步做好这方面的工作，打下了良好的基础。

三、开展了巡视、参观走访活动

几年来，我们专门或配合有关部门，对我县人民医院、民族中学、民族小学、寨岗中学以及部分瑶区小学进行了巡视。通过活动使我们看到了自从党的十一届三中全会后，知识分子政策逐步得到了落实，十年动乱所造成的对知识分子的偏见，已经和正在得到纠正，广大人民群众十分尊重和爱戴知识分子。知识分子的社会地位有了很大的提高，生活、工作条件也有了一定的改善。他们的一些后顾之忧正在逐步得到解决，精神面貌是好的，积极性已调动起来，他们辛勤的劳动是卓有成效的。同时也看到了存在着一些急待解决的实际问题，如不少乡村学校教室、宿舍比较简陋破烂，教师的住房比较欠缺、紧张，一些地方的适龄儿童入学率还比较低，部分教师素质也较差，生活艰难，子女就业难，有些同志长期为少数民族服务的思想还不牢固。我们针对这一系列的问题，向政府和有关部门提出了改进的建议和意见，现在看来，有些已得到了解决，有些正在研究落实之中。相信，在县政府的重视和有关部门的支持努力下，问题终究是会得到很好解决的。

为了开阔眼界，增长知识，搞好自身革命化建设和本职工作，我们还

组织了部分委员进行了历时十二天的参观走访活动，参观的委员除饱尝优美的山水风景和名胜古迹外，还虚心地学习别人的先进经验。通过参观走访，对比检查，找到了自己不足之处，明确解决的方法，增添了克服困难搞好工作的信心和决心。

四、积极开展对内对外的宣传

为了使党的统战政策深入人心，取得效果，我们通过召开各界人士、民族干部、侨属、港、澳、台家亲属等各种类型的座谈会；组写对外宣传、广播稿，以及深入重点人物家中个别谈心，接待回乡探亲旅游者和节日的慰问等形式，大力宣传党的统战政策；宣传中央领导同志对统一祖国问题的讲话；宣传祖国和家乡面貌日日新，工农业生产大发展等大好形势。几年来，我们先后召开过比较大型的座谈会共有十次，与会的绝大多数同志通过耳听目睹或亲身的体验，对党对国家的关怀十分感动。很多同志说，现在的政策就是好，真能使人放心了。不少台、侨属还表示要想方设法去寻访在台、在海外的亲友，如实地把党和国家的政策和家乡的变化情况告诉他们，鼓励他们回来探亲访友，以进一步增强相互的感情，密切相互的关系，为祖国的四化建设和统一大业贡献力量。目前由港澳台和海外归来探亲访友的人越来越多，甚至连原来在国民党军政届任过职，或者几十年来一直不够放心回来的老人，现在也回来了。其中有一人还努力克服生活上的不习惯等困难，相隔不到五十天就回来了两趟，还表示愿为家乡建设出力。

五、热情做好接待工作

我们一方面努力做好人民群众的来信来访的接待工作，一方面热情做好华侨、外宾和港、澳、台同胞的旅游参观、探亲访友接待工作。几年来共接待群众来信来访750人（次）；接待旅游、探亲、访友的共600多人（次）。在接待中，我们十分注意做到热情、朴实、耐心、有礼，在政策许可的范围内，努力设法帮助他们解决提出的问题，予人方便与愉快。对不合理的要求则进行耐心的说服教育。通过这一工作，进一步加强了与各界人士的联系，增进了相互间的了解与友谊，激发了华侨、外宾、港澳台同胞的爱国爱乡感情。如有的回家乡探亲访友的华侨、港、台同胞说："没料到像我们这样对人民没有作出什么贡献的人，会受到人民政府和父老兄弟的热情款待，真是不敢当。""家乡确是好，我们还要再回来"。

此外，我们还大力协助省政协经济咨询工作组在我县纺织厂、水泥厂、食品厂、冰室、酒家等单位开展咨询服务工作，通过工作组的活动，解决了一些疑难问题，并已经或将要对上述一些企业在进一步提高劳动生产率，减轻劳动强度，减少原材料消耗，降低生产成本，提高经济效益等方面起到一定的作用。

六、协助有关部门，认真做好政协委员的政策落实工作

为使党的政策能在我们政协成员中得到更好的落实，充分调动委员们的积极性，发挥应有的作用。我们会同有关部门，把落实政策作为一项重要的任务，认真注意解决落实政策中的遗留问题。在工作过程中，还对委员们的落实政策情况，进行了一次全面的检查。检查中我们发现有十位委员在过去的历次运动中，受到了各种不同程度的冲击。其中有六位同志纯属搞错，四位同志受了过重的处分，经过检查复议，都先后得到了平反纠正，妥善的解决。有的职务、级别得到了适当的调整；有的恢复了公职；年老体弱的办理了退休。此外，尚有九名同志在"文化大革命"期间，也受到了较大的打击和伤害，这些同志的问题，已先后基本获得了解决，生活困难得到了补助，政治名誉得到了恢复。由于政策的进一步落实，委员们的思想包袱放下了，心情舒畅开朗了，工作干劲也增大了，他们的精神面貌焕然一新，在自己的工作岗位上积极努力，埋头苦干，愿为四化多作贡献。

七、努力协助有关单位调解民事案（事）件

我们根据党和国家的政策规定，秉着实事求是，有利于团结有利于生产和工作的精神，积极协助有关单位，对在全县范围内发生的民事、山林等纠纷案（事）件，深入的进行了调查处理。几年来，共调处了此类案（事）件34宗，较好地防止了事件恶化发展，伸张了正义，打击了歪风，教育了干部群众，增进了民族的团结和友谊，调动了他们的生产（工作）积极性。

几年来，政协工作虽然取得了一定的成绩，但检查起来，也仍存在一些问题，主要表现在政协各组的活动还不够正常；委员本身的学习抓得还不紧，常委的集体学习也不够正常和深细；专题调研和考察巡视还未形成经常化；联系各界人士的面还不够广；落实政策上还有点尾巴。这些问题都是值得我们今后加以注意克服和解决的。

各位委员，我们政协第二届委员会任期现已届满，并完成了历史赋予它的光荣使命。新的一届委员会已经诞生。当前，我们正面临着新的经济振兴和新的技术革命的伟大时代。《中国人民政治协商会议章程》指出："中国人民政治协商会议要在热爱中华人民共和国、拥护中国共产党的领导和拥护社会主义事业的政治基础上，尽一切努力，进一步巩固和发展爱国统一战线，调动一切积极因素，团结一切可能团结的人，同心同德，群策群力，维护和发展安定团结的政治局面，促进社会主义民主和法制的建设，为全面开创社会主义现代化建设的新局面，实现我国各族人民的总任务而奋斗。"我们新一届委员会的任务，就是要继续高举爱国主义旗帜，进一步解放思想，发扬民主，调动一切积极因素，发展和加强中华民族的大团结，大统一，为实现八十年代以至九十年代的三大任务作出新贡献。

根据上述任务，结合我县的实际，对政协今后工作，向第三届委员会提出如下几点建议：

一、端正思想，进一步提高对政协工作的认识

人民政协是中国人民最广泛的爱国统一战线组织，在过去的革命斗争中，是我们党取得革命胜利的一个法宝。1949年9月，中国人民政治协商会议第一次全体会议，还代行了全国人民代表大会的职权，代表全国人民的意志，宣告中华人民共和国的成立。随后在党的领导下，在团结全国各族人民、各民主党派、各阶层人士胜利进行土地改革、抗美援朝、恢复国民经济斗争中，都发挥了重要的历史作用。现在随着我国阶级状况的根本变化和国家政治生活的健康发展，人民政协在我国政治体制中，已成为发扬社会主义民主和实行互相监督的重要形式，它在国家政治生活中所起的作用，是其他机关难以代替的。在八十年代以至九十年代的新的历史时期，完成全国人民的三大任务中，我国的爱国统一战线具有更强大的生命力，它将发挥更大的作用，仍然是我们中国人民团结战斗、建设祖国和统一祖国的一个重要法宝。对此我们必须有足够的认识，继续消除"左"的影响，纠正一切错误观念，不理睬那些流言蜚语，克服自卑感，振作精神，热爱本职工作，积极开创人民政协工作的新局面。

二、认真开展工作组活动，密切与各界人士的联系，充分发挥他们的作用

密切与各界人士的联系，认真做好各界人士的工作，这是我们全体委员的一个共同的光荣任务。我县是少数民族县，少数民族人口占全县农业人口的一半，中专以上文化程度的知识分子、专业工程技术人员有597人。旅居国外的华侨华人、侨眷以及港、澳、台同胞及其家属也有560多户，2860多人。这些人士中，绝大部分人是爱国爱乡的。有一定的社会影响，如果我们能与他们取得经常的联系，宣传党和国家的政策规定，传播先进思想，交流科学技术知识，反映他们的意见，协助解决他们的困难和问题，关心他们的生产生活，维护他们的正当权益，他们的爱国爱乡感情和建设社会主义的积极性，必定大大地增进和提高，对祖国建设和统一事业的贡献也会更大。全体委员和各工作组应经常深入到本单位（区、乡）

各界人士中去，与他们打成一片。了解与反映他们的需求，关心他们，团结他们，同他们促膝谈心，开展爱祖国、爱人民、爱劳动、爱科学、爱社会主义公德的活动，积极推动社会力量兴办各种有利于社会主义建设的事业。

三、认真宣传贯彻好党和国家的各项统战政策

宣传贯彻好党和国家的各项统战政策，对于团结一切可能团结的力量，调动一切积极因素，发展和加强中华民族的大团结大统一，搞好社会主义物质文明和精神文明建设，实现本世纪末工农业总产值翻两番的宏伟目标，完成三大任务都具有十分重要的意义。我们在思想上应有足够的认识，并在行动上认真地学习，深刻地领会，采取多种多样的方法方式，积极宣传，努力贯彻好祖国统一的方针政策，知识分子政策，民族政策，侨务政策，工商政策和宗教政策等，以进一步克服和纠正偏见，调整关系，消除隔阂和疑虑，扩大统一战线的影响，调动积极性，充分发挥统战政策的威力与作用。

四、充分发挥人民政协的政治协商、民主监督作用

国家宪法和政协章程规定，人民政协的主要职能是政治协商与民主监督。其特点就在于能够广开言路，活跃思想，畅所欲言。我们要坚持"长期共存，互相监督，肝胆相照，荣辱与共"的方针，对国家的大政方针和群众生活的重大问题进行政治协商，并通过建议和批评发挥民主监督作用。同时要积极地对我县的一些重大问题，有计划、有组织、有目的地开展巡视考察，调查研究活动，以掌握真情，积累资料，主动诚恳，实事求是地向政府以及有关部门提出建议或意见，进一步发挥人民政协的职能作用。

五、努力学习，不断提高自己的思想觉悟和业务水平

"重要的问题是善于学习。"在科学技术突飞猛进的时代，在社会主义物质文明和精神文明建设中，我们十分需要认真地学习，不断提高自己的思想水平和工作能力，使之更好地适应新形势发展的要求。为此各位委员都应根据自己的实际，有计划、有要求、有目的地选学一些有关促进思想革命化和推动业务开展的书刊资料。并在实际工作和日常生活中，注意加以总结提高，发扬优点，克服缺点，使自己的革命化程度和业务水平得到不断的提高，在各自的岗位上，充分发挥自己的才能智慧。

各位委员，我们现在正处于社会主义物质文明和精神文明建设蓬勃发展的新时期，面临着迎接新的经济振兴和新的技术革命的伟大时代。让我们在上级政协的指导和县委的领导下，坚持四项基本原则，团结一致，同

四、县政协第四届常委会工作报告

1987年3月25日

唐 彪

各位委员：

自1984年元月县政协第三届第一次全体委员会以来，至今已将近三年的时间了。三年来，我县各族人民和广大干部，在县委和县政府的领导下，同心同德，奋发图强，使全县保持了安定团结的大好局面，经济建设取得了可喜的成绩，工农业生产持续增长，地方财政收支基本平衡，商业购销两旺，城乡市场一片繁荣，人民生活有较大的改善，基本建设和技改工程投资进度快、效益高，交通、邮电、文教、卫生等各方面也有新的发展，形势一片大好。我县人民政协工作，在上级政协的指导和县委的统一领导下，在各界人士的大力支持协助下，经过全体委员和工作人员的共同努力，取得了较好的成绩，为促进海内外同胞的相互了解，巩固安定团结，繁荣我县经济、文化事业和政协建设，作出了应有的贡献。现在，我受三届政协常委会的委托，向大会报告三届政协工作情况，请予审议。

一、深入学习党的统战理论、政策和人民政协章程

换届以后，半数委员都是新生的，虽有满腔热情和干劲，但对人民政协在新的历史时期的地位、性质、任务和作用，却缺乏足够的认识。这个问题如不很好解决，势必影响政协工作的开展。在三届一次全体委员会大会上，第一条任务就提出了把"注重学习，以端正思想，进一步提高对政协工作的认识"，作为大事来抓，强调要继续清除"左"的影响，克服自卑感，积极开创人民政协工作的新局面。政协党组一建立，即明确提出了学习的内容，方法与要求，印发了学习资料。以后，在每年一度的例会，以及常委（扩大）会和工作组组长会议上，都强调要反复学习统战理论和政策，学习《中国人民政治协商会议章程》，以加强全体委员和工作人员的思想建设，提高业务能力，保证我县人民政协工作的健康发展。通过学

习，统一了思想，克服了一些消极情绪和糊涂观念，提高了对政协性质、地位、任务和作用的认识，加深了对统战工作的理解，增强了搞好政协工作的信心和决心。

此外，还注意利用各种宣传工具，深入宣传人民政协的性质、地位、任务和作用，使人们对政协不但有了进一步的了解，而且给予了更广泛的支持。

二、参与本县各项大事的讨论，进行政治协商，通过各种形式积极反映意见，发挥民主监督作用

"政治协商、民主监督"，是人民政协的主要职能。三年来，我们在履行这一职能过程中，做了如下工作：

（一）参加各种会议进行议政协商。本届举行的三届全体委员会议，我们都认真地作好准备，除总结和研究本身的工作外，委员们还积极参与本县人大会议的重大政务的讨论协商。三年来，我们还通过举行常务委员会（包括常务委员扩大会议）共16次，以及召开各种类型的座谈会，对人民政府和各部门的重要事务，对自治县、自治条例的制订，对党和政府的有关方针政策和群众生产生活等重大问题，积极认真地提出了意见和建议，有效地协助政府和有关部门协调关系，改进工作。

（二）认真落实好委员的提案。三届委员共收到委员提案110件，内容涉及科技、文化、教育、农村、医疗卫生、财贸、环境保护、落实政策、群众生活等方面的问题。这些提案经政府和有关部门的讨论研究，现已基本处理完毕，由于及时反映了群众的合理意见和要求，因而，大大促进了各项工作的落实。例如潘水勇委员关于大力开展林业技术改革问题的提案。在县林业局的组织领导下，大大促进了全县的林业技术改革，并取得了一定效果。涡水区鬼见湾营造的杉树速生丰产林，年高生长达1米，径生长达1厘米，年亩生长量达1立方米，达到省内、国内先进水平。甘记火、骆水旺、罗从、袁海林、黄汗等委员关于整顿及加强市场管理和建设的提案，县委和政府都很重视，县工商行政管理局采取了具体落实措施，现在，三江和寨南两个圩场的秩序大大好转，市场建设也有了新的发展。

（三）积极开展工作组活动。1985年我们总结了开展工作组活动要做到"四个结合"的经验，受到了省、市政协领导和报刊表扬与鼓励。1986年为了适应形势的需要，把原来六个类型的工作组，按照业务对口的原则，改编为十种类型、十二个工作组，这样利于开展对口协商监督，使工作组的活动更加方便，提出的意见、建议更有针对性，因此收到了很好的效果。如计划经济组在对电机厂和轴承厂进行对口考察后，分别写成了《关于电机厂的考察报告》和《关于连南轴承厂的考察报告》；卫生组对南岗区妇幼工作进行了对口调查，写成了"南岗妇幼工作调查情况"；民族组对三个瑶族边远山区的乡村教育进行了调查，写成了"对几个边远乡村小学教育工作考察情况的汇报"等。这些报告既有情况，又有提出解决具体问题的意见，很受有关部门的重视和欢迎。为了搞好对口协商工作，政协党组于1986年9月14日给县委写了《关于进一步健全和完善政治协商制度》的请示报告，县委根据这一意见，于1986年11月28日向全县各级党组织发出了《关于进一步加强同政协各委员会、工作组联系、协商的通知》，提出了五点具体要求，为今后更好地发扬社会主义民主，充分发挥人民政协职能作用，创造了很好的条件。

（四）充分发挥委员的积极作用。委员们除了参与工作组活动外，还积极主动地对本单位的各项建设事业出谋献策。政协副主席曾启煌同志，年过花甲，在县的招生工作中，不怕辛苦，任劳任怨。1986年暑假大专招生期间，积极与广州、韶关等地高等院校联系，及时反映考生成绩，要求各院校对少数民族地区考生在录取时候给予适当照顾。经过多方面工作以后，使原考上大专录取线的人数由45人，增加到97人，为少数民族地区输送培养人才工作作出了贡献，为此曾受到了韶关招生办的表扬。委员唐少雄同志，结合本身业务，根据三排石灰岩山区的实际情况，大力发展苎麻生产。他深入山溪乡，具体组织了一个苎麻生产种植的试验点，以点带面，用榜样说话，掀起了全区种植苎麻生产的高潮，1986年全区共种植苎麻570多亩。同时，还在山溪的点，开展试种苎麻的育苗工作，获得了成功，不单解决了该乡种苗的自给，还支援了兄弟乡发展苎麻生产。委员陈少忠同志积极搜集科技资料，为县里经济建设提供了不少可靠的信息。县食品厂引进分装生产线，急需鲜啤保温槽车两台，由他所提供的信息解决了，一项就节省投资达八万元。委员邓志文同志带病坚持工作，有一次他带病为病人进行手术，坚持了数小时，病人得救了，但邓志文同志一出手术室，由于疲劳过度，自己却险些晕倒。委员潘岐奋同志，辛勤为少数民族教育事业耕耘。近几年来，他先后被评为县、市、省和全国先进分子、教育改革积极分子，荣获全国优秀班主任的光荣称号。委员黄海耳同志，专心致志收集民族音乐资料，积极撰写研究民族音乐文章，有些还被省级杂志采用发表，为挖掘、收集、整理民族音乐文化遗产，作出了自己的贡献。

（五）走访委员，了解情况，及时帮助委员排忧解难和反映群众意见。每年政协领导均不定期地走访委员，与委员们开展谈心活动，了解他们的疾苦，帮助他们解决实际困难，调动他们的积极性，听取和反映他们和群众对党和政府工作的建议。通过走访，不仅了解了委员的心声，及时帮助解决他们合理的要求，调动了积极性，而且进一步加深了彼此的感情和友谊。例如蒋维全委员，通过走访，开展了促膝谈心后，他非常感动，近两年积极地为当地建设事业出谋献策，他提出关于"三江和寨岗两个圩场设置安排的意见"，在县政府的重视和大力支持下，经有关部门认真地研究实施，现在有些已得到了落实。在走访中，我们得知董百妙委员及其海外亲属深切希望得到在瑶区的亲人归来团聚时，我会派出领导，亲自到瑶区进行细致工作，终于实现了他们的愿望。当其海外亲属得知此消息，极为感动，来信深表谢意，表示一定要争取机会返国一行，亲自登门拜访感谢。今年春节期间，其亲人董洁之女士如愿以偿千里迢迢从加拿大回到家乡，设宴致谢，祝愿祖国繁荣昌盛，家乡面貌日新月异。她还赠送了一块壁镜，上书"家乡亲人好，同胞情谊深"十个大字，深表心意。1985年春节前，政协领导分头走访了所有农村委员，并将委员们所反映的广大人民群众当前急需要求帮助解决的问题，进行了调查核实后，综合为七个问题及时地报告了县委。

三、协助有关部门，认真落实各项统战政策，以调动各界人士为四化建设的积极性

三年来，我们始终把落实各项统战政策这一工作，作为政协的一项重要任务来抓，列入常委议事日程，经常分析研究，并分工三名常委具体负责。首先是对政协委员的有关政策的落实，我们根据委员提出的要求予以落实补发工资、寻找被抄走物品、复议过去的处分、职务待遇、家庭成分、退还住房、清理个人档案材料等问题，进行了一系列艰苦细致的工作，在弄清情况的基础上，对照党的有关政策规定，一一予以回复和提交有关部门研究处理。经上级工作组的检查，认为委员们的政策落实问题，已基本上得到了解决和澄清。其次是落实侨务政策，重点是解决侨房问题。我们积极协助侨务办公室，深入进行调查核对，按照党的有关政策规定，一户一户地进行落实，到目前止，共落实侨房18户、9688.8平方米，深受海外华侨、港澳台同胞和他们亲属的好评。再次是协助落实好何春帆等知名人士的政策等。由于各项政策得到落实，对巩固安定团结的政治局面，调动委员和各界人士的积极性都起到了积极的作用。

四、"三胞"工作，有所发展

几年来，我们围绕"和平统一，振兴中华"这个总的目标，加强与"三胞"的联系，积极宣传和落实党的华侨政策，宣传家乡的新面貌，激发他们的爱国爱乡热情。1984年，美籍华人胡品雅博士，经广州回连南家乡探亲，看到家乡的变化，他深有感触地说："共产党真了不起，共产党的政策的确好。我回去要把共产党的好政策和家乡的可喜变化，告诉海外的亲人和朋友，叫他们也回来探望家乡。"1985年，八十高龄的美籍华人余海菠医生，偕同她女儿一行六人回乡探亲，受到了热情接待，她深有感触地说："千好万好不如家乡好，千亲万亲不如家乡亲。"临别前还写了"故乡水甜人更好"的题词作留念。她回美国后，来信表示将其在大陆县城内的一间房屋产权，连同邮寄来的一千美元，捐赠给淳溪中学作为支援家乡办学的一份心意。1986年3月，我们还协助市政协接待了旅港连阳同乡会一行24人的回乡参观团，在团长杨杰先生，副团长关志汇、梁兆棠先生带领参观团到达后，我们自始至终与县的其他领导一起陪同他们参观，举行座谈，并热情积极地为参观团成员郑光先生找到了阔别三十多年的外甥陈稿清，为何炳均先生找到表妹张佩英，为刘德志先生找到了侄女刘绮香、刘清香，侄子刘卓山、刘卓亦、刘卓宗、刘卓柿，胞妹刘球英等亲人。他们均对我们深表感谢，特别是刘德志先生更是高兴万分，他说："我的亲人个个都有职业，有的还当了副区长，有的当了政协委员，参与国家大事，我们做梦也不敢想！政府对我们如此热情，我回港后，一定要把这些情况，告诉在台湾的亲人，使他们放心。"团长杨杰先生在答谢宴会上说："看到了家乡的变化，各种事业发展的繁荣景象，有哪个不热爱自己的祖国，哪个不热爱自己的家乡。"最后在他们离开我县时，还给我们政协赠送了锦旗。近三年来，淳溪中学收到来自美国、印尼侨胞和港、澳同胞余海波、黄刚、胡品雅、董感秉等18人热心资助复办淳溪中学的捐资16111元。

五、创办了《连南文史》，加强了史料的征集和抢救工作

《连南文史》第一辑，在县委和政府的重视支持下，已于1985年10月出版了。它的出版，很受各界人士的热烈欢迎。有的同志说："这是县政协为连南瑶、汉族人民办了一件大好事"。香港中文大学新亚书院人类学系来连南收集瑶族史料的助教关耀文、江丽琼一行六人，发现《连南文史》后，即特意来到政协道贺，并热情称赞这辑《连南文史》是一本很有参考价值、珍贵难得的书，祝贺连南县政协为连南史学研究做了件好事。

八排瑶族的史料，因本民族没有文字，仅靠祖祖辈辈口头相传。1985年以来，我们采取了积极开展抢救工作的有力措施。《排瑶婚俗》《里八洞残酷烧杀》《白石洞大会场的由来》等史料，就是在领导重视，抓紧时间深入采访，易稿多次之后写成的。反映县城三江的《三江小学简史》和

《三江图书馆五十年来的变迁》，也是以只争朝夕的精神抢救出来的，知情人蓝瑞珍，1985年秋，已是81岁高龄了，却积极提供史料和认真撰写稿件，当蓝老所提供的史料完稿后，他却与世长辞了，而这两篇文史资料却永留后世。

《连南文史》至今已出版了三辑，共登载了三十六篇文章近十万字。《连南文史》的出版已初步收到了"以文会友"的效果，不少人尤其是一些关系人，看了我们史料中对其亲属过去功过的正确评价后，深感鼓舞和安慰，有的则来信向我们索要，表示今后加强联系，有的海外游子由于历史的种种原因，几十年来未曾回过乡的，而这两年也回乡探亲访友了，并亲自登门到我会和我们亲切交谈。

六、组织委员赴外地参观学习

1986年11月5日至15日，由两位副主席带领委员一行七人，历时11天，赴湖南的江华瑶族自治县、道县和广西的富川瑶族自治县、平乐县、钟山县、贺县参观学习。兄弟县的工作新经验，开阔了我们的视野，使我们受到了一次生动实际的启发和教育。

七、参加了党的中心工作

三年来，我们按照县里的部署，分别参加了县传达贯彻中央一号文件、县计划生育、经济体制改革试点、农村春耕生产、整党、乡镇企业情况调查和贯彻山区工作会议，帮助治穷致富等的工作队活动，为党的中心工作作出自己应有的贡献。1985年冬，山区工作会议以后，我们政协派出一名领导，会同县的其他领导，带领一行七人的扶贫工作队深入到较贫穷的百斤洞乡，具体摸索如何解决石灰岩贫困地区脱贫致富的经验。经过一年多的努力，取得了较好的成绩，还得到了省、市领导的肯定和媒体的鼓励、赞扬。

此外，三年来，我们还编辑出版了十七期《连南政协》，处理了大量的人民来信来访，多次协助县和市在深圳召开旅港同胞乡亲座谈会，协助省、市政协做好来我县开展咨询服务工作和支边活动，组织在县城内工作的委员定期集中学习等等。

三年来，我们虽较好地完成了政协的各项任务，并取得了很好的成绩，可说是我县政协成立以来形势最好的时期之一。但工作上仍然存在不少缺点，主要是政治协商和民主监督还不够充分活跃，宣传政协在国家政治生活中的地位和作用还不够，各个工作组的活动发展不够平衡，实际效益不够理想，委员间的联系也不够密切，政协的机关工作还有待进一步的改善。所有这些，都需在今后加以认真的克服和改进。

各位委员，第三届委员会已经完成了历史赋予的光荣使命，新的一届委员会已经诞生。当前，我们的祖国在中国共产党的领导下，正进入一个伟大的历史时期。摆在人民政协面前的光荣任务是要勇于探索，大胆创新，开拓人民政协工作的新领域、新局面，为改革、开放、搞活，"两个文明"建设，为振兴连南作出新的贡献！现根据新时期的新特点，结合我县的实际情况，就今后政协的工作，提出如下几点建议：

（一）努力学习，进一步提高政治思想和业务水平

当前要认真学习中共中央中发（1987）一至六号文件，坚持四项基本原则，反对资产阶级自由化，加强社会主义精神文明建设。资产阶级自由化，是在改革、开放的新形势下出现的一种错误思潮，它的实质是否定社会主义制度，主张资本主义制度。它的核心是反对党的领导。开展这场斗争，关系到党的十一届三中全会以来的路线、方针和政策能否正确地坚持下去，关系到我们的事业将由什么样的一代人来继承，关系到党和国家的命运，以及社会主义事业的前途。这场斗争虽不涉及民主党派和党外知识分子，但坚持四项基本原则是立国治国之本，是我们责无旁贷的大事。要通过学习，进一步提高我们的思想，统一我们的认识，克服和纠正存在的不正风气，坚持社会主义方向，巩固安定团结的政治局面，扩大和发展爱国统一战线，促进祖国统一大业的实现。

《中国人民政治协商会议章程》是我们做好政协工作的指南，应当认真学习，深刻领会。1986年全国地方政协工作座谈会和中央统战工作会议以及省、市政协工作经验交流会的精神，也非常重要，特别是全国地方政协工作座谈会，是中华人民共和国成立以来的第一次，会议根据人民政协的新形势、新情况、新问题，全面总结，互相交流了近几年来各地政协工作所取得的成就和经验。学习和领会好这些经验，对履行政协职能，对提高我们的认识和搞好本职工作都有深远的意义。在学习中，要发扬理论联系实际的学风，实事求是反映情况，提出意见，使学习也成为政治协商、民主监督的渠道。

（二）充分发挥人民政协"政治协商，民主监督"的作用

发挥政协"政治协商，民主监督"的作用，是发扬社会主义民主的一条重要渠道，我们必须把政协工作紧紧地同社会主义四个现代化建设同发扬高度的社会主义民主有机地结合起来，把它作为发展社会主义民主，加强民主政治建设的一个实际行动来抓，积极主动地对国家的大政方针和群众生产生活的重要问题进行政治协商，并通过建议和批评发挥民主监督作用。要发挥"政治协商、民主监督"的职能作用，首先，我们应努力学

习，深刻领会它的意义和目的，克服自卑感，增强责任心，大胆主动的工作。其次，要明确协商的内容。《中国人民政治协商会议章程》总纲写明："对国家的大政方针和群众生活的重要问题进行政治协商，并通过建议和批评民主监督作用"。我想其内容应包括，地方政府的工作报告，地方财政预决算，地方的国民经济发展长远规划、年度计划，重要的人事安排，重大的基建项目的安排和工程的制定及实施，地方立法条例的制定和颁布，有关经济科技、教育体制改革的部署和实施，地方贯彻执行党和国家重大方针政策的设想和实施，精神文明建设的重要部署，有关群众生产、生活大事以及其他重大事项等等。我们应围绕这些内容开展协商和监督工作。再次，要有相应的协商形式与方法。开展工作组活动，进行对口协商，请有关部门向政协委员作报告，通报情况，召开专题座谈会，参与有关的各种会议等。这些方法与形式都是可取的。最后，要组织委员开展参观视察和调查研究工作，使自己的意见更符合政策和客观实际，收到较好的效果。政协工作组是在政协常委会领导下进行活动的工作机构，也是发挥人民政协"政治协商、民主监督"作用的组织形式，今后应按照县委《关于进一步加强同政协各委员会、工作组联系、协商的通知》精神认真研究切实抓好工作组活动的工作，以发挥其积极的作用。

（三）继续做好"三胞"工作

做好"三胞"工作，对促进我县四化建设和祖国统一大业具有十分重要意义。因此，我们要热情地帮助和关怀"三胞"亲属、解决生产和生活上的实际困难，热情支持他们正当的合理的要求，继续贯彻落实好侨务政策，当前应特别抓紧落实好侨房政策，要根据改革、开放、搞活的方针，充分运用政协的优势，采取多种形式，积极开展广交朋友活动。要热情做好"三胞"回乡探亲访友和旅游观光的接待工作，我们诚挚地欢迎所有在台、港、澳和侨居国外的连南籍同胞，回乡探亲访友，游览观光或投资家乡建设。要利用一切有利的机会，积极宣传党的政策，宣传家乡的巨大变化，宣传祖国的大好形势，激发他们的爱国爱乡热情。

（四）继续抓好"文史"的征集出版工作

文史资料工作，在人民政协中占有重要地位，它是爱国统一战线工作的一个重要组成部分。通过征集和出版文史资料，可以广泛团结社会各界及海外爱国人士，激发他们的爱国热情，这对巩固和发展爱国统一战线和全民族的大团结必然起到特殊的作用。要采取有力的措施，进一步抓好《连南文史》的征集出版工作。要把社会效益摆在首位，重点应放在对历史有重大影响的人和事上面；对于当前社会主义现代化建设和提高社会主义思想、道德有直接借鉴作用的资料，要优先征集；要采取广征博采与重点专约相结合的征稿方法，对一些老人掌握的重要史料，要抓紧进行征集抢救，排出名单，把任务落实到人，定出完成的时间，力争在近年内把资料抢救到手；要进一步加强领导，健全文史资料研究委员会机构，切实做好编审，把好政治关、史实关和文字关，使文史资料达到为扩大加强爱国统一战线服务，为编纂历史和教学研究服务，为加强爱国主义和革命传统教育服务的要求。

（五）继续协同有关部门，进一步落实好各项统战政策

几年来，我们在落实各项统战政策方面，做了大量工作，取得了一定成绩，在社会上有一定的影响。今后，仍要继续努力，把党的知识分子、民族、华侨、宗教等各项统战政策落实得更好，以充分调动各族人民和各界人士的社会主义四个现代化建设的积极性。

（六）加强机关建设，充分发挥机关参谋作用

政协办公室是常委的办事机关，政协的日常工作绝大部分要通过办公室完成，办公室机关的建设状况如何，对政协工作任务能否完成至关重要。全体工作人员必须加强学习，不断提高思想水平和业务能力，树立搞好政协工作的光荣感和责任心，在实际工作中开动脑筋，出谋献策，当好参谋，主动工作，发挥自己应有的作用，为促进政协各项任务的落实作出积极的贡献。

各位委员，现在全国正处在改革、开放、搞活的新时期，各族人民积极为现代化建设，为实现祖国统一大业而努力奋斗，我们县政协工作，也应有新的创造，新的发展。我们相信，在县委的统一领导下，在全体委员和工作人员的共同努力下，我县政协工作一定能取得更大的胜利。让我们在党的十一届三中全会以来的正确路线指引下，高举爱国主义旗帜，更加紧密地团结起来，振奋革命精神，积极努力，锐意改革，开拓前进，为开创连南政协工作新局面作出新的贡献！

五、县政协第五届常委会工作报告

唐 彪

1990 年 3 月 24 日

各位委员：

我受政协连南瑶族自治县第四届委员会常务委员会的委托，作本届工作报告，请审议。

一、三年工作的回顾

自一九八七年三月换届以来，至今已三年时间了，在这三年时间里，我们遵照《中国人民政治协商会议章程》和各次全会的决议，根据政协本身的职能与要求，在上级政协的指导和中共连南县委的领导下，在有关部门、广大人民群众的配合支持下，经过全体委员和机关人员的共同努力，使我县政协工作日趋活跃，在全县政治生活和经济建设中，发挥了应有作用，取得了较好的成绩。现将三年来的工作情况报告如下：

（一）关于学习方面

换届以来，我们积极组织委员学习党的十三届三中、四中、五中全会精神，学习党的统战理论和各项政策，学习《人民政协章程》《政协全国委员会关于政治协商、民主监督的暂行规定》以统一思想认识，提高工作积极性，增强参政议政能力。改革开放的实践，使我们认识到，现在正处于历史变革的时期，旧的经济模式转变为新的经济体制，在经济结构上，社会组织形式上，政治体制乃至思想观念上，都会出现许多新的情况和问题，需要我们重新学习，统一思想认识，认真研究处理。加上换届后新任委员及农村委员增多，大家对人民政协的性质、任务、地位、作用，以及如何履行委员职责、搞好工作等问题，均感到生疏和困难，为此，很有必要通过学习来提高认识，明确职责，树立光荣感，增强责任心，做好各项工作。

换届后常委会立即对学习作出了《加强领导，把学习作为今后工作的首要任务来抓》的决定，并结合自己的实际，制度了县城的委员每月逢五，农村委员每个季度学习一次的学习制度，学习中还摸索总结出不少的好方法。如：把学习搬到委员所在单位去，既学习又考察；把常务委员、正副主席和办公室同志编到各个学习小组去，以利于加强具体组织和指导；经常通报学习情况与经验，推动学习的健康发展；坚持以自学为主，集中辅导为辅，分散自学与集中讨论相结合，以解决一些难题等等。通过学习，进一步统一了委员对政协的性质、地位、任务和作用的认识，增强了光荣感和工作责任心，提高了参政议政能力，加深了对社会主义初级阶段的理论和现阶段基本路线的了解。三年来，不少同志在自己的工作岗位上兢兢业业，积极努力，取得了优异的成绩，取得了群众和领导的赞扬。通过联系实际，总结经验教训，不仅认清了国情，而且重新认识了连南。通过学习四中全会精神及有关文件，统一委员的思想，一致表示坚决拥护党和国家对北京动乱和暴乱所采取的英明决策与措施。

（二）关于政治协商、民主监督方面

政治协商、民主监督，是人民政协的主要职能，三年来，我们在履行这一职能过程中，做到积极参与本县大政方针的讨论和协商，并通过各种形式积极反映民意，提出有益的建议和批评，发挥了民主监督作用。具体做了如下工作。

1. 参加各种会议进行协商。本届举行了全体委员会议三次，召开常务委员会（包括常委扩大会议）18次，在全会期间委员列席了县人代会，参与县的大政方针政策和重要计划措施的讨论协商，县政协领导还参加县委、县政府、县人大召开的有关重要会议，对党委政府和各有关部门的重要事务，对自治县的自治体例制定和实施方案，对党委和政府的有关方针、政策和群众生活等重大问题，进行了协商，积极地提出意见和建议，为协助政府和有关部门决策大事，协调关系，改进工作作出了努力。

2. 认真落实委员提案。本届共收到委员提案119件，现已全部办理完毕。提案内容涉及科技、文化教育、农林、医疗卫生、财贸、环境保护、落实政策、经济改革、群众生活等方面问题。所有委员的提案，都经提案审查委员会认真进行了审核后，分别送请县政府及有关部门研究办理。各承办单位对委员的提案是重视的，都能认真负责地进行办理和答复，因而，取得了积极的效果，发挥了提案应有的作用。对提案办理的情况，大体上可以分为如下三种情况：一是提案所提的建议和意见，经有关部门研究认为切实可行，并予以采纳和解决的有42件，占总数的35.3%。二是提案的建议和意见，有关部门认为有一定参考价值，但由于条件所限，目前一时难以解决或只能解决一部分的有24件，占总数的20.2%。三是由于情况比较复杂或其他种种原因，承办单位认为目前难以办到的有53件，占总数的 44.5%。

（3）积极开展工作组活动。三年来我们比较注意发挥各工作组"知情、出力"的积极作用，把开展工作组活动作为履行政协职能的重要措施来抓。三年来，在各个工作组共同努力下，活动开展得较为活跃，很有成效，活动形式多种多样：有的结合自己的业务特点，开展群众性咨询活动；有的则围绕委员提案办理状况进行视察调查研究，促进委员提案的落实；有的针对委员所在的战线、单位存在的问题，进行调查研究，提出改进意见，促使问题的解决；有的是配合形势教育，组织委员参观县内新上经济建设等项目，以了解形势，统一认识，振奋精神，促进工作的开展。

通过工作组学习与考察等活动，及时反映群众的意见和建议，为党政部门和单位出谋献策，改进工作做出了贡献。在开展工作组活动的实践中，有如下几点体会，一是要提高委员对开展工作组活动的认识，这是保证开展工作组活动的思想基础。二是要切实帮助委员解决工作和生产生活的实际困难，这是调动委员积极性和推动工作组活动的重要一环。三是围绕"四个结合"（即结合经济建设，结合党的中心工作任务，结合群众迫切要求解决的问题，结合本地区、本部门工作实际）开展活动是深入开展工作组活动的好方法。

（4）充分发挥委员在各自工作岗位上的积极作用。委员们在各自的工作岗位上积极履行了政治协商、民主监督的职能，主动地为本单位的各项建设事业出谋献策，不少同志的工作成绩显著，受到了县的表扬和奖励。1988年有五位政协委员得到了全县人民的信任，分别被选举和推荐为市人民代表、市政协委员。潘希奋委员是全国、全省教育战线的先进工作者，他负责的县民族小学，在1986年获得了"全国教育系统先进集体"的光荣称号，并代表民族小学出席了在北京举行的表彰大会，得到了国务院的奖励。1988年他又获得省、市"优秀园丁"称号，并得到了县上的表扬和奖励。

（三）关于人民政协四十周年纪念活动情况

1989年9月21日是人民政协成立40周年纪念日，根据上级的要求，我们积极地进行了以宣传政协的性质、地位、任务、作用和表彰先进为主要内容的纪念活动。为了保证活动起到良好的效果，常委会于七月的第十三次会议上，就开始对纪念活动进行了研究，作出了具体的计划和部署，以后又多次进行检查，推动活动项目的落实。由于县委的重视，全体机关工作人员的努力，和社会各阶层、各有关部门的大力支持，使整个活动体现出既轰轰烈烈，有声有色，又踏踏实实，讲求实效，达到了预期的目的。通过广泛的宣传、学习政协基本知识，进一步加深了干部和群众对政协的了解，不少同志说，不是这次活动，我们都不大清楚政协是做什么的，更不知道政协对中华人民共和国的成立、对社会主义革命和建设事业的发展起着如此重大的作用。从而纠正了人们对政协的一种偏见。

这次纪念活动能取得较好的效果，主要抓了：一、运用广播、电视和报刊等宣传工具，大张旗鼓地进行了人民政协的性质、地位、任务、作用的宣传，举办了每周三次，持续一个半月时间的"人民政协基本知识专题讲座"；二、印发了2000份《人民政协基本知识学习资料》，分发全体政协委员和广大干部职工学习；三、由县政协办公室与县广播电视台联合举办了"人民政协基本知识有奖测验"，通过抽奖活动，进一步推动和鼓励广大干部职工的学习积极性，效果非常显著，不少单位，从领导到办事员百分之百参加了学习和测验，还有不少同志为了了解政协情况，学习到深更半夜，十分认真；四、9月21日上午，在县城隆重举行了有全体委员和县属机关副科职以上领导同志参加的庆祝报告会，县委书记邓万社同志和县政协主席唐彪同志分别在大会上作报告；五、出版"人民政协四十周年专刊"，报道了庆祝大会的盛况和刊登了领导讲话（摘要）以及宣传了部分我县政协委员的先进事迹。其中有两位委员的先进事迹被市政协出版的专刊采用。

（四）关于落实各项统战政策和"三胞"工作方面

我们会同有关部门认真落实各项统战政策，热情做好"三胞"联谊工作，调动了各界人士的积极性。几年来，我们始终把落实各项统战政策这一工作，作为政协的一项重要任务来抓，列入常委议事日程，经常分析研究，并分工三名常委具体负责。首先是做好政协委员本身的政策落实，我们根据委员提出的要求予以落实补发工资，复议过去"处分"，职务待遇，清理个人档案材料等问题，进行了一系列艰苦细致的调查核实工作，在弄清情况的基础上，对照党的有关政策规定，一一回复和提交有关部门研究处理。本届政协应落实政策的委员已全部落实了政策。其次是华侨政策工作，重点是落实侨房的政策，我们会同有关部门，按照党的有关政策规定一户一户地进行调查核对，提出处理的意见。到目前为止，全县共落实侨房33户，面积共22235平方米，深受海外华侨，港澳同胞的亲属的好评。再次是积极协助做好我县知名人士政策的落实工作，我们会同有关部门对知名人士何春帆先生的政策问题进行调查研究，根据政策规定，落实了他的政策，并为何春帆先生墓碑举行隆重揭幕仪式，他的功过得到客观的评价，赢得了社会的良好反响。何春帆先生的亲属十分感动，为表示他们的心意，发扬何春帆先生生前热心教育事业的精神，特将落实房屋政策壹万元人民币，捐给县淳溪中学作为奖学基金，以鼓励后人学习。

在党的"一国两制"等方针政策的感召下，"三胞"的爱国爱乡感情，得到进一步的加深，回乡探亲访友和旅游观光的人数日益增多，据统计，全县三年来，共接待了"三胞"4846人（次），其中有几十年来第一次回乡探亲的台胞17人。李毓磷先生是我县第一个由台回乡探亲的台胞，我们热情接待了他，他很感动地把自己的感受概括说：一是见到了阔别几十年的母亲和其他亲人，实现了离别40载的亲人团聚愿望，深感高兴；二是目睹公路通到家，电灯屋里挂，市场繁荣，感受家乡建设变化大；三是现行政策好，弟弟开店经商，年收入可观，生活富裕；四是各级领导把台胞当作亲人，干部平易近人，和蔼可亲，感到祖国的温暖。

（五）关于文史资料方面

文史资料工作，既是学术工作，又是统战工作的组成部分。换届后的第一次主席办公会议便研究了文史工作，随着调整了人员，健全了文史资料研究委员会组织，进一步加强文史资料征集出版工作的领导。1987年底，为献给自治县成立三十五周年而出版了一期文史专辑；1988年，我们突出瑶族文史为重点，又出版了一期少数民族文史资料；1989年再出版了一期以人物为重点的"文史资料"。

《连南文史资料》至今已出版了六辑，共登载了90篇文章，近22.9万字。《连南文史资料》的出版，已初步收到了"以文会友"的效果，不少人，尤其是一些关系人，看了我们的史料中对其亲属过去功过的客观评价后，深受鼓舞，深感欣慰，有的来信向我们索要，表示今后加强联系；有的海外游子由于种种原因，有这样那样的疑虑，几十年未回过乡的，看了县文史资料更加相信党的政策，这两年就放心回乡探亲访友了，并亲自到本会与我们亲切交谈。

（六）关于机关建设方面

三年来，政协机关建设有了加强，办事业务能力得到逐步提高，办事机构得到了进一步的完善。通过深入学习政协知识，党的路线方针政策，现代科学技术，经营管理和法律知识，机关工作人员的政治思想和业务素质得到了进一步的提高。做好工作的信心和决心也得到了进一步的增强。

根据上级指示和工作需要，健全了办事机构，充实了办事人员，逐步建立和健全了科室人员的岗位责任制和有关其他的制度。出版了十七期《连南政协》刊物，介绍交流了各委员的学习和工作等情况。同时几年来还不断组织了部分委员和政协机关工作人员进行专题调查,为党政机关决策提供了参考资料。此外,为了学习兄弟单位的经验,提高委员的参政议政的能力,1988年本会组织部分委员到经济上得快的粤西部分县、市参观学习,取得了良好的效果。还积极协助省政协民族宗教组和文史办在我县的咨询活动;热情接待了来我县参观指导的广西壮族自治区富川县、湖南省江华瑶族自治县以及本省的怀集、云浮、东莞、乳源瑶族自治县和英德等兄弟省(区)县、市政协领导;以及认真处理了一大批的人民来信来访。为了密切政协领导和机关与委员的关系,几年来政协领导和工作人员,先后走访了大部分委员,了解委员们的工作、生活等情况,及时地反映委员和群众的要求。三年来,我们还于春节前夕,对历届离退休老委员进行了慰问。了解他们的生活状况和对政协工作的意见,倾听他们的呼声,使他们深受感动。此外,全体工作人员,还积极参加了县委组织的农村各项中心工作,为党的中心工作做出了自己的努力。

我们的工作虽然取得了一定成绩,但是,我们的工作还存在不少问题,主要是对新形势下人民政协工作出现的新特点和新问题,缺乏及时准确分析研究,有些还未能做到因势利导,及时主动做好协商、监督工作;开展协商监督工作的方式方法还不够灵活多样;如何发挥政协人才库的作用还做得不够;各个工作组活动发展不够平衡,实际效益不够理想;督促有关单位办理提案的工作,有些还不够及时和圆满。

二、今后工作的几点建议

各位委员,我们已跨进了九十年代的新时期,当前摆在我们人民政协面前的光荣任务,是充分发挥政协的整体功能作用,广泛联系各界人士,团结一切可以团结的力量,调动一切积极因素,为维护国家的安定团结,推动治理整顿、深化改革的顺利进行,促进我县经济持续、稳定、协调地发展,加强廉政建设,民主与法制建设,促进社会主义精神文明建设而努力奋斗。为此建议:

(一)为政治、经济和社会稳定作出努力。保持稳定对于我们国家的命运、社会主义前途来说极为重要的,没有稳定的社会环境,什么改革、建设都视不可能的。我们全体委员,要认真学习中央有关文件和重要领导的讲话,认清形势,提高和统一我们的思想认识,坚持四项基本原则,反对资产阶级自由化,在政治思想和行动上与党中央保持一致,为国家的长治久安和经济稳定作出自己的贡献。

在治理整顿、深化改革的历史时期出现的新思想、新问题、新的社会矛盾,要积极主动协助党委和政府做好过细的思想教育工作;加强与各界人士的联系，及时反映他们的意见，认真做好关系协调工作，将一些社会矛盾和问题消除在萌芽状态中。

当前，我县的治理整顿工作取得了初步成效，但也碰到不少困难，县政协要认真贯彻中共十三届五中全会精神，积极支持和帮助党委和政府进一步搞好治理整顿和深化改革，要发挥政协"人才库"的作用，组织有关专业人才，深入调查研究，对当前搞好治理整顿、加强农业生产，发展农林经济，调整产业和产品结构，改善企业经营管理，提高企业效益，解决资金短缺，搞活商品流通，平抑物价，发展教育，加强社会主义精神文明建设等方面，提出好的建议，供党委和政府参考，促使我县国民经济长期持续、稳定、协调地向前发展作出了努力。

（二）认真贯彻、执行《政协全国委员会关于政治协商、民主监督的暂行规定》《中共中央关于坚持和完善中国共产党领导的多党合作和政治协商制度的意见》，把协商监督工作切实做好。协商监督室政协的主要职能，县政协要积极参加县召开的有关重要会议，参与有关县的大政方针讨论和协商，提出建议；注意发挥各专门委员会的职能作用，与有关部门搞好对口协商监督工作；认真收集和办理好委员提案，提案工作搞得好坏关系到协商监督职能作用能否充分发挥的一个重要工作，因此，我们要切实把这个工作抓好；政协要围绕党和政府大政方针等大事，深入开展考察调查，及时反映群众的意见和要求，并积极提出建议，切实帮助党委和政府以及有关部门有效地改进工作。

（三）努力学习，不断提高政治思想水平和参政议政能力。中共中央总书记江泽民同志，在全国政协新年茶话会上说："希望各民主党派、各人民团体和各族各界人士与我们全党一道，加强马克思主义立场、观点、方法的学习，加强对时事政治的学习，这有利于共同探索解决新问题的方法，也有利于防止在复杂的斗争中迷失方向"。我们要充分认识到学习的重要性、必要性，把学习与工作列入计划，根据政协的特点，遵循学习与实践、知情与出力相结合的原则，积极深入地学习党和国家的方针政策、法律、法令；学习时事政治和理论；学习中共中央《关于坚持和完善中国共产党领导的多党合作和政治协商制度的意见》和《中国人民政治协商会议章程》等。通过学习，统一我们的思想认识，提高参政议政能力，增强克服困难的信心和决心，完成政协各项工作任务而努力。

（四）继续做好"三胞"联谊工作。做好台湾同胞、港澳同胞和海外侨胞工作，对于促进我县经济建设和祖国统一大业，都具有重要的意义。我们要运用各种形式和多种渠道，积极主动地开展联谊活动。热情地关怀帮助"三胞"亲属发展生产，解决生产、生活中的实际困难，支持他们的正当合理要求，认真落实侨务政策。诚挚地欢迎"三胞"回乡探亲访友、旅游观光，鼓励他们投资家乡建设，维护他们的正当利益。主动热情做好"三胞"的接待工作，积极宣传党的方针政策和祖国的大好形势，介绍家乡建设的新面貌，激发他们的爱国爱乡热情。

（五）继续抓好文史资料的征编出版工作。文史工作，是人民政协的重要工作之一，它对研究我县近代历史，向人民群众传授历史知识，进行爱国主义和革命传统教育，促进爱国统一战线的发展，维护国家的安定与民族的团结，都具有重要的意义。实践证明，它已起到了以文会友，激发海内外各界人士的爱国热情、增进团结友谊的作用。我们要采取有力措施，继续抓好《连南文史资料》的征集、编审和出版工作。要注意提高质量和社会效益。要抓紧实践大力抢救历史上有重大影响的人和事的史料。要采取广征博采与重点专约相结合的征稿方法，有计划有组织有步骤地挖掘全县史料。要加强领导，健全文史资料委员会，充实力量，认真把好政治关、史实关和文字关，使其达到为扩大和加强爱国统一战线服务，为编纂历史和教学研究服务，为加强爱国主义和革命传统教育服务。

（六）加强机关建设，充分发挥机关参谋作用。政协办公室和各科，是常委会的办事机关，政协的日常工作，绝大部分要通过其办事机关去完成，机关建设的状况如何，直接影响到政协工作的质与量。全体机关工作人员，应加强学习，不断提高政治思想水平和业务能力，树立光荣感和责任心，在实际工作中，振奋精神，开动脑筋，主动工作，深入调研，掌握情况，出谋献策，当好参谋，为完成政协各项工作任务作出积极的贡献。

各位委员，县政协第四届委员会，已完成了历史赋予的光荣使命，新一届委员会已经诞生，我们相信，今后我县政协工作，在新一届委员会常务委员会的领导主持下，在各委员和工作人员的共同努力下，一定能取得更大的成就！一定能在治理整顿、深化改革，促进我县经济的持续、稳定、协调发展工作中，作出更大的贡献！

六、县政协第六届常委会工作报告

杨金隆

1993 年 3 月 8 日

各位委员：

正当举国上下深入学习、坚决贯彻邓小平视察南方谈话和中国共产党第十四次全国代表大会精神，祖国大地又一次涌现这更加宏伟壮观的改革开放大潮，我国的社会主义建设事业，正在发生着历史性的伟大变革。在这大好的形势下，我县政协六届一次会议召开了！在此，我受县政协五届委员会常务委员会的委托，向大会作工作报告，请大会审议。

一、三年主要工作的回顾

县政协五届委员会第一次会议时在跨入九十年代的第一个春天——一九九〇年三月召开的。当时，国际和国内正发生着一系列的重大事件。国际上，正如江泽民总书记在当年春节茶话会上指出的"世界并不太平"；在国内，全国人民正全力投入治理整顿、深化改革，努力把我们自己的事情办好。三年过去了，全国人民坚决贯彻执行中国共产党"一个中心，两个基本点"的基本路线，沿着有中国特色的社会主义道路继续前进，在国际风云急剧变幻的情况下，中国的社会主义制度，经受住严峻的考验，显示了强大的生命力，我国经济建设上了一个台阶。我们县的人民政协工作，就是在这种大好的形势下，在省、市政协的指导和县委的直接领导下，在县人大、县政府、县纪委以及各机关部门和各界人士的大力支持帮助下，经过全体委员和机关工作人员的共同努力，坚持贯彻"中共中央关于坚持和完善中国共产党领导的多党合作和政治协商制度的意见"，不断开拓前进，取得了新的成绩：在我县民主政治建设和经济建设中，为巩固和发展爱国统一战线，为促进我县政治、经济和社会发展，发挥了自己应有的职能作用。回顾三年，我们主要做了如下工作：

（一）深入学习和贯彻中共中央《意见》，我县政协工作呈现勃勃生机

五届一次会议召开前夕，中共中央发表了《关于坚持和完善中国共产

党领导的多党合作和政治协商制度的意见》（简称中共中央《意见》）。为了认真贯彻中共中央意见，完善中国共产党领导的多党合作和政治协商这个基本政治制度，三年来，我们通过健全学习机构，制定学习制度；翻印中共中央《意见》、人民日报社论《维护国家的长治久安是中共和各民主党派的神圣责任》等文章和县委（1990）46号、47号《关于贯彻中共中央意见的决定》《开展对口协商民主监督的通知》两个文件，组织委员反复学习；在每年政协例会上我们又作出决议，强调加强学习和贯彻；在学习方法上又特别强调要发扬政协的优良传统和作风，坚持自学为主，集体学习与专门委员会开展调查、考察或视察活动相结合，认真组织委员有针对性的学习党和政府的有关方针政策与业务知识，有效地提高了委员的政策与思想水平，完成调查考察的任务；为更好地推动政协委员学好中共中央《意见》时，要结合各自单位组织的政治理论学习，学好马克思列宁主义哲学，以提高政治理论水平，更好地为参政议政出谋献策。

在社会上，我们也主义配合抓好中共中央《意见》的宣传贯彻活动。三年来，出把上述翻印的文件、同样送发到个机关单位、厂矿、学校外，还出版了《连南政协》刊物共三十期；不定期地请县电视台和广播台，不断运用广播、电视进行宣传；每年的例会，均邀请了副科级以上的单位领导列席大会，以更好地贯彻中共中央《意见》和开展对口协商；一九九〇年和一九九一年，每年均划出一段时间，集中精力，集中内容，认真开好两种类型的座谈会，宣传贯彻中共中央意见，互相通报情况，对重大问题进行协商对话；三年来我们还配合市委和市政协联合组织的检查组，对我县贯彻执行中共中央《意见》情况检查，分别召开了党内、党外以及领导和群众的各种座谈会，总结自治的经验，克服存在问题，务求把学习和贯彻中共中央《意见》，不断引向纵深发展，努力加速我县民主政治建设的进程。

通过三年的深入学习了何贯彻中共中央《意见》，我县政协工作的面貌已发生了深刻的变化。首先，迅速改变人们在认识上对政协的偏见。长期以来，人们对政协看法，存在某些偏见，说什么"大牌子""老头子""过渡班子"，是"花瓶"，是"摆设"。通过宣传贯彻中共中央《意见》（人们称赞是"尚方宝剑"），使人们有了统一的思想认识，政协自身又做了一些实事，较好地纠正了过去的偏见，说政协是"实干"的，是能为他们解决难题的班子，不少单位纷纷要求政协到他们单位去调查视察，帮助解决问题，很多单位不单领导亲自参加政协专门委员会的各项活动，还尽可能从人力、物力、财力支持政协专门委员会开展工作，为人民政协履行自己的职能，创造了很好的外部条件；其次，委员的积极性空前提高，政协的自主精神得到了充分的发挥。中共中央《意见》强调：人民政协是贯彻多党合作和政治协商这项基本政治制度的"重要组织形式"和"重要场所"，这些明文的规定极大地鼓舞了每一个政协委员，他们深深体会到建设具有中国特色的社会主义民主政治，自己肩负着重大的历史使命。过去种种的"自卑感"和"失落感"代之而来的是"责任感"和"光荣感"，他们说：我们的头抬起来了，说的话有人听了，在协商监督和参政议政上，可以理直气壮有作为了！三年来，政协工作能取得明显的成效，这就是学习和贯彻中共中央《意见》所焕发的内因作用，是充分发挥了政协主动精神的结果。再次，进一步加强了党的领导，加速推进了我县社会主义民主政治建设的进程。县委分工邓万社同志亲自负责联系政协工作，他经常深入了解帮助政协解决具体问题，亲自参加政协召开的各种会议，听取和通报了全县各方面的情况，让政协更好地"知情"和"出力"；罗子开副书记亲自主持召开全县统战工作会议，并作了报告，让全县副科级以上干部接受教育；全县重大问题，包括重大人事安排和党外人士任职，充分听取政协意见；县委还采取了各种措施，推动各级党委和政府及其部门，切实与政协开展对口协商；严肃、负责地办理好委员协商、民主监督的经常化、制度化等，总之加强了党的领导，从根本上保证了加速推进我县社会主义民主政治建设的过程。

（二）坚持改革，努力使我县政治协商、民主监督，逐步上经常化、制度化的轨道

三年来，本届委员会工作的特点之一是：坚持改革，开拓前进，按照《意见》对人民政协的要求，积极推进《意见》在我县的贯彻落实。通过实施各项改革方案，为我县政治协商制度注入了生机和活力，人民政协的知名度得到进一步提高，引起了全社会的关注。

1. 进行了政协工作机构的改革，实施了"撤组改委"方案，总结了"两口、两挂"新经验，得到市政协的好评。一九九〇年三月，经县委同意，并经五届一次常委会议通过，对县政协的工作机构，实行了改革尝试，把原来的四个委员会和十二个工作组精简合并，改为十个专门委员会，并在工作中具体抓了"两口、两挂"的工作做法，"两口"是委员归口，协商对口；"两挂"是领导挂职，科室挂钩。实践证明，"撤组改委"的改革是正确的，即符合精简机构的原则，又提高了委员参政议政的积极性，使政协的活动由一般的活动型转向专业性的工作型，得到了清远市政协的多次肯定并专题作了经验介绍。

2. 制定了各项规章制定，加速推进我县民主政治建设的进程，促进我县重大决策的民主化、科学化、和协商、监督的经常化制度化。一九九〇年十月六日，五届四次常委会议上，制订了《常务委员会工作规则》；一九九一年一月二十八日，五届五次常委会议上，又修改通过了《专门委员会组织通则》和《机关工作简则》；一九九一年三月九日，五届六次常委会议上通过，并经县委一九九一年三月十五日以南委发（1991）21号文件，批转全县各机关、厂、场、学校，贯彻执行的我县《关于政治协商、民主监督的暂行规定》。实践证明，上述各项规章制度的制定和实践，使我县政协工作的面貌发生了深刻的变化，逐步改变了过去政协监督"一头热"为"两头热"，使政治协商、民主监督向经常化、制度化方向大大前进了一步。

3. 改革了会议的形式，把会议真正开成参政议政的"重要场所"。一九九一年三月十九日至二十二日召开的五届二次会议，第一次邀请了县其他四套班子领导和县属部、委、办、局领导同志参加，一改过去与县人民代表大会同时召开的惯例，使各级领导同志能和全体委员聚集一堂，共商全县大事，当面倾听委员的意见和建议，真正做到了"协商在决策之前"，深受人民的欢迎，赞扬说："这次例会改得好，是政协史上的第一次，是开创九十年代政协工作的一个好开端。"同年又本着把常委会议开成"重要场所"的要求，八月五日至六日第十次常委会议，征得人大的同意，与县人大第九次常委会议同时召开，共同听取县经委、县交通局、县技术监督局的工作报告，这样既减少了政府职能部门的汇报次数，符合精简会议的原则，又使"两会"易于取得一致的共识，形成更大的"合力"；十二月三十日至三十一日召开的第十二次常委扩大会议，邀请了县委、县人大、县政府、县纪委在家领导参加，总结一九九一年政协工作和研究一九九二年工作意见，县委书记邓万社县长邵德林到会讲了话，给大家很大的鼓舞。

4. 政协委员在全体大会和政协常委会议已形成了制度，实现了制度化。按照《中国人民政治协商会议章程》第四十三条规定："中国人民政治协商会议各级地方委员会的全体会议每年至少举行一次"。三年来，本届委员会全体会议如期召开，共召开了三次。本届常务委员会会议按照《政协连南瑶族自治县第五届委员会常务委员会工作规则》第二条第一款规定："每二个月举行一次，"亦如期召开，共召开了常务委员会会议（包含扩大会议）18次。做到了政治协商、民主监督的经常化和制度化，进一步发挥了我县人民政协在国家、地方政治生活中的积极作用。

5. 参与了县级领导人选的协商。根据《政协连南瑶族自治县关于政治协商民主监督暂行规定》第三条第五款："协商讨论中共连南瑶族自治县委提出的县级领导人人选"的条文规定，本会于一九九一年三月十九日举行的第八次常委会议，和一九九三年三月第十八次常委会议，认真讨论了县委推荐的增补县人大领导成员和县人大、县政府、县政协领导成员的候选人名单，经过热烈的讨论和协商，提出了一些有益的建议的意见，取得了一致的共识。

6. 举荐非中共人士到各级政府和政府部门担任领导职务。培养选拔非中共人士担任各级政府及司法机关的领导职务。坚持与非中共人士的合作共事，是我们党的优良传统和作风，直接体现了人民当家作主的权利和地位。三年来，我县共举荐担任了副科级以上领导职务的非中共人士49人，其中政协常委以上的10人，此外，还举荐并经审计局正式文聘任的，有专门知识又符合条件的非中共人士二人，担任了审计部门的特约审计员。

（三）以经济建设为中心，努力为我县"两个文明"建设出谋献策

人民政协的工作，应当自觉的服从于和服务于经济建设这个中心。三年来，我们在"想大事、议大事、抓大事"的思想指导下，切实发挥政协的职能作用，努力为我县"两个文明"建设，作出了自己应有的贡献。

1. 围绕实现我县第二个战略目标献计出力。十年规划与"八五"计划的制定和实施，是我县各族人民共同关心的一件大事。一九九一年三月召开的五届二次会议，我们以此作为大会的一个中心议题，重点进行讨论协商。在这次大会上，各专门委员会围绕建设连南的宏伟蓝图，发挥了"诤友"精神，提出了"共商我县科技兴农大事""发展我县工业的一些看法和落实民族政策"等十二个专题意见和建议，得到了县委、县政府的重视，大会结束之后，县委又把它摘录印成县委文件，下发到各机关单位，很多意见和建议得到了采纳。一九九二年三月，五届三次大会，在总结经验的基础上，各专门委员会又提出了"对我县依靠科技进步推动经济发展的几点建议""关于加速我县乡镇企业发展的几点建议"和"加强海外联系做好三胞联谊工作"等十三个专题意见和建议。各次大会以后，政协各专门委员会又组织了一系列深入调查考察活动，三年来，共组织三十三次调查考察和视察，写成了"财贸外经的调查报告""科委办实业的调查报告""乡镇企业的调查报告""蚕桑生产的视察报告""关于修改我县引进外资优惠政策的建议"以及"职业中学的调查报告""关于大麦山镇出现拐带妇女重婚乱婚情况严重的报告"和"赴湘考察学校教育工作的报

告"等共四十六份书面材料,为我县两个文明建设,加速实现我县第二个战略目标,提供了很有参考价值的决策依据,得到了县委、县政府和有关部门的采纳。

2. 充分发挥政协人才优势,促进"科技兴县"工作的开展,政协人才荟萃,充分发挥这一优势,对推动我县科技进步,促进我县经济发展,有着非常积极的意义。一九九〇年十月,第一次召开了"振兴连南经济"的科技研讨会。县其他四套班子主要领导非常重视,并应邀出席了研讨会,会上,到会科技工作者,始终围绕我县农业如何上号治山致富的三个台阶;如何办好县、乡、镇企业,发展资源型加工业;如何搞好横向联系,发展对外经济等,发表了很多很好的新见解和新建议,得到了县委领导同志很高的评价,邓万社书记说:"这次研讨会开得很成功"。他说:"为了帮助领导在重大问题决策时,做到民主化、科学化,这样的研讨会以后还要多开"。三年来,本会在发挥科技人员作用方面作了一些工作,科技人员的积极性调动了起来,县政协常委、农艺师谢应生同志,根据县委规划发展十五万亩山楂基地,引种北方海棠种苗的意向,受县委的委派,会同科协和水果办同志,北上考察,实事求是地向县委、县政府写了考察报告,提供科学的决策依据。政协委员陈少忠同志,是化工专业的高级工程师,他发挥了自己的知识和专长,把濒临死火的京南兽药厂救活,并使这个厂获得了"七五"全国星火计划银牌奖,有五个产品填补了我省的空白,他的经验和事迹,在全市政协经验交流大会上作了详细介绍,受到了人们的热烈赞扬。据统计,在我县十六个科技新产品中,有十二个产品,就是我们政协委员直接或间接参与下研制成功,并大批量生产投放市场的。本会还尽力支持县科技协会,两个研究会(青梅和水稻研究会)的成员共970人。三年来,积极开展各种活动,举办了农村各类科技人才培训班达39676人次,评定了农民技术员职称334人,选送了14人参加北京中国农村致富函授大学进修,开展了"科技兴农一条街"活动,扩大了科技兴县宣传,促进了我县科技进步,推动了我县科技兴农蓬勃向前发展。

3. 外引内联,引进外资,协助办好一些小型工业。政协的优势之一是有广泛的联系面,三年来,充分发挥这一优势,为我县经济建设服务起到了很好的作用。一九九〇年六月份,我们主动与阳山县政协联系,为我县蚕桑办与阳山县蚕丝厂达成协议,解决了我县蚕丝加工的困难问题,并在价格上给予我县适当的优惠;同年七月,我们连续七次往返顺德,引进了顺德县江先生与我县计委合作,联办了连顺塑料厂,现在该厂发展为我县单独自办，产品供应粤、桂、湘三省，供不应求，效益可观；一九九一年经我们主动，多方联系港商，引进了外商黄详先生带资150万元，开发好山联公路开了一个好头；同年四月，我们又通过多方面的联系，与港商莫先生达成筹建"连南海富城制衣厂"的协议，目前该厂正在发展扩大中；同年，尽管政协忍受不足的情况下，仍抽出了黄湘同志，三上北京，与北京内燃机总长联系，达成了协议，他们从人力、物力、技术以及全套设备图纸等，大力支持我县筹建"连南瑶族自治县内燃机配件厂"，现在，该厂生产的第一批产品近五千套，已安全送达北京，并经验收全部合格。

4. 按县委的分工，协助县委、县政府尽力完成指定分管的工作项目。为促进实现我县的经济腾飞，把我县潜在的旅游资源优势，挖掘出来。本会领导按照县委和五套班子的分工，协助县委、县政府与港商良田公司合作，共同开发连南瑶族风情度假村。从选址、定点到报批、施工，均尽力而为，尽职尽责全力承担。县长，已初具规模，为四十周年大庆作出了一份献礼！可以预料，开发这项得天独厚的民族风情旅游业，只要我们坚持下去，必将导致"一业兴，百业旺"，对促进我县经济大发展，实现第二个战略目标，将产生非常深远的积极意义。

协助县委、县政府抓好我县的交通事业建设，这是按照县委分工，给政协领导的又一项重大项目。三年来，本届政协领导协助县委、县政府筹集资金2071万元，在公路、交通等有关部门的配合下，一九九〇年铺设了县城柏油路街道和铺设了从县城到连接107国道的柏油路；一九九一年又协助落实新建县城汽车站，山联公路第一、第二期工程，筹建百斤洞公路，和动员当地政协委员共同协作，与连山县一期扩建了黄洞路段的323国道；一九九二年又转战完成了水竹塘到寨岗的柏油路段改造和铺设了寨岗到寨南的水泥路面，继续完成山联公路第二期工程，以及323国道的鹿鸣关路段等，至此，全县公路交通道路的建设，出现了一个崭新的面貌。

此外，县委分工政协主要协助管的文教卫生事业，也尽力而为，多次往返省、市有关领导部门汇报我县的实际情况，请求并得到了上级领导部门的同情和支持，给予了我县一定数额的文教、卫生事业经费等等。

5. 努力发挥委员提案在"两个文明建设"中的积极作用，认真办理好每一件委员提案。委员提案时人民政协履行政治协商、民主监督职能的重要方式、是政协委员行使民主权利、协助党政部门。实现决策科学化、民主化的一条重要渠道。三年来，我们认真贯彻执行了《政协全国委员会提案工作条例》，努力提高提案质量，不断建立和健全提案工作制度、把提案工作推上新台阶，把过去直接由政协审查办理的方法、改为统一移交给县政府办公室按严格的办理程序，实行统一编号、统一交办、统一回复的格式，转给有关部门限期办理；初步建立了提案办理反馈制度，由政协提案审查委员会印发征求意见表，征求提案人对提案办理的意见，凡不满意的经重新审理协商后，再退回政府承办单位采取措施再行补办，以保证办理提案真正做到：提案人、办理提案单位、和政协提案审查委员会"三满意"。

　　三年来，本会共收到委员提案210件，已办理完毕205件，仍有五件正在办理中。事实表明，政协委员的提案确实为我县两个文明建设发挥了很好的作用：例如房志海委员关于"发展商品基地应做一件成一件"的提案，县委、县政府制定和采取了一系列的有力措施，切实加强了对商品基地的惯例，每一个基地、每一个地段都安排了专管员，力求管一片成一片。还加强了科普工作，用科学技术指导商品基地建设，使商品基地发挥了很好的效益；赵龙福委员："关于建设牛头岭公路"的提案，全长4.05公里，总投资25.7万元，县政府及交通局非常重视，列入了县计划，并争得省、市投资，不足部分自筹解决，现已建成通车；曾寿均委员"关于当前农村体制问题"的提案，县委、县政府经过反复研究，下决心抽调了500多名机关干部组成工作队，深入农村基层在全县范围内开展了声势浩大的"三建"工作，大大推动了我县农村改革的深入发展，市委、市政府还在我县召开了现场会，在全市推广；苏荣权委员"关于集资建设农贸市场"的提案，得到了政府和工商部门的极大重视，总集资达200多万元，在县城兴建了三层现代设施的新市场，并已交付使用。还有曾坚委员"关于兴建我县老人活动中心"的提案，王慧筠委员"建议兴建医院门诊大楼"的提案，刁仁宗委员"解决铜矿生活饮水问题"的提案，何勇委员"县酒厂怎么办？救救它吧！"等等的提案，反映了人民的意愿和呼声，得到了县委县政府的重视，均发挥了很好的参政议政作用，为我县两个文明建设作出了应有的贡献。

　　6. 充分发挥了委员在各自工作岗位上的积极作用。三年来，我们在认真注意发挥政协组织整体功能作用的同时，还注意发挥委员的个体优势，在各自工作岗位上的积极作用。曾寿均委员，一向以"当好一个政协委员"严格要求自己，当寨岗镇政府任命他为新埔管理区主任后，更以自己是政协委员而加倍积极工作，使这个管理区保持了"吨谷区"荣誉，人均收入1100元，计划生育全镇排名第一，办好了五个实业，目前又新版了储运场和六层的综合大楼，分别被镇和县评为优秀工作者；香坪乡山口管理区唐日新委员，响应县委、县政府号召，积极带头发展水果生产，每年单水果生产一项收入就达4000多元，目前他又扩种了沙田柚七亩，决心要向立体农业进军，全乡四个管理区建立了13个点，种上了250多亩共8000多株果树，聘请他当技术员，他非常乐意地接受了这个任务，决心一定要指导管好这250亩果园，为全乡人民脱贫致富贡献力量。政协委员农艺师谢应生委员，工作积极负责，不仅认真履行政治协商民主监督的职能，热心联系和团结好科协属下学会和科研组织的一大群科技工作者，还专心致志地研究我县名贵山珍——芒鼠的生活俗性，把它从野生改变为家养，经过两年的苦心摸索，现成功驯服繁殖了第四代家养芒鼠，并经反复试验配制成功一种针注药剂，野生芒鼠经注射后，完全改变咬人的野性，逐步驯服为家养，获得成功。房排六委员和邓德连委员，特别是房排六委员，年过花甲、老当益壮，为扩建323国道，用政协的名义去动员群众，解决了一系列的难题，顺利地完成了黄洞路段的工程施工任务，得到了省、市表扬。潘希奋委员是全国、全省教育战线先进工作者，他负责的县民族小学1986年获"全国教育系统先进集体称号"，得到国务院的奖励，1988年他本人又被省、市评为"优秀园丁"称号，历年来该学校被县级以上机关授予的各种先进奖励或奖状就达64项之多。一九九一年被评为省的"少先队先进集体"，省的"普教先进集体"和省的"文明单位"；一九九二年被全国评为"民族先进集体"，市的"校容校风文明学校"，该校的唐龙梅同学和唐通明同学被中国少年报聘为小记者，唐龙梅同学还被评为"优秀小记者"称号。类似上述在各自工作岗位上发挥积极作用并得到人民称赞的委员还有很多很多，一九九一年被县委、县政府评为我县"两个文明"建设先进个人的有冯青妹、曹城、房排六、唐日新、杨昌锦、朱碧芬、陈少忠、谢应生、骆水旺、李滔锦、何永胜、潘希奋等十二位；被县委评为优秀共产党的有：冯青妹、陈少忠、唐大其等三位委员。一九九二年获县委县政府特殊贡献奖的有：黄荣北、黄海胜、陈少忠等三位委员；获工作优秀奖的有潘希奋、许耿忠、何永胜、罗建堂、罗从、房坚一、杨定增、唐大其、杨昌锦、蓝玉清等十位委员；获县政协先进委员称号的有房排六、罗建堂、邓保英、赵龙福、黄海耳、黄择红、莫济深、甘雪梅、李志宏、陈少忠、谢应生、曾寿均、唐日新、唐大其等十四位委员。

（四）"三胞"和其他各项工作有新的突破、我县的爱国统一战线得到了进一步的巩固和发展

1．"三胞"工作有新的突破。在新的历史条件下，认真做好"三胞"工作，有着特殊的重大意义。三年来，我们认真滴做好了一些工作，使我

县的"三胞"工作出现了新的局面：一九九〇年组织了专门的调查组，摸清了我县"三胞"人员的基本情况，全县共有海外"三胞"501户，3000多人，他们分别侨居日本、越南、泰国、缅甸、新加坡、印度尼西亚、马来西亚、美国、加拿大、拉丁美洲一些国家、我国台湾、香港、澳门等十三个国家和地区；全县有"三胞"家属共617户，其中：港澳家属135户、台属57户、侨属425户。他们居住在农村的有511户、居住在城镇的有106户、人口共2075人。在调查摸底的基础上、发现我县在台和海外有五名国民党高级军政官职人员和四名知名专家学者的具体情况。于一九九一年十月间，我们派出专人，专程到省、市有关部门作了专题汇报，得到省、市有关部门的支持，表示要协助我们做好这些有较大影响人物的工作，确定了今后做好"三胞"工作的中心和对象。同年，政协祖国统一联谊委员会、会同了侨办、侨联和对台办等单位负责人，联合进行了对五十六户有影响的"三胞"亲属，重点走访，以练练感情、增进友谊。同时，又召开了五次七十八人参加的"三胞"亲属座谈会，听取了他们的意见和建议，随后又走访了珠江三角洲的深圳、珠海、番禺、顺德、中山、惠州、河源等七县市，吸取他们引进外资优惠条件的经验，最后写成了"关于修改我县引进外资政策的建议"的报告，报告了县委和县政府，并得到了县委、县政府的采纳；一九九二年四月间，为使我县"三胞"工作有一个新突破，我会派政协副主席、政协祖国统一联谊委员会主任黄海胜同志，亲自赴港召开了两次具有突破意义的座谈会。在港期间，得到了旅居香港的连南政协委员李国雄先生，政协之友联谊会会员丘观南先生，以及原在连南工作过的李胜峰先生等的大力相助，于四月八日至九日，在香港九龙尖沙咀香港大酒楼召开了连南旅居海外的原国民党军政职官人员及其子女二十二人的座谈会，他们四十多年来未回过家乡了，对家乡的建设、亲友情况等十分关注、问长问短、气氛格外亲切；四月十六日在九龙联邦大酒楼召开了原在连南工作过的在港人员及连南部分居港同胞座谈会，与李朗明先生、陈烈培先生等二十一人，进行亲切的座谈，气氛十分热烈。通过座谈，加深了了解、联络了感情，是我县政协工作第一次"走出去"，把"三胞"工作做到香港区的新突破，一位资历较深、影响较大的旅居台湾的长者因事不能赶来香港出席座谈会，特意从台湾打来长途电话，表示歉意和恳请准假。很多"三胞"纷纷在座谈会上表示愿为连南家乡的建设"贡献绵薄之力"，会议产生了很好的效果。一九九二年春节，离别故土数十年，常常萦绕家乡山山水水的董漫滋女士（现台国大代表董百洵先生之女）消除了种种疑虑，终于在新春佳节期间，实现了回乡探亲的愿望,受到了县五套班子的亲切接见和热情接待,她表示:一定要把家乡的变化和进步,如实转告父亲,并表示:"今后还要多回来看看!"一九九二年九月五日,我们还协助县对台办,召开了全县台胞台属大会,成立县台胞台属联谊会,扩大和发展联谊面,动员他们做好县"92友好观光年瑶族耍歌堂、盘王节"和自治县四十周年大庆活动的宣传和接待工作,动员台胞台属努力做好追赶"四小龙",开展招商、宣传、办实业三项活动。会后,台属曾伟,把台胞带回和寄回的资金,办起了拥有一百多工人的雄达珠绣厂。三年来,通过做好"三胞"工作,共接待了"三胞"三十八批次,三百五十四人,其中台胞九批、三十五人;推动和接受"三胞"为老人活动中心、山联公路、民族小学、残疾人联合会等的捐款,共13万元,其中政协委员李国雄先生捐款三万元,政协之友联谊会会员丘观南先生捐款八万元,连阳同乡会永远会长杨杰先生捐款七千元;同时,还有黄球先生捐赠"黄球科学馆"、黄祥先生带资建设的山联公路第一期工程等等,总投资1070万元,为自治县成立四十周年大庆作出了一份丰厚的献礼。

2. 新组建了"连南政协之友联谊会"。成立自治县的政协之友联谊会,目的是进一步发扬人民政协的优良传统,加强与各方面人士何团体的联系、广交朋友、增进友谊,共同为发展我县民族经济、为祖国统一、振兴中华,作出应有的贡献。一九九〇年五月十二日成立了筹备机构,接着派出副主席唐伟同志等筹备小组的部分同志,到英德等地参观学习,吸取外地的好经验,随后草拟了《连南瑶族自治县政协之友联谊会章程草案》,发展了第一批会员,经过近一年的努力,并经县委批准,一九九一年三月二十一日正式诞生了连南政协之友联谊会。两年来,联谊会取得了很好的效果:一九九一年九,针对国际风云变幻的形势,政协之友联谊会召集了全体会员,共六十四人参加,举行了国际形势报告会,县委副书记罗子开同志应邀到会作了国际形势报告,统一了大家的思想,增强了大家的共识;同年政协之友联谊会积极开展海外联谊活动,与港商莫云峰先生合作兴办了"连南海富城制衣厂";一九九三年一月十五日,政协举行春节茶话会,全体会员出席参加,县委副书记房卫党、县人大主任陈荣培到会讲了话,大家总结了经验,畅谈了大好形势、会上肖国平代表他的哥哥肖国根同志,赠送了长八米宽一米半的《粤北古镇三江》巨幅画图。

3. 努力做好文史工作和协助省收集整理《瑶族风情录》资料。文史资料工作是政协工作的重要组成部分。它不仅具有当事人写当年事的"三亲"特点,更可"以文会友""以史为鉴",起到鼓舞和团结各界人士、人民群众以及海外三胞的作用,形成了强大的向心力和凝聚力,为社会主义两个文明建设起到了它的独特作用,在海内外引起广泛共鸣,产生强烈反响。三年来,我们遵循"继续高举爱国主义旗帜、坚持实事求是"的原则和方针,在人员少、任务重的情况,先后到连县、连山、寨岗、白芒、南岗、油岭、涡水、瑶龙、军寮洞和三排等地召开座谈会七次,走访了八十多人次,征集到解放前后文史资料近百篇、约二十万字。其中有12篇、70000字,已于1991年春编入了《连南文史资料》第七辑出版;有10篇30000字于最近编辑完成后向自治县成立四十周年献礼的《连南文史资料》第八辑出版;此外,还有50篇、约60000字(另有60张照片)遵照一九九二年六月省政协文史办公室,在清远市召开的全省文史工作会议上布置的任务,完成中南五省(区)协作项目出版《瑶族风情录》一书的稿件,全部上送了省,得到省的好评。

4. 协同县党史办、建议县委组织学习"英雄测绘大队"的先进事迹。一九九一年四月,国务院通令嘉奖国家测绘局第一大队测量队,授予"成绩卓著、无私奉献的英雄测绘大队"荣誉称号,人民日报、经济日报等多家报纸和刊物,连续刊登了他们的英雄事迹。现任大队长刘永偌同志,是我县三江人,曾荣获全总"五一劳动奖章"、全国先进工作者称号。这是刘永偌同志的光荣,也是我县人民的光荣!我们和县党史办共同向县委提出建议,得到县委采纳,并以县委(1991)45号文件发出"关于认真学习英雄测绘大队先进事迹的通知"还印发了《英雄测绘大队先进事迹材料》的小册子,号召全县干部、工人、学校师生向国测一大队学习。

(五)加强自身建设、调整机关设置、改变机关作风,使之更适应为委员服务的要求

1. 适应形势发展的需要,努力改革机关工作。由于人们政协的性质、地位、任务和作用独特,决定了政协机关的工作必须坚持为"委员服务"作为自己的出发点和落脚点,必须为委员的知情出力,参政议政做好一系列的服务。根据上述的认识,按照上级省、市政协有关文件精神。首先,经过县委同意,我们把政协机关的工作机构,从原来的"一室两科"调整为"一室三科",健全了办事机构,充实了办事人员,建立健全了科室人员工作岗位责任制,进一步为各专门委员会做好服务工作,从组织上和制度上得到了保证;其次,我们在具体工作中,起草了各项具体的改革文件草案,为领导决策提供文字根据;组织机关工作人员经常下基层进行专题调查,为政协领导,为各专门委员会、为全体政协委员当好参谋,使其更好的近行参政议政;再次,为了提高机关工作人员素质,一九九一年四月

选派了三位同志赴北京参加全国少数民族地区政协工作研讨班学习，他们回来后，在政协机关中开展了学习讲座，同时，还分期分批组织了部分委员和机关工作人员到外地参观学习，开阔视野，增强信心，取得了较好的效果。一九九一年再县的"双先"大会上，政协机关被评为先进集体，受到大会的嘉奖和通报表扬。

2. 以点带面，促进专门委员会的工作顺利开展。开展专门委员会的工作，我们没有经验可以借鉴，为避免走弯路，三年来，我们始终坚持以点带面的工作方法，选择了农业工作委员会为先行点，指定办公室负责，由副主席唐伟和常委李志宏同志亲自抓。事实证明，这个点的工作确实起了很好的作用，每年从制定计划，确定开展活动的内容，选准调查视察项目到认真开展对口协商活动，以至每年的年终总结，农业工作委员会的工作都先行一步，发挥了很好的示范作用，极大地推动了我县政协各专门委员会的工作，使专门委员会与对口协商单位双方，都切实做到"有来有往""两头热"，使我县人民政协协商监督的职能得到了更好的发挥，尽力做到："协商在决策之前、监督在执行之中"。

3. 响应县委号召，深入蹲点、联办建设农村商品基地。三年来，政协机关坚持采取专人蹲点和全力突击的办法，深入到寨南称架管理区组织连片开发建设商品基地，还会同县进出口公司、县教育促进会等单位，通力合作，共建了以沙田柚为主的果园基地523亩，其中联营兴办的沙田柚基地331亩，还组织发动群众营造了点播松树500亩，营养杯松树500亩、全封山育林1800亩。

4. 尽力协助省市政协在我县开展各项调查视察活动。省市政协组织的各项调查视察活动，对促进我县两个文明建设，客观地反映我县人民群众的呼声，使省、市党委和政府更确切地了解连南，更好地帮助连南解决实际问题，很有作用。三年来，我们均尽力协助省、市政协对我县的调查视察。一九九〇年七月，协助省政协民族宗教委员会和文化教育委员会联合对我县的关于贯彻民族政策执行情况的调查视察；一九九一年七月协助省政协医药卫生委员会对我县医疗卫生状况的调查；一九九二年五月协助省政协民族宗教和青年妇女委员会对我县贯彻九年义务教育法的专题调查视察；一九九二年十月省民族宗教和科技委员会对我县发展民族科学技术工作的调查等等，他们每次都整理成很好的调查视察报告，引起了省委、省政府及有关部门的重视和支持。

5. 积极做好对外交往联谊工作。政协的对外交往联谊是很广泛的，这是政协联系面广的性质决定的。做好政协的对外交往联谊工作，不仅直接影响到县和统一战线的形象，更重要的是可以发展横向联系，扩大联系面，达到沟通情况、交流经验，更好地为我县两个文明建设服务。三年来，我们七次参加了粤、桂、湘三省二十七县政协工作联系协作会议，其中有两次经广东代表推选我县在大会上作了经验汇报，得到了好评；另外，我们还注意做好兄弟县的政协领导莅临我县传经送宝和指导工作的接待工作，以及注意做好人民来信来访的接待工作等。

6. 努力完成县委交给的各项中心任务。政协机关在人员少任务多得情况下，三年来仍积极响应县委号召，抽出人力，努力完成县委交给的各项中心工作任务。

回顾三年来的工作，我们虽然有了一定的进步，但也存在一些不足之处，主要是：政治协商、民主监督还有待进一步提高；专门委员会的协商，还有待进一步改进和加强；对一些重大问题的调查考察，还要在深度和广度上下功夫；政协机关的人员配备，以及工作活动的条件等还有待进一步解决，一便把工作做得更好。

二、今后工作的建议

中国共产党第十四次全国代表大会，是一次肩负重大历史使命的大会，是全面推进我国改革开放和社会主义现代化建设的大会，具有重大的现实意义和深远的历史意义。大会全面分析了当前形势是既有挑战、更有机遇，动员全党和全国各族人民，进一步解放思想，把握时机，加快改革开放和现代化建设步伐，夺取更好的胜利。九十年代，是关键的年代，人民政协在关键的时期，有关而且能够作出应有的贡献，为此，对今后工作提出如下建议：

（一）学习十四大，贯彻十四大，用十四大精神统帅人民政协的一切工作

中共十四大高度评价我国改革开放和现代化建设的总设计师邓小平同志，对创立和发展建设有中共特色的社会主义理论，所做出的历史性的重大贡献。十四大总结了自十一届三中全会以来，坚持了和实行党在社会主义初级阶段的基本路线，领导全国各族人民实行改革开放，进一步解放生产力，取得了举世瞩目的巨大成就，开创了社会主义现代化建设的新时期。这是在我国史上的又一次伟大革命。建设有中国特色的社会主义理论，是对毛泽东思想的继承和发展，是马克思主义与中国实际相结合过程中的又一次历史性飞跃，是指引我们胜利前进的旗帜。为了完成十四大提出的各项任务，人民政协及其组成单位和每一个政协委员，必须认真学习、深刻领会。通过学习，把思想认识统一到十四大精神上来，用党的基

本路线，用邓小平同志有中共特色社会主义的理论武装头脑，同时，把十四大精神同政协工作的具体实践相结合，把十四大精神贯彻到人民政协的每一项具体工作中去，进一步解放思想，更新观念，勇于探索，及时总结经验，创造性地开展工作，更好地履行政治协商、民主监督的职能，为加快改革开放和经济建设步伐，促进祖国和平统一，夺取有中国特色的社会主义事业，更大胜利作出贡献。

（二）充分发挥政协的职能作用，为建立社会主义市场经济体制出谋献策

人民政协要围绕加快改革开放和经济建设步伐这个中心任务，着沿全局，抓住大事，积极开展政治协商、民主监督活动。中共十四大明确确定，我国经济体制改革的目标是建立社会主义市场经济体制。这是我国社会主义经济建设问题在理论上和实践上的一次伟大飞跃和重大突破。它必将使党再各个领域的工作发生深刻的变化，也是摆在人民政协面前，如何更好地发挥政治协商、民主监督职能的重大课题。十四大报告指出："建立和完善社会主义市场经济体制，是一个长期发展的过程，是一项艰巨复杂的社会系统工程，既要做持久的努力、又要有紧迫感；既要坚定方向、又要从实际出发，区别不同情况积极推进。"人民政协要按照这一精神，结合自己的特点，加强专门委员会的建设，继续按行之有效的规章制度开展认真的政治协商、民主监督和调查视察活动。

特别是要积极而坚定地位建立社会主义市场积极开展调查视察活动，例如开展对地方国营工业企业经营机制的转轨，如何实现相对独立的积极实体，成为自主经营、自负盈亏的商品生产者和经营者、具有自我改造、自我发展能力的调查；进行政企职责分开和所有全与经营权适当分离的调查；各种不同形式的承包经营责任制调查；培育市场，在我县如何开展生产资料市场、劳务市场、信息市场和房产市场等薄弱环节的调查；开展搞好分配体制和社会保障制度改革，以及改革政府职能，如何使上层建筑适应社会主义市场经济发展的调查等等，同时，也要主义开展如何以发展旅游为主线，发展二、三产业，加速我县科技进步，发展教育事业，加强民主法制以及社会主义精神文明建设等的调查，充分发挥人民政协的职能作用，为发展我县经济作出的贡献。

（三）坚持和完善共产党领导的多党合作和政治协商制度，加速促进我县民主政治建设的进程

要按照中共十四大精神和中共中央《意见》，进一步坚持和完善共产党领导的多党合作和政治协商制度，坚持"长期共存、互相监督、肝胆相

照、荣辱与共"的十六子方针,继续加强人民政协性质、地位、职能和作用的再宣传、再教育,使所有委员,特别是新委员和广大干部群众都能从坚持我国基本政治制度,对加强社会主义民主政治建设和坚持当的群众路线,以及国家长治久安的高度,理直气壮地搞好协商监督;要继续贯彻执行全国、省、市政协以及县委转发县政协的《暂行规定》和专门委员会组织通则、切实加强协商监督的"双向性"使政协专门委员会与对口协商单位的积极性都跳动起来,克服过去那种"讲起来重要、忙起来不要"的随意倾向;同时,还要努力提高协商监督的质量,各专门委员会要通过认真总结过去的工作,在总结的基础上、制定好新一年的对口协商计划,对照《暂行规定》缺什么、补什么,真正把《暂行规定》落实到实处,使我县协商监督朝着经常化、制度化再前进一步。要认真做好委员提案工作,切实把办理委员提案的过程,变成实现委员参政议政的过程,使提案办理工作真正起到协商监督的作用。

(四)坚持高举爱国主义、社会主义两面旗帜,继续做好"三胞"和其他各项工作

要继续通过多种渠道、多种形式开展与"三胞"的联谊活动,扩大团结面,发展最广泛的爱国统一战线,为振兴中华、统一祖国服务。要继续发挥政协在"三引进"中牵线搭桥的作用,为"三引进"多出力。要继续发挥政协之友联谊会的积极作用,积极广交朋友,促进友谊。要继续做好《连南文史资料》的征集出版工作,以更好地发挥"以文会友",更好地团结海内外"三胞"亲人,为增进中华民族大团结,为我县两个文明建设作出应有的贡献。

(五)继续加强政协组织的自身建设,更好地发挥政协的职能作用

要推动委员在自愿基础上学习马克思主义、毛泽东思想和邓小平建设有中国特色社会主义的理论,学习时事政治,增进在共同政治基础上的团结合作。政协机关要突出做好"为委员服务"的工作,创造更好的条件让委员知情出力,要进一步建立健全机关工作的各项规章制度,抓好机关的业务学习,提高工作人妖素质和工作效率,要努力办好实业,继续抓好先行点、协助各专门委员会切实开展对口协商,以更好地发挥人民政协的职能作用。

各位委员,当前全县人民正在深入贯彻中共十四大的精神,以昂扬的斗志加快改革开放和经济建设的步伐,为完成十四大赋予我们的落实任务而努力。政协的工作目标更好明确、工作任务更加繁重也更加光荣。我们相信六届委员会一定会把工作做得更好,为建设有中国特色的

社会主义，为实现和平统一祖国，为我县改革开放和现代化建设，作出新的更大的贡献！

七、县政协第七届常委会工作报告

罗子开

1998年3月8日

各位委员：

我受政协连南瑶族自治县第六届委员会常务委员会的委托，向大会作工作报告，请予审议，并请列席人员提出意见。

一、五年工作的回顾

政协连南瑶族自治县第六届委员会自1993年第一次会议以来，已经走过了五年的历程。在这期间，全县各族人民坚持以邓小平理论为指导，不断深化改革，扩大开放，推进自治县经济建设，在各个领域都取得了很大的成就。特别是去年，既是香港回归祖国和党的十五大胜利召开的以年，也是自治县脱贫攻坚转入决战阶段的一年，全县人民在中共十五大精神鼓舞下，经过艰苦努力，全县四各层次指标均达到省定考核要求，脱贫攻坚工作取得了阶段性的胜利，在这不寻常的历史进程中，县政协六届委员会在县委的领导下，在历届委员会工作的基础上，紧紧围绕我县经济建设中心，把握团结和民主两大主题，发挥优势，积极主动履行政协职能，努力推进政协工作的规范化、制度化、使许多方面的工作有了新的进展，为巩固和发展爱过统一战线，维护安定团结，促进我县经济发展和社会进步作出了积极的贡献。

五年来，县政协六届常委会着重抓了以下几方面的工作：

（一）自觉服从服务于中心工作，为经济建设积极出谋献策

本会坚持服从和服务与全县改革开放和社会主义现代化建设的大局，紧紧围绕我县的中心工作，认真履行政治协商、民主监督、参政议政主要职能。

1. 认真开好全体会议，协商大事。抓大事、议大事是做好政协工作的基本要求。几年来，召开每次全体会议都认真总结前以年的常委工作和提案工作，会前积极组织委员开展各项调查研究，准备议政发言材料，使

委员的议政发言材料都能围绕我县的大事进行议政。李比块八委员在县政协六届五次会议上的发言《关于我县扶贫攻坚工作及开发对策的建议》，为我县制定扶贫攻坚政策措施起到积极作用，唐大其委员在县政协六届四次会议上的发言《关于进一步加强农村集体和减轻农民负担的建议》，得到县政府重视，会后组织有关部门对农村集体财务进行整顿，健全了农村财务制度，减轻了农民的负担。会议期间还对县政府工作报告、县财政预决算执行情况和预算草案的报告、县人民法院和县人民检察院的工作报告等进行讨论，提出意见和建议。此外，我们还对我县制定"九五"计划草案、连南瑶族自治县自治条例的修改草案、《连南瑶族自治县1996—2010年思想、文化道德总体规划》等重大事项，组织政协委员认真进行协商修改。

2. 开好常委会议，搞好专题议政。县政协六届委员会召开了28次常委会议，每次会议都突出一个议题，有计划地开展专题议政。九六年把"纠正行业不正之风"和"关于个体私营经济发展"作为第十九次常委会议和第二十次常委会议的讨论专题，写出专题嫁衣，得到县委、县政府的采纳，并及时采取有力措施，制止有关部门乱收费、乱罚款的行为，有效地保护了企业的利益。去年把"大力发展三高农业，打好脱贫攻坚战"作为第二十四次常委会议议政专题，提出了四项建议：一是加强对群众的思想教育，调动他们发展生产的积极性，抓住上级和兄弟县（市）的大量财力物力支持的机遇，全力投入到脱贫攻坚工作中去；二是扶贫工作要与农村基层党组织建设结合起来，与政治思想工作结合起来；三是加强农村治安工作，让群众安心发展生产；四是在解决脱贫问题之后的返贫问题应引起重视，找出防止返贫的路子。县政协第二十五次常委会议还把"加强工商企业政治思想教育、深化国有工商企业改革"作为议政专题，提出了六点建议：一是各级领导要进一步提高对工业的认识；二是加快企业转制步伐；三是采取措施减轻企业负担；四是减少行政干预，支持企业裁减富余人员；五是加强企业领导班子建设；六是多方筹集资金解决企业资金难的问题。由于会前注重调研，掌握的情况较全面，提出的意见、建议比较实际可行。我们通过视察报告、会议纪要等形式，向县委、县政府提供了这些有价值的意见、建议。五年来，常委会议还对我县的农业和农村工作、经济运行情况等重大问题，进行了专题协商讨论，提出了意见和建议。这些会议都有县委、县政府及有关部门的领导到会作有关的情况通报，并听取常委们的意见、建议。这就为县委、县政府及其职能部门对一些重大问题决策提供了参考意见。

3. 精心组织委员视察，提高协商监督实效。根据政协自身的工作特点，注意选择有条件完成的课题，与有关部门相结合，开展专题视察。五年来共组织了32个视察组进行视察，共写出调查视察报告24份。去年4月，本会组织三个组，分赴南岗、大坪、金坑等乡镇，围绕农村群众层次脱贫问题开展视察，并形成了《关于对南岗、大坪、金坑乡农村群众层次脱贫问题的视察报告》。去年8月，本会组成调查组，深入到县大麦山铜矿、县韶南机械厂、县力星电机有限公司等厂矿企业调查，并形成了调查报告，提出了积极的建议。这些视察报告和调查报告所提的建议都受到县委、县政府的重视。在专委会、工作组坚持经常性的小型多样的视察活动的基础上，九六年七开展了全体委员参加的全员视察。去年十月的全员视察，分成9个视察组，围绕县政府1997年工作报告提出的工作任务的实施情况，包括扶贫攻坚、人口迁移、个体私营经济发展、供销系统机制转换、"三资"企业和外贸发展、交通能源、城建及精神文明建设等方面的实施情况进行视察，在视察过程中，对我县各项工作所取得的成绩给予了充分肯定，同时也针对工作中出现的问题提出了中肯的意见和建议。并经二十六次常委会议讨论，形成了《关于连南瑶族自治县政协委员1997年视察情况的报告》，报送县委、县政府供决策参考。此外，还积极协助省、市政协委员到我县视察工作，并形成视察报告，及时向省委、省政府、市委、市政府反映我县的情况，受到省、市委及有关部门的重视。去年4月，省政协组织送戏下乡活动，我会协助做好演出安排工作，演出很受欢迎。由于专委会、工作组加强了调查研究，视察的针对性较强，因而对经济工作的各项事业所开展的议政、献策活动，产生了较好的效果。

4. 积极主动办实事，全力以赴参与两个文明建设。本会驻会领导按照县五套班子的统一分工，各自负责抓好指定分管的重点项目建设，为县的经济建设做了大量工作。其他不脱产的政协领导、常委、委员在各自工作岗位上直接参与自治县的经济工作及精神文明建设，对我县两个文明建设起到了较大的促进作用。

（二）认真贯彻执行中共中央【1995】13号文通知精神，努力推进政协履行职能的规范化、制度化

几年来，本会把推进履行政治协商、民主监督、参政议政职能的规范化、制度化作为一项重要工作来抓。本会在认真贯彻落实中共中央【1995】13号文件"关于印发《政协全国委员会关于政治协商、民主监督、参政议政的规定》的通知"《中国人民政治协商会议章程》和省委、市委有关精神的基础上，参照全国政协、省政协的《规定》，结合实际，

制定了《政协连南瑶族自治县委员会关于政协协商、民主监督、参政议政的实施办法》。县委、县政府对这一工作十分重视，县委专门发出了关于印发此实施办法的通知，并指定一名副书记联系政协工作。县政府安排常务副县长、政府办主任保持与整形的联系。本会还修订了《常委会工作规则》《专委会通则》等以系列规章制度。这些规章制度的制定和实施，有力推进了我县政协工作的规范化、制度化。去年六月，市委、市政府、市政协组成联合调查组对我县贯彻落实省委、省政府及市委、市政府有关支持政协开展工作等文件和政协开展工作的情况进行了检查，通过检查认为我县已初步形成"党委重视、政府支持、部门配合、政协主动"的良好局面。

（三）做好提案工作，积极参政议政

调动委员提出的提案的积极性，提高提案质量和办理效果是我们工作的重点之一。为此，本会采取了一系列措施加强提案工作。如制定了《政协连南瑶族自治县提案工作条例》；把提案工作列入主席会议议事日程，具体讨论重要提案；建立了表彰优秀提案的制度；加强与有关部门联系，并得到了他们的大力支持，促进了提案办理质量的提高。通过这些努力，使提案工作有了新的发展。本届共收到政协提案249件，已全部立案，并办理完毕。这些提案都能围绕我县改革开放，两个文明建设、群众普遍关心的重要问题来提出，一事一案，有情况、有分析、有具体建议。不少提案经过办理取得了明显的经济效益和社会效益。

（四）发挥政协职能作用，推动扶贫攻坚工作

去年是我向广大干部群众打好扶贫攻坚战的关键一年，我会紧紧围绕这以工作重心，认真履行职能，在思想发动，筛选项目、落实资金等方面发挥了作用，有力推动和促进了全县的扶贫攻坚工作。

1. 更新观念，充分发挥政协委员联系面广的优势，努力加大扶贫攻坚的宣传力度。我们鉴于政协委员分布面广，城镇农村、条条块块都有委员的情况，以方面认真抓了政协队伍内部的观念更新。一是健全政协委员学习邓小平建设有中国特色社会主义理论和改革开放的大政方针政策；二是聘请大专院校和科研单位的教授、专家到我县来上政治经济理论和政协知识辅导课；三是分期分批组织政协委员到珠江三角洲和湖南、广西等先行脱贫致富的山区县进行学习考察。使全体政协委员进一步增强了打好扶贫攻坚战的责任感，又开阔了视野，克服了悲观畏难的思想，提高了参政议政能力。另一方面，组织政协委员积极参与县的扶贫攻坚宣传活动，较好地消除了人民的精神贫困，为扶贫攻坚工作的顺利开展奠定了良好的思

想基础。

2. 突出重点，深入调查研究，为党政领导机关组织扶贫攻坚提供决策依据。我们紧扣扶贫攻坚关键性的问题，采取提前介入的办法，认真组织各种调查研究，力求参政参在点子上，议政议出新水平。一是围绕选准上好脱贫项目开展调查论证。根据我县有林区、半林区和石灰岩地区的各自不同特点，按照长、中、短结合和以乡一品的构思，提出全县农村贫困户解决温饱的主攻方向。这些意见和建议得到县委、县政府的高度重视，并作出了大力发展粮食生产、大力发展养殖业和大力发展积极作物的决策。二是围绕"三高"农业基地建设开展专项调查。立足提高农村经济的整体效益，按照市场经济的要求，坚持从本地区实际出发，提出了进行适度规模经营，建立以名、优、特为主的基地建设建议，如对无花果种植、加工、销售的建议，得到县委、县政府的采纳。三是围绕搞好技术服务的产品流通会同有关部门开展联合调查。我们针对我县农村科技水平较低和农民担心产品卖不出去的情况，会同农口、科委、科协和农产品流通部门，深入乡镇、区进行调查，提出技术服务到户和产品流通到户的建议，同样引起县委、县政府的重视。

3. 牵线搭桥，充分利用政协人缘关系广的条件，千方百计筹措资金。几年来，我们通过积极进行下情上达，请进来、走出去、广交朋友等形式，多方筹措扶贫资金。一是引进资金改善办学条件，五年来，围绕加快教育事业的发展，先后与香港基督教三自爱委员会、香港教育界等社会团体加强联系，请他们到连南来实地考察，支持连南发展教育事业。共引进资金120万元，改建和新建校舍9栋，新添置了一批教学仪器，帮助困难学生570名，有效第促进了我县96年实现"普九"达标。二是引进资金改善高寒山区和石灰岩地区瑶族群众的生产生活条件，加快解决温饱步伐。配合县的大规模移民搬迁工作，我会主要领导与港澳扶轮社云大棉先生联系，扶轮社捐资100多万元在大麦山镇兴建了以各60多户人的扶轮瑶族新村。另去年在市政府的关心支持下，到位资金60多万元，在金坑乡兴建一个60多户人的高岭移民新村，使居住在高寒山区的瑶族群众在生产生活条件明显改善。三是引进资金发展集体经济。五年来，通过本会出面与外商和国内外客商联系，先后引进资金350多万元，兴办经济项目6个，为乡镇和区脱贫达标作出了应有的努力。

4. 挂钩扶贫，充分发挥政协机关效能，为扶贫攻坚多作贡献。本会对挂钩扶持的管理区实行"三帮"：一是派出工作队员，坚持驻点，帮助区级班子加强思想政治建设，坚定脱贫信心，转变工作作风，扎实带领群众脱贫奔康；二是立足扶持发展生产力，指导帮助瑶族群众改变传统落后习俗。以往瑶区多数是猪无圈、牛无栏，人禽混居，养殖水平底下，去年通过启发引导群众，挂扶的贫困户80%以上实现了猪栏水泥硬底化，过去以年只养一趟猪，现可养二至三趟，生产效率大大提高。三是扎实开展"结对子"帮扶活动。政协机关全体干部职工捐资5000元加上省和对口挂扶单位的扶贫资金共扶持40户贫困户，发展种养项目130多个。组织干部职工多次深入挂钩点的贫困户中了解情况，帮助他们制订脱贫计划等。此外，我们还拿出壹万元，会同其他挂扶管理区发展集体经济，确保了脱贫达标，还通过各种渠道帮助解决生活用水和用电的困难，受到群众的好评。

（五）做好"三胞"联谊工作，为祖国统一大业作贡献

五年来，本会根据政协对外交往和联系工作的特点和优势，运用多种渠道和形式，加强与"三胞"的联谊工作，积极开展对外交流活动。努力为祖国统一多作贡献。一是热情接待回乡探亲、旅游、参观、投资、洽谈商务的台港澳同胞。五年来共接待"三胞"一千多人次；二是加强同本会香港籍委员的联系，多次邀请他们回来视察，及时反映他们的意见和建议，使香港委员积极为我县发展经济项目寻找合作伙伴。三是香港回归前夕，我会邀请了省社会主义学院及广州市政协的专家、学者到我县讲授《中华人民共和国香港特别行政区基本法》等课题，我会常委和县城政协委员、政协机关干部职工及有关部门领导参加听课。加深了对《基本法》的了解，促进了对香港《基本法》的学习和宣传。四是继续做好"三胞"亲属的探访工作，会同县侨办、县台办等有关单位，经常深入"三胞"亲属家中，了解他们的生产、生活情况，提过去他们对政府的建议和要求。五是积极牵线搭桥，设法引进资金，为县的两个文明建设服务。广大"三胞"爱国爱乡，热心扶持贫困地区脱贫致富和兴办公益事业，本会积极配合做好这项工作，经多方努力，筹得一批款项，用于扶贫和兴办"希望小学"，为我县的扶贫攻坚、兴办公益事业作出了贡献。

（六）加强自身建设，提高参政议政能力和机关服务水平

五年来，本会坚持把提高委员的参政议政能力和加强机关建设作为一项重要工作来抓。

一方面是不断提高委员的素质和参政议政水平。五年来，发扬人民政协自我学习、自我教育的优良传统和作风，认真学习中共十四大、十五大会议精神，学习新时期政协理论和统战理论。去年十二月，政协常委和机关全体干部职工认真学习了中共十五大会议精神，县政协主要领导作了中

心发言,从回顾、旗帜、定位、目标、任务、新突破、选班子七个方面畅谈了学习体会。去年五月,部分委员和机关副科技以上干部参加了县委宣传部举办的中心理论组学习。通过有计划、多渠道、多中形式的学习,加深了对邓小平同志建设有中国特色社会主义理论的认识,提高了对人民政协工作重要性的认识,增强了委员的使命感和责任感。此外,六届一次会议以来还增补了政协委员、常委,充实了队伍。在委员中,开展每人每年至少提出一条建议,反映一条信息的活动,拓宽了反映社情民意的渠道,不断提高委员的参政议政水平。

另一方面是加强机关建设。五年来,机关围绕为政协履行职能服务、为政协领导服务、为委员参政议政服务,以"搞好服务,当好参谋"为目标,加强了思想、组织、作风和制度建设。坚持每周一次组织机关干部职工学习邓小平理论和中共十四大、十五大精神,学习有关的文件和业务知识,学习孔繁森同志先进事迹,学习新时期政协理论,从而使机关较好第形成了:"积极进取,团结协作、严守纪律、讲求效率、廉洁奉公"的良好时尚;建立健全有关规章制度,使机关工作逐步实现规范化。九六年起建立了考勤、车辆管理、干部职工考核等规章制度,加强了机关干部职工的组织纪律性,提高了办事效率,改进了工作作风。机关干部的思想和业务素质以及机关的整体服务水平得到进一步的提高。与此同时,重视和加强了政协联谊工作,调整充实了政协之友联谊会,开展了活动。我们还重视发挥文史资料工作在爱国大团结和爱国主义教育中的积极作用。通过多种途径加大了文史资料工作的力度,取得了新的突破。以是争取县政府重视,文史经费列入财政预算;二是争取县委、县政府领导亲自撰稿。五年来,编辑出版了重点反映原国民党将领李楚瀛等在抗日战争时期的史料《连南文史》(第九辑、第十辑)。县政协文史委员会与清远市政协合作,编辑出版了瑶族史料专辑《清远文史》(第九辑),共70篇文章,12万多字,送省参评被评为优秀文史。征集到姓氏文史资料五万余字,水利水电方面史料16万字以及其他综合资料。此外,还对知名人士原国民党少将高参甘霖的史料进行了专题研究。去年九月,市政协文史工作会议在我县召开,对我县文史工作给予充分的肯定。还重视对政协工作的宣传报道工作,五年来共编印《连南政协》21期,反映和提高了政协的影响和知名度。

五年来,在全体委员和机关工作人员的共同努力下,我会工作有了新的进展,取得了较大的成绩,这是县委的正确领导,县人大、县政府、县纪委和全县广大干部群众及社会各界人士对本会工作大力支持的结果。在此，我代表县政协六届委员会常委会表示衷心感谢并致以崇高敬意！回顾五年的工作，我们还应看到不足之处。比如，履行政协职能的规范化、制度化有待进一步加强；反映社情民意还不够广泛；同委员的联系还不够经常；发挥专门委员会的作用还不够充分，各专委会工作开展不够平衡；政协机关的服务工作、宣传工作还有待进一步加强；等等。

二、主要经验和体会

县政协六届委员会常委会的工作在中共连南县委的领导下和县政府及有关部门的支持下，经过全体委员的团结合作和共同努力，取得了较大的进展。回顾和总结本届常委会的工作，我们有以下几点体会：

（一）要加强学习，找准位置，不断提高政协工作水平

加强学习，是提高政协委员的政治思想水平和履行职能水平的重要途径。从六届政协工作的实践来看，必须主要把握好如下两点：一是要深入学习邓小平理论和以江泽民同志为核心的党中央关于人民政协的论述，并同学习中共中央和省委、市委和县委制定的方针、政策相结合，从而增强了坚持邓小平理论和社会主义初级阶段基本路线的自觉性。二是要坚持和依靠党的领导。在工作中必须积极主动争取党委的领导，坚持重要问题及时向党委请示汇报，重要活动征求党委的意见，根据党委的统一部署积极开展政协工作。中共连南县委历来重视政协工作，在本届政协工作期间，县委又采取许多措施重视和加强对政协工作的领导，使政协工作水平不断得到提高。三是牢牢把握团结、民主两大主题，努力促进民族团结和领导班子团结。

（二）要自觉围绕中心，服务大局，充分发挥政协整体优势

围绕党委、政府中心工作，积极开展政治协商、民主监督、参政议政各项活动，推动中心工作的落实和发展，是人民政协履行职能的根本要求。只有这样，才能使政协有所作为，发挥应有的作用。五年来，我们围绕本县改革开放和现代化建设，抓住重点、热点、难点问题，进行协商监督、建言献策。我们根据本县各个时期的工作特点，分别就非国有经济发展、扶贫攻坚和廉政建设等工作开展了连续的追踪调查和视察活动，为党委、政府决策提供了较全面和科学的依据。由于做到紧紧围绕中心工作开展活动，使本届政协工作得以扎扎实实进行，并取得了较好的成绩。

（三）要选准议政专题，突出重点，切实提高政协工作实效

围绕党委、政府的中心工作，挑选较迫切而又力所能及的专题来开展工作，可以集中使用力量，使政协要做好履行职能的工作，应注意避免"四处开花""泛泛而谈"，而必须根据政协的优势和特点，从实际出发，

做好"专题"文章,才能取得较好的效果。我们的做法是县由主席会议研究确定议政专题,再由相关专委会组织力量进行专题调查、视察,并将调查情况向政协常委会议汇报,在常委会议上进行专题协商,形成意见和建议,并及时报送县委。这样围绕专题开展,可以使调查和研讨更深入,提出的意见、建议更中肯,对党委、政府的决策更有参考意义。

（四）要充分调动委员积极性,发挥政协人才库的作用

政协委员来自各个界别,代表这各个团体以及社会各个方面,是政协开展工作的主体。充分调动委员的参政议政积极性,是进一步活跃和深化政协工作的关键。政协人才荟萃,拥有各类专家学者和富有经验的领导干部。充分发挥他们的作用,就要做好科学的组织工作。我们通过召开各种座谈会,组织他们参加视察、调研等活动,努力为他们知情议政提供条件。同时,鼓励他们积极履行职能,运用提案形式参政议政。并通过建立健全反映社情民意的网络,为委员了解和反映社情民意提供畅通的渠道。经过这些措施,委员积极发挥作用就有了较好的条件。

（五）要认真贯彻执行《中国人民政治协商会议章程》,大力推进履行职能的规范化和制度化

推进政协履行职能的规范化和制度化,是政协切实履行好职能的重要保证。在工作中要做到"尽职而不越位,帮忙而不添乱,切实而不表面",就要认真贯彻执行《中国人民政治协商会议章程》,遵循政协工作的方针、原则,坚持中共共产党的领导,服从和服务于国家的大局。六届县政协期间,先后制定了《政协连南瑶族自治县委员会关于政治协商、民主监督、参政议政的实施办法》以及与之相配套的有关规章制度,使政协工作的规范化、制度化向前迈出了重要的一步。

三、对今后工作的几点建议

中国共产党第十五次全国代表大会,是在我国改革开放和社会主义现代化建设进入世纪之交的重要发展时期召开的一次承前启后、继往开来的大会,对于进一步统一全党和全国人民的思想,把建设有中国特色的社会主义事业全面推向二十一世纪,具有极其重要的现实意义和深远的历史意义。中共十五大,强调要进一步发展社会主义民主政治;强调要坚持和完善中共共产党领导的多党合作和政治协商制度;强调要继续推进人民政协政治协商、民主监督、参政议政的规范化、制度化,使之成为党团结各界的主要渠道;强调要巩固和发展广泛的爱国统一战线;强调要继续推进祖国和平统一大业。这是政协工作跨世纪的要求。中国共产党连南瑶族自治县第就次代表大会,根据本县的实际,部署落实十五大精神,动员全县广

大党员和干部群众,把我县的改革开放和现代化建设事业全面推向二十一世纪。在此,我们对县政协新一届委员会的工作提出几点建议:

(一)认真学习、贯彻中共十五大、省委七届七次全会、市委二届八次全会、县第九次党代会的精神,增强高举邓小平理论伟大旗帜的自觉性和坚定性。结合本县实际,以邓小平理论和中共十五大精神指导政协工作,使政协工作再上新的台阶。

(二)紧紧围绕县委、县政府的中心工作,积极主动履行政协职能,为我县的改革开放和现代化建设事业作出更大的贡献。

(三)突出政协工作主题,团结一切可以团结的力量,为巩固和发展广泛的爱国统一战线,促进社会主义现代化建设和实现祖国统一大业作出努力。

(四)从政协的特点和优势出发,发挥各专门委员会、工作组的作用,调动全体委员的积极性,努力做好"三胞"、文史、提案等工作,提高参政议政水平。

(五)进一步加强政协的自身建设,继续推进履行职能的规范化、制度化。

各位委员,当前,我县各族人民在中共连南瑶族自治县委的领导下,更加紧密第团结在以江泽民同志为核心的中共中央周围,高举邓小平理论伟大旗帜,以中共十五大精神为指导,努力开创我县改革开放和现代化建设的新局面。我们相信,在中共连南瑶族自治县委的领导下,政协连南瑶族自治县第七届委员会一定能在我县建设有中国特色社会主义的事业中,作出新的更大的贡献。

八、县政协第八届常委会工作报告

房卫民

2003 年 3 月 17 日

各位委员:

我受政协连南瑶族自治县第七届委员会常务委员会的委托,向大会作工作报告,请予审议,并请列席会议的人员提出意见。

一、五年工作的回顾

政协连南瑶族自治县第七届委员会自1998年第一次会议以来，已经走过了五年的历程。五年来，全县各族人民坚持以邓小平理论为指导，认真学习和实践江泽民同志"三个代表"重要思想，不断深化改革，扩大开放，自治县的经济和社会各项事业取得了新的成就。这五年，我们始终坚持中国共产党的领导，在中共连南县委的领导下，紧紧围绕我县大局，把握团结和民主两大主题，积极主动履行行政职能，为巩固和发展爱国统一战线，维护安定团结，促进我县经济发展和社会进步作出了积极的贡献。

（一）严格按照政协章程开好会议，为委员履行职能提供保证

五年来，我们严格按照政协章程的要求，把组织好各种会议作为人民政协履行好职能的一项重要工作摆上议事日程。

一是认真开好全体委员会议，把握住当面议政和及时议政的机会。政协委员全体会议是人民政协最高层次的协商形式，会议期间要审议政协常委会工作报告、提案工作报告，进行大会发言，并列席人大会议，协商讨论政府工作报告和其他报告。为此，在会前，我们认真总结前一年的常委会工作和提案工作，力争常委会工作报告和提案工作报告都能充分体现出政协工作的成效和特点。在会中有计划地安排委员进行大会议政发言。五年来，共有大会议政发言22人次，涉及农业、林业、旅游、市政建设、教育、卫生、文化、社会治安，以及个体私营经济发展等方面。如在七届三次会议上，农林水委员会作了《吸取教训，创造经验，把龙头企业办好——关于办好竹业发展有限公司的建议》的大会议政发言，提出了竹业发展有限公司必须规范运作、自负盈亏的意见和建议。会后，我们又向县委、县政府报送了《政协连南瑶族自治县常务委员会关于我县竹业生产管理的若干问题的建议》，县委、县政府主要领导分别在建议案上作了批示，并作出决定，将竹业发展有限公司交由经济实体管理。在七届四次会议上，针对我国已经加入世贸组织和我县工业企业发展滞后的情况，由农林水委员会和经济委员会分别作了《我县农业面临的挑战及其对策》《发展工业是强县富民的必由之路》的议政发言，引起了各级各界人士的关注。

二是提高常委会议、主席会议质量，确保政协工作有条不紊地进行。政协常委会议和主席会议分别是全体会议闭会期间、常委会议闭会期间的主要和重要会议形式。七届一次会议以来，我们严格按照政协章程的要求，定期召开主席会议和常委会议。五年来，共召开主席会议28次，常委会议22次，在每一次常委会议之前，我们原则上都召开主席会议，协商研究决定有关工作事宜，并将会议拟定的事项提交常委会议确定。在常

委会议上,我们始终坚持求真务实的工作作风,认真讨论决定常委会会务中的重大问题:听取县委、县政府及其所属部门的重要工作报告和说明,并进行协商讨论,提出建议和意见;协商讨论县委、县政府的各项中心工作和广大群众普遍关心的热点难点问题;审查重要的视察报告、专题调查报告、提案和其他专项工作报告。特别是在每一年的例会之前,常委会根据县委县政府新一年的中心任务和要求,认真讨论政协年度工作任务,形成年度工作计划发放到各专委会,在每季度的常委会议上,对每项工作都进行检查督促,以确保各项工作落实。如本届二十一次常委会议,围绕"如何发展全县工业问题"进行专题议政,县政府分管工业的领导和主管部门的领导应邀参加了会议。会议对我县工业企业存在的问题和制约我县工业企业发展的不利因素,提出了对新老企业要给予平等待遇、外商投资兴办的企业和当地老板投资兴办的企业要一视同仁、既要通过对外招商引资兴办工业企业,又要鼓励和引导县内人士兴办各种资源型工业、县政府要做好发展工业企业的服务工作,及时为企业提供有关信息等建议。这些会议不仅有力地促进政协各项工作的落实,而且提高了参政议政的水平。

(二)充分发挥视察、调研和提案的积极作用,为县委、县政府完成各项工作建言献策

为了使委员们都能深入实际,密切联系群众,了解党和国家方针政策的贯彻落实情况,反映社情民意,进一步履行政治协商、民主监督、参政议政的职能,每一年我们都认真组织开展各种视察活动,并针对一些具体问题,进行专题调研、专题议政和做好提案工作,及时为县委、县政府建言献策。

1. 围绕全县工作大局,精心组织每年一次的全体委员视察活动。如何组织开展好一年一次的全体视察活动,提高它在参政议政中的作用问题,各地都在认真探索,本届委员会任期以来,对这一问题也进行了积极的研究和探讨。五年来,我们开展全体委员视察活动的思路是选准议题,集中力量,力求在工作深度上有所突破:一是选择视察内容上,经过召开各专委主任会议、主席会议、常委会议反复筛选,确定主题;二是制订好视察活动计划,安排好各视察组活动的地点、内容和带队领导,以使活动得以紧张有序地进行;三是注重视察成果的落实,每次视察活动各视察组都指定有资料员负责视察情况的记录和资料整理,写出视察报告交县政协办进行综合,然后经政协常委会议讨论通过,形成报送县委、县政府的视察报告。这五年的视察活动,共形成了五份视察报告,向县委、县政府提

出意见和建议28项，得到了县委、县政府的高度重视。如2002年的全体委员视察活动，紧紧围绕增加农民收入这一主题，对全县的青梅、蔬菜和蚕桑的发展情况进行视察。由于视察的主题突出而且是涉及全县大局的问题，再加上视察计划安排较周密和合理，因此该年的视察无论是从视察的深度和广度上，还是从所提出的意见和建议上，都显得更为客观和科学。

2. 围绕热点难点问题，开展专题调研活动。随着改革开放的不断深入和社会主义市场经济体制的不断完善，各种新的问题和矛盾也不涌现。在本届委员会任职期间，个体私营经济的发展、农业和农村的问题、竹业龙头企业的状况以及民族旅游等，成为广大人民群众普遍关心的热点问题，这也是政协长期高度关注的问题。连续多年来，我们对其进行了跟踪，实施民主监督，特别是对一些突出的问题，进行了专题调研。如2001年县政府作出决定将千亩银杏基地交由县水果公司管理，实行自负盈亏，生产管理资金由水果公司解决。但水果公司既没有积累资金，又无资产抵押贷款，当时正值果树的快速生长期，需要大笔资金投入，如果管理费用得不到落实，整个基地就面临毁树返耕的危险。对此，我们到实地进行了调研，向县人民政府提出了《加大投入力度，建设好千亩银杏基地的建议》，引起了县委、县政府的高度重视，县政府决定继续给予资金支持。又如2001年，县人民政府决定，用三年时间，将青梅种植面积扩大到3万亩的规模。决定做出之后，在广大干部群众中引起较大的反响，由此，县委主要领导指示我们，对这一问题进行专题调研。我们随即组织委员在本县和到青梅主产地之一陆河县进行实地考察，将两地青梅生长的立地条件、气候条件、管理需求以及销售渠道和效益等进行对比分析，形成了书面调查报告，在报告中建议我县种植青梅，必须先办好示范点，然后再推开。这一建议得到了县政府的认同。七届一次会议以来，我们共组织各类型的专题调研达23次，较好地发挥了参政议政的作用。

3. 认真做好提案工作，充分发挥提案的积极作用。本届委员会在提高提案工作上重点抓好两个方面：一是在提高提案质量上下功夫。为了切实提高委员的提案质量，我们通过各种形式，让委员深入了解县情，把握好热点难点问题，并引导他们从中提出提案，使委员们的提案水平得到了有效提高。五年来，共收到提案220件，立案213件，提出或参与提出提案的达355人次。二是在提高提案的办理质量上下功夫。我们将委员提案及时移交给县政府及其有关部门的同时，确定重点提案，将其转为常委会议建议案和主席会议建议案，以确保提案提出的意见和建议得到采纳和落实。为进一步推动提案的承办工作，我们每年还召开承办单位的座谈会，交流承办经验；表彰承办提案先进单位，促进了提案办理质量。

4. 认真组织外出考察学习，开阔视野，增长见识。组织委员开展外出考察学习活动，即可开拓委员的视野，增长见识，又能学习外地的各种成功经验。七届三次会议闭会期间，主席会议全体成员到阳山、佛冈、乳源三县考察招商引资和农业龙头企业的发展情况，在考察报告中，向县委县政府提出集中扶贫资金办好农业龙头企业和招商引资必须真正做好政策优惠，敢于让利等四条建议。这一报告引起了县委的重视，县委主要领导在报告中作了"发党政班子成员阅"的批示。五年来，我们共组织各种类型的外出考察学习活动共18批（次），这些活动不仅让委员们增长了见识，而且更坚定了自力更生、艰苦创业，建设连南的信心和决心。此外，我们还积极协助清远市政协连南工作组开展的异地视察活动，既完成了清远市政协布置的委员视察活动，又促进了我们自身的工作。

（三）加强对外联谊工作，为自治县两个文明建设作贡献

我们充分发挥人民政协联系面广的优势，加强对内对外的联谊交往，广交朋友，拓展工作领域：一是会同县委统战部、县台办等单位积极开展"三胞"联谊活动。五年来，共接待到我县探亲、旅游观光、投资考察及扶贫助学助医的港澳台同胞39批（社团）2792人次。牵线搭桥引资达360多万元。其中引进外资资助三排牛头岭小学、大坪中心小学、盘石中心小学等六个乡镇的17间学校建校和添置教学设备，扶助653名贫困生就学；我县旅台人员李毓鄰先生投资200万元兴建的"连南中医院毓鄰门诊部"，于2000年9月投入使用；世界宣明会自一九九八年以来，投入153万元，在我县扶持社区发展生产，为瑶族村民架设自来水、修桥、铺路和助学；我县旅台人员陈日源、陈建生先生捐资10万元开发猫公山景区。二是热情做好全国政协、省市政协及兄弟县（市、区）政协领导的来访接待工作。七届四次会议闭会期间，县政协领导会同县委、县政府领导接待了全国政协副主席张思卿一行；协助省政协第七视察团视察我县小水电建设管理与发展情况。去年，我们接待了香港展能助学基金会、香港清远公会、中港汽车联合总会组成的慰问团，为连南妇幼保健所捐赠了助医资金4万元。三是加强与兄弟县（市、区）的联系与交流。随着连南知名度的不断提高，这五年来，我们政协之间的互相交流也逐年增多，除加强与周边县（市、区）的来往外，我们还主动与珠海、东莞、三水、广州海珠区等经济发达地区政协的联系。通过交往，拓宽了对外联系的渠道，结交了新朋友，吸取了工作经验。同时，我们还积极参与湘桂粤三省（区）

毗邻县（市、区）政协工作协作会活动，加强了与会员县（市、区）政协的联系与协作。

（四）不断加强自身建设，提高履行职能水平

加强自身建设是人民政协提高履行职能水平的客观需要，也是我们在实践中做好参政议政工作的必然要求。五年来，我们努力在实践中开拓前进，不断加强自身建设，以适应新时期工作的需要。

一是加强政治理论学习，不断提高政治敏锐性和政治鉴别水平。我们在制定、完善和坚持《县政协委员、县政协机关工作人员学习计划》《县政协机关党员、干部职工学习安排》等学习制度的同时，围绕党和国家的大政方针，结合各个时期的工作实际，突出抓好三个方面的学习：①1999年是中华人民共和国成立五十周年暨中国人民政治协商会议成立五十周年，也是澳门回归祖国之年，我们及时发出《关于学习江泽民总书记〈在庆祝中国人民政治协商会议成立五十周年大会上的讲话〉的通知》，要求全体委员认真学习领会讲话精神，以《讲话》精神指导工作；并邀请省社会主义学院教授给全体委员讲授《澳门基本法》和人民政协理论；还召开离退休老干部座谈会，畅谈中华人民共和国和人民政协五十年的光辉历程。②积极参加"三讲""三个代表"的教育活动。"三讲""三个代表"是近年来中国共产党在全国范围内开展的大规模的党性、党风和思想教育活动，全体委员都在各自的岗位投身到这些活动中去。特别是班子成员和党员领导干部，严格按照县委的工作部署和要求，认真阅读各种理论文章，撰写学习心得体会和个人剖析材料，虚心接受上级领导和人民监督。江泽民同志的"七·一"讲话，对"三个代表"重要思想作了系统全面阐述，我们采取各种形式，组织全体委员和政协机关干部进行了深入学习，进一步加深了对"三个代表"重要思想的理解。③组织委员学习贯彻中共十五大精神和十六大会议精神。中共十五大提出了社会主义初级阶段的基本路线和纲领，明确了在二十世纪末总体实现小康水平的奋斗目标，我们及时组织政协委员进行认真学习，从而更加坚定了中国共产党的领导和建设有中国特色社会主义的信心和决心。中共十六大提出高举邓小平理论伟大旗帜，全面贯彻"三个代表"重要思想，继往开来，与时俱进，全面建设小康社会，加快推进社会主义现代化，为开创中国特色社会主义事业新局面而努力奋斗的宏伟目标，通过学习，全体政协委员统一了认识，振奋了精神，决心坚持团结民主的主题，为祖国的统一和民族复兴的伟大事业贡献力量。通过这些学习活动，广大委员不仅增强了政治理论素养，而且提高了政治敏锐性和政治鉴别水平。如在同以美国为首的北约轰炸我

驻南联盟大使馆事件和与法轮功邪教组织的斗争中,都做好立场坚定,与上级保持高度一致,有效地维护了民族团结和自治县两个文明建设的健康发展。

二是加强组织建设,培养造就一支合格过硬的队伍。提高和改善组织素质,是加强政协自身建设的重要内容,也是开展政协工作的根本保证。首先,通过各种渠道让委员学习理解《中国人民政治协商会议章程》,充分把握履行职能的权利义务;其次,健全政协机构,调整充实领导成员和机关工作人员。届中增设了农林水委员会和机关综合科,增补了3名副主席、2名政协常委,2名香港籍委员,增补了1名党组成员和调整了办公室主要领导,并按章程的有关规定,撤销了2名政协委员资格。

三是加强制度建设,促进政协履行职能的规范化和制度化。一方面是认真贯彻执行原有的规章制度,特别是贯彻落实好《政协连南瑶族自治县委员会关于政治协商、民主监督、参政议政的实施办法》,以及与之配套的《常委工作规则》《专委会通则》等一系列规章制度;另一方面是进一步完善了公务车辆使用管理规定和考勤管理规定,重新制定了财务管理规定和机关科室主要工作职责。通过这些制度的组织实施,使政协工作不断向规范化和制度化迈进。五年来,坚持每月二次组织机关工作人员开展政治理论和业务知识学习,使政协机关工作人员的思想政治水平和业务能力得到有效提高;积极主动参与全县的中心工作,对扶贫、计划生育的挂点镇、村,从人力、资金、车辆等方面给予大力支持;抓好文史资料整理工作,出版了《连南文史》第十一期;认真做好宣传工作,重大活动都与宣传部门取得联系,及时宣传报道工作情况。同时,编辑出版《连南政协》会刊32期,较好地反映和交流了政协工作情况。

各位委员,五年来,在全体委员和机关工作人员的共同努力下,政协工作取得了新的业绩,这是中共连南县委的正确领导,县人大、县政府、县纪委和全县广大干部群众及社会各界人士对政协工作大力支持的结果。在此,我代表县政协七届常委会表示衷心感谢,并致以崇高的敬意!回顾五年来的工作,我们还有一些不足之处,如委员的整体素质和工作水平还不够高,履行职能的规范化、制度化还有待加强,反映社情民意还不够广泛,各专委会工作开展得不够平衡等,所有这些都有待与在今后工作中加以改进。

二、主要的经验和体会

县政协七届常委会工作,在中共连南县委的领导和县人民政府及其部门的大力支持下,经过全体委员的团结合作和共同努力,取得了较大的进展。回顾和总结本届常委会的工作，我们有以下几点体会：

（一）坚持共产党的领导，是政协履行职能的根本保证。人民政协是中国人民最广泛的爱国统一战线组织，是中国共产党领导的多党合作和政治协商的重要机构，人民政治协商制度是我们国家的基本政治制度。人民政协从它诞生之日起，就是在中国共产党的领导下开展工作的。人民政协包容了当今中国各民主党派、众多的人民团体、社会界别以及各种特殊背景的代表人士，这些政党、团体和界别，在根本利益一致的同时，也存在不同的具体利益和要求，只有中国共产党才能把各种不同的利益服从于一个共同的利益，才能把各种不同的要求引导到一个共同的要求上来。所以，中国共产党的领导决定着人民政协的性质和发展方向，特别是人民政协进行政治协商的各项内容，都是围绕贯彻共产党在各个时期的基本路线和总的方针、任务来开展的，人民政协只有自觉接受共产党的领导，才能保证正确的方向。五年来，我会在工作过程中，都始终做到自觉接受中共连南县委的领导，凡属县委把政治协商纳入决策程序，二〇〇〇年，中共连南县委主持召开了全县政协工作会议，对如何加强政协工作领导，充分发挥政协的协商、参政、监督作用提出了新的要求，为政协顺利开展工作，取得好成绩指明了方向。

（二）坚持围绕中心、服务大局，是政协履行职能的根本要求。围绕党委和政府的中心工作，积极开展政治协商、民主监督，参政议政各项活动，是人民政协履行职能的出发点和落脚点。只有这样，人民政协才能有所作为，发挥应有的作用。五年来，我们围绕自治县改革开放和现代化建设的大局，抓住非公有经济发展、农业和农村的问题、以及民族旅游业等重点、热点和难点问题开展了连续的追踪调查和视察活动，进行协商监督和建言献策，为县委和政府的决策提供了较全面和科学的依据。由于我们在履行职能中做到围绕中心服务大局，所以本届政协工作得以扎扎实实进行，并取得了较好的成效。

（三）坚持团结和民主，是政协履行职能的工作主题。团结和民主是我们政协的指导方针和工作主题。我们强调民主，首先是人民政协组织的性质决定的，人民政协是实现中国共产党领导的多党合作和政治协商这一基本制度的组织形式，是发扬社会主义民主的重要渠道，政协的各种活动理所当然地强调民主；政协的各种会议和要讨论的许多重要问题，只有充分发扬民主，集思广益，才能做出正确的决定；我们强调团结，是因为政协的各种活动要发扬民主，畅所欲言，认真负责地讨论研究问题以及政协组织中的每个成员必须讲究相互尊重、取长补短，使其在活动中，加深了解、消除误会，增进共识，加深友谊。五年来，我们始终坚持了团结和民主两大主题，使各项工作都取得了新的进展。

（四）坚持规范化、制度化，是政协履行职能的关键环节。五年来，我们在工作中，始终坚持"尽职而不越位、帮忙而不添乱，切实而不表面"的原则，积极推进政协履行职能的规范化和制度化；认真贯彻执行《中国人民政治协商会议章程》，遵循政协工作的方针和原则，坚持中国共产党的领导，自觉地服从和服务县委、县政府的工作大局；严格执行了《政协连南瑶族自治县委员会关于政治协商、民主监督、参政议政的实施办法》，以及与之相配套的有关规章和制度，使政协的工作求真务实，不断取得进步。

（五）坚持政治理论学习，是政协提高履行职能水平的思想保障。不断加强政治理论学习，是我们政协履行职能的客观要求，只有不断提高政治理论素质，才能充分发挥参政议政的作用。五年来，我们始终围绕党和国家的大政方针，在不同时期，有计划、有组织、有安排地强化对政治理论学习，特别是本届委员会正逢全国贯彻落实十五大和十六大精神，许多新问题需要统一思想认识，我们都及时按照县委的部署和安排，进行了学习。由于强化了政治理论学习，在许多重大问题上，我们政协委员都同党和国家的正确决策保持高度一致，始终保持了正确的政治方向。

三、对今后工作的几点建议

各位委员，中共十六大把"三个代表"重要思想和马克思列宁主义、毛泽东思想、邓小平理论一道确立为我们党的指导思想，对全面建设小康社会、开创中国特色社会主义新局面作出了战略部署，选举产生了新的中共中央领导集体，对党和国家事业的发展具有重大而深远的意义。新形势为政协工作的开展提供了更广阔的空间，提出了新的更高的要求。县政协要继续以邓小平理论和"三个代表"重要思想为指导，全面贯彻中共十六大精神，牢牢把握团结、民主两大主题，紧紧围绕县委、县政府的中心任务，积极履行政治协商、民主监督、参政议政职能，不断开拓人民政协工作的新局面。为此，我代表七届县政协常委会向八届县政协提出如下建议：

（一）加强学习，适应政协工作的新要求。中共十六大是在我国进入全面建设小康社会、加快推进社会主义现代化的新的发展阶段召开的一次十分重要的大会。江泽民同志在大会上所作的报告全面分析了我们党和国家面临的国际国内形势，科学总结了十三年来的基本经验，进一步阐明了贯彻"三个代表"重要思想的根本要求，深刻阐明了中国共产党在新世纪坚持举什么旗、走什么路、实现什么目标等重大问题，对建设中国特色社会主义经济、政治、文化和党的建设等各项工作作出了全面部署，是我们党团结和带领全国各族人民在新世纪新阶段继续奋进的政治宣言和行动纲领。我们要认真组织广大委员和政协工作者认真学习十六大报告，认真贯彻十六大精神，把思想和认识统一到十六大报告精神上来，把智慧和力量凝聚到实现十六大提出的各项任务上来。要积极营造联系实际、民主讨论、求真务实的学风，继续深入学习邓小平理论、"三个代表"重要思想，完整准确地把握其科学体系和精神实质。要加强对党和国家重大方针政策及政协理论的学习，增强贯彻党的基本路线和方针政策的坚定性，增强做好人民政协工作的责任感和使命感。

（二）认真履行职能，为加快我县脱贫奔康步伐献计出力。我们要紧紧围绕全面实现小康社会的要求，团结各方面力量，形成合力，进一步解放思想，拓宽思路，更好地开展专题议政、专题协商、专题视察、专题调研和专题研讨，写出高质量、高水平的建议、提案、调查报告，为营造有利于改革开放、经济发展、社会稳定的大局，为完成县第十次党代会确定的各项任务而努力工作。

（三）做好团结联谊工作，维护社会稳定，促进祖国统一。人民政协作为最广泛的爱国统一战线组织，要多做争取人心、凝聚力量的工作。要充分发挥政协委员联系广泛、代表性强的优势，积极宣传党的路线方针政策和县委县政府的重大决策，通过委员提案、反映社情民意等方式，广辟渠道，及时反映不同地域、不同阶层群众的意见、呼声和要求，协助党委和政府做好理顺情绪、化解矛盾的工作，维护社会稳定。继续大力宣传"和平统一、一国两制"的基本方针，扩大同港澳同胞、台湾同胞和海外侨胞的联谊，为完成祖国统一大业作出贡献。

（四）加强政协自身建设，提高履行职能的水平。加强新形势下人民政协的理论研究，积极主动地探索履行职能的新的有效形式，并在认真总结经验的基础上，将一些好的做法、好的措施用制度的形式固定下来，将比较完善的工作程序系统化、规范化，不断提高政协履行职能的效率和水平。要积极争取党委和政府履行职能规范化、制度化工作的重视和支持，全面落实《关于政治协商、民主监督、参政议政的规定》，推进社会主义民主建设。进一步改进机关工作作风，不断提高为履行职能服务的水平。

各位委员、各位同志，政协连南瑶族自治县第八届委员会即将肩负起承前启后、继往开来的历史重任。我们衷心祝愿新一届政协在邓小平理论和"三个代表"重要思想的指引下，在中共连南县委的领导下，进一步开创人民政协工作的新局面，为全面建设小康社会作出积极的贡献！

九、县政协第九届常委会工作报告

房卫民

2007 年 1 月 6 日

各位委员：

我受政协连南瑶族自治县第八届委员会常务委员会的委托，向大会作工作报告，请予审议，并请列席会议的人员提出意见。

一、三年多工作的回顾

政协连南瑶族自治县第八届委员会自 2003 年第一次会议以来，已经走过了三年多的历程。三年多来，全县各族人民坚持以邓小平理论、"三个代表"重要思想为指导，认真贯彻和落实科学发展观，不断深化改革，扩大开放，开拓进取，自治县的经济和社会各项事业取得了新的成就；我们政协始终坚持中国共产党的领导，在中共连南县委的领导下，坚持以发展为第一要务，紧紧围绕我县的工作大局，牢牢把握团结和民主两大主题，积极履行三大职能，为巩固和发展爱国统一战线，维护安定团结，促进我县经济发展和社会进步作出了积极贡献。

三年多来，县政协八届常委会主要抓了以下几方面工作。

（一）围绕县委县政府工作中心，议大事商政事

围绕中心，服务大局是我们政协工作的出发点和落脚点，也是我们一直坚持的工作态度和工作作风。换届以来，我们常委会紧紧围绕县委县政府各个时期的工作中心，做了大量的工作，并得到了县委县政府的高度重视。

一是对事关全县大局和长远利益的工作进行协商讨论。2003 年是党中央提出全面建设小康社会的第一年，也是本届委员会任期的头一年，县委提出了"三年打基础、五年上台阶，十年翻两番"的宏伟目标，我们结合本县实际，认真协商讨论了《政府工作报告》，尤其是对今后五年的奋斗目标，进行了充分协商讨论，提出了不少客观的意见和建议，得到了县人民政府的重视和采纳。2005 年是我县全面实施和完成"十五"计划目标，衔接"十一五"发展规划的关键一年，我们按照县委："抓落实、打基础、促发展"，以及"打强工业牌、打旺旅游牌、打好民族牌、打实教育

牌"的要求，认真协商讨论了"十一五"发展规划，为我县全面建设和谐社会提出了不少好的意见和建议。总之，我们始终自觉地把政协的工作与县委县政府的部署要求结合在一起，自觉地服从服务全县工作大局，为全县各项事业的发展尽责尽力。

二是对县委县政府重大工作的部署实施进行跟踪监督。为充分发挥政协的民主监督作用，每一年我们都围绕县委县政府的中心工作，在进行民主协商的基础上，结合自身的特点和自治县的实际情况，通过主席会议，常务委员会议等形式，确定出当年的工作要点；并将工作要点分解到每个季度，每个专委会实施和落实。使我们的工作既围绕全县的工作大局，又富有可操作性，在全面完成每年工作安排的同时，又较好地发挥了民主监督的职能。

三是本会主要领导参加高层会议，在重大问题上直接提出来自政协方面的意见和建议。多年来，由于我们在重大原则问题上，始终与县委保持高度一致，在具体工作中，恪守"有为才有位"的理念，并努力做到"尽职而不越位，帮忙而不添乱"，从而赢得了县委县政府的重视和支持。换届以来，本会主要领导不仅列席县委常委会议和县委县政府联席工作会议，还列席了书记会议，使我县在高层决策时能直接听到来自政协的意见和呼声。这也使得政治协商"三在前"（党委决策之前，人大会议通过之前，政府实施之前）的原则得到了较好贯彻和落实，从而确保了政协参政议政的质量和水平。

（二）围绕热点难点问题，积极建言献策

关注热点难点问题，深入调查研究，掌握第一手资料，积极反映社情民意，是我们政协多年来的工作思路和工作重点。换届以来，我们安排了11人次的全会大会发言，24次以专委会为单位的小型调研视察，4次全员视察和5次当面议政活动。其中最主要的情况有三个方面。

一是在招商引资工作问题上，大胆建言献策。招商引资是全县工作的重点和难点，也是我们多年来一直关注的热点问题。早在2003年换届后，我们就将它列为当年的工作重点，并于8月份安排民族三胞委前往湖南省的蓝山、道县、江华等县和广西区贺州市八步区和周边的连阳地区进行调研考察。调研后向县委县政府提交书面报告，提出招商引资应做到"招商引资无闲人，层层有任务和压力、财政安排专项基金、政策一优再优、提供全方位优质服务"等具体内容，都被后来县委县政府在重新制定招商引资政策时所采纳。去年，组织全体委员视察了寨岗迥龙工业园区和永达金属制品厂以及东方（连南）玻璃厂、缫丝厂等，亲身体会我县近年招商引资的成果。

二是在"三农"工作问题上,连续跟踪监督。"三农"问题一直是全县各级极为关注的问题,也是社会关注的热点难点问题。三年多来,我们也给予了高度重视,在每一年的工作安排中,都安排有视察和调研。2006年,县委提出继续加大"三农"工作力度,重点抓好蚕桑基地、柠檬基地、有机稻基地、蔬菜基地和鸡麻笋基地。对此,我们安排5个专委会分别对五大基地进行了调研视察,通过视察,有针对性地提出了一些可行的意见和建议,有效地促进了农业基地的建设和发展。

三是在公共基础设施建设和文化教育等问题上,积极建言立论。公共基础设施建设和文化、卫生工作一直是我们政协关注的热点问题,这些工作的开展都倾注了我们政协委员的热情与心血。2003年、2004年、2005年我们分别安排专门委员会就新型农村合作医疗、农村小学收费、高中教育质量与职业技术教育发展、地方道路建设以及农村水利基础设施建设等情况进行了视察调研,并就有关问题与县的主管领导及主管单位进行了当面议政和大会发言。

此外,我们还积极发挥大统战的作用,通过香港特邀委员的关系,大力开展捐资助学活动。近四年来,我们得到了基督教香港信义会、香港马鞍山扶苗之友会和香港敬文扶苗会等社会力量的支持,共筹措助学金210多万元,使2600多人次的贫困生圆了上学梦。

与此同时,我们强化了文史和提案工作的领导及工作力度,使文史和提案工作取得了新的进步。在县人民政府的大力支持下,《连南文史》第十二辑(旅游专辑)已经顺利出版;三年多来,提案委员会共收到提案174件,审查立案的173件,提案内容涉及各行各业,其中不少提案具有超前性和可操作性。如《关于当前招商引资工作应注意的几个问题的建议案》,是2005年5月民族宗教和三胞委对我县招商引资工作调研时提出的最初意见;在6月,我们召开了八届十一次常委会,就这一问题与县政府的分管领导和主管部门进行了当面议政;最后以主席建议案提交给县委县政府。这一建议案得到了县委县政府的高度重视,县委主要领导作出了批示,要求县主管领导在今后的工作中加以借鉴和采纳。随着提案的有效办结和落实,较好地推动了我县各项事业的发展。

(三)围绕政协自身工作需要,认真组织理论学习

自觉学习,自愿学习是人民政协的优良传统。三年多来,我们结合自身的实际,通过各种形式,有目的、有计划地组织了各种理论知识学习,较好地提高了履行职能的水平。

一是强化政治理论学习。这几年重大的政治活动比较多,每一次活动,我们都按照上级的部署要求,认真组织委员们进行学习。特别是2004年,中共中央召开了十六届四中全会,作出了《中共中央关于加强党的执政能力建设的决定》,这是中国共产党的一件大事,我们按照县委的要求,认真组织了常务委员、主席会议成员和党组成员进行了专题学习;与此同时,我们还发文要求各专委会认真组织学习。2005年,中央又提出了在全党开展以实践"三个代表"重要思想为主要内容的保持共产党员先进性教育活动,委员中的中共党员积极参与学习,认真学习有关理论篇章,从中受到了教育。

二是强化业务理论学习。2003年年初,我们会同县委统战部、宣传部、县工商联举办了"人民政协、统一战线、工商联理论知识知多少"的理论学习活动,在《连南报》以专版的形式发出有奖学习问卷4000份,举办政协、统战理论专题文艺晚会,较好地学习宣传了统一战线理论知识;换届后,为及时让委员们学习和掌握政协理论知识,我们发给委员人手一册《政协委员手册》;2004年,中国人民政治协商会议第十届全国委员会第二次会议通过了《中国人民政治协商会议章程修正案》,这是政协的一件大事,我们及时发出通知要求各专委会组织委员学习,为了方便自学,我们发给每个委员人手一本新的政协章程,并印发了三份学习辅导材料。为使委员们进一步掌握政协理论知识,在八届四次会议上,我们还安排了提案工作的专题辅导学习。在人民政协成立五十五周年的座谈会上,与会的同志还交流了学习与工作经验。

三是强化政协机关工作人员的理论学习。进行政治理论学习,是政协机关工作人员一项经常性的工作。每一年,我们都制定出《县政协班子及政协委员、机关工作人员学习计划》和《县政协机关党员干部学习计划》,这些学习计划都安排有专门的主题和组织学习的具体人员,既学习理论原著又联系实际开展讨论,收到了预期的效果。

各位委员,三年多来,在全体委员和机关工作人员的共同努力下,县政协工作取得了新的成绩,这是中共连南县委正确领导,县人大、县政府和全县广大干部群众及社会各界人士对政协工作大力支持的结果。在此,我代表政协八届委员会常务委员会表示衷心感谢,并致以崇高的敬意!回顾三年多来的工作,我们还有不足之处,如民主监督的方式方法还不够灵活,监督的力度还有待加强;对外联谊和对外宣传的工作水平还有待加强,等等。所有这些,都有待于在今后的工作中加以改进。

二、主要的经验和体会

县政协八届常委会工作，在中共连南县委的领导和县人民政府及其部门的大力支持下，经过全体委员的团结合作和共同努力，取得了新的突破和进展。在近4年来的工作实践中，我们主要有如下几点体会：

（一）坚持围绕第一要务开展工作，是政协履行职能的出发点和落脚点。中共十六大明确提出，贯彻邓小平理论和"三个代表"重要思想，必须把发展作为党执政兴国的第一要务；《中共中央关于加强党的执政能力的决定》指出，必须坚持抓好发展这个党执政兴国的第一要务，把发展作为解决中国问题的关键，并强调提高党的执政能力，首先要提高党领导发展的能力。发展既是党委政府的第一要务，也是我们政协工作的本义。在2003年换届以来，我们围绕全县的发展大局，重点讨论协商了县委县政府的重要决策，并抓住招商引资、农业和农村、民族旅游业以及学校教育等难点热点问题开展了连续的跟踪调研和视察活动，进行协商监督和建言献策，为县委和政府的决策提供了较全面和科学的依据。由于我们在履行职能中做到指导思想明确，定位比较准确，措施可行得力，所以，使全县政协工作开展得扎实有效。

（二）坚持中国共产党的领导，是政协履行职能的根本保证。人民政协是共产党领导的政治组织，共产党领导是人民政协发挥作用的根本保证。坚持中国共产党对人民政协的领导，是人民政协的一条基本原则。在新的历史时期，中共中央结合新的形势和任务，不断加强和改进对政协工作的领导，对人民政协事业发展中的重大问题作出了一系列重要决定和部署。比如：把共产党领导的多党合作和政治协商制度明确为我国的一项基本政治制度，制定《中共中央关于坚持和完善中国共产党领导的多党合作和政治协商制度的意见》，并通过法定程序把这项制度的长期存在和发展写入宪法；对人民政协性质的定义作了重要补充，在人民政协"是中国人民爱国统一战线的组织"之后，增加了"是中国共产党领导的多党合作和政治协商的重要机构"和"我国政治生活中发扬社会主义民主的重要形式"的规定；按照总揽全局、协调各方的原则，规范党委与政协的关系，支持政协围绕团结民主两大主题履行职能；向各级党委发出通知，要求各地区各部门认真贯彻执行《政协全国委员会关于政治协商、民主监督、参政议政的规定》，推进政协履行职能的规范化制度化。近四年来，我们在开展工作过程中，都始终做到自觉接受中共连南县委的领导，凡属政协工作中的重大问题，都坚持向县委请示和报告，每次县委作出重大决定后，及时在政协常委会议上传达并组织学习讨论，以增进各界人士的共识。二〇〇三年，县委印发了《中共连南瑶族自治县委关于进一步加强人民政协工作的意见》，进一步明确了县委、县政府及其部门的职责要求和政协本身的目标任务。县委主要领导多次参加政协全体委员会议和政协常委会议，主动到政协全体会议的委员讨论小组听取委员的发言，使政协的意见和建议得以第一时间到达决策层，明显地提高了政协工作的效能；县委还坚持邀请县政协主席列席县委常委会和书记会议，并就重大的人事安排问题主动到政协征求意见；这几年，县委县政府在经费、人员安排、办公条件等方面对政协都给予了大力支持，为政协更好地履行职能提供了保障。

（三）坚持有所为，有所不为，是政协履行职能的基本原则。政协围绕中心参政议政的领域很广，与党政部门以及其他方面的工作既相互区别又相互联系，如何把政协职能范围特有的事情做得更有成效，把与其他方面相联系的事情做得更有政协的特色，做到"尽职而不越位，帮忙而不添乱，切实而不表面"，这既是工作中的难题，又是创新取得成就的关键。总结多年实践，我们的体会是要突出政协的特色和优势，找准工作的角度和位置，做到扬长避短。政协是协商机构，没有决策权和行政权，履行职能不具有法律约束力，即是不具有管理社会、解决社会生活中各种具体矛盾和问题的责任和手段。但政协的优势在于包括有各方面的人才，具有综合优势，界别众多、联系广泛，亦官亦民，位置超脱。因此，政协重点关注的是一些重大方针政策性问题，围绕一些宏观性、战略性、前瞻性的问题，在建言立论上发挥作用，就一些与广大人民群众切身利益相关和社会广泛关注的问题，从不同层面和角度上献计出力，协调关系，化解矛盾。

（四）坚持制度化、规范化、程序化，是政协履行职能的必然要求。制度化、规范化、程序化是人民政协履行政治协商、民主监督和参政议政的重要保证。三年多来，我们认真贯彻执行《中国人民政治协商会议章程》和《政协连南瑶族自治县委员会关于政治协商、民主监督、参政议政的实施办法》，以及与之相配套的规章制度；新制定了《关于评选表彰优秀委员的办法（试行）》，政协办与县委办政府办联合印发了《关于进一步加强县直部门与县政协专门委员会对口联系的制度》，进一步保证了政协履行职能的制度化规范化和程序化。

（五）坚持抓好队伍建设，提高自身素质，是政协履行职能的前提条件。搞好政协工作，需要有一支高素质的政协委员队伍，需要有完善的规章制度，需要有良好的工作作风和工作环境，需要有政协机关提供的优质服务。因此，大力加强人民政协的自身建设就显得十分重要。在县政协第八届委员会的委员组成方面,我们既重视委员的代表性、广泛性、又重视委员的参政能力和社会影响力;在提高委员的综合素质方面,着重组织委员学习邓小平理论、"三个代表"重要思想和科学发展观,同时在全体委员中开展以"八荣八耻"为主要内容的社会主义荣辱观教育活动,还引导和督促委员学习当代经济、法律知识和高新科技常识,增强委员认识事物和分析问题的能力;与此同时,不断地提高政协机关的思想作风,狠抓机关工作作风的转变,为政协组织履行职能,为委员开展活动提供周到、细致的服务和有力的后勤保障,使政协工作开展得更有成效。

三、对今后工作的几点建议

各位委员,今后五年,是我县发展任务更为繁重的时期,也是实现连南奋力崛起、大跨越发展的宝贵机遇期。县委提出,要继续打强工业牌,打旺旅游牌,打好民族牌,打实教育牌,促进国民经济持续快速发展和社会全面进步,为全面建设小康社会和社会主义新农村奠定坚实的基础。这就为我们政协工作的开展提供了更为广阔的空间。县政协要继续以邓小平理论、"三个代表"重要思想为指导,贯彻和落实科学发展观,牢牢把握团结、民主两大主题,紧紧围绕县委县政府各个时期的中心工作任务,积极履行政治协商、民主监督、参政议政职能,不断开拓人民政协工作新局面。为此,我代表八届县政协常务委员会向九届政协提出如下建议。

(一)在政治原则问题上,要自觉维护党的领导。坚持和自觉维护中国共产党的领导,是人民政协性质所决定的。政协章程规定:"中国人民政治协商会议是中国人民爱国统一战线组织,是中国共产党领导的多党合作和政治协商的重要机构,是我国政治生活中发扬社会主义民主的重要形式。"人民政协包容了各民主党派、人民团体以及社会各界别,由于所处社会地位不同,在根本利益一致的同时,也存在着各自不同的利益诉求。事实证明,只有中国共产党才能将各种不同的利益服从于一个共同的利益,才能团结各党各派各族各阶层,把各种不同的要求引导到一个共同要求上来;只有中国共产党才能领导人民开创中国特色社会主义道路,实现民族振兴、国家富强、人民幸福和祖国统一的目标。人民政协的各项事业,也只有在中国共产党的领导下,才能团结各党各派各族各阶层,汇聚起各方面的力量,调动一切积极性,在中华民族的伟大复兴进程中不断发展壮大。所以,无论是建言献策,还是批评监督,在政治原则问题上,都要从有利于加强和改善中国共产党的领导出发,始终不渝地坚持和维护党的领导。

(二)在履行自身职能时,要主动服从和服务发展这一大局。中国共产党已明确提出，发展是党执政兴国的第一要务，只有在发展中才能解决前进中的问题。中共连南县委第十一次代表大会提出，今后的五年，仍将以科学发展观统揽全局，以经济建设为中心，坚定不移地实施"三化一园"发展战略，继续打好"四张牌"，促进自治县经济和社会各项事业的全面进步。由此，县人民政协应该围绕这些工作大局，并根据县委县政府各时期的工作中心，结合自身的特点，认真研究确定每一年的工作方向和目标，通过全体委员会议、常务委员会议、主席会议以及专题调研和专题视察等形式给予贯彻落实，以促进自治县经济建设和各项事业的健康快速发展。

（三）在具体工作实践中，要切实加强自身建设。加强自身建设是人民政协提高履行职能水平的客观需要，也是在工作实践中做好参政议政的必然要求。我们县政协委员来自各行各业，且大都是各行业的杰出代表，但要充分发挥政治协商、民主监督和参政议政的职能作用，仅凭借各自行业的知识是不足够的；加上新一届的政协委员百分之六十以上是新人，对政协的工作性质和工作任务还不太了解。对此，县政协应在坚持和健全原有各项规章制度的同时，要通过多种方式和途径认真加强各种理论学习和业务知识的培训和传授，以提高队伍的整体素质，特别要注重讲求团结和民主，保证各种意见反映渠道的畅通，将政协建设成为一个反映民意，集中民智，汇聚民力，民主议事的场所，共同为自治县各项事业的发展进步献计出力。

各位委员，同志们，政协连南瑶族自治县第九届委员会即将肩负起承前启后，继往开来的历史重任。我们衷心祝愿新一届政协在邓小平理论、"三个代表"重要思想和科学发展观的指导下，在中共连南县委的领导下，高举爱国主义和社会主义旗帜，坚持团结和民主两大主题，不断开拓履行职能的新篇章，为全面建设社会主义新农村，为构建和谐连南再立新功！

十、县政协第十届常委会工作报告

唐拾斤

2011 年 11 月 27 日

各位委员：

我受政协第九届连南瑶族自治县委员会常务委员会的委托，向大会报告工作，请予审议，并请列席会议的同志提出意见。

一、五年来的工作回顾

政协第九届连南瑶族自治县委员会自 2007 年 1 月第一次会议以来，在县委的正确领导和县政府的大力支持下，以科学发展观统揽工作全局，突出团结和民主两大主题，认真履行政治协商、民主监督、参政议政职能，充分发挥协调关系、汇聚力量、建言献策、服务大局的重要作用，为加快科学发展、建设幸福连南作出了积极的贡献。

（一）围绕助推科学发展，认真履行政协职能

我们坚持把促进科学发展作为履行职能的第一要务，围绕中心，服务大局，积极开展调查研究、协商议政和建言献策，服务党委决策，促进政府工作，助推科学发展。

一是积极有为进行政治协商。我们充分发挥政协的特点和优势，通过政协全会整体协商、常委会议专题协商、主席会议重点协商、提案办理个别协商等形式，就我县发展大局和促进改善民生重大课题开展广泛协商，提出意见和建议。每次政协全会，我们都认真组织协商讨论"一府两院"工作报告，并就我县人才流失、生态旅游、民族团结、新农村建设等十多个方面进行大会发言。还通过政协建议案形式，就学校及其周边治安环境等问题专题向县委提出工作建议。县政协主要领导列席县委常委会议、党政班子联席会议，充分体现了协商在决策之前。

二是不断拓宽民主监督渠道。提案是政协委员民主监督的重要形式，也是了解和反映社情民意的重要渠道。县政协九届一次会议以来共收到提案 173 件，审查立案 168 件，内容涉及政治、经济、文化和社会生活的各个方面，反映了大量社情民意，提出了许多意见和建议，为县委县政府及有关部门掌握实情、制定政策起到了积极的作用。我们还通过常委会、专

委会等形式,组织政协常委、委员实地视察高寒山区自愿移民新村、县城污水处理厂、S262线等重点项目工程建设情况;积极推荐委员担任有关部门的特约监督员、行风评议员、人民陪审员;派员参加干部考察、工作检查,以及年度科学发展观考评、社会治安综合治理及信访责任制检查考评,较好地发挥民主监督职能。

三是与时俱进开展参政议政。我们围绕全县经济社会发展中的重要问题和前瞻性课题,共组织各专委会开展了30余场次的视察调研和议政活动,涉及招商引资、社会治安、工业园区、水利建设、文物保护等方面,形成了一批有情况、有分析、有建议的调研报告。还专门通过常委会议分别对林业、城乡清洁工程、基础设施建设等方面进行专题议政。知情明政,是发挥委员主体作用,拓展参政议政领域的重要手段。各专委会加强与政府对口部门的联系,通过选派委员参加各种会议或活动,就我县经济、城建、教育、文化、旅游、扶贫、征地拆迁等方面的内容,积极履行政协职能,促进了决策的科学化、民主化。

四是卓有成效开展文史宣传工作。文化发展最终目的就是要满足人民群众日益增长的多样化的文化需求。我们重视发挥政协文史资料在存史、资政、团结、育人中的社会作用,编印了连南文史资料第13辑《非物质文化遗产》,对于保护和利用好非物质文化遗产,传承民族优秀文化精髓,打造民族文化旅游专业县,推动我县文化事业发展都具有重要意义。五年来,我们编印了《连南政协》会刊30余期,在《人民政协报》及其他报刊发表了几十篇反映我县政协工作动态和工作成果的文章,向省市政协报送历史人物及其他稿件上百篇,有数十篇稿件入选《福地清远之清远特产与美食》《港澳台侨同胞支持清远建设实录》等书。

(二)围绕建设幸福连南,积极发挥政协优势

推进幸福连南建设既是县政协的一项重要政治任务,也是政协委员的责任。县政协不断发挥优势,为自治县增加富县福民的幸福指数。

一是广交朋友,以情引商。九届县政协班子成立之初,主要领导带领机关的工作人员,到香港等地走访香港籍委员,进一步加强联系。通过各种渠道交往联谊,县政协成功引进了投资350万美元的兆业(连南)时装有限公司;之后又协助该企业购买了县政府原划拨给东方玻璃厂闲置的土地进行二期建设。积极支持县工商联等有关单位,引资1350万元扩建寨岗纳米碳酸钙厂,为我县经济发展贡献了力量。

二是争取社会力量,多为社会服务。2008年年初,我县遭受了百年一遇的冰冻雪灾,灾情发生后,我们争取到市政协支持抗灾复产专项资金20

万港元。在汶川特大地震、玉树大地震中，县政协委员和机关人员积极响应号召，奉献爱心。五年来，一大批非公有制经济界委员、香港籍委员也积极行动，通过开展扶贫、敬老、拥军等主题活动回报社会。我们还通过各种关系，多方面、多渠道争取社会力量，参与我县的助学、助教活动，花都区政协、香港普贤教育促进会、香港大埔七约乡公所、中山市东风商会等社会团体，捐资达500多万元，有效改善了我县部分学校的教学条件，使数以千计的困难学生圆了读书梦、大学梦。

三是加强交流合作，提高工作效果。政协之间的联谊活动是广泛联谊交友的舞台，也是相互交流学习的平台。2007年6月，作为东道主成功举办了湘桂粤三省（区）毗邻县（市、区）政协工作联系协作会第35次会议，较好地宣传连南。在人民政协成立60周年之际，我们隆重举行了座谈会及系列活动，进一步增进共识，汇聚力量。我们还大力协助全国政协民宗委到我县开展城镇化进程问题的调研活动，协助省政协在我县的多场次专题调研活动，积极反映情况，争取上级支持，收到了良好效果。其中，2009年，利用省政协到我县开展视察调研之际，提出了解决自治县医疗卫生存在问题的建议，为我县争取到400万元中医和妇幼保健专项补助资金。

（三）围绕政协事业发展，不断创新工作机制

新时期人民政协事业迎来了前所未有的发展机遇，形成党委重视、政府支持、政协主动、各方配合、社会关注的良好局面。县政协不断创新工作机制，努力谱写人民政协事业发展新篇章。

一是创新制度建设。为进一步明确县政协委员参加政协会议、活动的有关要求，切实增强责任感和使命感，调动委员履行职责的积极性，县政协制定了《政协连南瑶族自治县委员会关于县政协委员参加会议、活动的规定》。同时，为了充分发挥和提高政协常委在政协工作中的作用，不断推进政协工作的制度化、规范化、程序化建设，县政协还制定了《政协连南瑶族自治县委员会主席会议成员联系常委制度》。我们还探索并实行领导班子成员联系全县各战线系统的制度。

二是创新工作形式。县政协九届十六次常委会议开始，原则上都安排三个政府部门或其他相关单位到会通报工作情况。此举进一步畅通了政协委员知情明政和民主监督的渠道，对推动部门工作开展也具有积极作用，得到了相关单位的大力支持。从2009年开始，我们要求政协机关科室领导分别联系一个专委会的做法，主要负责对专委会的日常工作联系，协助分管领导对专委会开展相关工作，这对加强政协机关与专委会的沟通和协

调，促进专委会工作开展起到了积极作用。

三是创新委员产生机制。第十届县政协委员的产生，我们坚持在县委的统一领导下，县政协党组与统战部、组织部等相关部门紧密合作，积极探索推荐、提名、考察、协商等政协委员产生的工作新机制，广泛发扬民主，严格操作程序，把好质量关口，坚持以德为先的方针，将责任心强、廉洁守法、有议政建言能力的145名各界优秀人士吸纳到政协组织中来。

（四）围绕提升履职水平，切实加强自身建设

县政协紧紧围绕党对新时期人民政协工作的要求，大力加强自身建设，把服务和促进科学发展贯穿于政协工作的始终，进一步提升履职水平。

一是抓好理论学习，增强宗旨意识。我们以建设学习型组织为目标，发扬理论联系实际、学以致用的学风，利用政协常委会、专委会以及机关工作会议开展学习，把集中学习与个人学习结合起来。五年来，我们在深入学习十七大精神和胡锦涛同志在庆祝人民政协成立60周年大会及庆祝中国共产党成立90周年大会上等重要讲话的基础上，还举办政协委员培训班，组织学习统一战线理论和人民政协知识。在积极开展深入学习实践科学发展观和创先争优活动的同时，抓好普法学习，不断提高依法履职水平。通过学习，使政协领导班子和广大政协委员、机关干部进一步增强了全心全意为人民服务的宗旨意识，切实做到克己奉公、勤政廉政。

二是抓好队伍建设，促进工作开展。我们不断探索建立委员履行职责的激励机制，进一步增强委员的责任感、荣誉感和使命感。五年来，我们分批组织了委员外出学习考察先进地区工作经验，以拓展委员视野，提高履职能力。倡导各专委会开展形式多样的活动，增强凝聚力。倡导委员每年至少提交一件提案、反映一条社情民意、参加一次视察调研、为民办一件实事、撰写一篇建言献策文章。为促进工作开展，在每次全会上还表彰一批优秀政协委员、先进专委会、优秀提案和承办提案先进单位，有效地激发了委员的履职活力。

三是抓好机关建设，提高服务水平。按照建设学习型、服务型、创新型、和谐型的政协机关，推进学习型、实干型、创新型领导干部建设的要求，切实加强机关的思想、组织、制度建设和党建工作，积极做好三大服务：为领导班子服务、为委员履职服务、为科学发展服务，机关工作作风不断改进，机关服务质量和工作效率不断提高。据不完全统计，五年来，共组织各类调研视察考察活动近百批次，主办承办各种会议活动上百场次，接待各级政协团组百余批次。同时，切实抓好机关的"双到"、计生、

城乡清洁工程等中心工作。通过机关的努力,共同将政协建设为领导带队伍、机关作服务、委员显身手的良好格局。

各位委员,九届县政协所取得的成绩,是县委正确领导、县政府大力支持和各部门热心支持的结果,是政协各参加单位、全体委员和政协工作者共同努力的结果,同时也离不开历届县政协奠定的良好基础。在此,我代表九届县政协常委会,向所有关心、支持我县人民政协事业发展的各位领导、同志们、朋友们,表示衷心的感谢和崇高的敬意!

在肯定成绩的同时,我们也清醒地认识到,我们的工作与县委和新形势新任务的要求,与人民群众的期望,还有许多差距和不足。如何推进履行职能的制度化、规范化、程序化,如何更好地突出政协的界别特色,如何更充分地发挥政协委员的主体作用,如何进一步加强自身建设,还需要不断探索和提高。

二、主要经验和体会

九届县政协继承和发扬历届政协的优良传统,在实践中积累了许多有益经验。这些经验,既是长期形成的宝贵财富,也是今后政协工作必须坚持的重要原则,值得倍加珍惜。

——必须不断巩固人民政协的共同思想政治基础。人民政协作为大团结大联合的组织,涵盖各党派、各团体、各民族、各阶层和各界人士。实践充分证明,人民政协团结联合的范围越宽、程度越深,越需要坚持中国共产党的领导,坚持团结和民主两大主题,在尊重多样性中保持一致性。要在思想上同心同德,以中国特色社会主义理论体系增进共识;在目标上同心同向,以全面建设小康社会和中华民族伟大复兴宏伟目标坚定信念;在行动上同心同行,以推动科学发展、促进社会和谐生动实践汇聚力量。总之,坚持中国共产党的领导,人民政协事业的发展就有了可靠的政治保证,就能始终沿着正确的政治方向前进。五年来,县委多次调整充实政协党组成员,充分发挥了政协党组在政协组织中的领导核心作用。

——必须准确把握人民政协的性质和方向。人民政协是中国人民爱国统一战线的组织,是中国共产党领导的多党合作和政治协商的重要机构,是我国政治生活中发扬社会主义民主的重要形式。这是对人民政协性质的科学界定,反映了人民政协的鲜明特征,体现了人民政协的独特优势,指明了人民政协事业的发展方向。无论国际风云如何变幻,无论国内经济社会如何变革,都要毫不动摇地坚持人民政协的性质和方向,坚定不移地走中国特色社会主义政治发展道路,始终坚持完善中国共产党领导的多党合作和政治协商制度,切实发挥我国社会主义政治制度的特点和优势。在工作实践中，县政协本着团结、民主、和谐的精神，体现合作、参与、协商的特点，广开言路、集思广益、尊重多数、照顾少数，不断扩大社会各阶层有序的政治参与。

——必须坚持团结和民主两大主题。人民政协作为中国人民最广泛的爱国统一战线组织，是大团结、大联合的象征。团结和民主这两大主题，如车之两轮、鸟之双翼，彼此联系，相得益彰。实现紧密团结，发展民主才更有基础；发扬广泛民主，加强团结才更有力量。以坚强的团结保证我们的民主健康有序，以充分的民主保证我们的团结坚实有力，人民政协事业就能永远保持蓬勃生机和旺盛活力。第九届县政协认真贯彻党的民族政策，发挥各族各界人士在维护社会稳定、增强民族团结进步中的重要作用。县政协主要领导因工作突出，获全省第五次民族团结进步奖，受到省政府表彰。

——必须把维护最广大人民的根本利益作为人民政协工作的出发点和落脚点。坚持以人为本、履职为民，是人民政协固有属性的体现，是人民政协履行职能的应有之义。把关心群众、服务群众的工作切实做好了，才能从人民群众创造历史的伟大进程中汲取智慧和力量，为人民政协事业的发展注入不竭的动力。为此，县政协及全体委员坚持走群众路线，把履行职能的实践与最广大人民的根本利益紧密联系起来，以群众利益为重，真诚倾听群众呼声，真实反映群众愿望，真情关心群众疾苦，通过提案、视察、帮扶等多种形式为民多提建议多办实事。

三、今后五年的工作设想

今后五年，是我县加快发展的重要战略机遇期。县委提出要加快项目建设，加强社会管理，加速科学发展；号召我们进一步解放思想，抢抓机遇，凝心聚力，继续在"干"字上下功夫，干出连南科学发展新天地。县政协各参加单位和广大政协委员要进一步落实《中共广东省委关于加强新形势下人民政协工作的决定》，积极开展政治协商，完善民主监督机制，提高参政议政实效，努力开创人民政协事业发展新局面。

（一）要把推动科学发展作为履行职能的第一要务

政协人才荟萃、智力密集，应为推动自治县科学发展提供智力支持。我们要深入学习领会县第十二次党代会的科学内涵、精神实质、根本要求，切实把政协各参加单位和广大政协委员的思想和行动统一到县委决策部署上来，把积极性、主动性、创造性引导到推动科学发展上来，共同为转变发展方式、破解发展难题献计出力，形成推动科学发展的强大合力。要多想科学发展大事，多谋科学发展大计，努力为实现以人为本、全面协调可持续的科学发展建睿智之言、献务实之策。围绕我县"十二五"期间建设"两城""两都""三园"的发展规划，实施特色化、品牌化、一体化、专业化、国际化的发展战略，精心选择具有综合性、全局性、前瞻性的重大课题，开展专题调研和协商议政活动，为推进全县经济建设、政治建设、文化建设和社会建设发挥智库作用。非公有经济界委员、香港籍委员要在招商引资、推动民族工业园发展和社会公益事业上有新的贡献。要紧紧把握社会主义先进文化的前进方向，努力使社会主义核心价值体系成为参加政协的各团体、各族各界人士的自觉追求。

（二）要把促进社会和谐稳定作为政协工作的重要责任

发展是硬道理，稳定是硬任务。在经济体制深刻变革、社会结构深刻变动、利益格局深刻调整、思想观念深刻变化的新形势下，我们要把促进社会和谐稳定作为政协工作的重要责任，积极发挥统一战线在凝聚人心、协调关系、化解矛盾、稳定社会中的特殊作用。要认真贯彻党的民族宗教政策，协助党委和政府做好民族宗教工作，促进民族团结、宗教和睦。连南作为民族自治县，我们成长于斯、生活于斯、工作于斯，更应自觉地巩固和维护民族大团结。要关注不同阶层利益诉求，协助党委和政府妥善处理好各方面利益关系，团结和鼓励各阶层人士共同打造"幸福瑶山·醉美连南"。要牢固树立群众意识，坚持深入实际、深入基层、深入群众，协助党委和政府加强和创新社会管理，解决好人民群众最关心最直接最现实的问题，促进社会公平正义，增强人民群众的幸福感。要坚持大局意识，积极参与党委和政府创建"全国少数民族政治生态健康示范县"的活动，不断扩大连南影响力。

（三）要把完善"三化"建设作为履行职能的必然要求

加强人民政协的制度化、规范化、程序化建设，是我国社会主义民主政治建设的重要内容，也是人民政协履行职能的必然要求。通过"三化"建设，更好地发挥人民政协的特点和优势，体现时代性、把握规律性、富于创造性。按照把政治协商纳入决策程序的重要原则，对规定协商的事项，要坚持协商在党委决策之前、人大通过之前、政府实施之前。要把民主监督作为构建社会主义监督体系的重要环节，不断探索民主监督的形式，提高民主监督的质量。要围绕中心大局开展参政议政工作，建立健全参政议政成果采纳落实和反馈机制，提高参政议政的实效。要不断完善政协委员知情明政机制，提高他们履职的成效。

（四）要把提高服务水平作为加强自身建设的主要内容

面对新形势新任务，我们要以提高服务科学发展能力和实现自身科学发展为目标，切实加强自身建设。一要发挥政协界别和专门委员会作用。新一届政协将探索开展界别发言、界别提案、界别调研视察、界别社会活动等富有界别特色的履职活动。待政协换届、机关科改委工作完成以后，继续发挥专门委员会在政协工作中的基础作用。二要发挥政协委员的主体作用。充分尊重委员主体地位，不断强化委员的责任意识，激发委员履行职能的积极性、主动性。建立健全委员参与听证、评议、列席等制度，积极为广大委员履职创造有利条件，努力提高委员自身素质和履职能力，真正做到用事业凝聚委员、用实践锻炼委员、用机制激励委员。三要加强政协机关建设。以思想建设为核心，以组织建设为基础，以制度建设为保障，以作风建设为重点，加大机关干部的学习、培训、交流力度，努力造就一支政治坚定、作风优良、学识丰富、业务熟练的政协工作干部队伍，切实增强机关政务性服务能力和统筹协调能力，提高机关运作效能，提升服务科学发展水平。

各位委员，新起点开启新的征程，新目标赋予新的使命。让我们高举中国特色社会主义伟大旗帜，以邓小平理论和"三个代表"重要思想为指导，深入贯彻落实科学发展观，在县委的正确领导下，同心协力，锐意进取，为建设幸福连南作出更大的贡献！

十一、县政协第十一届常委会工作报告

唐拾斤

（2016年11月21日）

各位委员：

我受政协第十届连南瑶族自治县委员会常务委员会的委托，向大会报告工作，请予审议，并请列席会议的同志提出意见。

一、五年来的工作回顾

政协第十届连南瑶族自治县委员会在县委的正确领导和县政府的大力支持下，以习近平总书记系列重要讲话精神为指导，高举中国特色社会主义旗帜，牢牢把握团结和民主两大主题，认真履行政治协商、民主监督、参政议政职能，充分发挥协调关系、汇聚力量、建言献策、服务大局的重要作用，为建设幸福美丽连南作出了积极贡献。

（一）围绕中心服务大局，协商议政取得新成效

我们坚持把促进科学发展作为履职的第一要务，组织引导委员紧紧围绕全县中心工作履行职能，为实施"十二五"规划建言献策，取得了良好的成效。

1. 通过全委会议积极建言。在全委会上向党委、政府提出意见建议，是政协咨政建言的重要形式。五年来，共召开全委会议5次，议政发言有24篇。会上，委员们对事关全县经济、社会发展的突出问题和县委、县政府提出的发展战略积极建言。其中《关于做大做强我县民族医药健康产业的建议》《加强食品安全监管，确保公众饮食安全》《关于加快推进人才强县战略的建议》《加大投入力度，推动我县文艺的大发展大繁荣》《关于打造"瑶族风情生态体验带"的建议》等议政发言，引起了县委、县政府的高度重视。书记、县长还对《大力发展绿色生态农业，加快农民增收的几点思考》《关于健全我县残疾人社会保障体系的建议》等10篇议政发言和提案作出批示，要求相关领导和相关部门积极督办，加快落实。

2. 通过专题议政协商献计。专题议政、协商是政协向党委、政府建言的重要渠道。五年来，坚持围绕全县经济和社会发展的重大问题进行专题议政和专题协商，召开常委会议16次、专题协商和县长约见政协委员协商议政座谈会3次，围绕我县发展的重大问题进行专题议政和专题协商。政协常委会先后听取了县法院、检察院及县监察局、水利局、民政局等十几个单位的工作情况通报，不断畅通政协委员知情明政和民主监督的渠道，收到了良好的工作效果。政协各工作组先后与各镇党委政府及相关部门进行协商议政，就建设"瑶族风情生态体验带"、民族特色文化旅游产业发展、加强村民自治能力建设、中小河流治理和教育资源配置等方面的问题提出意见和建议，委员通过积极议政建言，为县委、县政府的科学决策提供了有益参考。主席会议成员还通过列席县委书记会议、县委常委会议、县四套班子联席会议和县政府常务会议，积极为全县经济社会发展建言献计。按照县委安排，主席会议成员担任了部分县重点工程和中心工作的组长或副组长，为我县经济建设和社会管理出谋献策贡献力量。

3. 通过专题视察调研谋策。专题视察和专题调研是政协履行职能的基础环节。五年来，县政协有针对性地组织委员开展专题调研和专题视察，共开展专题调研6次，开展各类专题视察活动33次。如文史资料工作组委员对我县公共文化体育设施建设问题、古村落现状及保护情况、文物现状及保护情况和文化旅游产业发展情况开展视察调研；提案工作组委员对全县农村道路安全管理工作、县交警大队工作、少数民族特色村镇保

护与发展情况进行视察调研；教科文卫体工作组对县民族小学学生用水情况、县城生活饮用水安全情况、校车安全问题、公立医院综合改革情况和初中教育资源情况开展视察调研；经济工作组委员对市场建设管理、食品安全监管问题、村民自治重心下移工作和建设精品民宿等专题进行视察调研；社会与法制工作组委员对综治维稳工作、创建平安连南工作、司法改革工作、基层组织建设情况和村民自治能力建设情况进行视察调研；民族宗教和三胞工作组委员对我县产业园区建设、外资企业、二广高速连南段建设、三排瑶寨"云海花谷"项目建设和寨岗镇山心茶叶基地进行视察调研；农林水工作组委员对我县农村综合改革、森林碳汇林工程建设、标准化农田水利建设情况和中小河流治理情况进行视察调研。各工作组委员通过视察调研，形成一批调研报告供县委县政府决策参考。县政协还根据工作需要，成立以主席为组长、副主席任副组长的调研组，开展关于我县林农生活出路问题、关于民族地区人才流失的对策、征地拆迁工作中遇到的困难和问题、二广高速沿线建设和大麦山地质灾害问题等专题调研。委员的视察报告得到县委县政府高度重视，很多建议被采纳并转化为工作成果。

4. 通过提案解决民生问题。提案既是反映社情民意的重要渠道，也是民主监督的重要形式。十届一次会议以来，共收到提案178件，审查立案159件，内容涉及经济、文化和社会生活的各个方面，提出了许多意见和建议，为县委县政府及有关部门掌握实情、制定政策起到了积极的作用。此外，通过推荐委员担任有关部门的特约监督员、行风评议员、人民陪审员，选派委员参加全县的重要会议和活动，以及派员参加干部考察、专项工作检查、重点项目督查、年度工作考评等形式，在促进部门工作的同时，相应发挥民主监督的作用。通过开展视察活动，对各部门工作和县重点工作实行民主监督。定期印发《连南政协》简报，及时反映工作动态和履职中形成的意见建议，进一步扩大了民主监督的影响力。

（二）加强学习提升能力，政协工作适应新发展

1. 抓好政治理论学习，增强政治把控能力。县政协始终把加强思想理论建设，确保正确政治方向作为政协履职的前提和关键。深入推进学习型组织建设，完善学习制度，建立长效机制，落实年度学习计划，通过常委会议、主席会议、党组会议、专题学习讨论会和机关党支部活动等多种形式，深入学习党的十八大以来历次中央全会和习近平总书记系列重要讲话精神，认真学习贯彻省、市、县委各个阶段的决策部署和对人民政协的工作要求，积极引导政协各参加单位和广大政协委员进一步提高思想认

识，与中央和省、市、县委保持高度一致，进一步增强落实中央"四个全面"战略部署的自觉性和坚定性。专题学习中央和各级党委出台的加强社会主义协商民主建设的有关文件精神，准确把握人民政协的性质地位，全面提升了我县政协把握正确方向、服务中心大局的能力。

2. 开展学习培训工作，提升委员履职能力。组织开展一系列主题鲜明、内容丰富的学习培训和主题教育活动，是提升委员履职能力的重要途径。五年来，我们专题学习了习近平总书记在庆祝中国人民政治协商会议成立65周年大会上的讲话和"七一"讲话精神，进一步增强理论自信、道路自信、制度自信和文化自信，不断夯实共同思想政治基础，强化爱国主义统一战线意识，增强服务中心大局的能力。先后举办了两次全体委员专题培训，加强政协业务和统战理论的学习，引导委员切实提高政治把握、调查研究、联系群众、合作共事四种能力，努力达到"懂政协、会协商、善议政"的新要求。

（三）加强管理发挥作用，政协工作有了新突破

1. 建立工作机制，加强委员管理。建立了县政协主席会议成员联系常委制度，每名主席会议成员联系1至2名常委，以个别谈心、集体座谈、书面沟通等形式了解和帮助常委在履职中遇到的困难和问题，听取常委反映的社情民意和对政协工作的意见建议，充分发挥政协常委在政协工作中的骨干带动作用。制定和实施了《政协连南瑶族自治县委员会关于政协委员履职的规定》，加强了对委员的管理。实行委员半年履职报告制度和委员列席常委会会议制度，切实增强委员的责任感和使命感。五年来，由于工作变动和身体等原因，有21人辞去委员职务、2人辞去副主席职务；劝退了2名委员，撤销了3名委员资格，劝退和免去2名常委会组成人员；先后增补40名委员，补选2名主席、2名副主席和8名常委；表彰了14名优秀委员和6名杰出委员。2016年，县政协党组与县委组织部、统战部密切配合，通过基层党委和有关团体推荐、任前考核等程序，协商确定新一届委员，首次将珠三角五个连南商会的优秀代表吸收进委员队伍，使委员队伍结构更为优化，为政协事业发展提供坚强有力的组织保证。

2. 发挥委员作用，共谋发展大业。组织拜访香港委员和珠三角连南社团，加强与香港、珠三角有关社团和各界人士的沟通联系，不断发展壮大爱国爱港爱家乡的力量。及时向香港委员、珠三角委员通报连南经济社会发展和县政协工作情况，组织好香港委员、珠三角委员在我县的调研视察活动，为他们更好地知情明政、履行职责创造条件。积极引导和鼓励香

港委员、珠三角委员在扶贫开发、助学、慈善、招商引资等方面做善事、办实事。五年来，在县政协港区委员林双来、李图明带动下，港区委员积极支持成立"连南青少年关爱基金"，并捐赠90多万元。林社权委员为改善我县旅游基础设施，投资8000多万元兴建酒店，预计明年可竣工投入运营。何杰常委通过奖教奖学、修缮学校、慰问贫困户等多种形式共捐资50多万元。霍福祥委员捐资50多万元，到连南开展助学助教活动。他们还组织公司员工多批次到连南旅游观光，既增进了对连南的了解，也拉动了连南的消费。朱远光、谢柏秋、吴月明等委员积极参与县工商联组织的慰问驻军、集资修路等活动，与其他委员一起，共捐款捐物200多万元回报社会。委员们还以各种形式，积极参与招商引资，促进连南县的经济社会发展。

3. 加强联系合作，汇聚发展合力。五年来，共接待省内外兄弟县市政协考察团几十批次，接待了30多年来首次大型组团回故乡的香港连阳同乡会，首次走访深圳、东莞、佛山、广州、中山等五市连南商会，举办首次珠三角连南商会联谊活动，进一步增进共识，汇聚力量。2016年，珠三角连南籍工商人士多次带领企业老板到连南考察投资项目，组织捐款改善连南办学条件。通过政协渠道积极向上争取基本公共服务均等化政策。其中，关于县人民医院门诊住院综合大楼缺口资金较大、缺乏医疗设备问题和博物馆升级改造资金缺口问题，分别得到省政协和省民族宗教委领导的支持，定向追加50万元少数民族发展资金和20万元的升级改造专项资金。

（四）加强机关自身建设，履职水平有新提高

1. 抓好专题教育，加强党的建设。政协党组、机关党支部始终把机关党建工作和推进政协履职相结合，扎实开展群众路线、"三严三实""两学一做"等专题教育活动，党组书记带头讲党课，组织了十几场专题学习研讨会，广泛征求群众意见，查摆出几十条突出问题，制定和落实一系列整改措施，建立健全了8项规章制度。印发了《县政协领导班子成员党风廉政建设岗位职责》，扎实开展纪律教育学习月活动，认真学习贯彻新修订的《中国共产党章程》《中国共产党廉洁自律准则》和《中国共产党纪律处分条例》，使党员干部思想上筑牢了拒腐防线，行动上作出了表率。

2. 抓好机关建设，提高服务水平。出台各委室工作职责、机关工作人员岗位职责等制度，明确职责，责任到人，不断增强机关政务性服务能力和统筹协调能力，提高机关办文、办会、办事效率，实行机关干部每月

工作小结制度，积极为领导班子和委员履职服务。优化一名科室领导联系一个工作组制度，切实加强机关与工作组的工作沟通和协调。完成"科改委"工作，撤销组联科、综合科，改设提案文史委员会、民族宗教委员会并配备新的领导成员，进一步规范工作机构设置；重新理顺办公室副主任职位，调入中层干部4名，交流2名，不断增强工作活力。县政协机关被指定为"创卫"第3区牵头单位，共同组织协调创建卫生县城和文明县城工作。选派人员挂任挂点村第一书记，驻村协助抓好党建、扶贫、计生、维稳等工作。组织粤曲爱好者参加省政协"四洲杯"粤曲演唱大赛、市政协"美心杯"粤剧演艺大赛并获组织奖。积极协助全国政协副主席、民革中央常务副主席齐续春率民革中央调研组到我县考察发展生态农业、提高生态文明建设的工作；协助省政协主席王荣到我县考察瑶族特色文化，调研"精准扶贫、精准脱贫"工作；协助省政协到我县开展少数民族干部队伍建设、交通公路建设、生态旅游文化建设、少数民族地区旅游业发展、加强食品安全监管工作情况、少数民族精准扶贫工作等六个批次的调研视察工作，协助市政协到我县开展二广高速公路建设、基层政协工作、城乡居民医疗保险工作、少数民族人才工作和民族传统体育项目开展工作等多次视察调研活动。由于我们强化了管理，使机关工作服务到位，运作良好。

3. 抓好文史工作，发挥宣传作用。一是加强文史工作。结合自治县成立60周年县庆，发挥政协文史资料的社会作用，编辑出版连南文史资料第14辑《连南古今名人专辑》、第15辑《纪念中国人民抗日战争暨世界反法西斯战争胜利70周年专辑》。向省、市政协报送文史资料20多万字，图片一大批。加强与文史资料民间作者的联系，征集文史资料和图片一批。为系统地整理自治县政协成立60多年来的历史记载，正在收集编纂连南政协志的工作。目前，已完成50多万字稿件及大部分图片资料。二是加强宣传报道工作。认真贯彻省市政协宣传工作会议精神，落实宣传激励措施，利用媒体积极宣传我们工作中的正能量，积极向上报道我县特色发展的工作，提高政协影响力，树立连南好形象。五年来，被《清远政协》等报刊采用稿件近100篇。在《清远日报》等报刊发表推介瑶族文化、瑶山景点和瑶家美食的文章。在省政协的大力支持下，完成"委员之家"网络互动平台建设，邀请网络工程师为全体委员授课，为搭建委员横向互动、上下联动、建言献策、汇聚智力的有效平台，拓展委员履职形式，实现省市县三级政协联网互动，为委员对外宣传提供了新途径。

各位委员，过去五年，县政协各项工作取得的成绩，是县委正确领导和县政府大力支持的结果，也是政协各参加单位和全体委员共同努力、社会各界大力支持的结果。在此，我代表政协十届连南瑶族自治县委员会常务委员会向大家表示衷心的感谢！

回顾五年来的工作，也要清醒地看到，我们的工作与新形势新任务的要求相比，与广大政协委员的期望相比，还有一定的差距，还有不少工作需要加强和改进。比如，如何进一步加强制度建设，使人民政协履行职能更加规范有序；如何适应经济社会发展的实际情况，研究并合理设置界别、发挥界别作用；如何加强政协委员队伍建设，充分发挥他们的积极性、主动性、创造性；如何协调配合，进一步发挥专门委员会在履行职能中的基础性作用等。这些都需要我们认真研究，并在今后的工作中切实加以解决。

二、主要经验和体会

十届县政协继承和发扬历届政协的优良传统，着眼于新时期人民政协工作面临的新形势、新任务，研究新情况，解决新问题，不断深化对人民政协事业发展特点和规律、对人民政协在党和国家事业全局中地位和作用的认识，结合连南实际，在实践中积累了许多有益经验。这些经验，既是长期形成的宝贵财富，也是今后人民政协工作必须坚持的重要原则，值得倍加珍惜。

（一）必须坚持党对人民政协的领导

中共中央出台的《中共中央关于加强社会主义协商民主建设的意见》等加强政协制度建设的有力举措，加强和改善了党对政协工作的领导；县委高度重视政协工作，不仅把政协工作纳入全局工作统一筹划和部署，为我县政协事业的发展提供了政治保障。而且给新形势下如何做好政协工作指明了方向。实践证明，政协工作之所以能在新形势下结合连南实际，开拓创新地开展好工作，是县委正确领导的结果。我们必须毫不动摇地始终坚持党对人民政协的领导，始终做到同县委方向一致、目标一致、工作一致，确保政协工作沿着正确的轨道向前发展。

（二）必须坚持团结和民主两大主题

在中国共产党领导下实行团结和民主，是人民政协性质的集中体现，也是人民政协产生和发展的历史根据。团结与民主彼此联系，相得益彰，紧密的团结可以保证民主健康有序，充分的民主可以保证团结坚强有力。当前，人民政协团结对象更趋多元，内涵更为丰富，发展社会主义民主要求更为迫切，任务更为繁重。因此，必须本着团结、民主、和谐的精神，体现合作、参与、协商的特点，广开言路，求同存异，民主协商，集思广益，切实做好新形势下团结民主工作，不断增强人民政协工作的感召力、凝聚力、创造力，团结一切可以团结的力量，汇聚力量，加快发展。

（三）必须坚持围绕中心服务大局重要原则

人民政协是中国特色社会主义事业的重要组成部分，围绕中心、服务大局是人民政协履行职能必须始终遵循的重要准则。人民政协只有在围绕中心中定位，在服务大局中尽责，才能找准位置，彰显价值，有为有位。因此，必须自觉围绕县委、县政府的决策部署谋划工作，真正做到建言、谋策、出力，在全面建成小康社会、加快推进社会主义现代化建设中创造新的更大业绩。

（四）必须坚持以人为本履职为民根本宗旨

人民政协的基本属性决定了必须把维护人民群众根本利益作为工作的出发点和落脚点。实践证明，人民政协植根于人民，履职为了人民，尽责依靠人民。必须牢固树立履职为民的群众观点，完善联系群众的工作机制，拓展开展群众工作的办法和途径，提高做好群众工作的能力，使政协工作真正赢得人民群众的信任和支持。

（五）必须坚持加强人民政协自身建设

人民政协履行职能、发挥作用，关键在于提升参政议政的水平和成效，坚持不断加强自身建设是人民政协事业永续发展的坚实基础。政协工作必须从发展社会主义民主政治高度，从提升政协工作科学化水平高度，全面加强人民政协自身建设，不断开辟履行职能新境界。

三、今后五年的工作建议

今后五年，是自治县扶贫的攻坚期，是与全省同步实现全面小康的决胜期，也是举国上下全面实施十三五规划、大力培育创新驱动发展的关键期。党的十八大对健全社会主义协商民主制度、推进社会主义民主政治建设作出了新的战略部署，人民政协事业迎来了新的发展时期。我县政协各参加单位和广大政协委员要高举中国特色社会主义伟大旗帜，以邓小平理论、"三个代表"重要思想、科学发展观和习近平总书记系列重要讲话为指导，在县委的领导下，围绕全县工作大局，以创新的思维打开工作思路，用发展的理论指导工作实践，认真履行政治协商、民主监督、参政议政职能，更好地协调关系、汇聚力量、建言谋策、服务大局，为把连南全面建成小康社会、基本实现社会主义现代化作出努力。

（一）深入学习贯彻十八大精神

把学习贯彻党的十八大、十八届历次全会精神和习近平总书记系列重要讲话精神及省、市、县党代会精神，与人民政协履行职能的具体实践结合起来，自觉把思想和行动统一到党的十八大精神上来，把智慧和力量凝聚到实现"绿水青山的生态连南、城乡特色鲜明的美丽连南、绿色发展的活力连南、安居乐业的小康连南、和谐友善的文明连南"目标上来，坚定不移推进改革开放，坚定不移推动科学发展，坚定不移地走中国特色社会主义发展道路，不断夯实各族各界人士共同的思想政治基础。

（二）把推动科学发展作为履行职能的第一要务

自觉把政协工作放到全县工作大局中去谋划和推进，突出"十三五"时期主题主线，自觉围绕县委、县政府决策部署谋事，紧扣科学发展干事，努力在全面建成小康社会中成事。发挥政协人才智力密集、社会联系广泛、政治渠道畅通的独特优势，围绕打赢扶贫攻坚战、严守生态加快产业转型、补齐基础设施欠账、加快特色美丽村镇建设、推进全面深化改革和推进全面依法治县等重大课题，组织政协委员开展专题调研、专题议政、专题协商、专题视察和专题研讨，建睿智之言，谋务实之策，为县委、县政府科学民主决策服务。

（三）努力健全社会主义民主协商制度

切实增强使命意识和责任意识，探索完善社会主义协商民主制度的实现形式，推进协商民主广泛、多层、制度化发展。深入贯彻实施中共中央关于把政治协商纳入决策程序，坚持协商于决策之前和决策之中的规定，不断完善政治协商的运行机制和工作程序，使协商民主更具程序性和实效性。不断丰富专题协商、对口协商、界别协商、提案办理协商等协商形式和实践，更好地发挥人民政协作为协商民主重要渠道作用。引导协商各方树立大局观念，引导社会各界通过人民政协协商民主渠道，合理合法表达意愿诉求，行使民主权利，不断扩大公民有序政治参与。

（四）加强委员的管理和服务，充分发挥委员主体作用

政协作用发挥在委员、活力展现看委员、事业发展靠委员，做好委员工作是人民政协强基固本之举。今年年初，中央颁发了《关于加强和改进人大代表、政协委员有关工作的通知》，全国政协出台了《政协委员履职工作规则（试行）》。县政协也将修订政协委员履职的规定，进一步规范委员的履职管理。切实解决个别委员履职意识和能力不足等问题。要认真做好委员的履职考评工作，按照代表性强、议政水平高、群众认可、德才兼备的标准加强委员队伍建设。加强委员的教育培训，使委员们切实增强政治

把握、调查研究、联系群众、合作共事能力，不断提高议政建言水平。

（五）全面提升政协机关工作的科学化水平

认真研究新时期人民政协工作的新情况新问题，探索履行职能的新特点新规律，在更好地服务科学发展的同时，实现人民政协自身的科学发展。推进学习型、服务型、创新型政协组织建设。落实中共中央"八项规定"和中共连南县委有关实施细则，改进调研视察、会议活动等作风。运用信息网络技术，创新履行职能的工作方法。坚持和完善学习培训制度，加强队伍的素质能力建设。推进人民政协理论学习培训和宣传工作，学习运用人民政协理论研究的最新成果，发挥理论创新对实践创新的先导作用。着眼人民政协事业的长远发展，推进理论创新和实践创新，不断开创人民政协事业发展新局面。

各位委员，让我们高举中国特色社会主义伟大旗帜，更加紧密地团结在以习近平同志为核心的党中央周围，在县委正确领导下，解放思想、广交朋友、凝心聚力、开拓创新，为自治县与全省同步建成小康社会作出新的更大贡献！

第六节　相关文献材料（选录）

一、政协举行有关活动领导讲话

1. 在湘桂粤三省（区）毗邻县（市）政协工作联系协作会第10次会议上的讲话

中共连南县委书记　邓万社

（1994年6月8日）

各位领导、各位来宾：

湘桂粤三省（区）毗邻县（市）政协工作联系协作会第10次会议，今天在我县胜利召开了。在此，我代表中共连南县委、县人大、县政府、县政协和全县各族人民热烈祝贺这次大会的召开，并向前来参加这次大会的清远市领导、毗邻县（市）领导和各位来宾表示热烈的欢迎和衷心的感谢！

加强湘桂粤三省（区）毗邻县（市）政协工作的横向联系，既是发挥政协职能作用的客观要求，又是我们毗邻县（市）做好政协工作的共同愿望。这样的联系协作意义十分深远，只要大家共同努力，渠道会越来越宽广，内容会越来越丰富，效果会越来越好。通过联系协作，不仅可以卓有成效地搞好毗邻县（市）各自的政协工作，促进两个文明建设，而且对坚持和完善中国共产党领导的多党合作和政治协商制度，加强民主政治建设，推进社会主义现代化进程都必将产生积极的影响。

当前，我们国家的改革已进入攻坚阶段，围绕建立社会主义市场经济体制已陆续出台一系列新的政策措施，各方面的情况都发生了巨大的变化。在这一新形势下，我们自治县的各级干部和广大群众，决心以邓小平同志建设有中国特色的社会主义理论为指导，坚定不移地贯彻执行党的基本路线，不断解放思想，拓宽思路，深化改革，扩大开放，力争提前三年，即到1997年实现脱贫致富奔小康的目标。为此，我们正围绕经济建设这个中心进行四大动作：一是针对国有工商企业结构单一、经营单一、产品单一的弊端，加快改制工作，使企业向多元结构、多元投资、多元分配主体的集团化，专业化方向发展；二是组织力量狠抓农村基层建设工作，合股推行农村股份制，引导广大农民走新的联合道路，振兴农村经济；三是充分利用社会上的资金、技术和人才，鼓励和扶持非国有经济的发展，使集体和个体私营经济再上一个新的台阶；四是加强交通、能源、通讯等基础设施建设，改善投资环境，扩大对外开放，加大外引内联力度。力争经过几年不懈的努力，把连南建设成全国少数民族名优产品的集散地。

为确保上述目标的实现，我们既希望本县政协更好地发挥自身的职能作用，也期望能够得到毗邻县（市）的关心和支持。本着优势互补、互惠互利、通力协作、共同发展的原则，立足参与国际国内大市场的竞争，我们热诚欢迎毗邻县（市）通过资金、技术、信息、资源、商标参股等形式，来连南合作上大项目，搞大贸易。同时，鼓励和支持本县工商界到毗邻县（市）联办各类经济实体。通过开展新的经济大协作，充分发挥我们山区毗邻县（市）资源丰富的优势，逐步形成大区域经济，整体推进协作地区的社会主义现代化建设。

最后，祝大会圆满成功。

2. 在湘桂粤三省（区）毗邻县（市）政协工作联系协作会第 10 次会议上的讲话

连南瑶族自治县人民政府县长　邵德林

（1994 年 6 月 8 日）

各位领导、各位来宾、同志们：

在全国上下充满勃勃生机，加快建立社会主义市场经济体制步伐，实施全方位改革开放，促进经济高速发展的新形势下，湘桂粤三省（区）毗邻二十七县（市）政协工作联系协作会第 10 次会议在我县隆重召开。各兄弟县（市）政协和政府领导、来宾们相聚我们连南，交流和共同探讨新形势下进一步做好政协工作，推进改革和经济发展的经验、做法，这是我们湘桂粤三省（区）毗邻二十七县（市）的一大盛会，也是对我们当班县的极大关心、支持和鼓励。在此，我代表连南县人民政府和全县各族人民，对这次协作会的召开表示热烈的祝贺！对参加这次协作会的领导、来宾和同志们表示热烈的欢迎和亲切的问候！

连南位于粤西北部山区，是全国唯一的以排瑶为主体民族聚居的自治县，历史上有"八排二十四冲"之称。全县总面积 1231 平方公里，辖三镇九个乡，总人口近 15 万，其中瑶族占 50%。在特定的历史和自然条件下，瑶族人民勤劳、朴实、不畏艰苦，形成了自己独特的风俗和习惯，创造了灿烂的文化艺术。瑶山秀丽的山水风光，古朴浓郁的民族风情，丰富的物产资源，为发展经济提供了有利条件。

自治县自 1953 年 1 月 25 日成立以来，在党的民族平等、民族区域自治和各民族共同发展繁荣的民族政策指引下，始终备受党和国家的关怀，得到上级政府和有关部门及各兄弟民族的大力支持帮助，政治、经济、文化和其他各项事业都发生了巨大变化。特别是党的十一届三中全会以来，实施对外开放，对内搞活和对少数民族地区更加放宽的政策，加快了经济和社会的发展步伐。随着改革开放的不断深入，进入九十年代以来，自治县围绕加速开发利用本地资源，实施优惠的政策措施，提供各方面的优质服务，得到海内外朋友的支持合作，实行对林业、水力、矿产、旅游四大资源同步开发，化工、建材、食品加工等支柱产业与能源、交通、通讯等基础设施配套发展。逐步形成了四个层次发展经济的新格局：一是引进外资举办"三资"企业36家，合同利用外资3100万美元，主要行业有毛织、制衣、食品、水电以及农林产品开发和运输车队；二是吸纳省内外资金发展内联项目104个，投入资金1.2亿元，主要项目有铁、铜、铅、锌等矿产开采及洗选、冶炼、机电、化工、建材、药品、饮料；三是县属各部门与乡村联办经济实体154个，投入资金1.7亿元，主要项目有小水电、小矿山、小冶炼、小果园、小林场；四是实行体内外"造血"相结合。发挥深圳、香港、广州贸易机构的"窗口"作用，加快在广州黄埔清远扶贫试验区和县民族商业城经济技术开发区的建设速度，发展对外贸易和外向型企业。从而使自治县的资源优势迅速转化为经济优势，建成拥有能源、机械、机电、矿业、建材、纺织等门类齐全的工业体系；农业向着区域化、集约化、商品化发展；交通公路四通八达，通讯实现程控化；科技、文教卫生、民族贸易、旅游事业迅速发展，人民生活得到不断提高。

目前，全县有林面积128万亩，森林覆盖率70.9%，其中木本药材、笋竹、优质水果为主的商品基地45万亩；建成和在建的小水电装机容量达6.2万千瓦；建成年洗选10万吨铁矿、3000吨铜矿、年产电解锌5000吨、年产电石3000吨、年产水泥32万吨等一批骨干支柱产业；旅游景点的开发和宾馆、度假、娱乐等基础设施的建设，民族风情旅游业日益兴旺，前来连南观光、旅游的各方客人逐日增多。随着经济结构的调整和投资环境的改善，自治县经济发展步伐逐年加快。1993年，全县社会总产值4.59亿元，国内生产总值2.3亿元，工农业总产值3.24亿元，国民收入1.95亿元，农村人均纯收入802元。这几年尽管我县经济发展步伐有所加快，但与全国的发展水平相比差距还很大，也比不上三省（区）毗邻各兄弟县（市）的发展速度。为迎接新的机遇和新的挑战，加快经济发展的步伐，我们调整了新的五年经济发展计划。到1997年，全县国民生产总值要达4.24亿元，年均递增17.6%；社会总产值6.87亿元，年均递增15.1%；国民收入3.39亿元，年均递增16.6%；工农业总产值5.4亿元，年均递增19.3%，其中工业递增28.1%，农业递增6%；财政收入2120万元，年递增15%，城镇职工年收入7500元，农村人均收入1500元，年递增16.3%。目前，连南各族人民正认真贯彻党的十四大精神，坚定地以改革开放为动力，加速培育和发展社会主义市场经济，朝着更美好的未来阔步前进。

各位领导、各位来宾、同志们，在全国各地认真贯彻党中央、国务院"抓住机遇，深化改革，扩大开放，促进发展，保持稳定"的方针，努力把握好改革、发展与稳定的关系，加快建设社会主义市场经济，推进经济持续、快速、健康发展的关键时刻，三省（区）毗邻二十七个县（市）政协联系协作会在我县召开，各兄弟县（市）带来了改革开放和加速发展经济的丰富经验，这是我们学习的好机会。我们相信通过这次会议，经过三省（区）毗邻二十七个县（市）的协同努力，相互交流，共商发展大计，我们之间的联系协作将更加密切，兄弟般的情谊将更加深厚，经贸往来和经济合作将更加广泛和卓有成效，这对于三省（区）毗邻二十七个县（市）推进改革开放的深化，加快经济的发展速度，具有重要意义。让我们共同沿着有中国特色的社会主义道路奋勇前进！

祝本次协作会议圆满成功！

祝各位领导、朋友们、同志们工作顺利、身体健康、万事胜意！

3. 在全县政协工作会议上的讲话

中共连南县委书记　雷玉春

2012 年 7 月 30 日

同志们：

这次会议的主题是，传达学习全省、全市政协工作会议精神，总结近年来我县人民政协工作，分析新时期人民政协工作面临的新形势，明确我县人民政协工作的目标任务，真正把中国共产党领导的多党合作和政治协商制度落到实处，进一步提高县政协组织的政治协商、民主监督、参政议政水平，更好地发挥人民政协在发展中国特色社会主义民主政治和推动科学发展、建设幸福连南过程中的重要作用。

近年来，县政协组织和广大政协委员在党委的领导下，围绕中心，服务大局，牢牢把握团结和民主两大主题，切实履行政治协商、民主监督、参政议政职能，政治协商渠道不断拓宽，民主监督力度不断加大，参政议政水平不断提高，自身建设不断加强，做到了服务大局有高度、建言谋策有深度、民主监督有力度、团结合作有广度、自身建设有强度，为推进我县民主政治建设、加快科学发展步伐作出了重要贡献。人民政协已经成为我县经济社会发展、民主法治建设和文化建设不可或缺的重要力量。县委对政协工作是满意的，对政协工作取得的成绩是充分肯定的。在此，我代表中共连南瑶族自治县委，向县政协组织、广大政协委员，工商联和无党派人士，各人民团体、各族各界人士，广大政协工作者，表示衷心的感谢和崇高的敬意！

全省政协工作会议于2011年8月29日在广州召开，中共中央政治局委员、省委书记汪洋，时任省委副书记、省长黄华华，省政协主席黄龙云同志分别发表了重要讲话。全市政协工作会议于2012年3月28日在清远召开，会议由市委副书记梁志强主持并传达全省政协工作会议精神，市委书记葛长伟、市政协主席何炳华分别作了重要讲话。

下面，我就如何贯彻全省全市政协工作会议精神，加强新形势下我县人民政协工作，讲三点意见。

一、深刻认识人民政协工作的实质和内涵，切实增强落实多党合作和政治协商制度的自觉性和坚定性

人民政协是中国共产党把马克思列宁主义统一战线理论、政党理论和民主政治理论同中国具体实践相结合的伟大创造。中国共产党领导的多党合作和政治协商制度，是我国的一项基本政治制度，是中国特色的政党制度，具有强大的生命力和远大前程。坚持这一制度，运用好人民政协这一政治组织和民主形式，意义十分重大。我们要站在政治和战略的高度，进一步深化对中国特色政党制度和新形势下人民政协性质、地位和作用的认识，深刻认识做好新形势下人民政协工作的重大意义，不断增强做好人民政协工作的责任感和自觉性。

（一）坚持走中国特色社会主义政治发展道路、发展社会主义民主政治，必须落实多党合作和政治协商制度

始终坚持并不断完善中国共产党领导的多党合作和政治协商制度，是有效发挥中国特色政治制度和政党制度特点和优势的必然要求，是团结和凝聚社会各界力量、共同促进中国特色社会主义事业发展的必然要求。我们要善于通过人民政协这一政治组织，把最广泛的爱国统一战线巩固好、发展好，把中国共产党领导的多党合作和政治协商制度坚持好、完善好，从而推动中国特色社会主义发展道路不断胜利前进。以人民代表大会为主渠道的选举民主和以人民政协为主渠道的协商民主是我国社会主义民主的两种重要形式，是发展社会主义民主政治、建设社会主义政治文明的重要内容。人民政协所体现的多党合作关系，既能使我们经常听到来自民主党派、无党派的意见和建议，又便于发挥民主党派、无党派参政议政的作用；人民政协所实行的民主协商方式，既能反映多数人的普遍愿望，也便于吸纳少数人的合理主张。因此，我们要不断加强新形势下人民政协

作，进一步落实多党合作和政治协商制度，坚持重大事项协商于决策之前，促进重大决策的民主化、科学化。进一步广开言路、集思广益，完善重大事项、重大决策、重大项目政协委员以及社会各界人士参与制度，扩大公民有序政治参与，让各团体、各阶层、各方面人士更广泛地参与谋划和推进我县经济社会发展，从而推进我县民主政治建设不断前进。

（二）加强党的先进性建设、提高领导科学发展能力，必须落实多党合作和政治协商制度

加强党的先进性建设，提高党领导科学发展能力，是世情、国情、党情新变化对党的建设提出的新要求。在国际形势复杂多变、改革发展任务艰巨繁重、社会阶层不断分化、利益诉求日趋多样的新形势下，进一步落实多党合作和政治协商制度，有利于政协组织发挥人才密集的优势，对一些影响全县科学发展的全局性、战略性、前瞻性问题进行深入研究，为县委、县政府科学民主决策提供依据和参考；有利于最大限度地促进不同党派、不同信仰、不同民族、不同界别人士的合作共事，不断巩固党的执政地位；有利于收集和反映一些与党委、政府的不同意见和声音，形成政协民主监督和党内监督、群众监督相结合的有效监督体系，不断提高党的建设科学化水平，提高党领导科学发展的能力。

（三）加快转型升级、建设幸福连南，必须落实多党合作和政治协商制度

当前，全县上下都紧紧围绕贯彻落实科学发展观，扎实推进经济的转型升级和发展方式的转变，改革发展的任务十分繁重。按照广东省的总体部署和清远市主体功能区规划的要求，我县被列为生态发展的核心区，也将面临着不少的困难和挑战。统筹推进各项工作，加快转型升级，实现"十二五"更高水平发展和富民强县的目标，是全县各级党委、人大、政府和政协组织的新使命新任务。做好新形势下我县人民政协工作，进一步落实多党合作和政治协商制度，把人民政协的优势和作用发挥好、运用好，是完成新的历史任务的重要条件。人民政协素有"人才库"和"智囊团"之称，具有人才荟萃、智力密集、联系广泛的独特优势，有利于把各党派团体和各族各界人士的思想和行动统一到县委的决策部署上来，更好地发挥协调关系、汇聚力量、建言谋策、服务大局的重要作用，进一步形成同心同德、团结奋斗、攻坚破难、推进发展的强大合力。

（四）维护安定团结、促进社会和谐，必须落实多党合作和政治协商制度

构建和谐社会，是建设中国特色社会主义事业的一项重大任务。人民

政协是大团结大联合的组织，在协调关系、化解矛盾、增进共识、加强团结方面有着不可替代的作用。特别是当前在经济形势复杂多变、社会矛盾不断凸现、群众利益诉求不断增多的新形势下，我们进一步落实多党合作和政治协商制度，充分发挥人民政协的职能，坚持"求同存异、体谅包容"的原则，以政治协商引导和谐，以民主监督保障和谐，以参政议政促进和谐，促进不同党派、界别之间的合作共事，进一步形成民主团结、生动活泼、安定和谐的政治局面；充分发挥好人民政协联系群众广泛的优势，通过政协社情民意渠道和政协委员做好各自联系群众工作，进一步沟通思想、化解矛盾、理顺情绪、增进共识，准确把握社会动态，及时解决各类民生问题，最大限度地增加和谐因素，最大限度地减少不和谐因素，形成幸福连南共建共享的生动局面。

二、充分发挥人民政协的优势和作用，努力提高服务科学发展的能力

在县第十二次党代会上，县委作出了加快项目建设，加强社会管理，加速科学发展的战略部署，提出了今后五年的发展目标和要求。这既是全县在今后五年发展的核心任务，也是政协组织和广大政协委员履行职能的工作重点。政协组织要紧紧围绕这个工作大局，充分履行政治协商、民主监督和参政议政职能，充分发挥联系面广、协调性强、智力密集等优势，为加快实现富民强县、全面建设小康社会目标贡献智慧和力量。

（一）着力为科学发展建言谋策

加快科学发展是全县人民的最大愿望和根本利益。政协组织要坚持把促进科学发展作为履行职能的第一要务，充分发挥政协组织的人才和智力优势，紧扣科学发展观的要求，围绕县第十二次党代会的总体部署，选择具有全局性、前瞻性、战略性的课题，综合运用调研、视察、提案、信息等形式，把工作的着力点放在对经济社会发展趋势的把握上，放在对改革发展稳定深层次矛盾的化解上，放在对党委、政府关注的中心工作和群众关心的热点难点问题的解决上。当前，经济发展的形势十分严峻，改革发展稳定的任务十分繁重，加快转型升级的压力十分突出，人民群众过上更有质量的生活呼声十分强烈，这也为人民政协工作提供了广阔空间。比如，我们被省列为生态发展的核心区，县委十二届二次全体（扩大）会议提出"特色立县生态崛起"的目标，明确了发展方向，但怎样抓住机遇深入推进"生态崛起"，还值得深入研究；全县经济转型升级刚刚起步，如何建设好产业园区、调整和优化产业结构，不断夯实转型升级的基础？如何创新和加强社会管理？如何抓好"三打两建"工作？如何促进城乡服务均等化？如何引进并留住高质量的人才等问题，都需要县政协组织和广大政协委员去调查研究，提出对策。各级党委和政府要认真听取政协意见，加强与政协组织的民主协商，切实提升政协的参政议政能力，更好地服务于全县科学发展进程。

（二）着力提升为人民谋幸福的能力

人民政协是我国唯一由界别组成的政治组织，不仅是保障和扩大公民有序政治参与的民主渠道，也是党和政府密切联系群众的团结渠道，更是广纳民意广集民智的咨询渠道。社会各界通过人民政协的协商平台，平等对话、沟通、协商、协调，理性表达意见，充分行使权利，有利于促进各方利益诉求的均衡和矛盾问题的妥善解决。特别是当前，我县灾后复产工作繁重；各种社会矛盾多发高发，群众信访明显增多，维护社会稳定的任务任重道远。政协组织要发挥界别特色和民主协商的优势，协助党委、政府加强社会建设，做好新形势下的群众工作。要充分发挥人民政协的桥梁纽带作用，努力实现上情下达、下情上达，一方面使人民群众知晓并理解支持党委、政府的工作；另一方面，及时反映群众的愿望和要求，使党委、政府的决策更具有针对性和实效性。要充分发挥人民政协民主监督在维护人民群众权益上的独特作用。对一些群众反映强烈、党和政府高度关注的问题开展积极有效的监督。特别是对行政体制、部门作风、司法公平、社会民生等方面存在的问题，要勇于发表意见、开展批评、提出建议，切实维护社会公平正义，促进改革发展成果惠及全县人民。要紧紧围绕我县"十件民生实事"，围绕促进基本服务教育均衡发展、扩大社会就业、深化农村综合改革、完善社会保障体系、创新社会管理、加强环境保护、推进基本公共服务均等化等重大问题，深入调查研究，到群众中找对策，到一线寻答案，使建言谋策体现最坚实的群众基础，使政协工作更加顺应民心、符合民意、贴近民生，为促进社会和谐构建坚实的群众基础。

（三）着力汇聚推动科学发展的强大合力

我县能否在新的起点上实现跨越发展，很大程度上取决于我们能否把人心凝聚起来，把力量汇集起来，把积极性调动起来，把创造性激发出来。县政协组织要始终坚持团结和民主两大主题，把团结各界、凝聚人心的工作摆在更加突出的位置，充分发挥大团结、大联合的优势，发扬人民政协平等协商、求同存异、合作共事的优良传统，努力促进政党关系、民族关系、宗教关系、阶层关系、海内外同胞关系的团结和谐，为推动全县经济社会又好又快发展汇聚力量。在爱国主义和社会主义的旗帜下，只要有利于我县科学发展、和谐发展，无论是哪一个阶层和群体，哪一个团体和个人，都可以团结共享，充分调动他们投身建设连南的积极性。要积极关注我县社会结构和统一战线内部出现的新情况、新变化，做好各界别、各阶层人士的团结工作，特别是要注重做好新的社会阶层代表人士的团结工作，切实加强同民营企业、私营企业、个体工商业户等非公经济领域、中介组织等新的社会阶层、利益群体的联系，最大限度地调动各方面支持发展、推动发展的积极性。要加强与港澳台侨人士的联系和沟通，坚持"走出去、请进来"相结合，为他们知情明政、参与连南建设创造条件，更好地凝聚海内外支持和推动连南科学发展的强大合力。

（四）着力扩大公民有序政治参与

人民政协是扩大公民有序政治参与的重要渠道和平台，是社会主义民主政治的必然要求，也是促进和谐社会建设的重要途径。当前，我县公民政治参与制度还不够完善、参与渠道少、主体素质还不能适应经济社会发展的需要。县政协要充分发挥平台作用和民主协商功能，引导和扩大公民有序政治参与，进一步调动全县公民参与政治的积极性。要合理优化界别设置，既要巩固精英阶层，也要广开门路，让草根阶层参与，真正扩大政治参与的覆盖面。要大胆吸收新经济组织、新社会组织优秀代表人士参加政协，邀请群众代表列席和旁听政协会议，使政协组织的代表性更加广泛。要创新工作方式方法，提升政治参与的深度和广度。积极利用互联网等新兴媒体，建立政协领导班子、机关干部和政协委员与人民群众网上互动交流机制，及时了解群众需求。设立社情民意公共邮箱，在网上征集人民群众关注的热点难点问题，进一步化解民怨、吸纳民智。广大政协委员是推动政协政治参与的主体，要切实增强责任意识和紧迫意识，主动深入基层、深度联系群众，把党的主张传递给社会各界，把群众意愿反馈给党委、政府，不断拓宽群众有序政治参与的渠道。

三、切实加强党对政协工作的领导，不断开创政协工作新局面

加强和改善党对政协的领导，是人民政协事业始终沿着正确方向前进的根本保证。全县各级党委要切实加强对政协工作的领导，大力弘扬我们党重视人民政协工作的优良传统，认真总结我县加强人民政协工作的成功经验，积极支持政协依法履行职能，不断开创我县政协工作新局面。

（一）切实加强党对政协工作的领导

各级党委要认真学习贯彻中央和省市县委关于加强新形势下人民政协工作的决策部署，把政协工作纳入重要议事日程，纳入总体工作布局，坚持在政治原则、政治方向和重大方针政策上加强对政协工作的领导，切实做到思想上重视，政治上关心，工作上支持。各级党委既要加强对政协工

作的领导，保证政协工作正确的政治方向，又要充分尊重政协，充分发挥政协的作用，防止政协的"部门化"和"边缘化"两种倾向。在领导分工上，党委主要领导要联系政协工作，强化对政协工作的组织领导，及时协调解决有关重大问题。在工作安排上，每届党委至少要召开一次政协工作会议，常委会每年至少专题听取一次政协工作汇报，认真研究解决政协工作中的问题。在制度建设上，要坚持政协主席列席党委常委会及其他重要会议制度，健全完善党政领导同志参加政协重要会议、重要活动制度，以及政协有关负责同志列席党委、政府相关会议制度。要进一步建立健全党委、政府主要领导领办政协重点提案制度和各承办单位主要领导领办集体提案制度。在工作落实上，要把重视政协工作、发挥政协作用纳入各级党政领导班子和领导干部的考核内容，把办理政协提案、建议纳入各级党委、政府年度目标管理责任制进行考核，并加强对各级党委、政府及其部门贯彻落实中央和省市县委关于政协工作重要方针政策和决策部署的督促检查。

（二）充分发挥政协党组的领导核心作用和政协组织中共产党员的先锋模范作用

政协党组是党在人民政协的派出机构，要善于通过政协党组实施对政协工作的领导。对事关政协工作的重大问题，事先听取政协党组的意见；对政协党组的请示、报告，党委要认真研究并及时答复。政协党组要充分发挥领导核心作用，牢牢把握正确的政治方向，坚定不移地贯彻执行党关于人民政协的方针政策，把党的重大决策和工作部署贯彻到政协工作的全过程，确保与党委在政治上同向、思想上同心、行动上同步。政协要自觉接受党委的领导，积极推动参加人民政协的各民主党派、人民团体和各族各界人士自觉主动接受中国共产党的领导，使党的主张成为各民主党派、人民团体和各族各界人士的广泛共识。政协委员中的共产党员和政协机关中的共产党员，要充分体现党员先进性，切实增强政治责任感，积极贯彻党的方针政策，带头遵守政协章程，广交、深交党外朋友，努力成为合作共事的模范、发扬民主的模范、廉洁奉公的模范。

（三）加快推进政协工作制度化、规范化和程序化建设

认真抓好中央和省市县委关于加强新形势下人民政协工作决定精神的贯彻落实，着力推进政治协商制度化、规范化和程序化建设。要把政治协商作为重大决策的必经程序，在重大决策前的谋划、调研、咨询论证阶段，把听取政协的意见和建议作为重要环节；在党委全委会议、常委会议和政府全体会议、常务会议讨论、研究和决定阶段，把政协的意见和建议

作为重要参考；在贯彻实施阶段，把政协的意见和建议作为完善决策的重要依据。各级党委要切实增强政治协商的自觉性、主动性和计划性，发挥在政治协商中的主导作用，准确把握政治协商的内容、程序和环节，进一步规范政治协商的内容，明确协商议题的提出和确定、协商活动的准备和组织、协商成果的运用和反馈，努力形成健全规范、科学严谨的政协政治协商工作机制。今后，县政协召开常委会，县委、县政府有关领导要列席，县直相关部门负责人要现场听取意见，重大问题当面协商，真正提高政治协商的实效。注重提高政治协商的质量，政协委员提出的意见和建议，党委、政府部门根据实际情况可供参考，切实增强政治协商的有效性，实现政治协商的良性互动。

（四）大力提升人民政协自身建设水平

县政协组织要主动适应推动科学发展、深化改革开放和经济社会结构发展的变化，着力加强自身建设，进一步提升政协工作科学化水平。要切实重视和加强政协领导班子建设。要切实加强学习和培训制度建设，使政协班子和政协委员尽快熟悉政协工作，适应工作要求，提高领导和推进政协服务全县科学发展大局的能力。特别是广大政协委员，作为政协联系群众的主体，要倍加珍惜人民群众给予的荣誉，切实增强责任意识，主动学习，增长才干，提高履职和造福人民群众的能力。要不断完善政协委员的产生和退出机制，切实保证政协委员的高质量。要高度重视专门委员会建设，提高专门委员会组成人员政治和业务素质；要把政协机关干部队伍建设纳入党政干部队伍建设总体规划，组织开展政协工作理论和业务学习培训，着力加强干部的培养、选拔、交流和使用，形成长效机制，不断增强政协机关工作活力。要进一步加强和改进统战工作，充分发挥民主党派和无党派人士在人民政协中的重要作用，认真贯彻落实《中共中央关于加强新形势下党外代表人士队伍建设的意见》，加强民主党派和无党派队伍建设，保证民主党派成员和无党派人士在政协委员、常务委员和政协领导成员中占有较大比例，政协各专门委员会要有民主党派成员和无党派人士参加，政协机关应有民主党派和无党派人士担任专职领导职务。要抓好政协机关建设，不断提高机关运作效能、工作质量和服务水平。

（五）努力营造重视和支持人民政协工作的良好氛围

全县各级党委、政府及有关部门要积极主动支持人民政协发挥职能、履行职责，自觉接受人民政协监督。要积极组织并大力推动人民政协理论的学习、宣传和教育工作，把人民政协理论列入党校、行政学校的教学计划。各级党委、政府要建立健全向政协通报情况制度，完善民主监督机制,畅通民主监督渠道,虚心听取意见,及时改进工作;要认真办理政协提案,落实办案责任制,加大办案工作力度,努力提高办案质量;要结合政协工作的新要求、新变化,配备与工作任务相适应的人员编制,保证必要的经费投入,及时为政协开展工作创造必要条件。要把政协宣传报道工作纳入党委宣传工作的总体安排,进一步加大宣传力度。县委宣传部要牵头组织新闻媒体,加强宣传中国共产党领导的多党合作和政治协商制度,大力宣传人民政协的性质、地位和作用,以及县政协组织履行职能的情况,扩大政协的社会影响力,努力营造全县上下重视和支持政协工作的良好氛围。

同志们,人民政协事业的发展与党和国家事业的发展息息相关,加强我县人民政协工作与加快连南经济社会科学发展的进程紧密相连。我们要高举中国特色社会主义伟大旗帜,坚持以邓小平理论和"三个代表"重要思想为指导,深入贯彻落实科学发展观,同心同德,群策群力,开拓进取,扎实工作,不断把我县人民政协事业推向前进,为谱写人民政协事业发展新篇章、实现富民强县的宏伟目标而努力奋斗!

二、在庆祝人民政协成立 65 周年座谈会上的讲话

1. 在庆祝人民政协成立 65 周年座谈会上的讲话

县政协主席　房坚一

2014 年 9 月 17 日

各位领导、同志们:

今天,我们在这里欢聚一堂,庆祝中国人民政治协商会议成立 65 周年,并回顾县政协 61 年来所走过的历程。首先,请允许我代表政协第十届连南瑶族自治县委员会向大家表示热烈的欢迎和衷心的感谢!

今年是新中国成立 65 周年,也是人民政协成立 65 周年。在这样一个重要的历史时刻,回顾人民政协伴随共和国走过 65 年的光辉历程,总结人民政协的历史经验,对于我们从历史和现实、理论同实践、继承与创新

相结合的高度认识人民政协的发展规律，推进人民政协事业的发展，具有重要意义。

1944年9月，中国共产党在准确判断国内外形势的基础上，从维护人民利益、真正实现民主的愿望出发，提出了"组建民主联合政府""和平民主建国"的主张，得到了民主党派的欢迎和拥护。此后，中国共产党同各民主党派密切合作，为实现民主建国目标而共同奋斗。根据重庆谈判国共两党签署的《双十协定》，1946年1月10日，国民党、共产党、中国民主同盟、青年党和社会贤达五方代表在重庆召开了政治协商会议，史称"旧政协"。在这次政协会议上，中国共产党与民盟团结合作，从民族利益的大局出发，通过了和平建国纲领等五项有利于人民的决议。但国民党很快撕毁了决议，悍然发动内战。这次政协会议的成果虽为国民党所破坏，但各政党、各方面民主协商国是的方式，"在中国人民心中留下了不可磨灭的印象"。中国共产党领导的人民解放战争，从1947年秋季开始由战略防御转入战略进攻，很快便取得了对国民党军队的压倒优势。1948年4月30日，中共中央发布"纪念'五一'劳动节口号"，毛泽东亲自撰写的第五条明确提出，"各民主党派、各人民团体和社会贤达迅速召开政治协商会议，讨论并实现召集人民代表大会，成立民主联合政府。"这个号召迅速得到各民主党派、人民团体和各界爱国民主人士的积极响应，各民主党派领导人和民主人士代表突破国民党政府的重重封锁相继奔赴解放区，共商建国大计。1949年9月21日至30日，中国人民政治协商会议第一届全体会议在北平召开，史称"新政协"。中共中央主席毛泽东在开幕词中庄严宣告："占人类总数四分之一的中国人从此站立起来了。"这次会议讨论通过《中国人民政治协商会议共同纲领》《中国人民政治协商会议组织法》《中华人民共和国中央人民政府组织法》三个为新中国奠基的历史性文件。选举产生中华人民共和国中央人民政府委员会，并赋予行使国家权力的职权；授权中央人民政府筹备并召开全国人民代表大会。作出关于中华人民共和国首都、国旗、国歌、纪年4个重要决议。会议通过的《共同纲领》具有临时宪法的作用，是新中国第一个人民大宪章。会议所确立的人民代表大会制度和民族区域自治等，一直延续到现在，为中国特色社会主义制度的自我完善和发展，提供了坚实的基础。会议选举毛泽东为中华人民共和国中央人民政府主席和中国人民政治协商会议第一届全国委员会主席。会议闭幕次日，1949年10月1日，中华人民共和国开国大典在天安门广场举行。

人民政协的成立，标志着中国人民统一战线在全国范围内建立起统一的组织，标志着中国人民不仅在思想上政治上而且在组织上形成了坚强的团结，标志着中国共产党领导的多党合作和政治协商制度的正式确立。这次会议胜利完成了创建新中国的历史使命，实现了我国从几千年的封建专制向人民民主制度的历史性跨越，开辟了中国历史的新纪元。

人民政协成立65年来，在我国社会主义建设的伟大实践中不断发展和完善。1954年，全国人民代表大会召开后，人民政协作为民主协商机构和统一战线组织，继续在国家政治生活中发挥重要作用。特别是党的十一届三中全会以来，随着党和国家工作重心的转移，人民政协事业进入到一个新的发展阶段。人民政协坚持以经济建设为中心，进一步巩固和发展爱国统一战线，调动一切积极因素，团结一切可以团结的力量，同心同德、群策群力，参政议政、建言献策，有力地促进社会主义民主法制建设和四个文明建设，维护和发展安定团结的政治局面，推动经济社会又好又快科学发展。人民政协还积极加强同港澳台同胞和海外侨胞的联系，增强各民族之间的团结，增进同各国人民的相互了解与合作，为维护和促进祖国统一做出重大贡献。党的十八大指出，"社会主义协商民主是我国人民民主的重要形式。要完善协商民主制度和工作机制，推进协商民主广泛、多层、制度化发展。通过国家政权机关、政协组织、党派团体等渠道，就经济社会发展重大问题和涉及群众切身利益的实际问题广泛协商，广纳群言、广集民智，增进共识、增强合力。坚持和完善中国共产党领导的多党合作和政治协商制度，充分发挥人民政协作为协商民主重要渠道作用，围绕团结和民主两大主题，推进政治协商、民主监督、参政议政制度建设，更好协调关系、汇聚力量、建言献策、服务大局。"人民政协在国家的政治生活、社会生活和对外友好活动中，在进行现代化建设、维护国家统一和加强各民族团结中，必将进一步发挥重要作用。

同志们，值此机会，让我们简要回顾我县政协61年来所走过的历程。1953年1月21日至25日，连南瑶族自治区（即自治县的前身）召开首届各族各界人民代表大会，成立连南瑶族自治区各族各界人民代表会议协商委员会。1月27日，召开连南瑶族自治区各族各界人民代表会议协商委员会第一届委员代表大会。之后，由于我县与连山、连县、阳山等县"两合两分"和"文化大革命"等客观原因，县政协第一届委员会只召开一次全体会议，直到1980年11月才召开第二届委员会第一次全体会议，这期间的27年基本没有开展活动。从第二届委员会到现在的第十届委员会，县政协又走过30多年的光辉历程，队伍不断发展壮大，委员人数由初期的几十人增至现在的155人，委员更具广泛性、代表性、先进性。历届政协都组织委员对县内的经济、文化、教育、卫生、环保、生态、城建、民生等方面的工作进行调研视察，提出不少有价值的意见和建议；累计提出1400件提案，大部分被政府及有关部门采纳；编辑出版14辑《连南文史》，征集、发掘、抢救一大批文史资料；还有正在编辑《连南政协志》，等等。总之，县政协在县委的领导下，坚持团结和民主两大主题，积极履行政治协商、民主监督、参政议政职能，围绕中心服务大局，以促进发展为第一要务，把县政协发展成为各人民团体和各族各界人士团结合作的大家庭，学习提高的大学校，办商议政的大舞台，为我县物质文明、政治文明、精神文明、生态文明建设发挥了积极的作用。

同志们，60多年来的探索和实践，为我们进一步做好政协工作，开创人民政协事业新局面积累了很多宝贵经验和启示。

——必须坚持共同思想政治基础。人民政协作为大团结大联合的组织，涵盖各党派、各团体、各民族、各阶层和各界人士。实践充分证明，人民政协团结联合的范围越宽、程度越深，越需要坚持中国共产党的领导，坚持团结和民主两大主题，在尊重多样性中保持一致性。要在思想上同心同德，以中国特色社会主义理论体系增进共识；在目标上同心同向，以全面建设小康社会和中华民族伟大复兴宏伟目标坚定信念；在行动上同心同行，以推动科学发展、促进社会和谐生动实践汇聚力量。要在全体委员中大兴学习之风，依靠学习和实践走向未来，不断增强理论自信、道路自信和制度自信，弘扬社会主义核心价值观，巩固共同思想政治基础。总之，坚持中国共产党的领导，人民政协事业的发展就有了可靠的政治保证，就能始终沿着正确的政治方向前进。

——必须准确把握人民政协的性质和方向。人民政协是中国人民爱国统一战线的组织，是中国共产党领导的多党合作和政治协商的重要机构，是我国政治生活中发扬社会主义民主的重要形式。这是对人民政协性质的科学界定，反映了人民政协的鲜明特征，体现了人民政协的独特优势，指明了人民政协事业的发展方向。无论国际风云如何变幻，无论国内经济社会如何变革，都要毫不动摇地坚持人民政协的性质和方向，坚定不移地走中国特色社会主义政治发展道路，始终坚持完善中国共产党领导的多党合作和政治协商制度，切实发挥我国社会主义政治制度的特点和优势。在工作实践中，要本着团结、民主、和谐的精神，体现合作、参与、协商的特点，广开言路、集思广益，尊重多数、照顾少数，不断扩大社会各阶层有序的政治参与。

——必须坚持群众路线。人民群众是我们党存在、发展的基础力量和智慧源泉。人民政协必须始终坚持群众路线，密切联系群众，从群众中来，到群众中去，把维护广大人民群众的根本利益作为政协履行职能的出发点和落脚点，设身处地为群众着想，实实在在为群众办事。要发挥政协"话语权"的作用，努力做到"说得准、说得对"，促进各项决策更好地体现群众利益。要发挥政协委员的主体作用，凭借自身社会影响或专业知识，深入基层倾听群众诉求，了解民生疾苦，帮助解决难题。要发挥统一战线在凝聚人心、协调关系、化解矛盾、稳定社会中的特殊作用，巩固和维护民族大团结，共同开创社会和谐人人有责、和谐社会人人共享的生动局面，不断提高群众的幸福指数。只有切实把关心群众、服务群众的工作做好，才能从人民群众创造历史的伟大进程中汲取智慧和力量，为人民政协事业的发展注入不竭的动力。

——必须坚持改革创新。只有牢牢把握时代脉搏，始终保持蓬勃朝气，不断推进人民政协理论创新、制度创新、工作创新，人民政协事业才能保持旺盛活力，在坚持和发展中国特色社会主义中发挥更大作用。要加强人民政协的制度化、规范化、程序化建设，更好地发挥人民政协的特点和优势，体现时代性、把握规律性、富于创造性。要着眼于政协工作新的实践和发展，注意研究和解决推进人民政协事业发展中出现的新情况、新问题，解放思想，与时俱进，不断探索政协工作的新形式、新途径，使政协工作更加富有生机和活力。要按照"党政所需、群众所盼、政协所能"的要求，围绕党委政府的中心工作和深化改革中相关领域的热点难点问题，精心选题，深入调研，创新思路，争取多出高质量调研精品，为党委政府建言谋策，不断提高协商议政水平。

同志们，人民政协65年的辉煌历程和伟大实践充分证明：中国共产党对人民政协的坚强领导，是这些宝贵经验和重要启示的核心。坚持中国共产党的领导，是人民政协必须始终遵循的首要原则。几十年来，我县政协所积累的丰富经验同样值得我们珍惜、继承和发展。

同志们，连南正处在一个充满希望的历史新起点、处在一个充满活力的发展关键期，展望连南美好的明天，人民政协大有作为。让我们在县委的坚强领导下，敢于担当、携手共进，为建设美丽幸福连南作出新的贡献！

2. 在庆祝中国人民政治协商会议成立 65 周年座谈会上的讲话

县委书记　雷玉春

2014 年 9 月 17 日

同志们、朋友们：

今天，我们在这里举行座谈会，隆重庆祝中国人民政治协商会议成立 65 周年。人民政协是中国共产党领导的多党合作和政治协商的重要机构，是我国政治生活中发扬社会主义民主的重要形式，是中国共产党把马列主义统一战线理论、政党理论和民主政治理论同中国具体实践相结合的伟大创造，是中国共产党同各民主党派、人民团体和各族各界人士风雨同舟、团结奋斗的伟大成果。

伴随着人民政协事业的发展，在历届中共连南县委的领导和上级政协的指导下，我县政协走过了 61 年的成长历程。61 年来，县政协始终坚持中国共产党的领导，紧紧围绕全县工作大局，牢牢把握团结和民主两大主题，认真履行各项工作职责，为促进我县社会经济的发展，发挥了重要作用，作出了积极贡献。连南今天的发展凝聚着全县各级政协组织、政协各参加单位和全体政协委员的辛劳和智慧，县委对政协工作是满意的，是充分肯定的。在这里，我代表县委、县政府向中国人民政治协商会议连南县委员会成立 61 周年表示衷心的祝贺！向始终风雨同舟、共同致力于连南发展大业的各人民团体、社会各界人士表示崇高的敬意！向为我县人民政协事业发展做出重要贡献的老同志、老委员表示衷心的感谢！向全县政协委员和政协工作者表示亲切的问候和美好的祝愿！

刚才，坚一同志为我们回顾了人民政协随共和国走过的 65 年的光辉历程以及连南政协 61 年来的发展历程，也表达了推进政协事业不断发展和共建连南美好未来的坚定信心。61 年沧桑巨变，今日的连南已经站在新的历史起点上。近年来，县委、县政府坚持以"特色立县·生态崛起"的发展战略统揽全局，团结带领全县各级党组织和广大干部群众，积极转变经济发展方式，扎实推进各项工作，全县呈现出经济平稳转型、民生事业进步、社会和谐稳定、生态环境优美的良好局面。但是，我们也应清醒地看到，我县经济和社会发展中还存在一些不容忽视的问题，与周边县市差距明显，发展的压力很大。

面对新形势、新任务，政协组织和广大政协委员要进一步认清形势，坚定信心，继承和发扬人民政协的优良传统和宝贵经验，进一步发挥好政协在民主决策中的参谋作用、政治参与中的平台作用、勤政廉政中的监督作用和团结稳定中的促进作用，大力营造团结民主氛围，广泛联合各界力量，充分激发履职热情，聚万众之心、纳八方之策、汇各界之力，把一切积极因素调动起来，把各方面聪明才智发挥出来，在加快转型发展和大力推进美丽幸福连南建设进程中不断开创政协工作新局面。在此，我代表中共连南县委，对政协组织和全体政协委员提五点希望：

一要围绕中心，服务大局，善谋发展之策。促进科学发展是人民政协履行职能的第一要务。全县各级政协组织要围绕县委、县政府中心工作，以民生改善、生态保护、社会稳定、转型发展、脱贫奔康为主线，充分发挥政协人才荟萃、智力密集、视野开阔的优势，发挥政协各专委会的基础作用和政协委员的主体作用，积极开展专题调研和协商议政活动，为县委、县政府多建睿智之言，多献务实之策。

二要加强联系，协调各方，广汇团结之力。团结是凝聚人心、成就事业的保证。连南能否在新的起点上实现新的跨越，很大程度上取决于我们能否最广泛地把人心凝聚起来，把力量汇集起来，把积极性调动起来，把创造性激发出来。目前连南有各级政协委员160名，希望各级政协组织要坚持长期共存、互相监督、肝胆相照、荣辱与共的方针，巩固和发展最广泛的爱国统一战线，营造民主协商、平等议事、宽松和谐、生动活泼的政治氛围。努力做好联系人、团结人、争取人的工作，把团结各界人士、凝聚各方力量作为服务经济社会发展的主基调，尤其是要发挥出招商引商的作用，积极促进社会各界人士为连南的经济社会发展献力献策，使党委和政府能够最大限度地把各方面的智慧和力量凝聚到推动连南跨越发展上来。

三要发扬民主，健全制度，恪尽监督之责。人民政协的民主监督是我国监督体系的重要组成部分，是通过对国家机关及其工作人员工作提出意见、批评、建议的方式进行的政治监督。县委高度重视和支持政协民主监督工作，支持政协建立和完善民主评议制度、廉政通报制度、意见建议反馈制度，推进民主监督的制度化、规范化、程序化。政协组织要认真履行民主监督职能，勇于探索民主监督形式，不断拓展民主监督内容，围绕党委、政府的中心工作，选择社会关注、群众关心、影响较大的热点、难点问题开展民主监督。尤其要把当前加快转型经济发展作为民主监督的重要着力点，及时发现和抓住经济发展方面存在的突出问题，有针对性地提出改进建议，督促有关方面认真加以解决，促进工作落实。

四要以人为本，关注民生，力筑和谐之基。实现好、维护好、发展好人民群众的根本利益是党和政府一切工作的出发点和落脚点。希望全县各级政协组织和广大政协委员要深入基层、深入群众，了解群众关心什么、企盼什么，做到反映社情民意原汁原味、反映民声民愿真实可靠，为党委政府联系群众发挥好桥梁和纽带作用。要围绕社会就业，在开拓就业渠道、增加就业岗位、转变就业观念方面出主意、想办法；围绕社会保障，在建立健全医疗保障制度、社会保险制度等社会保障体系上提出合理化建议；围绕社会公平，在增加农民收入，缩小城乡差距，维护群众合法权益上积极建言献策；围绕社会民主，积极引导广大群众正确处理个人和集体、局部和全局、眼前和长远的关系，依法、有序、理性地表达利益诉求，广开渠道，畅达民意，为党委政府和人民群众建立互信关系多做贡献。

五要改进作风、提高水平，再创参政佳绩。加强政协组织自身建设，是政协工作创新发展的重要保障。希望全县各级政协组织主动适应新形势新要求，不断深化对新时期人民政协工作特点和规律的把握，积极探索履行职能的新形式新方法，建立健全履行职能的制度和程序，努力拓宽履行职能的领域和渠道。加强委员队伍建设，引导政协委员不断提高参政议政能力，更好地关注民生、致力发展、奉献社会；关心、重视政协干部队伍建设，努力造就一支政治坚定、作风优良、学识丰富、业务熟练的高素质政协干部队伍；要以开展党的群众路线教育实践活动为契机，加强政协机关效能和作风建设，不断增强服务意识，努力做到政协工作在促进发展上有新贡献，在凝聚人心上有新作为，在协商监督上有新特色，在参政议政上有新成果。

同志们、朋友们，加快连南转型发展，人民政协责任重大。让我们高举中国特色社会主义伟大旗帜，深入开展党的群众路线教育实践活动，坚定科学发展和转型发展的信心，振奋精神，为实现连南全面奔康的目标作出新的贡献！

三、优秀调研报告

关于连南瑶族自治县人才流失情况的调研报告

县政协专题调研组

（2014年12月30日）

2014年下半年，连南瑶族自治县政协就少数民族地区人才流失严重、镇级人才荒漠化等突出问题，成立以主席为组长、一名副主席为副组长、成员由县政协机关和相关单位政协委员组成的课题调研组，开展"关于民族地区人才流失的对策"课题调研。调研组以连南瑶族自治县为例，深入镇和县职能部门，通过座谈会等形式开展调研。希望通过调研，能够使上级更真实地了解少数民族地区人才流失的困境，尽快出台相关政策稳定少数民族地区的人才队伍，为少数民族地区经济社会各项事业发展提供人才支撑。

一、基本情况

连南瑶族自治县成立于1953年，位于广东省西北部，全县总面积1306平方公里，辖7个镇71个村（居）委会，总人口17万，其中以瑶族为主的少数民族占53%，是广东省3个少数民族自治县中少数民族人口最多的自治县，也是全国唯一的排瑶聚居地。

截至2014年11月末，全县现有公职人员4273人，其中公务员1151人，事业单位人员3094人。公务员中，县直行政单位748人，参公事业单位142人，镇级公务员261人；本县户籍890人占77.3%，汉族623人占54.1%，瑶族502人占43.6%，其他民族26人占2.3%；35岁以下232人占20.3%，36—40岁165人占14.3%，41—50岁490人占42.6%，51岁以上264人占22.9%；研究生10人占0.9%，本科463人占40.2%，大专525人占45.6%，中专以下153人占13.3%。大专以上学历约80%为在职教育学历。事业单位人员中，管理类人员248人，专业技术类人员2424人（在管理岗位双肩挑的186人），工勤技能类人员422人；少数民族1082人；研究生10人，本科942人，大专1311人，中专481人，高中及以下350人；高级职称42人，中级职称1355人，初级职称1027人；教学人员1735人，卫生医技人员366人，农业技术人员151人，工程技术人员88人，其他技术人员84人。

目前，全县人才总量不足，总体素质不高，结构不合理，呈现"一高二低"（年龄高、学历低、职称低）和"三多一少"（行政管理类学历人员多，社科类中低职称人员多，大专学历以上在职教育人员多，中高级实用人才少）状况，高层次人才和关键岗位人才短缺；公务员队伍老化严重，出现断层现象，后备人才储备培养不足。

二、存在的问题

连南县公共财政预算收入2012年为1.483亿元，2013年为1.565亿元，只能依靠上级的财政转移支付来保工资、保民生、保运作。由于县级财政入不敷出，受区域环境、经济社会发展滞后等限制，导致连南公职人员的福利待遇偏低、人才流失严重等问题。

（一）福利待遇偏低

由于县级财力低下，生态发展区、少数民族贫困地区福利待遇增长缓慢，与重点发展区、南部发达地区的差距越来越大，两极分化日益突显。目前清远市直单位公职人员津补贴已达6.3万元/年，而连南只有3.6万元/年，差距近3万元/年。其他县（市、区）均比连南高，如清城6.3万元/年、清新5.8万元/年、连州4万元/年、连山3.8万元/年。住房公积金制度实施以来，连南财政长期按20元/月/人统筹，直到2014年1月才按工资的12%统筹。年终奖金仍无法按"3+1"发放，规范性节日补贴仍无法实现县级财政统筹。连南在全市所有县（市、区）中公职人员的津补贴最低。

（二）留住人才引进人才难

比较突出的是人才流失严重。由于少数民族地区工作、生活条件较为艰苦，工资福利待遇偏低，自然的势差和经济的势差客观上造成人才流失严重。甚至还出现个别人员宁愿放弃科级职位、调往本市南部地区当一般科员的现象。事业单位人员方面，2010年至2013年，全县事业单位共招录400人，同期流失159人，占招录人数的39.8%。其中教育系统专业技术人员流失95人占59.7%，卫生系统流失58人占36.5%。他们大部分自动离职，有些甚至不辞而别。公务员方面，2009至2013年连南共招录公务员167人（连南籍73人、非连南籍94人），但同期调离连南的有84人（其中非连南籍59人，占调离人数的72%）。2009至2011年新招录的94名公务员中，现已调离连南的有20名（其中非连南籍19人，占调离人数的95%）。非连南籍公务员流失特别严重，极大影响连南干部队伍的稳定和整体结构。另一方面是人才引进困难。关键岗位专业技术人才招不进、留不住的问题尤其突出。每年的事业单位招聘，医疗卫生、城建、环保、国土、测绘、农业、旅游、工程类等关键岗位出现无人报名的现象。即使招进来，也是把连南作为跳板，试用期满就想方设法调走。连南2009年、2010年分别引进2名研究生，结果试用期未满因待遇低而辞职。2013年连南事业单位公开招聘中，县农业部门设置的3个招录农业类本科学历的职位，但最终没有人员报考。2013年连南县镇级公务员招录中有3个选调生职位，由于报考人数少而没有招录到人。2014年连南有19个职位（其中卫生5个，教育10个，农业类4个）参加全省粤东西北地区事业单位专项统一招考，报名22人，只成功招聘7人。教育系统引进的人才中，还出现新招录的教师到偏远学校报到时，有些下车转一圈就一去不复返的现象。

（三）公务员招录政策欠科学

一方面是《广东省公务员录用办法》规定，民族自治地方录用公务员可按一定比例设置专门面向少数民族考生的招考职位，但实际招录中，每年基本上只设置30%的职位招录面向本县户籍少数民族考生，而公、检、法等特定岗位一直无倾斜政策。导致连南每年招录的本县籍考生特别是瑶族考生比例偏低，仅占34%左右，与少数民族人口比例53%不符。同时外地籍公务员因不通民族语言影响工作开展，且流失率畸高。另一方面是近年来招录的女公务员占比约为70%，性别比严重失调。如2013年招录12名镇公务员，其中女公务员8名；2014年招录56名镇公务员，其中女公务员29名；寨岗镇招录10名公务员，其中女7名；三江镇招录5名公务员，其中女公务员4名；涡水镇招录4名公务员，其中女公务员3名。究其原因还是福利待遇低，对男性吸引力不大。由于基层群众居住偏远，基层工作需要不分昼夜进村入户直接面对群众矛盾，女同志较难单独开展工作，甚至人身安全也存在隐患，女公务员过多不适应少数民族山区工作需求实际。

（四）镇级沦为人才荒漠区

镇级远离县城，工作任务繁重，工作、生活条件较差，公共文化设施少，更是苦上加苦。由于镇级公职人员的福利待遇未能获得适当补偿（除教师和医技人员外，镇级公职人员工资仅比县城机关人员高一档，平均约30元。而农村教师因为有人均700元的岗位津贴，基本消除了教师要求调回县城的现象），以致干部职工不愿下基层、不安心基层、想调离基层的现象日趋明显，导致有些镇为保证工作正常运转，只好借用大学生村官。如大麦山镇2009—2014年共招录公务员9人，同期调出18人，调出的竟是招录的2倍。涡水镇近三年调入干部9人，调出14人，调出的远比调入的多。目前，少数民族地区镇级几乎沦为人才荒漠化重灾区，不但给基层领导班子、人才队伍建设造成较大影响，也严重影响了农村经济社会的科学发展。

三、工作建议

人往高处走。这个"高处"就是指福利待遇、工作生活条件相对比原来优越之处。基层稳则天下安。如果不努力缩小少数民族地区与发达地区的收入差距，如果少数民族地区的待遇长期处于"低洼"地带，那么，留住人才、引进人才、稳定公职人员队伍将困难重重。只有将少数民族地区的福利待遇提升至合理水平，上述问题才能迎刃而解。

（一）进一步加大财政转移支付力度

根据2009年7月30日广东省人大常委会通过的《广东省连南瑶族自治县自治条例》第四十三条"自治县财政人均财力低于全省建制县（市）平均水平时，不足部分可以报请省人民政府通过财政转移支付解决"，"自治县通过国家实行的财政转移支付制度，享受一般性财政转移支付、专项财政转移支付、少数民族地区财政转移支付和国家及省确定的其他方式的财政转移的照顾"。虽然当地政府是保障提高当地公职人员工资待遇的责任主体，但鉴于连南的财政状况，只有依靠上级加大财政转移支付力度才能保证正常运作。当前，要请求省财政进一步通过相当于省人均财税水平的转移支付保障少数民族地区政府基本运作，出台缩小少数民族地区公职人员与发达地区公职人员收入差距的政策。同时要免除基础设施建设配套资金，在生态补偿、公共服务均等化、促进公平等方面加大政策引导和财政扶持力度。

（二）通过提高待遇稳定公职人员队伍

福利待遇低是少数民族地区人才留不住、引不进最关键的因素。同是国家公职人员，为什么连南的福利待遇长期靠后？很多时候，听说周边地区公职人员又提高津贴，可少数民族地区受财力限制，有些政策允许上调、发放的津贴，竟成为"空"调，成为水中花、镜中月。长期如此，本地人都想调走，更别说外地人。因此，首先要对少数民族地区关键岗位的人才给予特殊岗位津贴。鉴于许多获得中级职称以上的专业人才工作岗位在县城的客观事实，而这部分人才又是单位的专业骨干，不适当提高他们的待遇就会想方设法调走，有些暂时未调走的也是"人在曹营心在汉"。

我们建议，对于少数民族地区取得中级以上职称的各类关键岗位专业人才，由省财政给予月人均800元以上的特殊岗位津贴。其次上级要尽快出台措施稳定镇级公职人员队伍，参照广东省山区和农村边远地区义务教育学校教师岗位津贴发放的做法，对少数民族贫困县的镇级公务员和其他事业单位工作人员发放月人均700元以上的岗位津贴，用待遇留人，稳定镇级公职人员队伍。三是要高度重视生态发展区、少数民族贫困县福利待遇"倒退"情况，在加快推行公务员职务与职级并行制度的同时，更要加大生态发展区、少数民族贫困县财政转移支付统筹力度，出台保障生态发展区、少数民族地区干部工资待遇持续增长倾斜政策（建议由省财政建立少数民族地区干部职工生活性专项补贴，凡在少数民族地区工作的干部职工，每人每月给予500元以上津补贴），使福利待遇达到不低于本市南部地区80%的水平，并建立合理的增长机制，努力使少数民族地区公职人员福利待遇处于全市乃至全省中上水平，这样才能从根本上留住人才、引进人才，稳定少数民族地区公职人员队伍。

（三）不断完善少数民族地区公务员招录和人才培养引进机制

一是基于外县户籍考生将报考连南公务员作为跳板的事实，不断完善公务员招录机制，招录对象应以不易流失的本地考生为主，加大本县户籍公务员招录力度，即面向本县户籍少数民族考生的职位占40%，面向本县户籍汉族考生的职位占40%，其余20%的职位面向社会公开招录（如2014年在省粤东西北乡镇公务员招录时批准连南的招录计划中，加大招录力度，共批准招录镇级公务员64名。其中，本县户籍职位48名，占招录人数的75%；本县户籍瑶族职位21名，占33%）。二是考虑少数民族地区工作环境的特殊性，迫切需要采取有效措施使新招录的公务员性别比例趋于平衡，明确执法机构和镇级男性公务员招录比例。三是鉴于少数民族地区教育、卫生人才异常缺乏的情况，建议建立少数民族地区人才定向培养制度，在高校中定向培养少数民族地区教育、卫生等人才，对与相关部门签署定向就业协议、承诺毕业后到少数民族地区服务6年以上的定向学生，免除学费、住宿费，并补助生活费，所需经费由省财政统筹落实。四是加大对少数民族干部的培养和少数民族地区公务员、专业技术人员、企业管理人员的培训，培训费用由上级财政解决。

执笔人：刘庆辉

关于我县林农出路问题的调研报告

县政协专题调研组

（2015年1月5日）

近年来，中央对三农问题非常重视，相继出台了很多惠农政策，农民享受了很多政策性补贴，实现了一定的增收。但是，生活在林区的农民（下称林农），特别是没有水田的林农就没有这么幸运了，他们不仅享受不到这些惠农补贴，而且林产品在销售环节还要交繁重税费，如：杉木，林农销售一立方1000元，交税费就要163元。如何解决林农出路，共享农村改革成果，是体现社会公平、全面实现农村小康的重要课题。县政协组成调研组到三江、寨岗、涡水镇、林业、财政、科技和农业局等单位开展专题调研，了解林农和林区面临的相关问题，并针对性提出几点建议。

一、全县林区的基本情况

我县属于典型的九山半水半分田的山区县，是广东省重点林业县，全县国土面积186万亩，其中林业用地面积160万亩，占国土面积的86%。森林面积152万亩，现有82万亩以杉树为主的商品林基地，两个省级自然保护区，两个市级自然保护区和一个市级森林公园。列入省级生态公益林管理68万亩。森林覆盖率达82.1%，森林总蓄积量达6996450立方米，林地绿化率达94%，林木绿化率86.2%。

我县林区主要分布在涡水镇、香坪镇、三江镇大龙、内田、金坑、塘冲共18个村。据2013年底统计，全县林区18个村所辖172个村民小组，农户6359户，占全县农户数的17.9%；人口26926人，占全县农村人口的18.7%；劳动力16734人，占全县农村劳动力数的19.7%；全县农村人均纯收入6259元，纯林区金坑、内田村仅有4699元，比全县农村人均纯收入低1560元，林农人均纯收入是全县农村人均纯收入的75%。

二、林区林农存在的主要困难和问题

林农为生态安全、国家发展和地方经济建设作出了重大贡献，但随着社会需求变化和政策上等各种因素，林农生活出路出现新的困难和问题。

（一）林业生产经营难

林区虽然地域广，但人多耕地少、水田更少，而且地处边远山区，交通不便。全县林地面积143万亩（含生态公益林），人均9.9亩，其中林区林农人均林地面积21.8亩（含生态公益林）；全县人均耕地面积0.74亩，其中林区人均耕地面积0.46亩。杉树、松树都是原木经营，林业（指杉木）一个生产周期约为18—25年，林业生产投入大、周期长、效率低。林农习惯用传统方法种植杉、松、毛竹等林业项目，林业生产劳动强度大，经营程序繁杂且成本高（杉树造林成本每亩600—800元），只能进行简单粗放生产；带动林业龙头产业少，规模企业少，技术跟不上，林产品深加工不多，无法使林产品升值，全县50%左右的原木材加工厂都受市场经济发展，处在关停状态。

（二）林区木材运输难

我县林区地处边远山区，林区地域广，林农居住分散，一直以来对林区乡村公路投入少。林区18个行政村中，目前仍有16个自然村的乡村公路没有硬底化，有5个自然村仍然不通公路，造成林农生产生活条件艰苦；林区基础配套设施落后，很多林区林地没有开通林道，导致林农生产难，现已通车的林区公路和林道，也长久失修，林产品运输难。多年来，对林区公路和林道建设不够重视，例如：金坑至大龙采育场公路，是重要木材交通运输枢纽，然而处于无人管理状况，大量的木材运输特别难，造成生产成本高、效益低，群众受益少。

（三）林农维持生活难

近年来，林农收入增幅不大，人均纯收入低于全县的平均水平，林农负担仍然很重，生活质量不高，林区林农家庭经济主要是靠生产木材收入，每年每人一立方的砍伐指标，现价每立方1000元，除了人工等成本费用，只有200至500元收入（离林道远的除了采运成本还要亏），一年只靠这点收入过穷日子，三江镇金坑村、内田村的4600多无田林农更困难，长年购买粮食；加上林区又属于易滑坡重灾区。如金坑村的泥楼、竹新、鱼岔坑整村迁移到县城移民新村，内田村130户群众迁移到高寒山区移民新村，很多林农靠借钱或贷款购买房子或建房，造成新的困难和负担，林农过着恶性循环的穷生活。以前靠贷款给儿女读书，现在靠贷款租房、买房。

（四）林农外出办事难

林农普遍居住边远、分散，距离镇政府、村委会、集市远，实施并镇、并村后，到镇、村委会路途更远，办事花时是原来的3倍以上，花钱也更多，办好一件事更难，如原金坑镇并入三江镇后，远的村距离三江镇

30多公里。原盘石镇的群众更难，先到村委，后到香坪镇，最后到县部门，辗转几回才能办成一件事。

（五）林农小孩读书难

林区一些学校撤并后，林农小孩上学也更远，为了孩子有良好的教育，造成找学校、学生转学等麻烦，有的接收学校原有的设置学位有限，有的转学到镇中心学校，有的转到县城学校；同时，还要租用房屋暂住，且小孩读书有专人接送，生活成本较高，一方面增加林农的经济支出，另一方面减少从事生产的劳动力。

三、林区林农生产生活困难的原因

公共财政对林业的扶持不足，林农承担的税费较重，林区基础设施建设滞后，林农从事林业生产没补贴，经营收入低，是造成林农生产生活困难的主要原因。

（一）林农缺少公共财政政策支持

近年来，中央先后出台了农资综合、粮食、油料作物直补及良种、农机购置补贴等一系列强农惠农补助政策，覆盖面广、资金投入大。林农在林业经营上无法享受与农业一样的政策支持，与种粮农民形成极大的反差。各级政府对林业重视不够，财政对林农个人造林也没有像农业那样的补贴政策，对林业投入少，对林农造林、抚育、林木良种、林业机具购置、林区作业道路等都还没有实行补贴。发达国家在促进人工林发展方面普遍实施了给予造林者补贴的扶持政策，提供了50%—75%的整地和造林成本。减免林产品税费、建立政策性林业保险补贴、给予造林补贴、林木良种补贴等都属于WTO规则允许的范围，但林农缺少这方面的公共财政政策支持。

（二）林农承担的税费较重

税改后虽然取消了林业特产税、镇村统筹等，但我县还收取育林基金和林产品税，目前林农销售一立方杉木1000元，就要交税费163元，收取的税费都用于养人，就连以前林木良种的补贴也取消了，没有向林农提供补贴良种树苗，财政对林农再生产基本是"零投入"。

（三）造林补贴政策落实不到位

2012年省出台造林补贴政策，造林每亩补100元，给我县任务指标数1.4万亩，补贴资金158万元已下拨到县财政，县至今还没发放给林农。2013年至今省林业厅基本停止造林补贴政策，林农仅有每亩100元的造林补贴政策没兑现，这是对林农的最大挫伤和打击。

（四）林区基础设施建设滞后

林业对工业、经济发展、环境保护贡献最大，特别是林业对我县经济发展发挥了重要的作用，现在支柱产业小水电、生态崛起等都离不开林业。相当长一段时间内，各级对林区、林业发展不重视，林区基础设施建设滞后，特别是林区道路建设滞后，原有林区道路也缺少管护。林区道路建设滞后成为制约林农增收、林业增效和农村经济发展的瓶颈，严重影响了林业经济产业的发展和生态安全。

（五）林业结构不合理

我县由于林区山多坡陡，整个森林资源结构主要是杉木为主，林区林种单一，针叶林多、经济林少，群众沿用传统种植的老方法和旧经验，林种结构上没有新突破，相关部门没有从宣传、技术给予引导和指导，杉木不适应现代市场的需求，用途越来越少，林木生产周期长、产出慢、效益低，市场行情相当不稳定。

（六）生态公益林补偿低

我县是广东省的生态发展区，省级以上生态公益林有68万亩。中央和地方财政虽然给予公益林补偿，2014年达到每亩20.5元，实际上到群众手中只有13.5元至14.25元，群众领取生态公益林补助少，有的林农每人仅有一元钱。林农过去在林区从事种姜、造林、伐木，每年每亩可获得800—1000元的收益，补偿标准远远低于其经营收入，林农利益被侵犯而没有得到合理补偿。

（七）林业生产不配套

由于长期不注重对林业生产的配套工作，造成林业生产很多相关的配套工程没去建设，除原有林区林道外，没有及时跟进规划调整开通林道，过去的配套设置设施起不了作用，如防护林带10多年没有维护，完全失效。林业生产配套政策没有延续给力，致使林业生产发展相当缓慢。中央和地方财政对林业资金支出逐年下降；减免林产品税费、建立政策性林业保险补贴、建立林业机具补贴制度、给予造林补贴、林木良种补贴等都属于WTO规则《农业协定》中绿箱和黄箱政策允许的范围，而我国林业利用WTO规则，增加公共财政支持林业发展的空间还远未充分挖掘。

四、林农出路问题的对策与建议

林农是林业生产的主体，是林业生产力的核心，是林业生产关系的重要因素，因此需要把林农利益作为政策制定的出发点和落脚点。加大公共财政对林业、林区扶持力度，发挥公共财政的杠杆效应和乘数效应，是推进社会主义新农村建设的重要保障。为此，建议连南县政府要有所作为，加大对林农的扶持，并积极通过各种渠道向国家和省反映和呼吁，争取给予林农更多的扶持政策，是高林农收入，妥善解决林农出路问题。

（一）取消林产品的各项税费

目前我县按10%计收缴育林基金，还有其他税费，虽在流通环节收取，但"羊毛出在羊身上"，最终还是林农负担。建议县政府取消林产品收费，实行"零收费"，并以政府名义向有关部门反映，取消向林产品征税，或实行向林农补贴的政策。

（二）尽快落实造林补偿政策

县林业部门要尽快细化和完善造林补偿款发放的办法，将2012年造林补偿款每亩100元尽快发放到林农手中，并争取省林业部门恢复造林补助政策、提高补助标准，按树种进行补贴，参照发达国家做法，种杉树造林补偿提高至每亩450—600元。同时，要落实好对油茶、茶叶等的补助政策，调动林农造林的积极性。

（三）加大林区道路和防火林带建设力度

林区道路是森林经营的重要基础设施和开展生产经营活动的基本条件，它的功能已经大大拓展，除了木材、林产品、生产资料的运输外，在森林资源管护、森林防火、有害生物防治、林区治安、森林旅游、林农出行等方面的功能与作用日益凸现。它不仅仅对林业产业的发展有直接的作用与影响，有效减轻劳动强度、降低生产成本、提高劳动效率，而且覆盖了山区全体林农的生产与生活，事关山区经济社会的可持续发展。我县要生态崛起，建设生态文明，促进林农增收，就要先加大林区道路建设力度。因此，建议争取上级支持，打一场林区道路建设的攻坚战，社会资金投入林区道路建设的，能使用机动机械运输的，每公里给予补助3—5万元。同时，将防火林带补助提高至每公里1000元以上。

（四）提高生态公益林补助标准，建立造林补偿机制

要向省争取支持，参照国家退耕还林政策，提高生态公益林补助标准，从现在每亩20元增加到每亩80元至100元，分等级补助，人造生态公益林达到每亩蓄积量7立方米以上的每年要补助100元以上。建立造林补偿机制，将现有所种植的用材林参照列入生态公益林管理，用材林补助标准为生态公益林补助标准的50%。以后要实行三年小提高、五年大提高。另外，建议省在使用生态公益林林地方面制定灵活政策，每年给地方政府发展经济项目可以有1%的调整机动。

（五）改变单一林业结构，营造多元经济林带

实行林木良种树苗补贴政策，要加大投入，多培育林木新品种，所有

种树的林农都可享受树苗补贴政策。根据林地资源，建立政府性基金扶持林农发展"短平快"经济林，改变种植杉木为主的林业结构，创建特色经济产业，在林地上大力营造速生丰产林、果树林、药材林、风景林等经济林，发展山楂、板栗、杨梅、红豆杉、竹等各种富有经济价值果树和珍稀树木，在现有的生态公益林可间种药材、观赏性强的树种，建起林种层次分明的风景带，既可保持生态公益林的良好发展，又可增加旅游生态风光景点，获得直接和间接的多元经济效益。

（六）建立林农的粮食保障机制

以前，国家和地方对林区无田林农有基本口粮分配制度，还有造林、林产品等粮食补助政策，造林、种田一样有粮食保障。现在这些好的政策都没有延续下来，林农没有粮食保障。应该恢复或建立林农的粮食保障机制，实行纯林区林农粮食补贴政策，给予每人每年粮食补助800元以上，并随物价变化而提高，使林农吃饭有保障。

（七）完善林业生产的配套政策

各级政府应重视林业发展，完善林业生产的配套政策，提高林农造林积极性。借鉴发达国家经验，利用WTO规则，增加公共财政支持林业发展。当前，除减免林产品税费、给予合理的造林补贴、提高生态公益林补助标准和加大林区道路建设外，建立政策性林业保险补贴、林业机具补贴制度、林木良种补贴等都属于WTO规则《农业协定》中绿箱和黄箱政策允许的范围，要充分挖掘，制定完善林业生产的配套政策，加大公共财政投入林业发展的力度，使林农增收、林业增产、生态安全。

（八）社会力量共同参与林业管理

林业主管部门要积极履行保护森林资源，创新发展林业，加强造林、护林、防火等服务管理工作，加强林区基础配套，建设好防护林带，合理配置护林员；为了凝聚更多力量共同发展林业，除国家补助外，凡在林区的企业、经济组织和林农共同参与林业管理，企业和经济组织每年要缴纳一定管理费用，用于公路、林道、防火带、护林等建设管理；通过社会力量招商引资、合资融资，建设林产品深加工和水果加工等绿色企业，提高产品质量和附加值，利用综合开发解决林农的出路问题。

执笔人：唐军荣

关于对我县文化旅游产业的视察调研报告

县政协文史委员会

2009年8月24日，县政协文史委员会在县政协副主席陈锦叶的带领下，到三排镇油岭村、三江镇六联村"瑶族移民点"、县文广新局"非物质文化遗产"摄影画展处，对我县文化旅游产业进行调研视察。在县文化体育广电新闻出版局会议室，副局长房亚二汇报了我县文化产业发展情况，局长、县政协专委会主任吴卫清作了补充。由于县旅游部门未来人汇报及提供相关资料，所以缺乏民族旅游产业方面情况，视察组仅凭委员们各自印象讨论并于予简述。

一、目前我县文化旅游产业发展的现状

（一）文化产业方面。近几年来，我县积极挖掘、保护、传承和利用民族文化，打造民族文化品牌

"瑶族耍歌堂""瑶族长鼓舞"成为国家级非物质文化遗产，是广东唯一获有两项国家级非物质文化遗产的县。"瑶族婚俗"和"瑶族刺绣"项目被评为省级非物质文化遗产，现又有2项申报省级非物质文化遗产。三排镇的南岗村和油岭村被评为"中国民间艺术之乡"，南岗古排被定为国家级、省级历史文化名村、省级文物保护单位，《民族刺绣》一书已定稿。在推介和利用方面，组织民间表演队和县民族歌舞团以及少数民族运动员等参加各级、各种比赛获得不俗的成绩。连南作为世界经典乐曲《瑶族舞曲》的故乡，2008年，成功举办"首届中国（连南）瑶族文化艺术节"，期间邀请专家学者举行民族文化学术研讨，举办瑶族风情摄影展、瑶族刺绣服饰展，扩大国内外的影响。作为世界排瑶唯一聚居地，我县瑶族文化艺术不断蓬勃发展。目前全县有广播电视台和专业文艺表演团体一个，业余文艺表演团体有3个，分别是在南岗千年瑶寨、三排古寨和盘王文化园三个景点演出；影剧院1间。取得文化经营许可证的文化市场经营单位共有69家，其中网吧8家、歌舞娱乐场所6家、印刷厂4家、音像制品经营店（档）16家、打字复印店19家、书报刊零售店（档）16家。文化产业快速发展。

（二）旅游产业方面。连南新一届县委、县政府领导班子明确提出打造"绿色产业强县、民俗文化圣地、休闲品质之城"

连南县聚精会神发展旅游产业集群、一心一意建设旅游专业县的战略目标，得到了全县广大干部群众的赞同和省民宗委、清远市领导的认可，也是新形势下粤北山区如何开发第三产业、加快科学发展的一个路径方向：一是旅游文化品牌上，有古色古香的瑶家山寨、神秘的瑶族民俗宗教活动、绚丽多彩的瑶族服饰、隆重盛大的"耍歌堂"、优美粗犷的长鼓舞，无不彰显着独特的排瑶文化魅力。连南更是世界经典乐曲《瑶族舞曲》的故乡，有被称为中国瑶族第一寨、广东第一排瑶生态博物馆——千年瑶寨、有被国家文化部授予中国民间艺术之乡的南岗村、油岭村，广东第一原生态特色农业村落游、三排瑶寨、盘古王文化园、广东第一海拔湖泊——板洞天湖、广东第一民族地貌奇观——万山朝王。有被列为国家级非物质文化遗产的"瑶族耍歌堂"和"瑶族长鼓舞"、省级非物质文化遗产的"瑶族婚俗"和"瑶族刺绣"。排瑶民族文化具有唯一性、排他性和不可复制性，这是连南县独一无二的文化资源。二是生态环境上，连南背靠南岭山脉，远离珠江三角洲经济发达地区，自然环境得到最好的保护，最适宜打造珠江三角洲周末休闲度假旅游的第二故乡。三是市场竞争上，随着清连高速公路的开通、二广高速公路的开建、村村通公路网的修建，通过连南旅游的公路设施明显改善，目前连南至广州的车程仅需2个多小时，已很好地融入珠江三角洲3小时经济圈。2009年上半年，全县旅游景点接待游客8.14万人次，与去年同期相比增加6.25万人次，增长331.2%；旅游景点收入146万元，与去年相比增加111万元，增长320.7%。连南已成为省内短线游、农村游、周末休闲游的首选地。四是政策支撑上，在国家层面，我国已进入"以工促农、以城带乡"的发展阶段。国家旅游局把2006年定为中国乡村旅游主题年，2007年定为中国城乡和谐旅游年，2008年定为中国奥运旅游年，2009年定为中国生态旅游年，说明我国的旅游政策已倾向农村地区。按照全面协调可持续和统筹兼顾的发展要求，2009年7月清远市三大主体功能区规划新鲜出炉，连南县明确定位为休闲旅游区、民族文化旅游区和生态保护区，连南发展旅游获得市委、市政府最好的政策支持。总体来看，民族文化旅游业对我县经济发展的贡献率目前还很低，还没有形成优势产业，但发展潜力很大。

二、影响制约我县文化旅游产业发展的问题

（一）景点建设筹资渠道少，开发景点面临资金缺乏的制约

无论是从旅游景点数量上，还是从旅游资源可发掘上来说，我县文化

旅游景点开发建设均有明显不足，资源优势还未转化为产品优势。景点（区）开发建设是发展文化旅游业的重要环节，是体现旅游景区价值的根本，也是能否吸引游客的关键。而我县的景点资源现成可用的比较少，大多需要开发建设，而且景点的建设，开发和维护费用非常高，本身投资收益性差，投资回报周期长，在吸引投资上有难度。

（二）配套设施不完善，旅游环境没形成

旅游景点和吃、住、行、游、娱、购等要素，是相辅相成、共生共荣的。没有这些要素的配合，就会大大降低旅游景点对人流、资金流的吸引力，没有人流、资金流，发展旅游就无从谈起。如南岗千年瑶寨、三排瑶寨，作为旅游景点，存在着规模较小，接待游客人数受限的问题。而且，景区周边与招揽游客相关的，作为旅游活动延伸的配套设施极不完善，旅游购物、特色餐饮、休闲娱乐等商业设施和场所基本没有。使景点成为"很有说头，也有看头，就是没有玩头"和"游玩在连南，吃住在连州"的现象。对游客产生不了吸引、截留和留住的理由。目前，我县与旅游相关的饭店、宾馆、中介组织、娱乐场所等要素，在数量上、档次上、布局上，还适应不了发展旅游业的需要。这些要素属于商业设施，但相对于景点来说，投资回报周期和盈利率相对较高，吸引投资更为容易。

（三）旅游管理机构不健全，缺乏统筹协调的能力

发展民族文化旅游业，牵涉到城市建设、规划布局、土地和建筑产权交易、交通、餐饮、娱乐等诸多方面，必须有一个比较专业和权威的管理机构，来协调和操作具体事务。从其他旅游业发达的地区来看，都有专门的旅游管理机构。我县目前只是在旅游局下面设置了旅游资产管理服务中心这一职能机构，协调各方面的难度较大。也没有专门的机构去做游客流量、消费等方面的动态数据统计与分析，不能充分掌握旅游业的基础资料。

（四）是宣传促销的力度不够，没有形成特色和品牌

旅游业是靠信息流来吸引人流，从而带动资金流、物流，促进经济发展。因此，对旅游业来说，搞好宣传促销，形成品牌和特色相当重要。我县目前由于可立即投入运行的旅游景点不多，没有形成有效的旅游线路，因此在宣传和促销等方面的力度也不够，导致旅游景点品位不突出，品牌不彰显。外地甚至清远市本地的旅行社和游客对我县的旅游景点在哪里、怎么去、有什么特色、能体验什么，都不甚了解。在传递旅游信息方面，中介组织作用很重要。而我县中介组织数量少，在设计线路时，没有旅行社把我县作为消费的中心，大都从事招揽本区游客外出旅游业务，没有接

待外地游客来本县旅游的项目,很少把接待外地游客来我县游览纳入业务范围。外地旅行社带团来清远市旅游的,也与我县相关机构和部门没有业务、合作等方面的联系,致使一些很有浏览价值的景点没能享有应有的知名度,没能广泛刺激起游客的旅游动机。

三、对我县民族文化旅游经济发展的对策建议

发展民族文化旅游是将县域比较优势转化为竞争优势的纽带。我县作为清远市的北部少数民族山区县,要把加快民族文化旅游业发展作为重要战略举措,提到议事日程,既要立足当前做好相关工作,尽快见效,又要着眼长远,做好规划,谋求长远和可持续发展。为此,建议采取如下措施:

(一)发掘区域资源优势,制定民族文化旅游发展规划

规划是文化旅游业发展的龙头,要使潜在的资源优势转化为后发优势,必须以市场为导向,以资源为基础,制定出高起点、高品位、科学合理、可持续发展的民族文化旅游发展规划。要按照统一规划,加大旅游资源整合重组和深度开发力度,既要集零为整,扩大景点的规模,提高景点的档次。又要敢于创新,变无为有。对已建成、在建中和拟建设的景点,要挖掘瑶族文化内涵,进行深度开发,注重文物搜集、资料开发、布展解说,要充分利用现代信息技术手段,运用光电成像,再现近代历史风云,激活积淀的瑶族文化和凝固的建筑,力求声、色、情、景并茂。要打造民族文化旅游概念,浓厚民族文化旅游氛围,改善民族文化旅游环境,发展过夜旅游、综合消费旅游。精心组织民族文化旅游业经营,追求民族文化旅游要素的配套效应。尽量让参观旅游者来我县后,有去处,有兴趣,有收获,有震撼。

通过对我县民族文化旅游资源(含潜在)的视察调研,我们建议,当前要将开发建设和对外开放有机结合起来。要围绕做强做大A级景区,加快广东瑶族博物馆、高寒山区自愿移民新村、千年瑶寨、三排油岭瑶寨土地的合理布局和开发利用。并将广东瑶族博物馆、千年瑶寨、三排油岭瑶寨作为旅游开发的重点尽快提上日程,抓紧申办项目,确定开发用地,启动基础设施建设。同时,要重点推出"一区二园三线":"一区"即板洞天湖区域旅游产业的整体开发建设,以瑶族文化、水上娱乐、生态休闲等为主题,打造影响力大、带动能力强的景点(区);"二园"即分别以广东瑶族博物馆为龙头的高寒山区自愿移民新村瑶族风情园,县城—三排—千年瑶寨"排瑶特色文化、休闲度假体验园,它包含目前连南最优的山水资源和特色民族文化资源,是连南的精品资源分布区,它集中了连南最具

魅力的风景观光、排瑶特色文化体验、休闲度假体验，做大做强特色景点，并打造与之相配套的休闲、娱乐、购物、风味饮食、瑶族文化移民新村；"三线"即对现有具备对外开放条件的景点以及将待开发、使用的主要资源，先期进行挖掘整合，作为现可接待旅游的三条线路。（一以县城—三排—千年瑶寨为轴。景点有：盘古王文化园、三排瑶寨、南岗千年瑶寨）；二以板洞天湖为轴。景点为：县城—寨南温泉—板洞天湖等；三以县城为主。具体为：广东瑶族博物馆、盘古王文化园、三排瑶寨、油岭老瑶排等）。

（二）多方融资，加快景点（区）建设

景点建设需要大量资金，从目前我县财力来看，光靠自身实力是不行的。因此，政府首先要设法解决立项和用地，如做好千年瑶寨、三排瑶寨、油岭老排等配套设施、景点（区）旅游开发建设的可研性报告和编制工作，力争开发规划通过评审，解决开发用地并争取申请旅游国债。同时，要大胆探索各种有效的融资渠道，通过市场机制招商引资、多方筹资。形成多元化的筹集资金体制，例如：以文物修复和保护的名义立项申请国家和省、市经费；以发展民族文化事业项目的名义申请经费；以发展公益和社会事业的名义向海内外募集；以相关优惠政策吸引民间资金，合作、入股；如建设千年瑶寨设施等，完全可以通过出卖经营权引进民间资金。要抓好民族旅游项目招商工作。坚持以项目开发为主题，鼓励社会各类投资主体，投资开发旅游景区景点。采取谁投资，谁受益的方式，加快开发进程。同时，加大国际市场招商力度，争取外资参与景点开发等。还有就是要认真把好土地经营，建议用安置城市居住房和享受城市居民社保的方式，来换取开发地农民的住宅基地与土地经营权。一次性解决土地征用后农民的安置问题。

（三）合理布局，加快民族文化旅游产业相关配套设施建设

景点（区）建设要抓重点，在宏观上必须规划先行，以规划为依据进行开发建设。在具体开发建设上，不遍地开花，不盲目投资，要坚持循序渐进。景区的开发要按照国家A级标准、宾馆饭店要按照星级标准进行，以防止和避免造成不必要的浪费。一些小的非重点的旅游景区开发，可以待到大的旅游发展架构和气候形成以后，主要依靠市场的力量进行开发，以收到事半功倍的效果。同时，不要等所有景点都建设修复好了，才去发展旅游产业，要采取"边建设，边待客"的做法，在建设景点（区）的同时，大力发展旅游相关产业，确保早日见到成效，早日形成氛围。要注重建设吃、住、行、游、娱、购等设施，特别是要因地制宜，结合民族文

化旅游资源分布特点，突出新、奇、特等新的民族文化旅游要素特征。要根据景点的分布和旅游线路的设计，按照有利于方便游客和吸引人流、资金流的原则，合理摆布相关设施。加快建设高档星级酒店、经济实用型酒店、旅游快餐店、普通饭店餐馆等各种不同类型档次的设施，进一步规范宾馆、商店等服务场所的管理，确定定点饭店、民族旅游纪念品商店等服务场所。在饭店、交通、购物、文化、娱乐等旅游服务要素建设上，逐步规范纳入旅游管理体系，使其与景点建设规模相适应。当前要重点建好高寒山区移民新村和打造千年瑶寨核心景区周围配套设施建设，并与三排油岭道路改造建设相衔接。

（四）完善机制，健全管理机构、发展中介组织

建议尽快成立由县主要领导牵头的县民族文化旅游工作委员会，加强对民族文化旅游规划、建设、开发、经营的领导和指导。建立健全县专门的民族文化旅游管理机构，明确其具体职能，发挥其管理、综合协调、服务、对外宣传等方面的作用。负责统一确定民族文化旅游景点（区）名称和定位。统筹对外宣传、景点管理、中介组织管理及民族文化旅游资源整合。发挥相关部门作用，形成对外宣传和促销的合力，围绕民族文化旅游产业发展的不同阶段，研究、策划不同的节庆、演艺活动，唱响全县瑶族文化旅游知名品牌。一些地方成立"文化旅游发展股份有限公司"进行市场化运作、归口行业管理、政府进行指导服务的成功经验值得借鉴。

从相关数据显示，目前县辖管的旅行社仅有1家，加上省市驻县旅行社一共只有3家。因此，必须采取优惠政策扶持、大力发展、积极引进等多种办法，使我县各类旅行社在数量上有很大的增长，在质量上有新的提高。同时，要通过建立我县旅游中介组织协会，发挥协会的作用，对全县文化旅游业实行行业管理、监督、评定，并负责民族文化旅游活动策划、宣传和发展、促进旅游中介服务等工作，使各旅行社立足连南，以连南为主，面向全市、全国招揽游客。特别是要采取优惠政策、协会施加影响、酒店旅馆配合吸引等措施，确保各旅行社在设计线路时，将游客的购物、吃、住等重要环节发生在连南。要积极走出去，与省内外城市的旅行社合作，设计出能最大限度留住旅客过夜和吃、住、购物的旅游线路。

（五）深层挖掘，增强旅游经济的吸引力和辐射力

旅游经济是开放经济，发展我县民族文化旅游业必须增强开放意识，拓展外延，增强辐射力。既要开放引进，又要开放输出，既要立足本县资源、景点做足文章，又要跳出区域，眼观四方。要善于把我县的民族文化旅游资源、旅游业要素同周边市县的资源和要素结合起来，使我县的旅游

线路延伸联结到周边地区，既当终端，又作中转，形成全县、跨县乃至跨市的旅游长线，同时，提高我县对游客的截流过夜和消费能力。要注意深层挖掘，充分发挥民族文化活动的聚集和吸引效应，积极将旅游消费与民族旅游开发建设结合起来。通过积极打造大的民族旅游文化产业，进一步完善产业结构，提升瑶族品牌的知名度：一是把民族文化企业培育成规范的文化市场主体，使其在我县民族文化旅游业发展中找到自己的位置。如举办各类时装发布会、春夏秋冬各季流行趋势发布会、模特大赛、集体婚礼、婚纱摄影比赛等各项活动，通过举办活动，聚集人气，吸引人流，扩大知名度，带动相关产业加快发展；二是实现民族文化产业投资的多元化。重点引进有实力的文化企业到我县投资民族文化旅游业，特别是推出大投入、大制作的文化旅游精品，通过出卖冠名权、广告等方式，筹集资金投向民族文化旅游业；三是加强民族文化旅游产业队伍建设，加强从业人员（如旅游文化创作人员）的培养、培训，大力引进文化和旅游业高端人才；要重视发现和启用民间人才、乡土人才，让广大群众广泛参与到民族文化旅游发展中来，使民族文化旅游成为我县全民创业的亮点和特色。

（六）强化分析，不断完善发展民族文化旅游经济的政策措施

要认真研究现代旅游业发展的特点、规律，充分考虑旅游经济投入、产出的特殊性，制定有利于民族文化旅游业加快发展的政策，拉动民族文化旅游资源的开发、改造、经营。对规划内民族文化旅游建设项目的投资，应给予争取上级国家级旅游区优惠所得税率的享受。要加大民族文化旅游项目的招商引资力度。对引进开发民族文化旅游项目资金的中介组织和中介人，按引资额的一定比例予以奖励；鼓励县内现有企业向民族文化旅游业投资，县内企业利用所得税利润向民族文化旅游规划项目投资，应允许税前部分列支。政府应在民族文化旅游要素配置上提供保障，在打造环境上优化服务，同时规范经营行为，保护旅游消费者的合法权益。要加强引导文化旅游行为发生的策划工作，通过定期分析研究，提高有利于开拓民族文化旅游市场的决策水平，并经过策划设计使之实施。要加强以科学方法对客源市场、消费构成、消费需求等方面的调研，适时做出预测，为经营民族文化旅游市场和发展民族文化旅游业的决策提供参考或指导。要加强对民族文化旅游业的专门统计工作，做到年游客人次、来源、消费金额、消费构成、产值收入、财税贡献基本准确，推动民族文化旅游产业在统计上规范化。使连南尽快成为一个经济强县、民族文化大县、旅游名县。

执笔人：陈海光

关于对我县文物保护情况的视察调研报告

县政协文史资料工作组

（2015 年 12 月 30 日）

文物是我们祖先留下来的丰富文化遗产，是国家的、民族的，乃至世界的宝贵财富，是历史的见证，是不可再生的文化资源。根据县政协 2015 年工作安排，县政协副主席陈锦叶、邓建带领政协文史资料工作组部分委员，于 12 月 25 日前往三江镇城西村和联红村等地，深入视察调研我县文物保护点的分布、保护、开发和利用工作。并在视察调研会上发表了讲话，认为这次视察调研选题好、及时，对如何保护与开发利用好古村落、古门楼、古井以及古遗址潜在的民族文化旅游资源等提出了意见和建议，也希望委员们认真分析我县文物保护现状，并就文物点的保护、开发和利用工作提出相关对策和建议。现将视察调研情况报告如下：

一、我县文物保护基本现状

我县历史悠久，人文荟萃，文化积淀深厚，拥有丰富的古遗址、古墓葬、古建筑、古石刻等。具有重要价值和较高的历史、艺术与研究价值的不可移动文物，遍布全县城乡各地。近年来，在县委、县政府的高度重视下，在各有文物乡镇及社会各界的共同努力下，全县上下坚持"保护为主、抢救第一、加强管理、合理利用"的原则，推动文物保护管理工作步入了有序轨道。据 2012 年县人民政府公布的《连南县不可移动文物名录》，我县共有省级文物保护单位南岗古排等 16 处；县级文物保护单位油岭排古寨、猫公山、平瑶岭石刻等 10 处；未定级文物保护单位古遗址、古建筑、古墓葬、石窟寺及石刻等 137 处。为连南悠久的历史提供了有力的佐证，留下了瑰丽精湛的艺术珍宝。

为加强文物保护工作，我县逐步形成了以县文广新局、博物馆为龙头、乡镇为重点、村集体及文物保护积极分子为骨干的文物保护网络，承担着全县 7 个镇 163 处省级、市级、县级以及未定级文物保护单位的管护任务。

县人民政府越来越重视文物的保护工作，在财力十分紧张的情况下，投入巨资建设了中国广东瑶族博物馆，并不断加大对县域内古遗址、古建筑、古墓葬等文物保护设施建设的投入，取得了显著的成绩。县文广新局加大文物安全检查力度，及时排除安全隐患；公安部门积极开展打击破坏文物的各种违法违规行为，进一步强化了我县文物保护工作。

二、文物保护存在的主要问题

我县在文物管理与保护方面做了大量的工作，取得了一定成效，但由于部分不可移动文物面临生产建设、基础建设、人居环境与条件改善和其他人为破坏的风险等多方面因素的制约和影响，使不可移动文物安全造成极大的危害。文物的保护工作存在很多不足和困难，总体来说，形势不容乐观。据调查，主要在认识、经费及工作力量等方面存在一些不足。

（一）宣传不够深入，文物保护意识淡薄

由于文物保护宣传力度小，大多数基层干部群众对文物的认知不清，而对于亟待需要保护的古遗址、古建筑、古墓葬、石雕碑刻等兴趣不大，关注度不高。有的干部群众片面认为文物保护是文物管理部门的事情，与当地政府、与自己没有多大关系，所以随意在文物保护单位周边放牧、挖土、取石和采矿，人为破坏周边自然环境地貌。甚至还有人只顾眼前利益，不惜铤而走险，故意破坏或盗窃文物的事件时有发生。

（二）文物保护经费紧张，管理工作深受影响

文物保护和管理工作是一项社会公益性事业，主要经费来源还是县政府财政预算，也是国务院在《文物保护法》中明确规定的"五纳入"内容之一。近年来，我县虽然加大了文物保护工作管理经费的投入，但我县地面上的文物绝大多数没有保护设施，需要维修保护的文物点非常多，因为没有常态性的保护经费，导致文博部门不能很好地履行文物保护职责，使得相关法规无法真正落到实处，阻碍了文物保护的进程。

（三）文物管理人员较少，防护力量薄弱

文物保护是一项专业性很强的工作，需要一批拥有专业知识和先进理念的高素质复合型人才。人才的匮乏，防护力量薄弱，尤其镇、村、社更无专门文物保护人员，严重制约了我县文物保护工作的正常进行。同样，我县文物保护执法队伍力量的严重不足，也直接影响了文物保护的监督管理质量。我县国土面积为1306平方公里，辖7个镇71个村居委会，点多面广，人员少，巡查力度薄弱，这些都给不法分子留下了可乘之机，尤其是地面上、田野间文物基本上都处于失管状态，处境岌岌可危。同时，实体防护不到位，特别是县级文物保护单位的"四有"保护工作尚未完善，保护范围、防护设施等未划定和设置，文物点处于随时被损毁的境地。

三、加强我县文物保护的对策与建议

文物保护是一项实施难度大、经历周期长的工作,需要大量的资金投入和专业执法队伍作为保护支撑,其保护工作任重而道远。因此,针对我县文物保护存在的主要问题,为推进我县文物保护进程,使我县的文物保护单位与特色村寨旅游发展相结合,更好地发挥社会效益和经济效益,现提出如下建议:

(一)加大宣传,增强文物保护意识

文物是我们人类历史遗存中的瑰宝。全县上下要多形式、全方位地加强对文物保护的认识,使广大干部群众充分认识保护和利用好文物这一历史文化资源的重要作用,从而提高保护文物的思想认识,并能自觉、主动参与文物保护工作。一是文物保护部门要加强自身建设,不断提高专业素养,通过宣传引导让更多的人参与到文物的保护工作中去,树立良好的文物保护形象,起到带头示范作用;二是应当充分利用广播、电视、网站、报刊、微博、微信等多种媒体平台,将文物保护进行广泛宣传;三是利用"5·18国际博物馆日""中国文化遗产日"等活动和走进校园、走进乡村,通过开展专题讲座或播放宣传片的方式,多渠道广泛宣传文物保护的重要性,进而提高文物的保护意识;四是不断加强与各乡镇及国土资源、住建、环保、林业、工信、旅游、水利、交通等部门的协作,互通信息,尽量避免基建项目开发建设对文物保护的负面影响;五是认真划定文物的保护范围并作出标志说明,努力营造全社会加强文物保护的氛围,形成各级各部门共同参与文物保护宣传的合力。

(二)落实措施,确保文物得到有效保护

措施是推动工作落实的首要前提。建议县委县政府要按照可持续发展的工作思路,按照《文物保护法》的要求,将文物保护工作纳入全县国民经济和社会发展规划之中,纳入城乡建设规划,纳入各级领导干部责任制;要尽快制定《连南县文物资源保护管理办法》,建立完善有效的文物安全保护奖惩机制,大力表彰、奖励文物保护先进人物的事迹。如我县文物收藏爱好者禤振文老先生,现已84岁高龄,从1952年至今,孜孜不倦地从事连南石泉山(今名猫公山)文物的收集、整理、修复和研究。建议县政府划拨文物保护专项经费对禤老这批文物进行收藏奖励和保护性文物征集。同时,明确保护目标、任务和要求,落实各方的法律责任,使文物保护工作走上法制化、规范化轨道。此外,对已公布的文保单位,县文广新局及有关乡镇要共同制定保护措施,按照"一处一策"的要求,建立专项保护方案,明确保护人员、保护要求、保护技术及保护范围,建立保护

标志；每年开展1~2次专项检查，促进各文保单位得到有效保护；对尚未申报确定为文保单位的不可移动文物，文广新局和有关乡镇要尽快落实保护人，加强看守和保护。对重大工程建设，从选址到立项，国土及规划建设部门要主动邀请文物部门介入，从源头上避免文物资源的损失；对文保单位和普查登记的文物点保护范围内的违法建设项目，国土及规划建设部门应依法强制拆除。新闻媒体要大力揭露、曝光破坏文物的违法犯罪活动，对盗卖、盗掘、损毁文物的不法分子，县公安局和县文广新局要联合执法，严厉打击，以此震慑犯罪分子的嚣张气焰。

（三）加大投入，推动文物保护工作顺利开展

资金投入是开展工作的关键。在每年"两会"上，都有代表委员提交关于加强文物保护方面的提案，呼吁社会各界参与保护文物：一是在文物保护的资金投入上，应当多渠道筹集保护经费。政府划拨一部分常态性文物保护专项经费，社会捐资一部分，充分调动社会各界的积极性，合理筹款，统筹规划，用于文物维修补助、奖励，保护性文物征集，聘用文保员的工资，打击文物违法行为四项开支。二是对重点项目建设的文物调查、勘探，收取建设单位一定的文物调查、勘探经费，用作文物保护经费的补充。三是建议报请县有关部门合理核定编制。把引进文物保护人才像引进科技、教育等方面人才一样，制定相应的优惠政策，通过引进人才，配齐相应编制和专业人员，提高文物保护工作人员的待遇，全面提高文物保护队伍的素质，充实文物保护工作力量；对明确为县级以上文保单位的文保员，可采取以奖代补的方式，由县上每年给予一定的经济补贴。四是利用古迹文物为经济社会文化建设服务。我县许多文物古迹自然环境优美，极具旅游文化开发价值，在人们旅游观光、观瞻文物发挥经济效益的同时，可把文物古迹与当地优越的自然风貌结合加以开发，通过招商引资、项目立项等渠道，争取资金投入保护与开发利用并重，使文物古迹得到更好的保护。

（四）积极申报，争取全社会共同参与保护

拟将南岗千年瑶寨申报国家级文物保护单位，石泉山（猫公山）遗址申报省级文物保护单位，将城西龙王庙、四方井及联红村桂林坊门楼、城上村门楼申报县级文物保护单位。逐步将文物保护点纳入法律的保护范畴，争取全社会共同参与保护，发挥其应有的社会效益和经济效益。

执笔人：陈海光

四、县政协在全国、省、市政协会议上的提案、发言材料

1. 在河源市召开的全省地级以上市政协民族宗教工作会议交流材料

围绕民族工作　积极履行职能
促进连南经济社会快速发展

政协连南瑶族自治县委员会

2009 年 5 月 14 日

　　连南瑶族自治县地处广东省西北山区，是全国乃至世界唯一的排瑶聚居地。属于"九山半水半分田"和集"老、少、山、边、穷"于一体的少数民族自治县。全县总面积 1306 平方公里，总人口 161304 人（其中瑶族人口 84327 人，占总人口的 52.3%）。连南虽然拥有神奇美丽的瑶山风光和独特浓郁的少数民族风情以及丰富的森林、水力和矿藏等自然和人文资源，但由于受历史原因、地理环境的影响，加上原有基础薄弱，全县的经济和社会各项事业仍处于较低的发展水平。为了尽快扭转落后状态，加速民族地区的发展。县委、县政府根据上级党委政府的有关指示精神，结合本地区不同时期的实际情况，分别提出了"打好民族牌，打旺旅游牌"、打造"民族文化圣地""世界瑶族文化艺术之都"等目标任务和与之相配套的政策措施，并狠抓了工作的落实。近年来，县政协就是紧紧围绕全县的中心任务履行职能，为自治县民族宗教事业的发展积极献计出力，取得了较好的成效。主要做了如下方面的服务工作：

　　一、关注群众的生产生活，促进社会和谐

　　农民增收、农业增效，农村稳定，这是党中央国务院的一贯要求。"三农"问题一直是我县各级极为关注的问题，也是社会关注的热点难点问题。做好"三农"工作是全党的大事，也是我县的头等大事。这些年来，我县高度重视"三农"问题，采取许多切实有效的政策措施，加大了

对"三农"的扶持力度，农民收入逐年增多，农业效益不断提高，农村相对稳定。但是，"三农"问题仍没有根本性的解决，特别是我县瑶族群众绝大部分是分布在贫困的边远山区，生产条件仍然比较落后，农民收入增长缓慢，农业效益不明显，农村不稳定因素比较多。为此，关注"三农"，倾情民生，是我们政协重点关注的问题之一。我们在"三农"工作方面上，实行连续跟踪监督。在每一年的工作计划中，都把有关"三农"的内容列为视察和调研活动的重要议题。如2005—2009年度，我们都安排专委对被称为是农业命脉的农田水利设施建设和解决民生问题的蚕桑基地、柠檬基地、油茶基地、有机稻基地、蔬菜基地、鸡麻笋基地，创建省林业生态县等专题进行视察调研；同时，对全县劳动力转移就业，新型农村合作医疗，乡村公共交通、通讯设施建设，移民搬迁，新农村建设等方面的工作也进行了视察调研。通过政协委员视察调研活动，有针对性地提出了一些有情况、有分析以及解决问题的可行性意见和建议，并形成书面报告，供县委、县政府决策参考，且大部分意见、建议得到了县委、县政府的采纳，同时加大了对"三农"资金投入力度。这样就有效地促进了少数民族地区解决农民增产、增收的农业基地的建设，从而发挥民主监督的作用，较好地促进"三农"工作的开展，也彰显了我们政协对民生工作的高度关注，促进了农村稳定、社会和谐。

二、多办好事实事，增进民族团结

我们充分发挥人民政协联系面广的优势，积极加强与"三胞"的联系和对外联谊交往，广交朋友，拓宽工作领域。因此，在每年的例会期间，县委和本会主要领导都亲自参加民族宗教三胞组的讨论，听取香港籍委员和个体民营企业界委员的意见，加强了与他们的联系沟通，主动争取他们的支持。同时，我们还主动争取社会力量，积极开展捐资助学等活动。因此，通过各种关系，有意识地争取和引导社会力量到连南捐资助学、抗灾复产，这也是我们一直都在努力地开展的工作；随着这项工作的不断深入发展，使不少少数民族家庭和学生从中得到较大的资助。2003年以来，我们得到基督教香港信义会、香港马鞍山扶苗之友会和香港敬文扶苗会等社会热心力量的支持，共筹措助学金300多万元，使3200多人次的少数民族贫困生圆了上学梦。2007年，我们又发动了本会经济界的部分委员捐资10多万元支持社会主义新农村建设，得到了人民群众的好评。2008年，我们争取到省市政协抗冰灾复产专项资金20万港元支持受灾较严重的瑶区开展生产自救工作。我们通过开展联谊工作，积极宣传幸福瑶山、丽质连南，让外界了解连南、关心连南、造福连南，争取多办好事实事，努力增进民族团结。

三、加强民风民俗调研工作，弘扬民族文化传统

首先，做好民风民俗文化的挖掘、传承和发展工作。连南是全国唯一的排瑶聚居地，是广东省三个少数民族自治县中少数民族人口最多的县。在长期的生产劳动过程中，瑶族人民创造和积累了丰富而独具特色的传统文化。尤其是我们的八排瑶，是个"会说话就会唱歌，会走路就会跳舞"的民族，不仅孕育了浓郁神奇的瑶族文化，而且拥有独具特色的自然生态资源。这就是我们的特色，也是我们的优势。因此，加强民风民俗调研工作，为更好地弘扬、挖掘、发展我县瑶族传统文化，具有十分重要意义。近年来，连南县委十分重视此项工作，专门安排县政协主要领导兼任县弘扬民族文化领导小组组长，具体抓好民族文化的挖掘、传承和发展工作。根据工作安排，我们不断探索"传授民族语言，传播中华文化，体验民俗风情，展现建设成就"的民族文化传承之路。精心筹办好每年的"耍歌堂""开耕节""开唱节""尝新节"等独具特色的传统节庆活动，举办长鼓舞、舞龙舞狮比赛等节庆文化体育活动，举办民族民间文化调演和民间文化节，还在民族地区学校开办瑶族民间文化艺术培训班，千方百计抢救民族文化。目前，"瑶族耍歌堂""瑶族长鼓舞"已先后被列为国家级非物质文化遗产；南岗村、油岭村分别被国家文化部命名为中国民间文化艺术之乡；南岗古排被评为国家级历史文化名村；连南民族歌舞团成为由省政府侨务办、省文化厅、省旅游局共同确定的中华文化传承基地。此外，为落实实践科学发展观，进一步把民族文化资源优势向经济优势转变，促进民族地区经济社会发展，我们通过举办瑶族文化艺术节，让更多的人走进瑶山，了解瑶族独特的风情和灿烂的文化，并以举办首届中国（连南）瑶族文化艺术节为契机，全面展示瑶族风情魅力，通过民族文化搭台，唱响经济大戏，积极构筑民族大文化、大旅游产业，进一步深化改革，扩大开放，加强交流与合作，为全面实现科学发展、和谐发展、跨越发展提供强大的动力。进一步将瑶族文化艺术节办出档次、办出特色、办出品牌，让瑶族文化品牌越做越响，打造"民俗文化圣地""世界瑶族文化艺术之都"，把连南建设成为粤北一颗璀璨明珠，使连南成为清远乃至广东走向世界的一张名片。

其次，抓好《连南文史》旅游业专辑的编撰工作。为有力地促进连南与各地区间更深、更广的交流与合作，进一步促进自然资源与文化资源开发相结合、旅游产业建设与民族文化产业相结合，弘扬民族文化的历史使命，大力弘扬民族精神，我们在县人民政府的大力支持下，组织编撰了

《连南文史》第十二辑（旅游专辑）。以提高连南知名度，进一步促进我县民族文化资源优势向经济优势转变。

再次，切实做好文化设施建设的视察调研工作。有专家认为，旅游是文化的载体，文化是旅游的灵魂。为搞好我县文化旅游设施建设，为县委、县政府做好决策参考，切实打好民族牌、打旺旅游牌，我们政协专门安排了专委会进行了专题视察调研，并提出了意见和建议。由此，调研建议：在不断完善县盘古王文化园、顺德文化广场、南岗千年瑶寨、三排瑶寨、民族文化馆等设施建设基础上，要尽快启动民族博物建设，加快民族文化的抢救和保护工作力度，以及抓紧文化遗产和文物保护点的申报工作；同时，建议县尽快启动民族体育馆、民族图书馆等文化体育设施建设。通过视察调研建议，县委、县政府十分重视，已相应成立了领导小组，并由本会主要领导担任了旅游、民族文化、三馆建设领导小组职务，参加创建旅游品牌、弘扬民族历史文化、三馆建设等组织协调工作。

四、认真开展反映社情民意工作，当好县委、县政府联系群众的纽带

连南是少数民族自治县，有县政协委员132人，其中，少数民族委员41人，县政协常委19人，少数民族常委7人。由于我县的特殊情况，关注民生，体察民情，反映民意成为县政协长期以来的一项重要工作。因此，千方百计在维护群众利益、改善群众生活、反映群众诉求、尊重群众意愿、理顺群众情绪方面发挥作用，切实把中央提出的"发展为了人民，发展依靠人民，发展成果由人民共享"体现在履行职能的实践中。围绕关注民生的重要问题，我们组织县政协委员进行视察调研，多为领导机关和有关部门提出可供决策的好思路、好办法。同时，广泛发动和组织委员，开展科技咨询、扶贫帮困、捐资助学、爱心助弱和科技、文化、卫生"三下乡"等活动，切实解决好和群众现实生活枚关的问题。如城镇和农村劳动力培训就业与农民增收问题、农村土地流转与农业产业化问题、水利建设问题、造林绿化与生态环境整治和保护问题，等等。近两年来，在调查研究过程中，许多委员都一直感到，有些困扰我县发展的难点问题尚未得到很多好解决。这些问题既是关乎我县长远发展的战略问题，又是关乎民生的重大问题，我们就组织委员选准突破口，努力提出具有前瞻性高质量的意见和建议，使政协的建言献策增强预见性和可行性，以便推进自治县各项工作的开展。

突出团结和民主两大主题，把构建和谐连南作为政协履行职能的重要内容。因此，我们县政协切实贯彻民主协商的原则，在县委重大决策协商论证过程中，县政协充分听取和反映社会各界的意见和建议，使县委决策通过民主更加科学化，更加符合实际，更加顺应民意，只有真的了解民情、尊重民意、顺得民心，我们才能实现团结和民主。我们充分发挥政协委员联系广泛，代表性强的优势，深入基层，深入群众，积极宣传党的路线、方针、政策和县委、县政府的重大决策，切实当好县委、县政府联系群众的纽带，多做一些上情下达、下情上达、统一思想、增进共识、协调关系、理顺情绪、化解矛盾、维护稳定的工作，使连南真正成为民族团结、民主和谐、安居乐业的热土。

2. 清远市政协六届五次会议议政发言材料

关于按标准配备农村义务教育阶段学校艺术教育设施设备的建议

市政协连南工作组　潘党恩

党的十八届三中全会决定在整体布局国家重大综合改革项目中指出，"改进美育教学，提高学生审美和人文素养"。这句话从手段和目标两个方面提出了明确要求，把美育纳入了教育"立德育人"的改革框架之中，成为了教育综合改革的重要组成部分。反观清远市近年来的教育，虽然总体上取得了长足的进步，但作为农村学校美育主体的艺术教育，由于师资不足，设施设备不齐，还在一定程度上存在开课不足的问题，成为了我市教育发展的短板。因艺术教育的师资问题是总量与结构的问题，要增加教师总量，不是市一级政府所能解决的，从务实的角度出发，我们仅向市政府建议解决好农村学校的艺术教育设施设备问题，期望能在较短的时间内为全面提高教育质量提供坚实的物质条件，为清远全面实现小康社会夯实基础。

一、我市农村义务教育阶段学校艺术教育存在的问题

近年来，在市委市政府的正确领导下，清远教育取得了跨越式发展。2014年，创建成广东省教育强市。2015年，全市实现了教育强镇和全国义务教育发展基本均衡县（市区）全覆盖，全面启动了创建推进教育现代化先进市的工作。但是，由于全市原有的教育基础比较薄弱，在教育创强和教育均衡发展评估中还允许部分指标不达标，全市中小学还存在一些薄弱环节，尤其是农村中小学校普遍存在艺术教育常规器材不足和专用设施少等问题，据初步统计，全市1010所农村义务教育阶段学校，要配齐常规的艺术教育设施设备，需要投入资金4563万元。由于缺乏设施设备，导致一些学校艺术课程开课不足、艺术教育活动学生参与面小，影响了学生素质的全面提高，成为制约教育内涵发展的短板。

二、加强农村义务教育阶段学校艺术教育设施设备的必要性

（一）艺术教育对立德树人具有独特而重要的作用

教育部出台的《关于推进学校艺术教育发展的若干意见》（教体艺〔2014〕1号）明确指出：艺术教育对于立德树人具有独特而重要的作用。艺术教育能够培养学生感受美、表现美、鉴赏美、创造美的能力，引领学生树立正确的审美观念，陶冶高尚的道德情操，培养深厚的民族情感，激发想象力和创新意识，促进学生的全面发展和健康成长。要全面贯彻十八大精神，落实立德树人的根本任务，实现改进美育教学，提高学生审美能力和人文素养的目标，学校艺术教育承担着重要的使命和责任，必须充分发挥其自身应有的作用和功能。

（二）艺术教育对于巩固提高基础教育普及水平具有积极的促进作用

社会主义的性质要求大力推进教育公平，应入学的学生一个也不能少。要高标准普及基础教育，学校必须加大教学改革，以满足学生发展的多元化需求，增强学校的育人功能。艺术教育有寓教于乐、以情感人、潜移默化的特点。加强和改进学校艺术教育，能够增强学校的生机和活力，让学生热爱学校，安心学习，对巩固和提高基础教育普及水平具有积极的促进作用。

（三）艺术教育对于促进学生全面发展具有不可替代的作用

艺术是美育的主要载体，艺术教育是全面实施素质教育的重要举措，是学校实施美育的最主要的途径和内容。艺术教育是审美教育，也是情操教育和心灵教育，不仅能提升人的审美素养，还能潜移默化地影响人的情感、趣味、气质、胸襟，激励人的精神，温润人的心灵。艺术教育与德育、智育、体育相辅相成、相互促进，就能更好地提升学生综合素质，全面提高教学质量，促进学生的全面发展。

推进教育现代化的核心目标是提高教育质量，清远市应该也有能力完善义务教育艺术教育设施设备，补齐艺术教育短板，为全面提高学生的素质提供必要的物质条件，为全面实现小康社会夯实基础。

三、完善农村义务教育阶段学校艺术教育设施设备的工作建议

为加快推进教育现代化,实现教育均衡优质发展的目标,在十三五全面建成小康社会的决胜期,建议市政府首先完善好农村义务教育阶段学校艺术教育设施设备,重点抓好两个方面的工作。

(一)加强统筹,配足农村学校艺术教育设施设备

根据广东省义务教育标准化学校建设标准台账指南和《广东省中小学校艺术教育工作条件基本标准(试行)》的要求,规模在13个班以上、6至12个班、6个班以下或非完小(教学点)的学校,完善艺术教育常规设备需要分别投入10万元、5万元和2万元。全市13个班以上规模的学校有238所、6至12个班的学校有213所、6个班以下或非完小(教学点)学校有559所,完善艺术教育设施设备需要投入4563万元。建议市政府拨出专项经费2626万元,对以上三类学校分别奖补6万元、3万元和2万元,市县区在按标准建成音乐、美术教室的基础上,配套投入1937万元,分两年配齐全市农村义务教育学校艺术教育设施设备。

(二)加强督导,确保艺术教育取得明显成效

建立专项工作督查机制,由市人民政府教育督导室牵头,每年对全市各县市区的学校艺术教育工作进行一次专项督导检查,就是否配齐艺术专业教师、是否配足和用好艺术教育设施设备、是否开齐开足艺术学科课程和开展艺术教育活动情况等方面进行核查,总结成果经验,整改问题差距,补足艺术教育工作短板,提升全市艺术教育质量,办好人民满意的教育。

附件：

清远市完善农村义务教育阶段学校艺术教育设施设备经费测算表

单位：所，万元

规模\数量标准\类型	12个班以上 学校数量	12个班以上 投入标准	6—12个班 学校数量	6—12个班 投入标准	非完小或6班以下 学校数量	非完小或6班以下 投入标准	合计 学校数量	合计 投入经费
完全中学			10	5			10	50
独立初中	67	10	22	5	3	2	92	786
九年制学校	33	10	12	5			45	390
完全小学	138	10	169	5			301	2225
非完小					556	2	556	1112
小计	238		213		559		1010	4563

清远市政协六届五次会议提案

清远长隆旅游项目建成后如何促进粤北地区旅游业的发展

市政协连南工作组　黄伟峰

清远长隆旅游项目以大自然、大生态、大种群为设计理念，集森林主题公园群、世界珍稀动植物种群、动植物科研实践基地、文化创意及教育于一体。是促成清远市打造国际性旅游目的地的必要条件，也将被赋予"打造清远、广州、珠海长隆国际旅游主轴线"的重任。据统计，广州番禺的长隆野生动物世界2014年接待游客超过1600万人次，综合经济效益超过500亿元。据专家预测，长隆旅游项目建成后，清远年接待游客量超过5000万人次以上，旅游综合收入超过400亿元以上。清远将告别旅游业"只见星星不见月亮"的时代。

一、清远长隆旅游项目建成后粤北地区旅游业发展的思路

根据整个清远的产业结构、交通路网建设、旅游详规等总体规划，粤北地区旅游业的发展要紧紧围绕长隆旅游项目，极力打造特色化、产业化的旅游发展驱动项目。建设国际性旅游目的地和高端旅游精品线路，提升整体旅游发展竞争力，实现转型升级、跨越式发展。

（一）以规划为总规，积极谋求发展

粤北地区要认真贯彻落实《清远市旅游发展总体规划》《清远市自驾游旅游规划》《三连一阳旅游发展规划》等旅游总规，强力落实、推进粤北各县（市）详规，强化产业、促进资源统筹、发展协调和资源监管。发挥清远长隆项目客源优势，以环粤北高速公路的旅游主动脉开发适合小长假自驾车旅游精品接待路线，积极打造高端旅游产品和旅游产业聚集区，掀起新一轮旅游开发热潮，加快培育旅游经济支柱产业。

（二）以优化资源为目标，提升总体发展实力

清远长隆旅游项目的建成对于粤北地区旅游业的发展来说既是机遇也是挑战。为此要在长隆旅游项目的引领下，深化粤北地区的旅游合作与发展，特别是加强广清一体化、三连一阳、粤北少数民族地区的旅游合作与发展，充分利用"亲情温泉、激情漂流、闲情山水、奇情溶洞、热情民

族"等生态旅游资源及民族风情的唯一性来形成"主题各异、优势互补、相互促进、共同发展"的格局，打造差异化旅游精品高端项目，建立完整的旅游产业链，提升整体实力，实现差异化发展。

（三）以营销为手段，强势推广旅游项目

依托清远长隆旅游项目的影响力，用好新媒体，加大宣传营销力度。坚持"走出去，请进来"的宣传营销策略，积极参加国家、省、市组织的各种大型旅游宣传推介会，加强与省内外，特别是广州、珠三角以及港澳台旅游深入合作与发展；组织省内各大旅行社特别是珠三角发达地区旅行社、旅游投资公司等社会力量实施旅游扶贫工程，通过旅游开发投资、旅游精品线路推广、组织游客观光等形式推动粤北旅游业的发展。

（四）以项目为推头，实现地区"双带动"

一是大力宣传推介旅游资源优势，通过政府主导、市场运作、社会参与等形式推动招商引资工作，争取已纳入"十三五"规划旅游重点建设项目落地，打造旅游产业集聚区。把长隆旅游项目的辐射带动效应最大限度地发挥出来。二是跟踪落实好中央和省民族工作会议特别是省委《关于扶持民族地区加快发展的意见》，加大上级党委政府对粤北地区旅游扶持力度，打造粤北旅游县域经济支柱产业。

（五）以交通为突破，提升旅游基础设施

以清远长隆旅游项目为契机，竭力提升各县（市）内旅游交通网络，解决旅游交通制约因素，加强景区与景区之间、景区与县城之间的交通网建设，实现"高效、便利、安全"的旅游交通格局，构筑四通八达、方便快捷的旅游公路网。同时加强旅游交通和景区（景点）的标识标牌标准化建设，加快推进旅游基础服务体系建设，为打造粤北旅游品牌夯实基础。

二、清远长隆旅游项目建成后粤北地区旅游业发展的建议

（一）实施特殊倾斜支持

粤北地区集"老、少、边、穷、山"于一体，既缺乏项目启动建设资金，又基本上被省列为生态发展区，为此大力发展旅游产业将成为粤北地区经济发展的必经之路，也是民生工程"造血型"项目。而旅游业又是一项辐射带动能力很强的产业，也是精准扶贫的具体举措。为此建议加大对粤北旅游业发展专项资金扶持及政策倾斜，落实中共广东省委办公厅广东省人民政府办公厅《关于扶持民族地区加快发展的意见》文件精神中重点扶持旅游重点建设项目扶持资金这一内容，帮助粤北地区打造旅游"造血型"项目，建设旅游支柱产业。

（二）完善生态发展区补偿机制

粤北地区是生态发展区。而生态旅游又是粤北地区、清远市乃至广东省重点打造的产业项目。目前由于补偿标准偏低，山区生态保护面临严峻的考验。为此，建议进一步加大对粤北地区特别是少数民族地区生态补偿标准（达到50元/亩），保护好粤北地区的生态屏障，保持山区青山绿水常在，为粤北地区打造生态、休闲、养生旅游龙头项目打下坚实基础。

（三）支持粤北地区旅游公路的均衡发展

公路交通是制约山区旅游发展的瓶颈。目前，粤北地区旅游公路正处于：公路交通部门一直没有把旅游景区公路纳入交通网络建设筹划；地方财政无能力投入旅游公路建设；景区业主也没钱修旅游公路这样一种尴尬局面，造成山区旅游公路普遍路况差，多为断头路。为此，建议把粤北地区旅游公路纳入公路交通网络建设规划，突破旅游交通瓶颈。

（四）设立少数民族文化专项资金

建议市人民政府帮助呼吁省人民政府设立省级少数民族文化专项资金，特别是国家级非物质文化遗产保护传承专项资金。这项资金的设立对于粤北少数民族地区在保护、挖掘、传承非物质文化遗产上具有十分重要的意义，更为粤北地区形成特色旅游产业提供了保障。

（五）加强抱团发展，强强推介

建议市政府协调和组织省内知名主流媒体（如广东电视台、珠江电视台、南方日报、广州日报等）开展服务基层活动，对粤北地区实施旅游扶贫工程，安排适当的资源免费或特惠价为当地的旅游资源、景区景点进行包装、推介、宣传品牌，做强做大旅游业。同时协调、组织省内各大旅行社特别是珠三角发达地区旅行社、旅游投资公司等社会力量实施旅游扶贫工程，通过旅游开发投资、设计旅游精品线路、组织游客观光等形式推动粤北地区旅游富民。

清远市政协六届五次会议提案

关于免除民族地区项目配套资金加快推进基本公共服务均等化的建议

2015 年 12 月 2 日

市政协连南工作组：唐丽萍　唐永秀

省第十一次党代会明确提出，"既要逐步缩小区域间人均发展水平的差距，更要努力实现各区域基本公共服务均等化"。但是，就清远而言，实现各区域基本公共服务均等化的任务非常艰巨。在此，我们以连南公路建设项目为例，提出免除民族地区项目配套资金，加快推进民族地区基本公共服务均等化的建议。

一、连南公路建设现状

连南瑶族自治县辖区内公路1150公里，公路密度为89.2公里/百平方公里。其中，一级公路22公里，二级公路65公里，三级公路103公里，其余为四级或四级以下公路。目前少数民族地区国道改造建筑费用基本上由省包干，但征地拆迁费由地方解决。省、县道和乡村公路改造资金实行省按定额补助，不足部分仍由各县自筹解决，给地方背上一个沉重的包袱。

1. 县道方面。

①县道 X383 线坑尾至六暗段改建工程。全长 15.68 公里，总投资 2343.2 万元，省补助 1411.2 万元，缺口 932 万元。

②S261 线至油岭段公路改建工程。全长 6.27 公里，总投资 1877.9 万元，省补助 504 万元，缺口 1373.9 万元。

③X837 线迴龙至油榨坑公路改建工程。全长 8.104 公里，总投资 1223.06 万元，国家、省补助 1117 万元，缺口 106 万元。

④正在建设的 X838 线天井坝至牛塘路面改造工程，全长 4.314 公里，总投资 1634.55 万元，省补助 258.6 万元，缺口 1375.95 万元。

2. 农村公路方面。2010 年至 2015 年，全县 170.56 公里农村公路硬底化改造工程,造价约 31 万元/公里,2014 年前省补助 15 万元/公里;2015 年以后,省补助 18 万元/公里,市补 3 万元/公里,共 21 万元/公里。经工程结算连南共需配套资金 5287.36 万元,缺口 2428.96 万元。

2010 年至 2015 年共缺口配套资金 6216.81 万元。

二、免除民族地区项目配套资金,加快推进民族地区基本公共服务均等化建设的理由

1. 资金筹措困难。由于我县底子薄、基础设施差和历史欠账多,财政自给率低等多种原因,经济社会发展速度明显滞后,资金筹措困难成为民族经济发展的主要瓶颈制约。一是造成地方政府和交通公路部门背上沉重的工程债务包袱,并时有发生因拖欠工程款而导致民工上访和拦路事件,对社会稳定造成很大的隐患,维稳压力增大;二是通行政村公路实现硬底化后,技术标准偏低,基本无法通客运车辆;三是公路防护设施较少,抗灾害能力较差。

2. 上级扶持民族地区公路建设的政策依据连南公路建设项目都是通过上级部门批准,但在资金方面却没有得到上级政策的倾斜和照顾。根据《中华人民共和国民族区域自治法》(2005 年 5 月 31 日起施行)规定:第六条"国家实施西部大开发战略,促进民族自治地方加快发展。未列入西部大开发范围的自治县,由其所在的省级人民政府在职权范围内比照西部大开发的有关政策予以扶持。"第七条"……民族自治地方的国家扶贫重点县和财政困难县确实无力负担的,免除配套资金……"、《广东省实施〈中华人民共和国民族区域自治法〉办法》(2008 年 1 月 1 日起施行)规定:第十三条"……省、市人民政府及其有关部门在民族自治地方安排的基础设施建设项目,免除民族自治地方承担的配套资金。"第十四条"……民族自治地方国道、省道的建设和改造资金,由省、市人民政府有关部门负责筹措。省、市人民政府及其有关部门对民族自治地方县通乡镇公路和乡镇通行政村公路的建设与改造资金补助应当给予照顾。"

3. 根据中共广东省委办公厅、广东省人民政府办公厅印发了《关于扶持民族地区加快发展的意见》,要加强交通、水利、城乡公用基础设施建设。省在民族地区安排的农村公路、农村饮水、流域治理、林业重点工程等公益性建设项目,取消县以下承担的配套资金。

三、落实民族地区公路建设政策的建议

由于民族政策难以落实,造成自治县项目配套资金不断增加,每建设一个项目就增加一笔债务,债务越积越多,严重影响了社会和谐稳定和经济健康发展。为此,我们建议上级政府及有关部门要按照有关规定,对民族地区的公路建设扶持政策出实招：

1. 民族地区省、县道的建设与改造项目免除配套资金，经费由上级全额包干。

2. 加大财政转移支付力度，帮助民族地区清理公路建设债务。

3. 提高民族地区农村公路补助标准，加大地方公路养护经费投入。只有这样，才能缩小区域间人均发展水平的差距，实现各区域基本公共服务均等化目标，让民族地区的群众实实在在地共享发展成果。

清远市政协六届五次会议提案

关于取消省"四税"增长和GDP增长两项经济指标考核的建议

市政协连南工作组　唐永秀

连南瑶族自治县位于广东省西北部山区，是集老、少、边、山、穷于一体的少数民族自治县，属广东省21个扶贫开发重点县之一，现辖7个镇，71个村（居）委，总面积1306平方公里，总人口17万人，其中以瑶族为主的少数民族约占53%。近年来，在上级党委、政府的大力支持下，我县全力以赴保稳定、促增长、惠民生。同时，充分发挥财政职能作用，按照"保工资、保运转、保民生"的原则，狠抓增收节支，进一步调整和优化支出结构，使财政支出向民生保障倾斜，促进了自治县社会稳定和各项事业健康持续发展。

一、财政基本情况

2014年我县公共财政预算收入1.57亿元，与上年持平。其中税收入0.84亿元，同比下降4.07%。公共财政预算支出完成9.33亿元，同比增支1.23亿元，增长15.11%。其中教育、文化体育与传媒、社会保障和就业、医疗卫生、住房保障、公共安全、交通运输、节能环保等基本公共服务方面支出共计66,143万元，占公共财政预算支出的70.87%。

二、存在的主要问题

由于我县地处偏远山区，区位条件差，造成民族经济发展长期滞后，财政增收困难，自治县的政权运作和社会发展主要依靠上级财政转移支付解决，财政保障能力极其脆弱。主要体现在以下几方面：

（一）财政减收因素多

以往我县经济主要依靠两大支柱产业：一是小水电产业，二是矿产企业。小水电产业发展已经饱和，且靠天吃饭，没有潜力可挖。2012年开始实施主体功能区规划，我县作为生态发展县，已经对全县48户矿产企业进行全面关停整顿。矿产企业是我县主要税源之一，2011年矿山企业各项税收达5200万元，约占我县税收的三分之一。矿产企业的全面关停整顿，直接造成我县2012年公共财政收入下降18.56%。由于减收因素多，十二五期间我县地方公共财收入总体减收1,130万元，下降6.3%，地方财政收入至今还未恢复到2011年1.82亿元的水平。

（二）新增税源匮乏

受主体功能区规划的影响，我县划定为生态发展区，矿山企业至今未能恢复生产经营，预计今后也会限制矿山企业发展。加上我县区位优势差，招商引资成效不理想，没有新的企业增加税收。即使有新增企业落户，在减免期内，十三五期间也难以见到税收增长。同时，作为生态发展的定位，我县在今后重点发展方向是生态农业和旅游业等第三产业，尽管第三产业的发展在带动就业等社会效益明显，但在增加税收方面却难见成效。

（三）地方财力增长没有保障

由于地方税收收入没有增长甚至是负增长，我县财政综合增长率难以达到省财政激励机制最低6%的要求，因此2014年省财政对我县一般性财政转移支付增量为零。在当前没有新增税源的情况下，今后也难以争取到省财政激励机制考核下的一般性财政转移支付增量。

三、建议

由于民族地区经济文化落后，民族事务繁多，自治县工作重点是维护民族稳定，促进民族地区公共服务水平提高。为体现党的民族政策关怀，促进民族地区经济和社会的稳定发展，让少数民族地区同步实现小康社会，依据《广东省实施〈中华人民共和国民族区域自治法〉办法》有关要求，建议进一步完善省财政转移支付机制，将我市二个少数民族自治县分别作为一类考核。在计算两个少数民族自治县综合增长率时，以公共服务和生态指标等考核为主，取消省"四税"增长和GDP增长两项经济指标考核。

通讯地址：连南县住房公积金管理部

关于打造连南"瑶族生态文化长廊"的建议

市政协连南工作组

（2015 年 12 月）

一、打造连南"瑶族生态文化长廊"的现实意义

连南瑶族自治县是全省三个民族自治县之一，也是全省瑶族人口最多的民族自治县，其中以高寒地区瑶族为主的少数民族约占全县人口53%，是全国唯一的排瑶聚居地。连南享有"广东省绿色名县""广东省林业生态县""中国瑶族刺绣艺术之乡""中国传统村落""中国历史文化名村""中国少数民族特色村寨"等美称，拥有南岗千年瑶寨、广东瑶族博物馆两个4A级景区。境内喀斯特和丘陵地貌平分秋色，生态植被良好，瑶族风情浓郁，村寨颇具特色。

少数民族特色村镇保护与发展，是美丽乡村、历史文化名村、古村落等社会主义新农村建设的重要组成部分，是加强新形势下民族工作的生动体现，也是保护中华文化多样性的重要举措。建设"瑶族生态文化长廊"，目的就是整合连南瑶族的人文资源和自然资源，促进当地休闲农业、特色文化和自然风光的有效利用，形成生态功能区的产业链，打造民族特色文化旅游业，吸引和接纳长隆、万达"旅游航母"的溢出游客，加强"中国少数民族特色村寨"和"中国传统村落"的保护和传承，对于促进民族地区经济社会发展，传承和弘扬少数民族传统文化，巩固和发展平等、团结、互助、和谐的社会主义民族关系具有重要意义。

二、打造连南"瑶族生态文化长廊"的工作设想

（一）规划地段

三排镇是连南县通往珠三角地区的南大门。境内油岭古寨、南岗瑶寨、墩龙瑶寨被国家民委命名为首批"中国少数民族特色村寨"，在广东省7个国家级特色村寨中占据3个。同时，南岗瑶寨是"中国历史文化名村"，油岭古寨是"中国传统村落"和"中国民间艺术之乡"，"瑶族耍歌堂"和"瑶族长鼓舞"被列入国家级非物质文化遗产，人文资源和生态资源十分丰富。为此，我们提出连南"瑶族生态文化长廊"的规划地段为贯穿三排镇的省道261线，分为1主线和2支线。主线为省道261线三排镇东芒村（即清连高速水足塘出口）至连南县城的广东瑶族博物馆，支线

1为连水老排至南岗千年瑶寨,支线2为三排瑶寨景区至油岭景区。主副线总长约为40公里。

(二) 规划项目

根据规划原则,项目主要围绕"五化"展开。一是绿化:即在主线和支线的公路两旁15米内,大量种植应季花类树木和常绿树木,如红梅、海棠、紫薇、黄槐、桂花等,打造"花海"景观式旅游交通景观要道和摄影基地。二是亮化:即在主线和副线公路两旁,安装具有瑶族特色文化元素的太阳能路灯,如长鼓形的线杆,油纸伞形的遮灯罩。三是特色化:即将主线和支线公路两旁的第一幢房屋,进行穿衣戴帽,体现瑶族特色文化元素的美感。四是产业化:即在主线两旁地带,发展休闲农业产业;在支线的油岭、南岗2个中国少数民族特色村寨发展民俗生态文化乡村游,使之形成优势互补的旅游产业发展链。如在公路边的旱地开发果园,种植油茶、桑果、鹰嘴桃、蚕桑、无核柠檬,养殖走地鸡,形成新型瑶族农耕文化旅游景点。五是差异化。按照"耐看不雷同"的原则,一个景点保持一种风格,合理设计乡村旅游线路,体现民族文化的差异性。如在连水墩龙瑶寨和油岭移民新村发展瑶家乐,主要安排住宿及体验民俗文化;在南岗古排发展民族工艺品,主要生产瑶族扎染和服饰品;在油岭开发假坪森林公园和发展传统文化,主要开展野营活动和瑶族耍歌堂、瑶族歌舞表演等活动。通过项目的差异性,使景点优势互补,增强可持续发展能力。

三、打造连南"瑶族生态文化长廊"的工作建议

(一) 科学规划

"瑶族生态文化长廊"是一个整体性工程,必须坚持规划先行。建议我市根据省委、省政府〔2015〕11号《关于扶持民族地区加快发展的意见》的文件以及2015年12月在连南召开的广东省推动民族地区加快发展现场办公会精神,将省道261线连南"瑶族生态文化长廊"与民族特色村镇、美丽乡村、历史文化名村、古村落等整合建设,将其作为推进北部地区协调发展、提升连南旅游产业的重要举措纳入重要工作议事日程,并力争列入清远市乃至广东省重点工程项目,在政策和资金上给予大力支持。同时编制出台《省道261线连南"瑶族生态文化长廊"与民族特色村镇、美丽乡村、历史文化名村、古村落等建设总体规划》《民居改造规划》《特色产业发展规划》等指导文件。通过若干年建设,将"瑶族生态文化长廊"打造成为促进民族团结进步事业的民心工程,推动各民族共同繁荣发展的德政工程,造福少数民族群众的幸福工程。

（二）统筹推进

"瑶族生态文化长廊"建设投入巨大、涉及面广，必须整合各部门资源，多元投入。要积极探索建立"渠道不变、管理不变、各投其资、各计其功"的项目资金投入机制，捆绑交通、扶贫、林业、农业、水利、住建、国土、文化、旅游等部门项目资金，破解资金投入难题。要加强领导，强化督查，按照因地制宜、分类指导的原则，明确任务，落实责任，加强沟通，积极配合，扎实有效推进"瑶族生态文化长廊"建设工作开展。

（三）健全机制

一是建立群众参与机制。实施过程中，无论是项目申报、规划编制、民居改造、规划设计、政策出台、政策兑现、规范管理，每一个环节都应充分征求群众意见，积极开展议事协商，努力找到全社会意愿和要求的最大公约数，从而使方案获得更多人的支持。二是建立政策激励机制。通过激励机制，调动群众积极性，让群众在参与建设过程中共享"瑶族生态文化长廊"给他们带来的实惠。发挥社会热心企业、仁人志士的积极性，全力构建全民共同关心参与瑶族文化生态旅游产业发展的浓郁氛围。

后 记

　　为将县政协63年来所走过的历程、所取得的成绩、所作出的贡献，整理编写成书，以存史资政。2014年9月，县政协决定编纂《连南瑶族自治县政协志（1953—2016）》。是月，成立县政协志编纂委员会，时任县政协主席房坚一担任编纂委员会主任，副主席陈锦叶具体负责抓该项工作。紧接着，成立编辑部，拟定编纂方案；编纂方案经主席会议通过后，县政协机关委室编辑人员按章节分工负责，开始查阅档案、收集资料、走访相关人员等工作，并按工作方案有针对性地对资料进行摘录、复印、考究。时至2016年10月期间，召开过多次编辑部工作会议和审稿会议。由于编纂委员会领导成员的变更，尤其是从2017年1月开始，重新成立编纂委员会，聘请中国方志学研究会理事、清远市史志学会会员高常立同志为县政协志总纂，并进一步充实编辑力量，重新拟定志书各篇章的具体细目及内容。编辑人员据此搜集资料精心编写，经反复修改，数易其稿，历时三载多，编就此志。

　　房小亮、房媛艳、陈海光、唐军荣、房亚三、刘庆辉、唐秀莲、房惠瑛、杨钊河、莫婷婷等人参与了有关资料的搜集；唐军荣负责第二、三章初始资料的整理与编写；刘庆辉负责第四章、第九章初始资料的整理与编写；房亚三负责第五、六、七、八章初始资料的整理与编写；房小亮、杨钊河负责第十章初始资料的整理与编写；唐秀莲负责第十一章初始资料的整理与编写；房惠瑛负责大事记、第十二章第五、六节初始资料的整理与编写；房媛艳、莫婷婷负责第十二章第一、二节初始资料的整理与编写；陈海光具体负责拟定编纂方案、照片、序言、凡例、第一章，十二章的第三、四节资料的整理与编写，以及对全书的统编。

本志的编纂出版，是在《连南瑶族自治县政协志（1953—2016)》编纂委员会的领导下进行的，自始至终得到县政协主席、副主席的关怀与指导，得到了县委、县政府的高度重视和关心支持，得到了县政协原领导的支持与帮助，也得到了县史志办、县档案局等有关单位的支持和帮助。特别是政协原主席房卫民、唐国伟等老领导对志稿的修改提出了许多宝贵的意见和建议。在此，我们表示衷心感谢。如果本志能给历史以借鉴，给后人以启迪，那将是我们莫大的欣慰。

由于记述内容时间跨度较大，有些档案资料缺失，调查采访工作不够深入，特别是人物、图片的收集存在一定的难度。有关党和国家领导人到连南视察调研的图片，根据出版相关规定，需履行重大选题备案手续，故未采用。委员调研、视察、考察等方面的图片较少，加上编辑人员经验不足，水平有限，由此带来的遗漏和不妥之处，敬请各位读者海涵。

编　者
2017 年 12 月